UWE ISRAE

Johannes Geiler von K
(1445 - 1510)

BERLINER HISTORISCHE STUDIEN

Herausgegeben vom
Friedrich-Meinecke-Institut der Freien Universität Berlin
und dem
Institut für Geschichtswissenschaften
der Humboldt-Universität zu Berlin

Band 27

Johannes Geiler von Kaysersberg

Gemälde von Hans Burgkmair d. Ä. aus dem Jahre 1490

Johannes Geiler von Kaysersberg (1445 - 1510)

Der Straßburger Münsterprediger als Rechtsreformer

Von

Uwe Israel

Duncker & Humblot · Berlin

Die Deutsche Bibliothek – CIP-Einheitsaufnahme

Israel, Uwe:
Johannes Geiler von Kaysersberg (1445 - 1510) : der Straßburger
Münsterprediger als Rechtsreformer / von Uwe Israel. – Berlin :
Duncker und Humblot, 1997
(Berliner historische Studien ; Bd. 27)
Zugl.: Berlin, Humboldt-Univ., Diss., 1995
ISBN 3-428-09060-8

ISSN 0720-6941
ISBN 3-428-09060-8

Gedruckt auf alterungsbeständigem (säurefreiem) Papier
entsprechend ISO 9706 ⊖

Vorwort

Die vorliegende Arbeit wurde im Sommersemester 1995 an der Philosophischen Fakultät I der Humboldt-Universität zu Berlin als Dissertation angenommen. Sie kam nicht ohne Rat und Tat anderer zustande, denen ich hier herzlich danken möchte.

An erster Stelle dem, der mir in einem Quellenlektüre-Kurs Johannes Geiler und seine Artikel nahebrachte und damit das Thema meiner Staatsexamensarbeit anregte und der mich auch im weiteren stets unterstützte, meinem Doktorvater Professor Dr. Hartmut Boockmann.

Dann den Professoren Gerhard Bauer, Volker Honemann, Bernd Moeller und Francis Rapp, die mir bei Gesprächen wertvolle Hinweise gaben.

Schließlich der Studienstiftung des Deutschen Volkes, die mir dreiviertel Jahre Straßburg schenkte, wo ich im Jahre 1992 und in den beiden darauffolgenden Sommern die freundliche Aufnahme der Familie Fritz und die Hilfsbereitschaft der Mitarbeiter von Archiven und Bibliotheken erfahren konnte.

Das Manuskript lasen und kritisierten dankenswerterweise Professor Dr. Michael Borgolte, der Korreferent, dem neben Professor Dr. Kaspar Elm besonders gedankt werden soll, da beide die Aufnahme meiner Arbeit in die Reihe 'Berliner Historische Studien' befürworteten, Dr. Irene Crusius, Gunter Ehrhard, Dr. Peter Neumeister, Dr. Malte Prietzel, Dr. Frank Rexroth und Renate Thiermann.

Den Satz dieses Buches konnte ich dank der Anleitung, Hilfe und Geduld von Dr. Norbert Klatt und der Technik seines Verlages selbst besorgen.

Gedacht sei am Ende des verstorbenen Freundes, D^r ès-lettres Frank W. P. Dougherty, dem ich nicht nur die Fähigkeit verdanke, schwierige Handschriften zu transkribieren.

Göttingen, März 1997 Uwe Israel

Inhaltsverzeichnis

I. Einleitung

Ioannes Geiler Keisersbergius Argentinensis ecclesiae tuba

Jakob Wimpfeling in seinem bald nach Geilers Tod geschriebenen Nekrolog (Das Leben Geilers, S. 57 Z. 151 f.)

»Im Elsaß Geschichte des Mittelalters treiben zu dürfen, ist ein Geschenk des
Himmels. Die Zeugen des deutschen Mittelalters stehen um uns«[1]. Als Hermann
Heimpel diese Worte im Jahre 1941 bald nach seinem Ruf an die gerade eröffnete
'Reichsuniversität' in Straßburg veröffentlichte, war das Elsaß seit einem Jahr
von Deutschland besetzt und damit eine nach dem Ersten Weltkrieg als besonders
schmerzlich empfundene Gebietsabtretung gewaltsam revidiert[2]. Wenn auch schon
damals nicht uneingeschränkt davon gesprochen werden konnte, daß die »Geschichte des Elsaß deutsch« sei – seit 1681 hatte es mit Unterbrechung insgesamt
für mehr als 200 Jahre zu Frankreich gehört[3] –, verwies Heimpel mit dem Mittelalter doch zu Recht auf eine Epoche, für die dies im wesentlichen zutrifft[4].

Bereits an deren Ende, und besonders in den ersten Jahren des 16. Jahrhunderts,
diskutierte man in Straßburg lebhaft darüber, ob Gallien einmal bis zum Rhein

---

[1] H. Heimpel: Die Erforschung des deutschen Mittelalters im deutschen Elsaß (1941)
S. 740. Zu Heimpels Straßburger Zeit vgl. H. Boockmann: Der Historiker Hermann Heimpel
(1990) S. 19-24. Um den Anmerkungsapparat nicht unnötig anschwellen zu lassen, werden die angeführten Titel im allgemeinen abgekürzt zitiert; das Erscheinungsjahr wird in
der Regel in Klammern beigegeben; die vollständigen Angaben finden sich im Werkverzeichnis (VII, 4) sowie im Quellen- und Literaturverzeichnis.

[2] Allgemein über das Elsaß informiert die 'Encyclopédie de l'Alsace' (12 Bde. 1982-
1986); eine Geschichte des Elsaß wurde 1970 von Philippe Dollinger herausgegeben
(Histoire de l'Alsace). Das Kapitel 'Mittelalter' stammt von dems.; 'Humanismus', 'Renaissance' und 'Reformation' von Francis Rapp; für das Spätmittelalter ist eine Darstellung von letzterem aus dem Jahre 1977 instruktiver (L'Alsace à la fin du Moyen âge).

[3] Diese Tatsache ignoriert beispielsweise Carl Otto Windecker in seiner Stadtgeschichte von 1941: Das Buch »soll beweisen, daß Elsaß-Lothringen niemals Zankapfel zwischen
zwei Nationen war, sondern von Urbeginn an deutsches Land« (Straßburg. Gesicht und
Geschichte einer Stadt. Berlin 1941, S. 12); die erste Abb.: »1940: Der Führer in Straßburg«.

[4] »Daß die Geschichte des Elsaß deutsch ist, dies von den Kathedern vorzutragen bedarf keines Argumentierens und keiner Anstrengung. Das Mittelalter verkündet es beson-

gereicht habe oder ob die Vogesen immer schon Frankreich von Deutschland geschieden hätten – und zeigte damit, herausgefordert vom Vorschreiten Frankreichs
und dem Übermut Burgunds, Nationalbewußtsein[5]. Betrat ein Reisender um 1500
die Freie Stadt Straßburg, so befand er sich jedenfalls innerhalb der Reichsgrenzen,
war in einer deutschen Stadt so gut wie in Nürnberg, Frankfurt oder Köln, aber
auch wie in Utrecht, Breslau oder Wien.

Vor der Einnahme Straßburgs im Jahre 1940 war die Kapitale des Elsaß im Laufe der voraufgegangenen gut zweieinhalb Jahrhunderte zweimal an Frankreich gefallen[6]. Umgekehrt und präziser kann man sagen, daß die Stadt an der Ill seit ihrer
Einnahme im Rahmen der 'réunion' Ludwigs XIV. keine fünf Jahrzehnte (nämlich von 1870[7] bis 1918) zu Deutschland gehört hatte. Die Zeit im 'Tausendjähri-
gen Reich' sollte dann fast viereinhalb Jahre währen[8]. Das Elsaß ist heute wieder
ein Teil Frankreichs. Seine Bewohner mußten also in den letzten drei Jahrhunderten fünfmal ihre Staatsangehörigkeit wechseln – das blieb nicht ohne Folgen für
sie: Der Schriftsteller Eugène Philipps, ein Elsässer, der wie viele heute um die
regionale Eigenart seiner Heimat bangt[9], glaubt geradezu psychologische Defek-
te zu erkennen: »Die in unserer Zeit objektiv zutage tretende Identitätskrise beruht auf historischen Ursachen«[10].

---

ders deutlich und rein« (H. Heimpel: Die Erforschung des deutschen Mittelalters im deutschen Elsaß (1941) S. 740).

[5] Vgl. Cl. Sieber-Lehmann: Spätmittelalterlicher Nationalismus. Die Burgunderkriege
am Oberrhein und in der Eidgenossenschaft (1995) bes. S. 11-23, H. Münkler/H. Grünberger: Nationale Identität im Diskurs der Deutschen Humanisten (1995), Dieter Mertens:
Jakob Wimpfeling. In: Humanismus im deutschen Südwesten. Biographische Profile (1993)
S. 42 f. und unten Anm. 32.

[6] Am 30. September 1681 (Unterzeichnung der Kapitulation der Stadt) und am 22. November 1918 (Einmarsch der französischen Truppen).

[7] Ab dem 28. September 1870 (Kapitulation der Stadt).

[8] Vom 19. Juni 1940 (Einmarsch der deutschen Truppen) bis zum 23. November 1944
(Einmarsch der französischen Truppen).

[9] Vgl. etwa Bernard Vogler: »Le monolinguisme français risque de provoquer à terme
une désintégration de la personnalité du peuple alsacien, qui, coupé de la vieille communauté
linguistique, se sent déraciné et ignore son passé, car seule l'histoire de France est enseignée
à l'école [...]« (Histoire culturelle de l'Alsace (1994) S. 522); vgl. auch ebd. die Kapitel
»Une politique d'étouffement de la langue et de la culture régionales« über die Zeit nach
dem Zweiten Weltkrieg (S. 448-450) und »L'identité alsacienne aujourd'hui« (S. 528-534).

[10] Mit diesen meint er die »Eroberung des zu Deutschland gehörenden Elsaß durch
Frankreich im 17. Jahrhundert und die daraus resultierenden militärischen Konflikte zwischen den beiden Staaten. Die Machtherrschaft der Nationalsozialisten verschärfte diese
Krise zusehends, so daß die Elsässer fast gänzlich mit einer Vergangenheit brachen, die
sich allmählich als zu schwere Bürde erwies. [...] Heute und künftig als Elsässer leben
bedeutet s o w o h l A l s a c i e n w i e E l s ä s s e r sein, bleiben oder werden« (E.
Philipps: Zeitgenosse Elsässer. Die Herausforderung der Geschichte (1987) S. 4 und 8).

Dies sollte jemandem, der sich mit der Geschichte des Elsaß beschäftigen will
– zumal wenn er Deutscher ist und wie ich aus einer Gegend stammt, die ebenfalls mehrfach Zankapfel zwischen Frankreich und Deutschland war –, nicht gleich-
gültig sein. Er wird beispielsweise schnell feststellen, daß Zeitschriften, die er
konsultiert, einen zwiefachen, französischen und deutschen, Titel tragen[11] oder
ihn mehrfach von einer Sprache in die andere änderten[12] – ein Beleg dafür, daß
auch die Wissenschaft von dem historischen Hin und Her betroffen war und bleibt.
Man wird dem Historiker, der sich dem Westen zuwendet, wohl nicht so rasch
revisionistische Tendenzen unterstellen wie dem, der nach dem Osten blickt, der
einmal zu Deutschland gehörte[13]. Vielleicht, weil dies für das Elsaß in der jüngeren Geschichte nur ein halbes Jahrhundert der Fall war und weil es heute kaum
mehr jemanden gibt, der seine Grenzen in Frage stellen möchte – ja viele wahrscheinlich kaum mehr wissen, weshalb und mit welchen Argumenten dies nach
dem Ersten Weltkrieg so vehement gefordert wurde.

Gleichwohl gibt man sich unwillkürlich Rechenschaft darüber, aus welchem
Grund man sich, um mittelalterliche Geschichte zu erforschen, mit dieser Region
beschäftigt, die heute in einem Nachbarland liegt. Vielleicht ist ein Grund die
wiedergewonnene Unbefangenheit, mit der ein Deutscher nun, zwei Generatio-
nen nach Ende des Zweiten Weltkrieges, in die Archive nach Frankreich reisen
kann, ohne sich ausweisen zu müssen, da er innerhalb der Europäischen Union
bleibt. Ein anderer Grund aber ist sicher das in Deutschland zu spürende allmäh-
liche Vergessen und die Vernachlässigung der Geschichte einer großartigen Landschaft, die im Hoch- und Spätmittelalter und während eines beträchtlichen Teils
der Neuzeit innerhalb der Grenzen des Reichs lag und der man heute so gut wie
gestern ansieht, daß sie vor allem durch das Mittelalter geformt wurde.

»Dans l'histoire de Strasbourg, il n'est pas déplacé de considérer que les deux
dernières décennies du XVe siècle et la première du XVIe constituent l'époque de

---

[11] Bulletin de la Société pour la conservation des monuments historiques d'Alsace
= Mittheilungen der Gesellschaft für Erhaltung der geschichtlichen Denkmäler im Elsaß
1-4 (1856/57-1860/61) und F. 2, 1-27 (1862/63-1956).

[12] Bulletin ecclésiastique de Strasbourg 1-6 Strasbourg 1882-1887; fortges. u. d. T.:
Ecclesiasticum Argentinense 7-17 (1888-1898); fortges. u. d. T.: Straßburger Diözesanblatt 18-23, 3 (1899-1904); fortges. u. d. T.: Straßburger Diözesanblatt und kirchliche Rund-
schau 23, 4-29 (1904-1910); fortges. u. d. T.: Straßburger Diözesanblatt 30-37 (1911-1918);
fortges. u. d. T.: Bulletin ecclésiastique de Strasbourg 38-42 (1919-1923); fortges. u. d. T.:
Bulletin ecclésiastique du Diocèce de Strasbourg 43-58 (1924-1939); fortges. u. d. T.:
Amtsblatt für die Diözese Straßburg 59-63 (1940-1944); fortges. u. d. T.: Bulletin ecclésiastique du Diocèce de Strasbourg 64-85 (1945-1966); fortges. u. d. T.: L'Eglise en Alsace
1967 ff. Wie unproblematisch wäre hier der zweite Titel gewesen.

[13] Zu heutigen Schwierigkeiten mit dem Begriff 'Ostdeutschland' und der Beschäftigung
mit seiner Geschichte vgl. H. Boockmann: Die Geschichte Ostdeutschlands und der deutschen Siedlungsgebiete im östlichen Europa (1994).

Geiler. Cet homme ne disposait d'aucune puissance: ni dans la hiérarchie de l'Égli-se, ni dans celle de l'État ses fonctions ne l'habilitaient à donner un ordre quel-conque. Il n'avait pour agir que ses idées, sa passion et sa voix. Pendant plus de trente ans, il incarna, de quelque façon, le pouvoir de l'esprit.« Mit diesen Worten beginnt der Straßburger Historiker Francis Rapp das Kapitel 'Préréformes et huma-nisme. Strasbourg et l'Empire (1482-1520)' der Anfang der 1980er Jahre im El-saß erschienenen, bisher umfänglichsten Geschichte der Stadt[14]. Von einer 'Ära' Geilers in der Geistesgeschichte Straßburgs geht eine jüngere Untersuchung über das literarische Leben in der Stadt aus, die sich an der Dauer seiner Prädikatur orientiert[15].

Jene herausragende und wortgewaltige Persönlichkeit, der hier wie dort epoche-machende Kraft zugesprochen wird, der langjährige Straßburger Münsterprediger, mit vollem Namen Johannes Geiler von Kaysersberg, soll im Mittelpunkt der vor-liegenden Arbeit stehen. Doch wird es weder Ziel sein, die These von einer Epo-che, die sich mit seinem Namen verknüpfen ließe, zu untermauern, noch soll seine sprachlich-rhetorische Begabung im Vordergrund stehen. Zwar ist diese eine der Voraussetzungen seines Wirkens in der Öffentlichkeit, dem er vor allem sei-nen Ruhm verdankte, und sie begegnet einem allerorten, wo seine Rede überlie-fert ist – doch geht es hier weder um philologische noch um geschichtsphilo-sophische Fragen, sondern um historische.

Die geschichtlichen Grundfragen, die sich in seinem Falle wie wohl überhaupt zunächst stellen, wenn man es mit dem Leben eines bedeutenden Menschen zu tun hat, lauten: Was hat ihn geformt? Was hat er bewirkt?[16] Die Persönlichkeit Geilers interessiert hier nicht allein um ihrer selbst willen, sondern vor allem deshalb, weil durch die Augen des Predigers die sozialen und rechtlichen Verhält-nisse einer großen Stadt um 1500 so klar wie nur selten betrachtet werden kön-nen. Es sind die Augen eines klugen und kritischen Zeugen, der für seine Person natürlich individuell, in seiner Rolle aber typisch ist. Seit der zweiten Hälfte des 15. Jahrhunderts befriedigten nämlich die Bürger vieler Städte ein Bedürfnis nach

---

[14] Histoire de Strasbourg des Origines à nos jours. 4 Bde. Strasbourg 1980-1982; darin: G. Livet: 1350-1482 (Bd. 2, S. 99-175); Fr. Rapp: 1482-1520 (Bd. 2, S. 177-254), Zit. S. 181; die Stadtgeschichte listet zu den einzelnen Kapiteln die wichtigste Literatur auf, ver-zichtet aber auf Einzelnachweise; sie ist reich bebildert und bringt eine Anzahl von nützli-chen Plänen und Tabellen.

[15] Kl. Manger: Literarisches Leben in Straßburg während der Prädikatur Johann Geilers von Kaysersberg (1478-1510) (1983).

[16] Der einzelne Mensch wird als Individuum biographisch faßbar »vor dem Hinter-grund der geschichtlichen Umstände seiner Zeit, die ihn geprägt hat, auf die er aber auch selbst einwirken mag« (Definition der biographischen Annäherung an einen Menschen im Unterschied zur prosopographischen, bei der der einzelne im Kontext einer Gruppe faßbar wird, von M. Borgolte: Personengeschichte und Ereignis (1992) S. 418).

geistlicher Führung und wohl auch nach Unterhaltung, indem sie universitär gebildeten und zugleich redegewandten Theologen wohldotierte Prädikaturen einrichteten. »Geiler von Kaysersberg kann als Prototyp dieser auch soziologisch profilierten neuen Gruppe des niederen Klerus gelten.«[17]

Daß die Spanne eines Menschenlebens zwischen der temporären oder punktuellen Ereignisgeschichte und der die Jahrhunderte überblickenden 'histoire longue durée' eine signifikative Größe für die Geschichte darstellen kann und daher nach Zeiten, in denen sozioökonomische und Mentalitätsfragen im Vordergrund standen, die Biographie als Genre in der aktuellen Historiographie wieder an Interesse gewonnen hat, wurde unlängst etwa von Jacques Le Goff hervorgehoben[18]. Da Geiler die Leitfigur einer humanistischen Sodalität war, die sich gerade auch seinetwegen in Straßburg zusammenfand[19], da er sich in die Politik seiner Stadt mischte und darüber hinaus auch Ratgeber des Königs war, ist seine Biographie neben Sozial- zugleich auch Kultur- und politische Geschichtsschreibung. Gerade auch weil der Prediger im Zeitalter des Humanismus lebte – einer Zeit der Briefe, der Hinwendung zu einem persönlichen Gott, der Porträts nach der Natur (wie wir an Geilers Bildnis sehen), überhaupt der Hervorhebung des Menschen in seiner Individualität – bietet sich seine Lebensbeschreibung an, zumal die Quellen in seinem Falle eine hinreichende Differenzierung erlauben.

---

[17] D. Kurze: Der niedere Klerus in der sozialen Welt des späteren Mittelalters (1976) S. 298.

[18] »Dans l'historiographie actuelle – specialement en France – la mode est aux retours: retour de la narration, retour de l'histoire de l'événement, retour de l'histoire politique. L'un de ces retours est particulièrement prolifique, c'est celui de la biographie« (Comment écrire une biographie historique aujourd'hui? (1989) S. 48); J. Le Goff stellt hier Überlegungen an zu dem Projekt einer Biographie über Ludwig IX. von Frankreich (1226-1270), die 1996 in Paris erschienen ist (ders.: Saint Louis (= Bibliothèque des Histoires)); vgl. auch die dortige Einleitung ebd. S. 13-27, wo er von »La vogue récemment renouvelée de la biographie historique« spricht (ebd. S. 26). Mit der vorliegenden Arbeit wird allerdings keine Biographie als Teil der 'Histoire de l'imaginaire' in Anlehnung an Le Goff versucht; vgl. zu dessen Auffassung einer solchen Geschichte die Besprechung seiner Essais ('L'imaginaire médiéval' 1985) von O. G. Oexle: Jacques Le Goffs Bild des europäischen Mittelalters (1990) bes. S. 147 f. E. Engelberg und H. Schleier stellten 1990 auf dem XVII. internationalen Historikerkongreß fest: »Nach 1970 begann aber erst die eigentliche neue Konjunktur der historischen Biographie in vielen Ländern« (Zu Geschichte und Theorie der historischen Biographie (1990) S. 195).

[19] »Seine [sc. Geilers] Stellung bestimmte den Prediger, die treibende Kraft eines Humanistenkreises zum Wohle seiner Stadt zu sein« (Kl. Manger: Literarisches Leben während der Prädikatur Geilers (1983) S. 17); auf seine Vermittlung hin oder wegen seiner kamen beispielsweise Sebastian Brant, Jakob Wimpfeling und Hieronymus Gebwiller in die Stadt (vgl. unten S. 76 Anm. 53). Vgl. allgemein: Humanismus im deutschen Südwesten. Biographische Profile (1993) vor allem die Einführung von P. G. Schmidt, S. 9-12.

Nicht für viele Menschen seiner Zeit und für kaum einen anderen Prediger[20] ermöglichen die Nachrichten eine ähnlich detaillierte Lebensbeschreibung wie für Geiler. Allerdings findet man Quellen zu ihm nur vereinzelt unter den ansonsten reichen Straßburger Archivalien[21], was die These von einer 'Epoche Geiler' für die Geschichte der Stadt nicht gerade belegt. Das jüngste Lebensbild des Predigers stammt aus dem Jahre 1879[22]; die kurz zuvor ebenfalls in französischer Sprache veröffentlichte umfangreiche Biographie von Léon Dacheux wurde im Jahre 1877 lediglich in einer stark verkürzten Bearbeitung ins Deutsche übertragen[23]. Seitdem wurde zwar immer wieder darauf hingewiesen, wie einflußreich Geiler gewesen und wie lohnend eine Beschäftigung mit ihm sei, doch kam eine neuere Lebensbeschreibung dieses Mannes nicht zustande. Das hängt nun nicht nur damit zusammen, daß Biographien vielleicht eine Zeit lang außer Mode waren, sondern auch damit, daß sich für die Geschichte des Elsaß weder die französische noch die deutsche Forschung so recht zuständig sahen und man die Historiographie der deutschen Zeit in der Region selbst nicht ausreichend förderte.

Das Konzept der vorliegenden Arbeit erlaubt keine 'verstehende Biographie traditionellen Stils'[24]. Es werden bewußt große Bereiche der Persönlichkeit Geilers ausgeblendet: So wird nicht nach seinem Selbstverständnis als Theologe oder Prediger gefragt. Es wird keine Darstellung im Sinne von 'Leben, Werk und Wirkung' versucht. Es ist hier nicht der Ort, zu entscheiden, ob es überhaupt möglich wäre, sich in die Gedankenwelt eines Menschen am Ausgang des Mittelalters hineinzuversetzen und sie damit auch nur annähernd zu verstehen. Für das Ziel dieser Untersuchung genügt es, Geilers Leben in seinem Verlauf zu betrachten.

Zu seinem Lebenslauf, wie er hier verstanden wird, zählen beispielsweise seine Herkunft ebenso wie sein Siegel, seine Kanzel ebenso wie sein Bildnis und seine Freundschaften ebenso wie die Memoria, die ihm zuteil wurde. Mit dem Lebenslauf werden der Persönlichkeit Geilers, wie zu hoffen ist, neue Konturen abgewonnen, die im weiteren Verlauf der Arbeit an Bedeutung gewinnen könn-

---

[20] Ausnahmen stellen der Würzburger Domprediger Johannes Reyss (1457-1517) (vgl. Th. Freudenberger: Johannes Reyss (1954)) und der als Ketzer in Florenz hingerichtete Bußprediger und Dominikaner Girolamo Savonarola aus Ferrara (1452-1498) dar.

[21] Zu 'Überlieferungs-Chance und Überlieferungs-Zufall als methodisches Problem' vgl. A. Esch (1985).

[22] Charles Schmidt: Histoire littéraire de l'Alsace a la fin du XVe et au commencement du XVIe siècle Bd. 1 (1879) S. 335-461.

[23] L. Dacheux: Un réformateur catholique a la fin du XVe siècle. Jean Geiler de Kaysersberg. Prédicateur a la cathédrale de Strasbourg. 1478-1510. Étude sur sa vie et son temps (1876) 583 und XCV S.; Wilhelm Lindemann: Johannes Geiler von Kaisersberg, ein katholischer Reformator am Ende des 15. Jahrhunderts. Nach dem Französischen des Abbé Dacheux bearbeitet (1877) VII und 175 S.

[24] Kritisch zu einer derartigen Lebensbeschreibung unlängst M. Borgolte: Personengeschichte und Ereignis (1992) S. 418 f.

ten. Es soll nämlich seine Aktivität auf dem speziellen Feld der Rechtsreform[25] näher untersucht werden. Mit den Erkenntnissen seiner Biographie im Hintergrund werden manche seiner rechtsreformerischen Aussagen oder Handlungen überhaupt erst verständlich, andere werden typisch erscheinen – wieder andere werden vielleicht erstaunen.

Für die Wahl dieses Untersuchungsfeldes spricht zum einen ein biographisches Moment: Der Münsterprediger trat sein Leben lang für Reformen des Rechts ein. Er klagte zwar darüber, daß er in einer Zeit zunehmender Verrechtlichung lebe, war aber andererseits klug genug zu wissen, daß in einem so komplexen Gebilde wie einer spätmittelalterlichen Stadt gerade die Rechtsnormen zu ändern waren, wenn man eine gerechtere, und das hieß für ihn eine christlichere, Welt erreichen wollte. Statuten waren zumeist die Sprache, in der sich das Regiment einer Stadt nach innen artikulierte. Wollte der Prediger mit ihm in Diskurs treten, nachdem das sonntägliche Wort von der Kanzel nicht mehr fruchtete, mußte er diese Normen in seiner Argumentation aufgreifen.

Zum anderen zählt die quellenkritische Überlegung, daß Geilers Äußerungen zur Rechtssphäre wohl unmittelbarer auf das Leben seiner Zeitgenossen verweisen werden als beispielsweise seine den homiletischen Traditionen verhafteten Predigttexte, die zudem fast allesamt nur aus zweiter Hand überliefert sind. Die komplizierten Probleme, die sich auftun, wenn man nach der Authentizität der unter Geilers Namen überlieferten Werke fragt, werden in der vorliegenden Arbeit nicht im einzelnen diskutiert. Es gibt zu diesem Thema eine Reihe von Spezialuntersuchungen[26] und drei Bände einer geplanten kritischen Gesamtausgabe, die allerdings in absehbarer Zeit nicht vollendet werden wird[27]. Die Predigten werden

---

[25] Zum Begriff 'Reform, Reformation' vgl. J. Miethke in: LexMA Bd. 7 (1995) Sp. 543-550.

[26] K. Fischer: Das Verhältnis zweier lateinischer Texte Geilers zu ihren deutschen Bearbeitungen (1908); Th. Maus: Brant, Geiler und Murner. Studien zum Narrenschiff (1914); L. Pfleger: Der Franziskaner Johannes Pauli und seine Ausgaben Geilerscher Predigten (1928); ders.: Zur handschriftlichen Überlieferung Geilerscher Predigttexte (1931); A. Vonlanthen: Geilers Seelenparadies im Verhältnis zur Vorlage (1931); E. Breitenstein: Die Quellen der Emeis (1938); M. Spatz-Koller: Die Sprache der Passion (1988); R. Fillinger: Die Predigten „Von den neün früchten oder nützen aines rechten kloster lebens" und ihre Quellen (1991). Vgl. auch den Artikel im Verfasserlexikon von H. Kraume (Geiler (1980)).

[27] Nachdem L. Dacheux und Ph. De Lorenzi im letzten Drittel des 19. Jh. erste Ausgaben vorgelegt hatten, war L. Pfleger 1912 von der Gesellschaft für Elsässische Geschichte und Literatur mit einer kritischen Gesamtausgabe der Schriften Geilers betraut worden, deren Erfolg er aber nach Durchsicht des Materials wegen der unsicheren Überlieferung für aussichtslos hielt und daher nicht begann (ders.: Der Franziskaner Johannes Pauli und seine Ausgaben Geilerscher Predigten (1928) S. 50); seit 1989 sind in der Reihe 'Ausgaben deutscher Literatur des XV. bis XVIII. Jahrhunderts' drei Bände der seit 1968 betriebenen und vom Herausgeber G. Bauer »auf mindestens elf Bände« angelegt gewesenen kriti-

im folgenden nach ihrer Datierbarkeit ausgewertet (die Ergebnisse sind im Predigtverzeichnis zusammengefaßt) und darüber hinaus nur punktuell als zusätzliche, bestätigende Quellen herangezogen. Es kommt hier also nicht so sehr auf
ihre sprachliche Gestalt, ihre Vorlagen oder ihre Überlieferung, sondern auf ihren
Inhalt an. Der bestätigt allerdings, durchforstet man ihn nach rechtsreformerischen
Stellen, die aus Archivalien, Briefen und Frühdrucken gewonnenen Ergebnisse
nur allzuoft, was denn für die Welthaltigkeit gerade dieser Stellen spricht und
eine Authentizität der Predigten nahelegen mag[28].

Geilers literarische Bedeutung wird seit langem hervorgehoben. So nannte etwa
Goethe in 'Dichtung und Wahrheit' gerade ihn als typisches Beispiel für das ihm
vertraute Oberdeutsche, das er in Leipzig ebensowenig missen, wie er »des Ge-
brauchs der Sprüchwörter« entbehren wollte, »die doch statt vieles Hin- und
Herfackelns, den Nagel gleich auf den Kopf« träfen[29]. Den Rang, der Geiler für
die Entwicklung der neuhochdeutschen Sprache überhaupt zugesprochen wird,
belegen unzählige Stellen aus seinen Werken, die das 'Deutsche Wörterbuch' anführt. Im Vorwort zum ersten Band wird er von den Brüdern Grimm in einer
Reihe mit Johann Fischart, Martin Luther und Hans Sachs genannt[30], im neuhochdeutschen Quellenverzeichnis wird keinem anderen Autor mehr Raum gewährt[31].

Der Ausgangspunkt und auch der rote Faden in der Analyse der Rechtsreformvorstellungen des Münsterpredigers wird eine längere, '21 Artikel' genannte Beschwerdeschrift sein, die Geiler dem Rat der Stadt Straßburg im Jahre 1501 vor-

---

schen Ausgabe erschienen (Zit. Bd. 3 (1995) S. V), bei denen es wohl vorerst bleiben wird
(»Abbruch meiner Ausgabe« ebd. S. 929; vgl. zu den Gründen ders.: Geiler. Ein Problemfall (1994) S. 580-586). Vgl. zu den Ausgaben die Angaben im Werkverzeichnis (VII, 4 a).

[28] Zur Authentizität vgl. L. Dacheux: Un réformateur catholique (1876) S. 538; Ch.
Schmidt: Histoire littéraire Bd. 1 (1879) S. 377; für grundsätzliche Authentizität der Predigt-
nachschriften tritt W. Schröder ein (Ellipsen (1985) S. 11-18); eher skeptisch Fr. Rapp:
Reformatio: ce qu'en disaient les prédicateurs. L'exemple Strasbourgeois (1420-1518)
(1985) S. 395.

[29] J. W. v. Goethe: Aus meinem Leben. Dichtung und Wahrheit T. 2 Buch 6 (1812) S. 59
(freundl. Hinweis von Dr. Norbert Klatt, Göttingen); vgl. zu Geilers Sprichwörtern unten
S. 254.

[30] »Kein deutsches wörterbuch dürfte Fischart, Luther, Hans Sachs, Keisersberg von
sich ausschlieszen, darum gehören ihm auch die zeitgenossen dieser männer an, und
vermöchte es nicht eine solche forderung zu erfüllen, so bliebe es ohne saft und kraft« (J./
W. Grimm: Deutsches Wörterbuch Bd. 1 (1854) Vorwort Sp. XIX); vgl. schon K. H. Jördens:
»Sie [sc. die Predigten Geilers] sind übrigens nicht nur eine ergiebige Quelle zur Kenntnis
der Sitten und Gebräuche des funfzehnten Jahrhunderts, sondern besonders auch für die
deutsche Sprachkunde sehr wichtig und brauchbar« (Lexikon deutscher Dichter und
Prosaisten. Bd. 2 (1807) S. 591 f.).

[31] J./W. Grimm: Deutsches Wörterbuch Bd. 1 (1854) Sp. LXXVIII f.; vgl. auch Bd. 33
(1971) Sp. 450-455.

trug – dem Jahr, in welchem er die höchste weltliche Anerkennung seines Lebens erfuhr, indem ihn der König zum Hofkaplan ehrenhalber ernannte, dem Jahr, in welchem beispielsweise Jakob Wimpfeling dem Straßburger Rat die auf Geilers Anregung hin entstandene historisch-pädagogische Denkschrift 'Germania' übereignete und sich in der Stadt niederließ[32], und dem Jahr auch, in welchem sich Geilers Vaterstadt Schaffhausen und die Stadt Basel, an deren Universität er in Theologie promoviert worden war, der Eidgenossenschaft anschlossen.

Geiler kommt in den 'Artikeln' auf die unterschiedlichsten sozialen Bereiche zu sprechen, in denen seiner Meinung nach die Ratsherren unbedingt die Statuten ändern müßten, falls ihnen ihr eigenes Seelenheil und das der Bewohner der ganzen Stadt am Herzen liege. Die Sorge vor allem um das Seelenheil der Straßburger war für den Prediger erklärtermaßen eine Triebfeder, die ihn auch in den Jahren vor und nach seiner Beschwerdeschrift immer wieder animierte, gegen, wie er meinte, gottlose Rechtspraktiken aufzubegehren. Er brachte sein eigenes Leben dadurch mehr als einmal in Gefahr[33]. Der Kritiker nahm auch und gerade in den 'Artikeln' die aktuellen Sorgen der in seinen Augen Benachteiligten und ungerecht Behandelten zum Anlaß für sein Handeln, mit dem er etwa die Armen- und Gesundheitsfürsorge reformieren oder die Amortisationsgesetze zugunsten der Kirchen geändert wissen wollte.

Die 'Momentaufnahme' seiner Rechtsreformvorstellungen von 1501 wird im folgenden in zweifacher Hinsicht in einen breiteren zeitlichen Kontext gestellt: Einmal, indem zu den jeweiligen Reformfeldern auch frühere und spätere Bemühungen des Predigers diskutiert werden. Es lassen sich so Kontinuitätslinien ziehen und Erfolge abschätzen, die seinem Einsatz beschieden waren. Wie die Ratsherren unmittelbar auf Geilers Worte reagierten, können wir allerdings in den meisten Fällen nur vermuten, da sich die Ratsprotokolle jener Jahre nicht erhalten haben. Zum anderen sollen die materielle Rechtslage und die Rechtspraxis, wie sie sich für die Zeit vor seinen Eingaben aus den sonstigen Quellen zur Straßburger Geschichte darstellen, mit den Verhältnissen danach verglichen werden, was zur Klärung der Fragen beitragen könnte, ob seine Klagen überhaupt berechtigt waren und inwiefern der unerschrockene Münsterprediger mit seinen Beschwerden die weitere Politik der Stadt beeinflußte. Umgekehrt ist zu erwarten, daß uns Geilers differenzierte Ausführungen neue Erkenntnisse zur damaligen Rechtswirklichkeit bringen. Zur Abschätzung der Tragweite der Ergebnisse dieser Kapitel werden sie gegebenenfalls mit den Forschungsergebnissen aus anderen Städten verglichen.

---

[32] Wimpfeling überreichte die Schrift im Oktober 1501, noch im gleichen Jahr wurde sie unter dem Titel 'Germania' gedruckt. Vgl. D. Mertens: Jakob Wimpfeling. In: Humanismus im deutschen Südwesten. Biographische Profile (1993) S. 50-52.

[33] Vgl. unten S. 204.

Interessant könnte Geilers unbeugsames Eintreten für gottgewolltes und barm-
herziges Recht vor allem auch deshalb sein, weil sich hier ein Geistlicher anschickte, Laien zur Änderung der Ordnung einer Stadt zu bewegen. Die unge-
wöhnliche Perspektive eines Mannes, der als Kleriker und Nicht-Bürger gewis-
sermaßen von außen auf die bürgerliche Rechtssphäre blickte, in deren Mitte er
doch lebte, läßt neue Einsichten nicht nur in die Rechtsordnung einer spätmittelalterlichen Stadt erwarten. Wenn das aus jener Zeit überkommene städtische Recht auch recht differenziert ist, so erfahren wir daraus doch noch nicht,
wie die hinter den Statuten zu vermutende Rechtswirklichkeit ausgesehen haben
könnte, und noch weniger, wie die Rechtsordnung damals beurteilt wurde. Es ist
aber zu hoffen, daß das abstrakte Normengeflecht Konturen gewinnt und wir seinem Hintergrund schärfere Kontraste abgewinnen, wenn wir es mit Hilfe der kun-
digen Kritik eines von der städtischen Verwaltung und Justiz unabhängigen Be-
obachters durchleuchten.

Die 'Artikel' sind also zum einen keine der im 15. und 16. Jahrhundert häufigen *gravamina* gegen Kirche und Klerus, sondern umgekehrt die Kritik eines
Geistlichen an der vom Rat zu verantwortenden Rechtsordnung einer Stadt. Zum
anderen beschwert sich hier kein namenloser Unkundiger über die Statuten irgendeiner Stadt, sondern es kritisiert der auch juristisch beschlagene (oder zumindest gut beratene) und die Probleme des Ortes genau kennende Münsterprediger
Geiler von Kaysersberg die Ordnung einer der großen deutschen Städte des Spätmittelalters. Sie sind aber zum dritten viel mehr als nur die Auflistung von wün-
schenswerten Gesetzesänderungen: Sie sind überzeugend formulierte und auch
sprachlich gelungene Beschreibungen mannigfaltiger Begebenheiten um 1500,
die ein besonderes Maß an 'Realitätsgehalt' erwarten lassen, da sie nicht aus lite-
rarischem Ehrgeiz oder ästhetischer Spielerei verfaßt wurden, sondern von dem
Bemühen zeugen, die politische Führung von der Mangelhaftigkeit oder von dem
Unrecht ihrer Statuten zu überzeugen. Übertreibung oder Fiktion in satirischer
Absicht, die vielleicht in späteren Flugschriften ihre Wirkung taten, wären vor
dem Rat, dem obersten städtischen Gremium, vor dem die 'Artikel' durch den
Prediger persönlich vorgetragen wurden, nicht förderlich gewesen; mit sachli-
chen Argumenten aber konnte man zumindest mit ihm verhandeln.

Auch im Rahmen des Geilerschen Œuvres stellt die Klageschrift von 1501
etwas Besonderes dar. Im ersten Band der Werkausgabe des Altgermanisten Gerhard Bauer erscheinen neben den 'Artikeln' und über die Texte der alten Teilaus-
gabe von Léon Dacheux ('Totenbüchlein', 'Heilsame Lehre und Predigt', 'Pilger', 'Beichtgedicht') hinaus die 'Romfahrt', der 'Trostspiegel', das 'Sterbe-ABC'
und die 'Passion'. »Keiner dieser Texte«, schreibt Bauer, »kann als Originalarbeit
Geilers gelten; es handelt sich sämtlich um Bearbeitungen von Texten Jean Gersons
oder, wie im Falle des 'Beichtgedichts', um die fast wörtliche Übernahme eines
Reimwerks von Hans Foltz. Einzigartige Ausnahme ist Geilers Beschwerdeschrift
an den Rat der Stadt Straßburg, seine '21 Artikel'.«[34]

Bedenkt man den ausgezeichneten Rang der 'Artikel' – und den ihres Autors –
und weiß man, daß die Schrift bereits seit mehr als hundert Jahren in einer Edition
vorliegt, fragt man sich, weshalb dieses einmalige Zeugnis von der Forschung
bisher nicht stärker berücksichtigt worden ist[35]. Vielleicht erklärt es sich daraus,
daß der Münsterprediger einerseits von der Homiletik wahrgenommen wurde,
die Klageschrift für diese Wissenschaft aber kein einschlägiger Gegenstand ist,
andererseits Kirchenhistoriker und Historiker sich vor allem für Geilers Kirchenkritik oder deren Ausbleiben interessiert haben, weniger aber für sein Engagement im Rechtsbereich.

Man könnte fragen, ob es gerechtfertigt ist, einer einzigen Quelle im Rahmen
dieser Arbeit so große Aufmerksamkeit zu schenken, wie es im folgenden geschehen soll. Man könnte anführen, wie klein und subjektiv der Ausschnitt ist,
den sie mit ihren knapp fünfzig Druckseiten eröffnen kann[36]. Doch interessieren
wir uns ja gerade für den individuellen und konkreten Blickwinkel einer Persönlichkeit, weil er typisch sein kann für seine Zeit. Es wäre ein wichtiges Ziel erreicht, wenn die Erkenntnisse, die aus und mit den 'Artikeln' gewonnen werden
können, zum besseren Verständnis des Verhältnisses zwischen Bürgerschaft und
Geistlichkeit kurz vor der Reformation beitrügen[37]: zwischen zwei Ständen, die
nicht so klar zu trennen sind, wie die beiden Begriffe es suggerieren mögen, gilt
es doch zu berücksichtigen, daß »der Bürger auch aktiv und passiv Mitglied der
Kirche war und daß die Kirche maßgeblich sämtliche Lebensformen beeinfluß-

---

[34] G. Bauer in: J. Geiler: Sämtliche Werke Bd. 1, S. XXXVI.

[35] Vgl. zur Forschungslage unten S. 178 f. bes. Anm. 2 und 3; zu den Ausgaben unten S.
187.

[36] J. Geiler: Sämtliche Werke Bd. 1, S. 155-200.

[37] Zur rechtlichen Integration der Kirchen in den Städten vgl. immer noch K. Frölich:
Kirche und städtisches Verfassungsleben im Mittelalter (1933). Vgl. zum Verhältnis von
Klerikern und Laien in einzelnen spätmittelalterlichen Städten (wobei in unserem Falle die
Reichsstadt Augsburg von besonderer Bedeutung ist) die Studie von R. Kießling: Bürgerliche Gesellschaft und Kirche in Augsburg im Spätmittelalter (1971), der es unternimmt,
eine »gesellschaftsgeschichtliche Strukturanalyse der spätmittelalterlichen Stadt Augsburg
zu entwerfen« (S. 17), sowie D. Demandt: Stadtherrschaft und Stadtfreiheit im Spannungsfeld von Geistlichkeit und Bürgerschaft in Mainz (11.-15. Jahrhundert) (1977), D. Demandt/
H.-Chr. Rublack: Stadt und Kirche in Kitzingen. Darstellungen und Quellen zu Spätmittelalter und Reformation (1978), K. Trüdinger: Stadt und Kirche im spätmittelalterlichen
Würzburg (1978), D. Demandt: Konflikte um die geistlichen Standesprivilegien im spätmittelalterlichen Colmar (1980), B. U. Hergemöller: „Pfaffenkriege" im spätmittelalterlichen
Hanseraum. Quellen und Studien zu Braunschweig, Osnabrück, Lüneburg und Rostock
(1988), U. Weiß: Die frommen Bürger von Erfurt. Die Stadt und ihre Kirche im Spätmittelalter und in der Reformationszeit (1988), M. Prietzel: Rat und Kirche im mittelalterlichen
Duderstadt (1992), H. Boockmann: Kirchlichkeit und Frömmigkeit im spätmittelalterlichen
Ulm (1993) und P. Müller: Bettelorden und Stadtgemeinde in Hildesheim (1994). Allge-

te«[38] (gegen Ende der Arbeit wird ein Exkurs Gelegenheit bieten, näher auf dieses Problem einzugehen).

Gleichwohl lagen zwischen jenen Gruppen Interessenkonflikte vor, die sich regelmäßig an den geistlichen Standesprivilegien entzündeten. Diese Spannungen sind in einem größeren Rahmen zu sehen: im Rahmen der allgemein in Deutschland spätestens seit dem 13. Jahrhundert feststellbaren Errichtung und Ausweitung städtischer Selbstverwaltung, die im Gegenzug mehr und mehr zur Eingrenzung der Kompetenzen kirchlicher Institutionen führte, welche sich zunehmend auf die allein mit dem Glauben zusammenhängenden Aufgaben verwiesen sahen[39]. Mit der Reformation und im Zeitalter des Konfessionalismus kam diese verfassungsgeschichtliche Tendenz der 'Verbürgerlichung' schließlich zu einen gewissen Höhepunkt[40]. Nun allerdings war die Politik weltlicher Entscheidungsträger selbst »in einem Maße wie nie zuvor und seither durch religiös-kirchliche Entscheidungen beeinflußt und bestimmt«[41].

Die Resonanz, die die Forderungen des Weltpriesters Geiler nach Reform der städtischen Ordnung hervorrief, könnte klären helfen, ob ein Stadtprediger vielleicht nicht nur auf der Kanzel eine integrative Funktion zwischen den beiden Ständen einzunehmen vermochte. Jedenfalls setzte er sich in seiner Beschwerdeschrift nicht allein für die Interessen seines eigenen Standes ein: Er stellte ebenso Forderungen in bezug auf das Wohlergehen von Armen und Kranken oder Bettlern und Straftätern – und zwar das körperliche wie das seelische. Vermittelnd könnte der Münsterprediger auch gewirkt haben zwischen dem obrigkeitliche Züge annehmenden Rat auf der einen Seite und den Bewohnern der Stadt (den Klerikern wie den Bürgern oder sonstigen Einwohnern) auf der anderen Seite, die entsprechend auf dem Weg waren, Untertanen zu werden.

Im weiteren wird wie folgt verfahren. Im biographischen Teil der Arbeit soll der Werdegang Geilers nachgezeichnet, im systematischen Teil sollen seine Rechtsreformbemühungen analysiert werden. Das heißt für den biographischen Teil, daß weitgehend chronologisch über Geilers Herkunft, die Stationen seiner Bildung und seine Tätigkeit berichtet wird.

---

mein zum Thema das Kapitel 'Das kirchliche Leben auf dem Lande und in der Stadt' bei M. Borgolte: Die mittelalterliche Kirche (1992) bes. S. 56-60. Weitere Literatur zu 'Geistlichkeit und Bürgerschaft' ebd. S. 143 f. und zu 'Stadt und Kirche' bei H. Boockmann: Literaturbericht Späteres Mittelalter Teil III. In: GWU 10 (1993) S. 647-657. Vgl. auch B. Schwarz: Stadt und Kirche im Spätmittelalter (1985) und J. Sydow: Bürgerschaft und Kirche im Mittelalter. Probleme und Aufgaben der Forschung (1980).

[38] R. Kießling: Bürgerliche Gesellschaft und Kirche in Augsburg im Spätmittelalter (1971) S. 15.

[39] Vgl. E. Isenmann: Die deutsche Stadt im Mittelalter (1988) S. 210-213.

[40] Vgl. W. Herborn in: Deutsche Verwaltungsgeschichte Bd. 1 (1983) S. 673.

[41] B. Moeller: Zeitalter der Reformation (1981) S. 181.

Besonderes Augenmerk wird dabei auf die Genese und die Bedingungen seiner Predigerstelle zu richten sein, weil es für das Verständnis der Rolle, die er gegenüber dem Rat bei seinen Reformbemühungen einnahm, unumgänglich ist, einerseits zu wissen, welcher historischen Situation und wem er seine Position zu verdanken hatte, sowie andererseits, welche Kompetenzen ihm daraus zuwuchsen und in welche Abhängigkeiten er geriet. Ein Blick soll in diesem Kapitel auch auf die kunstreiche und kostbare Steinkanzel geworfen werden, die in einer Zeit der gesteigerten Symbolik und Repräsentation weit mehr war als ein schönes und teures Podest, von dem aus man Augenkontakt auch noch zu den Hörern in den hinteren Reihen halten konnte. In den darauffolgenden Kapiteln werden die materielle Versorgung und die privaten Umstände sowie einige Reisen und die persönlichen Beziehungen des Predigers angesprochen. Die Verehrung, die ihm seine Zeitgenossen entgegenbrachten und der wir viele Nachrichten über ihn verdanken, die Briefe und die Werke, die ihn überdauert haben, zeugen ebenso von seiner Bedeutung wie etwa auch die Nähe, in der er zu König Maximilian I. stand, der ein eigenes Kapitel gewidmet ist. Geilers exorbitantes Ansehen reichte über seinen Tod hinaus, was durch den Charakter der Exequien belegt wird und durch den der Memoria, die ihm zuteil wurde. Es verwundert daher nicht, daß auch eine Reihe von bildlichen Darstellungen des Predigers existieren, die am Ende dieses Teils der Arbeit betrachtet werden sollen.

Der Aufbau des systematischen Teils folgt im wesentlichen dem Gedankengang des Rechtsreformers in seiner Beschwerdeschrift von 1501. Gleichwohl ist es zumeist möglich, die einzelnen Punkte einer Gliederung nach rechtssystematischen Gesichtspunkten zuzuordnen, ohne sie damit auseinanderzureißen. Das heißt, es werden die Reformvorschläge zu 'bürgerlichen Sachen' gemeinsam besprochen, bevor die Diskussion der Ausführungen zu den Bereichen 'Gute Ordnung', zur Verfassung und Verwaltung der Stadt sowie schließlich zu 'peinlichen Sachen' folgt. Diese Form des Aufbaus ermöglicht es, die Geilerschen Reformfelder, die auf den ersten Blick disparat erscheinen mögen, zu bündeln und damit die Stoßrichtung seiner Argumentation gezielter auszumachen. Nach diesem Teil der Arbeit wird mit einem Bericht zu Geilers Bildungs- und Kirchenreformbemühungen noch ein Ausblick gegeben auf Reformfelder, die nicht in unmittelbarem Zusammenhang mit der Rechtsordnung der Stadt stehen. Einer sich daran anschließenden allgemeinen Schlußbetrachtung folgt ein längerer Anhang, der den Zugang zu Geilers Leben und Werk sowie zur Rechtsordnung in Straßburg erleichtern soll.

Zunächst gibt eine Zeittafel einen raschen Überblick über die Stationen seines Lebens. Dann folgt eine Reihe von Quellen, die im Zusammenhang mit seinem Leben, seiner Reformtätigkeit und der Statutengebung des Straßburger Rats stehen, auf die in der Arbeit näher eingegangen wird. Die Transkriptionen[42] erheben

---

[42] Was die Textgestalt betrifft, sei auf die Zitierhinweise (VII, 3 b) verwiesen.

nicht den Anspruch, historisch-kritische Editionen zu sein; es wurden daher nur
sehr knappe Regesten beigegeben, die Überlieferungsgeschichte nicht im einzelnen diskutiert und der Apparat auf wenige, zum Verständnis unumgängliche Informationen beschränkt. Mit der umfangreichen Präsentation der hier bis auf wenige
Ausnahmen[43] erstmals edierten Urkunden, Briefe, Gutachten und Akten sowie
den in die Anmerkungen und den Text eingefügten Belegen aus Archivalien und
Frühdrucken soll dem Leser, soweit es geht, ermöglicht werden, die Tragfähigkeit
meiner Argumentation mit eigenen Augen zu prüfen, ohne dafür eigens Archive
oder Bibliotheken aufsuchen zu müssen. Im Anschluß an das Textcorpus erschließt
eine spezielle Bibliographie die Titel und Erscheinungsweisen von Geilers Werken. Zu den Tagesdaten seiner Predigten, zu seiner Korrespondenz und schließlich auch zu den zahlreichen Totengedichten auf ihn sind ebenfalls gesonderte
Verzeichnisse beigegeben. Nach einem Quellen-, einem Literatur- und einem
Abbildungsverzeichnis wird die Arbeit von einem Register zu Personen[44], Orten
und Sachen abgeschlossen.

Zuerst aber soll den Fragen nachgegangen werden, wie es dazu kam, daß man
den Reformer Geiler lange Zeit für einen 'Reformator vor der Reformation' gehalten hat, und ob diese Apostrophierung symptomatisch für die Beurteilung der
gesamten sogenannten Vorreformationszeit ist. Jene bereits aus dem Zeitalter der
Reformation selbst stammende Einschätzung wird zwar in der heutigen Forschung
für überwunden angesehen, doch ist ihre ins 19. Jahrhundert und auch darüber
hinaus bis in die Gegenwart reichende Tradition gleichwohl noch mächtig, und
man versucht sich vor ihrem Bann am besten durch eine kritische Besprechung
zu feien, bevor man die eigentliche Lebensbeschreibung beginnt. Gleichzeitig
bietet sich mit dieser Besprechung eine, wie zu hoffen ist, interessante Folie, auf
der Quellen und Literatur zu Geiler vorgestellt werden können.

---

[43] Abgesehen von den an Geiler gerichteten Dedikationsepisteln (VII, 3 d Nrr. 14, 17,
19 und 31), die nur in Frühdrucken ediert sind, wurden meines Wissens bisher lediglich
der Brief Nr. 18 und ein Teil des Textes Nr. 28 publiziert, die aber wegen ihrer Wichtigkeit
hier noch einmal vollständig erscheinen.

[44] Bei der ersten Erwähnung im Text werden in der Regel wichtige Daten aus dem Leben der Personen gegeben; zusätzliche Informationen bieten biographische Nachschlagewerke zur Region Elsaß (E. Sitzmann: Dictionnaire de Biographie d'Alsace. 2 Bde 1909 f.,
J. Kindler von Knobloch: Das goldene Buch von Straßburg. 2 Bde 1886 und Nouveau
dictionnaire de biographie alsacienne Bd. 1 [um 1982], Bd. 2 ff. 1983 ff.); Aufschluß über
viele Personen in Geilers Umfeld geben auch die durch ein Personenregister zu erschlie-
ßenden Anmerkungen zu J. Wimpfeling: Briefwechsel. Eingel., komm. und hrsg. v. Otto
Herding und Dieter Mertens. 2 Bde 1990 und der biographische Anhang in: P. Schott: The
Works Bd. 2, S. 699-771; zu Klerikern der Diözese Straßburg vgl. Fr. Rapp: Réformes
(1974) S. 489-515; zu den Domkanonikern vgl. R. P. Levresse: Prosopographie du chapitre
de l'église cathédrale de Strasbourg de 1092 à 1593 (1970); zu Kanonikern von St. Thomas vgl. Ch. Schmidt: Chapitre Saint-Thomas (1860) S. 271-280.

II. Quellen- und Literaturbericht

Du sprichst: Mag man nit ein gemein reformation machen? Ich sprich: Nein. Es ist auch kein hoffnung, das es besser werd umb die cristenheit. [...] nit mag ein gemein reformation werden in der gantzen cristenheit. Aber in der sunderhait möcht yeglicher wol sein stat und jeglicher oberer sein underthon reformieren. Ein bischoff in seim bistumb, ein apt in seinem closter, ein rat sein stat, ein burger sein hauß, das wer leicht. [...] Darumb, so es so hart ist, die gantz cristenheit und die sundern stend zereformieren, darumb so stoß ein jeglicher sein haubt in ein winckel, in ein loch und sehe, das er gottes gebot halte und thü, das recht sei, damit das er selig werde.

Johannes Geiler von Kaysersberg, Ameise (gepredigt 1508) fol. 21 r-v.

Die erste noch zu Lebzeiten Geilers[1] verfaßte biographische Notiz über ihn verdanken wir Johannes Trithemius (1462-1516)[2], der den 49jährigen Münsterprediger im Jahre 1494 wegen dessen Bildung, Lebensführung, Redekraft und vor allem Schriften für bedeutend genug hielt, in seinen 'Liber de Scriptoribus Ecclesiasticis' aufgenommen zu werden[3]; im darauffolgenden Jahr räumte er ihm

---

[1] Über die bis 1910 erschienene Literatur zu Geiler unterrichtet recht gut Joseph M. B. Clauß (Kritische Uebersicht der Schriften über Geiler von Kaysersberg. In: HJb 31 (1910) S. 485-519); für die Zeit bis 1966 E. Jane Dempsey Douglass (Justification in late Medieval preaching. A study of John Geiler of Keisersberg. Leiden 1966 (= Studies in Medieval and Reformation Thought 1) S. 225-234); für die Zeit bis 1980 H. Kraume (Geiler, Sp. 1151 f.) und für die Zeit bis 1989 die Einleitung zu J. Geiler: Sämtliche Werke (Bd. 1, S. XXIII-XXXIX).

[2] Geiler traf mit ihm spätestens 1498 zusammen, als Trithemius in Geschäften seines Ordens in Straßburg weilte und der Prediger ihn in die Dombibliothek einführte; der gelehrte Gast konnte klären, daß ein bestimmter Psalter in tironischen Noten, nicht aber, wie fälschlicherweise angenommen, in armenischer Sprache verfaßt war. Trithemius war der erste, der nach Jahrhunderten des Vergessens wieder Kenntnisse von der antiken Kurzschrift hatte (vgl. K. Arnold: Johannes Trithemius (1991) S. 59).

[3] *Iohannes de Keysersberg: natione teutonicus, vir in divinis scripturis studiosus et eruditus, et saecularis philosophiae non ignarus, ingenio praestans, vita et conversatione praeclarus, declamator sermonum celeberrimus, qui in cathedrali ecclesia Argentinensi a multis annis praedicatoris gerit officium. Scripsit nonnulla commendanda opuscula, sed ad noticiam nostrae lectionis adhuc minime venerunt. Feruntur autem eius elegantes Sermones ad populum: liber i. Orationes variae ad clerum: liber i. Et quaedam alia. Magnis*

dann auch in seinem 'Cathalogus illustrium virorum' einen Platz ein[4]: Beide Werke haben in der Geschichte der Bibliographie und Literaturgeschichtsschreibung Epoche gemacht[5]. Drei Jahre später gab Jakob Wimpfeling (1450-1528)[6] die Briefe Peter Schotts d. J. (1458-1490)[7] heraus, aus denen wir Wichtiges vor allem zum Bekanntenkreis des Predigers erfahren[8]. Gut ein Dutzend Seiten widmete Wimpfeling der Straßburger Kirchengeschichte seit dem Jahre 1478 in seinem 'Cathalogus episcoporum' aus dem Jahre 1508[9], auf denen er an vielen Stellen auch auf den Prediger zu sprechen kommt[10].

Dieses Buch stellt die letzte noch während Geilers Leben erschienene biographische Informationsquelle dar, denn nur zwei Jahre später starb der Prediger. Noch im selben Jahr aber gab wiederum Wimpfeling zusammen mit einer Reihe von Lamentationen auf den toten Freund eine Vita heraus[11]. Seine Schrift ist zwar »auch als moralisch-kirchenpolitische Programmschrift«[12] zu kennzeichnen und trägt, vor allem in den Zusätzen einer späteren Ausgabe[13], stark autobiographische Züge[14], doch ist sie unbestritten eine erstrangige Quelle zu Geiler. Wimpfeling schrieb den Nekrolog, wie er sagte, zum Trost für die beiden Neffen seines toten Freundes, Konrad und Peter Wickgram, und damit die Leser zu Gebeten für Geilers

---

hic sumptibus et labore diuturno collegit opera Iohannis Gerson, quorum multa ex Gallia tandem ad nos perduxit, dividens ea in tres partes ordine pulcherrimo ac tabulam utilem admodum conficiens, id totum impressurae donavit. Vivit adhuc in civitate Germaniae Argentinensi ac varia componit sub Maximiliano romanorum rege clarissimo. Anno Domini 1494 (J. Trithemius: Liber de Scriptoribus Ecclesiasticis (1494) fol. 133 v); den Artikel von Trithemius greift ein halbes Jahrhundert später Conrad Gesner wieder auf (Bibliotheca universalis (1545) fol. 419 v-420 r). Vgl. unten bei Anm. 21.

[4] J. Trithemius: Cathalogus illustrium virorum (1495) fol. 60 r-v.

[5] Vgl. D. Mertens: Jakob Wimpfeling. In: Humanismus im deutschen Südwesten. Biographische Profile (1993) S. 42.

[6] Vgl. zu ihm und zu seiner Beziehung zu Geiler unten S. 138-140.

[7] Vgl. zu ihm und zu seiner Beziehung zu Geiler unten S. 130-133.

[8] P. Schott: Lucubraciunculae (1498); die Benutzung wird erleichtert durch eine moderne Edition samt einem Kommentarband: ders.: The Works Bd. 1 (1963) und Bd. 2 (1971).

[9] J. Wimpfeling: Cathalogus episcoporum (1508) fol. 62 v-68 v.

[10] Auf Wimpfeling vor allem griff gut 100 Jahre später Oseas Schad in seinem 'Münsterbüchlein' zurück, als er das Kapitel über die Prädikatur schrieb (Münster (1617) S. 81-87).

[11] J. Wimpfeling: Planctus et lamentatio (1510); vgl. Verzeichnis der Lamentationen auf Geiler in dieser Arbeit (unten VII, 8).

[12] Otto Herding in: J. Wimpfeling/B. Rhenanus: Das Leben Geilers (1510) S. 42 (Einleitung).

[13] Erweiterte Ausgabe in: J. Geiler: Sermones et tractatus (1518).

[14] Vgl. Otto Herding in: J. Wimpfeling/B. Rhenanus: Das Leben Geilers (1510) S. 37 f.

Seelenheil wie zur Nachahmung von dessen vorbildlichem Leben bewegt würden[15]. Nicht nur der 60jährige Wimpfeling unternahm es in Geilers Todesjahr, über ihn zu schreiben. Auch der noch keine 25 Jahre alte Beatus Rhenanus (1485-1547)[16] verfaßte 1510 eine Biographie[17]. Während die Vita Wimpfelings vor allem deshalb wertvoll ist, weil sie aus der Feder eines alten Freundes und Weggefährten Geilers stammt, erfahren wir aus dem Werk des Rhenanus viele zusätzliche Details, die dieser seiner persönlichen Bekanntschaft mit dem Prediger, dessen langjährigem *famulus* Gangolf Steinmetz[18] und einem Kalender aus dem Besitz des Toten verdankte, in den Geiler gelegentlich Notizen gemacht hatte[19].

Vor allem aus dem Erstlingswerk von Beatus Rhenanus schöpfte denn auch Maternus Berler (1487-1555), der im Jahrzehnt nach Geilers Tod eine deutsche Chronik verfaßte und darin den Prediger und seine Schriften ausführlich würdigte[20]. Aus dieser Kompilation erfahren wir daher wenig, was wir nicht schon aus den beiden Lebensbeschreibungen wüßten. Keine neuen Erkenntnisse zu Geilers Leben bringen auch die kürzeren Artikel, die in einem bio-bibliographischen Werk des Zwinglianers Konrad Gesner (1516-1565) von 1545[21] und in den in seiner Tradition stehenden Büchern gleichen Genres aus der zweiten Hälfte des 16. Jahrhunderts zu finden sind: Sie zählen neben den zumeist falschen Lebensdaten lediglich einige wenige seiner Werke auf[22].

---

[15] In der Dedicatio an Philipp von Bayern, Bischof von Freising: Heidelberg 24. 4. 1510 (J. Wimpfeling: Das Leben Geilers (1510) S. 53 Z. 20-24).

[16] Lateinschule in Schlettstadt um 1491-1503; Univ. Paris 1503, bacc. art. 1506, lic. und mag. art. 1507; Schlettstadt 1507; Basel 1511-13; vgl. zu ihm Ulrich Muhlack in: Humanismus im deutschen Südwesten. Biographische Profile (1993) S. 195-220.

[17] B. Rhenanus: Ioannis Geileri vita (1510); 5 weitere Editionen der Schrift in den 11 folgenden Jahren: 1511, 1513, 1515, 1518, 1521 (vgl. zu den verschiedenen Ausgaben G. Knod: Zur Vita Geileri des Beatus Rhenanus (1886)); Dedikationsepistel an Jodocus Gallus (Jost Galtz): Schlettstadt 15. 5. 1510; beide Lebensbeschreibungen sind ediert und kommentiert in: J. Wimpfeling/B. Rhenanus: Das Leben Geilers.

[18] Gangolf Steinmetz (Lapicida) von Lützelstein (La Petite Pierre); 1484 als Famulus von Peter Schott d. J. in Paris; bacc. art. 1488; mag. art. 1490; Priesterweihe (vgl. P. Schott: The Works Bd. 2, S. 760); *Gangolfus Lapicida de Lützelstein clericus Argentinensis dioecesis* war einer der Zeugen in Geilers Testament vom 30. 4. 1505 (T. W. Röhrich: Testament Geilers (1848) S. 585).

[19] *Adiuvit nos in hac re partim Gangolyphus Lucelsteinus religiosus sacerdos, qui viro huic multis annis fideliter ministravit, partim kalendarium quoddam antiquum, in quo varia diligenter signata comperi* (B. Rhenanus in: Das Leben Geilers (1510) S. 96 Z. 189-192).

[20] M. Berler: Chronik (1510-20) S. 111-120.

[21] Conrad Gesner: Bibliotheca vniversalis, sive Catalogus omnium scriptorum locupletissimum [...]. Tiguri (Christophorus Frosch) 1545, fol. 419 v-420 r.

[22] Konrad Lycosthenes: Elenchvs scriptorvm omnivm, vetervm scilicet ac recentiorum [...]. Basileae (Johannes Oporinus) 1551, Sp. 552 f.; Josias Simler: Bibliotheca institvta et

Für die nachreformatorische Zeit bis weit hinein in diejenige der etablierten Geschichtswissenschaft ist kennzeichnend, daß man Geiler nur gebrochen im Spiegel der Reformation sehen konnte[23]. Er galt zumeist als ein 'Reformator vor der Reformation', und zwar unabhängig von der Konfession der Autoren. Geiler starb zwar sieben Jahre bevor Luther mit seinen Thesen an die Öffentlichkeit trat und bevor jene Ereignisse stattfanden, die mit der Reformation der Kirche eine neue Epoche in der deutschen Geschichte einleiteten, doch wurde er, der eifrige Reformer auch in Kirchensachen, schon bald nach 1517 von den Neugläubigen als einer von denen betrachtet, die Luther in den Sattel geholfen hätten[24]. Dabei hatte Geiler niemals grundsätzliche Kritik an der kurialen Zentralisation oder am Benefizialwesen geübt[25]. Als Berater verschiedener Dominikanerinnen-Klöster setzte er sich für strenge Regelbeachtung ein und schuf damit sogar eine Grundlage dafür, daß sich diese später als besonders resistent gegen die neue Lehre erwiesen[26].

Die Reformation wurde von ihren Historiographen heilsgeschichtlich bewertet, und im Kontrast zu dieser Verherrlichung hat man die unmittelbar voraufgegangene Zeit verdüstert. Wer nicht in das Schattenbild einer verfallenen, dem Untergang geweihten Welt paßte, wurde zu einer Präfiguration des Künftigen verklärt: Man glaubte, wie es für den Jesus des Neuen Bundes Propheten aus der Zeit des Alten gegeben habe, so müsse es analog auch für den Luther der Reformationszeit Wegbereiter aus der 'Vorreformationszeit' geben[27]. Zu einem dieser Vorboten wurde ungerechtfertigterweise Geiler erkoren, und lange Zeit konnte man in ihm nichts anderes erkennen als einen Moses, der das gelobte Land zwar gesehen, doch nicht erreicht, oder einen Johannes den Täufer, der die Erlösung zwar zu

---

collecta primvm Conrado Gesnero, deinde in Epitomen redacta & nouorum Librorum accesione locupletata [...]. Tiguri (Christophorus Frosch) 1574, S. 371.

[23] Das wurde schon im 19. Jh. bemerkt; 1877 schrieb bspw. der Protestant Rodolphe Reuss in seiner Rezension der Lebensbeschreibung von L. Dacheux (Un réformateur catholique (1876)), die Biographie Geilers sei »un sujet, traité jusqu'ici presqu'exclusivement au point de vue de la Réforme« (RevAls NF 6 (1877) S. 384); vgl. auch das Fazit des Literaturberichts von J. M. B. Clauß: »Es war bis auf Dacheux bei den Protestanten eine ausgemachte Sache, daß Geiler einer der mächtigsten V o r l ä u f e r der Reformation gewesen« (Kritische Uebersicht (1910) S. 489).

[24] Vgl. allgemein zu den Äußerungen der Straßburger Prediger zur Kirchenreform vor der Reformation Fr. Rapp: Reformatio: ce qu'en disaient les prédicateurs. L'exemple Strasbourgeois (1420-1518) (1985).

[25] J. Wimpfeling nennt Geiler 1505 in einem Brief *libertatis ecclesiastice* [d. i. der geistlichen Privilegien] *ac apostolice sedis invictissimo propugnator* (J. Wimpfeling: Briefwechsel Bd. 2, Nr. 191 S. 510).

[26] Fr. Rapp: Geiler (1967) Sp. 178.

[27] Vgl. P. Wunderlich: Die Beurteilung der Vorreformation in der deutschen Geschichtsschreibung seit Ranke (1930).

Recht verhießen, doch selbst nicht mehr erlebt habe[28]. Im Gegenzug wurde er für die Altgläubigen zu einem jener Ketzer, die in ihren Augen die Fundamente der Kirche unterhöhlt hätten.

Die Protestanten sahen in Geiler also den verehrenswerten, die Katholiken den verachtenswerten Vorläufer Luthers. Wie eine Barriere lag über lange Jahrhunderte hinweg die Schwelle der Reformation vor einer nüchternen Beurteilung des Predigers. Dies stellt einen symptomatischen Einzelfall dar: Dem 15. Jahrhundert sollte es insgesamt nicht anders ergehen[29] – mit dem Unterschied, daß Geiler als Bote eines vermeintlich Besseren von protestantischer Seite in hellen Farben gesehen wurde, während sein Jahrhundert durch die angebliche Verfallenheit in Finsternis getaucht wurde. Seinen Ausgang nahm diese retrospektive Wertung bereits in den ersten Jahren der Glaubensspaltung, und zwar von evangelischer Seite aus.

Johannes Oekolampad (1482-1531), der sich bald für den neuen Glauben stark machen sollte, erinnerte sich 1518 voller Hochachtung an den verstorbenen Straßburger Münsterprediger und nahm an, daß auch sein Korrespondenzpartner Wolfgang Capito (1478-1541), später einer der Reformatoren des Elsaß, ihn verehre[30]. Drei Jahre später rechnete ihn eine kurz vor Anfang oder zu Beginn des Wormser Reichstags verfaßte Flugschrift neben Wimpfeling, Krafft und Oekolampad zu den Helfern derer, die *die ersten stain gelegt alles hails*, worauf später die 'Gottesboten' Luther und Hutten hätten bauen können[31]. Zum Jahr 1522 erfahren wir – allerdings aus einer wenig zuverlässigen und späten Quelle[32] –, ein päpstlicher Gesandter habe den Straßburger Ratsherren zum Vorwurf gemacht, daß in der Stadt Luthersche Schriften verkauft und gelesen würden. Darauf hätten sich jene unter anderem mit dem Verweis auf ihren Münsterprediger gerechtfertigt, der ja bereits 20 Jahre zuvor, *lang vor dem Luther [...] stets wider den geistlichen geitz, hurerey und aererlich leben lang im münster gepredigt und solches hartt gestrafft habe*[33].

---

[28] Vgl. unten S. 29, 26 und 27.

[29] Vgl. H. Boockmann: Das 15. Jahrhundert und die Reformation (1994) S. 11 f.

[30] Brief von Oekolampad an Capito (abgedruckt in: 'De risu paschali') vom 18. 3. 1518: *Joannes Keysersbergius venerandae recordationis, olim Argentini concionator tibique amicissimus* (Briefe und Akten zum Leben Oekolampads Bd. 1, S. 56 Nr. 35).

[31] *Obgemelte zwen man* [sc. Reuchlin und Erasmus] *haben die ersten stain gelegt alles hails, denen auch vyl andere neben behilfflich sind gesin als Jacob Wimpffling, doctor Johan von Kaysersperg im Elsaß, doctor Vlrich Krafft von Vlm, Johan Eckolampadius in Schwaben mit iren anhangen. Dise zwen gottes botten sind Martinus Luther und Vlrich von Hutten* (J. Eberlin von Günzburg: Der erste Bundesgenosse (vollendet vor Oktober 1521) S. 3 f.).

[32] Vgl. unten Anm. 48.

[33] D. Specklin: Collectanea (1587) Nr. 2228.

Im Jahr nach dem Augsburger Religionsfrieden wurde dann die Zuordnung Geilers zu den 'Vorreformatoren' zementiert, als ihn der lutherische Theologe Matthias Flacius Illyricus (1520-1575) – wie übrigens auch den altgläubig gestorbenen Jakob Wimpfeling[34] – zu den 'Zeugen der Wahrheit' zählte, die bereits vor Luther den Papst angefochten hätten: Flacius erklärte den Prediger zum Propheten Luthers, ja, er schreibt, Geiler habe sich gar gewünscht, jenen Tag noch zu erleben, an dem ein solcher Reformator auf Erden erscheine, um dessen Schüler werden zu können[35]. Damit war Geiler dauerhaft für den Protestantismus reklamiert. Und daran änderte auch nichts, daß ein lutherischer Stiftsprediger wie Wilhelm Bidenbach (1538-1572) in seinem im Jahre 1569 *wider das unverschämt leugnen und rhümen der jetzigen bäpstischen schreier und schreiber* erschienenen Buch zwar einerseits ganz im Sinne Flacius' meint, man müsse Geiler *in ettlichen stucken schier halb lutherisch oder zum wenigsten erasmisch sein lassen*, ihn aber andererseits der 'Papisten besten einer' nennt, aus dessen Schriften man den zweifelhaften Charakter der katholischen Lehre durchaus klar herauslesen könne[36].

Nur drei Jahre nach der ersten Auflage der 'Testes' von Flacius sanktionierte Rom die getroffene Zuordnung gleichsam und verbot mit dem während des Tridentinums von Paul IV. herausgegebenen ersten römischen 'Index librorum prohibitorum' sämtliche Schriften und Bücher des Predigers[37]. Es waren wohl neben der Rolle, die ihm Flacius zugedacht hatte, in erster Linie die in ihrer Sprache besonders deftigen Editionen Jakob Otthers (1518-1522)[38], der früh Anhänger Luthers wurde, denen der Prediger jenen Eintrag zu verdanken hatte, wie denn Geilers

---

[34] Vgl. D. Mertens, Jakob Wimpfeling in: Humanismus im deutschen Südwesten. Biographische Profile (1993) S. 38.

[35] *Doctor Iohannes Keisersbergk, pius (ut opinor) homo* [...]. *Saepe dicitur solitus queri corruptam esse religionem ac praedicere venturum quendam divinitus excitatum, qui eam instauret optavitque videre diem illam et esse eius discipulus* (M. Flacius: Catalogus testium veritatis, qui ante nostram aetatem reclamarunt Papae (1556) S. 998 f.); vgl. zum Catalogus Th. Haye: Der *Catalogus testium veritatis* (1992).

[36] W. Bidenbach: Das verleugnete Bapstumb (1569) fol. Bii v (Vorrede); *auß der papisten, unnd sonderlich D. Keyserspergs, wölcher der besten einer gewesen, schrifften klar unnd teutsch vernommen, daß die bäpstisch lehr, als ein rechte zweifellehr, ja verzweiflete abgötterey alle fürnemste stuck unsers unnd ihres eignen glaubens als die gebott gottes, guotte unnd böse werck, sünd und liebe, buoß, rew, beicht, absolution und gnuogthuon, meß unnd tauff, gebett unnd glauben, ja alle gnad und freundschafft gottes, verzeihung der sünden, ewige fürsehung unnd erwöhlung, ewigs leben und seligkeit und also das gantze christenthumb ungewiß und zweifelhafftig gemacht* (ebd. S. 168).

[37] *Joannes Keyserspergius* wird gezählt unter diejenigen *auctores, quorum libri et scripta omnia prohibentur* (Index von 1559 in: H. Reusch: Die Indices librorum prohibitorum des sechzehnten Jahrhunderts (1886) S. 191).

[38] Vgl. zu ihm unten S. 135 Anm. 31.

Narrenschiffpredigten im Index auch nur unter ihrem Herausgebernamen 'Otther' zu finden sind[39]. Durch die Indizierung war Geiler während der folgenden drei Jahrhunderte für die katholische Literatur in aller Regel tabu. So erwähnte ihn beispielsweise Wilhelm Eisengrein (1535-1578), der eifrig für die katholische Restauration in Bayern arbeitete, in seinem Katalog altgläubiger Schriftsteller, dem Gegenstück zu den 'Testes' von Flacius, nicht[40]. Eine Ausnahme bildet der 'Apparatus sacer'[41] des italienischen Jesuiten Antonio Possevin (1533-1611) aus dem Jahre 1608. Possevin wagte es, unter den Theologen, die *contra hereticos egerunt*, Geiler anzuführen, ohne auf seine Indizierung hinzuweisen[42].

Bald eineinhalb Jahrhunderte mußten daraufhin vergehen und die Aufklärung ihre Wirkung entfalten, bis der Prediger regelmäßig in Bibliographien auch von Katholiken angeführt wurde. Mit starken Worten, doch noch vergeblich, bemühte sich etwa der Jesuitenschüler Johann Nikolaus Weislinger (erwähnt 1721 bis 1751)[43], den Prediger für die eigene Konfession zurückzugewinnen: *Ich sage mit Fleiß, daß D. Johann Geiler Ertz=Catholisch gewesen, ich habe es auch hieoben [...] wider das Lügen=Geschwätz der umherbellenden Ketzer gründlich erwiesen*[44]. Das war nicht nur polemisch, sondern auch mutig, da Geilers Schriften nach wie vor von der Indexkongregation indiziert wurden und es auch noch bis in die letzten Jahre des 19. Jahrhunderts blieben[45].

---

[39] *Certorum auctorum libri prohibiti: Jacobi Ottheri Sermones. Item Speculum fatuorum* [d. i. J. Geiler: Navicula fatuorum (1510)] (Reusch: Die Indices librorum prohibitorum des sechzehnten Jahrhunderts (1886) S. 192).

[40] W. Eisengrein: Catalogvs testivm veritatis locvpletissimvs, omnivm orthodoxae matris ecclesiae Doctorum [...]. Dillingae (Sebald Mayer) 1565.

[41] A. Possevin: Apparatus sacer Ad scriptores vetis et noui Testamenti Eorum interpretes, synodos et Patres Latinos ac Graecos. Horum versiones. Theologos Scholasticos quique contra hereticos egerunt chronographos et Historiographos Ecclesiasticos. Eos qui casus conscientiae explicarunt. Alios qui Canonicum jus sunt interpretae. Poetas Sacros, Libros pios, quocumque idiomate conscriptos [...]. Bd. 1. Coloniae Agrippinae (Johannes Gimnicus) 1608, S. 879 f.

[42] Dabei werden zu Anfang des Werks von Possevin die auf dem Index von Papst Clemens VIII. stehenden Autoren genannt; allerdings findet man den Namen Geilers in diesem Index lediglich im Appendix, der auf den Index von Pius IV. zurückgreift (H. Reusch: Drei deutsche Prediger auf dem Index (1880) S. 24).

[43] Vgl. zu ihm Johann Heinrich Zedler: Grosses vollständiges Universal Lexicon Bd. 54 (1747) Sp. 1432-1439.

[44] J. N. Weislinger: Armamentarium catholicum (1749) S. 323; vgl. auch die bewußt Flacius entgegengehaltene Bezeichnung *Catholicus testis* (ebd. S. 285) und *noster Catholicissimus Geilerus* (ebd. S. 287).

[45] Der Eintrag ist im Alphabet manchmal bei Jakob Otther (Index von 1564 in: H. Reusch: Die Indices librorum prohibitorum des sechzehnten Jahrhunderts (1886) S. 269) oder *Joannes Cheyserspergensis* zu suchen (Index von 1590 ebd. S. 489); der Eintrag im Index von 1876, dem Jahr des Erscheinens der großen Biographie von Dacheux, lautet: »Geyler Joan.

Der Protestant Nikolaus Reusner (1545-1602) hatte demgegenüber in seinen 'Icones' aus dem Jahre 1587 keine Probleme, Geiler mit Text und Bild in eine Reihe mit Häretikern oder Reformatoren wie Hieronymus von Prag, Hus, Oekolampad, Zwingli, Eobanus Hessus, Hutten, Calvin und eben Luther zu stellen[46]. Dieser Tendenz schloß sich auch die evangelische Lokalhistorie in Straßburg an, als der eifrige Protestant Daniel Specklin (1536-1589)[47] dem frommen Priester Geiler in seinen im gleichen Jahr abgeschlossenen handschriftlichen Vorarbeiten zu einer Chronik Worte in den Mund legte, die er so nie gesagt haben dürfte[48]. Folgerichtig setzen bis Anfang des 19. Jahrhunderts etwa auch die Straßburger Verzeichnisse der evangelischen Münsterprediger mit Geiler ein[49].

Keiserspergius. 1. Cl. App. Ind. Trid. - Navicula, sive speculum fatuorum a Iacobo Otthero collecta. - Sermones de oratione dominica a Iacobo Otthero collecti« (Index librorum prohibitorum (1876) S. 130); noch der Index des Jahres 1895 enthält einen Hinweis auf Geiler (dass. (1895) S. 130), der erst mit der Neufassung des Index durch Leo III. im Jahre 1900 verschwand.

[46] Nikolaus Reusner: Icones sive imagines virorvm literis illvstrivm qvorvm fide et doctrinâ religionis & bonarum literarum studia, nostrâ patrumque memoriâ, in Germaniâ præsertim, in integrum sunt restituta. Additis eorundem elogijs diversorum auctorum. Argentorati (Bernhard Jobin) 1587 (ND Leipzig 1973) fol. Biii r-Biiii r; auch in der Auflage von 1590, S. 25-27.

[47] Geb. und gest. Straßburg; Architekt, Chronist, Holzschneider; Stadtbaumeister von Straßburg 1577.

[48] 1492 habe Geiler in Bezug auf die Kirche gesagt: *Es muß brechen* (nach A. Stöber: Geiler (1834) S. 24 A. 46); in einer Predigt an Mariae Himmelfahrt (15. August) desselben Jahres habe er im Beisein König Maximilians gesagt: *Als ich aber unsern gnaedigen bischoff, Jesus Christus, recht berichtet habe, hoere ich, so wird er andre reformatoren schicken, die es besser verstehen werden. Sie sind schon mit der bullen auf dem weg; ich werd es nit erleben, aber eure viel werden's sehen und erleben. Da wird man mich gern haben wollen und folgen, aber da wird kein hülff noch rath mehr seyn. Darum wolle jedermann dencken, das es ausbreche. Koenig Maximilianus hat am imbis, als bischoff Albrecht und andre mit ihm assen mit grossem ernst solches vermeldt und gewarnet und doch D. Kaysersbergers hoeflichkeit wohl moegen lachen. Dieser Maximilianus hat auch D. Luthers reformation erlebt, wird gewiss offt an D. Kaysersberger gedacht haben* (D. Specklin: Collectanea in usum chronici argentinensis (1587) Nr. 2167); 1504 habe Geiler erneut in einer Predigt im Beisein Maximilians die Reformation prophezeit: *Do hat Dr. Kaysersberger am end seine predig abermahlen der reformation gedacht: Will pabst, bischoff, kayser, koenig nit reformiren unser geistloss, verrucht, gottlos liben, so wird gott einen erwecken der es thun muss und die fallene religion wider aufrichten. Ich wünsche den tag zu erleben und sein jünger zu sein, aber ich bin zu alt; euer viel werdens erleben. Ich bitt euch, dencken an mich, was ich sag* (ebd. S. 478 Nr. 2190); vgl. oben Anm. 35; was von Specklin zu halten ist, kann man daran ermessen, daß er aus dem 1490 an der Pest verstorbenen Peter Schott d. J. einen protoreformatorischen Märtyrer macht, der, nachdem er geistliche Mißbräuche gegeißelt habe, von der Köchin eines Propsts deswegen vergiftet worden sei (ebd. Nr. 2163).

[49] *Catalogus Omnium Evangelicorum Praedicatorum [...] Argentinensium ab initio Re-*

Der in Schlesien gebürtige kalvinistische Lexikograph Melchior Adam (gest. 1622), der in Heidelberg Theologie studiert hatte und einer der ersten war, die biographische Nachschlagewerke in großem Stil verfaßten, sah drei Jahrzehnte nach Specklin und zwei Jahre nach Ausbruch des Dreißigjährigen Krieges in Geiler ebenfalls einen Vorkämpfer und Propheten der evangelischen Sache[50]. Und auch hundert Jahre danach legte ein nicht namentlich genannter 'Diener des Göttlichen Wortes' das Schicksal des »Pfarrers zu Straßburg« seinen evangelischen Glaubensanhängern 'zur geheiligten Übung' nahe[51].

Nachdem Geiler im Jahre 1735 in der ausführlichen Bibliographie mittelalterlicher lateinischer Schriftsteller des evangelischen Theologen, Philologen und Historikers Johann Albert Fabricius (1668-1736) angeführt worden war[52] und der Prediger im gleichen Jahr von Johann Heinrich Zedler (1706-1763), der sich in den Jahren zuvor mit einer gewaltigen Lutherausgabe einen Namen gemacht hatte[53], in seinem noch gewaltigeren Universallexikon mit einem knappen Artikel aufgenommen worden war[54], mußte noch ein halbes Jahrhundert vergehen, bevor sich jemand ausführlicher wenigstens mit Geilers Universitätszeit beschäftigte. Joseph Anton Stephan Riegger (1742-1795), der in Wien eine Jesuitenschule besucht hatte, danach aber in eine Freimaurerloge eingetreten war, lehrte als Rechtsprofessor in Freiburg im Breisgau, als er in seinen 'Amoenitates literariae Fri-

---

formationis sive anno 1478 ad nostra tempora. Hohen Stiffts Prediger: D. Johann Geyler von Keysersberg. Erwählt 1478. Gestorben 1510 (von Jacob Wencker; wohl Entwurf zu seiner Chronik AST 165, 2 fol. 121 r-130 v; spätestes Datum 1741 fol. 122); weitergeführt als *Verzeichnuß der Herren Praesidenten, Pastorum Diaconorum, Pastorum Ruralium, Seminaristarum, Frantzösischer Prediger p Von der Reformation Biß auff unsre Zeit* (Eintrag zu Geiler fol. 1 r; letzter Eintrag 1772); *Catalogus Aller Herren Praesidenten, Hohen Stiffts Frey und Vice Frey Predigern, wie auch aller Herren Pfarrern Helfern und Abend-Predigern, Auffstellungen und Wahlen der Sieben Evangelischen Pfarr-Kirchen, der Herren Frantzösischen und Teutschen Hostpials Prediger in alhiesiger Stadt Straßburg, wie Selbige von Anfang der Reformation bis auf jetzige Zeiten in richtiger Ordnung gefolget sind* (Eintrag zu Geiler fol. 29 r; letzter Eintrag 1821, geschrieben wohl 1817, vgl. fol. 1 r; AST 308 b).

[50] Melchior Adam: Vitae Germanorum Theologorum, qvi superiori seculo ecclesiam christi voce scriptorisque propagarunt et propugnarunt. congestae & Ad annum usque 1618 deductae a Melchiore Adamo. Haidelbergae 1620, S. 6-11.

[51] Johann Geylers von Keysersberg Bildnis und Leben. In: Fortgesetzte Sammlung von alten und neuen theologischen Sachen, Büchern, Urkunden, Controversien, Veränderungen, Anmerckungen, Vorschlägen u. d. g. zur geheiligten Ubung [!] in beliebigem Beytrag ertheilet von einigen Dienern des Göttlichen Wortes. Leipzig 1721, S. 5-8 (Zit. S. 7).

[52] Jo[hann] Albert Fabricius: Bibliotheca latina mediae et infimae aetatis. Bd. 9 Hamburgi 1735, S. 222-224.

[53] Lutherausgabe in 22 Foliobänden 1728-1734.

[54] Grosses vollständiges Universal Lexicon. Bd. 10 Halle/Leipzig 1735 (ND Graz 1982 u. ö.) Sp. 636 f.

burgenses' auf über 40 Seiten vor allem auf Geilers dortige Zeit zu sprechen kam. Riegger schöpfte vornehmlich aus dem Freiburger Universitätsarchiv und orientierte sich an der Vita des Beatus Rhenanus. Er fügte eine Bibliographie von Werken Geilers, ein Porträt sowie einige Briefe und Facsimilia seiner Handschrift bei[55]. Der Wert dieser Darstellung beruht vor allem auf den vielen wörtlichen Quellenzitaten und den teilweise allein hier gedruckten Briefen.

Nur ein Jahr nach Riegger griff der aus einem pietistischen Landpfarrerhaus stammende Christoph Martin Wieland (1733-1813)[56] in seinem 'Teutschen Merkur', einer Zeitschrift, die großen Einfluß auf Geschmack und Geist des deutschen Bürgertums gewann, auf das zwei Jahrhunderte zuvor erschienene 'Deutsche Nationalheldenbuch' des evangelischen Historikers und Theologen Heinrich Pantaleon (1522-1595) aus Basel zurück, das ebenfalls die Mär vom Lutherpropheten Geiler verbreitet hatte[57], und machte die Schriften des Predigers der literarisch interessierten 'Gelehrtenrepublik' bekannt[58]. Ganz im Sinne einer Zeit, die die mittelalterliche Geschichte als einen konsequent auf Luther zulaufenden Verfallsprozeß verstand[59], wurde die angebliche Prophetie der Reformation auch noch in der zweiten Hälfte des 18. Jahrhunderts kritiklos hingenommen, weil, wie im Merkur zu lesen stand, zu Geilers Zeit jeder weltkluge Mann sie vorhergesehen habe[60]. Nicht zuletzt durch diesen Artikel wurde die deutsche Philologie, die sich ja während der Romantik mit gesteigertem Interesse gerade dem Mittelalter und seiner Kultur zuwandte, auf Geiler aufmerksam: Ein Jahrzehnt nach Wielands Artikel erschien die erste Dissertation über Geilers deutsche Schriften[61],

---

[55] J. A. Riegger: Amoenitates Bd. 1 (1775) S. 54-96.

[56] Vgl. zu ihm Th. C. Starnes: Christoph Martin Wieland. Leben und Werk. Aus zeitgenössischen Quellen chronologisch dargestellt. 3 Bde (1987).

[57] *Dieser Johannes hat frey heitter härauß gesagt: es seye die Religion verderbt / und werde einer von Gott bald erwegt / welcher diese erneüweren solle. Er begeret auch von hertzen diesen tag zuerhalten* (Heinrich Pantaleon (Gassmann): Der Ander Theil Teutscher Nation Warhafften Helden [...]. Basel (Lienhart Ostein) 1578, S. 578); vgl. auch ders.: Prosopographiae herovm hiqve illustivm virorvm totivs Germaniae [...]. Basileae (Nicolaus Brylinger) T. 2 1565, S. 474 zu Geiler.

[58] [Christoph Martin Wieland], Nachrichten von D. Johann Geiler von Kaysersberg. (D. Heinrich Pantaleons Teutsch. Nation Heldenbuch, II. 578.). In: Der Teutsche Merkur April (1776) S. 111-113. Supplement zu den Nachrichten von Doct. Johann Geiler von Kaisersberg. November (1783) S. 121-144 und Dezember (1783) S. 193-212.

[59] Vgl. H. Boockmann: Das 15. Jahrhundert und die Reformation (1994) S. 12.

[60] Der Teutsche Merkur April 1776, S. 113 Anm. **.

[61] Ludwig Friedrich Vierling: De Johannis Geileri caesaremontani vulgo dicti von Keysersberg scriptis germanicis (Disputatio unter dem Vorsitz von Jeremias Jakob Oberlin). Argentorati 1786; die Arbeit ist wahrscheinlich von Jeremias Jakob Oberlin geschrieben; vgl. dazu die Ergänzungen von Zapf in: Allgemeiner literarischer Anzeiger. Leipzig. 6 (Nr. 61 vom 21. 4. 1801) Sp. 585-588.

und in den ersten Jahren des 19. Jahrhunderts nahm ihn der Lutheraner Karl Heinrich Jördens (1757-1835) in sein sechsbändiges 'Lexikon deutscher Dichter und Prosaisten' auf, zählte ihn aber, der Tradition folgend, weiterhin unter die Vorbereiter der Reformation[62].

Etwa gleichzeitig geriet Geiler auch wieder stärker ins Blickfeld der protestantischen Theologie. Nachdem im Jahre 1804 der fränkische Aufklärungstheologe Christoph Friedrich von Ammon (1766-1850), der damals in Göttingen als Theologieprofessor, Konsistorialrat und Universitätsprediger wirkte, in seiner Geschichte der Homiletik ausführlich auf Geiler eingegangen war[63], verfaßte zwei Jahrzehnte später sein Namensvetter Friedrich Wilhelm Philipp von Ammon (geb. 1791, lebte 1829 noch), der Diakon, Prediger, Theologieprofessor und Direktor des homiletischen und katechetischen Seminars in Erlangen war, eine besonders an Geiler als Prediger interessierte, allerdings recht fehlerhafte Biographie[64]. Ammon meinte, Geilers Theologie verdiene »auch darum die Aufmerksamkeit der Forscher, weil sie unzweideutige Belege der Behauptung (enthalte), daß die Reformation zum Theil schon vor der Reformation gepredigt wurde.«[65]

Wenn es nach dem elsässischen evangelischen Predigersohn und Pfarrer Timotheus Wilhelm Röhrich (1802-1860) und seiner 'Geschichte der Reformation im Elsaß' aus dem Jahr der französischen Julirevolution gegangen wäre, hätte es für Geiler sogar nur einer Romreise und eines Blickes in die verkommene Kurie bedurft, und er hätte das Geschäft mit der Reformation gleich selbst in die Hand genommen[66]. Zwanzig Jahre später behauptete er: »Doch Geiler's prophetischer

---

[62] K. H. Jördens: Lexikon deutscher Dichter und Prosaisten. Bd. 2 (1807) S. 589-607 und Bd. 6 (Supplemente, 1811) S. 383-385; »Er wird daher [sc. wegen seiner Kirchenkritik] nicht mit Unrecht zu den Männern gezählt, welche Luthers Reformation mit vorbereiten halfen« (ebd. Bd. 2, S. 590).

[63] Christoph Friedrich von Ammon: Geschichte der Homiletik. Bd. 1 Göttingen 1804 (= Geschichte der Künste und Wissenschaften 1. Abth. Theologie 3, 1); »Ungleich wichtiger [als Aelius Antonius von Nebrissa auch de Lebrixa] ist der langjährige Prediger an der Hauptkirche zu Straßburg, Johann G e i l e r von Kaisersberg, ein Mann, der bei seinen vielen Kenntnissen und bei seiner großen Originalität und Rechtschaffenheit eine ausführliche Biographie verdienen würde, wenn die hierüber vorhandenen Nachrichten [verweist auf die Nekrologe von Wimpfeling und Rhenanus und die Dissertation von Vierling] nicht zu unvollständig und zu unbedeutend wären« (ebd. S. 217).

[64] Friedrich Wilhelm Philipp von Ammon: Geiler von Kaisersbergs Leben, Lehren und Predigen. Erlangen 1826. 43 S.

[65] Ebd. S. IV.

[66] »Es hätte vielleicht für unsern Geiler nur einer Reise nach Rom bedurft und des Anschauens des geistlichen Lebens unter den Augen des Pabsts selbst und einiger begünstigenden Umstände, um ihn, wie Luther, als Reformator selbst auftreten zu machen; eine Feuerseele, Einsicht und Biederkeit hatte er wie jener« (T. W. Röhrich: Geschichte der Reformation im Elsaß (1830) S. 71); »kein Zweifel, daß ihm der erste Rang unter den

Geist, ein Johannes der Reformation, sah sie kommen in naher Ferne und er verkündete sie«[67].

Eher als Röhrich wurde ihm der Straßburger Dichter und Prediger Daniel August Ehrenfried Stöber (1808-1884) gerecht, der im Jahre 1834 am protestantischen Seminar zu Straßburg zur Erlangung des Grades als Baccalaureus eine Arbeit einreichte, die sich auf 43 Seiten mit dem Leben und den Schriften des Predigers auseinandersetzte[68]. Er bescheinigte ihm als einer der ersten Protestanten, daß er grundsätzlich kirchentreu – und das meint hier katholisch – gewesen sei[69]. Doch konnte sich diese Wertung noch nicht durchsetzen, denn nur wenige Jahre später rechnete der reformierte Pastor Karl Ullmann (1796-1865) den Prediger in einem populären Werk, das in seinen Deutungsmustern noch ganz der Tradition von Matthias Flacius und dessen 'Testes' oder 'Historia Ecclesiastica' von 1559 verhaftet blieb, wieder unter die 'Reformatoren vor der Reformation'[70].

Ganz in Ullmanns Sinne kam dann im Jahr der Märzrevolution das Büchlein des Straßburger Lehrers und Pastors Friedrich Wilhelm Edel (1787-1866)[71] heraus, der Geiler mit Hilfe Specklins und einiger Auszüge aus den Predigten als 'Vorarbeiter der Reformation' in 'neue Erinnerung' bringen wollte[72]. Dies ist Edel offenbar geglückt, da der Prediger auch ein Jahrzehnt später mit fast den gleichen Worten in einem Artikel des evangelischen Geistlichen und schweizerischen Hi-

---

Zeugen der Wahrheit in der elsässischen Kirche gebührt, und daß er einen unverkennbar wichtigen Antheil an dem schnellen Fortgang der Reformation in unsern Gegenden hatte« (ebd. S. 64).

[67] T. W. Röhrich: Testament Geilers (1848) S. 580; vgl. den Satz »Über Fasten, Almosengeben, Gebet, Ablaß u. s. w. hatte er wahrhaft evangelische Ansichten« (ebd.) und die Charakterisierung als »hochverdienter Vorgänger der Kirchenverbesserung« (ebd. S. 573).

[68] Auguste Stoeber: Essais historique et littéraire sur la vie et les sermons de Jean Geiler de Kaisersberg. Strasbourg 1834 (= Baccalaureatsarbeit an der protestantischen theologischen Fakultät Straßburg 1834). 43 S. Vgl. auch ders.: Note sur le lieu de naissance de Jean Geiler dit de Kaisersberg. In RevAls 3. F. 2 (1866) S. 59-61.

[69] »Geiler se tenait, en général, aux principes de l'Église, à laquelle il reconnut autorité suprême dans les affaires de religion« (ebd. S. 21).

[70] C[arl] Ullmann: Reformatoren vor der Reformation, vornehmlich in Deutschland und den Niederlanden. Das Bedürfnis der Reformation in Beziehung auf den Gesamtgeist der Kirche und einzelne kirchliche Zustände. Bd. 1 Hamburg 1841, S. 190; vgl. H. Boockmann: Das 15. Jahrhundert und die Reformation (1994) S. 13.

[71] Edel war Schüler von Jeremias Jakob Oberlin, aus dessen Feder vermutlich die erste Dissertation zu Geiler stammte (vgl. oben Anm. 61); vgl. zu Edel: NDBA.

[72] »Geilers Leben und Wirken hat also für eine bessere Zeit, für heilsame Veränderungen in geistiger und christlicher Hinsicht vorgearbeitet. Auf späte Geschlechter und auch auf uns noch wurde fortgepflanzet, was er ausgesäet hat« (Fr. W. Edel: D. Johannes Geiler von Kaisersberg, Vorarbeiter der Reformation in Straßburg. In neue Erinnerung gebracht. Straßburg 1848. 23 S., Zit. S. 23).

storikers Heinrich Escher (1781-1860) in der 'Allgemeinen Encyclopädie der Wissenschaften und Künste' charakterisiert wird[73], einem von Protestanten gegründeten und getragenen Unternehmen[74].

Nun setzte aber bald eine Gegenbewegung ein, die schließlich zu einer Wende in der Beurteilung des Predigers und zu einer ausgewogeneren Betrachtung führen sollte; etwa in dem Sinne, daß Geiler ein unbewußter, unwillentlicher Vorläufer gewesen sei[75]. Als katholischer Theologe und Historiker unternahm es Marie Théodore Renouard de Bussière (1802-1865) im Jahre 1856, eine Geschichte des Protestantismus in Straßburg und im Elsaß zu schreiben und verwahrte sich darin entschieden dagegen, daß Geiler von Protestanten zu einem 'Johannes der Reformation' und damit zu einem von ihnen gemacht werde[76]. Doch jene Tradition war stark, und in eben diese Rolle wurde Geiler weiterhin noch gedrängt[77].

Der Gedanke aber, daß man der Persönlichkeit Geilers nicht gerecht würde, wenn man ihn lediglich im Hinblick auf Luther betrachtete[78], wurde von katholi-

---

[73] »Geyler hat allerdings der Reformation vorgearbeitet durch die Kühnheit, womit er den Luxus und die Ausschweifung der höhern und niedern Geistlichkeit und manche Misbräuche in der Kirche angriff [...]« (H. Escher in: Allgemeine Enzyklopädie der Wissenschaften und Künste. Hrsg. v. Johann Samuel Ersch und Johann Georg Gruber. Sect. 1 Bd. 66 Leipzig 1857, S. 222-225, Zit. S. 223).

[74] Der Begründer Johann Samuel Ersch (1766-1828) hatte selbst evangelische Theologie studiert; sein Mitherausgeber Johann Gottfried Gruber (1774-1851) war Lutheraner.

[75] Etwa im Sinne der späteren Bewertung von R. Reuss: »Tout au plus pourrait-on dire qu'il en fut l'avant-coureur inconscient et surtout involontaire« (in: RevAls NF 6 (1877) S. 395).

[76] »[...] la prétention bizarre des écrivains protestants de le compter au nombre de leurs précurseurs et de le présenter en quelque sorte comme le saint Jean de la réforme en Alsace« (M. Th. [Renouard] de Bussière: Histoire de l'établissement du Protestantisme a Strasbourg et en Alsace d'après des documents inédits. Paris 1865, S. 27); »Il n'était donc en aucune façon et sous aucun rapport un précurseur de la prétendue réforme, et rien ne justifie la flétrissure que les auteurs protestants ont essayé d'imprimer à sa mémoire en le faisant passer pour un des leurs« (ebd. S. 31).

[77] »Wir haben ihn wegen seiner ganzen Stellung, Wirksamkeit und Persönlichkeit mit Johannes dem Täufer verglichen und man kann, hinsichtlich der neuen Zeit, die bald nach ihm anbrechen sollte, mit eben so viel Wahrheit auch von ihm sagen: der geringste der Männer, welcher die neue Aera des Evangeliums, auf die er hingewiesen hatte, herbeiführten, war in Erkenntnis und entschiedener Einsicht größer, denn er« (Johann Wilhelm Baum (Professor am Protestantischen Seminar in Straßburg und Prediger am St. Thomasstift): Capito und Butzer, Straßburgs Reformatoren. Nach ihrem handschriftlichen Briefschatze, ihren gedruckten Schriften und anderen gleichzeitigen Quellen. Elberfeld 1860 (ND Ann Arbor, Mich. USA/London 1981) (= Leben und ausgewählte Schriften der Väter und Begründer der reformierten Kirche 3) S. 188 f.).

[78] So noch in den anonym erschienenen Schriften der Protestanten K. Th. Fuchs (Ein christliches Lebensbild aus der Geschichte Straßburgs am Ende des 15ten und im Anfange

scher Seite weiter verfochten und sollte die Richtung der Forschung für die Zukunft vorgeben. In den Jahren 1861/62 wurde Geiler mit einer Reihe von kürzeren Artikeln des katholischen Pfarrers und Oberschulrats in Schwäbisch-Gemünd,
Moritz Kerker (1825-1900)[79], in den 'Historisch-politischen Blättern'[80] im eigentlichen Sinne für das 'katholische Deutschland' wiederentdeckt[81].

Zwei Jahre nachdem sich im Zuge der Einigung Italiens der größte Teil des
Kirchenstaates von Rom losgelöst und das Papsttum materiell wie politisch stark
an Ansehen verloren hatte und nur ein Jahr nach dem ersten Aufsatz Kerkers
glaubte der Colmarer Pastor Adolphe Schäffer (geb. 1826) der konkurrierenden
Konfession in bezug auf Geiler Konzessionen machen zu können: Noch hatte
sich Rom ja nicht mit dem Ersten Vatikanischen Konzil regeneriert. Schäffer veröffentlichte ein Buch über Geiler unter dem Titel 'Un prédicateur catholique au
quinzième siècle'[82], das, wie nicht anders zu erwarten, weder im evangelischen[83]
und schon gar nicht im katholischen Lager[84] ungeteilte Zustimmung fand. Die
Protestanten glaubten, Schäffer habe einen der Ihren verraten – die Katholiken

---

des 16ten Jahrhunderts. Straßburg 1864. 12 S.) und Julius Rathgeber (Zwei Gottesmänner
aus Kaysersberg. Ein Büchlein für's elsässische Volk. Von einem Pfarrer in den Vogesen.
Mühlhausen 1865; zu Geiler S. 3-22; der zweite 'Gottesmann' ist Matthäus Zell (1477-
1548), der in Straßburg die Reformation einführte).

[79] M[oritz] K[erker], Geiler von Kaisersberg und sein Verhältniß zur Kirche. In Histo-
risch-politische Blätter für das katholische Deutschland 48 (1861) S. 637-652; S. 721-734;
S. 959-963; 49 (1862) S. 33-42; S. 280-293; S. 390-403; S. 748-757. Vgl. zu Kerker, der
zuvor vor allem zum Predigtwesen im Spätmittelalter gearbeitet hatte das Biographische
Jahrbuch für 1900.

[80] Die Zeitschrift war im Jahre 1838 durch den großdeutsch gesinnten Katholiken Joseph Görres (1776-1848) gegründet worden.

[81] Das wurde bereits 1870 so gesehen: »die Nachlässigkeit der Katholischen [war] eine
betrübte Thatsache, bis M. K e r k e r [...] die Ehrenschuld des katholischen Deutschlands gegen einen seiner würdigsten Männer durch eine treffliche Biographie und Charakteristik abgetragen hat« (W. Lindemann: Zur Geschichte der älteren deutschen Predigt-
Literatur. Johannes Geiler von Kaisersberg. In: Chrysologus. Eine Monatsschrift für katholische Kanzelberedsamkeit 10 (1870) Zugabe S. 185-221 und 11 (1871) Zugabe S. 28-
65, Zit. (1870) S. 186); vgl. auch die Wertung: »es konnte nach der dort [sc. in den Artikeln
von Kerker] gegebenen Darstellung seines Lebens und seiner Lehre keinem Urtheilsfähigen
mehr zweifelhaft seyn, daß Geiler ganz und ohne Vorbehalt uns, den Katholiken angehört«
(Anonym in: HistPolBll 82 (1878) S. 56).

[82] Adolphe Schäffer: Un prédicateur catholique au quinzième siècle (Geiler de Kaisersberg). Paris 1862. 79 S.

[83] Vgl. die aus einer bewußt dagegengesetzten Lebensbeschreibung bestehende Rezension des Colmarer Pastors L[ouis] Horst (A propos de la brochure intitulée un prédicateur
catholique [...]. In: RevAls F. 3 (1862) S. 346-352, S. 396-400 und S. 438-448).

[84] Vgl. den Verriß des Buchs durch den Vikar in Colmar Abbé [Landolin] Winterer in
der RevCatAls 4 (1862) S. 299-310.

nahmen es ihm dagegen besonders übel, daß er den Prediger zwar nicht im Gewand eines Johannes, dafür aber in dem eines Moses hatte auftreten lassen, der zwar lange genug gelebt habe, das gelobte Land zu sehen, doch nicht lange genug, um dort auch einzuziehen[85]. Ein Jahr nach Schäffer veröffentlichte dann Abbé Léon Dacheux[86] den ersten einer ganzen Reihe von Aufsätzen zu Themen aus dem Umfeld des Predigers in der 'Revue Catholique d'Alsace'[87]. Er wagte im Gegensatz zu Schäffer die Hypothese, daß Geiler, hätte er nur lange genug gelebt, der glühendste und vielleicht auch der fürchterlichste Gegner der Lehren Luthers gewesen wäre[88].

Nur drei Jahre nach Erscheinen dieser These hatte man das Reich kleindeutsch geeint und ihm das Elsaß als 'Reichsland' angegliedert. Besonders in Preußen, wo man sich vor allem durch die Verkündigung des Unfehlbarkeitsdogmas des Papstes von 1870 provoziert fühlte, ging man über zu einer Politik gegen den Katholizismus, die seit 1873 den Namen Kulturkampf trägt. In dieser gespannten Atmosphäre wurde besonders genau darauf geachtet, ob jemand Protestant war oder nicht, und so geriet der spätmittelalterliche Prediger, nach den Arbeiten Kerkers und Dacheux', die ja in betont katholischen Zeitschriften erschienen waren, auch von protestantischer Seite aus in den Ruch, doch durch und durch ein Altgläubiger gewesen zu sein.

Der vom Katholizismus zum Protestantismus konvertierte Historiker Ottokar Lorenz (1832-1904) und der zur positivistischen Schule der Germanistik zählende Philologe Wilhelm Scherer (1841-1886), die beide von der Habsburgermonarchie enttäuscht und Preußen zugewandt waren, wollten nicht mehr recht an den 'Vorreformator' Geiler glauben und konstatierten im Jahr der Reichsgründung in ihrer Geschichte des Elsaß, das sie auch 'Westmark' nannten: »Er redet über Reformen, wie ein Blinder von der Farbe. [...] Dem deutschen Prediger fehlte das sittli-

---

[85] »Comme Moïse, il vécut assez pour voir la terre promise, pas assez pour y entrer« (A. Schäffer: Un prédicateur catholique« (1862) S. 76).

[86] Geb. Bischheim 2. 3. 1835, gest. Straßburg 8. 3. 1903; Pfarrer von Neudorf seit 25. 8. 1868; Direktor des Grand Séminaire 18. 10. 1881; Kanoniker 26. 8. 1889; Dacheux machte sich als Direktor des Straßburger Priesterseminars und Kanoniker große Hoffnungen auf den Bischofsstuhl der Stadt, hatte aber in Zeiten der 'Germanisierung' als Elsässer gegen einen deutschen Kandidaten keine Chance. Zu ihm Claude Muller in: NDBA Bd. 7 (1986) S. 563 f.

[87] L. Dacheux: La Prédication avant la Reforme (1863); ders.: Geiler de Kaysersberg (1863/64); ders.: Geiler et la législation civile de Strasbourg (1864); ders.: Geiler et les fêtes religieuses du XVe siècle (1866); ders.: Décadence religieuse de Strasbourg au quinzième siècle (1866); ders.: Geiler et les ordres religieux (1867); ders.: Décadence morale de Strasbourg a la fin du XVe siècle (1868); ders.: Geiler et le protestantisme (1870).

[88] »[...] si le prédicateur strasbourgeois eût vécu, il aurait été le plus ardent et peut-être le plus redoutable adversaire des doctrines de Luther« (L. Dacheux: Décadence morale de Strasbourg a la fin du XVe siècle (1868) S. 55).

che Pathos, es fehlte ihm der rechte Glaube, der Glaube an sich und seine Kraft, an die Kirche und ihre Zukunft.«[89]

Ganz im Gegensatz zur erhofften Wirkung mobilisierte der Kulturkampf die Kräfte des Katholizismus und löste ungewollt eine schöpferische Gegenbewegung aus. Das Jahr 1876 wurde besonders wichtig für die deutsche Mediävistik im allgemeinen und die katholische Geschichtswissenschaft im besonderen. Nicht nur wurde damals aus Anlaß des 100. Geburtstags von Joseph Görres[90] die gleichnamige Gesellschaft gegründet, deren 'Historisches Jahrbuch' seit 1880 verbreitet wird, es erschien auch der erste Band der 'Geschichte des deutschen Volkes seit dem Ausgang des Mittelalters'[91] aus der Feder von Johannes Janssen (1829-1891)[92], eines Historikers, der zunächst katholische Theologie studiert hatte[93]. Mit diesem Werk wurde einer neuen Bewertung des Spätmittelalters die Bahn gebrochen[94].

Im gleichen Jahr 1876 faßte Léon Dacheux seine Vorarbeiten aus den 60er Jahren zusammen und brachte eine große Biographie heraus[95]. Über diese Arbeit schrieb ein protestantischer Rezensent: »Die römisch-katholische Orthodoxie Geiler's ist also ausser Frage gestellt«, und er glaubte bereits nicht mehr, daß Protestanten Geiler für einen Johannes den Täufer der Reformation halten könnten[96].

---

[89] Ottokar Lorenz/Wilhelm Scherer: Geschichte des Elsasses von den ältesten Zeiten bis auf die Gegenwart. Bilder aus dem politischen Leben der Westmark. Berlin 1871, S. 153.

[90] Geb. 1776, gest. 1848. Görres hatte seit 1821 in Straßburg die Zeitschrift der 'Katholik' redigiert, die die christlich-demokratische Erneuerungsbewegung des französischen Katholizismus nach Deutschland übertragen wollte; seit 1838 erschienen unter seiner Mitwirkung die großdeutsch ausgerichteten 'Historisch-politischen Blätter für das katholische Deutschland'.

[91] 6 Bde. (1876-1888); Bd. 7 und 8 (1893-1894) von Ludwig Pastor (1854-1928).

[92] Zu ihm: K. Elm: Johannes Janssen. Der Geschichtsschreiber des deutschen Volkes (1991).

[93] J. Janssen benutzte die Werke Geilers in Bd. 1 ausgiebig: »seine Predigten (sind) eine noch unerschöpfte Fundgrube für die Kenntniß des ganzen damaligen Volkslebens« (Geschichte des deutschen Volkes seit dem Ausgang des Mittelalters Bd. 1 Abth. 1 (1876) S. 260; zu Geiler bes. S. 98-105; vgl. auch das Personenregister s. v. 'Geiler').

[94] Vgl. H. Boockmann: Das 15. Jahrhundert und die Reformation (1994) S. 18.

[95] L[éon] Dacheux: Un réformateur catholique a [!] la fin du XVe siècle. Jean Geiler de Kaysersberg. Prédicateur a la cathédrale de Strasbourg. 1478-1510. Étude sur sa vie et son temps. Paris/Strasbourg 1876. 583 und XCV S.

[96] »Wir Protestanten würden ihn aber auch ohne Dacheux's Bemühung nicht für einen Johannes den Täufer der Reformation halten; denn über eine solche Ueberschätzung der innerkirchlichen Reformer des 15. Jahrhunderts sind wir längst hinweg. Dennoch werden wir trotz Dacheux Geiler's Wirksamkeit unter die Veranlassungen der evangelischen Neugeburt der Kirche rechnen« (P. Tschackert in: Theologische Literaturzeitung 3 (13. 4. 1878)

Im Jahre 1883 war man schließlich sogar soweit, über Geiler zu sagen: »Wenn man ihn einen Reformator nennt, thut man ihm Unrecht«[97]. Und in der 'Realencyklopädie für protestantische Theologie und Kirche' konnte man im letzten Jahr des 19. Jahrhunderts lesen: »Es war ein Irrtum, wenn man den Straßburger Prediger zu einem Vorläufer der Reformation hat machen wollen«[98]. Eine differenziertere Sicht hatte sich durchgesetzt, die sich nun auch leichter an Geilers Worten selbst orientieren konnte, denn im Jahr nach Erscheinen seiner Biographie hatte Dacheux eine erste Abteilung der Schriften Geilers erscheinen lassen[99], einige Jahre darauf weitere Werke samt einer sehr ausführlichen Bibliographie[100].

Dacheux stellt in seiner Biographie aus dem Jahre 1876 auf knapp 600 Seiten Geilers Lebensgeschichte aus den Quellen dar, die auf weiten Strecken paraphrasiert werden, ohne daß die nötige Quellenkritik immer erkennbar wäre. Die Arbeit ist ein Kind ihrer positivistischen Zeit, wobei der Wunsch nach erschöpfender Quellenpräsentation durch den Schock des nur wenige Jahre zurückliegenden Bibliotheksbrandes, dem in Straßburg so viele einmalige Manuskripte zum Opfer gefallen waren, zusätzliche Motivation erfahren haben mag. Für letzteres spricht, daß Dacheux in der Folgezeit auch eine ganze Reihe verlorener Chroniken, so weit es ging, rekonstruierte und herausgab[101]. Dacheux war ein bürgerlich gesinnter, katholischer Geistlicher, der in Geiler gern den Moralisten sah. Er blieb zumeist sachlich und ausgewogen und enthielt sich konfessioneller Polemik. Er hob

---

Sp. 184); schon ein Jahr zuvor lautete das Fazit eines anderen protestantischen Rezensenten der Biographie:»Dacheux [...] voulait démontrer que Geiler n'était pas un disciple des idées nouvelles, ni un avant coureur de la Réforme. Il y a pleinement réussi« (Rodolphe Reuss in: RevAls NF 6 (1877) S. 402).

[97] Karl Goedeke: Grundrisz zur Geschichte der deutschen Dichtung aus den Quellen. Bd. 1 Das Mittelalter. Dresden 2. Aufl. 1889, S. 397.

[98] G. Kawerau: Geiler (1899) S. 429.

[99] Dr. J. Geilers von Kaysersberg XXI Artikel und Briefe. Freiburg i. Br. 1877 (= Die aeltesten Schriften Geilers von Kaysersberg. 1. Abt.).

[100] Les plus anciens écrits de Geiler de Kaysersberg. Todtenbüchlein. Beichtspiegel. Seelenheil. Sendtbrieff. Bilger. Précédés d'une étude bibliographique. Hrsg. v. L[éon] Dacheux. Colmar 1882; Die aeltesten Schriften Geilers von Kaysersberg. XXI Artikel. Briefe. Todtenbüchlein. Beichtspiegel. Seelenheil. Sendtbrieff. Bilger. Freiburg i. Br. 1882; ebd. Bibliographie zu Geilers Werken (S. XXV-CXIV) und zu den ihm nur zugeschriebenen Titeln (S. CXV-CXXXVII); hier ist auch hinzuweisen auf die keine wissenschaftliche Grundlage darstellende Ausgabe von Philipp de Lorenzi: Geilers von Kaisersberg ausgewählte Schriften nebst einer Abhandlung über Geilers Leben und echte Schriften. 4 Bde Trier 1881-1883.

[101] S. Büheler: Chronik (erschienen 1887/88); Die kleine Münsterchronik (erschienen 1888); J. Trausch: Strassburgische Chronik (erschienen 1892); J. Wencker: 'Brants Annalen' (erschienen 1892 und 1899); ders.: Chronik (erschienen 1892); M. Berler: Fragmente der Chronik (erschienen 1895); Fragments de diverses vieilles chroniques (erschienen 1896).

vor allem Geilers Eintreten für eine Kirchenreform hervor, das aber, wie er betonte, kein unmittelbares Vorarbeiten für die Reformation gewesen sei[102]. Diese Ge-
wichtung legt bereits der in Anlehnung an Schäffer gewählte Titel seines Buches,
'Un réformateur catholique à la fin du XVe siècle', nahe, der gleichsam programmatisch eine Neuorientierung ausrief.

Daß die Zeit auf eine gründliche Lebensbeschreibung Geilers gewartet hatte,
belegen nicht nur die zahlreichen Rezensionen, die unmittelbar nach Erscheinen
des Buches von katholischen wie protestantischen Autoren geschrieben wurden[103],
sondern auch die schon im Jahr nach seinem Erscheinen bei Herder in Freiburg,
allerdings um mehr als zwei Drittel gekürzt herausgegebene und popularisierte
deutsche Bearbeitung durch den katholischen Pfarrer und Schulrektor Wilhelm
Lindemann (geb. 1828)[104], der ein Jahrzehnt zuvor mit einer in katholischer Sicht
geschriebenen 'Geschichte der deutschen Literatur' (1866) bekannt geworden war.
Dacheux hatte in seiner Biographie versucht, Geiler aus seiner Zeit heraus gerecht zu werden und mit ihrem Titel auch eine Brücke zum Protestantismus geschlagen. Der aus einer hugenottischen Familie stammende Ernst Martin (1841-
1910), der seit 1877 Professor für deutsche Sprache und Literatur in Straßburg
war, machte sich in seinem Artikel zu Geiler in der Allgemeinen Deutschen Biographie zwei Jahre nach dem Erscheinen der Biographie Dacheux' deren Standpunkt zu eigen[105]. Und trotzdem wurde und wird auch weiterhin vereinzelt behauptet, daß Geiler ein Luther vor der Zeit gewesen sei oder der »Reformation
vorgearbeitet« habe, zuletzt im Jahre 1996[106].

---

[102] »Geiler de Kaysersberg fut un des plus zélés promoteurs de la réforme catholique au
XVe siècle« (L. Dacheux: Un réformateur catholique (1876) Vorwort S. [1]); vgl. allgemein ebd. S. 221-283 und das Fazit: »[...] cet exposé des doctrines prêchées par Geiler
suffira, nous l'espérons, pour mettre hors de question sa parfaite orthodoxie« (ebd. S. 282).

[103] [Ludwig Spach] in: Straßburger Zeitung Jg. 7 Nr. 235 f. (7. und 8. 10. 1876); J. Gapp
in: Revue des sciences ecclésiastiques (1877); Linsenmann in: Theologische Quartalschrift
Tübingen 59 (1877) S. 685-694; P[antaleon?] M[ury?] in: Revue des Questions Historiques
21 (1877) S. 339-341; Rod[olphe] Reuss in: RevAls NF 6 (1877) S. 385-400; [Rodolphe]
R[euss?] in: Revue critique d'Histoire de littérature 11 (1877) S. 401-403; Anonym in:
HistPolBll 82 (1878) S. 56-64; P. Tschackert in: Theologische Literaturzeitung 3 (13. 4.
1878) Sp. 184 f.

[104] W. Lindemann: Johannes Geiler von Kaisersberg, ein katholischer Reformator am
Ende des 15. Jahrhunderts. Nach dem Französischen des Abbé Dacheux bearbeitet. Freiburg i. Br. 1877 (= Sammlung historischer Bildnisse 4, 2) VII und 175 S.; Rezension dazu
von Linsenmann in: Theologische Quartalschrift Tübingen 59 (1877).

[105] Ernst Martin in: Allgemeine Deutsche Biographie. Hrsg. v. Historische Commission
bei der Königlichen Akademie der Wissenschaften. Bd. 8 Leipzig 1878, S. 509-518 bes. S.
517.

[106] Auch zwei Jahrzehnte nach Dacheux und Martin glaubte beispielsweise der protestantischen Oberlehrer am königlichen sächsischen Realgymnasium in Döbeln O. Ritter

Nach Dacheux bemühte sich auch Charles-Guillaume-Adolphe Schmidt[107] Einseitigkeiten zu vermeiden, als er in seiner 1879 erschienenen zweibändigen Literaturgeschichte des Elsaß für das Ende des 15. und den Anfang des 16. Jahrhunderts einen langen Abschnitt[108] und im gleichen Jahr auch einen Artikel zu Geiler für die 'Real-Encyklopädie für protestantische Theologie und Kirche' verfaßte[109]. Der Sohn eines Straßburger Verlegers und Bibliophile, dem übrigens die meisten Frühdrucke Geilers, die heute in der dortigen Universitätsbibliothek verwahrt werden, einst gehörten, war Doktor der protestantischen Theologie und Professor der Kirchengeschichte. Er schrieb mit jenem Beitrag die erste längere, wissenschaftlichen Ansprüchen genügende Abhandlung zu Geiler aus der Sicht eines Protestanten und erklärte ihn ebenfalls zu einem rechtgläubigen Katholiken, ging sogar so weit zu sagen (ähnlich wie Dacheux bereits ein Jahrzehnt zuvor), der Prediger hätte sich ohne Zweifel wie Wimpfeling von einer Bewegung distan-

---

zu erkennen, daß Geilers Predigtweise »vielfach geradezu evangelischen Geist« »atmete« (Geiler von Keisersberg und die Reformation in Straßburg. In: 26. Jahresbericht des königlichen Realgymnasiums und der Landwirtschaftsschule zu Döbeln. 1895 S. I-XXXVII, Zit. S. 2); der protestantische Pfarrer Paul Freund eröffnete mit Geiler 1901 die 'Evangelischen Lebensbilder aus dem Elsaß' (Bd. 1 Strassburg [1901] 48 S.); der Protestant Richard Zoozmann schrieb 1905 im Vorwort zur Ausgabe der Passion Geilers: »Sie [sc. Geilers Predigten] lassen diesen originellen Mann in mehr als einer Beziehung als einen Vorläufer Abrahams a Santa Clara und dessen Zeitgenossen Schupp (Schuppius), ja selbst Luthers deutlich erkennen, denn Geilers Schriften zeigen, daß die Reformation allerdings schon v o r der Reformation begann« (Berlin 1905 (= Liebhaber-Bibliothek alter und seltener Drucke in Faksimile-Nachbildungen 1) m. Z. S. 4); 1967 zählte ihn Gustav Adolf Benrath zu den 'Wegbereitern der Reformation' (S. 239-241); 1973 behauptete [Günther] F[ranz]: »G[eiler] sagte eine Reformation voraus und bahnte ihr durch seine volkstümlichen, vieles Volksgut verarbeitenden, sprachgewaltigen Predigten den Weg« (in: Biographisches Wörterbuch zur deutschen Geschichte. 2. Aufl. Bd. 1 (1973) Sp. 856); R[aymond] M[atzen] ließ keinen Zweifel an Geilers Vorreformatorenrolle: »réformateur avant la lettre«, »précurseur de la Réforme« (Encyclopedie de l'Alsace Bd. 6 (1984) S. 3279); Zitat in der Deutschen Biographischen Enzyklopädie Bd. 3 (1996) S. 607.

[107] Geb. Straßburg 1812, gest. 1895; Dr. der protestantischen Theologie 1836, Prof. der praktischen Theologie am prot. Seminar 1840, Prof. für Kirchengeschichte ebd. 1868-1872, an der Univ. Straßburg bis 1877; Bibliothekar der Stadt- und Universitätsbibliothek 1863; zu ihm: E. Sitzmann: Dictionnaire de Biographie d'Alsace Bd. 2 (1910) S. 696 f.

[108] Charles Schmidt: Histoire littéraire de l'Alsace a la fin du XVe et au commencement du XVIe siècle. Bd. 1. Paris 1879, S. 335-461 und Bd. 2 Bibliographie S. 373-390; ein kurzer Artikel zu Geiler von ihm war bereits zuvor erschienen ([ders.], Geiler. In: Les Alsaciens illustres. Portraits en photographie avec notices biographiques. Strabourg 1 (1864) S. 1-4).

[109] Zur Äußerung Specklins sagt er: »Diese Stelle scheint von dem Protestanten [...], dessen historische Notizen nicht immer zuverlässig waren, als Vermutung erdichtet« (ders. in: RE 1. Aufl. Bd. 4 Leipzig (1879) S. 791-798, Zit. S. 795).

ziert, die sich anschickte, Doktrin wie Kultus zu ändern[110]. Die Vorläuferrolle Geilers für Luther verbannte Schmidt damit auch für den Protestantismus ins Reich der Legenden.

Neben den beiden lateinischen Viten aus dem Todesjahr Geilers sind die beiden stark aus den Quellen gearbeiteten französischen Lebensbeschreibungen von Dacheux und Schmidt aus den 70er Jahren des 19. Jahrhunderts die ausführlichsten und besten Arbeiten über den Prediger. Ein vergleichbares Interesse an Geiler ist seitdem weder von französischer noch von deutscher Seite mehr aufgekommen[111]. Allerdings sticht das Jahr 1910, als sich der Todestag des Predigers zum 400. Male jährte, hervor, zu dem eine Reihe von Würdigungen[112] und Aufsätze[113] erschienen sind; an den 425. Todestag wie an den 500. Jahrestag der Installation als Prediger erinnerten dann nur mehr je ein kleiner Beitrag[114]. Vor dem Zweiten

---

[110] »Pour déterminer son point de vue théologique, il suffirait presque de dire qu'il a été catholique orthodoxe et qu'il a prêché sans réserve ce qu'enseignait l'Église« (Ch. Schmidt: Histoire littéraire Bd. 1 (1879) S. 420); »Après la Réformation on se souvint de la franchise avec laquelle il avait châtié les vices des prêtres; il se forma ainsi une légende qui fit de lui un précurseur des protestants [...] mais s'il avai vécu, il se serai séparé sans aucun doute, comme le fit Wimpfeling, d'un mouvement qui devait changer aussi la doctrine et le culte« (ebd. S. 375).

[111] Einige kürzere Beiträge zu Geiler vor 1910: Biographische Berichte. In: Der Wanderer im Elsaß. Le Touriste en Alsace. Illustrierte Wochenschrift. Bd. 1 Colmar 1888, S. 287 f.; [Theodor] Christlieb in: Real-Encyklopädie für protestantische Theologie und Kirche. 2. Aufl. Bd. 18 Leipzig 1888, S. 510 f.; Gustav Kawerau in: Realencyklopädie für protestantische Theologie und Kirche. 3. Aufl. Bd. 6 Leipzig 1899, S. 427-432; Ulrich Schmid in: Walhalla. Bücherei für vaterländische Geschichte, Kunst und Kulturgeschichte. Bd. 2 München 1906, S. 155-159.

[112] L[uzian] Pfleger in: Kölnische Volkszeitung und Handelsblatt. Allgemeiner Anzeiger für Rheinland-Westfalen. 1. Beilage zur Sonnatags-Ausgabe 50. Jg. Nr. 185 (6. 3. 1910); ders. in: Predigt und Katechese. Beilage zur Katechetischen Monatsschrift 22 (1910) S. 27-31; G. L[asch] in: Straßburger Post Nr. 283 zweite Morgenausgabe (10. 3. 1910) S. 1 r-v; M[ichael] Stieber in: Elsässisches Evangelisches Sonntags-Blatt 47 (20. 3. 1910) S. 95 f. und S. 104 f.; E. Wetterle in: La Nouvelliste d'Alsace-Lorrain (21. 3. 1910) (auch gekürzt in: Jean Geiler de Kaysersberg (1934) S. 64-66).

[113] Paul Bernard: Un prédicateur populaire aux approches de la réforme. Jean Geiler de Kaisersberg (1447-1510). In: Études. Revue fondée en 1856 par les pères de la Compagnie de Jésus. Paris 124 (1910) S. 52-78 und S. 209-226; J. Meyer: Zur 400-jährigen Wiederkehr des Todestages von Johann Geiler von Kaysersberg. Skizze der Kulturentwicklung vom XII. bis Ende des XV. Jahrhunderts; Geilers Jugend- und erste Predigtjahre. Kaysersberg 1910; N[icolaus] Paulus: Geilers Stellung zur Hexenfrage. In: Elsässische Monatsschrift für Geschichte und Volkskunde 1 (1910) S. 9-23, auch in: ders.: Hexenwahn und Hexenprozeß vornehmlich im XVI. Jahrhundert. Freiburg 1910, S. 1-19.

[114] Wilhelm Fluhrer: Johann Geiler von Kaysersberg. Zum 425. Todestage des großen Straßburger Kanzelpredigers. In: Elsaß-Lothringen. Heimatstimmen 13 (1935) S. 121-124. Roger L. Cole: Commentaires de M. A. et M. L. Cowie sur la nomination de Geiler de

Weltkrieg[115] widmete sich als Ausnahme der Priester und promovierte Lehrer am bischöflichen Collège Saint-Étienne in Straßburg, Luzian Pfleger[116], in einer Vielzahl von Aufsätzen dem Prediger seiner Stadt[117]. Das nach der Angliederung an Deutschland im späten 19. Jahrhundert gewachsene Interesse an deutschkundlichen Themen, das auch Geiler zugute gekommen war, erlahmte nach dem Ersten Weltkrieg und kam nach 1933 weitgehend zum Stillstand[118]. Nach 1945 war die Sprachenpolitik der französischen Regierung einer Hinwendung zu einem Autor aus der deutschen Zeit nicht gerade förderlich.

Doch seit den späten 60er Jahren war es immer wieder der in Straßburg lehrende Historiker Francis Rapp, der sich mit Geiler beschäftigte[119]. Von sozial- und

---

Kaysersberg au poste de prédicateur de la cathédrale de Strasbourg le 7. 7. 1489. Un apperçu à l'occasion du 500e anniversaire. In: Annuaire des 4 sociétés d'histoire de la vallée de la Weiss (1989) S. 103-116.

[115] Einige weitere Arbeiten aus der Zeit bis 1945: Franz X[aver] Zacher: Geiler von Kaisersberg als Pädagog. Eine pädagogisch-katechetische Studie. 2 Bde. Burghausen 1913 f. (= Wissenschaftliche Abhandlung zum Jahresbericht des Gymnasiums Burghausen für das Schuljahr 1912/13 und 1913/14); Eduard Fuchs: Die Belesenheit Johannes Geilers von Kaisersberg. In: ZDtPhilol 52 (1927) S. 119-122; Hermann Koepcke: Johannes Geiler von Kaisersberg. Ein Beitrag zur religiösen Vokskunde des Mittelalters. Breslau 1926 (= Diss. phil. Breslau 1927). VIII und 26 S.; Otto Lauffer: Geiler von Kaisersberg und das Deutschtum des Elsass im Ausgange des Mittelalters. In: ArchKulturg 17 (1927) S. 38-49; Franz Xaver Zacher: Johann Geiler von Kaisersberg [mit Auslese aus Geilers Predigten]. Düsseldorf 1931 (= Religiöse Quellenschriften 74). 59 S.; Jakob Gabler Geiler von Kaysersberg und Charitas Pirkheimer. In: ArchElsKg 10 (1935) S. 418-420; Richard Newald Elsässische Charakterköpfe aus dem Humanismus. Johann Geiler von Kaisersberg / Jakob Wimpfeling / Sebastian Brant / Thomas Murner / Matthias Ringmann. Kolmar [1944]; wiederabgedr. in: Probleme und Gestalten des deutschen Humanismus. Studien von Richard Newald †. Hrsg. v. Hans-Gert Roloff. Berlin 1963 (= Kleinere Schriften zur Literatur- und Geistesgeschichte) S. 326-345.

[116] Geb. Dachstein (Niederelsaß) 1876, gest. Marienthal (ebd.) 1944; Studium in Straßburg, München und Münster i. Westf. Vgl. zu ihm Encyclopédie de l'Alsace, s. v. Pfleger, Lucien.

[117] L. Pfleger: Geilerdenkmal in Straßburg (1917); ders.: Syphilis, Geiler und der Kult des hl. Fiakrius (1918); ders.: L'avarie et Geiler (1921); ders.: Geilers Sendung und Mißerfolg (1922); ders.: Geiler und die Bibel (1919); ders.: Strassburg in den Predigten Geilers (1927); ders.: Geilerbildnisse (1932); ders.: Zur handschriftlichen Überlieferung Geilerscher Predigttexte (1931); ders.: Geiler von Kaysersberg in: Jean Geiler de Kaysersberg (1934) S. 13-27. Vgl. auch ders.: Menschen Gottes. Gesammelte biographische Essays. Regensburg [1930] und seinen Artikel in: LThK 2. Aufl. Bd. 4 (1932) Sp. 340.

[118] Vgl. hierzu G. Bauer: Geiler ein Problemfall (1994) S. 563.

[119] Fr. Rapp in: Dictionnaire de spiritualité ascétique et mystique doctrine et histoire Bd. 6 (1967) Sp. 174-179; ders.: Jean Geiler de Kaysersberg (1445-1510) le prédicateur de la Cathédrale de Strasbourg. In: Grands figures de l'humanisme alsacien courants milieux destins. Strasbourg 1978. S. 25-32; ders. in: TRE Bd. 12 (1984) S. 159-162. In einigen

wirtschaftsgeschichtlichen Fragen geleitet untersuchte Francis Rapp in seiner Dissertation die Geschichte der Diözese Straßburg für die Zeit von 1450 bis 1525. Da in dem detailreichen Werk die Kirchenreform, speziell die mit ihr zusammenhängenden Spannungen zwischen Klerikern und Laien, im Vordergrund stehen, und an vielen Stellen Geiler als Zeuge angeführt wird, ist es hier von besonderem Interesse[120]. Daneben ist noch auf eine Reihe kürzerer, nach 1945 geschriebener Artikel in allgemeinen, kirchlichen und biographischen Nachschlagewerken[121] und auf einige stets nur wenige Seiten umfassende, in elsässischen Regionalpublikationen erschienene neuere Aufsätze hinzuweisen, die aber kaum zusätzliche Erkenntnisse bringen[122]. Die philologische Geilerforschung erhielt mit der im Jahre

---

seiner Beiträge unterliefen Rapp unschöne Fehler: Die Würzburger Bürger hörten Geiler bereits 1477 in Baden predigen, nicht erst im Jahr darauf (ders.: Réforme (1974) S. 153-160, hier S. 154); falsche Lebensdaten: »Jean Geiler de Kaysersberg (1445-1506)« (ders.: Le diocèse de Strasbourg (1982) S. 65); Geiler wird zum Schweizer erklärt: »prédicateur suisse«, »né [...] à Schaffhouse, en Suisse« (ders. in: Dictionnaire d'histoire et de géographie ecclésiastiques Bd. 20 (1984) Sp. 251-256, Zit. Sp. 251); falsche Angabe der Zeit als Münsterprediger: »im Straßburger Münster von 1478 bis 1506 Inhaber einer Prädikatur-stelle« (ders.: Zur Spiritualität in elsässischen Frauenklöstern am Ende des Mittelalters. In: Frauenmystik im Mittelalter. Hrsg. v. Peter Dinzelbacher/Dieter R. Bauer. Ostfildern 1985, S. 347-365, Zit. S. 352), dito: »predigte der berühmte Kanzelredner im Straßburger Münster zweiunddreißig Jahre lang (1478-1506)« (ders.: Wallfahrten im Elsaß (1992) S. 127); auch in seinem Artikel im NDBA (Bd. 12 (1988) S. 1136-1139), das überhaupt ein schlecht redigiertes Nachschlagewerk darstellt, sind die Lebensdaten nicht korrekt angegeben (Geburtsjahr »1446« (S. 1136); dort noch weitere Fehler: das Portrait Geilers wird auf »1512« datiert - tatsächlich erschien die Postille 1522 zum ersten Mal (ebd.).

[120] Francis Rapp: Réformes et réformation a Strasbourg. Église et société dans le diocèse de Strasbourg(1450-1525). Paris 1974 (= Collection de l'Institut des Hautes Études Alsaciennes 23); vgl. die aktualisierte Zusammenfassung in deutscher Sprache: ders.: Der Klerus der mittelalterlichen Diözese Straßburg unter besonderer Berücksichtigung der Ortenau. In ZGORh 137 (1989) S. 91-104.

[121] Celestino Testore in: Enciclopedia cattolica. Città del Vaticano Bd. 5 (1950) Sp. 1979; E. Barnikol in: RGG 3. Aufl. Bd. 2 (1958) Sp. 1266; J. Staber in: LThK 3. Aufl. Bd. 4 (1960) Sp. 606 f.; Dieter Wuttke in: NDB Bd. 6 (1964) S. 150 f.; R[obert] Rupprecht in: Deutsches Literatur-Lexikon. Biographisch-Bibliographisches Handbuch begr. v. Wilhelm Kosch 3. Aufl. Bd. 6 (1978) Sp. 149-151; Herbert Kraume in: Die deutsche Literatur des Mittelalters. Verfasserlexikon 2. Aufl. Bd. 2 (1980) Sp. 1141-1152; [Henri] T[ribout] de Morembert in: Dictionnaire de biographie française Bd. 15 (1982) Sp. 948-950; R[aymond] M[atzen] in: Encyclopedie de l'Alsace Bd. 6 (1984) S. 3279; Ursula Schulze in: LexMA Bd. 4 (1989) Sp. 1174 f.

[122] Jean-Claude Wey: Jean Geiler de Kaysersberg, prédicateur et réformateur catholique. In: Recherches médiévales. Ass. de Rech. méd. Reichstett (Mai 1984) S. 3-18; Madeleine Horst: Geiler de Kaysersberg. In: Annuaire des 4 sociétés d'histoire de la vallée de la Weiss (1986) S. 43-56; Martin Allheilig: Quand du haut de la chaire de la cathédrale Jean Geiler de Kaysersberg disait les quatre verites aux Strasbourgeois. In: Elan 31 (9.-10. Nov. 1987)

1980 erschienenen Freiburger Dissertation von Herbert Kraume[123] einen entscheidenden Anstoß[124] und besonders seit mit den drei Bänden der von dem Mannheimer Altgermanisten Gerhard Bauer herausgegebenen Werkausgabe eine neue, leicht zugängliche Textgrundlage von einigen deutschen Predigten besteht, zeichnet sich besonders von germanistischer Seite aus eine intensivere Beschäftigung mit Werk und Leben des Predigers ab[125].

S. 14 f.; Madeleine Horst: La figure quasi légendaire de Geiler de Kaysersberg. In: Almanach des Dernières Nouvelles d'Alsace (1990) S. 110-118.

[123] Die Gerson-Übersetzungen Geilers von Kaysersberg. Studien zur deutschsprachigen Gerson-Rezeption. Zürich usw. 1980 (= Münchener Texte und Untersuchungen zur Deutschen Literatur des Mittelalters 71; zugl. Diss. phil. Freiburg i. Br. 1974).

[124] Vgl. G. Bauer: Geiler ein Problemfall (1994) S. 564.

[125] Vgl. etwa Roland Fillinger: Die Predigten „Von den neün früchten oder nützen aines rechten kloster lebens" und ihre Quellen. Diss. phil. Mannheim 1991, Otto von Heesen: Norm und Variation in der Relativkonstruktion des Frühneuhochdeutschen. Syntaktische Studien am Beispiel von Geilers von Kaysersberg <Predigen Teütsch> (Augsburg 1508). Microfiche-Ausg. Mannheim, Univ. Diss. 1994, Waltraud Fritsch-Rößler: Kann denn Wortlust Sünde sein? Zur Darstellung Johannes Geilers von Kaysersberg in deutschen Literaturgeschichten. In: Bernhard Dietrich Haage (Hg.), Granatapfel. FS Gerhard Bauer. Göppingen 1994 (= Göppinger Arbeiten zur Germanistik 580), S. 187-205 und Susanne Eisenmann: Sed Corde Dicemus. Das volkstümliche Element in den deutschen Predigten des Geiler von Kaysersberg. Frankfurt a. M. usw. 1996 (= Europäische Hochschulschrr. Reihe 1, Deutsche Sprache und Literatur, Bd.1565; zugl. Suttgart, Univ. Diss., 1995). Nach meiner Kenntnis arbeitet in Trier Frau Rita Voltmer an einer historischen Dissertation, die die volkssprachlichen Predigten Geilers auf geschichtliche Bezüge zu Straßburg untersucht; vgl. auch die Hinweise von G. Bauer zu weiterer aktueller Literatur bzw. zu Forschungsvorhaben in ders.: Geiler ein Problemfall (1994) S. 581 Anm. 60, S. 587 Anm. 83 und in J. Geiler: Sämtliche Werke Bd. 3 (1995) S. XII-XXV.

III. Lebenslauf

Was er mit worten hat gelert,
Hat er mit wercken vor fürkert

Sebastian Brant in einem Gedicht auf den kurz zuvor verstorbenen Geiler (Narrenschiff, hrsg. v. Fr. Zarncke, S. 154)

1. Name und Herkunft

Es gibt Anzeichen dafür, daß Johannes Geiler von Kaysersberg seine Herkunftsbezeichnung dem Nachnamen gegenüber vorzog. Er vermied den Namen 'Geiler' vielleicht wegen möglicher Anspielungen auf seine negativen frühneuhochdeutschen Bedeutungen[1]. Der Name stammt vom mittelhochdeutschen Eigen-
schaftswort 'geil' ab, das 'mutwillig', 'üppig', 'begierig', auch 'fröhlich' bedeutete und auf die germanische Wurzel '*gaila-', d. i. 'lustig', 'lüstern', zurückzuführen ist; der 'geilære' ist ein fröhlicher Gesell[2], den Tag vor Fastnacht nannte
man den 'Geilen Montag'[3]. Mit dem Adjektiv 'geil' ist das Verb 'gîlen' in der
Bedeutung von 'betteln' verwandt, wovon sich wiederum das Substantiv 'gîlære'
ableiten läßt, d. i. der 'Bettler', der 'Landstreicher'.

---

[1] Geiler stünde in diesem Verhalten nicht allein: Martin Luther etwa nannte sich ab dem
Herbst 1517 nicht mehr 'Luder', wie noch sein Vater gehießen hatte, sondern 'Luther' und
eine Zeitlang daneben auch 'Eleutherius' (verstanden als 'der Freie'). Selbst wenn zutrifft,
daß diese Namensänderung im Zusammenhang mit Luthers neugewonnener christlicher
Existenzauffassung steht (vgl. B. Moeller/K. Stackmann: Zu Luthers Familiennamen (1983)
S. 218 f.), wird er, der ja selbst kein Blatt vor den Mund nahm, damals, als er gerade dabei
war, mit seinen Thesen in die breite Öffentlichkeit zu treten, auch einer Verspottung wegen
der negativen Konnotationen seines Nachnamens vorbeugen gewollt haben; gerade auch
wenn er nach der Denkweise mittelalterlicher Etymologie an Beziehungen zwischen der
Bedeutung eines Namens und den Eigenschaften seines Trägers glaubte. 'Luder' konnte
nämlich bedeuten: 'Kadaver' (daher auch Schimpfwort im Sinne von 'Aas'), 'Lockspeise',
'sündiges Wohlleben', 'Schlemmerei', 'leichtfertige, verführerische Frau', 'Spott' und
'Hohn' (vgl. 'Schindluder') (J./W. Grimm: Deutsches Wörterbuch Bd. 6, Sp. 1231-1234).

[2] Fr. Kluge: Wörterbuch, s. v. 'geil'; M. Lexer: Taschenwörterbuch, s. v. 'geilære'.

[3] Ders.: Handwörterbuch Bd. 1, s. v. 'geil'.

So hieß 1371 beispielsweise die spätere Armengasse in Colmar 'Gilergasse', und so zeigt das Siegel von Claus (II.) Geiler, der hundert Jahre später mehrfach Schultheiß im nahegelegenen Logelnheim war, im Wappenbild einen Bettelstab[4] und spricht eine Straßburger Bettelordnung von 1464 vom *undervogt der armen lüte, giler und betteler*[5]. Das Substantiv 'Geiler' konnte im ausgehenden Mittelalter aber auch 'falscher Prediger', 'Lügenprophet', 'Schmeichler' und 'Schmarotzer' bedeuten[6].

Wo Geiler in seinen Predigten auf das Betteln zu sprechen kam, vermied er es offenbar, die mit seinem Namen verwandten Bezeichnungen zu gebrauchen[7]. Man findet im Grimmschen Wörterbuch zu dieser Bedeutung folglich auch keine Belege aus seinen Werken – ganz im Gegensatz zu sehr vielen anderen Worterklärungen, bei denen sie ausgiebig herangezogen werden[8]. Die als Autographen erhaltenen Briefe unterzeichnete der Prediger nicht mit 'Geiler'[9], wohl aber mit *Johannes von Keisersperg*[10], *Johann Keisersperg, Johannes prediger zum münster, Joannes Keisersperg, Johannes praedicator Argentinensis*[11].

In seinem letzten Willen aus dem Jahre 1505 heißt es *testamentum mei Joannis Geiler de Keisersperg presbiteri*[12]. Ein Testament war allerdings ein wichtiges Dokument, in dem der Familienname vielleicht nicht fehlen sollte, und zudem war es nicht für die Öffentlichkeit bestimmt, im Gegensatz zu Briefen unter Gelehrten, die im Zeitalter des Humanismus häufig abgeschrieben und weitergereicht wurden. Seine Korrespondenzpartner schrieben ihn teils mit, teils ohne Familiennamen an. Ebenso uneinheitlich erscheint sein Name in den Matrikeln und Universitätsakten von Freiburg[13] und in den Titeln seiner Bücher. Er beförderte aber wohl kein einziges selbst zum Druck und Autographen haben sich nicht

---

[4] A. Scherlen: Familie (1913) S. 195.

[5] Vgl. unten S. 229 Anm. 67.

[6] J./W. Grimm: Deutsches Wörterbuch Bd. 4, 1, 2 (1897) s. v. 'Geiler'.

[7] Ebd.

[8] Vgl. oben S. 8.

[9] Dagegen erscheint der Nachname in edierten Briefen häufiger neben der Herkunftsbezeichnung; es ist bei den vorliegenden Editionen aber nicht zu entscheiden, ob ein Autograph als Quelle diente.

[10] Es gab übrigens auch eine Familie aus dem Niederadel, die sich nach der gleichnamigen Burg 'von Kaysersberg' nannte, die seit 1303 greifbar ist und deren letzter Vertreter, Hans, 1483 als Vasall des Hauses Österreich starb (vgl. J. Kindler von Knobloch: Goldenes Buch von Straßburg Bd. 2 (1886) S. 465 f.).

[11] Vgl. im Briefverzeichnis (VII, 6) die deutschen (Nrr. 12, 53, 57, 58) und den lateinischen Brief (Nr. 20); weitere Unterschriften: *Johannes predicator Argent.* (Nr. 22); *Jo. von Keisersberg* (Nr. 61).

[12] T. W. Röhrich: Testament (1848) S. 583.

[13] Vgl. unten S. 51.

erhalten[14]. Die Straßburger nannten ihn auch lediglich *doctor zum münster*[15]. Die Inschrift, die auf einem verschlungenen Schriftband um das Wappen seines schwarzen Siegels läuft, lautet:

s[igillum] s[ecretum] *magistri ioh*[ann]*is geiler :*

Abb. 1 *Geilers Siegel aus dem Jahre 1496*

Das mit einem Pressel an einer Urkunde von 1496[16] angehängte Sekretsiegel hat sich offenbar nur in einem einzigen Exemplar erhalten[17]. Es zeigt als Wappen-

---

[14] Vgl. unten S. 281 Anm. 77.

[15] Archiveintrag auf der Außenseite des Briefes von Geiler an den Ammeister Florenz Rummler von 1501 (Abb. 9 verso der vorliegenden Arbeit; Transkription des Briefes unten IV, 3 d Nr. 17; VII, 6 Nr. 57); *doctor im münster* (Text wohl von Wimpfeling; vgl. VII, 3 d Nr. 28); *doctor zum Münster* (J. Wencker: 'Brants Annalen', S. 221 Nr. 3327).

[16] Vgl. die Transkription der Urkunde vom 17. 10. 1496 unten VII, 3 d Nr. 15; es sind drei Siegel angehängt, v. li. n. re.: größeres Siegel des Domkapitels, gewöhnliches Siegel der Kartäuser von Straßburg und Geilers Siegel; vgl. zum beurkundeten Vertrag unten S. 271.

[17] Charles Haudot (Sigillographe de la ville de Strasbourg, Symboliste, Conservateur fondateur du Musée du sceau Alsacien, Président de l'Association héraldique et sigillographe

bild einen Hahn. Geilers Wappen ist einerseits ein sprechendes: Man findet bei Familien mit Namen 'Hans', 'Johann' u. ä. verschiedene Belege für die Wahl gerade dieses Wappentiers. Die Volksetymologie brachte offenbar den Namen mit dem Haustier in Verbindung[18].

Andererseits deutet das auf einem senkrechtstehenden mandelförmigen Gebilde aufsitzende Kreuz über dem Rücken des Hahns (oben in der Mitte des Wappenschildes, zwischen Kopf und Schwanzfedern) auf eine weitergehende, symbolische Bedeutung hin[19]. Mit diesem spitzovalen Gebilde ist höchstwahrscheinlich die Seitenwunde Christi gemeint. Die Form mit dem herauswachsenden Kreuz ist 'Herz Jesu'-Darstellungen nachempfunden[20] und verweist auf die Mystik, für die gerade die Wunden Christi, insbesondere die Seitenwunde, als Symbol des lebenden und leidenden Heilands Bedeutung hatten. Die Darstellung der senkrechten Seitenwunde mit aufsitzendem Kreuz ist auch von mittelalterlichen Andachtsbildern bekannt, die sie gelegentlich mit Urkunden und auch Siegel zusammen zeigen[21]. Die Seitenwunde zählt ebenso zu den *arma Christi* wie das

---

d'Alsace), der mir freundlicherweise ein Faksimile des Siegels anfertigte, kennt keine weiteren Zeugnisse. In der Literatur wurde bislang nicht auf Geilers Siegel hingewiesen. M. Horst reproduziert, ohne näher darauf einzugehen, ein modernes Fenster im Rathaus von Kaysersberg mit dem angeblichen Wappen (einer Marke) Geilers, um welches zu lesen ist: 'GEILER DE KAYSERSBERG' (Geiler de Kaysersberg (1986) S. 46).

[18] Belege für Familien mit dem (Nach)namen 'Johann' u. ä., die den Hahn als Wappentier benutzen bei O. Neubecker: Großes Wappen-Bilder-Lexikon der bürgerlichen Geschlechter Deutschlands, Österreichs und der Schweiz (1993) S. 400.

[19] Das, was in der heraldisch linken oberen Ecke des Wappenbildes zu sehen ist, sind die Spitzen der Schwanzfedern: Der mittlere Teil dieser Federn hat sich im Wachs nicht abgedrückt.

[20] Vgl. den Artikel 'Herz Jesu' von A. Walzer (Lexikon der christlichen Ikonographie Bd. 2 (1970) mit Abb.). Bei O. Neubecker sind verschiedene Familien nachgewiesen, die ein mit Kreuz besetztes Herz als Wappenbild trugen (Großes Wappen-Bilder-Lexikon der bürgerlichen Geschlechter Deutschlands, Österreichs und der Schweiz (1993) S. 191).

[21] Vgl. R. Suckale: Arma Christi. Überlegungen zur Zeichenhaftigkeit mittelalterlicher Andachtsbilder (1977): Der Schmerzensmann mit Seitenwunde hält eine Urkunde mit einem an einem Pressel angehängten Siegel, worauf ein Herz mit Bluttränen und das IHS-Monogramm zu sehen sind; rechts und links von dem Kreuz im Hintergrund weitere *arma Christi* (Abb. 1: England, Anf. 15. Jh., *charta Christi*); in der Mitte ein senkrecht stehendes, spitzovales Siegel mit Umschrift und einem an der oberen Spitze aufsitzenden Kreuz, dazu weitere Marterinstrumente (Abb. 2: Villers, 1320, *arma Christi*); ein Engel zeigt einer Betenden ein Wappenschild mit den *arma Christi* (Abb. 7: England, Mitte 15. Jh., *scutum passionis*); Christus (heraldisch rechts), der seine Seitenwunde zeigt, hält gemeinsam mit Maria ein Wappenschild mit den *arma Christi* (Abb. 8: Süddeutschland 1476. *Wappen Christi*); freundl. Hinweis von Prof. Dr. Jean-Claude Schmitt (Paris); vgl. den Artikel 'Wunden Christi' von E. Sauser (Lexikon der christlichen Ikonographie Bd. 4 (1972) Sp. 540-542).

zentrale Leidenswerkzeug, das Kreuz, aber auch wie der Hahn. Geiler gab also mit dieser Auswahl auf seinem Wappenbild gleichzeitig eine Darstellung der Wappen Christi.

Im Neuen Testament wird Jesus dreimal von Petrus verleugnet, bevor der Hahn kräht[22]. Man sah daher in dem Vogel den Rufer und Mahner auch im moralischen Sinne, was dem reformorientierten Prediger Geiler besonders passend erschienen haben mag. Der hl. Gregor machte den Hahn zum Vorbild des guten Predigers, da er mit den Flügeln seine Lenden schlägt (Buße tut), ehe er seine Stimme erhebt[23]. Überdies verglich man die vorsorgliche Verhaltensweise des Haustiers, das seine Hennen zusammenruft, wenn es Nahrung gefunden hat, allgemein mit einem Prediger, der die Funde göttlicher Weisheit in gleicher Weise an die Gläubigen verteile[24].

Bei Geilers Vornamen, der in der Umschrift genannt wird, könnte man weiterhin noch an Johannes den Täufer denken, der häufig auf Passionsdarstellungen zu sehen ist, oder auch an das Johannesevangelium, das die Passion so eindringlich beschreibt. Treffen die Interpretationen zu, wäre es Geiler auf seinem im Durchmesser nur 2, 8 cm großen Sekretsiegel gelungen, eine vieldeutige Kombination von Bezügen zu seinem Namen, zu seiner Tätigkeit und zur Passion zu geben. Durch die Präsenz wichtiger Leidenswerkzeuge Christi schuf er sich ein Andachtsbild im kleinen und gab uns damit eine Anschauung seiner mystischen Frömmigkeit, von der wir aus dem Nekrolog von Beatus Rhenanus erfahren, daß sich Geiler in die Ecken seines Schlafzimmers Andachtsbilder gehängt habe, um sich auf die Messe einzustimmen[25].

Diese Vielfalt der Bezeichnungen für Johannes Geiler und seine eigene Zurückhaltung im Gebrauch des Nachnamens erklären auch, weshalb dieser vor allem in der älteren Literatur mitunter gar nicht genannt wird und sein Träger –

---

[22] Vgl. den Artikel 'Hahn' von P. Gerlach (ebd. Bd. 2 (1970) mit Verweis auf vulg. Job. 38, 36; synopt. Mk. 13, 35, Jo. 15-27, Mt. 26, 20-35, Jo. 13, 38).

[23] Greg. I. Moralium XXX 3 (Migne Bd. 76 (1849) Sp. 528).

[24] Im Hahn, als dem Künder eines neuen Tags, sah man auch ein Symbol des göttlichen Lichts und damit Christi, der den neuen Tag des Glaubens anbrechen ließ. Wegen seines regelmäßigen Krähens in den frühen Morgenstunden galt er als besonders klug und wachsam, auf vielen Türmen drehte sich ein metallener Hahn, und zu der astronomischen Uhr aus dem 14. Jahrhundert, die im südlichen Querschiff des Münsters stand, gehörte ein Apparat, der ebenfalls dieses Geflügel imitierte (vgl. Th. Rieger: Münster und seine Astronomische Uhr (1985)). Es gibt wohl ausreichend positive Bedeutungen im Symbolgehalt des Tieres, an die sich Geiler anlehnen konnte, als er seine Wahl für das Wappenbild traf. Ob er sich dabei bewußt war, daß der Hahn auch für Fruchtbarkeit oder gar Unkeuschheit stehen konnte (Hahnrei) und einige der negativen Konnotationen seines Nachnamens in die gleiche Richtung zielten, muß offenbleiben.

[25] Vgl. unten S. 121.

auch in Registern neuester Literatur – unter 'Kaysersberg' oder sogar unter 'Johannes' zu suchen ist. Sein Biograph Beatus Bild, der sich selbst nach seiner Herkunft Rheinau 'Rhenanus' nannte[26], schöpfte schließlich in humanistischer Manier die komplett latinisierte, elegante Form *Iohannes Geilerus Caesaremontanus*[27]. Neben Bild gaben auch andere Gelehrte des 15. und 16. Jahrhunderts den überkommenen Familiennamen zugunsten der Herkunftsbezeichnung auf: Der 1380 in Kempen geborene Thomas Hamerken (d. i. 'Hämmerchen') nannte sich 'a Kempis', der 1464 in Kues an der Mosel geborene Nikolaus Krebs nannte sich 'Cusanus', und der 1486 in Egg an der Günz geborene und später mit Geiler bekannte Johannes Maier nannte sich 'Eck'[28].

Johannes Geiler von Kaysersberg wurde nicht in Kaysersberg geboren, wie man meinen könnte, sondern in Schaffhausen. Er verbrachte aber einen Teil seiner Jugend in jener oberelsässischen, nicht weit von Colmar in der Diözese Basel gelegenen Stadt, nach der er sich später nennen sollte. Burg und Stadt Kaysersberg[29] liegen an strategisch wichtiger Stelle über beziehungsweise an der von Colmar über einen Vogesenpaß nach Lothringen führenden Straße. Der Ort erstreckt sich entlang der Weiß, kurz bevor diese die Vogesen zur oberrheinischen Tiefebene hin verläßt. Die vom Weinbau und Handel lebende Stadt hatte um 1500 ca. 1000 Einwohner, was auch für die Zeit von Geilers Aufenthalt gelten dürfte. Seit 1354 gehörte sie zusammen mit neun weiteren oberrheinischen Reichsstädten einem Schutzbund an, der sogenannten Dekapolis.

Geilers Familie stammte väterlicherseits aus der Umgebung von Colmar[30]. Der Name tauchte in dieser Gegend im ausgehenden 14. Jahrhundert auf. Einige der Geiler, über die man etwas aus den Quellen erfährt, gehörten zur führenden Schicht der Orte: Sie waren Schultheißen oder Dinghofverwalter. Im Jahre 1380 verkaufte Clara *Geylerin* im nahen Ammerschweier (Ammerschwihr), das ebenfalls an der von Colmar nach Lothringen führenden Straße liegt, Reben; das Geschäft

---

[26] Geb. Schlettstadt 22. 8. 1485; die Familie zog frühestens an der Wende 14./15. Jh. nach Rheinau; zunächst nannte er sich auf Deutsch nach diesem Ort, seit 1503 latinisiert (U. Muhlack in: Humanismus im deutschen Südwesten (1993) S. 196).

[27] B. Rhenanus in: Das Leben Geilers (1510) S. 89 Z. 35.

[28] Geiler und sein Kreis hatten großen Einfluß auf Eck, wie der nach dem Tod des Predigers in einem Brief bekannte. Geiler sei sein 'geistlicher Vater', sein 'lieber Meister selig zu Straßburg gewesen', ein 'bewundernswerter Prediger' und ein 'immer zu beachtender Lehrmeister' (E. Iserloh: Johannes Eck (1981) S. 11 f.); vgl. auch W. Klaiber: Johannes Eck und Geiler von Kaysersberg (1980).

[29] Vgl. zur Geschichte der elsässichen Orte im folgenden die jeweiligen Artikel mit Literaturangaben in der Encyclopédie de l'Alsace und im Lexikon des Mittelalters.

[30] Zur Familiengeschichte vgl. A. Scherlen (Familie (1913) bes. S. 194-199), der Archivalien aus Colmar, Ammerschweier und Kaysersberg zitiert; als Quellen wurden von mir benutzt: verschiedene Archivalien im Stadt- und Departementarchiv zu Colmar sowie L. Sitler: Listes (1958) und ders.: Membres (1964).

wurde vom Logelnheimer Schultheißen Claus (I.) *Geyler* bezeugt. Dieser hatte dieses Amt auch 1401 inne, ebenso wie später fünf Jahre lang sein schon genannter Sohn Claus (II.), der außerdem Verwalter eines Dinghofs war. Neben ihnen besaßen um 1400 in dem Dorf Logelnheim, das bis 1415 zur Herrschaft von Rappoltstein gehörte, dann an die Grafen von Lupfen ging, noch Jakob, Rusch, Rudolf und Hans (I.) Hofgüter; es lebten dort außerdem Bartholomäus und Peter (I.) Geiler. Aber schon diese Generation zog es in die im 15. Jahrhundert bedeutendste Stadt des Oberelsaß, in die keine zehn Kilometer entfernt liegende Reichsstadt Colmar, die in dieser für sie stabilen Periode etwa 7000 Einwohner gezählt haben dürfte. Sie gehörte ebenfalls der Dekapolis an und verdankte ihre Prosperität vor allem dem Weinbau und Handel.

Die Träger des Namens Geiler folgten dabei einem Trend, der sich an den Colmarer Neubürgerlisten ablesen läßt, die seit der Mitte des 14. Jahrhunderts jährlich mehr als 40 Namen von aus der Umgebung stammenden Personen verzeichnen; im 15. Jahrhundert wurden es dann allmählich weniger. Der Zuzug hat sicher aus mehr Leuten als den eingetragenen bestanden, denn der angeführte Name kann einen Hausvater bezeichnen, von dessen Familienmitgliedern man in der Regel nichts erfährt[31]. Die Geiler gingen in der Stadt an der Lauch verschiedenen Handwerken nach: Sie waren Krämer, Gerber, Schmiede, Kürschner, Bäcker oder Barbiere, sie wurden zu Pflegern des Armenspitals und Schöffen ihrer Zunft ernannt. Sie hatten Häuser in der Stadt und Forstbesitz in der Nähe. Die Verwandtschaft des Münsterpredigers mit den Geiler von Colmar und anderen, die in Rappoltsweiler (Ribeauvillé) lebten, ergibt sich unter anderem aus Einträgen des Kaysersberger Ratsprotokollbuchs von 1506/1507[32].

Von den aus Logelnheim stammenden Geiler besaß Rusch bereits 1386 ein Haus in der Steinbrucker-Vorstadt von Colmar; Peter (I.) hatte zehn Jahre später ein Haus in der Deinheimer-Vorstadt gemietet[33] und wurde 1405, Bartholomäus 1407, Hans (I.) allerdings erst 1463 Bürger von Colmar[34]. Peters (I.) Sohn Hans

---

[31] Die Familie Anton Geilers zählte einige Jahre nach dessen Bürgeraufnahme drei, die Georgs gar sechs Personen, allerdings ist bei ihnen nicht klar, ob sie zugezogen sind.

[32] A. Scherlen: Familie (1913) S. 258; vgl. auch unten bei Anm. 47.

[33] 1402-04 kaufte er Güter bei Colmar und Reichenweiher (Riquewihr); zusammen mit Rusch war er Verwalter des Logelnheimer Dinghofes.

[34] Weitere Bürgeraufnahmen in Colmar: Peter (II.) (1403); 1406 stiftete Nikolaus, 1437 der *barbitonsor* Burckhard (I.) (1438), 1439 der Gerber, mehrfache Schöffe seiner Zunft und Pfleger des Armenspitals Hennemann (1404) ein Anniversar in der Kollegiatskirche St. Martin; der Gerber, mehrfache Schöffe seiner Zunft Claus (III.), Hennemanns Sohn (1429); der Schmied Lienhard (1438); der Kürschner Anton (1482); der Kürschner und Schöffe seiner Zunft Georg (1488). Als Hausbesitzer in Colmar werden genannt: Hans (III.) (1449) und Mentz (1480). Als einziger Geiler in Kientzheim läßt sich 1405 Peter (III.) als Geschworener des Rats nachweisen; für das Jahre 1457 taucht in Sulzbach Hans (IV.) als Stettmeister auf.

(II.), der 1459 Schöffe seiner Zunft war und 1469 als Besitzer eines Hauses Bürger wurde, brachte es als Bäcker zu einem beträchtlichen Vermögen: 1489 zog er zusammen mit seiner Mutter Agnes, die 1485 in die Colmarer Rosenkranzbruderschaft eingetreten war[35], als Meister ins Hospital. Während für reiche Colmarer 200 fl zur Aufnahme als sogenannte Herren- oder Oberpfründner aufzubringen waren (diese erhielten eine bevorzugte Unterbringung und Verpflegung), übereigneten die beiden der Institution Besitz im Wert von 903 fl[36]. Zu ihrem Gedächtnis bedangen sie sich ein Anniversar aus, das mit Vigilien und Seelmessen von drei Priestern und vier Schülern zu feiern war.

Die erste Spur der direkten Vorfahren Geilers findet man in Ammerschweier. Im Jahre 1438 wird eine Frau Geiler als Besitzerin eines Hauses in der Schmiedgasse bezeichnet. Ihr Sohn Burckhard (II.)[37] und dessen Sohn Peter (IV.) wohnten 1453 noch in dieser Straße, allerdings in verschiedenen Anwesen[38]. In ihnen sind der Großvater und der Onkel des Münsterpredigers zu sehen. Peter (IV.), der Onkel, war damals mit Ursel Gutschmaney[39] verheiratet und siedelte später nach Kaysersberg über. 1462 war er dort Gerichtsmitglied[40], 1481 wurde er als aus Ammerschweier zugezogen bezeichnet, 1501 war er Bürgermeister, zwei Jahre später lebte er noch in Kaysersberg, scheint aber dann im Spital zu Colmar gestorben zu sein, was man daraus schließen kann, daß seine Familienunterlagen dorthin gelangten[41].

Ein anderer Sohn Burckhards (II.), Johannes, der Vater des Predigers, ging nach Schaffhausen, wo er die wohl von dort stammende Anna Zuber heiratete[42].

---

[35] Zusammen mit Gertrud Geiler und deren Mann Peter (vermutlich II.).

[36] Nämlich eine Bäckerei im Wert von 100 fl, Mobiliar im gleichen Wert, Zinsen von drei weiteren Bäckereien, Silberzeug, sieben Wagen Fässer und Wein, Felder, Wiesen und Wälder in Türkheim, Wintzenheim und Wettolsheim (vgl. P. Adam: Charité (1982) S. 127 und S. 138 f.).

[37] 1475 lebte er noch, denn er pachtete in diesem Jahr von den Colmarer Dominikanern Bergwiesen in Türkheim; sein Sohn wird in dem Vertrag als sein Rechtsnachfolger genannt (A. Scherlen: Familie (1913) S. 198 Anm. 1).

[38] Peters (IV.) Hof lag ebenfalls in der Schmiedgasse (spätere Storchgasse) und zwar neben dem Gasthof zum Engel.

[39] Ihr Vater, Gerhard Gutschmaney von Rappoltstein, hatte 1438 ein Haus neben der Mutter des Burkhard (II.) gekauft.

[40] Er ist der erste Geiler, den A. Scherlen in Kaysersberg nachweisen konnte; laut M. A./M. L. Cowie sind Bürger mit dem Namen Geiler dort seit etwa 1400 nachweisbar (P. Schott: The Works Bd. 2, S. 721, ohne Quellenangabe).

[41] A. Scherlen: Familie (1913) S. 258.

[42] Der Name kommt in der entsprechenden Zeit nicht in der Gegend von Ammerschweier, dafür aber von Schaffhausen vor: Ueli Zuber von Flurlingen verkaufte 1437 einem Bürger in Schaffhausen einen Kohlgarten bei der Stadt; der Schaffhauser Goldschmied Hans Zuber, der bereits 1427 eine Bürgschaft für die Stadt geleistet hatte, verkaufte 1439 Besitz in

Sie hatten zusammen zwei Kinder: Margarete und Johannes[43]. Die Tochter heiratete später Hans Wickgram[44] aus der wenige Kilometer von Kaysersberg entfernt liegenden, ebenfalls zur Dekapolis gehörenden Reichsstadt Türkheim (Türckheim), wo sie im Jahre 1518 starb und auch beerdigt wurde. Die beiden hatten zwei Söhne mit Namen Conrad und Peter[45]. Peter Wickgram sollte später Geilers Nachfolger auf der Kanzel im Straßburger Münster werden.

Verbundenheit mit seinen Verwandten und dem Oberelsaß zeigte Geiler nicht nur in mehreren Reisen, die ihn dorthin führten[46], sondern auch in einigen Bestimmungen seines Testaments[47]. So wollte er beispielsweise, mindestens 2 fl von den 3 fl, die ihm in Türkheim, und die 2 fl, die ihm in Wettolsheim zustanden, für je ein Anniversar in Kaysersberg, Ammerschweier und Türkheim verwendet wissen[48]. Es sollten davon in jedem der Orte zwei *comites sacramentarii* bezahlt werden, also Personen, die singend einen Priester begleiteten, wenn er zu Menschen ins Haus ging, die die Kommunion nicht in der Kirche feiern konnten (Geiler hatte in Straßburg bereits zuvor für einen derartigen Dienst gesorgt[49]). In Wettolsheim war der schon genannte Bäcker Hans (II.) begütert gewesen[50]; er muß wie seine Mutter noch vor Ende des 15. Jahrhunderts im Colmarer Spital gestorben sein[51]. Falls Mutter und Sohn der Institution nicht ihren gesamten Besitz vermacht hatten, könnte Geiler von ihnen bedacht worden sein. Dem Spital sprach der Prediger jedenfalls in dem Kodizill 3 fl zu – aber dort ist ja vermutlich auch sein

---

der Nähe der Stadt (Urkundenregister Schaffhausen Bd. 1, S. 245 Nr. 1969 und S. 251 Nr. 2017 und A. Scherlen: Familie (1913) S. 199); nach E. Sitzmann stammten beide Eltern aus Kaysersberg (Dictionnaire de Biographie d'Alsace, Bd. 1 (1909) S. 573 ohne Nachweis); nach G. Bauer nannte sich Geiler »nach Kaysersberg im Elsaß, woher er mütterlicherseits stammte« (Die Predigten Geilers über Brants Narrenschiff (1995) S. 67 ohne Nachweis).

[43] Laut M. A./M. L. Cowie wurde Johannes Geiler nach der Tochter als das zweite und letzte Kind geboren (P. Schott: The Works Bd. 2, S. 721, ohne Quellenangabe); vgl. zu Margarete L. Pfleger: Peter Wickgram (1921) S. 147; nach E. Sitzmann hieß die Schwester Magdalene (Dictionnaire de Biographie d'Alsace (1909) s. v. 'Peter Wickgram', ohne Quellenangabe).

[44] Er lebte noch 1507 (vgl. unten bei Anm. 54).

[45] Vgl. zu ihnen unten S. 135 Anm. 32 und 33.

[46] Vgl. unten S. 126 f.

[47] Das Testament vom 30. 4. 1505 und das Kodizill vom 16. 8. 1507, die sich in der Straßburger Stadtbibliothek befanden, mit der sie 1871 verbrannten, waren zuvor ediert worden (T. W. Röhrich: Testament (1848) S. 583-586; weitere Nachweise im Verzeichnis weiterer Schreiben Geilers VII, 7 Nr. 9 und 10).

[48] Vgl. das Kodizill in: T. W. Röhrich: Testament (1848) S. 586.

[49] Vgl. unten S. 271.

[50] Vgl. oben Anm. 36.

[51] A. Scherlen: Familie (1913) S. 198.

Onkel Peter (IV.) gestorben. Die Zinsen in Türkheim könnten von den dort gelegenen Bergwiesen angefallen sein, die sein Großvater 1475 gepachtet hatte[52] und deren Erträge Geiler von dessen Rechtsnachfolger, seinem Onkel, vermacht bekommen haben könnte[53]. Vielleicht war Geilers Schwager Hans Wickgram aus Türkheim ihr Verwalter oder Bewirtschafter. Jedenfalls spricht Geilers Kodizill von 3 fl aus Türkheim, die ihm sein Schwager jährlich gebe[54]. Im Jahrbuch der Pfarrkirche von Kaysersberg ist auch ein Eintrag zu finden, wonach er dem dortigen Leutpriester 2 ß und dem Lehrer und dem Küster je 6 d aussetzte[55].

2. Kindheit und Jugend

Am 16. März 1445, dem Tag des hl. Cyriacus, wurde Johannes Geiler in Schaffhausen geboren[1], wo er mit dem Vornamen seines Vaters gewiß auch getauft wurde[2]. Nur neun Tage vor seiner Geburt war die Reichsstadt dem schwäbisch-fränkischen Städtebund beigetreten[3]. Sie hoffte dadurch ihren reichsunmittelbaren Status bewahren zu können, der durch Ansprüche Österreichs stark gefährdet war.

---

[52] Vgl. oben Anm. 37.

[53] Wenn dies zutrifft, und Peter (IV.) seinem Neffen die Matten nicht bereits vor seinem Tod übereignet hat, dann kann man den Zeitpunkt seines Todes auf die Jahre zwischen 1503 und 1505 eingrenzen.

[54] Der Prediger wollte nach dem Testament davon 2 fl für eine Rente zugunsten einer Ursula Koler, vermutlich seiner Haushälterin, verwendet wissen, wozu es allerdings nicht kam, da diese vor Abfassung des Kodizills gestorben war, was darin Berücksichtigung fand (vgl. Kodizill in: T. W. Röhrich: Testament (1848) S. 586).

[55] *Docter Johannes Geiler genant docter Keysersperger belont die kilch dem lippriester 2 ß und dem schuolmeister und dem kylwart yedem 6 d, sunst keim priester nüt* (Anniversarium der Pfarrkirche zu Kaysersberg nach dem Faksimile bei M. Horst: Geiler de Kaysersberg (1986) S. 56).

[1] *Ortus est Ioannes Geilerus in urbe Schafhusia antequam ab inclito Austriae ducatu descivisset anno gratiae 1445 decima sexta Martii die, patre Ioanne Geilero, matre autem Anna Zubera* (B. Rhenanus in: Das Leben Geilers (1510) S. 89 Z. 36-39); die Schaffhauser Chronistik des 16. Jahrhunderts vermerkte nicht, daß Geiler ein Sohn ihrer Stadt war. Der protestantischer Frühprediger am Münster Johannes Jakob Rüeger erwähnt zwar, daß zu Friedrichs III. Zeiten ein berühmter Theologe und Prediger, *Keisersperger genant*, zu Straßburg gelebt habe, und gibt das falsche Todesjahr 1517 an, teilt aber nicht mit, daß er in seiner Vaterstadt geboren wurde (J. J. Rüeger: Chronik Bd. 2 (1602) S. 592); auch die Stadtgeschichte von K. Schib spricht nur davon, daß Geiler mütterlicherseits aus Schaffhausen stamme (Schaffhausen (1972) S. 258).

[2] Geiler wurde jedenfalls nicht in Ammerschweier getauft (vgl. unten S. 50).

[3] Vgl. zur Stadtgeschichte K. Schib: Schaffhausen (1972).

Schon einmal war Schaffhausen zu einer Landstadt herabgesunken: Für die lange
Zeit von 1330 bis 1415 war es an Österreich verpfändet gewesen. Seit der Mitte
des 15. Jahrhunderts hatte Schaffhausen auch enge Kontakte zur Eidgenossenschaft, schloß sich ihr aber erst im Jahre 1501 an.

Geilers Vater war vermutlich zusammen mit dem Weltgeistlichen Antonius Oetterlin[4] als Stadtschreibergehilfe aus Ammerschweier nach Schaffhausen gezogen[5].
Oetterlin ist für die Jahre von 1436 bis 1441 in seiner Vaterstadt Ammerschweier
als Notar und gleichzeitig als Stadtschreiber nachweisbar – ein wichtiges Amt,
das er daneben seit 1439 auch in Schaffhausen wahrnahm. Dort mußte er es jedoch im Jahre 1457 wegen Streitigkeiten mit dem neuen Bürgermeister wieder
aufgeben: Nach ihm ernannte man in der Stadt keinen Auswärtigen mehr zum
Schreiber. Zwölf Jahre zuvor, im Jahre 1445, hatte dort bereits die bis 1461 währende Amtszeit des Schaffhauseners Johannes Baumann[6] begonnen. Demnach gab
es also ab 1445 in Schaffhausen eine Zeit lang zwei Personen, die sich Stadtschreiber nannten.

Sei es nun, daß der Vater des Johannes durch die Anstellung von Baumann
seine Arbeit verloren hatte oder daß ihm ein Angebot aus seiner Heimatstadt winkte
oder daß beides zugleich der Fall war: Er verließ im Jahr nach der Geburt des
Sohnes mit seiner Familie Schaffhausen, kehrte in seine Vaterstadt Ammerschweier
zurück und ersetzte dort als *notarius*[7] den entlassenen Johann Gretschar[8], welcher
noch 1447 wegen seiner Kündigung prozessierte. Johannes Geiler senior zog in
eine Stadt, der König Sigismund 1431 zwar die Rechte einer Reichsstadt verliehen hatte, die aber auch danach weiter mit drei Herrschaften leben mußte: der des
Reiches, der Österreichs und der der Rappoltsteiner; allerdings wurde sie von nur
einem Stettmeister verwaltet. 1448 wurde in Ammerschweier das Stadtbuch verfaßt, das Aufschluß über die städtische Verfassung und Verwaltung geben und bei
Streitigkeiten als Norm dienen sollte. Es ist möglich, daß Geiler, der im gleichen
Jahr starb, das noch erhaltene Manuskript geschrieben hat.

---

[4] Der kaiserliche öffentliche Notar und Kommissar in Ehesachen des bischöflichen Ho-
fes von Konstanz kaufte 1455 in Schaffhausen ein Haus, leistete dort 1457 den Bürgereid;
er ist wahrscheinlich 1468 gestorben (zu ihm E. Breiter: Stadtschreiber (1962) S. 74-78).

[5] Eine Schaffhausener Ordnung von 1450 spricht von einem 'Unterschreiber' als Gehilfe und Vertreter des Stadtschreibers (ebd. S. 19).

[6] Vgl. zu ihm ebd. S. 79-85.

[7] *Pater, cum scribae eius oppidi minister fuisset a manu, ducta uxore anno post apud
Amersvillanam plebem notarii officium est assecutus. Eo itaque cum fortunis suis, quae
iam recens nato filiolo auctiores factae erant, commigravit* (B. Rhenanus in: Das Leben
Geilers (1510) S. 89 Z. 39-41); G. Burger lagen offensichtlich über Geilers Vater keine
Quellen vor (Südwestdeutsche Stadtschreiber (1960)).

[8] Er erscheint 1450 und 1458 wieder als Stadtschreiber, allerdings in Kaysersberg (A.
Scherlen: Familie (1913) S. 199).

Der Sohn war gerade drei Jahre alt, als er seinen Vater verlor[9]. Dieser hatte sich einer Mannschaft angeschlossen, die einen Bären erlegen wollte, der Weinberge verwüstete[10]. Nach einem nicht tödlichen Stich mit seinem Jagdspieß zerfleischte ihm das verwundete Tier ein Bein. Er lag ohnmächtig am Boden und brauchte Hilfe, aber die Übrigen ließen, von Furcht gepackt, den Totgeglaubten im Stich. Nicht viel später erlag er seiner brandigen Wunde[11]. Die Mutter muß sich wiederverheiratet und auch ihren zweiten Mann verloren haben. Geiler erwähnt in dem Kodizill von 1507 einen Halbbruder namens Dietrich, dem er seine Schulden erlassen werde, weil er arm sei[12]. Anna wohnte später als hochbetagte Witwe noch viele Jahre bei ihrem Sohn in Straßburg[13], begleitete ihn öfter im Sommer zur Kur nach Baden (Baden-Baden)[14] und im Jahre 1484 auf eine weitere Reise[15]; sie lebte im Herbst 1488 noch[16], wird aber wohl vor 1505 gestorben sein, da sie im Testament ihres Sohnes nicht bedacht wird[17].

Die Halbwaise Johannes wurde laut Beatus Rhenanus von einem Kaysersberger Verwandten aufgenommen und erzogen[18]. Der Chronist Maternus Berler, dem diese Lebensbeschreibung (die wichtigste Quelle für Geilers Herkunft und Kindheit) als Vorlage diente, gibt die dortige Bezeichnung für jenen Verwandten

---

[9] *Amisso igitur patre cum iam trimatum implesset* (B. Rhenanus in: Das Leben Geilers (1510) S. 89 Z. 49 f.); *drey jerig synes vatters beroupt* (M. Berler: Chronik (1510-20) S. 112).

[10] Es gab noch in der ersten Hälfte des 18. Jh. Bären im Münstertal in den Vogesen (Der Wanderer im Elsaß. Le Touriste en Alsace. Illustrierte Wochenschrift. Colmar Bd. 1 (1888) S. 288).

[11] *Vulnus eo congressu acceptum non longe post sacro igne correptum virum confecit* (B. Rhenanus in: Das Leben Geilers (1510) S. 89 Z. 48 f.); die packende Schilderung des Jagdunfalls ebd. Z. 43-49; *entzundet von dem feurr Sanct Anthonii* (M. Berler: Chronik (1510-20) S. 112); sowohl der Biograph als auch der Chronist verwechseln hier Wundbrand mit der Antoniusfeuer genannten Mutterkornkrankheit, deren Symptome u. a. eitrige Geschwüre sind.

[12] *Remitto debitum magistro Valentino et Theodorico, fratri meo uterino, quia pauperes sunt* (T. W. Röhrich: Testament (1848) S. 586); vgl. zum Kodizill VII, 7 Nr. 10; vgl. zu Dietrich unten S.143-146.

[13] J. Wimpfeling in: Das Leben Geilers (1510) S. 64 Z. 339-341.

[14] Vgl. für die Jahre 1481 und 1482 die Briefe von Peter Schott an Geiler (unten VII, 6 Nrr. 8 und 9).

[15] Vgl. den Brief von Peter Schott an Geiler vom 8. 11. 1484 (unten VII, 6 Nr. 15) und unten S. 94.

[16] Vgl. VII, 6 Nrr. 30 und 31.

[17] Sie wird weder im Testament vom 30. 4. 1505 noch im ausführlicheren Kodizill vom 16. 8. 1507 erwähnt.

[18] *Amisso igitur patre cum iam trimatum implesset a proavo suo cive Caesaremontano receptus est educandus* (B. Rhenanus in: Das Leben Geilers (1510) S. 89 Z. 50 f.).

(*proavus civis Caesaremontanus*) mit *groszvatter zu Keyssersperg* wieder[19]. Gestützt auf die Übertragung Berlers glaubte man bislang allgemein, der Verwandte sei Geilers Großvater aus Kaysersberg gewesen. Doch bereits August Scherlen, der 1913 die Familiengeschichte der Geiler im Oberelsaß untersuchte, meinte, daß der spätere Münsterprediger mit Peter (IV.), seinem Onkel, und nicht mit Burckhard (II.), seinem Großvater, bei dem er allerdings zunächst aufgewachsen sei, aus Ammerschweier nach Kaysersberg übergesiedelt sei[20]. Es müsse trotz gegenteiliger Nachrichten stark in Frage gestellt werden, daß der Großvater, jedenfalls vor 1481, von Ammerschweier nach Kaysersberg gezogen sei.

Geiler gibt in einer 1508 gehaltenen Predigt selbst an, er sei in Ammerschweier zwar nicht getauft worden, habe aber dort die Firmung empfangen und das ABC gelernt[21]. Der dreijährige Johannes verbrachte also nach dem Tod seines Vaters zusammen mit seiner Mutter zunächst noch einige Zeit bei seinen Verwandten in Ammerschweier, und zwar höchstwahrscheinlich entweder im Haus seines Großvaters oder seines Onkels. Versteht man nun das Wort *proavus* aus der Vita als 'Vorfahre', dann widerspricht dies nicht der Annahme, dieser sei Peter (IV.), also der Onkel des späteren Münsterpredigers gewesen; doch kann nicht mit letzter Sicherheit entschieden werden, wer mit jenem *proavus* gemeint war.

Man kann also zusammenfassen, daß Johannes sein erstes Lebensjahr in Schaffhausen verbrachte und einjährig mit seinen Eltern und vielleicht auch schon mit seiner Schwester nach Ammerschweier kam. Als der Junge drei Jahre alt war, verlor er seinen Vater und wuchs bei dortigen Verwandten auf. Nachdem er bereits gefirmt war, lesen und schreiben konnte und etwa sieben Jahre oder wenig älter war, zog er wahrscheinlich mit seinem Onkel in das keine fünf Kilometer weiter westlich gelegene Kaysersberg, wo er auch seine weitere Kindheit und Jugend verbrachte[22]. Der Verwandte schickte den 15jährigen auf die Freiburger Universität und bezahlte ihm das Studium[23]. Er muß also zu den wohlhabenderen Kaysersbergern gehört haben. Peter (IV.) war im Jahre 1462 Gerichtsmitglied und wurde im Jahre 1501 zum Bürgermeister der Stadt ernannt[24], wofür eine gewisse

---

[19] M. Berler: Chronik (1510-20) S. 112.

[20] A. Scherlen: Familie (1913).

[21] *Zuo Ammerschwyer da obnen im land, da ich das a b c gelert hab und auch da gefirmt bin worden aber nit getaufft* (J. Geiler: Ameise (1516) fol. 21 r). Nach Schreiber soll Geiler die Lateinschule Ludwig Dringenbergs (Leiter der Schule 1441-77; gest. 1490) zu Schlettstadt besucht haben, wofür ich aber keine Belege gefunden habe (H. Schreiber: Universität zu Freiburg T. 1 (1868) S. 125, ohne Quellenangabe).

[22] Eine Schule wird erst 1473 genannt, doch ist zu vermuten, daß es auch zu Geilers Zeiten eine gab (L. Sittler: Kaysersberg (1979) S. 8).

[23] *Cuius beneficio ac cura post prima literarum tirocinia ad Friburgense gymnasium missus* (B. Rhenanus in: Das Leben Geilers (1510) S. 89 Z. 51 f.).

[24] Vgl. oben S. 45.

Wohlhabenheit sicherlich die Voraussetzung war. Diese Nachrichten könnten als ein weiteres Argument dafür ins Feld geführt werden, ihn ihm den *proavus* zu sehen.

3. Auf den Universitäten Freiburg i. Br. und Basel

Im Sommersemester 1460, während der Amtszeit des Rektors Matthäus Hummel von Villingen[1], immatrikulierte sich der fünfzehnjährige Johannes als einer der ersten Studenten an der Universität Freiburg im Breisgau[2], die nur zwei Monate zuvor ihren Lehrbetrieb aufgenommen hatte[3]. Die Hochschule war nach der Universität Wien die zweite habsburgische Gründung[4] und lag in einer vorderösterreichischen Landstadt in der Diözese Konstanz. Geiler begann, wie üblich, mit dem Studium der *artes liberales*. Vermutlich wohnte er in einer Burse, vielleicht in jener 'Zum Pfau'[5]. Er studierte zügig und mit Erfolg: Eindreiviertel Jahre nach seiner Ankunft in Freiburg war er Baccalaureus[6]. Auch weiterhin wurde er von keiner Prüfung zurückgewiesen, das heißt er hatte die vorausgesetzten Leistungen jedesmal erfüllt, und bestand sie alle auf Anhieb.

Einmal jedoch fiel Geiler negativ auf. Im Wintersemester 1463/64 meldete er sich mit weiteren sieben Studenten zum Magisterexamen an[7]. Zwei von ihnen

---

[1] Zu ihm: F. Rexroth: Hummel (1993).

[2] Am 28. 6. 1460 als der 73. von allen: *Johannes Geiler de Kaisersperg* (H. Mayer: Matrikel Freiburg Bd. 1, S. 7); vgl. H. Mayer: Geiler und Freiburg (1896); vgl. allgemein zu seiner Studienzeit J. A. Riegger: Amoenitates Fasz. 1 (1775) S. 58-63 und die Zusammenstellung der sich darauf beziehenden, nicht in jedem Fall fehlerfrei wiedergegebenen Quellen im Kommentar O. Herdings zu J. Wimpfeling/B. Rhenanus: Das Leben Geilers (1510) S. 89 f. Anm. zu Z. 52 und S. 91 Anm. zu Z. 61 f. Als Quellen wurden von mir benutzt: Archivalien des Universitätsarchivs Freiburg i. Br. (Senatsprotokolle Bd. 1 (1460-1509) und Akten der Philosophischen Fakultät Bd. 1 (1460-1531)) und H. Ott/J. M. Fletcher: Statutes.

[3] Eröffnung der Universität am 26. 4. 1460; vgl. zur Universitätsgeschichte M. Borgolte: Die Rolle des Stifters bei der Gründung mittelalterlicher Universitäten, erörtert am Beispiel Freiburgs und Basels (1985), F. Rexroth: Universität Freiburg bis zum Übergang an Baden (1994) und ders: Gründung der Universität Freiburg (1996).

[4] Vgl. M. Borgolte: Freiburg als habsburgische Universitätsgründung (1988).

[5] H. Mayer gibt als Alternative noch die Burse 'Zum Adler' an (Geiler und Freiburg (1896) S. 3), die aber erst 1484 eingerichtet worden ist (vgl. F. Rexroth: Universität Freiburg bis zum Übergang an Baden (1994) S. 494).

[6] Zulassung zum Baccalaureat am 12. 3. 1462; am 20. 3. 1462 mit 6 von 7 Studenten bestanden (UA Freiburg AphF Bd. 1 fol. 5 v; gedruckt bei J. A. Riegger: Amoenitates Fasz. 1 (1775) S. 58).

[7] Eintrag unter dem 29. 12. 1463 (UA Freiburg AphF Bd. 1 fol. 13 r).

wurden wegen Ausschreitungen und Versäumnissen zurückgestellt, zwei andere durften erst am Examen teilnehmen, nachdem sie einen Schwur geleistet hatten. Einer von diesen beiden war der 18jährige Geiler[8]. Er und sein Kommilitone mußten vor den Professoren schwören, daß sie bei Geldstrafe[9] in den beiden der Prüfung folgenden Jahren keine Hals- und Ärmelkragen und keine Schnabelschuhe tragen würden[10]. Die beiden modebewußten Studenten waren also vor ihrer Meldung über die Stränge geschlagen und in einer Kleidung aufgefallen, mit der sie sich ein Privileg des Adels angemaßt hatten. Sie waren nicht die letzten Studenten, die derart gegen die Ordnung der Universität verstießen. Einige Jahre später beschloß man die Verschärfung der Strafen gegen das Tragen langer Schnabelschuhe[11].

Geiler durfte, nachdem er Besserung geschworen hatte, sein Studium in Freiburg mit dem Grad *magister artium* abschließen. Von den sechs *baccalaurei*, die zur Prüfung angetreten waren, bestanden Ende Dezember 1463 drei. Diese präsentierte man in der Marienkirche der Öffentlichkeit und sprach ihnen damit feierlich das Recht zu, Vorlesungen zu halten. Gleichzeitig verpflichtete man die sich nun *licentiati* Nennenden aber auch dazu, innerhalb einer bestimmten Zeit den Magistergrad anzunehmen. Dazu mußten sie unter anderem für die Professoren und andere Angehörige der Fakultät ein Festessen ausrichten, was sehr teuer war. Zwei Monate später hatten sie dies getan, empfingen die Insignien und hießen fortan Magister[12]. Ab dem Wintersemester 1464/65 studierte auch Jakob Wimpfeling die Sieben Freien Künste an der Freiburger Universität[13]. Der fünf Jahre jüngere spätere Freund des Predigers meldete sich zwar nicht bei Geiler zur Prü-

---

[8] Der andere war der nicht in den Matrikeln stehende Johannes Huninger von Pforzheim.

[9] Vgl. die Kleiderordnung für *scolares* in den am 10. 8. 1460 veröffentlichten Statuten der Universität: Zuwiderhandlung *sub pena duorum plappardorum* (UA Freiburg SPr Bd. 1, S. 18 f.).

[10] *Et alii sex ad temptamen admissi et duo ex eis, scilicet Johannes Geyler de Keysersperg et Johannes Hunninger de Pforczen, iurarunt post promotionem eorum non velle deferre per duos integros annos immediate sequentes circulos in golleriis aut manicis necque calcios rostratos et hoc in penam quam antea detulerunt* (UA Freiburg AphF Bd. 1 fol. 13 v; gedruckt bei J. A. Riegger: Amoenitates Fasz. 1 (1775) S. 59). In der vorliegenden Arbeit wird in den Anmerkungen nach den Originalquellen zitiert, wenn vorhandene Editionen nicht präzise genug oder nicht vollständig sind; in jedem Fall wird auch auf die Edition hingewiesen.

[11] Die Strafe betrug ab dem 22. 1. 1469 beim ersten Übertritt 4, beim zweiten 8, beim dritten 12 Plappard; beim viertenmal lief man Gefahr, relegiert zu werden (UA Freiburg SPr Bd. 1, S. 28).

[12] Am 3. 2. 1464 (UA Freiburg AphF Bd. 1 fol. 13 v; gedruckt bei J. A. Riegger: Amoenitates Fasz. 1 (1775) S. 59).

[13] Immatr. am 30. 10. 1464 (H. Mayer: Matrikel Freiburg Bd. 1, S. 29); vgl. J. Knepper: Jakob Wimpfeling (1902) S. 9 und 11 Anm. 3.

fung, es ist aber durchaus möglich, daß er eines seiner Kollegs hörte, denn nach dem Examen lehrte Geiler mehrere Jahre lang die *artes liberales*. Vom Sommersemester 1465 bis Sommersemester 1468 hielt er Vorlesungen über das 'Doctrinale' des Alexander von Ville Dieu und verschiedene Bücher des Aristoteles[14].

Man gewinnt den Eindruck, daß Geiler nach seinem Examen eine Universitätskarriere anstrebte: Früh bemühte er sich darum, in den Weiteren Fakultätsrat zu kommen, in das aus zwölf Magistern bestehende Gremium der Universität, dessen Aufgabe es unter anderem war, den Dekan und seine beiden Beisitzer zu wählen. Bei einem ersten Versuch im Frühjahr 1465 wurde er zurückgewiesen, weil er noch kein volles Jahr regierender, also in der Fakultät lehrender und prüfender Magister war. Die Fakultät verfuhr hier streng nach den Bestimmungen, denn nur zwei Wochen nach seiner Zurückweisung war die erforderliche Zeit um[15]. Bei seinem zweiten Anlauf im Winter desselben Jahres stand ihm nichts entgegen, und er wurde aufgenommen[16]. Fortan erscheint der Professor auch unter den Prüfern. Vom Wintersemester 1465/66 bis Sommersemester 1468 nahm er zwei Studenten die Magister- und 17 die Baccalaureatsprüfung ab[17]. Keine anderthalb Jahre nach seiner Aufnahme in den Fakultätsrat wählte man ihn auch in den Engeren Rat: Er wurde zu einem der beiden *consiliarii* des Dekans ernannt[18], und zwar zum frühestmöglichen Zeitpunkt, da er der Fakultät gerade die erforderlichen drei Jahre als Magister angehört hatte.

Es fällt auf, daß Geiler ab dem Wintersemester 1468 keine Lehrveranstaltungen mehr ankündigte[19] und auch keine Prüfungen mehr abnahm. Im Oktober des folgenden Jahres wurde der 24jährige zum Dekan der Artisten-Fakultät gewählt[20].

---

[14] Alexander von Ville Dieu, Doctrinale puerorum 1. T.; Aristoteles: Von der Seele, Buch 1-3, Logik, Buch 1-2 und Meteorologie, Buch 1, 2 und 4 (UA Freiburg AphF Bd. 1 fol. 22 v, 31 r und 35 r; teilw. bei J. A. Riegger: Amoenitates Fasz. 1 (1775) S. 59 und S. 61).

[15] Mit dem Ende des Wintersemesters (30. 4. 1465); Zurückweisung am 17. 4. 1465: *nullus magistrorum admittatur ad consilium facultatis artium, nisi regendo hic complevit annum in facultate. Item magister Johannes de Keysersperg petivit admitti ad consilium, sed non fuit assumptus, quia non complevit annum regendo hic in facultate* (UA Freiburg AphF Bd. 1 fol. 19 v; gedruckt bei J. A. Riegger: Amoenitates Fasz. 1 (1775) S. 59).

[16] Am 28. 12. 1465 (UA Freiburg AphF Bd. 1 fol. 25 r; gedruckt bei J. A. Riegger: Amoenitates Fasz. 1 (1775) S. 60).

[17] UA Freiburg AphF Bd. 1 fol. 26 v, 28 r, 30 v, 33 v, 36 r, 37 v; teilw. bei J. A. Riegger: Amoenitates Fasz. 1 (1775) S. 59-61.

[18] Am 30. 4. 1467 (UA Freiburg AphF Bd. 1 fol. 34 r; gedruckt bei J. A. Riegger: Amoenitates Fasz. 1 (1775) S. 60); vgl. H. Mayer: Geiler und Freiburg (1896) S. 4.

[19] 1. 9. 1468: *Item magistris sequentibus pro hoc anno non placuit legere et recipere ordinarias*; 11 Professoren lesen, 9 nicht (UA Freiburg AphF Bd. 1 fol. 37 r; gedruckt bei J. A. Riegger: Amoenitates Fasz. 1 (1775) S. 61).

[20] Am 31. 10. 1469: *electus est in decanum venerabilis vir magister Johannes Geiler de Keisersperg, qui iuxta nova statuta iuravit suspenso articulo de visitatione lectionum et*

Von einem Vorgang während seiner Amtszeit als Dekan erfährt man Näheres:
Geiler sorgte für die Überführung von Büchern, die der Fakultät von ihrem verstorbenen Magister Johannes Graff von Andlau[21] vermacht worden waren. Im
Dezember 1469 erteilte Geiler einem Magister die Vollmacht, in seinem Namen
das dafür Erforderliche zu tun, und bereits wenige Tage später waren die Bücher
in der Universität[22]. Der Dekan mußte allerdings versichern, daß man sie im Falle
der Auflösung der Fakultät den Erben wieder herausgeben werde, weil diese sie
dann, wie es hieß, anderen Institutionen schenken wollten[23].

Bereits zweieinhalb Monate vor Ablauf des vorgesehenen Semesters als Dekan gab Geiler sein Amt ab[24]. Dieses Verhalten stellte etwas Außergewöhnliches
dar, was auch die besonders große Zeigehand am Rand der entsprechenden Stelle
im Manuskript der Fakultätsakten deutlich macht. Über die Gründe für seine Resignation kann man nur Vermutungen äußern. Geiler verließ die Universität nicht,
um etwa alsbald eine gut dotierte Pfründe einzunehmen, was sein verfrühtes Ausscheiden erklären könnte, sondern um erst geraume Zeit später an einer anderen
Universität als Professor der Freien Künste weiterzulehren und als Theologiestu-
dent weiterzulernen. Heinrich Mayer und Johannes Josef Bauer nehmen an, daß
Geiler bereits in Freiburg begonnen habe, Theologie zu studieren, wofür die Ge-
schwindigkeit, mit der er später in Basel die theologischen Grade erwarb, spreche[25]. Die zusätzlichen Belastungen durch ein Studium der Theologie schon in
Freiburg stellt meines Erachtens aber keinen hinreichenden Grund für die Aufgabe des Dekanats dar, was Mayer vermutet. Vier Jahre später nämlich war Geiler in
Basel zugleich Professor der philosophischen und Student der theologischen Fakultät und ließ sich doch zum Dekan der ersteren ernennen. Schnell erlangte Grade können überdies auch ein Indikator für gute Beziehungen sein und brauchen
nicht unbedingt für vorher begonnene Studien zu sprechen[26].

---

*exercitiorum per decanum fienda canente, quae universitati praesentari debeat per
moderationem.* Am Rand: *Muta statuorum incipiet propter adventum magistrorum
quorundam* (UA Freiburg AphF Bd. 1 fol. 40 v; teilw. gedruckt bei J. A. Riegger: Amoenitates
Fasz. 1 (1775) S. 61).

[21] Immatr. am 16. 11. 1463; Magisterexamen im Wintersemester 1464/65; vgl. H. Mayer:
Matrikel Freiburg Bd. 1, S. 26.

[22] Am 26. 12. 1469 (J. A. Riegger: Amoenitates Fasz. 1 (1775) S. 96).

[23] Am 1. 1. 1470 (ebd. S. 95 mit Faksimile des Anfangs der Stelle nach S. 96).

[24] Das Semester endete am 30. 4. 1470: *Item absolutus est magister Johannes Keysersperg
ab officio decanatus.* Am Rand: *Secunda electio novi decani propter resignationem officii
decanatus* (UA Freiburg AphF Bd. 1 fol. 41 v; teilw. gedruckt bei J. A. Riegger: Amoenitates
Fasz. 1 (1775) S. 61).

[25] H. Mayer: Geiler und Freiburg (1896) S. 4; »Weil er [sc. Geiler] die theol. Grade in
Basel in sehr kurzer Zeit erwarb, mußte er schon in Freiburg bei Pfeffer Theologie studiert
haben« (J. J. Bauer: Theologische Fakultät Freiburg, S. 67 Anm. 355, s. a. S. 15 Anm. 41).

[26] Vgl. zu Patronage an der Universität das Beispiel Pavias bei A. Sottili: Zur Geschich-

Wie wir wissen, erhielt Geiler noch in Freiburg die niederen Weihen, was zu den Voraussetzungen einer Promotion in Theologie gehörte[27]. Bald nach seinem Magisterium von 1464 empfing er die erste Weihe[28]. Doch wurde er wohl erst in Basel zum Priester geweiht. Nach Beatus Rhenanus kam er zwar als *sacerdos* nach Basel[29], aber die dortigen Matrikel nennen ihn nicht Kleriker, sondern lediglich Magister[30]. Im römischen Annatenregister von 1478 wird Geiler dann aber als *clericus Basiliensis* bezeichnet[31].

Mit der Aufgabe des Dekanats endete vorläufig seine Zeit als Professor an der *alma mater Friburgensis*[32]. Über das, was Geiler in der Zwischenzeit bis zu seiner Immatrikulation in Basel machte – immerhin einundeinviertel Jahre –, kann man bloß spekulieren. Man glaubte, Geiler habe in der Zwischenzeit an anderen Orten studiert[33]. Oseas Schad spricht in seinem 'Münsterbüchlein' von 1617 davon, daß er neben der Universität Basel auch die von Paris und Löwen besucht habe[34], was Johann Schilter, der Fortsetzer der Chronik des Jacob Twinger von Königshofen, aufgreifen sollte[35]. Schad zitiert auch einen biographischen Artikel über Geiler von Nikolaus Reusner aus dessen 'Icones' von 1587, worin es heißt, Geiler habe Akademien in der ganzen christlichen Welt besucht[36].

---

te der 'Natio Germanica Ticinensis': Albrecht von Eyb, Georg Heßler und die Markgrafen von Baden an der Universität Pavia (1984).

[27] W. Vischer: Universität Basel (1860) S. 210.

[28] *Exinde mox sacris initiari curavit* (B. Rhenanus in: Das Leben Geilers (1510) S. 90 Z. 53 f.).

[29] *Et cum sacerdotem nil magis deceat quam sacrarum peritia literarum [...] Basileam venit* (ebd. (1510) S. 90 Z. 54 f.).

[30] Vgl. unten Anm. 43.

[31] Vgl. unten S. 91 Anm. 153.

[32] Am 14. 6. 1470 wird noch einmal auf Akten aus Geilers Dekanatszeit verwiesen (UA Freiburg AphF Bd. 1 fol. 42 v); danach taucht sein Name bis zum Ende des Wintersemesters 1470/71, wo er bereits in Basel immatrikuliert war, weder in den Akten der philosophischen Fakultät noch in den Senatsprotokollen auf.

[33] In Paris im Jahre 1469 oder 1470 vermutet M. Hossfeld ohne Quellenangabe (Johannes Heynlin aus Stein (1908) S. 267); im Jahre 1479 vermutet A. Stöber ebenfalls ohne Quellenbeleg (Volksaberglauben Anfang des 16. Jh. (1856) S. 86).

[34] *Darauff wurde Doctor Iohannes Geiler von Keysersberg, welcher lange zeit zu Basel, Pariß und Löven studirt hatte und für den gelehrtesten Mann in Teutschland gehalten wurde, zu einem Thumprediger uff und angenommen* (O. Schad: Münster (1617) S. 82).

[35] *D. Joh. Geiler von Keysersberg, so zu Paris, Basel und Löven studirt hatte, und vor einem der gelehrtesten Theologen seiner Zeit gehalten wurde* (J. Schilter: Jacob Twingers von Königshofen Chronik (1698) S. 567).

[36] *Perlustratis variis orbis christiani academiis praeclaram non philosophiae solum, sed inprimis theologiae studiis perdiscendis assecutus gloriam* (N. Reusner: Icones (1587) fol. Biii v); bei O. Schad: Münster (1617) S. 83 f.

Diese Angaben zu Geilers weiteren Studienaufenthalten sind zweifelhaft. Vielleicht wußte man nur, daß ein Johannes von Kaysersberg nach Paris gegangen war und dachte, es müsse sich bei ihm um Geiler handeln, während es tatsächlich aber Johannes Schreiber (Scriptoris) aus Kaysersberg war[37]. Dieser hatte sich nur einen Tag nach Geiler in Freiburg einschreiben lassen, und gemeinsam legten sie das Baccalaureatsexamen ab. Einleuchtend ist die Vermutung, daß es sich bei der Angabe 'Löwen' um eine Verwechslung mit 'Lyon' handelt[38], wohin Geiler tatsächlich einmal gelangte[39]. Es wird sogar vermutet, diese Reise nach Frankreich oder speziell eine nach Paris, habe zwischen den beiden Studienaufenthalten in Freiburg und Basel stattgefunden[40]. Geiler läßt sich, jedenfalls als Student, weder in Löwen noch in Paris nachweisen[41]. Zudem zählt ihn Jakob Wimpfeling im Jahre 1510 unter diejenigen, die, wie er selbst, ausschließlich an deutschen Hochschulen ihren Studien nachgegangen wären und dennoch sehr sprachmächtige und gebildete Männer seien[42].

Im Sommersemester 1471 immatrikulierte sich Geiler an der noch recht jungen Universität Basel[43], einer städtischen Stiftungs-Universität von 1460[44]. Er wechselte damit in eine etwa 60 km südlich von Freiburg gelegene Stadt, die sich (wie Straßburg) zu den Freien Städten zählen konnte. Geilers Aufenthalt in Basel fällt in eine Zeit, da in der Stadt, angesichts der zunehmenden Bedrohung durch den neuen und starken Nachbarn Burgund, Beratungen mit den Eidgenossen und den

---

[37] Geb. Kaysersberg ca. 1440, gest. Mainz 12. 2. 1493. Immatr. Univ. Freiburg i. Br. am 29. 6. 1460 als *clericus* aus der Diözese Basel; 1462 bacc. art. Univ. Paris 1473; Prior der Sorbonne 1478; prof. theol. Prediger in Mainz und Rektor der Univ. 1482 (E. Sitzmann: Dictionnaire de Biographie d'Alsace Bd. 2 (1909) S. 760 f.).

[38] Ch. Schmidt: Histoire littéraire Bd. 1 (1879) S. 352 Anm. 45.

[39] Vgl. unten S. 129.

[40] 1468-1472 in Frankreich, was für Anfangs- und Endjahr nicht stimmen kann (Fr. W. Ph. V. Ammon: Geiler (1826) S. 5); 1470-1471 in Paris (H. Schreiber: Universität zu Freiburg T. 1 (1868) S. 125); 1469-1471 in Paris, was für das Anfangsjahr nicht stimmen kann (A. Budinszky: Universität Paris (1876) S. 139).

[41] Vgl. J. Wils: Matricule Louvain und M. Tanaka: Nation anglo-allemande de Paris (1990).

[42] *Sunt et alii eloquentissimi multarum quam litterarum doctissimi viri, qui in Alemania sola insigniter studio et doctrina perfecerunt. Incidunt obiter mihi [...] Joannes Geiler Caiserspergius Argentoracensis cleri laurea et decus* (J. Wimpfeling: Diatriba (geschr. 1510, gedr. 1514) fol. 7 v-8 r).

[43] Am 1. 5. 1471: *magister Johannes Geyler de Keysersperg dyocesi Basiliensis – 6 ß* (H. G. Wackernagel: Matrikel Basel Bd. 1, S. 96 Nr. 69); vgl. zu Geilers Zeit in Basel: E. Staehelin: Geiler (1960).

[44] Eröffnung am 4. 4. 1460. Zur Universitätsgeschichte vgl. E. Bonjour: Universität Basel (1971) und M. Borgolte: Die Rolle des Stifters bei der Gründung mittelalterlicher Universitäten, erörtert am Beispiel Freiburgs und Basels (1985).

elsässischen Reichsstädten stattfanden, die 1474 zur Niederen Vereinigung führten. Erst 1501 aber sollte sich Basel der Eidgenossenschaft anschließen.

In den Jahren 1471 bis 1475 war Geiler Dozent der Artisten- und zugleich der theologischen Fakultät. Ersterer gehörte er als Magister Artium an, letzterer zunächst als Student, dann bald als lehrender Baccalaureus. Er unterrichtete ab dem Sommersemester 1471 in der Abteilung der 'Realisten' der Artistenfakultät, die sich in einen 'Alten' und einen 'Neuen Weg' gespalten hatte[45]. Viel später, in einer Predigt[46], nahm Geiler zu dem lange und vielerorts währenden Schulstreit einen pragmatischen Standpunkt ein: Es käme ihm nicht darauf an, welcher Richtung einer angehöre, sondern daß er etwas Gutes sage, dann sei er für ihn ein guter Lehrer[47]. Schon im Wintersemester 1471/72 kommentierte er, unter Leitung eines Professors der Theologie, Teile der Bibel[48]: Er war nun *baccalaureus biblicus*. Im folgenden Wintersemester las er über das erste Buch der Sentenzen des Petrus Lombardus, im Sommersemester 1473 über die nächsten Sentenzenbücher[49]. Um den ersten Kurs geben zu können, womit er *baccalaureus sententiarus* wurde, bedurfte es eines häufig erteilten Dispenses, da Geiler noch keine volle zwei Jahre Theologie studiert hatte[50]. Mit dem Beginn des dritten Sentenzenbuchs hieß er *baccalaureus formatus*[51].

---

[45] Vgl. E. Bonjour: Universität Basel (1971) S. 87-89 und E. Staehelin: Geiler (1960) S. 6; allgemein W. Vischer: Universität Basel (1860) S. 176, S. 220 und S. 319-321.

[46] In seinen Predigten erkennt E. J. Dempsey Douglass eine besondere Ausprägung des Nominalismus, den sie »pastoral nominalism« nennt (Justification (1966) S. 42-44, Zit. S. 205); vgl. die Kritik an dieser Interpretation und an der Methode des Buches überhaupt in der Rezension von Wilfried Werbeck: »Von Nominalismus kann man nur im Zusammenhang mit bestimmten philosophischen Anschauungen sprechen, und eine nominalistische Theologie gibt es nur dort, wo solche philosophische Position theologisch unmittelbar wirksam wird. Von beidem kann aber auf Grund der Darstellung von Frau D[empsey Douglass] bei Geiler keine Rede sein« (Theologische Literaturzeitung 93 (1968) Sp. 759-761, Zit. Sp. 760); ebenfalls kritisch D. Mertens: Iacobus Carthusiensis (1976) S. 10 f. und B. Hamm: Frömmigkeitstheologie am Anfang des 16. Jahrhunderts (1982) S. 205. Vgl. Texte zum Universalienstreit. Bd. 2 Hoch- und spätmittelalterliche Scholastik (1994), bes. das Nachwort von Hans-Ulrich Wöhler.

[47] 1508: *Auch sollen sie* [sc. Mönche und Nonnen] *leren die andern nit verachten umb irer doctores willen und irer meinung. So ist der ein Thomist, der ein Scotist, der ein Albertist, der ein Ockanist. Und ist angst und not da, und nent kein münich ein lerer eins andern orden.* [...] *Es gilt mir als gleich, er sei wer er wöl, dyweil er etwas guots sagt, so ist er mir ein guoter lerer* (J. Geiler: Ameise (1516) fol. 27 r).

[48] Einen alttestamentlichen (Deuteronomium) und einen neutestamentlichen Teil (Apokalypse) (Athenae Raurica (1778) S. 4; W. Vischer: Universität Basel (1860) S. 220).

[49] Athenae Raurica (1778) S. 4.

[50] Erteilt am 28. 11. 1472 (W. Vischer: Universität Basel (1860) S. 211 und S. 220).

[51] Am 16. 12. 1473 begann er mit dem 4. Buch der Sentenzen (ebd. S. 220; vgl. S. 211).

Im Jahre 1474 ernannte man Geiler nun auch in Basel zum Dekan der Artistenfakultät (*via antiqua*)[52]. Im folgenden Frühjahr erwarb er, wiederum mit Dispens,
da er noch keine volle 30 Jahre alt war, die theologische Lizenz[53]: Damit ging er
die Verpflichtung ein, innerhalb eines Jahres den Doktorgrad anzunehmen. Dies
war nicht ganz billig, da zu den Voraussetzungen gehörte (ähnlich wie für die
Erlangung des Magistergrades in Freiburg), für die Lehrenden und für Förderer
der Fakultät ein Festessen (*prandium*) zu geben[54]. Außerdem mußten Ehrengeschenke an den Kanzler und Vizekanzler, den Promotor, die anderen Doktoren
und an den Dekan und die Magister der Artistenfakultät verteilt werden[55]. In Basel waren das in der Regel Handschuhe oder Barette. Darüber hinaus mußte noch
dem Pedell Stoff zu einem neuen Kleid gekauft werden. Da auch bei den anderen
Examina Einladungen üblich waren[56], konnten im Laufe der Zeit für derartige
Leistungen Kosten in der Größenordnung von 50 fl zusammenkommen. Am 12.
September 1475 wurde Geiler unter dem Dekan und Augustinerprior Heinrich
Riedmüller zum Doktor der Theologie promoviert. Keine drei Wochen danach
nahm ihn die theologische Fakultät als Professor an[57]. Man weiß nicht, ob er in
seiner Zeit in Basel bis zum Mai des Folgejahres mehr biblische Exegese oder
scholastische Theologie dozierte.

In seiner Basler Zeit traf Geiler mit Männern zusammen, die bald zu seinen
Freunden zählten oder deren Bekanntschaft ihn bei seiner späteren Entscheidung,
die Universitätslaufbahn aufzugeben und Prediger zu werden, beeinflußt haben
mag. Geiler hörte den Professor Wilhelm Textoris (Weber)[58], der von 1465 bis
1477 am Münster predigte[59] und von 1463 bis 1472 jedes zweite Jahr Dekan der
theologischen Fakultät war. In den Jahren 1474 bis 1496 war Johannes Heynlin
von Stein (de Lapide)[60] mit Unterbrechungen an der Kirche St. Leonhard und im

---

[52] Athenae Raurica (1778) S. 4.

[53] Dispens am 20. 1. 1475 erteilt; bestandene Prüfung am 24. 1. 1475; Lizenz am 7. 3.
1475 erhalten (W. Vischer: Universität Basel (1860) S. 220; vgl. S. 212).

[54] E. Bonjour: Universität Basel (1971) S. 83. Zu Freiburg vgl. oben S. 52.

[55] Vgl. zu diesem und dem folgenden W. Vischer: Universität Basel (1860) S. 212-215.

[56] Schon nach dem Baccalaureatsexamen war die Bewirtung von Dekan und Examina-
toren vorgesehen (E. Bonjour: Universität Basel (1971) S. 83).

[57] Am 30. 9. 1475 (E. Staehelin: Geiler (1960) S. 16).

[58] Geb. 1425-1430, gest. 1512.

[59] Fl. Landmann: Predigt (1946) S. 137.

[60] Geb. Stein bei Pforzheim vor 1433, gest. Basel 12. 3. 1496; Student in Leipzig 1450-
52, Löwen 1453, Paris, Basel 1464, Paris 1467, Prior der dortigen dt. Nation 1468 und
1470; Prediger an St. Leonhard in Basel 1474, in Tübingen 1476, dort Pfarrer und Professor 1478, Rektor der dortigen Univ. 1479; Münsterprediger in Basel 1484; im Kartäuserkloster zu Basel 1487. Vgl. zu ihm Friedrich Sander: Johannes Heynlin von Stein. Ein
Lehrer Reuchlins. In: Pforzheimer Geschichtsblätter 1 (1961) S. 65-81.

Münster Prediger[61]. Er scheint zwar in dieser Zeit nicht mehr an der Universität gelehrt zu haben, bildete aber den geistigen Mittelpunkt eines Kreises[62], dem zu jener Zeit neben Geiler auch Sebastian Brant (1457-1521), den Geiler noch im Jahr seiner Promotion als 17jährigen Studenten kennengelernt hatte[63], Johannes Matthias von Gengenbach[64] und Johannes Reuchlin[65] angehörten; auch Johann Ulrich Surgant, den späteren Verfasser des weitverbreiteten Predigthandbuchs 'Manuale curatorum'[66], und schließlich Christoph von Utenheim, den Rektor der Universität im Jahre 1473, mit dem Geiler sich, kurz bevor jener Bischof von Basel wurde, in die Einsiedelei begeben wollte[67], rechnet man zu dieser Gruppe.

Geiler wird bereits in Basel Erfahrungen im Predigen gesammelt haben: Nach dem Baccalaureat begannen normalerweise zwei Jahre, in denen der Baccalaureus an Disputationen teilnehmen, aber auch predigen mußte, bevor er sich zum Licentiatsexamen anmelden konnte[68]. Gemäß den Statuten der theologischen Fakultät mußten Professoren bereit sein, bei Universitätsgottesdiensten zu predigen[69]. Daneben versorgte Geiler, zumindest im Jahre 1476, auch die *cura animarum* im Münster[70]. Die Erfahrungen, die er damals als Beichtvater sammelte, brachten ihn zu der Überzeugung, daß er nicht der rechte Mann für das Pfarramt sei: Zu streng, zu peinigend, wie später Wimpfeling schrieb, befragte er die Beichtenden[71]. Dagegen bestärkte ihn offenbar die Resonanz, die er während seiner Pre-

---

[61] Fl. Landmann: Predigt (1946) S. 134.

[62] W. Vischer: Universität Basel (1860) S. 165-170.

[63] Immatr. WS 1475/76 wohl als *famulus* des Magisters Jakob Hugonis, bac. art. 1477, lic. iur. 1483 oder 1484, dr. utr. iur. 1489 (vgl. H. G. Wackernagel: Matrikel Basel Bd. 1, S. 138 Nr. 30); vgl. zu Brants Basler Zeit J. Knape: Studien zu Leben und Werk Sebastian Brants (1992) S. 27-93. Vgl. zu Brant auch unten S. 150 f.

[64] Geb. Basel; Immatr. Basel 1470/71, bacc. art. 1474, dr. iur. 1480.

[65] Geb. Pforzheim 22. 2. 1455, gest. 30. 6. 1522; Immatr. Univ. Freiburg i. Br. 19. 5. 1470; Univ. Paris; Univ. Basel Immatr. SS 1474, bac. (via moderna) 1475, mag. art. 1477. Vgl. zu ihm Stefan Rhein in: Humanismus im deutschen Südwesten. Biographische Profile (1993) S. 59-75.

[66] Geb. Altkirch 1450, gest. 1503; Immatr. Univ. Basel 1465 via antiqua, bac. 1466; Immatr. Univ. Paris 1469; 1470 als *magister parisiensis* an der Univ. Basel, Priesterweihe 1475, Promotion 1479.

[67] Vgl. unten S. 150; vgl. zu Utenheim unten S. 148 Anm. 115.

[68] W. Vischer: Universität Basel (1860) S. 212; vgl. auch E. Bonjour: Universität Basel (1971) S. 89 f.

[69] Vgl. W. Vischer: Universität Basel (1860) S. 208. Vgl. auch: *Sermonibus [...] habitis* [sc. Geiler], *praeter patriam, Herbipoli, Basileae, Friburgi: Tandem sacris praefectus Argentinae concionibus in summo templo* (N. Reusner: Icones (1587) fol. Biii v).

[70] Leutpriester im Jahre 1476 (R. Wackernagel: Geschichte der Stadt Basel Bd. 2, 2 (1916) S. 857).

[71] *Fatebatur ultor se olim curae animarum Basiliensis templi praefectum non solum*

digten erfuhr, darin, daß dies seine Berufung sei. Bald schon bot sich ihm die Chance, seiner Bestimmung näher zu kommen. Im Frühjahr 1476 bat Geiler um Demission als Professor der Universität Basel[72] und ging wieder nach Freiburg im Breisgau.

Im Jahre 1475, dem Jahr bevor Geiler auf einen theologischen Lehrstuhl in Freiburg wechselte, steckte die Albertina in besonderen finanziellen Schwierigkeiten, die erst einige Jahre darauf beseitigt werden konnten[73]. Doch erhielt sie, wie schon zuvor, auch in dieser Zeit tatkräftige Unterstützung durch die Stadt, die Interesse daran hatte, die Lehre an der jungen Universität attraktiv zu machen[74]. Bürgermeister und Rat waren es denn auch, die aktiv wurden, um den Professor der Theologie und vor allem begabten Prediger für die Stadt und die Universität zu gewinnen. Im Frühjahr 1476 war Geiler in Freiburg gewesen und hatte dort Rat und Gemeinde durch seine Predigt stark beeindruckt. Sein früheres Wirken an der Universität und seine Verdienste um sie waren zudem noch in guter Erinnerung[75]. Diesen Mann wollte man unbedingt wiedergewinnen.

Man hatte in einer Stadt ohne besondere Prädikatur ein großes Interesse an einem Professor, der so predigen konnte wie Geiler. Der Freiburger Stadtrat hatte aber im Gegensatz zum Basler nicht das Recht, selbst Lehrstühle zu besetzen. So wurden die Räte Mitte April im Senat der Universität vorstellig und schlugen vor,

---

tardiusculum sed et anxium in audiendis confessionibus fuisse et nonnunquam confessum et a se absolutum bis aut ter cum sibi quiddam iterum atque iterum in animum incidisset, mox ad se revocasse, ut conscientiam utriusque sereniorem redderet et quietorem. Idque se potissimum impulisse, ut parochiarum regimine posthabito contionatoris munus suscepisset (J. Wimpfeling in: Das Leben Geilers (1510) S. 70 Z. 488-494).

[72] Am 7. 5. 1476, am gleichen Tage gestattet (Athenae Raurica (1778) S. 4).

[73] Bestimmte Schenkungen konnten nicht nutzbar gemacht werden (Cl. Bauer: Ausstattung Freiburger Universität (1960) S. 35 f.); erst die Dotationsbestätigung durch Sixtus IV. von 1477 und das Privileg von Maximilian I. aus dem Jahre 1492 vollendeten das Gründungswerk.

[74] F. Rexroth: Universität Freiburg bis zum Übergang an Baden (1994) S. 496 f.; zum städtischen Engagement während der Gründungsphase ders.: Universitätsstiftung Wien und Freiburg (1993) S. 27.

[75] *Umb sin verdienenn und arbeit die er beide vor jaren in der universitet und ouch zu diser zydt an der canczel unns und ganczer gemeind zu frucht, nucz und heil mercklich anteilt hat* (vgl. die Transkription des gesamten Briefes vom 22. 4. 1476 unten VII, 3 d Nr. 1); *ubi viri probitas antea omnibus erat cognita* (B. Rhenanus in: Das Leben Geilers (1510) S. 91 Z. 62); Mayer vermutet, daß sich außerdem noch Studenten an den Rat der Stadt gewandt und ihn gebeten hätten, sich für Geiler einzusetzen; diese hätten vielleicht Hemmungen gehabt, den akademischen Senat direkt anzugehen, weil Geiler 1469 nicht in bestem Einvernehmen aus dem Dekanat geschieden sei und man sich durch den Umweg über den Rat mehr Chancen ausgerechnet habe (H. Mayer: Geiler und Freiburg (1896) S. 4 und Anm. 16).

Geiler auf einen theologischen Lehrstuhl zu berufen. Den Senatoren war die pre-
käre Finanzlage ihrer Hochschule durchaus bewußt. Sie antworteten, daß sie Geiler schon akzeptieren würden – Voraussetzung aber sei, daß die Universität ausreichend Finanzmittel erhielte, um ihm einen Jahressold von 60 fl zahlen zu können[76], was zu dieser Zeit guter Durchschnitt für einen Freiburger Theologieprofessor
– und dennoch kein üppiges Einkommen war[77]. Offenbar stellten die städtischen
Vertreter rasch die entsprechenden Mittel in Aussicht, denn zwei Tage danach
wurde Geiler vom Dekan der theologischen Fakultät, Johannes Pfeffer von Weiden-
berg, als Professor in den Fakultätsrat aufgenommen[78]. Die Bürgerschaft tat aber
ein weiteres: Sie nahm Geiler auf seinen Wunsch hin in städtischen Schutz[79] und
stellte ihm ein Haus zur Verfügung – der Rat erreichte es allerdings, daß der jährliche Mietzins in Höhe von 4 fl 4ß von der Universität übernommen wurde[80].
Anfang Mai 1476, mit Beginn des Sommersemesters, kam der gerade 31jährige
Geiler als Professor nach Freiburg[81]. Schon für das folgende Wintersemester wählte
man ihn zum Rektor der Albertina[82].

---

[76] Am 1476 Apr. 17: *habita congregatione tractabatur articulus sequens ad audiendum
dominos consules huius opidi aliquid proponere volentes et ad deliberandum quid expediat.
Petiverunt cives, ut dominus doctor magister Johannes de Keysersperck acceptetur in
lectorem sacre theologie. Conclusit universitas, si tantum habere posset in redditibus universitatis, ut illi 60 fl annuatim pro stipendio darentur, contenta est ipsum recipere et ita
addixit civibus* (UA Freiburg SPr Bd. 1, S. 122; gedruckt bei J. A. Riegger: Amoenitates
Fasz. 1 (1775) S. 62).

[77] Am 1. 9. 1475 erhielten Johannes Mösch und Nikolaus Matz 40 fl; 1491 Georg
Northofer 60 fl, 1498 dann 100 fl (J. J. Bauer: Theologische Fakultät Freiburg, S. 46 f.).

[78] Am 19. 4. 1476: *receptus est ad concilium facultatis theologicae egregius vir, magister
Johannes Geiler de Keisersperg, sacrae theologiae professor eximius, a doctore Joanne
Pfeffer de Widenberg pro tunc decano eiusdem facultatis* (UA Freiburg AFTh Bd. 1, fol.
159 r; gedruckt bei H. Mayer: Geiler und Freiburg (1896) S. 16 Anm. 25 und bei J. A.
Riegger: Amoenitates Fasz. 1 (1775) S. 62).

[79] Vgl. die Transkription des Schutzbriefes vom 22. 4. 1476 unten VII, 3 d Nr. 1.

[80] Am 26. 4. 1476: *congregatione habita concludebant articuli subscripti [...] 2. articulus
ad audiendum desiderium civium ex parte census 4 fl et 4 ß annuatim solvendorum per
universitatem de domo domini doctoris noviter suscepti in lectorem viri, magistri Johannis
de Keissersperck. Annuit universitas ut fiat* (UA Freiburg SPr Bd. 1, S. 122; gedruckt bei H.
Mayer: Geiler und Freiburg (1896) S. 16 Anm. 26; bei J. Wimpfeling/B. Rhenanus: Das
Leben Geilers (1510) S. 91 Anm. zu Z. 61 f. und bei J. A. Riegger: Amoenitates Fasz. 1
(1775) S. 62; es gibt keinen Anhaltspunkt dafür, wo dieses Haus gestanden haben könnte:
H. Mayer: Geiler und Freiburg (1896) S. 5).

[81] Bald nach dem 7. 5. 1476 (Athenae Raurica (1778) S. 4); *Christianarum literarum
publicus interpres* (B. Rhenanus in: Das Leben Geilers (1510) S. 91 Z. 63).

[82] 1476 Okt. 31: *Electus est in rectorem universitatis magister Johannes Geiler de Keisersperg, sacre theologie professor* (UA Freiburg SPr Bd. 1, S. 126; gedruckt bei J. A.
Riegger: Amoenitates Fasz. 1 (1775) S. 63; vgl. Faksimile ebd. zu S. 96); die Akten aus

Bald nach seinem Rektorat aber verließ er Freiburg und die Universität[83]. Nach insgesamt mehr als anderthalb Jahrzehnten Studium und Lehre gab er die Universitätslaufbahn an ihrem Höhepunkt für immer auf, was damals aber nicht nicht ungewöhnlich war[84]. Er verließ die Hochschule mit ihrer Schultheologie und wechselte ganz auf die Kanzel. Von ihr aus wollte er einer Gemeinde ins Gewissen reden, sich der praktischen Seelsorge widmen. Gleichwohl hatte ihn die lange Zeit seiner universitären Bildung geprägt: »dix-huits années passées au service direct de l''alma mater' avaient profondément marqué la personalité de Geiler. Séparé de l'université il n'en reste pas moins un universitaire«[85]. So nennt er sich denn auch im Jahre 1496 auf seinem Sekretsiegel Magister und nicht Priester oder Prediger[86].

4. Beinahe Domprediger in Würzburg

Schon die Freiburger Bürger hatten Geiler vor allem wegen seiner Gabe zu predigen angeworben. Doch er wäre in Freiburg wohl auch weiter in erster Linie Professor der Theologie geblieben, hätte nur zusätzlich zu seinen Lehrverpflichtungen auf die Kanzel steigen können. Dies reichte ihm offenbar nicht: Nachdem er gerade für ein Jahr nach Freiburg zurückgekehrt war[1], nahm er im Jahre 1477 das Würzburger Angebot einer gut dotierten Predigerpfründe an. Zu den Aufgaben des Kanzelredners in der etwa 5000 Einwohner zählenden Bischofsstadt gehörte zwar ebenfalls die Lehre, doch waren die wenigen Stunden, die er an der Domschule zu unterrichten hatte, für diesen nur eine Nebenbeschäftigung[2].

Einige einflußreiche Würzburger Bürger hatten in Baden, wo Geiler auch später noch öfter im Sommer weilte, eine Predigt von ihm gehört, die ihnen ausgesprochen gut gefallen hatte[3]. Sie veranlaßten darauf das Domkapitel, ihn in ihre Heimat-

---

Geilers Zeit im Rektorat, das wie üblich vom 1. 11. 1476 bis zum 30. 4. 1477 dauerte: UA Freiburg SPr Bd. 1, S. 126-128.

[83] Es hatten sich während seines Rektorarts die durchschnittliche Zahl von 27 Studenten immatrikuliert (H. Mayer: Matrikel Freiburg Bd. 2, S. 6 f.), was sich auf sein Einkommen auswirkte, da ein Rektor von den Einschreibgebühren profitierte.

[84] Gabriel Biel und Eggelin Becker verließen bspw. die Theologische Fakultät der Universität Erfurt, um in Mainz Prediger und Lehrer zu werden (I. Crusius: Gabriel Biel (1995) S. 302 f.).

[85] Fr. Rapp: Geiler (1967) Sp. 175.

[86] Vgl. oben S. 40.

[1] *Nec illic anno longius mansit* (B. Rhenanus in: Das Leben Geilers (1510) S. 91 Z. 63 f.); mindestens bis zum Ende seines Rektorats (30. 4. 1477).

[2] Vgl. zur Prädikatur K. Trüdinger: Stadt und Kirche in Würzburg (1978) S. 70 f.

[3] *Nam Herbipolim quorundam civium persuasione ductus, quibus in thermis marchionia-*

stadt einzuladen, wo die Predigerstelle vakant war[4]. Geiler überzeugte wieder, und man stellte ihm, wie es heißt, ein Gehalt von jährlich 200 fl in Aussicht, und zwar solange, bis eine noch einträglichere Pfründe erledigt sei[5].

Über die außergewöhnliche Höhe des Angebots gibt nur Rhenanus Auskunft, der vielleicht in lokalpatriotischem Eifer übertreibt, um zu betonen, daß das Elsaß, und im besonderen die Stadt Straßburg eine Attraktivität besitze, die nicht mit Gold aufgewogen werden könne – Geiler hatte sich ja schließlich gegen Würzburg entschieden, wie seine Leser wissen. Für diese These spricht, daß die normale Bezahlung des Würzburger Predigers bei 80 fl im Jahr lag[6] und einem Sigismund Meisterlin, fünf Jahre nachdem Geiler abgelehnt hatte, nicht mehr als 100 fl angeboten wurden[7]. Doch könnte die Angabe in der Vita gleichwohl stimmen, denn es kamen in Würzburg vielleicht schon damals die Einkünfte aus einer Domvikarsstelle nebst erheblichen Nebeneinnahmen in einer Größenordnung von 100 fl hinzu (vor allem für die Pflege des Totengedächtnisses), wie sie für das Jahr 1520 belegt sind[8]. Es ist möglich, daß man Geiler so viel in Aussicht stellte, weil man nicht noch einmal Gefahr laufen wollte, einen guten Prediger wegen der Gehaltsfrage zu verlieren. Im Frühjahr des Jahres 1477 nämlich hatte Sigismund Meisterlin, mit dem man sehr zufrieden gewesen war, aus Mißfallen an der Besoldung das Amt aufgegeben, das er noch keine zwei Jahre innegehabt hatte, und war nach Nürnberg an St. Sebald gewechselt[9]. Geiler jedenfalls nahm das Angebot der Landstadt Würzburg zunächst an und verpflichtete sich, auch als Lehrer an der Kathedralschule zu wirken[10].

---

nis e sacro pulpito declamans impendio placuerat, futurus contionator perrexit (B. Rhenanus in: Das Leben Geilers (1510) S. 91 Z. 64 f.); *ettdlich gewaltigen burger* (M. Berler: Chronik (1510-20) S. 112).

[4] Vgl. zu diesem und zum folgenden: B. Rhenanus in: Das Leben Geilers (1510) S. 91 f. und M. Berler: Chronik (1510-20) S. 113.

[5] *Ducentos aureos donec sacerdotio opulentiori dotaretur ex conditione singulis quibusque annis erat recepturus* (B. Rhenanus in: Das Leben Geilers (1510) S. 91 Z. 67 f.).

[6] Rechnung von 1490/91 (Th. Freudenberger: Johannes Reyss (1954) S. 34).

[7] 1482/83 schreibt Meisterlin an Johannes von Giltingen, den Abt von St. Ulrich und Afra in Augsburg: *Haberem etiam, si vellem, praedicaturam Herbipoli cum salario 100 fl. Sed decrepitus non sinit; nec, ut credo, ultra purificationis festum hoc officium implebo* (Die Chroniken der fränkischen Städte. Nürnberg Bd. 3, S. 310); zu dem Sold von 100 fl, der schon höher als die gewöhnlichen 80 fl war, waren allerdings wohl noch Nebeneinnahmen zu rechnen (vgl. Th. Freudenberger: Johannes Reyss (1954) S. 35).

[8] Ebd. S. 35.

[9] Vgl. zur Besetzung der Prädikatur ebd. S. 33 f.

[10] Die dortige Lehrstelle war 1419 gegründet worden und nachweislich von 1451-1554 besetzt (J. J. Bauer: Theologische Fakultät Freiburg (1957) S. 69 Anm. 371); vgl. zum Studium generale in Würzburg E. Soder von Güldenstubbe: Kulturelles Leben im Würzburg der Riemenschneiderzeit (1981).

Als Geiler auf dem Weg nach Basel, wo er den Abtransport seiner zurückgelassenen Bücher in die Wege leiten wollte, Straßburg passierte[11], ließ er sich von dem einflußreichen Bürger Peter Schott d. Ä.[12], der ihn entweder selbst schon in Freiburg, Baden oder Basel hatte predigen hören oder dem sein guter Ruf bekannt war, zu einer Kanzelrede bewegen. In der Stadt an der Ill war man schon längere Zeit unzufrieden mit der Predigt in der Hauptkirche, die von wechselnden Ordensgeistlichen versehen wurde[13]. Der Rat hatte gerade beschlossen, für eine besondere, von der Pfarre St. Lorenz im Münster unabhängige Prädikatur für einen Weltgeistlichen Sorge zu tragen. Geiler beeindruckte seine Hörer im Münster offenbar derart, daß sie alles daran setzten, ihn für die Stadt zu gewinnen. Dazu waren Verhandlungen mit ihm, den Domkanonikern und dem Bischof notwendig, die sich länger hinzogen. Hiervon durften die Würzburger auf keinen Fall etwas erfahren. Es sollte ihnen nicht Gelegenheit geboten werden, dagegen zu protestieren, daß man im Begriffe stand, ihnen den gerade gewonnenen Prediger wieder abzuwerben. Auch sollten sie Geiler weder an seine Zusage erinnern noch durch bessere Angebote seinen Preis hochtreiben oder ihn am Ende doch noch gewinnen können.

Derweil machte man sich in Würzburg aber Sorgen über Geilers langes Ausbleiben, glaubte, ihm sei vielleicht etwas zugestoßen. Man wußte, daß er vorgehabt hatte, über Straßburg zu reisen, und sandte ihm einen Boten nach. Der kam aber nicht wieder: Die Straßburger hatten ihn kurzerhand festgesetzt. Als der Kundschafter nun nach einiger Zeit nicht zurückgekehrt war, schickten die Würzburger einen zweiten los, der herausbekommen sollte, wo sein Kollege blieb und was da überhaupt vor sich gehe in Straßburg[14]. Aber der zweite Bote kam zu spät. Als er Straßburg erreichte, war dort bereits alles geschehen: Mit Zustimmung der Domkanoniker war eine Pfründe des Hochchors für den künftigen Prediger vor-

---

[11] B. Rhenanus in: Das Leben Geilers (1510) S. 91 Z. 68 f.

[12] Vgl. zu ihm unten S. 79 f.

[13] Vgl. die nachreformatorische Sicht des Zustandes von vor 1478: *Weil sich aber die Mönch, sonderlich die Dominicaner, die auch darumb die Prediger Mönch genennet worden, uffs predigen am meisten begeben, unnd dardurch einen grossen Zulauff vom gemeinen Volck uberkommen, also daß es dem hohen Stifft nachtheilig sein wollen, so haben die Thumherren einen Prediger Mönch umb ein gewissen Sold bestellt und verordnet, der die Predicatur im Münster zu S. Lorentzen solte verrichten. Als aber derselbe nach end seiner Predig etwan pflegen zu sagen: Er habe ihnen seinen Zuhörern jetzt gesottens gegeben, wann sie auch ins Kloster werden kommen, wölle er ihnen als dann gebratens fürtragen und es besser machen, und also die Kirspielkinder ins kloster gezogen*, da habe Schott für die Finanzierung einer Prädikatur gesorgt (O. Schad: Münster (1617) S. 81).

[14] *Verum Herbipolenses longam doctoris absentiam aegre ferentes malique aliquid amantissimo viro accidisse suspicantes nuntium miserunt Argentoratum, qui haud vano consilio tamdiu retentus est, donec alter post hunc morae causam remque omnem investigaturus advenisset* (B. Rhenanus in: Das Leben Geilers (1510) S. 92 Z. 84-87).

gesehen und ein geeignetes Haus nebst Einrichtung gefunden worden[15]. Die beiden Boten schickte man mit erklärenden Schreiben und angemessener Entschädigung für die verlorene Zeit an den Würzburger Rat zurück. Wann genau der zweite Bote in Straßburg angekommen war, wissen wir nicht. Geilers Anwesenheit steht für den 20. Januar 1478 fest, als er der Grundsteinlegung der neuen Kirche des Straßburger Reuerinnenklosters St. Magdalena beiwohnte, mit welchem er später als Prediger und Reformer lange Zeit eng verbunden sein sollte[16]. Die Zeremonie, der auch Eggelin Becker von Braunschweig beiwohnte[17], leitete der Propst der Reuerinnen Paul Munthart[18]. Mit einer bischöflichen Gründungsurkunde für die Prädikatur[19], welche zehn Wochen später ausgestellt wurde, waren die Chancen für die Würzburger endgültig vertan.

Geiler war von Peter Schott d. Ä. nicht allein durch die Aussicht auf ein einträgliches Gehalt gewonnen worden, das aber, wie sich zeigen sollte, eine so sichere Sache nicht war[20]. Beatus Rhenanus berichtet, Schott habe auch an Geilers Heimatverbundenheit appelliert[21]: Wenn er irgendwo predigen wolle, so solle er

---

[15] *Sed interim parato sacerdotio lecta domo necessariisque id genus aliis dispositis contionator assensu canonicorum accedente constituitur* (B. Rhenanus in: Das Leben Geilers (1510) S. 92 Z. 87-89).

[16] Nach dem man das vor den Mauern gelegene Kloster im Zusammenhang mit den Burgunderkriegen im Jahre 1475 abgetragen hatte, kam es in der Stadt zu einem Neubau, der 1485 abgeschlossen war (zur Klostergeschichte vgl. M. Barth: Handbuch der elsässischen Kirchen im Mittelalter (1960) Sp. 1375-1381): *Quarum quidem poenitantum monasterium intra muros in vicum Vtengassen translatum est. Et eiusdem nove ecclesie, primarium lapidem, in fundamento posuit dominus Paulus Munthart, doctissimus legum professor, ecclesieque S. Petri iunioris prepositus. Presentibus magistris Eggelingo de Brunsuica et Ioanne Keysersbergio, theologis profundissimis, anno septuagesimo octavo, die Ianuarii vicesima* (J. Wimpfeling: Cathalogus episcoporum (1508) fol. 62 v); *meister Paulus Mundthart, [...] der inn uffrychtung dißes closters den ersten stein geleit* (Obituarium St. Magdalena, S. 124); *anno 1478 den 20. januarii, als man des Blenckell's hof in Uttengass zu einem closter für die reuerin abgebrochen und geraumet, haben herr dr. Kaysersberg, Paul Munhart und m. Eggeling den ersten hauptstein zu der kirchen gelegt* (D. Specklin: Collectanea (1587) Nr. 2143).

[17] Auch Angelus de Brunsvico oder Engelinus; gest. Straßburg 14. 4. 1481; Univ. Erfurt mag. art. 1445; Prediger in Mainz, wo er vielleicht zusammen mit Geiler ein Gutachten im Fall Johannes Wesel abgab (vgl. unten S. 280); begraben im Reuerinnenkloster. Vgl. zu ihm I. Crusius: Gabriel Biel (1995) S. 303.

[18] Aus Offenburg; gest. 19. 3. 1481; lic. im Kirchenrecht; ab 1434 Kanoniker an St. Thomas in Straßburg; ab 1446 Offizial des Bischofs; Propst von Jung St. Peter. Vgl. zu ihm Obituarium St. Magdalena S. 28 und S. 124.

[19] Vgl. unten S. 83 Anm. 91.

[20] Vgl. unten III, 5 c.

[21] *A Petro Schotto Argentoratensi senatore [...] rogatus est enixe admodum, ut si uspiam dominici verbi enarrandi provinciam subire vellet, Argentorati id ageret; se daturum operam,*

dies in der Kapitale des Elsaß tun, das die *patria* seiner Eltern sei. Es wartete auf Geiler zudem ein Amt im Straßburger Münster, einer der bedeutendsten Kirchen Deutschlands, wo er keine Lehrverpflichtungen mehr haben sollte und vor dem zahlreichen Publikum einer großen Stadt predigen konnte.

5. Prediger am Straßburger Münster

a) Einige Bemerkungen zur Geschichte der Stadt Straßburg

Für die vorliegende Arbeit wurden in erster Linie Archivalien des Stadt- und Departementsarchivs in Straßburg sowie Frühdrucke der dortigen Staats- und Universitätsbibliothek ausgewertet. Da viele Originalquellen aus dem relevanten Zeitraum, die einst in Straßburg aufbewahrt wurden, verloren sind[1], ist man in vielen Fällen darauf angewiesen, Abschriften und Veröffentlichungen aufzuspüren, um mit diesen Fragmenten vorsichtig ein Bild des Vergangenen zusammenzufügen. Bei den Drucken kann man auf die mittlerweile wieder ergänzten Straßburger Bestände zurückgreifen oder auf die von anderen Bibliotheken ausweichen. Nicht ganz so günstig steht es mit den Straßburger Chroniken. Beim Brand des städtischen Archivs im Jahre 1686 und bei der Plünderung des Rathauses am 21. Juli 1789, wo jenes damals untergebracht war, und zuletzt beim Brand der Stadt- und Universitätsbibliothek am 24./25. August 1870 gingen auch viele Zeugnisse der Chronistik unter. Glücklicherweise haben sich einige einschlägige Chroniken und mit ihnen verwandte Quellen[2] aus dem 16. und 17. Jahrhundert vollständig erhalten, andere liegen wenigstens in fragmentarischer Form vor[3]. Da große Teile der

---

ne digna laborum mercede careret. Ad haec hortari hominem, ut suggestum inscenderet populoque sui periculum faceret, praeterea asservare cum patriae secundum parentes omnia debeamus, eo illud maxime faciundum esse loco, qui Alsatiae sit caput (B. Rhenanus in: Das Leben Geilers (1510) S. 91 Z. 69-75); vgl. auch M. Berler: Chronik (1510-20) S. 112. S. Brant berief sich bspw. in seinem Bewerbungsschreiben von 1500 um die Syndikus-Stelle in Straßburg auf sein Vaterland: *Patria sua unicuique debet esse carissima* (H. Wiegand, Sebastian Brant in: Humanismus im deutschen Südwesten. Biographische Profile (1993) S. 98).

[1] So haben sich beispielsweise die Ratsprotokolle und Akten der Einundzwanzig erst ab 1539, die der Fünfzehn gar erst ab 1571 erhalten.

[2] Vgl. z. B. Jac[ob] Wencker: Extractus ex protocollis Dom. XXI vulgo Sebastian Brants Annalen. Hrsg. v. L[éon] Dacheux in: BullSocConsMonHistAls 2. F. 15 (1892) und 19 (1899).

[3] Im Quellenverzeichnis sind Chroniken am linken Rand mit einem Asterisk gekennzeichnet; um ihren Quellenwert besser abschätzen zu können, folgen dem Titel gegebenenfalls ihr Abfassungsdatum, ihr Berichtszeitraum und knappe biographische Angaben zu ihrem Autor.

früheren Chroniken zu Straßburg verlorengegangen sind, ist es um so wichtiger, auch die späteren Kompilationen zu konsultieren, zumal diese teilweise im Druck verbreitet und so vor ihrem Untergang bewahrt wurden.

Das Straßburger Urkundenbuch ist für das Mittelalter nur bis zum Jahre 1400 geführt[4], so daß wichtige Informationen, besonders zur Verfassungs-, Rechts-, Wirtschafts- wie Sozialgeschichte, die auch und gerade für das 15. Jahrhundert in den Urkunden zu erwarten sind, in dieser Form nicht zur Verfügung stehen. Da es bislang keinerlei Zugangshilfe für die aberhunderte von Urkunden aus Geilers Straßburger Zeit gibt, wurden die Originale der Jahre 1478-1510 (und ein paar Jahre davor und danach) einzeln auf Bezüge zu dem Prediger durchgesehen, was kaum Ergebnisse erbrachte. Ergänzend wurden Einzelveröffentlichungen einiger Urkunden zu Hilfe gezogen[5].

Um das Mit- und Gegeneinander der politisch einflußreichen Kräfte in Straßburg während des langen Weges bis zur Installation des künftigen Stadtpredigers besser zu verstehen, um zur Entlastung des zweiten Teils dieser Arbeit den Charakter und die Kompetenzen der dort anzusprechenden kirchlichen und städtischen Institutionen und Gremien in ihrer Entwicklung aufzeigen zu können, um aber auch die Traditionen und Verhältnisse zu verdeutlichen, die Geiler vorfand und die ihn nicht unberührt gelassen haben werden, sollen hier in geraffter Form einige ausgewählte Momente der Geschichte Straßburgs beleuchtet werden[6]. Die

---

[4] Urkunden und Akten der Stadt Straßburg. Abt. 1 Urkundenbuch der Stadt Straßburg. 7 Bde. Straßburg 1879-1900.

[5] Johann Daniel Schöpflin, Alsatia diplomatica Bd. 2 Alsatia periodi regum et imperatorum habsburgicae luzelburgicae austriacae tandemque gallicae diplomatica. Mannhemii 1775; K[arl] Th[eodor] Eheberg: Verfassungs-, Verwaltungs- und Wirtschaftsgeschichte der Stadt Straßburg bis 1681. Bd. 1 Urkunden und Akten [m. n. ersch.]. Straßburg 1899.

[6] Die jüngste Darstellung stammt von Georges Livet/Francis Rapp (Histoire de Strasbourg. Toulouse 1987 (= Univers de la France)); sie ist eine verkürzte Fassung der von den beiden hrsg. Stadtgeschichte (Histoire de Strasbourg des Origines à nos jours. 4 Bde. Strasbourg 1980-1982); 1941 stellte Alfred Rapp die 'Reichsstadt am Oberrhein. Straßburg in der altdeutschen Geschichte' dar, was die Zeit von den Staufern bis 1681 meint (Straßburg [1941]); von Willy Andreas erschien 1940 ein Buch, das dem Titel nach sehr vielversprechend klingt, im Detail aber kaum weiterhilft (Straßburg an der Wende vom Mittelalter zur Neuzeit. Leipzig 1940); das gleiche muß man auch über das 20 Jahre ältere Werk von Jacques Hatt sagen: Er verzichtet auf Nachweise und verliert sich quellenfern im Allgemeinen (Une ville du XVe siècle. Strasbourg. Strasbourg 1929); demgegenüber schöpfte Rodolphe Reuss, der Herausgeber mehrerer Chroniken (J. J. Meyer: Cronica (1872), Familienchronik (1875), D. Specklin: Collectanea (1887-1895), Kleine Chronik (1889)), aus den Quellen (Histoire de Strasbourg depuis ses origines jusqu'à nos jours. Paris 1922); die Arbeit von Johannes Friese mag zwar an einigen Stellen auf heute verlorene Bestände der Stadt- und Universitätsbibliothek zurückgegriffen haben, ist aber nicht besonders instruktiv (Neue Vaterländische Geschichte der Stadt Straßburg 5 Bde. 1792-1801 - Bd. 2: 15. und 16. Jh.); vgl. auch Fr. Rapp: 'Straßburg' in: LexMa Bd. 8, 1 (1996) Sp. 214-218.

Stadt konnte auf eine kontinuierliche Siedlungsgeschichte bis zur Römerzeit zu-
rückblicken und durfte sich, als sich Geiler für sie entschied, zu den Freien Städten zählen. Besonderes Augenmerk wird im folgenden auf die Verfassung der
Stadt und das Verhältnis von Weltlichkeit zu Geistlichkeit gerichtet.

Die sich aus dem im Jahre 12 v. Chr. eingerichteten römischen Militärlager
'Argentoratum' entwickelnde Stadt nannte man Anfang des 5. Jahrhunderts 'Strate-
burgo' oder auch 'Stratisburgo', im 9. Jahrhundert dann 'Strasburg'. Straßburg,
wo bereits in der Mitte des 4. Jahrhunderts der erste *episcopus* residierte, wurde
982 durch ein Diplom Ottos II., mit dem er Bischof Erchambald das *urbanum ius*
verlieh, zur bischöflichen Stadt[7]. Bereits Anfang des 12. Jahrhunderts dokumentierte sich das Selbstbewußtsein ihrer Bewohner in den Bezeichnungen *civis* und
burgensis[8]. Um 1146/47 kodifizierte man das erste Stadtrecht. Der Rat entwickelte sich aus einem Beratungsorgan des Bischofs, das an der Wende vom 12. zum
13. Jahrhundert noch aus ministerialischen Laien zusammengesetzt war. Im Jahre
1201 erhielt der Rat ein eigenes Siegel. In der Schlacht von Oberhausbergen, am
8. März 1262, besiegte die städtische Miliz die Reiterei ihres Stadtherren, des
Bischofs Walther von Geroldseck. Mit diesem bis dahin nördlich der Alpen ein-
zigartigen Sieg wurde Straßburg reichsunmittelbar. Im Frieden von 1263 ließ sich
der Rat erweiterte Kompetenzen besiegeln, womit die Herrschaft des Bischofs
faktisch ein Ende hatte, wenn dieser auch weiterhin noch den Schultheißen, Burggrafen und Zollnehmer ernennen durfte.

Im Jahre 1319 übernahm der Rat, der zu der Zeit noch allein von den Ge-
schlechtern gestellt wurde, die Gesetzgebung und die Kontrolle über die Münze.
1332 führte eine Revolte von Teilen der Handwerkerschaft nach einem 'Geschölle',
das heißt einer Fehde zwischen den beiden führenden Geschlechterverbänden der
Zorn und Mülnheim, zu einer Umgestaltung der Verwaltung, die nun zur Hälfte
mit Vertretern der Zünfte besetzt wurde. Im Jahre 1347 bestätigte ein Privileg
Karls IV. dem Rat die Gesetzgebungsautonomie. Zwei Jahre später mußten die
Patrizer der Übermacht der Zünfte erneut weichen: Diese stellten nun erstmals
den in Straßburg 'Ammeister' genannten Bürgermeister, der seit 1322 das Haupt
der Stadt war.

Im Jahre 1419 versuchten die Patrizier ein letztes Mal, die Vormacht zurückzugewinnen. Nachdem viele aus der Stadt gezogen waren, bekämpften sie Straßburg im Verbund mit ihrem ehemaligen Gegner, dem Bischof, im sogenannten
Dachsteinerkrieg und wurden besiegt. Die meisten von ihnen verließen daraufhin
endgültig die Stadt. 1420 wurde der Anteil der Patrizier im Rat und anderen Gremien erneut reduziert, nämlich von der Hälfte auf ein Drittel. Mit dieser Ände-

---

[7] Vgl. zur mittelalterlichen Kirchengeschichte Straßburgs allgemein L. Pfleger: Kirchengeschichte der Stadt Straßburg im Mittelalter (1941).

[8] Erste Nennung von *civis* 1119, von *burgensis* 1143 (F.-J. Fuchs: Droit de bourgeoisie
(1962) S. 20).

rung waren die Grundlinien der städtischen Verwaltung für die Zukunft festgelegt. Im Jahre 1482 gab es noch einige Modifikationen der 'Schwörbrief' genannten Urkunde, deren Name sich daraus erklärt, daß die Bürger einmal im Jahr
einen Eid auf sie leisten mußten. Mit dem Schwörbrief dieses Jahres gab sich die
Stadt eine Verfassung, die in ihrer Grundstruktur bis 1789 gültig blieb. Straßburg
hatte ein ausgewogenes und stabiles politisches System gefunden. Die innere Ruhe
und die Jahrzehnte ohne Krieg ermöglichten nicht zuletzt die kulturelle Entfal-
tung der Stadt am Ausgang des Mittelalters.

Das maßgebliche städtische Organ, in welchem Statuten beraten und beschlossen wurden, war auch zu Geilers Zeit der sich einmal im Jahr durch Kooptation
um die Hälfte seiner Mitglieder erneuernde Große Rat mit dem beigeordneten
Beratungsgremium der 'Einundzwanzig', das seinen Namen in älteren Zeiten nach
der Zahl seiner Mitglieder erhalten hatte[9]. Inzwischen war diese zwar auf 28 an-
gewachsen, doch wurde der alte Name beibehalten. Das Gremium setzte sich aus
dem Ausschuß der 'Dreizehn', der über äußere Angelegenheiten, z. B. auch Krieg,
zu entscheiden hatte und dem der 'Fünfzehn' zusammen, der unter anderem die
Verwaltung auf Einhaltung der Ordnungen kontrollierte.

In dem Jahr, in dem Geiler sich für Straßburg gewinnen ließ, gehörten in Nancy auch Straßburger Kontingente als Verbündete der Schweizer und des Herzogs
von Lothringen zu den Siegern über Karl den Kühnen. Mit dem Tod des Burgunder-
herzogs endete ein dreijähriger Krieg und eine beinahe ein Jahrzehnt währende
Bedrohung[10], die auch von Straßburg große Opfer gefordert hatten. Wie ernst
man dort die Gefahr genommen hatte, sieht man daran, daß der Rat in den Jahren
1475/76 eine große Anzahl von Gebäuden[11], fünf Klöster[12], eine weitere Kirche
und eine Kapelle[13], die sich vor den Toren der Stadt befanden, abtragen ließ. Man
wollte damit erreichen, daß der Gegner bei einer Belagerung keine Unterschlupf-
möglichkeiten in der Nähe der in diesen Jahren ausgebauten und verstärkten Stadt-

---

[9] Vgl. zu den städtischen Institutionen und Funktionsträgern allgemein M. Alioth: Gruppen an der Macht. Zünfte und Patriziat in Straßburg (1988) S. 117-150, F.-J. Himly: Chronologie de la Basse-Alsace (1972) und J. Hatt: Liste des membres du Grand Sénat de
Strasbourg (1963).

[10] Im Vertrag von Saint-Omer (1469) hatte Herzog Sigismund von Tirol seine oberelsässischen und angrenzenden rechtsrheinischen Gebiete Karl dem Kühnen verpfändet,
von dem sich auch das Unterelsaß und mit ihm Straßburg unmittelbar bedroht sahen.

[11] D. Specklin gibt die wohl übertriebene Zahl von 680 Gebäude und 1300 Scheunen an
(Collectanea (1587) Nr. 2135); zur Glaubwürdigkeit des Chronisten vgl. oben S. 22, bes.
Anm. 48.

[12] *Quinque praeclara monasteria, extra urbis menia sita, propter metum Caroli Burgun-
dionum ducis, funditus demoliti sunt. Carmelitarum scilicet, S. Marci, S. Agnetis, Sancti
Ioannis in undis et poenitentum* (J. Wimpfeling: Cathalogus episcoporum (1508) fol. 62 v).

[13] Vgl. L. Dacheux: Un réformateur catholique (1876) S. 182 Anm. 2.

mauer fand. Zusätzlich zu den Kosten für Aufrüstung und Feldzüge mußten die
Bewohner also noch die Mittel für den Neubau einer Vielzahl von Heimstätten
aufbringen.

Der Rat hatte die mit dem Krieg verbundenen Mehrausgaben offenbar mit Steu-
ererhöhungen finanziert. Auch der Klerus beteiligte sich mit knapp 500 fl an den
Kriegskosten[14]. Der Geldwert war in der Stadt seit langem relativ stabil[15], und im
Elsaß waren glücklicherweise eineinhalb Jahrzehnte mit niedrigen Getreideprei-
sen voraufgegangen[16], was dazu beitrug, daß der Rat bereits am 16. Oktober 1477
die Steuer wieder senken konnte[17]. Allerdings konnte er nicht wissen, daß eine
enorme Preissteigerung für Getreide kurz bevorstand, die in den frühen 80er Jahren einsetzte und sich auch Anfang der 90er und kurz nach 1500 fortsetzte[18]. Für
die vor allem vom Weinexport lebende Stadt waren die Mißernten von 1485 und
1491 sicher zusätzlich mit herben Einbußen verbunden; bis 1511 ist den Chroniken dann allerdings kein katastrophales Weinjahr mehr zu entnehmen[19].

Die Stadt Straßburg hatte nach den Burgunderkriegen vermehrt das Bedürfnis,
das umliegende Land in ihren Besitz zu bringen, um nicht zu sehr von der bischöflichen oder anderen benachbarten Herrschaften eingezwängt zu sein, um eine
militärische und auch wirtschaftliche Rückendeckung zu besitzen und um bei
einem feindlichen Angriff nicht allein auf den Schutz ihrer Mauern angewiesen
zu sein. In diesem Bemühen um den Erwerb feudaler Herrschaftsrechte kommt
gleichzeitig der Wunsch nach Angleichung an die Welt des Adels zum Ausdruck.

Die Erfahrungen der Stadt Nürnberg, die sich gerade auch in dieser Zeit um
ein geschlossenes Territorium bemühte und auf deren aktuelle Probleme in der
Schottschen Fehde Geiler im 19. Artikel seiner Protestschrift von 1501 anspielte[20], mögen den Rat in seinem Anliegen bestärkt haben. Im Jahre 1488 befanden
sich erst zwei Dutzend Orte unter Straßburger Herrschaft. Der Rat konnte damit
rechnen, daß der 'Burgfrieden', den er im Jahre 1448 mit Bischof Ruprecht von
Bayern (1440-1478) geschlossen hatte und durch welchen die Stadt in bestimmten Fällen der Notwendigkeit enthoben worden war, eigene Befestigungsanlagen

---

[14] Vgl. unten S. 213.

[15] Die letzte Groschenverschlechterung hatte fünfzig Jahre zuvor (1427) stattgefunden
(M. Alioth: Gruppen an der Macht. Zünfte und Patriziat in Straßburg (1988) S. 715).

[16] Vgl. hierzu und zu den folgenden Angaben der Getreidepreise die Graphik bei Fr.
Rapp: Réformes (1974) S. 523.

[17] AMS R 28, fol. 113 r; gedruckt bei K. Th. Eheberg: Urkunden, S. 298 f.

[18] In den Jahren 1483, 1492 und 1502 waren die Preise besonders hoch (Fr. Rapp:
Humanisme, Renaissance, Réforme (1970) S. 177); 1490 war der Anfang einer Serie von
mittelmäßigen Ernten (ebd. S. 436); 1491 teurer Wein und Korn (AMS 847: Archivchronik
(1564-68) fol. 75 r).

[19] Fr. Rapp: Humanisme, Renaissance, Réforme (1970) S. 177.

[20] Vgl. unten S. 254.

im Umland zu unterhalten, weil sie die des Bischofs benutzen durfte, nur so lange währen würde wie dessen desolate Finanzlage. Die Regierenden setzten daher alles daran, ihr Territorium zu arrondieren, womit sie allerdings in Konkurrenz zum Bischof traten.

In den 25 Jahren nach 1488 gelang es ihnen gleichwohl, die Zahl der Straßburg gehörenden Orte zu verdoppeln[21]. Dabei mußten teilweise beträchtliche Summen aufgebracht werden: 1495 bezahlte die Stadt beispielsweise allein für den Ort Wasselnheim (Wasselonne) 7000 fl[22]. Die ausgesprochen kostspieligen Anstrengungen, die in Straßburg unternommen wurden, um Sicherheit zu garantieren, sensibilisierten die Regierenden für die Schwächen des städtischen Finanzsystems.

Da sich die Rechnungsbücher der Finanzverwaltung nicht erhalten haben, fällt es schwer, zu beurteilen, wie die Finanzlage um 1500 im einzelnen war. Nach Francis Rapp war die Verschuldung in der zweiten Hälfte des 15. Jahrhunderts alarmierend[23]. Im Jahre 1485 teilte man dem in der Stadt weilenden Kaiser Friedrich III. mit, daß Straßburg ihn im Kampf gegen die Türken und Ungarn höchstens mit Hilfstruppen, nicht jedoch finanziell unterstützen könne, da die Stadt in letzter Zeit ungewöhnlichen Belastungen ausgesetzt gewesen sei, womit die Kosten im Zusammenhang mit den Burgunderkriegen gemeint waren[24]. Bis 1484 war Straßburg in der 1473 gegen Karl den Kühnen gegründeten 'Niederen Vereinigung' mit Basel, Colmar und Schlettstadt (Sélestat) verbündet gewesen. Danach verlängerte die Stadt den Vertrag nicht mehr. Sie verband sich vielmehr mit Maximilian I., dem seinerseits ihre Bedeutung als strategisch wichtiger Ort wohl bewußt war[25]. Zu seinen Kriegsvorbereitungen für den Schwabenkrieg konnte er sich 15000 fl von der Stadt leihen, die also wieder bereit und fähig war, größere Geldsummen aufzubringen, welche sie allerdings nicht so bald wiederbekommen sollte[26]. Der König verlor im Jahre 1499 zusammen mit Straßburg bei Dornach den Krieg gegen die Eidgenossen. Um mit Geiler zu urteilen, stand die Stadt im Jahre 1501 kurz vor dem Ruin; in den 'Artikeln' sagt er:

---

[21] Etwa ab 1486 bis 1512 kann man eine stetige Zunahme an Ortsbesitz feststellen (G. Wunder: Straßburger Gebiet (1965) Graphik S. 114).

[22] G. Livet/Fr. Rapp: Strasbourg Bd. 2 (1981) S. 345; zu den territorialen Erwerbungen allgemein ebd. S. 344-348.

[23] Fr. Rapp: Humanisme, Renaissance, Réforme (1970) S. 178.

[24] September 1485: [...] *der stat Strasburg ist in kurtzvergangen joren sollicher großer mergklicher schade und abegang begegnet, bede an lüten und an güt* [...]; *nit deste mynner ist die stat Strasburg durch sollicher widerwertige zufelle zu sollichem großen costen und abgang kommen, das in irem vermögen nit ist, zu tunde als sie villiht geahtet werdent und gern tetent* (K. Stenzel: Politik (1915) S. 250).

[25] Vgl. unten S. 151 f.

[26] Vgl. die Stundungsverhandlungen von 1500/1501 (AMS AA 318 fol. 2 r).

*Darumb ist die gemeyn so arm, nötig und nit haben, wenn durch die stuben, do man
zert, spilt und versumpt, erwachst ir schad und stot still ir gewin, als jetzt geseit ist*
(179, 5-8[27]).

Für ihn lag der Niedergang in erster Linie im Spiel begründet. Er argumentierte moralisch und erkannte oder benannte jedenfalls die wirtschaftlichen und politischen Gründe nicht.

Im Jahre 1483 war die Stadt mit ihrem Angebot an Bischof Albrecht von Bayern (1478-1506), die ihm verbliebenen Rechte des Schultheißen, Burggrafen und
Zollnehmers zu kaufen, auf kategorische Ablehnung gestoßen[28]. Den Ratsherren
war es vor allem darauf angekommen, das Amt des Schultheißen unter ihre Kontrolle zu bringen, da dieser auch für die nach ihm benannten Bürger minderen
Einkommens und Rechts zuständig war, die gerade im ausgehenden 15. Jahrhundert zahlenmäßig an Bedeutung gewannen[29]. Dem Bischof allerdings war es gelungen, seine Verwaltung zu reorganisieren und damit effektiver zu machen und
auch sein Territorium, das bereits die größte Herrschaft im Niederelsaß war, noch
weiter auszubauen[30]. Er konnte das städtische Angebot ablehnen, denn er hatte es
nicht mehr nötig, aus Geldmangel seine Rechte zu veräußern. Im Jahre 1502 waren die bischöflichen Finanzen saniert, und damit war bald auch der Vertrag von
1448 hinfällig. Eigentlich hatten die Räte gehofft, dem Bischof wegen dessen
finanziellen Schwierigkeiten das ihm gehörende Territorium Stück für Stück ab-
kaufen zu können; nun sahen sie sich von dieser unerwarteten Wendung unmittelbar bedroht. Einige Ratsherren glaubten sogar, daß die Priester ein Komplott gegen sie schmieden würden, um wieder die Herren zu werden[31]. Vielleicht befürchteten sie, daß es der Stadt ähnlich ergehen könnte wie zuvor Mainz, das
1462 durch die Eroberung Erzbischof Adolfs von Nassau seine Stadtfreiheit ver-

---

[27] Stellen aus Bd. 1 der von Gerhard Bauer herausgegeben Werke von Geiler werden im
weiteren durch Seiten- und Zeilenangabe zitiert, ohne daß auf die Ausgabe eigens verwiesen wird.

[28] Vgl. hierzu und zum folgenden Fr. Rapp in: G. Livet/Fr. Rapp: Strasbourg Bd. 2
(1981) S. 245-252.

[29] Die sog. Schultheißenbürger hatten weniger als 20 fl Vermögen und waren nicht rats-
fähig (Fr. Rapp: Réformes (1974) S. 450).

[30] *Arcem Dachstein, munitiorem, magnisque splendidam expensis, supra septem millia
florenorum, effecit. [...] officinas opificum quasdam in alia loca transtulit, quasdam cum
equorum carcere demolitus, a fundo reedificare cepit. Arcem Ysenburgum [...] apud Rubia-
cum reparuit* (J. Wimpfeling: Cathalogus episcoporum (1508) fol. 64 v).

[31] Fr. Rapp: Réformes (1974) S. 418; vgl. auch Rapps Fazit des Kapitels über die Wur-
zeln des 'Antiklerikalismus' vor der Reformation in der Diözese Straßburg: »A la lumière
des faits que nous avons exposés, le clergé n'apparaissait pas seulement aux gouvernants
comme un élément qui ne se laisserait pas assimiler par l'Etat urbain mais encore comme
une force redoutable qui risquait de le détruire« (ebd. S. 456).

loren hatte[32]. Schon mehrfach hatten sich die Straßburger Bischöfe bemüht, ihre alte Vormacht wiederzugewinnen: 1392 hatte Bischof Friedrich von Blankenheim (1375-1393) versucht, die Stadt unter seine Macht zu bringen, und 1420-22 hatte sein Nachfolger Wilhelm von Diest (1394-1439) im Dachsteinerkrieg erneut diesen Versuch unternommen[33].

In der geänderten Situation um 1500 nahm man die Präsenz, den Wohlstand und die Vorrechte des städtischen Klerus anders wahr als vielleicht noch zuvor. Den Platz innerhalb der Mauern mußten sich am Ende des Mittelalters immer mehr Menschen teilen. Auch Straßburg war von dem allgemeinen Trend einer Bevölkerungszunahme seit der Mitte des 15. Jahrhunderts ergriffen worden. Im Herbst 1444, als Straßburg ein Angriff der Armagnaken drohte, wurde eine Zählung der städtischen Bevölkerung und Erhebung der Getreidevorräte durchgeführt: Bei dieser im übrigen ältesten Bevölkerungszählung für eine ganze Stadt nördlich der Alpen kam man auf 26088 Ortsanwesende, woraus man unter Berücksichtigung der Ausnahmesituation und der nicht mitgezählten Bevölkerungsteile auf eine Zahl von etwa 18000 Stadtbewohnern schließen kann[34]. Straßburg gehörte damit zu den größten deutschen Städten dieser Zeit.

Der Anteil der Geistlichen an der Gesamtbevölkerung war im Spätmittelalter, besonders in einer alten Bischofsstadt wie Straßburg, weitaus höher als heute: Bereits Anfang des 14. Jahrhunderts lebten in Straßburg bei etwa 15000 Einwohnern 310 Weltgeistliche, 430 regulierte Kleriker und etwa 360 Beginen[35]; das sind ohne letztere 4, 9 % und mit ihnen 7, 3 % der Stadteinwohner[36] – und am Ausgang des Mittelalters dürften es nicht weniger gewesen sein[37]. Für Augsburg, eine Bischofsstadt mit ähnlicher Einwohnerzahl wie Straßburg, zählt man für die zweite Hälfte des 15. Jahrhunderts zwar nur 350 Kleriker[38] (bei 22000 Einwohnern im Jahre 1498[39] wären dies 1, 6 %) – dazu muß man aber noch die Dienstleute rech-

---

[32] Vgl. D. Demandt: Stadtherrschaft und Stadtfreiheit im Spannungsfeld von Geistlichkeit und Bürgerschaft in Mainz (1977) S. 152 f.

[33] Fr. Rapp: Mendikanten und Straßburger Gesellschaft (1981) S. 86.

[34] Ph. Dollinger: Recensement (1955); ders. La population (1972) S. 522 und ders. in: G. Livet/Fr. Rapp: Strasbourg Bd. 2 (1981) S. 103 f.

[35] Vgl. zu ihnen: J.-Cl. Schmitt: Béguines du Rhin supérieur du XIVᵉ siècle (1978).

[36] G. Livet/Fr. Rapp: Strasbourg Bd. 2 (1981) S. 70.

[37] Ein im Pfennigturm aufbewahrtes Verzeichnis zählte für 1442 die in den Konventen der Stadt lebenden Religiosen auf. Es gab männliche Religiosen bei den Johannitern: 16, Karmelitern: 11, Dominikanern: 42, Augustinern: 13, Franziskanern: 27; 'Gewichte Frauen' in St. Katharina: 10, St. Margarete: 14, St. Agnes: 10, St. Magdalena: 8, St. Johannes in undis: 10, St. Markus: 16, St. Nikolaus in undis: 21, St. Clara auf dem Roßmarkt: 27, St. Clara auf dem Wörth: 27; Stiftsdamen in St. Stephan: 8 (L. Pfleger: Der Personalbestand der Straßburger Klöster im Jahre 1442 (1937) S. 72).

[38] R. Kießling: Bürgerliche Gesellschaft und Kirche in Augsburg (1971) S. 40.

[39] Ebd. S. 216.

nen, so daß geschätzt wird, daß dort etwa 10 % der Einwohner in den Genuß von geistlichen Privilegien kommen konnten[40]. In Straßburg waren es um 1500 sicher nicht weniger.

Die Kleriker genossen die Wohltaten, die die Stadt allen bereithielt: den Schutz und die Sicherheit durch Mauern, Gräben und Bürgerwehr, die durch den Stadtfrieden garantierte Möglichkeit, Handel und Gewerbe zu treiben, überhaupt die Lebensqualität durch Warenangebot, Straßen, Brücken und Brunnen. Gleichzeitig aber waren sie befreit von vielen Lasten: Gemäß ihren Privilegien brauchten sie und ihre *familia* sowie die übrigen Bewohner der geistlichen Immunitäten – auch wenn diese Laien waren – keine Steuern und Abgaben zu zahlen, durften nicht zu Wehr- und Arbeitsdienst für die Befestigung herangezogen werden, mußten keinen Wach- und Feuerwehrdienst leisten. Zudem waren sie nicht gezwungen, sich vor städtischen Gerichten zu verantworten, was zu Neid führte, da man argwöhnte, daß die Geistlichen von ihren eigenen Gerichten bevorzugt würden[41].

In Straßburg war es gelungen, einige dieser Privilegien einzuschränken. Die Kleriker waren am Ende des Mittelalters gezwungen, Ungeld und Mahlgeld und die 'Helblingzoll' genannte Steuer für den Weinverkauf zu zahlen[42] – jedoch konnte ihnen das 'Stallgeld', die direkte proportionale Vermögenssteuer, die den größten Anteil am städtischen Steueraufkommen ausmachte, niemals abverlangt werden[43]. Da Grundstücke, Geld- und Sachwerte im Spätmittelalter durch testamentarische Verfügungen oder Geschenke vermehrt als gute Werke oder zum Unterhalt gottesdienstlicher Stiftungen vor allem an Klöster fielen, entging der Stadtkasse viel Geld. In den Konventen zersplitterte sich der Besitz nicht durch Erbgang, daher kam es zu einer fortschreitenden Akkumulation bürgerlichen Grundbesitzes und von Renten aus bürgerlichen Liegenschaften in der Hand der Kirchen. In Straßburg allerdings verringerten sich Schenkungen, nicht zuletzt weil der Rat gegenzusteuern suchte, im Verlauf des 15. Jahrhunderts sowohl der Zahl nach als auch im Wert erheblich[44], was aber nicht zur Folge hatte, daß der Neid von Teilen der Bürgerschaft auf den angeblichen oder tatsächlichen Reichtum des Klerus geringer wurde.

---

[40] E. Isenmann: Die deutsche Stadt im Mittelalter (1988) S. 211.

[41] Zu den Privilegien allgemein vgl. H. E. Feine: Kirchliche Rechtsgeschichte (1964) S. 393 f; zum *privilegium immunitatis* und *fori* auch E. Isenmann: Die deutsche Stadt im Mittelalter (1988) S. 213-216.

[42] Vgl. AMS II 107, 1 fol. 20 r-21 v (vor 14. Nov. 1460).

[43] Fr. Rapp: Réformes (1974) S. 454; »Au total, à la veille de la Réformation, le Magistrat n'avait pas pu réduire à néant l'immunité fiscale du clergé, qui payait les taxes et des accises mais échappait aux contributions directes« (ebd. S. 412); vgl. zum folgenden E. Isenmann: Die deutsche Stadt im Mittelalter (1988) S. 214.

[44] »[...] au cours du XVe siècle les donations s'étaient faites plus rares et [...] leur valeur tendait à décroître« (Fr. Rapp: Réformes (1974) S. 413); vgl. zu den Verhältniszahlen ebd. S. 397-404.

Dieser Neid gewann zusätzlich an Nahrung, da besonders der hohe Klerus seit der Mitte des 15. Jahrhunderts familiär immer weniger in die Stadt integriert war. Die Straßburger Honoratioren sahen es immer seltener, daß ein Verwandter von ihnen in führende kirchliche Positionen der Stadt gelangte oder ein Mitglied der mächtigeren und reicheren geistlichen Institutionen wurde. Zwischen 1450 und 1525 war von den Kanonikern des Thomasstifts weniger als ein Drittel in Straßburg geboren und in Alt St. Peter war das Verhältnis kaum anders. Noch weniger Stadtkinder fand man in Jung St. Peter, wo nur jeder Vierte ein Straßburger war. Und im Domkapitel schließlich, das als eines der aristokratischsten im ganzen Reich galt[45], war es gar nur jeder fünfte. Von dieser Minderheit gehörte wiederum nur ein geringer Teil zu den im Rat repräsentierten Familien[46].

Straßburg war trotz des relativ hohen Klerikeranteils und trotz seiner finanziellen Probleme an der Wende vom 15. zum 16. Jahrhundert eine prosperierende Stadt[47], auch wenn es in seiner Wirtschaftskraft weit hinter Nürnberg oder Frankfurt zurückstand[48]. Seinen Reichtum verdankte es dem Wein- und Getreidehandel, aber auch seiner Brücke von 1388, die für lange Zeit der letzte feste Übergang über den Rhein vor der Mündung blieb. Straßburg war der wichtigste Stapelplatz zwischen Basel und Mainz und der zentrale Ort für das Elsaß und die Ortenau. Die Stadt war nach Bevölkerungszahl und Wirtschaftskraft die bedeutendste des deutschen Südwestens. Das zeigte sich auch im kulturellen Bereich. Herausragend war vor allem das Buchwesen.

Die Stadt war schon bald nach Erfindung des Buchdrucks ein bedeutendes Zentrum dieser Technik geworden. In 33 Jahren, von 1477 bis 1510, sind dort 471 Titel in Erstauflage und mit Folgeauflagen sogar ein Viertel mehr erschienen[49]; im ersten Jahrzehnt des 16. Jahrhunderts hat sich die Anzahl der in Straßburg verlegten Titel im Vergleich zur voraufgegangenen Inkunabelzeit sogar noch einmal verdreifacht[50]. Allein in der ersten Hälfte des 16. Jahrhunderts waren dort 40 Drucker ansässig; das waren mehr als in jeder anderen deutschen Stadt[51]. Auch ließen sich viele Künstler an den Ufern der Ill nieder. Man kann Straßburg bis zur Wende vom 15. zum 16. Jahrhundert den künstlerischen Mittelpunkt des Oberrheins nennen; erst nach 1500 gab es diesen Rang an Freiburg ab[52]. Die Stadt

---

[45] Vgl. P. Wiek: Münster (1959) S. 41.

[46] Fr. Rapp: Réformes (1974) S. 451.

[47] Man hat zwar allgemein von 1475-1479 bis 1514/1515 eine langsame Preissteigerung von 10 % errechnet; mit dieser korrespondiert aber eine »renaissance économique« (G. Livet/Fr. Rapp: Strasbourg Bd. 2 (1981) S. 325).

[48] Ebd. S. 159.

[49] Nämlich 587 Titel.

[50] Kl. Manger: Literarisches Leben während der Prädikatur Geilers (1983) S. 19 f.

[51] G. Bauer: Stadtsprache (1988) S. 443.

[52] G. Livet/Fr. Rapp: Strasbourg Bd. 2 (1981) S. 590.

zählte auch zu den Zentren des oberrheinischen Humanismus[53]. Gleichwohl gab
es keine bedeutenden Schulen dort: Wer mehr als Lesen, Schreiben und Latein
lernen wollte, was man in den Kapitel- und Klosterschulen der Stadt tun konnte,
und nicht zu weit reisen wollte, mußte zur Grammatikschule ins nahe gelegene
Schlettstadt oder auf die Universität nach Freiburg oder Basel gehen, wie es ja
auch Geiler getan hatte[54].

b) Vorgeschichte des Predigeramtes

Um zu verstehen, weshalb in Straßburg in den Jahren vor 1478 das Verlangen
aufkam, eine besondere Prädikatur am Münster einzurichten, muß der Blick auf
das Verhältnis zwischen Welt- und Ordensgeistlichkeit in der Stadt in der Mitte
des 15. Jahrhunderts gerichtet werden. In den 1450er Jahren gelangte die Rivali-
tät, die schon länger zwischen den Bettelorden auf der einen und der Pfarrgeistlichkeit auf der anderen Seite bestand, im Streit um das *ultimum vale*[55] zu einem
gewissen Höhepunkt[56]. Die Dominikaner und Franziskaner wollten nicht auf ihre
Einwirkung auf die Gläubigen durch Predigt, Beichte und Begräbnis verzichten,
die Weltgeistlichen dagegen waren erbittert, daß ein Teil ihrer Gemeinde sich von
ihnen abwandte und ihnen so traditionelle Einkünfte entgingen. Die Streitenden
verunglimpften einander von der Kanzel herab; der Rat, der Erzbischof, einige
Universitäten und auch der Papst wurden eingeschaltet.

Der Rat hatte sich bereits im Jahre 1453 gegen die Pfarrgeistlichkeit durchgesetzt, indem er das *ultimum vale* auf die traditionellen 30 d beschränkte und, um
Ausgaben und Prunk zu vermindern, die Teilnehmerzahl bei Beerdigungen auf

---

[53] Von den Zeitgenossen Geilers, die dem Humanismus zugerechnet werden, ließen
sich – zumindest für einige Zeit – in Straßburg nieder: Peter Schott d. J. 1482; Thomas
Murner 1491 und wieder 1501; Jakob Han 1492; Sebastian Brant 1500; Jakob Wimpfeling,
Thomas Wolf d. J. und Thomas Vogler 1501; Matthias Ringmann und Johann Gallinarius
1503; Beatus Rhenanus 1507; Hieronymus Gebwiler 1509 (M. U. Chrisman: Strasbourg
and the Reform (1967) S. 50 f.). Vgl. allgemein Humanismus im deutschen Südwesten.
Biographische Profile (1993).

[54] Vgl. M. U. Chrisman: Church and City in Strasbourg 1480-1548 (1962) S. 63; vgl.
dies.: Strasbourg and the Reform (1967) S. 45 f.; vgl. zu Geilers Bildungsreformbemühungen
unten S. 268-273.

[55] Es handelt sich beim *ultimum vale* um eine zusätzliche Abgabe zur *portio canonica*,
welche dem Pfarrer zustand, wenn ein Pfarrkind nicht auf dem Friedhof der Pfarrei, sondern auf dem einer anderen Kirche begraben wurde.

[56] Vgl. zu diesem und dem folgenden G. Livet in: G. Livet/Fr. Rapp: Strasbourg Bd. 2
(1981) S. 162 f. und den aus Archivalien der Jahre 1451 und 1454-1457 erstellten *Bericht
von dem so genannten ultimum vale* aus dem Jahre 1659 in: J. Schilter: Jacob Twingers von
Königshofen Chronik (1698) S. 1128-1138.

20 Personen begrenzte[57]. Die innerkirchlichen Konflikte drohten sich nun aber auch auf die Bürgerschaft auszuweiten, da die Widersacher ihre jeweiligen Zuhörer in Predigten zu ihren Gunsten zu mobilisieren suchten. Es stand sogar zu befürchten, daß von der Kanzel der Hauptkirche herab die Parole zum Aufstand gegen den Rat ausgegeben würde. Um den Stadtfrieden zu wahren, erließen die Ratsherren eine Ordnung, in der sie unter anderem verfügten, daß der Predigtstuhl aus dem Münster entfernt werde[58]. Es hieß nämlich, auswärtige Weltgeistliche seien auf dem Weg in die Stadt, um für die Straßburger Kollegen zu agieren[59].

Ab 1454 predigte in der Bischofskirche der *plebanus* der dort beheimateten Pfarrei St. Lorenz, Johannes Kreutzer (1424/28-1468), der in gewissem Sinne ein Vorläufer Geilers war. Der Weltklerus hatte in Kreutzer, dem der Bischof und ein Teil der Bürger zur Seite standen, einen kompromißlosen Vorkämpfer ihrer Ansprüche gegen die Bettelorden, welche vom Papst, einem anderen Teil der Bürger und am Ende auch vom Rat unterstützt wurden[60]. Einmal verhinderte Kreutzer beispielsweise vier Tage lang, daß ein Toter beerdigen wurde, für den seine Familie das *ultimum vale* nicht vollständig bezahlen wollte. Der Rat sah sich gezwungen, Kreutzer, der auf Betreiben des Ordensklerus exkommuniziert worden war, im Jahre 1456 der Stadt zu verweisen, der mit ihm ein bedeutender Seelsorger verlorenging[61]. Zwischen den streitenden Parteien kehrte danach erst einmal Friede ein.

Nach der Ausweisung Kreutzers löste der Bischof von Basel den Bann, und das dortige Domkapitel wählte ihn im Jahre 1456 zum Domherrn und ersten Inhaber der neu errichteten Prädikatur am Münster. Nach einem mit Promotion abgeschlossenen Theologiestudium wurde er Ordinarius und der erste Dekan der theologischen Fakultät der Universität Basel, schließlich deren Rektor. Obwohl er Straßburg am Ende wegen der Intervention der Bettelorden beim Papst hatte verlassen müssen, schloß er sich den Dominikaner-Observanten an. Als Novize des Dominikanerklosters seiner Heimatstadt Gebweiler (Guebwiller), dessen Prior er später wurde, wirkte er 1465 bei der Reform von drei Frauenklöstern in Freiburg im Breisgau mit. Der ersten Kanzelrede in einem dieser Konvente lauschte der 20jährige Geiler, der sich von jenem streitbaren Prediger und Reformer Anregungen für sein künftiges Wirken geholt haben mag[62].

---

[57] Fr. Rapp: Réformes (1974) S. 415 f.

[58] Vgl. unten S. 105.

[59] *Zu verhütung weitläuffigkeit etc.* [...]: *weile man vernommen, daß frembdt pfaffen gegen Straßburg kommen würdten, die ettwas darbringen wolten, das der stadt zu unglümpff reichen dörffte* (AST 165, 1 fol. 99 r, Abschrift aus dem 17. Jh.).

[60] Die Mendikanten hatten am 2. 7. 1455 von Papst Calixt III. eine Bulle erwirkt, die den Rat dazu aufforderte, sie in der Durchsetzung ihrer Privilegien zu unterstützen (vgl. Ch. Schmidt: Histoire littéraire Bd. 1 (1879) S. 341 und Fr. Rapp: Réformes (1974) S. 416).

[61] »Orateur de grande classe [...] directeur de conscience« (ebd. S. 152).

[62] *Doctor Crützer, der was ein frum biderb man;* [...] *und ich sein erste predig hort, die*

Der Konflikt um das *ultimum vale* flackerte in Straßburg noch öfter auf und beschäftigte trotz eines Vergleichs im Jahre 1493 auch noch eineinhalb Jahrzehnte danach den Prediger im Münster, der dann Geiler hieß und der weniger polarisierte als Kreutzer, sondern eher um Eintracht warb[63]. Sowohl Geiler wie auch Wimpfeling zollten Kreutzer später höchste Wertschätzung und glaubten gar, daß einige seiner Gegner, die für seine Vertreibung aus der Stadt gesorgt hatten, in einem gewaltsamen Tod die gerechte Strafe Gottes ereilt habe[64].

Die Umstände, die zur Errichtung der Straßburger Münsterprädikatur führten, lassen sich recht genau rekonstruieren, da nicht nur eine Anzahl von Urkunden, die in diesem Zusammenhang ausgestellt wurden, erhalten sind (sie sind im Textcorpus erstmals veröffentlicht[65]), sondern auch zahlreiche zeitgenössische chronikalische, biographische und briefliche Nachrichten über diesen Vorgang Auskunft geben. Es war ein komplizierter und langer Weg von elf Jahren, bis das *officium praedicationis* endlich Bestand hatte. Die Zeit und die Mühe, die hierbei aufgebracht werden mußte, erstaunt und widerspricht dem geläufigen Bild von den Möglichkeiten, die man damals in einer reichen Stadt des deutschen Südwestens gehabt habe. Um das Amt, dessen Funktionen Geiler über dreißig Jahre ausübte, in das Gefüge der Kompetenzen von Bischof, Domkapitel und Stadtrat einordnen zu können, ist es nötig, diesen Weg genauer zu verfolgen.

Der Rat hatte sich, wie gesagt, während des Streits um das *ultimum vale* auf die Seite der in Straßburg ansässigen Bettelorden (Dominikaner, Franziskaner, Augustiner und Karmeliten) gestellt und einigen ihrer Mönche nach 1454 ermög-

---

er in den orden thet, da er ein prediger münch ward zuo Basel, der ist hie zuo Straßburg zuo sant Laurentzen ein lütpriester gesein und eyn vicary uff unserm chor, wie der durchechtet ist worden von unnützen schlechten lüten, das weiß man auch wol, sie sein auch schier alle ellendglich umbkummen. Der ein ertranck, der ander fiel zetod, der dritt erstach sich selbs (J. Geiler: Ameise (1516) fol. 19 v).

[63] Vgl. L. Pfleger: Kirchengeschichte der Stadt Straßburg im Mittelalter (1941) S. 168.

[64] *Kreytzer selig [...] got tröst sein liebe sel; es was ein guotter, frumer mensch, dem do schamlich schantlich döt* (J. Geiler: Mariensalbung (1520) fol. 18 v); *sag an, wie vil seint gehen ling gestorben, die da waren wider Johannes Crützeren; fürwar alle, die wir erkent haben, seint alle gestorben mit einem bößen tod* (ders.: Narrenschiff (1520) fol. Diiiiv); *vita et doctrina probatissimus, qui propter iura parochie et quia manifestissima vicia constantissime reprehendebat, a quibusdam privilegiatis et a nonnullis civibus (qui fratribus illis adheserant) magnas iniurias perpessus est. Sed deus persecutores suos manifeste et ad oculum punivit. Unus in Rheno suffocatus est, alter in patibulo suspensus, quidam in lupanari repente occubuit, quartus furti reus, diu in carcere latuit, alius in hospitali enutritus* (J. Wimpfeling: Cathalogus episcoporum (1508) fol. 62 v); vgl. auch das Obituarium St. Magdalena zum 26. 5.: *Gedenckent durch gott meister Johannes Crützer, prior zuo Gehwyller* [Gebweiler], *prediger ordens, der uns vil guottes hett geton* (S. 50); vgl. auch oben Anm. 62.

[65] Vgl. unten VII, 3 d Nrr. 2, 3, 7, 8, 9, 10 und 11.

licht, die Münsterkanzel zu besteigen[66]. Doch befriedigten die ständig wechselnden und wohl auch nur mittelmäßig predigenden Religiosen ihre Hörerschaft offenbar auf Dauer nicht[67]. Man wünschte sich für die Hauptkirche einen eigens zur Predigt berufenen studierten Geistlichen. Für Kreutzer hatte man seit seiner Ausweisung keinen gleichwertigen Ersatz gefunden. Nun wollte man, wie es von anderen Orten bekannt war, eine spezielle Prädikatur für einen qualifizierten Weltgeistlichen schaffen.

Damals ergriff nicht etwa der Bischof oder das Domkapitel, sondern das Ehepaar Schott die Initiative. Susanna Schott, geb. von Cöllen (gest. 1498)[68], hatte ihren Mann dazu gebracht, sich mit dem Einfluß, den er in der Stadt- und Kirchenverwaltung besaß, für eine Prädikatur einzusetzen[69]. Der wohlhabende Bürger und Patrizier Peter Schott d. Ä.[70] – bald 40 Jahre lang die zentrale Figur im Straßburger Magistrat[71] – war 1477, in dem Jahr, in welchem er Geiler zu gewinnen such-

---

[66] *Religiosi fratres (qui alternis in aede maiori declamitabant)* (B. Rhenanus in: Das Leben Geilers (1510) S. 91 Z. 77-S. 92 Z. 78); vgl. L. Pfleger: Predigtwesen in Straßburg (1907) S. 16.

[67] *Varietate populus confunderetur potius quam profectum capesseret* (B. Rhenanus in: Das Leben Geilers (1510) S. 92 Z. 78 f.); *munus contionatoris [...], cum antea fratres quidam in ea declamassent, quibus non tam dei summique illius templi quam proprius honos et questus cordi esse videbantur, qui tanta profecto constantia metu offensae eorum quibus applaudi solet vix interea usi fuissent* (J. Wimpfeling in: ebd. S. 63 Z. 313-316); *mit wenig nutz desz volcks von wegen yrer widerwertiger leer der predicanten* (M. Berler: Chronik (1510-20) S. 112).

[68] Vgl. zu ihr P. Schott: The Works Bd. 2, S. 714.

[69] J. Geiler predigte am 22. 3. 1508 im Münster: *Officia predicationis, sicut fecerunt episcopus, capitulum et chorus ecclesie eiusdem. Cuius inceptor fuit Petrus Schott, ex suggestione uxoris sue, piissime in deum et in homines* (ders.: Oratio dominica (1509) fol. D r); *ampt der predigung und verkündigung des worts gottes [...]. Des anfenger was her Peter Schott altammeister, uß yngebung siner haußfrawen, denen gott gnedig sey, dann es waren barmhertzige milte leüt gegen gott und den menschen* (ders.: Pater-Noster-Auslegung (1515) fol. Fiii r). Ihr anhaltendes Interesse für die Versorgung der Predigt zeigte sich im Sommer 1481 in der Bitte Susannas, Geiler möge seinen Urlaub nicht verlängern, sondern an Himmelfahrt in Straßburg predigen: *Deinde si natalem vestram patriam visitare sit animus, liberius licere* (Brief Peter Schotts d. J. an Geiler nach Baden vom 7. 8. 1481; gedruckt in P. Schott: The Works Bd. 1, Nr. 21 S. 30; unten VII, 6 Nr. 8)

[70] Geb. 1427, gest. 8. 8. 1504; er stammte aus einer seit 1179 nachgewiesenen Familie, die seit 1237 Mitglieder im Großen Rat stellte (vgl. zu ihm: M. Mathis: Peter Schott 1427-1504 (1990) und P. Schott: The Works Bd. 2, S. 756 f.); verwandt mit dem Drucker Martin und Johann Schott; neben 4 älteren Töchtern (Margarete; Maria, gest. 1524; Ottilia, gest. 1519; Anna, geb. späte 50er Jahre des 15. Jh., gest. 1519; vgl. zu ihnen: P. Schott: The Works Bd. 2, S. 753-756) hatte das Ehepaar einen Sohn Peter (vgl. unten S. 131 Anm. 7).

[71] *Petrus Schottus Argentinensis reipublice cirumspectissimus fidelissimusque per sex lustra gubernator* (J. Wimpfeling: Apologia (1506) fol. eiii r); 1465-1504 ständig in Ämtern nachgewiesen; Ammeister: 1470, 1476, 1482 und 1488; Mitglied des Großen Rats:

te[72], Altammeister[73], das heißt er war der Bürgermeister des voraufgegangenen Jahres gewesen und hatte nun den Vorsitz im Kleinen Rat inne. Zudem war Schott damals einer der Verwalter des Frauenwerks, das heißt der in städtischer Hand befindlichen Münster-Fabrik[74]. Dieses Amt bekleidete er insgesamt 22 Jahre lang. Obwohl Patrizier, gehörte Schott als 'Kornkäufer' der Zunft 'Zur Laterne' an; er vermehrte das wohl zum größten Teil von seinem Vater Jakob Schott ererbte Vermögen durch Getreidehandel. Peter Schott hatte nicht allein seine Erfahrung, sein Verhandlungsgeschick und seinen Einfluß in Straßburg, sondern auch erhebliche eigene finanzielle Mittel (deren Höhe in den Quellen schwankt) eingesetzt, um eine Predigerstelle durchzusetzen und die Schwierigkeiten zu überwinden, die während eines Jahrzehnts bis zur endgültigen Einrichtung des Offiziums auftreten sollten[75].

Nach Beatus Rhenanus stiftete Schott ein mit 6 % verzinstes Kapital von 500 fl zugunsten des Predigeramtes. Die daraus jährlich fließenden 30 fl seien an den Straßburger Bischof als Entschädigung für eine Pfründe gegangen, deren Kollatur eigentlich diesem zugestanden habe, die aber nun mit der Prädikatur verbunden worden sei[76]. Es ist wahrscheinlich, daß die Zinsen oder jedenfalls ein Teil von ihnen über die bischöfliche Kasse als Abfindung in Form einer Leibrente an den bisherigen Inhaber der Pfründe gingen[77], der 1489 noch nicht als verstorben bezeichnet wurde[78].

1465, 1466, 1473, 1474, 1479, 1480, 1485 und 1486; er befehligte 1475 zusammen mit Friedrich Bock die Straßburger Kontingente im Burgunderkrieg.

[72] Vgl. oben III, 4.

[73] Zum Ammeister und Altammeister vgl. M. Alioth: Gruppen an der Macht. Zünfte und Patriziat in Straßburg (1988) S. 470.

[74] Mit Frauenwerk, dem *opus Sanctae Mariae*, wurde ursprünglich nur der Bau des Marienmünsters bezeichnet, später wurde der Name auf die Kirchenfabrik übertragen, die eine rechtlich selbständige Organisation mit eigenem Vermögen war (B. Schock-Werner: Münster (1983) S. 227 f.); Geiler erwähnte an anderer Stelle die Möglichkeit eines Ablasses für die, die der *fabrica* spendeten (J. Geiler: Peregrinus (1513) fol. Kv r); zum Frauenwerk allgemein: J. Fuchs: L'Œuvre Notre-Dame et la Cathédrale (1974) und B. Schock-Werner: L'Oevre Notre-Dame (1989).

[75] [...] *stifftung unnßer predicaturen unnd das sollichs dem leyschen volck besunder her Peter Schotten unnd anndern, so dar inne gehandelt unnd stürliche hilff gethon habent* (aus einem Brief des Vizedekans Heinrich von Henneberg an den Augsburger Bischof Friedrich von Zollern vom 14. 2. 1491, gedruckt bei K. Stenzel: Geiler und Friedrich von Zollern (1927) S. 109 Nr. 2).

[76] *Schottus itaque Roberto antistiti durissimo exactori 30 aureos pro eo sacerdotio sub condicione perpetuae deinceps ad id officium proprietatis de suo quotannis exsolvit, unde fertur quingentos in eam rem aureos impendisse* (B. Rhenanus in: Das Leben Geilers (1510) S. 92 Z. 81-84).

[77] So die Vermutung von L. Dacheux: Un réformateur catholique (1876) S. 29.

[78] Vgl. die Transkription der Urkunde vom 10. 4. 1489 (unten VII, 3 d Nr. 7).

Den Chronisten Maternus Berler, der zwischen 1510 und 1520 schrieb, kann man so verstehen[79], daß die von Bischof Ruprecht geforderten 500 fl mit viel Mühe irgendwie zusammengebracht wurden und Peter Schott, vermutlich in seiner Funktion als einer der Pfleger des Frauenwerks, lediglich der Geschäftsführer war[80]. Die Informationen, die Berler gibt, gehen jedoch in bezug auf Geiler in den seltensten Fällen über das in den Viten von Wimpfeling und Rhenanus Gesagte hinaus, die ihm als Vorlage gedient haben. In diesem speziellen Fall hat Berler offenbar die nicht leicht zu verstehende Stelle bei Beatus Rhenanus mißdeutet.

Der Chronist Kaspar Hedion spricht im Jahre 1539 von mehr als 700 fl, die Schott für das Predigeramt ausgegeben habe[81]. Im Münsterbüchlein von 1617 schließlich kann man lesen, daß Schott ein Kapital von 1200 fl zugunsten eines graduierten Predigers angelegt habe (woraus sich bei Annahme einer fünfprozentigen Verzinsung eine jährlich Rente von 60 fl berechnen läßt). Bischof und Dekan seien dadurch bewogen worden, auch gegen den zu erwartenden Widerstand des Kapitels der Prädikatur noch eine Vikarspfründe hinzuzufügen[82]. Über eine Stiftung Schotts in der angegebenen Höhe gibt es aber keine zeitgenössischen Nachrichten.

Die unterschiedlich hohen Summen, die Schott zur Prädikatur beigesteuert haben soll, erklären sich vielleicht daraus, daß spätere Chronisten die Wertentwicklung des Geldes berücksichtigen wollten und alte, niedrige Summen in höhere aktualisierten. Für Geilers Zeit dürfte richtig sein, was sein Freund Jakob Wimpfeling im Jahre 1506 schrieb, daß nämlich der 'Urheber der Münsterprä-

---

[79] So versteht ihn Ch. Schmidt: Histoire littéraire Bd. 1 (1879) S. 343.

[80] *Also ward mitt grosser arbeitt und kosten bey den funff hundert fl betreffen gegen bischoff Rubrechten ze wegen brocht, das solche caplany der predicatur incorporirt ward, durch verwilgung bedochten bischoffen, von welchen solche prundt ab erkoufft ward durch Petrum Schotten, senatorem, pfleger desz schatz der hohenn stifft, anno 1478* (M. Berler: Chronik (1510-20) S. 113).

[81] *Zuo dem ampt herr Peter Schott Ammeyster, eyn fürnemer theurer mann, mehr dann siben hundert fl außgeben hat* (K. Hedion: Chronik (1539) S. 644); eine handschriftliche Chronik J. Wenckers zum Jahre 1478 gibt 700 fl an; sie wurde mehr als 200 Jahre nach den Ereignissen geschrieben und ist heute verloren; L. Dacheux hat sie noch benutzt (Un réformateur catholique (1876) S. 29 Anm. 1).

[82] *Da hat [...] Herren Peter Schotten [...] von seinem eygenen Gut 1200 fl uff ewigen Zinß an unfehlbare gewisse Ort angelegt und geordnet, daß dieselbe einer graduirten Person [...] jährlichen solten gereicht werden. [...] Das gefiel nuhn Bischoff Ruperto [...], deßgleichen dem ThumDechand Herren Hanßen einem Graffen von Helffenstein so wohl, daß sie zu desto besserer underhaltung eines Gelehrten Manns auch das Vicariat deß Bischofflichen Caplans mit deß Bapsts confirmation und bewilligung, ohngeachtet wie hart es bey dem Capitel heben wolte, darzu gaben und verwendten. Darauff wurde Doctor Iohannes Geiler von Keysersberg [...] zu einem Thumprediger uff und angenommen [...] 1478* (O. Schad: Münster (1617) S. 81 f.).

dikatur'[83] wohl insgesamt etwa 1000 fl aus seiner eigenen Tasche für die Aufwen-
dungen zur Verfügung gestellt habe, die an den Papst, den Bischof und den bisherigen Inhaber der Pfründe, die zur Prädikatur verwendet wurde, zu entrichten
waren[84]. Aber nicht allein Schott, sondern noch weitere Straßburger, die an einem
Predigeramt im Münster interessiert waren, engagierten sich für dessen Errichtung, wie wir aus einem Brief seines Sohnes an Geiler wissen[85].

c) Gründungsabsicht im Jahre 1478

Die Straßburger konnten im 15. Jahrhundert an zahlreichen verschiedenen Orten
in ihrer Stadt Predigten hören. Außer im Münster, wo neben dem Münsterprediger
auch der Pleban der dort ansässigen Pfarrei St. Lorenz auf die Kanzel stieg, wurde in acht Pfarr- bzw. Stiftskirchen gepredigt[86]; zudem durften in einigen Klöstern auch Laien der Predigt zuhören[87]. Neben der Sakramentespendung war seit
jeher die Predigt ein fester Bestandteil der Seelsorge. Jesus, heißt es in der Bibel,
habe die Apostel zur Predigt ausgesandt[88]; die Bischöfe verstanden sich als ihre
Nachfolger[89]. Von ihnen hatte die Vollmacht für andere Prediger auszugehen.

Bischof Ruprecht von Bayern gab in der Arenga der in seinem Todesjahr 1478
gemeinsam mit dem Dekan Johannes von Helfenstein[90] und dem Kapitel erlassenen Stiftsurkunde als Grund für die Errichtung eines Predigeramtes in Straßburg an, zur Erlangung des Menschenheils sei die Kenntnis der Worte Gottes

---

[83] Peter Schott d. Ä. *cuius ductu et impensis munus contionatoris in aede sacra erectum
est* (J. Wimpfeling in: Das Leben Geilers (1510) S. 63 Z. 313 f.); *Petrus Schottus fons
officii praedicationis Argentinensis* (in marg. ebd. Anm. zu Z. 312).

[84] *Haud ab re Petrus Schottus [...] solicitus fuit, ut in nobilissimo eiusdem urbis templo,
munus contionatoris (accersito primum ad hoc Ioanne Keiserspergio) institueretur, atque
ut id impetraret apud sedem apostolicam, apud reverendum antistitem Robertum, apud
ultime prebende predicatoris officio annectende possessorem ex suo ere circiter mille fl
impensas ultro effecit* (J. Wimpfeling: Apologia (1506) fol. eiii r).

[85] Brief von P. Schott d. J. an Geiler von 1488: *Officium [...] tantum et tantis impensis
bonorum virorum inceptum* (P. Schott: The Works Bd. 1, Nr. 125 S. 145; unten VII, 6 Nr.
27).

[86] Alt St. Peter, Jung St. Peter, St. Nikolaus, St. Thomas, St. Aurelien, Hl. Kreuz, St.
Martin und St. Andreas.

[87] Vgl. L. Pfleger: Predigtwesen in Straßburg (1907) S. 16.

[88] Mt 10, 27; 24, 14; Lk 10, 16; Mk 28, 15 f.; Mt 28, 15 f.; Jo 17, 18.

[89] Vgl. Jo 17, 18.

[90] Domdekan seit 1448; hatte Ende 1465 zusammen mit Albrecht Achilles von Bran-
denburg und Markgraf Karl von Baden versucht, Bischof Ruprecht von Straßburg zu stür-
zen. Vgl. zu ihm Fr. Rapp: Réformes (1974) S. 217 f.

überaus wichtig[91]. Er berief sich weiter auf ein Dekret von Papst Innozenz III., das im Zusammenhang mit dem IV. Laterankonzil im Jahre 1215 entstanden war und forderte, daß in jeder Kathedrale ein geeigneter Mann den Bischof beim Predigen unterstützen solle[92]. Im Jahre 1438 war diese Forderung, die sich auch im Corpus iuris canonici findet[93], vom Basler Konzil aufgegriffen und konkretisiert worden: Die Bischöfe sollten eine Prädikatur einrichten und sie mit einem studierten Weltgeistlichen besetzen, dem das nächste freiwerdende Kanonikat zuzusprechen sei[94]. Allerdings war die Wirkung der Aufforderung geschmälert, da sie nach dem endgültigen Bruch des Konzils mit dem Papst keine Rechtskraft gewann.

Diese konziliare Aufforderung, die auch als Ausdruck der Bildungsreform zu sehen ist (viele Prediger mußten zugleich lehren), führte in der zweiten Hälfte des 15. Jahrhunderts vor allem in Süddeutschland zu einer Welle von besonderen Predigerstiftungen. Der Augsburger Chronist Burkhard Zink erklärte die in seiner Zeit an vielen Orten errichteten Prädikaturen mit gesteigerter Frömmigkeit: Man stifte sie, *dann jederman wolt gen himl*[95].

Und in der Tat sah die optimistische Pädagogik des deutschen Humanismus in religiöser Belehrung und Erziehung eines der wichtigsten Mittel zur Vervollkommnung und Erlösung des Menschen. Dem Prediger wurde dabei eine maßgebliche Rolle beigemessen, konnte er doch von der Kanzel herab regelmäßig einer größeren Menschenmenge ins Gewissen reden, worunter sich auch solche befanden, die auf anderen Bildungswegen kaum oder überhaupt nicht zu erreichen waren. Um als Vorbild akzeptiert zu werden, um die Gemeinde von der Kanzel herab zu einem Besseren zu bewegen, kam es entscheidend darauf an, daß der Mann, der

---

[91] *Cum inter cetera, que ad salutem populi spectant cristiani, pabulum verbi dei quammaxime noscatur necessarium, quoniam sicut corpus humanum naturali, sic anima inmortalis spirituali cibo nutritur, eo quod non in solo pane vivit homo, sed in omni verbo, quod procedit de ore dei* (vgl. die Transkription der gesamten Urkunde vom 1. 4. 1478 unten VII, 3 d Nr. 2; teilw. übers. bei J. Wencker: Collecta archivi, S. 430-433; ND der Übersetzung in: P. Schott: The Works Bd. 2, S. 803-806).

[92] *De praedicatoribus instituendis* (J. D. Mansi: Sacr. conc. coll. Bd. 22 (1778) Sp. 998 f., cap. 10). 1335 beschloß eine Straßburger Diözesansynode: *Item omnibus sacerdotibus nobis subjectis parochias regentibus* [...], *iniungimus* [...], *ut ipsi singulis diebus dominicis, intra missarum solemnia, dum fiunt sermones ad populum, symbolum sanctae fidei christianae populis suis in vulgari praedicent et exponant* (J. Hartzheim: Concilia Germaniae Bd. 5, S. 245). Vgl. zum folgenden allgemein M. Menzel: Predigt und Predigtorganisation im Mittelalter (1991) und E. Lengwiler: Die vorreformatorischen Prädikaturen der deutschen Schweiz (1955) S. 23-25.

[93] Decretal. Gregor. IX. lib. 1, tit. 31 cap. 15 (Ae. Friedberg (Hg.): Corpus iuris canonici Bd.2 (1879) Sp. 192).

[94] J. D. Mansi: Sacr. conc. coll. Bd. 29 (1788) Sp. 163-165, cap. 3.

[95] In der im Jahre 1468 endenden Augsburger Chronik (Die Chroniken der schwäbischen Städte. Augsburg Bd. 2, 2, S. 45).

von ihr herab sprach, fähig und zugleich integer war. Daher verlangten die meisten Verträge eine sorgfältige Auswahl des Kandidaten, der fast immer akademische Bildung mitbringen mußte, der sich oft in einer mehrmonatigen Probezeit zu bewähren hatte und dem, war er schließlich angenommen, häufig eine besondere Bibliothek zu vorbereitenden Studien zur Verfügung gestellt wurde[96].

Ähnlich wie im Straßburger Beispiel gaben vielfach Bürger den Anstoß und häufig auch das nötige Kapital zu einer Predigerstiftung; sie bewiesen damit gleichzeitig, daß sie auf dem Weg waren, die geistliche Versorgung der Stadt in ihre Hand zu nehmen. Es gab Gründungen, die von herausragenden einzelnen ausgingen, wie in Straßburg vom Ehepaar Schott, von einer Laienbruderschaft, wie in Lahr von der Bruderschaft der Schuhmacher- und Gerbermeister (1496)[97], oder vom Stadtregiment, wie in Winterthur vom Schultheißen und vom Rat[98]. Die Reihe der in der zweiten Hälfte des 15. Jahrhunderts gestifteten Prädikaturen ist lang. Beispielsweise wurden noch vor der rechtmäßigen Straßburger Gründung in den Kathedralstädten Basel (1456)[99], Mainz (1465)[100], Speyer (1471)[101], Freising (1476)[102], Regensburg (1481)[103] und Konstanz (1488/94)[104] Predigerstellen geschaffen. Aber nicht nur in den Bischofsstädten predigten speziell dazu Berufene: In der Diözese Eichstätt gab es im 15. Jahrhundert 10 besondere Predigerämter, in der von Regensburg 14 und in der von Würzburg 16[105]. In Württemberg kann man für diese Zeit sogar fast 30 Predigerstellen zählen, angefangen von Heilbronn (1426), über Ulm (1437) bis Ellwangen (1499)[106].

---

[96] Vgl. etwa die Dotierung der Prädikatur in Basel mit eigenem Haus und einer Handbibliothek vom 24. 6. 1469 (Abdruck der Urkunde bei Mone: Predigerpfründen im 14. und 15. Jh. (1865) S. 7-10).

[97] Am 14. 5. 1496 durch die Bruderschaft 'Unserer lieben Frau und der Märtyrer Crispin und Crispian' (ebd. S. 10 f.).

[98] Am 23. 2. 1475 (Stadtarchiv Winterthur Urk. 1366); bischöfliche Bestätigungsurkunde aus Konstanz vom 28. 2. 1475 (ebd.); vgl. zum Stiftungsvorgang A. Ziegler/E. Dejung: Geschichte der Stadt Winterthur (1933) S. 29-31.

[99] R. Wackernagel: Geschichte der Stadt Basel Bd. 2, 2 (1916) S. 855 und 857.

[100] Päpstliche Bestätigung am 28. 11. 1465; um das Jahr 1478 wurde Eggelin Becker, 1482 Johannes Scriptoris berufen (F. Falk: Dom- und Hofpredigerstellen im Mittelalter (1881) S. 6).

[101] Errichtet 1471; Wimpfeling war Domprediger von 1483-1491 (ebd. S. 83).

[102] Päpstliche Bestätigung 1476 (P. Mai: Predigerstiftungen des späten Mittelalters im Bistum Regensburg (1968) S. 20).

[103] Berufung des ersten Dompredigers am 22. 12. 1481 (ebd. S. 22).

[104] E. Lengwiler: Die vorreformatorischen Prädikaturen der deutschen Schweiz (1955) S. 18.

[105] Ebd. S. 14.

[106] J. Rauscher: Prädikaturen in Württemberg am Ausgang des Mittelalters (1908).

In Straßburg definierten die Gründer die Münsterprädikatur am 1. April 1478 so, daß ihr Inhaber möglichst wenig Anlaß haben sollte, sich in Querelen zwischen Mendikanten und Weltklerus zu verwickeln – das heißt er sollte weitgehend unabhängig von diesen beiden Gruppen sein Amt zum Wohle der Stadt erfüllen können. Man wollte Konflikte, wie sie während des Streits um das *ultimum vale* aufgetreten waren und die auch Auswirkungen auf die geistliche Versorgung der Stadt gehabt hatten, unbedingt vermeiden. Man legte im einzelnen fest, daß gemäß der Forderung des Basler Konzils nur ein weltlicher Priester die Stelle erhalten solle, der sich nicht – auch nicht während seines Urlaubs oder im Krankheitsfall – durch einen Ordensgeistlichen vertreten lassen dürfe[107]; die Rechte der Pfarre von St. Lorenz solle er auf keinen Fall beeinträchtigen[108].

Wie sehr den Gründern die Qualifikation des Kandidaten am Herzen lag, sieht man an den Einstellungsbedingungen: Er mußte Doktor oder zumindest Licentiat der Theologie sein und seine Eignung während einer Probezeit von zwei Monaten unter Beweis stellen[109]. Die gleichen Voraussetzungen mußte auch ein Aspirant in Augsburg mitbringen[110] – ähnliche galten in Mainz[111] und Würzburg[112], wo als Prediger nur ein Magister oder Licentiat der Theologie in Frage kam. Und auch wer auf eine Prädikatur in der deutschsprachigen Schweiz berufen wurde, war in aller Regel universitär gebildet[113].

Zur kirchenrechtlichen Einbindung und zur Sicherung des Lebensunterhaltes des Predigers wollte man in Straßburg eine der beiden 'Kaplanei des Bischofs' genannten und an einen Altar gebundenen Vikarspfründen des Hochchors mit

---

[107] *Per alium suppleatur, qui sit de numero sacerdotum secularium et nullius religionis professus* (unten VII, 3 d Nr. 2).

[108] *Parrochiam Sancti Laurentii atque ipsius plebanum nullis viis ac mediis impedire, nec quicquam eis abstrahere, seu quovismodo huiusmodi fieri procurare presumat* (ebd.).

[109] *Honestiorem et doctiorem, cui merito evangelice veritatis verba credenda sint, quem explorare possint, ad predicationis officium assumant, absque ullo gravamine, qui sacre theologie doctor sit aut licentiatus, et eundem antea per duos menses predicare audiant et probent* (ebd.).

[110] R. Kießling: Bürgerliche Gesellschaft und Kirche in Augsburg im Spätmittelalter (1971) S. 302; zu den Konditionen, die in Augsburg galten vgl. im einzelnen Archiv des Bistums Augsburg BO 872 fasz. 1 fol. 30 r bis 38 r und fasz. 2 (Kopie der Stiftungsurkunde); siehe auch eine nachreformatorische Prädikantenliste von Franziskus Broch, der annimmt, Geiler wäre der erste, im Jahre 1505 vom Gründer berufene Prediger am Dom gewesen (BO 691).

[111] F. Falk: Dom- und Hofpredigerstellen im Mittelalter (1881) S. 7.

[112] Th. Freudenberger: Johannes Reyss (1954) S. 11.

[113] E. Lengwiler konnte bei 77, 95 % der Prediger nachweisen, daß sie eine Universität besucht hatten; er zählte bei 58 Predigern 14 Doktoren der Theologie und 8 Magister, nur 13 waren ohne nachweisbare Universitätsbildung (Die vorreformatorischen Prädikaturen der deutschen Schweiz (1955) S. 51).

dem Amt verbinden[114]. Der Titel derjenigen der beiden Pfründen, die bislang
Symphorian Ole[115] innehatte, sollte ausgelöscht werden, d. h. ihre Kollatur sollte
nicht länger mehr dem Bischof zustehen. Alle Gefälle, die dem Vikar daraus bislang zugestanden hatten, sollten einschließlich der Präsenzgelder künftig dem
Predigeramt zufallen, und zwar unabhängig davon, ob der Begünstigte am Chordienst teilnehme oder nicht. Überdies sollte dieser das erhalten, was der *cellarius*
und der *portarius* auszugeben pflegten. In Württemberg waren die Predigerstellen
meist mit einem eigenen Kapital dotiert oder kamen – wie in Straßburg – durch
Inkorporation und Union zustande. Häufig bezogen die Inhaber auch hier zusätzlich Präsenzgelder und Naturaleinkünfte[116].

Zu seiner Unterkunft sollte dem Straßburger Prediger ein angemessenes, nahe
beim Münster gelegenes Haus angewiesen werden. Es handelte sich dabei um ein
dem sogenannten Bruderhof[117] gegenüberliegendes Gebäude in der nach diesem
benannten Gasse[118], das durch das Lorenzportal des nördlichen Querschiffes, in
dem auch eine Zeit lang die Münsterkanzel stand[119], mit wenigen Schritten zu
erreichen war[120]. Freier Wohnraum gehörte bei großzügigen Stiftungen regelmäßig zu den Vergünstigungen eines kirchlichen Amtsinhabers, nicht nur wenn er
ein Prediger war. So sagte etwa im Jahre 1510 in Nürnberg eine Bürgerin, die für

---

[114] *Item volumus et mandamus primo, quod titulus beneficialis prebende, quam pronunc
dominus Schimpherus Ole in choro ecclesie nostre Argentinensis habet et possidet, capellania episcopi nuncupate, exti*[n]*guatur* (unten VII, 3 d Nr. 2); die Pfründen waren aus
einer Stiftung des Bischofs hervorgegangen, dem ihre Kollatur zustand: *At sacerdotium,
quo provideri posset aliud non occurebat quam quod sacerdotis est episcopalis ministri,
quem vulgus capellanum episcopi vocitat* (B. Rhenanus in: Das Leben Geilers (1510) S. 92
Z. 79-81); vgl. zum Altar unten bei Anm. 159.

[115] Auch Schimpfer, Schimpherus, Schimpfele oder Symphorion Ole; Immatr. Univ.
Wien 1417; Siegelbewahrer beim Offzialat in Straßburg 1444; Pfründner im Chor 1454;
Teilnahme an der Synode zu Aschaffenburg als Delegierter Bischof Ruprechts 1455; *vicarius*
1459; *vicarius in spiritualibus* 5. 3. 1460; Rektor der Pfarrkirche von Offenburg 1461 (vgl.
Fr. Rapp: Réformes (1974) S. 501).

[116] J. Rauscher: Prädikaturen in Württemberg am Ausgang des Mittelalters (1908) S.
174-176.

[117] Er lag westlich des Münsterchors und wurde u. a. von den Gebäuden gebildet, in
welchen die Domkanoniker einst gemeinsam gewohnt hatten.

[118] Heute Rue des Frères 5 (ehemals 3); vgl. Ad. Seyboth: Strasbourg historique et
pittoresque (1894) S. 661 f.

[119] Vgl. unten S. 105.

[120] In reformatorischer Zeit wurde es das Münster-Pfarrhaus, worin seit 1521 der evangelische Prediger Matthäus Zell und seine Frau Katharina lebten (J. Rott: Investigationes
historicae (1986) S. 107); die Lage und das ungefähre Aussehen des Hauses ist sowohl auf
dem Plan von Morant von 1548, als auch auf dem von Hogenberg von 1572 zu sehen
(jeweils von Westen aus gezählt das dritte Gebäude auf der linken Seite der Gasse;
Strasbourg. Panorama monumental et architectural (1984) Taf. I bzw. Abb. 1).

die dortige Lorenzkirche einen der hl. Anna geweihten Altar errichtete, nicht nur zu, eine dazugehörige Priesterpfründe, sondern auch eine Behausung für deren Inhaber zu stiften[121]. Der Domprediger von Basel bekam ebenfalls ein eigenes Haus zur Verfügung gestellt[122].

Der Straßburger Prediger wurde verpflichtet, teils mittags, teils abends zu predigen – ohne damit aber den Chordienst zu beeinträchtigen. Er sollte die Kanzel an allen Tagen der sechswöchigen Fastenzeit besteigen (wir wissen, daß Geiler dies dann früh morgens zwischen sechs und sieben Uhr zu tun pflegte[123]), an allen Hochfesten (die im einzelnen aufgezählt werden), an allen Sonntagen und ferner anläßlich aller Prozessionen[124]. Ohne letztere kommen allein über 100 Tage im Jahr zusammen, etwa genausoviel wie beispielsweise in Winterthur[125], das heißt der Kanzelredner hatte im Durchschnitt etwa zweimal pro Woche zu predigen, wozu im Falle Geilers aber weitere Predigten in verschiedenen Konventen der Stadt zu zählen sind[126]. Jährlich standen dem Straßburger Prediger vier Wochen Urlaub zu, die er außerhalb der Fastenzeit nehmen mußte, ansonsten durfte er sich ohne Erlaubnis des Dekans oder seines Stellvertreters nicht über Nacht aus der Stadt entfernen. Diese Konditionen galten *mutatis mutandis* auch für andere Stadtprediger[127]: In Basel sollte der Prediger während des Jahres sonn- und feiertags, dazu montags, mittwochs und freitags sprechen, während der Advents- und Fastenzeit aber täglich[128]. In Lahr bestand die Bruderschaft, der die Stiftung zu verdanken war, außer auf diese Tage noch darauf, daß der Prediger am Tag der Weihe ihrer Kapelle das Wort ergriff[129]. In Augsburg wollte man die Predigt an allen Sonn-, Fest- und Fastentagen hören, im Advent dreimal die Woche und ebenfalls zusätzlich noch zu Prozessionen[130].

Man hat im Falle Straßburgs das Glück, nachprüfen zu können, inwieweit der Stadtprediger seinen vertraglich festgelegten Verpflichtungen nachgekommen ist. Die Drucke der Geilerschen Predigtzyklen, welche ein bestimmtes Thema über mehrere Wochen behandelten, sind oft nach den einzelnen Tagen gegliedert, an

---

[121] Vgl. H. Boockmann in: Martin Luther und die Reformation (1983) S. 56 Nr. 58.

[122] R. Wackernagel: Geschichte der Stadt Basel Bd. 2, 2 (1916) S. 855 und S. 857.

[123] Vgl. unten S. 122.

[124] Vgl. unten S. 246.

[125] E. Lengwiler: Die vorreformatorischen Prädikaturen der deutschen Schweiz (1955) S. 31.

[126] Vgl. das Predigtverzeichnis (VII, 5).

[127] Etwa 100 Predigten im Jahr waren auch der Durchschnitt der Prädikaturen, die E. Lengwiler untersuchte (Die vorreformatorischen Prädikaturen der deutschen Schweiz (1955) S. 31).

[128] R. Wackernagel: Geschichte der Stadt Basel Bd. 2, 2 (1916) S. 855.

[129] Mone: Predigerpfründen im 14. und 15. Jh. (1865) S. 10.

[130] F. Falk: Dom- und Hofpredigerstellen im Mittelalter (1881) S. 89.

denen die Serienteile zum Vortrag kamen, oder es lassen sich aus den gegebenen
Anlässen das genaue Datum erschließen. Die so gewonnenen Daten sind im Predigtverzeichnis des Anhangs zusammengeführt, woraus man in Zusammenschau
mit dem Werkverzeichnis[131] leicht die Frequenz seiner Predigttätigkeit ersehen
kann, aber auch erfährt, welches besondere Thema er sich für einen bestimmten
Tag vornahm. Allerdings sind bei weitem nicht alle von den wohl über 3000 Predigten erhalten, die Geiler im Laufe seines Lebens gehalten haben dürfte[132], und
bei vielen der erhaltenen ist eine sichere Datierung nicht möglich.

Immerhin sind für einzelne Jahre nahezu alle überlieferten Predigten auch
datierbar. So beispielsweise für das Jahr 1495, in dem er viele Monate lang zum
Thema 'Menschenbaum'[133] sprach: Es fehlen in diesem Jahr lediglich neun Tage,
an denen er laut Vertrag eigentlich zu predigen hatte, und wir nicht wissen, ob er
es tat. Es standen Geiler aber ja außerhalb der Fastenzeit vier Wochen Urlaub zu,
wodurch er stets einige Tage versäumen mußte, was sicher auch in diesem Jahr
der Fall war. Während der Quadragesima stand er tatsächlich täglich auf der Kanzel (an Karfreitag sogar zweimal), und es sind weitere fünf Tage auszumachen, an
denen er über sein Soll hinaus im Münster predigte (Datierungsfehler in den Druk-
ken sind aber nicht auszuschließen).

Neben diesem Pensum an seinem eigentlichen Wirkungsort erschien er zusätzlich noch in bestimmten Konventen der Stadt zum Vortrag: Man kann elf Kanzelreden in St. Magdalena und je eine in St. Katharina und St. Nikolaus in undis
zählen. Insgesamt verkündete er somit im Jahre 1495 an 114 Tagen in 117 Predigten das Wort Gottes (wenn man berücksichtigt, daß er gelegentlich zweimal am Tag
sprach). Ähnlich gut läßt sich die Häufigkeit seiner Reden auch für das Jahr 1498
nachweisen, in dem er über das 'Narrenschiff' sprach, sowie für das Jahr 1508, in
dem er das 'Paternoster' auslegte. Und auch in diesen Jahren war er nicht nur im
Münster sondern darüber hinaus noch in verschiedenen Klöstern zu hören[134].

---

[131] Vgl. VII, 5 und 4 b.

[132] Wenn man davon ausgeht, daß Geiler während mehr als 30 Jahren öfter als 100 mal
im Jahr predigte; vgl. [Geiler] *qui iam septem et viginti annos omni dominica solemnique
festo ac singulis totius quadragesime diebus exactissimas et utilissimas ad populum habuit
contiones* (Brief von Wimpfeling an Johannes Ostendorp vom 17. 10. 1505; gedruckt bei J.
Wimpfeling: Briefwechsel Bd. 2, Nr. 191 S. 504-511, Zit. S. 510); vgl. das Verzeichnis
verlorener Werke (VII, 4 c).

[133] Vgl. VII, 4 b Nr. 54 und VII, 5.

[134] Für das Jahr 1498 fehlen für das Münster die Predigten von 29 Tagen, an denen er
eigentlich predigen mußte; dafür predigte er an 2 zusätzlichen Tagen; fünfmal war er in St.
Magdalena und einmal in St. Nikolaus in undis. Für das Jahr 1508 fehlen die Predigten der
Monate September und Oktober; von den übrigen Monaten fehlen die Predigten von 28
Pflichttagen, dafür predigte er an einem weiteren Tag im Münster, an 3 weiteren in St.
Magdalena, an 2 weiteren in St. Johannes auf dem Grünenwörth und an einem weiteren Tag
in St. Katharina.

Der Münsterprediger wie auch andere predigende Geistliche wurden von der weltlichen Obrigkeit aufgefordert, zu beten und ihre Zuhörerschaft zu besonderer Andacht anzuhalten, wenn wichtige Ereignisse ins Haus standen, wie beispielsweise die Bischofswahl von 1478[135], oder für Ratsprozessionen und dazugehörige Messen zu werben[136]. Sie sollten sich verschiedentlich aber auch wegen profanerer Zwecke an die Gemeinden wenden: Einmal hatten sie auf Wunsch des Rats in ihren Kirchen zu verkünden, daß der Markt, der bislang am Mittwoch vor Ostern in der Nähe des Stifts zum Jungen St. Peter abgehalten wurde, nicht mehr stattfinden solle, da der Gottesdienst in der Kirche durch ihn gestört würde[137].

Wenn der Straßburger Münsterprediger also gelegentlich auch das Sprachrohr des Rats war, so war er doch nicht wie andernorts verpflichtet, auch als Lehrer zu fungieren. Der Basler Prediger mußte sich zweimal im Jahr mit einem lateinischen Sermon an den Klerus wenden und zusätzlich von Zeit zu Zeit theologische Vorlesungen und Disputationen für Priester anbieten[138]; auch der Würzburger sollte auf Verlangen des Domkapitels Vorlesungen halten und mit volkssprachlichen Vorträgen zur Weiterbildung der Geistlichen beitragen[139]; und vom Augsburger

---

[135] Die Leutpriester der Stifte und Klöster werden vom Rat gebeten, zu beten, damit am 12. 11. 1478 ein guter Bischof gewählt werde: *Der doctor wurt gebetten, in sinen bredigen das volck zu andaht zu reissen* (Woche zwischen dem 6. und 11. 11. 1478; AMS AA 1527 fol. 13 m. Z.).

[136] Am 10. 5. 1482 bittet der Rat die Dominikaner, Franziskaner, Augustiner, Karmeliten und Geiler am Sonntag Vocem jocunditatis (12. 5.) für die folgende Kreuzwoche *so ir bredigen, das volck flissiglich ermannen deste andechtlicher mit crützen zu gon, den almehtigen gott deste demütiglicher zu bitten umb guot wetter, die frucht im velde und alle ander notdurfft der cristenheit gnodiglich zuversehen, als ir dann soliches der dürunge und ander mercklicher ursachen halp, wol wissen, uff das andehtigest zu ercleren und das volck zu cristenlicher andaht deste ernstlicher zu reissen* (AMS R 2, fol. 115 r; gedruckt bei L. Pfleger: Stadt- und Rats-Gottesdienste im Münster (1937) S. 36); ähnliches Verlangen an Geiler schon in einem Erlaß vom 28. 6. 1479 (AMS R 2, fol. 103 r); dito vom 31. 9. 1480 (AMS R 2, fol. 105 v); dito undat. (um 1480, AMS R 2, fol. 119 v); von 1480, als er die Gemeinde *merklicher notdurft und ouch sonder deß sterbens halp* zum Fasten als Vorbereitung auf eine Prozession anhalten sollte (AMS R 2, fol. 104 r); für Messe und Prozession am 29. 7. 1488 sollte am Sonntag zuvor *per plebanum seu predicatorem* des Münsters der Gemeinde ins Gewissen geredet werden (AMS R 2, fol. 125 r); dito für den 16. 8. 1490 (AMS R 2, fol. 127 r); dito für den 12. 10. 1496 (AMS R 2, fol. 139 r); dito für den 19. 6. 1499 (AMS R 2, fol. 140 r); dito undatiert (spätes 15. Jh., AMS R 12, fol. 313 r-v).

[137] Am 11. 4. 1481: *Das der krumben mitwoch* [18. 4. 1481] *mercket zum Jungen Sant Peter nit me sin sol* [...]. *Ersammer lieber herre dis verkündent uff uwer canzeln offenlich uff disen palm tag* [15. 4. 1481], *das sich meniglich wissen möge, danach zu rihten. Doctor zum münster es folgen der liutpriester* des Münsters und von 10 weiteren Kirchen, dann die Dominikaner, die Franziskaner und die Karmeliten (AMS R 2, fol. 106 v).

[138] R. Wackernagel: Geschichte der Stadt Basel Bd. 2, 2 (1916) S. 855.

[139] Th. Freudenberger: Johannes Reyss (1954) S. 11.

verlangte man gar jede Woche eine theologische Vorlesung und dazu noch zweimal im Jahr eine besondere Rede an den Klerus[140].

Ähnlich wie in Würzburg[141] und Augsburg[142] sollte in Straßburg dem Dekan
und Kapitel das Präsentations- und Investiturrecht des Kandidaten, dem Bischof
das Konfirmationsrecht zustehen. In Lahr lag das Präsentationsrecht beim Stifter,
das heißt bei der Bruderschaft der Schuhmacher- und Gerbermeister[143], in Winterthur entsprechend beim Schultheißen und Rat[144]. Der Prediger von Straßburg war ausdrücklich den Kollatoren des Amtes, das heißt dem Dekan und Kapitel[145],
verantwortlich. So sollte er beispielsweise ohne deren Billigung keine Schrift-
stücke publik machen. Diese Bestimmung, wie auch schon die, daß er für nächt-
liches Fernbleiben von der Stadt zuvor Erlaubnis einzuholen hatte, belegt, daß
Geiler im Grunde genommen die Stellung eines 'Angestellten' des Domkapitels,
rechtlich also keinesfalls eine unabhängige Position innehatte.

Daß die 1478 in Straßburg abgefaßte Gründungsurkunde eine typische spätmittelalterliche Prädikatur umschrieb, belegt besonders deutlich die nur drei Jahre zuvor in der seit 1467 an Zürich verpfändeten Stadt Winterthur vom dortigen
Schultheißen, Rat und Pfarrer besiegelte und später vom Bischof von Konstanz
bestätigte Stiftungsurkunde eines Predigeramtes in der Pfarr- und Stadtkirche St.
Lorenz[146]. Die Stiftung war, wie zwanzig Jahre vorher etwa auch die im elsässischen Oberehenheim (Obernai)[147], vom Magistrat ausgegangen. Neben gespen-
detem Kapital und Büchern sollte auch die Ratspfründe 'St. Peter, St. Paul und St.
Andreas' verwandt werden. Der vom Rat dem Bischof zu präsentierende Prediger
sollte Priester und am besten Doktor der Theologie sein. Was die Predigttage betrifft, wurden in der Eidgenossenschaft ähnliche Bedingungen gestellt wie im
Elsaß. Zusätzlich mußte sich der Prediger aber verpflichten in Zeiten eines
Interdikts an drei Werktagen in der Woche auf die Kanzel zu steigen. Wie in Straßburg sollte er zusagen, niemanden von ihr herab zu verunglimpfen oder gar gegen
den Rat aufzustacheln, vielmehr als Unparteiischer mögliche Konflikte in der
Stadt beruhigen helfen.

---

[140] F. Falk: Dom- und Hofpredigerstellen im Mittelalter (1881) S. 89.

[141] Th. Freudenberger: Johannes Reyss (1954) S. 11.

[142] R. Kießling: Bürgerliche Gesellschaft und Kirche in Augsburg im Spätmittelalter
(1971) S. 302.

[143] Mone: Predigerpfründen im 14. und 15. Jh. (1865) S. 10 f.

[144] Vgl. oben Anm. 98.

[145] In dem Vertrag zwischen Domkapitel, Kartäusern und Geiler aus dem Jahre 1496
werden Dekan und Kapitel *collatores officii predicature* genannt (vgl. die Transkription
der gesamten Urkunde unten VII, 3 d Nr. 15).

[146] Stadtarchiv Winterthur Urk. 1366; vgl. E. Lengwiler: Die vorreformatorischen
Prädikaturen der deutschen Schweiz (1955) passim.

[147] Im Jahr 1456 (L. Pfleger: Elsässisches Predigtwesen im Mittelalter (1913) S. 535).

Die Konditionen, wie sie in Winterthur ausgehandelt wurden und vergleichbar ja auch in Straßburg galten, wurden bald auch in Augsburg zugrunde gelegt. Friedrich von Zollern[148], der vor seiner Bischofsweihe Straßburger Domdekan gewesen war, hatte mit Geilers Hilfe für die Dompredigerstelle ganz ähnliche Bedingungen aufgestellt: Auch in der Stadt am Lech sollte der Berufung eine zweimonatige Probezeit vorausgehen, der Kandidat mußte Weltpriester sein, und es wurden ihm vier Wochen Urlaub im Jahr gestattet[149]. Während Friedrich schon gleich nach seiner Wahl im Jahre 1485 den Plan hatte, am Dom einen besonderen Prediger zu berufen, konnte er die Stiftung trotz Unterstützung durch Geiler erst im Jahre 1505 gegen das Domkapitel durchsetzen[150]. Zuvor war es ihm aber bereits gelungen, die in seiner Diözese gelegenen Predigerstellen Aichach, Wertingen (beide 1498) und Gundelfingen (1501) einzurichten[151].

Wir wissen, daß sich nur zwei Wochen nach der Ausstellung der Straßburger Gründungsurkunde der Kuriale Johann Burckard[152] der päpstlichen Kasse in Rom gegenüber verbürgte, für Geiler die Annaten in Höhe von 40 fl zu zahlen, was acht Tage später geschehen war. Die Annaten, die etwa dem Jahresertrag einer Pfründe entsprachen (der im Annatenregister mit 20 m angegeben ist), wurden in der Regel fällig, wenn ein Kleriker sein Benefizium in Besitz nahm. Die Bischofskaplanei war also durch Resignation ihres bisherigen Inhabers bereits freigeworden (was der Eintrag im Annatenregister vom 16. April 1478 auch bestätigt[153]),

---

[148] Vgl. zu ihm und zu seiner Beziehung zu Geiler unten S. 141.

[149] F. Falk: Dom- und Hofpredigerstellen im Mittelalter (1881) S. 89.

[150] Im Jahre 1490 hatte das Domkapitel seinen Widerstand damit begründet, es könne durch eine Domprädikatur *widerwillen und erneuwerungen gesät und uffpracht werden, dardurch nit klainer unrat ersten mag*; es gab zu bedenken, *daß under gemainem volk fruchtberer wer, schlecht die hailigen geschrifft wie bißher zu predigen, dan daß durch ain houchgelerten die subtilitaten und spitzikaiten der hailigen geschrifft gepredigt werden soll* (R. Kießling: Bürgerliche Gesellschaft und Kirche in Augsburg im Spätmittelalter (1971) S. 302); vgl. auch Fr. Zoepfl: Das Bistum Augsburg im Mittelalter (1955) S. 524.

[151] Ebd. S. 523.

[152] Oder Burchard; geb. Haslach (Unterelsaß) ca. 1440, gest. 1506; der spätere päpstliche Zeremonienmeister und Verfasser eines aufschlußreichen Diariums (1483-1506) hatte Pfründen auch in Straßburg, wo er am 4. 6. 1477 das Bürgerrecht erhielt, obwohl man ihn ein Jahrzehnt zuvor wegen Urkundenfälschung und Diebstahl der Stadt verwiesen hatte. Vgl. zu ihm L. Oliger: Johannes Burckhard (1934).

[153] »1478 Apr. 16 Rom. Joh[annes] Burchard verbürgt sich d[er] cam[era] ap[osto]l[ica] f[ür] Joh[annes] de Keisersberg cler[icus] Basil[iensis] z[ur] Zahlung d[er] Annaten d[er] perp[etua] vic[aria], caplania episcopi nuncupata mit dem Ertrag von 20 M[ark] S[ilber], vakant durch Resignation Schimphers. A[m] R[and]: solvit per compositionem fl. 40 ... (Div[i] Sixti IV Annat[ae] 1478 Apr. 24.)« (Al. Meister: Rechnungsbücher, S. 143 f.). Vgl. auch die Stelle in der Neugründungsurkunde von 1489: *moderni possessoris eiusdem prebende, domini venerabilis Johannis de Keysersperg* (vgl. unten VII, 3 d Nr. 7).

und Geiler war, wie vor ihm Johannes Kreutzer[154], einer der gut 60 Vikare des Hochchors geworden[155].

Die Gründungsurkunde allerdings blieb eine bloße Absichtserklärung, und die Aufhebung des Titels der Bischofskaplanei war ebensowenig rechtmäßig vollzogen wie ihre dauerhafte Verbindung mit der Prädikatur: Symphorian Ole hatte nämlich zum Zeitpunkt der Abfassung der Urkunde noch nicht auf seine Pfründe verzichtet gehabt[156]. Er muß dies aber bald darauf getan haben, wie das Annatenregister ausweist, denn Geiler wird später immer als der rechtmäßige Inhaber der Kaplanspfründe bezeichnet. Auch die auf Bitten von Bischof Ruprechts Nachfolger, Albrechts von Bayern, und des Straßburger Dekans und Kapitels von Papst Sixtus IV. am 22. Mai 1479 ausstellte Bulle konnte an der Unwirksamkeit der Union nichts ändern, obwohl die Urkunde die angebliche Verbindung einer *praebenda vicaria* des Hochchors mit dem Predigeramt bestätigte[157].

Daß die *fundatio* nicht rechtskräftig war, bedeutete, daß ein Münsterprediger ordnungsgemäß nicht berufen werden konnte: Es sollte noch mehr als ein Jahrzehnt vergehen, bis der Dekan und das Kapitel Geiler als Prediger vorschlagen konnten, bis der Bischof den Kandidaten bestätigte und bis man ihm das Predigeramt übertrug. Geiler erfüllte während der ganzen Zeit die Pflichten des Münsterpredigers[158], hatte daneben aber zusätzlich wohl noch die Belastungen zu tragen, die mit der Bischofskaplanei verbunden waren. Denn bis 1489 die in der Gründungsurkunde vermerkten oder aus ihr abzuleitenden Erleichterungen eintraten, war er als *capellanus episcopi* wohl nicht nur verpflichtet, am Chordienst teilzunehmen, sondern mußte auch den Altar, mit dem die Pfründe verbunden war, versehen oder durch einen von ihm zu bezahlenden Vertreter versehen lassen. An jenem Altar, der unweit des Lettners im Chor stand, waren unter anderem Seelmessen für die im Chor Bestatteten zu lesen[159].

Geiler bemühte sich, seine mißliche Lage zu ändern und für eine dauerhafte Predigerstelle in der Stadt zu sorgen, indem er den gleichnamigen Sohn Peter Schotts d. Ä. bat, an der Kurie für ihn zu intervenieren. Der Prediger hatte Peter

---

[154] Vgl. oben Anm. 62.

[155] Wimpfeling gab 1502 eine Zahl von 62 Vikarien im Münster an (unten VII, 3 d Nr. 28); *die vycarien, meine mitbrüder im kor* (J. Geiler: Heilsame Predigt (1513) fol. 11 r; vgl. unten S. 275 Anm. 42).

[156] Vgl. die Urkunde von 1489: *predicationis officium* [...] *tamen ex eo, quia idem Schimpferus dictam adhuc possidebat prebendam, tunc non fuit erectum* (unten VII, 3 d Nr. 7).

[157] Vgl. die Transkription der Bulle vom 22. 5. 1479 (unten VII, 3 d Nr. 3).

[158] Vgl. das Predigtverzeichnis (unten VII, 5).

[159] *In ecclesia eadem et super ambone eiusdem prope altare, ad quod prebenda, capellania episcopi comuniter nuncupata, in choro predicte ecclesie iamdudum fundata et dotata fuit, inter alias pro missarum pro defunctis in choro predicte ecclesie cantari consuetarum celebratione* (vgl. die Transkription der gesamten Urkunde vom 1. 7. 1489 unten VII, 3 d

Schott d. J.[160], der damals in Bologna studierte[161], kennengelernt, als dieser sein Studium der Jurisprudenz durch einen Aufenthalt bei seinen Eltern ab Herbst 1478 für ein Jahr unterbrach. In einem Brief vom Dezember 1480 (und erneut vom März 1481) sagte der gerade zum Doktor beiderlei Rechts Promovierte zu, bald der Bitte seines Freundes nachzukommen und in Rom alles dafür zu tun, die Sache, die seine Eltern auf den Weg gebracht hätten, voranzubringen[162]. Doch führte auch das Eingreifen des rechtskundigen Freundes nicht zu einer Änderung der Situation in Straßburg. In Geiler wuchs daher offenbar der Gedanke, nach gesicherteren Verhältnissen, weniger zusätzlichen Belastungen und mehr Lohn Umschau zu halten. Für diese Einschätzung spricht ein Brief des jüngeren Schott: Endgültig nach Straßburg zurückgekehrt, schrieb er im Sommer 1481 an den Prediger nach Baden, er bedaure, sich ihm bei seiner Kur nicht anschließen und auch keinen Wein aus dem väterlichen Keller zusenden zu können, was ihm beides fehlen werde. Falls Geiler aber einen Ort fände, wo es ihm an nichts mangele, stehe zu befürchten, daß er den Straßburgern, bei denen ihm ja vieles fehle (*apud quos tibi multa desunt*), den Rücken kehren werde[163].

Während sich das Straßburger Domkapitel um eine korrekte Neugründung offenbar nur halbherzig bemühte, obwohl dessen Dekan seit 1483 Friedrich von Zollern hieß, erreichten die Bettelorden, die kein Interesse an der Errichtung eines einflußreichen Predigeramtes im Münster hatten (und auf die Geiler, sofern sie nicht zu der observanten Richtung gehörten, in seinen Predigten an manchen Stellen schlecht zu sprechen kommt[164]), daß der Papst den Straßburger Bischof ermahnte, sie nicht mehr in ihren Privilegien einzuschränken, zu denen auch das Recht zur Predigt gehörte[165].

Geiler mußte ernsthaft mit dem Weggang aus Straßburg drohen, bis man im Domkapitel einsah, daß etwas für die Neufundation der Prädikatur getan werden müsse. In das Jahr 1483 fällt wohl eine Reise nach Südfrankreich[166], im Herbst des darauffolgenden Jahres begab er sich zusammen mit seiner Mutter erneut auf eine längere Reise, diesmal zu unbekanntem Ziel, was in Straßburg für allerhand

---

Nr. 9). Zu den über 50 Altären, die das Münster um 1500 zählte vgl. M. Barth: Handbuch der elsässischen Kirchen im Mittelalter (1960) Sp. 1442-1450.

[160] Vgl. zu ihm unten S. 130-133.

[161] Vgl. allgemein zu den elsässischen Studenten in Bologna P. Ristelhuber: Strasbourg et Bologne (1891).

[162] Vgl. unten VII, 6 Nrr. 5 und 6; aus einem Brief an Vitus Maeler von Memmingen vom 26. 5. 1481 ist zu entnehmen, daß Schott inzwischen in Rom gewesen war (P. Schott: The Works Bd. 1, Nr. 19 S. 28).

[163] Ebd. Nr. 20 S. 29; unten VII, 6 Nr. 7.

[164] L. Dacheux: Un réformateur catholique (1876) S. 176-196.

[165] Ch. Schmidt: Histoire littéraire Bd. 1 (1879) S. 343.

[166] Vgl. unten S. 128 f.

Aufregung sorgte. Sie führte ihn vermutlich nach Basel, wo man einen Prediger für die Münsterkanzel suchte. Die Stadt hatte nicht nur seit 1456 eine gesicherte Prädikatur aufzuweisen, dessen Inhaber die Einkünfte aus einem Kanonikat und zudem einer Kaplanei bezog[167]; Basel hatte zudem den Vorzug, eine Universität zu beherbergen[168], während Straßburg bis 1566 auf die Eröffnung einer eigenen Hochschule warten mußte. In Straßburg machte man sich große Sorgen über Geilers langes Ausbleiben, da man seinen genauen Aufenthaltsort nicht kannte und befürchtete, er habe bloß vorgegeben, eine Reise zu unternehmen, während er in Wirklichkeit die Stadt für immer verlassen wolle. In einem Brief teilte Peter Schott d. J. seinem Freund, den er zu erreichen wußte, die Sorgen der Gemeinde mit und ermahnte ihn, bald zurückzukehren oder doch wenigstens durch ein paar Zeilen seine Heimkunft in Aussicht zu stellen[169]. Es steht nicht fest, ob Geiler in Basel tatsächlich in Verhandlung gestanden hatte, jedenfalls entschied man sich dort für Johannes Heynlin von Stein[170].

Geiler hatte das Domkapitel aufgerüttelt und man entschloß sich, nun zu handeln. Der Dekan wurde ermächtigt, an der Kurie die Schritte einzuleiten, die zur Wiedergutmachung begangener Fehler und Unterlassungen und zur endlichen Verwirklichung der in der bischöflichen Stiftungsurkunde angeordneten Maßnahmen führen sollten. Friedrich von Zollern erteilte im Mai 1485 dem Prokurator des Domkapitels an der Kurie, Heinrich Schonleben, einen entsprechenden Auftrag und schickte ihm gleichzeitig einen vom Dekan des Kapitels von St. Thomas, Hans Simmler (1429-1492)[171], verfaßten Supplikationstext nebst Bullenentwurf zu[172]. Unklar ist, weshalb es auch nun in Rom zu keiner Lösung kam.

Die Straßburger Bürger ignorierten inzwischen offenbar die kirchenrechtlich bedingten Schwierigkeiten, die einer offiziellen Berufung Geilers zum Münsterprediger im Wege standen. Man hörte ihn jeden Sonntag von der Kanzel und ging davon aus, daß die Prädikatur errichtet und die Vikarspfründe mit ihr verbunden sei; man glaubte, daß lediglich die Gefahr einer Anfechtung – vor allem im Falle des Todes ihres Inhabers – bestünde. Als der in Straßburg ansässige Adlige Claus Bock von Gerstheim[173] nämlich am St. Lukastag 1486 aus besonderer Liebe zum

---

[167] Zweite St. Johanneskaplanei (E. Lengwiler: Die vorreformatorischen Prädikaturen der deutschen Schweiz (1955) S. 20).

[168] Diese Vorteile zählt einräumend auch Schott in einem Brief an Geiler von 1488 auf: *Basilienses ad tam bene et firmiter institutum officium, cum habeant domesticam theologorum universitatem* (P. Schott: The Works Bd. 1, Nr. 125 S. 145; unten VII, 6 Nr. 27).

[169] Vgl. Brief von P. Schott an Geiler vom 8. 11. 1484 (unten VII, 6 Nr. 15).

[170] Vgl. zu ihm oben S. 58 Anm. 60.

[171] Vgl. zu ihm Fr. Rapp: Réformes (1974) S. 494; vgl. auch unten S. 201 Anm. 34.

[172] Schreiben vom 7. 5. 1485 (vgl. K. Stenzel: Geiler und Friedrich von Zollern (1927) S. 71 und Anm. 2).

[173] Er war Angehöriger einer in Straßburg seit 1266 bekannten adligen Familie, die

Predigeramt, wie gesagt wird, eine Stiftung zu dessen Gunsten machte, wollte er sichergehen, daß die Erträge keinem anderen als dem Kanzelredner zukämen. Er übertrug dem Frauenwerk 100 fl unter der Bedingung, daß dem Prediger davon jährlich am Tag der Stiftung der Zins in Höhe von 4 fl gezahlt werde[174]; wenn aber die Vikarspfründe eines Tages vom Predigeramt getrennt und dieses dann nicht mehr versehen würde, sollten die Zinsen an die Münster-Fabrik fallen[175].

Aber dieser bescheidene Zugewinn konnte nicht verhindern, daß Geiler sich zu verändern trachtete. Aus einem Brief des jüngeren Schott an Geiler erfahren wir, daß sich der Münsterprediger im Frühjahr 1487 für längere Zeit im Oberelsaß aufhielt. Vielleicht war er auch in Basel gewesen, wo sich im Mai dieses Jahres wahrscheinlich bereits abzeichnete, daß Heynlin sein Predigeramt bald aufgeben werde. Wieder machte Geiler ein Geheimnis aus seiner Reise und wollte nicht, daß in Straßburg bekannt werde, wo er sich aufhalte: Die Straßburger wußten von der engen Beziehung Schotts zu Geiler und fragten ihn, wie er schrieb, allenthalben auf der Straße, wo ihr Doktor im Münster sei und wann er endlich wieder predigen werde; er wagte sich kaum noch aus dem Haus. Er durfte den Aufenthaltsort auf Geheiß seines Freundes nicht verraten[176]. Geiler wollte vielleicht verhindern, daß man von Straßburg aus in seine Verhandlungen um ein anderes Predigeramt eingreife. Wiederum wünschte Schott, daß sein Freund bald wiederkehre oder aber ihn zu sich rufe; er beschwor Geiler, seine Straßburger Kanzel nicht zu verlassen: Gerade bei schwerer See, sagte er, bedürfe ein Schiff des Steuermanns.

---

nach ihren Besitzungen benannt in verschiedene Zweige zerfiel; Claus Bock nannte sich nach der Burg 'Bockstein' in Gersheim; im 13. Jh. zählten Familienmitglieder zu den bischöflichen Ministerialen; seit dem 14. Jh. trifft man zahlreiche von ihnen im Rat und in der Funktion des Stettmeisters (Friedrich Bock beispielsweise war zwischen 1474 und 1507 22mal Stettmeister).

[174] Vgl. unten S. 116 und den Eintrag in einem Besitzverzeichnis der Münsterfabrica (etwa 1492-1506): *Item zu dem prediger ampt im munster alle jare ewiglichenn uff sant Lux tag 4 fl gelts, sind uff dem werck kaufft wordenn umb hundert fl, also das ein bryeffe weyset, den pfleger unnd ein schaffner dyss wercks über sich geben habennt* (ŒND 10 fol. 359 v).

[175] *Wirde da jemer, unnd so dick unnd vil das beschehe, dieselbe vicarie, durch wen das were, von unnsermm heyligen vatter dem babest oder andernn, inn wellicher gestalt dann sollichs fürgang hette, erworben unnd impetriert, do mit das genant bredigerambacht von sollicher vicarien widder gescheyden unnd nit versehen wurde, das dann die vorgeschribenen vier fl gelts dem gemelten werck jors bliben unnd an die buwe fallen sollen, so lang untz sollich bredigerambacht widder versehen wurt* (vgl. die Transkription der gesamten Urkunde vom 18. 10. 1486 unten VII, 3 d Nr. 5).

[176] Vgl. den Brief von P. Schott an Geiler vom 27. 5. 1487 (unten VII, 6 Nr. 25). Als Geiler später vermutlich nach Baden reiste, teilte er dies nicht einmal seinem Freund mit, der ihm am 31. 7. 1487 schrieb: *Mirabilis mihi ut ceteris, esset discessus tuus [...] nisi te nonnihil noscerem* (P. Schott: The Works Bd. 1, Nr. 104 S. 114; unten VII, 6 Nr. 26).

Schott schickte gleichzeitig einen persönlichen Brief Friedrichs von Zollern nach. Die Vertraulichkeit hatte ihren guten Grund. Das Schreiben enthielt eine Offerte, die keinesfalls in Straßburg publik werden sollte[177]: Friedrich wünschte seinen Freund und Lehrer zur Unterstützung seiner kirchenreformerischen Bemühungen bei sich zu haben. Er trug Geiler eine Dompredigerstelle an, die er mit seinem Beistand errichten wollte, und bat ihn – falls er diese Offerte nicht annehmen könne –, ihm wenigstens für das folgende Jahr zur Seite zu stehen[178]. Zunächst hatte es aber geschienen, als ob die Wahl Friedrichs zum Augsburger Bischof im Frühjahr des Vorjahres Möglichkeiten ganz anderer Art eröffnen würde.

Ende März 1486 hatte Schott nämlich erneut die Initiative in Geilers Sache ergriffen und Friedrich gebeten, sich in seiner künftigen Funktion als Bischof und auch in der als Kanoniker des Straßburger Münsters, der er noch bis 1491 bleiben sollte, für die Münsterprädikatur einzusetzen[179]. Bei den Absichten des Bischofs konnte davon natürlich keine Rede sein. Er hatte Geiler das Angebot vielleicht schon persönlich eröffnet, als der Prediger gemeinsam mit Peter Schott d. J. und Johannes Rot[180] im Sommer 1486 an seinem Hof in Dillingen weilte[181] und ihn wegen einer geplanten Bistumssynode beriet[182].

---

[177] Der Brief war wohl auch vertraulich wegen der scharfen Äußerungen über die in Nürnberg weilenden Bischöfe und Erzbischöfe.

[178] *Rogo vos per amorem domini mei Jesu Christi, ut mihi ostendatis, si sit via aliqua idonea invenienda, vos tanquam praeceptorem et coadiutorem mecum permanere pro me pabula ovibus in ecclesia mea praebere; et si in toto id efficere non possum, saltem unico anno hoc mihi a vobis concederetur [...]. Sum enim illius intentionis (vestro tamen consilio) erigendi praedicaturam in ecclesia mea cathedrali* (A. Steichele: Friedrich Graf von Zollern (1856) S. 171; Brief von Friedrich von Zollern an Geiler vom 23. 5. 1487; unten VII, 6 Nr. 24).

[179] Brief vom 30. 3. 1486: *Nec eo minus si quid ad predicationis officium, in ecclesia adhuc tua Argentinensi largitate et opera tua possit accedere, scis ipse quam necessarium quam honestum fuerit* (P. Schott: The Works Bd. 1, Nr. 83 S. 91).

[180] Zu ihm vgl. unten S. 142 Anm. 88.

[181] Ankunft in Dillingen vermutlich am 21. 7. 1486 (vgl. ein datiertes Gedicht P. Schotts aus diesem Anlaß in ders.: The Works Bd. 1, Nr. 256 S. 292); vgl. die folgenden Briefe: Rot an Friedrich vom 2. 4. 1486: Rot kündigt sein Kommen für die Zeit nach Friedrichs Investitur an (A. Steichele: Friedrich Graf von Zollern (1856) S. 170; auch bei L. Dacheux: Un réformateur catholique (1876) S. LXII); Geiler kündigt Friedrich am 14. 6. 1486 die Abreise für den 16. 7. 1486 an, gleichzeitig versichert er, wenn nötig, selbst früher kommen zu können (unten VII, 6 Nr. 20); P. Schott d. J. schreibt an Johann Müller (undatiert, wohl kurz vor 16. 7. 1486, sicher vor dem 21. 7. 1486), er stehe kurz vor der Abreise mit Geiler und Rot (P. Schott: The Works Bd. 1, Nr. 174 S. 195); Geiler bedankt sich am 25. 8. 1486 in einem Brief aus Straßburg für geschenkte Winterkleidung (unten VII, 6 Nr. 22); in einem Brief vom 24. 8. 1487 bedankt sich Schott bei Friedrich noch einmal für den Aufenthalt im Jahr zuvor (P. Schott: The Works Bd. 1, Nr. 105 S. 115).

[182] Die Synode fand statt vom 14. bis 24. 10. 1486.

Schott erfuhr offenbar von dem schriftlichen Angebot Friedrichs vom Frühjahr 1487, und als sich Geiler im Sommer erneut in Augsburg aufhielt (wahrscheinlich sogar für einige Monate)[183], beschwor er den Bischof in einem Brief, den gemeinsamen Freund nicht zu lange bei sich zu behalten: Die Augsburger könnten mit ihm, Friedrich, als gutem Hirten zufrieden sein, – den Straßburgern aber solle er wenigstens den guten Prediger belassen[184]. Friedrich konnte Geiler allein mit der Aussicht auf eine Stelle nicht auf Dauer halten, denn in der gleichen Unsicherheit lebte dieser ja in Straßburg nun schon beinahe ein Jahrzehnt. Und Geiler tat gut daran, sich nicht in neue Unwägbarkeiten zu begeben: In Augsburg sollten beinahe noch zwei Jahrzehnte vergehen, ehe der erste Domprediger berufen werden konnte; erst am 2. Januar 1505, zwei Monate vor dem Tod Bischof Friedrichs, bestätigte der Papst die Prädikatur.

Als sich Anfang des Jahres 1488 die Situation in Straßburg noch nicht geändert hatte, erwog Geiler ernsthaft einen Ruf als Prediger nach Basel anzunehmen. Dort suchte man nun tatsächlich einen Nachfolger für Johannes Heynlin, der im Herbst 1487 seine Resignation erklärt hatte und ins Kartäuserkloster gegangen war. Man machte Geiler offenbar verlockende Angebote[185]. Wie schon im Jahre 1484 und 1487 waren es ein weiteres Mal die eindringlichen Bitten Peter Schotts d. J., die dazu beitrugen, Geiler in Straßburg zu halten.

Der Kanoniker ermahnte ihn in einem leidenschaftlichen Brief nach Basel, wo Geiler offenbar schon in Verhandlungen stand, nicht nach materiellen Gütern oder nach einem einfacheren Leben Ausschau zu halten, sondern dahin zurückzukehren, wo man ihn am meisten brauche und wo seine gottgewollte Aufgabe sei. Er glaube, schrieb er, daß dies auch die Meinung vieler Menschen sei, die Geiler nahestünden: beispielsweise die seiner Freunde Johann Kerer[186] und Thomas Lam-

---

[183] *Anno 1487 ist von bischoff Friderichen zu Augspurg Johannes Gailer von Kaysersperg dhin beruffen worden, der viel monat lang zu Augspurg im dom gepredigt hat* (M. Zeiller: Kleines Schwäbisches Zeitbuch (1653) S. 75); zu 1487: *Altero dein antistitis nostri anno, quo is praedicandi evangelii munus, hactenus negligenter administratum et quasi sopitum, in templo suo resuscitare ac novo stipendio in usum revocare satagebat, vocatus huc Johannes Geilerus Kaysersbergensis, theologiae doctor, et primus ordinarius ecclesiastes apud Argentinam, multos menses in templo Mariano, liberrime in vitia, tam cleri quam laicorum detonando concionatus est* (A. P. Gasser: Annales Augstburgensis (1728) Sp. 1702).

[184] Brief Peter Schotts d. J. an Friedrich v. Zollern vom 24. 8. 1487: *contentos esse iubeas Augustenses tuos bono presule, gaudeant autem Argentinenses etiam tui saltem bono predicatore* (P. Schott: The Works Bd. 1, Nr. 105 S. 115).

[185] Brief von P. Schott d. J. an Geiler von 1488: *Sunt qui te a nobis avocare nituntur, pollicentur eximiam provisionem, rem suam faciunt graciorem* (P. Schott: The Works Bd. 1, Nr. 125 S. 144; unten VII, 6 Nr. 27).

[186] Geb. Wertheim a. d. Tauber 1430, gest. 24. 3. 1507; Immatr. Heidelberg als Kleriker der Diözese Würzburg 1451, mag. art. 1456; Rektor der Lateinschule von Freiburg i. Br. 1457, prof. art. 1461 und Lehrer Geilers, dr. iur. can. 1481, Rektor der Univ. WS 1481/82;

parter[187]. In Basel bestehe die Münsterpredigerstelle weiter, auch wenn er in Straßburg bliebe – hier aber sei bei der Nachlässigkeit gewisser Leute (damit meinte er
sicher bestimmte Domkanoniker) zu erwarten, daß das mit großen Unkosten guter Männer begonnene, aber noch nicht recht ins Leben getretene Reformwerk
ohne ihn untergehe[188]. Geiler könne zwar sagen: „Was geht das mich an: Ich habe
die für die Prädikatur Verantwortlichen oft genug ermahnt, für deren Bestätigung
und Sicherung Sorge zu tragen, oft genug habe ich darauf aufmerksam gemacht,
daß das Einkommen des Predigers nicht ausreicht."[189] Doch solle er bedenken,
daß er, Schott, nun die Sache selbst bald soweit voranzubringen hoffe, daß der
Prediger zwar nicht im Überfluß, aber wenigstens standesgemäß leben könne.

Geiler wird zu diesem Zeitpunkt bei freiem Wohnrecht im Predigerhaus neben
den 40 fl, die aus der Kaplanei flossen, und anfallenden Präsenzgeldern lediglich
die jährlichen 4 fl aus der Stiftung Bocks bezogen haben, während in anderen
Städten einem Prediger mehr als das Doppelte bezahlt wurde. Für spätere Zeiten
berichtet Wimpfeling von etwa 120 fl, über die Geiler im Jahr verfügen konnte,
und bezeichnete dies als ein angemessenes Gehalt[190].

Schotts Brief wirkte offenbar, denn Geiler kehrte zurück. Doch schon im Spätsommer des gleichen Jahres war neue Gefahr im Verzug, denn der Prediger ver-
reiste wieder. Es lockte dieses Mal nicht die Universitätsstadt Basel, sondern erneut die Reichsstadt Augsburg in der Person Friedrichs von Zollern. Und ein weiteres Mal war es Peter Schott d. J., der aktiv wurde, um den Münsterprediger
zurückzugewinnen, womit er allerdings erst geraume Zeit später Erfolg hatte. Geiler

---

Kanonikat St. Thomas in Straßburg 1486; Weihbischof von Augsburg 1493. Vgl. zu ihm
Ad. Weisbrod: Die Freiburger Sapienz und ihr Stifter Johannes Kerer von Wertheim (1966)
bes. S. 50 f.

[187] Vgl. zu ihm unten S. 148 Anm. 116.

[188] *Verendum est ne forte pro negligentia eorum, quos nosti, tantum et tantis impensis
bonorum virorum inceptum, ad pristinum statum redeat, tam salutiferum toti populo verbum,
negligenter perire permittatur* (P. Schott: The Works Bd. 1, Nr. 125 S. 145; unten VII, 6 Nr.
27). Tatsächlich gelang es den Domkanonikern wenige Jahre später, nachdem Johannes
Rot im Jahre 1490 sein Amt als Pfarrer im Münster und Prediger aufgegeben hatte, dessen
Pfründe (*largum contionatoris saecularis stipendium*), auf deren Erwerb sich Jakob
Wimpfeling große Hoffnungen gemacht hatte (vgl. P. Kalkoff: Jakob Wimpfeling (1897)
S. 593 f.), der Münsterfabrik zuzuschlagen und sie damit auszulöschen, worüber sich Gei-
ler in einem Brief an Bischof Albrecht in bitteren Worten (*stipendium in cementum et ligna
convertere*) beklagte (vgl. J. Wimpfeling in: Das Leben Geilers (1510) S. 71 Z. 520-529,
Zit. Z. 523 und Z. 524).

[189] *Quid mea inquies, refert. Id viderint hii, in quorum manibus officii administratio
versatur. Satis diu monui, confirmari curarent, satis diu certiores foeci, non sufficere provisionem. [...] quamquam spero rem eo propediem deducendam, ut si non abunde, saltem
decenter vivas* (P. Schott: The Works Bd. 1, Nr. 125 S. 144; unten VII, 6 Nr. 27).

[190] Vgl. unten S. 113.

blieb diesmal sehr lange, bis zum Januar 1489[191]. Im September hatte Schott an Friedrich geschrieben, er möge den Straßburgern den von Gott geschenkten Doktor nicht länger entziehen[192]. Doch der Bischof entließ Geiler nicht so bald.

Schon längst hatte Schott ja erkannt, daß man Geiler mit Beschwörungen allein nicht auf Dauer in Straßburg halten konnte, daß vielmehr endlich eine sichere Grundlage für die Prädikatur geschaffen werden mußte. Daher nahm er die Sache nun mit Nachdruck in die Hand, und einen Monat nach dem Brief an Friedrich konnte er das Versprechen, das er Geiler Anfang des Jahres gegeben hatte, einlösen. Er hatte ihm mehr mitzuteilen als die Schilderung seiner eigenen Verzagtheit und der Sehnsucht der Straßburger nach ihrem Prediger[193]: Er konnte von konkreten Schritten berichten, die in Sachen der Prädikatur geschehen seien, und davon, daß in aller Bälde damit zu rechnen sei, daß er auch offiziell als Münsterprediger berufen werde.

Die Administratoren der Prädikatur (das waren das Domkapitel und vor allem der Vizedekan Graf Heinrich von Henneberg[194], der schon maßgeblich am ersten Versuch ihrer Gründung beteiligt gewesen war) hätten sich an ihn, Schott, gewandt. Sie hätten gesagt, sie seien wegen Geilers langem Ausbleiben besorgt und befürchteten, daß er sich in Augsburg niederlassen werde, wodurch sie an Ansehen verlieren würden. Schott richtete dies mit Genugtuung aus und sandte einen Schriftsatz über die Neuerrichtung der Prädikatur mit, den, wie schon im Jahre 1485, Hans Simmler aufgesetzt hatte. Schott fügte hinzu, daß bloß die den Domkanonikern zu überlassenden Befugnisse noch zu berücksichtigen seien und man nur noch Geilers Rückkehr nach Straßburg zur Einleitung der entscheidenden Schritte abwarte; das erforderliche Geld sei teils schon nach Rom geschickt, teils bei ihm hinterlegt, so daß eine Verschleppung nicht zu erwarten sei[195].

---

[191] Zu den Predigten während dieses Aufenthaltes vgl. H. Kraume: Die Gerson-Übersetzungen Geilers von Kaysersberg (1980) S. 107-114.

[192] Brief vom 19. 9. 1488: *ne nobis doctorem a deo datum diutius subtrahere conareris* [...] *Ne inferret dicam, ut quibus praereptus sit decanus optimus, iisdem (quod unicum et necessarium ornamentum restat) predicator talis abstraheretur* (P. Schott: The Works Bd. 1, Nr. 123 S. 141).

[193] Brief vom 20. 10. 1488: *Quare fac, boni consulas, te tam avide a tuis desiderari* (ebd. Nr. 124 S. 142 f.; unten VII, 6 Nr. 30); vgl. in diesem Zusammenhang auch einen Brief von J. Wimpfeling, der Geiler teils ironisch beschreibt, wie sehr ihn die Straßburger, vor allem die Mendikanten, vermißten (Briefwechsel Bd. 1, Nr. 140 S. 423-425).

[194] Geb. 1438, gest. 26. 5. 1526; älterer Bruder Bertholds von Henneberg, des Erzbischofs von Mainz (1484-1504); Immatr. Univ. Erfurt 1455; Kanoniker 1451 oder 1452, Scholaster 1470, Vizedekan des Straßburger Domkapitels 1486-1491. Vgl. zu ihm R. P. Levresse: Prosopographie du chapitre de l'église cathédrale de Strasbourg de 1092 à 1593 (1970).

[195] *Quoad sententiam nostram, super erectione officii predicationis, mitto tibi scedulam, manu magistri Ioannis Simler conscriptam, que ea continet, que interea in mentem ei*

Peter Schott redete aber Geiler auch diesmal ins Gewissen und tat noch mehr: Er schickte zudem ein Blättchen oder Briefchen, das der berühmte Theologe Gabriel Biel[196] unterschrieben hatte[197], den Geiler zu diesem Zeitpunkt noch nicht persönlich kannte. Schott hatte Biel über bestimmte kirchenrechtliche und theologische Probleme befragt, aber auch wissen wollen, ob Geiler, so wie die Dinge im Moment stünden, auf der Straßburger Kanzel ausharren solle. Der Theologe antwortete, nach Abwägung aller Umstände würde er raten, Geiler solle am Ort seiner Berufung bleiben und sich nicht den subtilen Versuchungen des Teufels fügen[198].

Einen Monat später gestattete das Domkapitel Geiler einen zweiten Aufschub für seine Rückreise aus Augsburg, ließ ihm aber durch Schott ausrichten, er möge kein drittes Mal darum ersuchen[199]. Das Domkapitel konnte Geiler eigentlich nur als Pfründeninhaber der Kaplanei ermahnen, zurückzukehren, während die Urlaubsregelung der Gründungsurkunde erst nach der offiziellen Berufung zum Prediger gelten konnte. Der Augsburger Bischof wird zwar weiterhin versucht haben, seinen Freund zu halten und zu gewinnen, doch lehnte Geiler schließlich ab, wohl auch weil ihm die Aussicht auf die erst noch zu schaffende Stelle zu unsicher war und weil in Straßburg die Chancen für eine regelrechte Berufung nun recht gut standen. Schott teilte ihm auch diesmal mit, wie sehr man ihn in Straßburg herbeiwünsche[200], konnte aber nun zuversichtlich sein, den Prediger bald wiederzusehen, da der ihm bereits geschrieben hatte, zur Heimkehr entschlossen zu sein. Die Rückkehr sollte sich allerdings doch noch um zwei Monate ver-

---

venerunt. Ceterum, quae antea visa fuerunt, circa potestatem dominis tradendi, dispensandi etc. etiam adiicientur. Verum quia brevi speramus reditum tuum, nihil innovabimus, antequam sis presens. Licet pecunie iam parate, partim Romam sint misse, partim apud me sint deposite, adeo ut de dilatione rei metuendum non existat (P. Schott: The Works Bd. 1, Nr. 124 S. 143; unten VII, 6 Nr. 30).

[196] Geb. um 1408, gest. 7. 12. 1495. Vgl. zu ihm LThK 3. Aufl. 1994, Sp. 437, I. Crusius: Gabriel Biel (1995) und dies.: Gabriel Biel, ersch. vorauss. 1997.

[197] *Et chartulam, quam subscripsit famatus ille theologus Gabriel Biel Vracensis, de cuius praesentia tibi nuper scripsi* (P. Schott: The Works Bd. 1, Nr. 124 S. 143; unten VII, 6 Nr. 30).

[198] *Petrus: Utrum rebus stantibus ut nunc dominus doctor Keisersberg debeat perseverare Argentine in officio praedicationis. Gabriel: Omnibus circumstantiis pensatis omnimodis iudico expedire consulendumque fore, ut in vocatione qua vocatus est maneat, nec cedat subtilibus sathane instigationibus, quae sub specie boni fructum verbi dei satagit impedire* (P. Schott: The Works Bd. 1, Nr. 222 S. 251); Biel selbst hatte 1459 seine Predigerstelle in Mainz aufgegeben, wohl weil er mit seinen Kanzelreden gegen Wucher, Judenzins und Glücksspiele nichts hatte ausrichten können (I. Crusius: Gabriel Biel (1995) S. 304).

[199] Vgl. Brief von P. Schott an Geiler vom 21. 11. 1488 (unten VII, 6 Nr. 31).

[200] *Populus suus immo tuus te vehementer expectet* (P. Schott: The Works Bd. 1, Nr. 114 S. 134; unten VII, 6 Nr. 31).

zögern. Als es dann endlich so weit war, und Geiler sich für immer im Elsaß niederließ, sagte der junge Kanoniker dem Augsburger Bischof Dank – Dank dafür, daß er ihm, seiner Mutter und seinem Vater Geschenke geschickt habe und Dank dafür, daß er den von allen so lange sehnsüchtig erwarteten Doktor zurückgegeben habe, womit er nicht nur ihm und seinen Eltern, sondern allen Straßburgern die größte Wohltat erwiesen habe[201].

d) Rechtmäßige Gründung im Jahre 1489

Keine zwei Monate später, nachdem man Roms Einvernehmen gewonnen hatte, am 17. März 1489, beauftragte Bischof Albrecht von Bayern auf Bitten des Dekans, der zu dieser Zeit noch immer Friedrich von Zollern hieß, und des Kapitels von Straßburg den bischöflichen Generalvikar und Kommissar Andreas Becker[202] mit der Neugründung der Prädikatur[203]. Der Bischof begründete dies damit, daß das Amt, das sein Vorgänger Ruprecht im Jahre 1478 durch dauerhafte Zuordnung einer Pfründe zur Prädikatur hatte errichten wollen, damals nicht zustande gekommen sei, weil der vormalige Pfründeninhaber Ole zum Zeitpunkt der Abfassung der Urkunde noch nicht rechtskräftig resigniert gehabt hätte. Becker erklärte am 10. April 1489, er wolle nun die Prädikatur rechtmäßig errichten. Diesem *officium* werde er als *beneficium* die sogenannte Bischofskaplanei, die damit ihren Namen verliere, mit allen ihren Rechten und Gefällen verbinden, sobald ihr bisheriger Titelinhaber, Geiler, resigniert habe beziehungsweise gestorben sei[204].

Am 30. Juni 1489 verzichtete Geiler in Anwesenheit des päpstlichen Kammerherrn und Pfalzgrafen Friedrich von Bayern, des Scholasters und bischöflichen Vizedekans Heinrich von Henneberg und des Domkanonikers Heinrich von Werdenberg im Kapitelsaal des Straßburger Münsters förmlich auf seine Pfründe, wozu er dem anwesenden Notar nach altem Brauch einen Strohhalm als Resigna-

---

[201] Brief vom 28. 1. 1489: *Deinde quod nobis doctorem reddisti longe omnium expectatissimum. In quo profecto non in nos solum, sed in universum quoque Argentinensem populum beneficentiam videris gratissimam contulisse* (P. Schott: The Works Bd. 1, Nr. 127 S. 147).

[202] Auch Pistoris oder Hartmann; geb. in Eppingen um 1445, gest. Straßburg 14. 1. 1507; Studium in Heidelberg ab 1459, lic. utr. iur. 1474; Offizial in Straßburg 1475; Vizegeneralvikar 1. 4. 1478, *vicarius generalis in spiritualis et temporalibus* 1487; Offizial 1485-1493 (vgl. Fr. Rapp: Réformes (1974) S. 494 f.).

[203] Vgl. unten VII, 3 d Nr. 7, worin die Ernennungsurkunde Beckers zum Exekutor inseriert ist. Nach dem Kirchenrecht steht dem Vollzug einer Union an Stelle des Ordinarius durch den Generalvikar, falls dieser mit einer Spezialvollmacht ausgestattet ist, bei Konsens des Kapitels nichts im Wege (P. Hinschius: Kirchenrecht Bd. 2 (1878) S. 417).

[204] Vgl. unten VII, 3 d Nr. 7.

tionszeichen übergab[205]. Der Notar Johannes Anspach führte daraufhin am 1. Juli 1489 den Vizedekan Heinrich von Henneberg feierlich in den Besitz der nun vakanten Pfründe ein, womit sie an das Domkapitel fiel[206]. Ein anderer Notar, Johannes Spul, übergab Albrecht dann am 3. Juli 1489 in der bischöflichen Kapelle in Zabern (Saverne), wo die Residenz des Bischofs lag, eine Urkunde, mit welcher Geiler, der sich bereits seit mehr als zehn Jahren durch seine Gelehrsamkeit, seine Lebensführung und seine Predigtfähigkeit empfohlen habe, vom Straßburger Dekan und Kapitel als Kandidat für die neuerrichtete Prädikatur präsentiert wurde. Der Bischof bestätigte darauf die Besetzung der Prädikatur mit dem anwesenden Geiler[207].

Am 7. Juli 1489 schließlich übertrug der Vizedekan Heinrich von Henneberg Geiler in einer Zeremonie im Münster das Amt[208]. Zum Zeichen der Inbesitznahme der Rechte bestand sie aus einer Reihe symbolischer Handlungen: Der Vizedekan nahm den alten und neuen Prediger bei der Hand und führte ihn, weil dem Predigeramt ein Sitz im Hochchor verbunden war, zu dem für ihn reservierten Stuhl, der auf der rechten Seite des Chors nahe beim Platz des Propstes stand, und installierte ihn. Danach ließ er Geiler die Tür der Treppe berühren, die zur Kanzel hinaufführt. Zuletzt geleitete er ihn zum Bruderhof, wo der Kämmerer des Domkapitels seinen Sitz hatte und die Bäckerei des Kapitels lag. Nicht zu berühren brauchte Geiler den Altar, an welchen die Bischofskaplanei gebunden gewesen war. Heinrich von Henneberg hatte während der Übernahme der Pfründe für das Domkapitel diese Geste vollzogen. Daß der Stadtprediger auf diese Geste verzichtete, bedeutete, daß er keinen Altardienst zu leisten brauchte, was ja die Stiftungsurkunde von 1478 nicht verlangt hatte, die auch nun für die Prädikatur konstitutiv war. Der Straßburger Prediger war zwar ein *vicarius* des Hochchors[209], durfte also am allgemeinen Chordienst teilnehmen, wurde jedoch nicht Mitglied des vor allem dem hohen Adel vorbehaltenen Domkapitels[210].

---

[205] Vgl. ebd. Nr. 8.

[206] Vgl. ebd. Nr. 9. Auch in Würzburg war die Domprädikatur 1419 dadurch zustande gekommen, daß dem Domkapitel eine Pfründe (Pfarrei Marktbibart) mit der Auflage inkorporiert worden war, davon den Prediger zu besolden (K. Trüdinger: Stadt und Kirche in Würzburg (1978) S. 70).

[207] Vgl. unten VII, 3 d Nr. 10.

[208] Vgl. ebd. Nr. 11. G. Bauer spricht davon, daß die »Stadtpredigerstelle [...], die Geiler inoffiziell 1478, offiziell indessen erst im Mai 1479 übertragen wurde« (Die Predigten Geilers über Brants Narrenschiff (1995) S. 68), und hält damit fälschlicherweise die päpstliche Bestätigung (22. 5. 1479) der Gründungsurkunde für die Übertragungsurkunde; der gleiche Fehler bei dems.: Geiler ein Problemfall (1994) S. 562.

[209] Vgl. zur rechtlichen Definition der *vicaria* P. Hinschius: Kirchenrecht Bd. 2 (1878) S. 78-80.

[210] Vgl. zum Domkapitel (1521: 24 Mitglieder) und Hochchor (1521: 63 Präbendare und 36 Kapläne) M. Barth: Handbuch der elsässischen Kirchen im Mittelalter (1960) Sp. 1459 f.

Erst nun gewannen die in der Gründungsurkunde definierten und päpstlich kon-
firmierten Rechte und Pflichten Gültigkeit, erst nun wohl erhielt Geiler neben den
Bezügen, die aus der der Prädikatur inkorporierten Pfründe, der ehemaligen Bischofskaplanei, flossen, als ordentlicher Stadtprediger auch die Erträge aus der
Stiftung Peter Schotts d. Ä., so daß er auf insgesamt etwa 120 fl im Jahr kam, wie
Wimpfeling später mitteilte[211]. Der Straßburger Münsterprediger erhielt also zugleich Bezüge vom Domkapitel und vom Frauenwerk. Aber mit der Neugründung Bischof Albrechts waren nicht alle Gefahren für die Existenz der Prädikatur
gebannt, wenn man nun auch Besuchen Geilers bei Friedrich von Zollern in Augsburg, wie etwa dem vom Sommer des Jahres 1489, gelassener zusah[212]. Die das
Amt zum Teil finanzierende Pfründe stand in Gefahr nach dem Tod ihres Inhabers
abgetrennt zu werden, womit es erlöschen würde. Solange Geiler am Leben war,
hatte eine Anfechtung wohl wenig Aussicht auf Erfolg – er war zu beliebt und zu
einflußreich. Doch nach seinem Ableben stand zu befürchten, daß das Amt nicht
wieder besetzt werden würde[213].

Geiler benannte diese Möglichkeit selbst, als er im April 1505 in seinem Testament mit einer allgemeinen Formel verfügte, daß die von ihm dem Predigeramt
vermachten Bücher, falls es aufgehoben würde, zugunsten von Armen verkauft
werden sollten[214]. Ein halbes Jahr später kam auch sein Freund Wimpfeling in
einem Brief auf die Gefährdetheit der Stelle durch Begehrlichkeiten von 'Pfründen-
jägern' zu sprechen[215]: Schon längst hätten König Maximilian und andere Fürsten nicht nur auf eine gerechte Lösung sinnen, sondern sie auch beim Papst er-
wirken sollen. Ein Jahr später stellte Wimpfeling in einem Brief an Papst Julius
II. (1503-1513) die verbreitete Gier nach Pfründen an den Pranger und beklagte
ihre ungerechte Verteilung. Er und Hans Simmler hätten sich aus Loyalität nicht
beschwert, als sie in der Vergangenheit in ihren Hoffnungen auf ein angemessenes Benefizium enttäuscht worden seien. Auf keinen Fall aber werde man nun

---

[211] Vgl. unten S. 113 f.

[212] Vgl. Brief von P. Schott d. J. an G. Biel vom 13. 8. 1489; gedruckt bei P. Schott: The
Works Bd. 1, Nr. 136 S. 153 f.

[213] Die Sorge um eine mögliche Aufhebung wurde auch in dem Vertrag zwischen Domkapitel, Kartäusern und Geiler von 1496 in üblicher Form zum Ausdruck gebracht: *Item si
officium predicature in ecclesia Argentinensis quacumque ex causa extingui contingeret
(quod dominus avertat)* (vgl. unten VII, 3 d Nr. 15). Vgl. auch oben Anm. 188.

[214] *Quod si officium praedicationis (quod deus avertat) extingui contingeret, vendi debebunt libri et eorum precium in usus pauperum distribui* (T. W. Röhrich: Testament (1848)
S. 584); vgl. allgemein zu dem Testament oben S. 46.

[215] *Et sunt (proch dolor) curtisani plerique, dei et fidei (mei iudicio) contemptores, qui
illam Keiserspergii prebendam (cui tam utile tamque operosum predicationis munus annexum est) eo premortuo sese minantur Romanis bullis invasuros* (Brief von Wimpfeling
an Johannes Ostendorp vom 17. 10. 1505; gedruckt bei J. Wimpfeling: Briefwechsel Bd. 2,
Nr. 191 S. 504-511, Zit. S. 510 f.).

dazu schweigen, daß zur Straßburger Münsterprädikatur immer noch keine auch über das Leben des gegenwärtigen Inhabers hinaus gesicherte Pfründe gehöre: Ein mit päpstlicher Exspektanz ausgestatteter Anwärter könnte im Todesfall auftauchten und sie in Besitz nehmen[216].

Gefahr für den Bestand einer Predigerstiftung drohte aber noch aus anderer Richtung, wie in Schlettstadt zu sehen war: Der Bischof hatte dort eine dafür vorgesehene Pfründe der Fabrik einer Kirche inkorporiert, wogegen Geiler in einem Brief an den Oberhirten protestierte: Die Verantwortlichen, die das *stipendium* in Zement und Holz verwandelt hätten, seien für ihn schlechter als der *satana Christi temptator*[217].

e) Die Münsterkanzel

Wie gezeigt, nahm Geiler im Jahre 1489 durch Berührung der Aufgangstür zur Kanzel symbolisch von ihr Besitz. Wo stand nun im Straßburger Münster der Predigtstuhl, von dessen erhöhter Warte aus der Stadtprediger vor und nach diesem Jahr zu seiner Gemeinde sprach, nachdem sie eine Glocke zusammengerufen hatte[218]? An mindestens drei verschiedenen Stellen, muß die Antwort lauten. Geiler scheint zunächst für den oder neben dem *plebanus* der im Münster heimischen Lorenzpfarrei die Predigt versehen zu haben. Bis 1484 hatte ein Nachfolger von Johannes Kreutzer, Johannes Kappler[219], diese Position inne, danach Geilers

---

[216] *Tulit ille modeste et ego feram. Se hoc vix ferendum esse videtur, quod neque praebenda in ecclesia Argentinensi saluberrimo praedicationis officio annexa tuta esse potest, quin eam nonnulli post moderni eius possessoris obitum vigore litterarum apostolicarum se iactent acceptaturos* (Brief von Wimpfeling an Papst Julius II. von 1506; gedruckt bei J. Wimpfeling: Briefwechsel Bd. 2, Nr. 215 S. 562); vgl. auch die Stelle in Wimpfelings Geilervita, wo er für das Jahr 1482 (Visitation der Diözese u. a. durch Geiler) schreibt: *alius* [sc. ein Kleriker] *se praebendam suam* [sc. von Geiler] *(cui munus contionatoris annexum est) Romae apud primam sedem impetraturum minabatur* (Das Leben Geilers (1510) S. 82 Z. 772 f.). Vgl. in diesem Zusammenhang die um 1502 gemachten Äußerungen, die wahrscheinlich ebenfalls von Wimpfeling stammen (unten VII, 3 d Nr. 28).

[217] Vgl. J. Wimpfeling: Das Leben Geilers (1510) S. 71 f. Z. 521-539.

[218] *Ad omnes sermones seu predicationes, de quibus prefertur, semper fiat pulsus campane* (Gründungsurkunde vom 1. 4. 1478; vgl. unten VII, 3 d Nr. 2); *Dum festis diebus consuetum eris campani sonum non audio tanquam frequentiam populi coire nusquam contueor* (Brief von P. Schott d. J. an den abwesenden Geiler vom 27. 5. 1487; geruckt bei P. Schott: The Works Bd. 1, Nr. 99 S. 109; unten VII, 6 Nr. 25); auf Bitten des Rats und wegen einer Seuche soll *der doctor im münster ein bredige tuon; darzuo soll men lüten lassen als gewönlich ist* (AMS R 12, fol. 313 r-v); vgl. allgemein A. Haverkamp: „... an die große Glocke hängen" (1995) bes. S. 76-78.

[219] 1441 Immatr. in Erfurt; *plebanus St. Laurentii* 1467; als *lütpriester zum münster* wird er 1469 Straßburger Bürger (Fr. Rapp: Réformes (1974) S. 493).

Freund Johannes Rot, der ihn 1488/89 während seiner längeren Abwesenheit in Augsburg auch auf der Münsterkanzel vertrat[220]. Die Pfarrei St. Lorenz im Münster, die älteste in der Stadt, der auch das neun Stadt- und bis zu 24 Landpfarreien umfassende Stadtkapitel zugeordnet war[221], war an einen Altar im nördlichen Querhaus der Kathedrale gebunden; ihr Pfarrer war zugleich der Pönitentiar des Bischofs.

Vor Geilers Zeit und auch noch in seinen ersten Straßburger Jahren fand die sonntägliche Predigt für die Dompfarrgemeinde in der Unterkirche statt, wohl vor allem weil der lange während liturgische Dienst im Hochchor der Kathedralkirche nicht beeinträchtigt werden sollte[222]. Vielleicht hatte sich auch die Verordnung des Rats von 1453, wonach die Kanzel aus dem Münster entfernt wurde, auf das Hauptschiff bezogen und galt noch[223]. Nach fünf Jahren Predigttätigkeit *in der krufft under dem chor*[224] war Geilers Popularität offenbar so gewachsen, daß der Zulauf an Menschen, die ihn hören wollten, zu groß wurde für den unter Chor und Vierung gelegenen Raum, der als der älteste Teil des Münsters noch ganz den romanischen Stil des 11. Jahrhunderts bewahrt hatte: Die Eingesessenen der Münsterpfarrei wandten sich im Jahre 1483 mit der Bitte an den Rat, die Kanzel aus der Unterkirche in die Nähe des Lorenzaltars zu stellen. Sie sagten, mit den Pflegern der Münster-Fabrik (die diesen Ortswechsel gutheißen mußten und mit bewirken konnten) sei bereits eine Abrede getroffen worden[225]. Da auch das Domkapitel seine Erlaubnis erteilt hatte, beschloß der Rat, den steinernen Predigtstuhl versetzen zu lassen[226]. Er fand Platz zwischen der Treppe, die von Norden zum Chor hinaufführt, und dem Taufstein, der seit 1453 an der Ostwand des nördlichen Querhauses stand, das heißt jenseits des Zugangs zur nördlich des Chors gelegenen Johanneskapelle[227].

---

[220] Dies berichtet Schott in einem Brief an Geiler nach Augsburg, wohin Rot später seinem Freund nachfolgen und an seiner Stelle predigen sollte (unten VII, 6 Nr. 31).

[221] Vgl. M. Barth: Handbuch der elsässischen Kirchen im Mittelalter (1960) Sp. 1468.

[222] Vgl. oben S. 87.

[223] Vgl. oben S. 77.

[224] Vgl. nächste Anm.

[225] *Die bredige üsswendig der krufft hie oben vor St. Laurentien. Als an die rete und 21 gelangt von den kirchspellüten zum münster, wie dass sie fürgeben habent, das die bredige so bishar in der krufft under dem chor bescheen sy, fürbass hie obenan. Vor den pflegern unser frauenwerks ein abrede geton noch besag eins zedels und gebetten sollichs verwilligen und zuzelossen* (nach L. Pfleger: Münsterkanzel (1928) S. 377).

[226] Er war mit Darstellungen Marias, des hl. Laurentius und Johannes des Täufers geschmückt und war 1782 noch vorhanden (L. Dacheux: Das Münster von Straßburg (1900) S. 127 f.).

[227] *Der brediger stule soll gesetzet werden nebent der stegen des chores by dem tauff* (L. Pfleger: Münsterkanzel (1928) S. 377).

Die nächsten Jahre predigte Geiler also im Nordquerhaus. Bald schon erkannte man, daß auch hier, in dem nach Süden durch den Hochchor abgeschlossenen
und die Grundfläche der Krypta nicht wesentlich übertreffenden Raum, der Platz
nicht ausreichend war. Anfang des Jahres 1488, als Geiler wohl bereits im Hauptschiff predigte, schrieb ihm Peter Schott d. J., die Zuhörer seien zahlreicher, als
man es je für möglich gehalten habe, was sicherlich auch für die Jahre zuvor
Geltung beanspruchen darf[228].

Neben den fortwährenden Platzproblemen dürfte im Rat und bei den städtischen Verwaltern des Frauenwerks auch der Wunsch vorhanden gewesen sein, für
den berühmten Prediger einen repräsentativeren Ort in der Kathedrale zu finden,
zumal man im Nordquerhaus, gleichsam einer Pfarrkirche innerhalb der Kathedrale, nur Gast war. Die Pfleger der Münster-Fabrik wußten sehr wohl zwischen
dem Münster einerseits und der Pfarrei St. Lorenz andererseits zu unterscheiden.
Im Jahre 1451 beispielsweise waren sie nicht bereit gewesen, das Taufbecken zu
bezahlen, das man im Nordquerhaus aufstellen wollte: Das falle nicht in ihren
Aufgabenbereich, sagten sie, weil die Lorenzkapelle, also ein Gutteil des nördlichen Querschiffes, nicht Teil des Münsters sei und weil das Becken außerdem
allein kultischen Zwecken diene[229].

Hinzu kam ein weiteres: Die Rechtslage der Münsterprädikatur war ja nach
wie vor ungeklärt und Geiler, zunehmend unzufrieden mit seiner Situation, stand
vermutlich gerade in jenen Jahren kurz davor, Straßburg den Rücken zu kehren
und nach Basel zu wechseln[230]. Dort lockte nicht allein eine gesicherte und reich
dotierte Stelle, sondern offenbar auch das Angebot, daß für den künftigen Prediger eine prächtige Steinkanzel gefertigt werde (jedenfalls wurde ab 1484/85, kurz
nachdem Heynlin von Stein an Geilers Stelle zum dortigen Münsterprediger berufen worden war, eine solche Kanzel gefertigt[231]). Wollte man Geiler in Straßburg halten, mußte man – wenn man schon bei der Dotierung nicht gleichziehen
konnte – mindestens im Hinblick auf die Repräsentativität Basel übertreffen.

In dieser Situation war es wohl der langjährige Pfleger des Frauenwerks Peter
Schott d. Ä., der auf den Gedanken kam, dem ja maßgeblich von ihm für die Stadt
gewonnenen Prediger, der inzwischen nicht mehr wegzudenken war, mit einer

---

[228] *An te vel auditorum poenitet? qui copiosiores sunt quam unquam hic sint visi* (P.
Schott: The Works Bd. 1, Nr. 125 S. 145; unten VII, 6 Nr. 27); vgl. auch oben Anm. 218
und unten S. 108.

[229] J. Fuchs: L'Œuvre Notre-Dame et la Cathédrale (1974) S. 24; entgegen der Behauptung der Verwalter trug das Werk sehr wohl auch Geld zu kultischen Zwecken bei (ebd. S.
30).

[230] Vgl. oben S. 94.

[231] Nach Plänen des Münsterbaumeisters Hans von Nußdorf (M. Hossfeld: Johannes
Heynlin aus Stein (1908) S. 277); vgl. allgemein A. Reinle: Die Ausstattung deutscher
Kirchen im Mittelalter (1988) S. 40-48.

neuen, sehr kunstvollen und prestigeträchtigen Kanzel für das Hauptschiff zu schmeicheln und ihn damit zu halten. Für den Bau des großartigen und kostbaren Straßburger Steinmetzwerkes liegen erste Pläne von Hans Hammerer[232] bereits aus dem Jahre 1484 vor[233]. Es wurde mit Mitteln der in städtischer Hand befindlichen Münster-Fabrik[234] allerdings mit maßgeblicher Zusteuerung von Peter Schott d. Ä. finanziert[235]. Die Kanzel kann als ein hervorragendes Zeugnis für den Einfluß angesehen werden, den die Stadtgemeinde auf die Bautätigkeit der Kathedrale nahm, und ist darin dem Münsterturm durchaus vergleichbar[236]. Von einer eigenen Gattung 'repräsentative Steinkanzel' kann man überhaupt erst seit dem letzten Viertel des 15. Jahrhunderts sprechen; die von Straßburg ist das älteste nahezu völlig erhaltene Beispiel[237]. Die von Hammerer in den Jahren 1485 bis 1487 für Geiler geschaffene Steinkanzel, von der herab der Münsterprediger ab 1486 sprechen konnte[238], fand ihren Platz, angelehnt an den dritten nördlichen Pfeiler des Langhauses, auf der vom Altar aus gesehen rechten, der Evangelienseite des Hauptschiffes, das heißt, sie stand etwa in der Mitte des durch einen Lettner vom Hochchor abgetrennten Kirchenraumes[239].

---

[232] Geb. Straßburg wohl gegen 1440, gest. 1519; 1471 im Hüttenbuch der Steinmetzen als Meiger von Werde; auch Hammer von Werde und Meier; nachgewiesene Tätigkeit 1471-1519; Werkmeister der Münsterbauhütte 1486-1490 und 1513-1519 (B. Schock-Werner: L'Oevre Notre-Dame (1989) S. 136). Vgl. zu ihm Victor Beyer in: NDBA Bd. 15 (1989) S. 1398 f.

[233] Vgl. R. Recht: La sculpture de la fin du Moyen Age a Strasbourg (1978) S. 544.

[234] Für das Ende des 15. Jahrhunderts kann man das Frauenwerk eine städtische Einrichtung nennen (J. Fuchs: L'Œuvre Notre-Dame et la Cathédrale (1974) S. 24).

[235] Vgl. die diesbezüglichen späteren Chronikpassagen: *Anno 1486 da hat herr Peter Schott ammeister uff der fabric des münsters, über die er neben andern herren pfleger war, so viel verschafft und von dem seinen dazu gegeben, dass man dem Johann Geyler die köstliche kanzel im münster zu ehren gebauen, damit ihn männiglich hören mochte* (S. Büheler: Chronik (1595) spätere Hand: S. 65 Nr. 188); *Anno 1486 [...] wardt die cantzel im münster allhie gemacht und aufgesetzt durch Hans Hammer, den werckmeister. Welche cantzel herr Peter Schott, altammeister, in seinem costen machen liess* (Kleine Chronik (1615) S. 3); *1486 [...] ist ihm* [sc. Geiler] *von unser Frawen Werck durch Meister Hanß Hammerern, den Werckmeister, mit befürderung Herren Peter Schotten, Alten Ammeisters, zu Ehren die überauß künstliche schön unnd köstliche steinere Cantzel gemacht unnd auffgericht worden* (O. Schad: Münster (1617) S. 32 f.).

[236] B. Schock-Werner: Münster (1983) S. 222; zum Einfluß der Bürger auf den Kathedralbau vgl. unten S. 245.

[237] Vgl. A. Reinle: Die Ausstattung deutscher Kirchen im Mittelalter (1988) S. 44.

[238] Zur Kanzel vgl. M.-L. Hauck: Conrad Sifer und sein Kreis (1960) S. 213-231 mit Darstellung des Bildprogramms (S. 218); an der Kanzel findet man an drei verschiedenen Stellen die Jahreszahl '1485'.

[239] Gelegentlich predigte Geiler auch im Münsterkreuzgang (vgl. das Predigtverzeichnis unten VII, 5).

In nachreformatorischem Eifer formulierte im Jahre 1617 Oseas Schad, weshalb und mit welchen Mitteln man die Kanzel errichtet habe[240]:

Umb solcher seiner Auffrichtigkeit und hertzlichen eyffers willen hat ihn [sc. Geiler] der gemeine Mann, der damals der Pfaffen Fußtuch nur sein müssen, sehr geliebt, hoch geehrt und gern mit grossem hauffen gehört, also daß der platz inn S. Lorentzen Capell zu klein worden: Da hat Herr Peter Schott, AltAmmeister, uff der Fabric deß Münsters, uber die er neben andern Herren auch Pfleger war, so viel verschafft und von dem seinen dazu gegeben, daß man diesem herrlichen Prediger, wie man ihn damals dafür gehalten, Anno 1486. die köstliche Cantzel im Münster zu Ehren gebauwen, damit ihn männiglich hören möchte.

Bereits 1486, im Jahr seiner Aufstellung, wurde der Predigtstuhl mit einem Gitter umgeben[241], und auch die Tür, welche den Treppenaufgang an der rechten Seite (wenn man vor der Kanzel steht) abschloß, war von Anfang an vorhanden[242]. Vor allem die Tatsache, daß der Aufgang aus der gleichen Zeit stammt wie die Kanzel, spricht gegen die Annahme Luzian Pflegers, die Kanzel habe zunächst im Nordquerhaus ihre Aufstellung gefunden und sei erst später, spätestens zu Beginn der im Jahre 1495 einsetzenden Arbeiten für den Umbau der Lorenzkapelle[243], ins Hauptschiff versetzt worden[244]. Einen vergleichbaren Pfeiler, an den sich der Aufgang hätte anlehnen können, gibt es im Nordquerhaus nicht. Außerdem werden die Bürger, die für die Münster-Fabrik verantwortlich waren und ein so kostbares Kunstwerk in Auftrag gegeben haben, sich darum bemüht haben, es gleich ins Hauptschiff stellen zu lassen.

Das ikonographische Programm wurde mit großer Wahrscheinlichkeit von Geiler mit entworfen[245], vielleicht auch von Peter Schott d. Ä. beeinflußt[246]. Die

---

[240] O. Schad: Münster (1617) S. 83.

[241] R. Recht: La sculpture de la fin du Moyen Age a Strasbourg (1978) S. 544; anders L. Dacheux, der 1521 als Datum angibt (Das Münster von Straßburg (1900) S. 128).

[242] *Per contactum hostii et manus habene, qua aperitur et clauditur idem hostium [...]* (vgl. die Transkription der gesamten Urkunde vom 7. 7. 1489 unten VII, 3 d Nr. 11).

[243] Die heute als Sakristei benutzte Laurentiuskapelle, die den nördlichen Abschluß des Querhauses bildet, wurde 1495-1505 erbaut (vgl. M. Barth: Handbuch der elsässischen Kirchen im Mittelalter (1960) Sp. 1440 f.).

[244] »Zu Beginn dieses Baus mag dann die von Hans Hammerer 1485-87 für Geiler geschaffene herrliche Kanzel im Mittelschiff Aufstellung gefunden haben« (L. Pfleger: Münsterkanzel (1928) S. 377).

[245] B. Schock-Werner: Münster (1983) S. 221 f.

[246] R. Recht: La sculpture de la fin du Moyen Age a Strasbourg (1978) S. 547; vgl. aber J. M. B. Clauß: »Dass sie [sc. die Kanzel] auf direkte Veranlassung des Ammeisters Peter Schott gefertigt worden, wie ältere Schriftsteller und noch Kraus schreiben, ergibt sich ebensowenig aus den urkundlichen Nachrichten, wie die Behauptung Strobels und anderer nach ihm, dass G e i l e r   s e l b s t die Ideen zu dem Werke gegeben habe. [...] Trotzdem muss an der Tatsache festgehalten werden, dass Geiler die allgemeine Idee der bildneri-

Abb. 2 *Die Münsterkanzel von 1485-87 mit dem Schalldeckel von 1616/17*

Kupferstich von Isaak Brun aus dem Jahre 1617

aus hellem Stein gearbeitete Kanzel hat fünf Seiten, die in zwei Geschossen reich-
haltig geschmückt sind. Eine Vielzahl von vollplastischen (im 18. und 19. Jahrhundert zum Teil ersetzten) Figuren stehen unter Baldachinen, die aus Spitzbögen
gebildet werden, welche mit filigranem Maßwerk gefüllt und von zierlichen Wim-
pergen bekrönt sind. Der Kanzelkorb ruht zum einen auf einem engen Kern aus
Säulen, um den ebenfalls Figuren in Baldachinnischen stehen[247]. Er wird außerdem von fünf äußeren Stützen getragen, die ihrerseits wieder jeweils in zwei Eta-
gen mit Figuren besetzt sind[248]. Das spätgotische Figurenensemble ist zum Teil
noch an Ort und Stelle oder läßt sich rekonstruieren[249]. Oben am Kanzelkorb steht
im Zentrum die Kreuzigung mit Maria und Johannes, links und rechts davon folgten insgesamt sieben Apostel[250], darunter waren Engel abgebildet. Unter der Treppe, die durch einen von steinernen Soldaten bewachten Eingang zum Kanzelkorb
führt, befand sich eine Szene aus der Legende des hl. Alexis[251].

Auf Illustrationen zu Predigten Geilers, die 1513[252] und 1515[253] herausgegeben
wurden, sind Predigtstühle abgebildet, die in ihrem Grundtyp der von 1485-87
gearbeiteten Kanzel ähnlich sehen. Der jüngere Holzschnitt ist sichtlich vom älteren beeinflußt. Man sieht auf beiden, wie Geiler zu vier respektive sechs ihn
umstehenden oder auch sitzenden Frauen und Männern (einige halten einen Rosenkranz in der Hand, einige sitzen auf Klappstühlen) predigt – auf dem früheren
Bild liegt zudem im Vordergrund ein Löwe, der wohl weniger Apostelsymbol
denn Anspielung auf eine in der Stadt ausgestellte lebendige Raubkatze ist, die
Geiler zum Anlaß für seine Predigt vom 'Höllischen Löwen' nahm[254]. Neben dem

---

schen Ausschmückung gegeben hat. Das ergibt sich vor allem aus der Uebereinstimmung
des der Ausschmückung und Anordnung der Figuren zu grunde liegenden Gedankens mit
dem Ideenkreis und den Predigtthemata Geilers« (Skulpturengruppe an der Straßburger
Münsterkanzel (1912) S. 53).

[247] Von links nach rechts: Katharina, Johannes der Täufer, weibliche Heilige, Maria,
Barbara und Bonifatius.

[248] Von den 10 Figuren des urspr. Bildprogramms sind bekannt: Evangelist Johannes,
ein Bischof, Hieronymus (Kardinal), Barbara und ein Abt mit Krummstab.

[249] Vgl. M.-L. Hauck: Conrad Sifer und sein Kreis (1960), Planskizze auf S. 218 und S.
219. Auf Abb. 2 dieser Arbeit sind die 1764 als anstößig aufgefaßten und abgeschlagenen
Treppengeländerfiguren (kriechende Menschen und Getier) zu sehen; der Schalldeckel
wurde erst 1616/17 angebracht, 1824 erneuert und 1952 entfernt. (ebd. S. 219)

[250] Von links nach rechts: Paulus, Mathäus, Jakobus d. J., Petrus, Andreas, Jakobus d.
Ä. und Bartholomäus.

[251] Eine Nonne, ein Mönch und ein Pilger.

[252] Abb. 3 in dieser Arbeit; der Holzschnitt auch in J. Geiler: Sünden des Munds (1518)
fol. 2 a und J. Pauli: Schimpf und Ernst (1535) fol. 89 r.

[253] Abb. 4 in dieser Abreit; der Holzschnitt auch in J. Geiler: Pater-Noster-Auslegung
(1515) fol. Vii v.

[254] Vgl. J. Geiler: Höllischer Löwe, gepredigt 1507.

Abb. 3 *Geiler auf der Kanzel*

Anonymer Holzschnitt. J. Geiler: Heilsame Predigt (1513) fol. 3

Tier ist eine Grabplatte zu sehen, auf der ein Abendmahlskelch dargestellt ist. Vor ihr steht offenbar eine niedrige Holzbrüstung, auf die sich ein kniender Beter stützen konnte. Wollte der Künstler etwa das Grab des nur drei Jahre vor Erscheinen der 'Heilsamen Predigt' verstorbenen Predigers zeigen? Wir wissen, daß es sich vor der Kanzel befand und von einer schlichten Grabplatte bedeckt war. Wenn dies zuträfe, könnte die Holzbrüstung darauf verweisen, daß an seinem Grab Gebete verrichtet wurden.

Die Kanzel steht in beiden Fällen vor einem aus mehreren Dreiviertelsäulen bestehenden Pfeiler, auf welchem oberhalb des Kopfes des Predigers die Buchstaben D[octor] I[oannes] K[aysersberg] zu sehen sind. Auf dem älteren Bild ist an der linken Seite des Pfeilers etwas zu erkennen, das man als Treppe deuten könnte (die gleichzeitig mit der Kanzel errichtete Treppe führt allerdings, wie ge-

Abb. 4 *Geiler auf der Kanzel*

Anonymer Holzschnitt. J. Geiler: Pater-Noster-Auslegung (1515) Titelblatt

sagt, auf der entgegengesetzten Seite hinauf[255]). Während im Hintergrund des jüngeren Bildes, das von einer Bordüre eingerahmt ist[256], rechts und links des Pfeilers ein Fenster zu sehen ist, erkennt man auf dem älteren rechts zwar ebenfalls ein Fenster, auf dem zwei nicht ausgefüllte Wappen zu sehen sind, links aber eine Art auf Säulen ruhende Maßwerkbrüstung, die man als Abbild des 1682 abgebrochenen Lettners verstehen kann, obwohl das Innere der Kirche keine Ähnlichkeit mit dem Straßburger Münster hat. Der Kanzelkorb ist jeweils fünfeckig und zeigt florale Ornamentik, jedoch keine Figuren. Er steht ohne weitere Stützen auf einem schmal ansetzenden Stil, der bei der Darstellung von 1513 in einem viereckigen und bei der von 1515 in einem etwas breiteren fünfeckigen Fuß ausläuft.

Während die Kanzel bei dem jüngeren Holzschnitt im Hauptschiff stehen könnte, scheint bei dem älteren, vor allem aufgrund der Lage des Lettners, als Standort das Nordquerhaus in Frage zu kommen. Auffällig ist bei diesem Bild auch der Abschluß an der rechten, offenen Seite, wo man ins Freie schauen kann und ein Haus mit rauchendem Kamin, Bäume und eine Mauer sieht. Sollte dies etwa die während der Bauarbeiten an der Lorenzkapelle geöffnete Wand zeigen? Es könnte sich bei den beiden Holzschnitten um eine vereinfachte Darstellung der Steinkanzel von 1485-87 handeln oder aber um ein Abbild der verlorengegangenen Kanzel, wie sie im Seitenschiff stand. Da die Bilder erst so spät erschienen und auch die Kanzel einer anderen Kirche gemeint sein könnte, bleibt eine Zuweisung problematisch.

6. Wirtschaftliche und häusliche Verhältnisse

In einer Schrift gegen Pfründenkumulation in Straßburg, die wahrscheinlich Jakob Wimpfeling in den ersten Jahren des 16. Jahrhunderts mit Unterstützung Geilers für den Rat verfaßte, werden recht präzise Angaben über die Mittel und den Hausstand des Münsterpredigers gemacht[1]:

Der doctor im münster, dem me zugehort, die wil er ein doctor in der heiligen geschrift ist, hat jors nit über 120 fl. Behilft sich domit, halt erlich huß, dick und vil selb

---

[255] Auf der Stütze der Treppe findet sich die Jahreszahl '1485' eingemeißelt (M.-L. Hauck: Conrad Sifer und sein Kreis (1960), Schema auf S. 218).

[256] Oben links ist zu sehen das jeweils von einem beflügelten Putto gehaltene Wappen von Bischof Wilhelm von Hohnstein (1506-1541) (wohl wegen der Symmetrie seitenverkehrt dargestellt: vgl. die Abb. 36 bei G. Livet/Fr. Rapp: Strasbourg Bd. 2 (1981) S. 240), rechts das Wappen der Stadt Straßburg (seitenrichtig); dazwischen ein von zwei beflügelten Putti gehaltener Rosenkranz. Am unteren Rand halten zwei beflügelte Putti das bekrönte Reichswappen.

[1] Vgl. unten VII, 3 d Nr. 28. Vgl. zum Almosen unten Anm. 50 und zu Geilers Bibliothek unten S. 119.

*vierdest, thuot vil gesten er an, gibt groß almuosenn, koufft vil kostlicher biecher,
daß etliche domherrenn nit thuonn.*

In einem Brief aus dem Jahre 1505 führt Wimpfeling seinen Freund als ein
gutes Beispiel für einen bescheidenen Kleriker an[2]:

[Geiler] *qui quotannis vix centum et decem aureos nummos ex una prebenda possidet.
Attamen honestissimum statum ducit, advenas honestos ad se vocat, largas pauperibus
elemosynas impartit, volumina in dies precio parat, in ere eddendo nulli devinctus
est.*

Alles in allem müssen Geiler also aus seinem Amt im Jahr Einkünfte von 110
bis 120 fl zugeflossen sein; das war zwar das Doppelte seines Professorensoldes
von Freiburg[3] und war etwas mehr als der Ertrag der Pfründe eines einfachen
Domkanonikers, die etwa 100 fl erbrachte, lag aber beispielsweise weit unter den
Einkünften des Dompropstes, der aus seinem Benefizium bis zu 700 fl im Jahr
bezog[4]. Es war auch deutlich weniger als die 200 fl, die ihm womöglich in Würzburg angeboten worden waren[5]. In Augsburg bekam der Domprediger später 100
fl im Jahr, wozu aber noch die Erträge einer Vikarie aus der Johanniskirche und
Naturaleinkünfte zu rechnen waren[6]. In St. Gallen wurden dem Prediger im Jahre
1490 77 fl bezahlt[7]; weniger bezogen die Prediger aus ihren Pfründen in Tübingen
(1489: 54 fl)[8], Ulm (1490: 45 fl), Schelkingen (1500: 40 fl), Lahr (1497: 20 fl)[9]
und Dornstetten (1493: 10 fl)[10]. Doch traten manchmal Bezüge aus ergänzenden
Stiftungen hinzu und fielen meist Naturaleinkünfte (Getreide, Wein, Holz) und
Präsenzgelder an.

Wimpfeling konnte den Straßburger Münsterprediger als gutes Beispiel anführen, da er sich nicht um die Gewinnung zusätzlicher Benefizien bemüht hatte[11],

---

[2] Brief von Wimpfeling an Johannes Ostendorp vom 17. 10. 1505; gedruckt bei J.
Wimpfeling: Briefwechsel Bd. 2, Nr. 191 S. 504-511, Zit. S. 510.

[3] Vgl. oben S. 61 Anm. 76.

[4] Fr. Rapp: Haut et bas clergé de Strasbourg (1965) S. 8.

[5] Vgl. oben S. 63.

[6] Vikarie St. Johannes der Täufer (R. Kießling: Bürgerliche Gesellschaft und Kirche in
Augsburg im Spätmittelalter (1971) S. 302); 50 Scheffel Getreide im Jahr (F. Falk: Dom-
und Hofpredigerstellen im Mittelalter (1881) S. 89).

[7] E. Lengwiler: Die vorreformatorischen Prädikaturen der Schweiz (1955) S. 40.

[8] Th. Schön: Pfarrei Tübingen (1902) S. 34.

[9] Mone: Predigerpfründen im 14. und 15. Jh. (1865) S. 10.

[10] J. Rauscher: Prädikaturen in Württemberg am Ausgang des Mittelalters (1908).

[11] Die mangelnden Nachrichten über derartige Bemühungen werden unterstrichen durch
Äußerungen Wimpfelings: *in assequendis beneficiis dignior est alius quivis?* (Briefwechsel Bd. 2, Nr. 191 S. 510); *praebendas ecclesiasticas plures non appetens, immo tenuissimam
a se abdicans contionis munere suscepto* (Das Leben Geilers (1510) S. 57 Z. 158 f.); in
gleichem Sinne lautete das Gedicht, das Brant anläßlich des Todes von Geiler schrieb: *Nec*

was andere Kleriker am Dom zu reichen Männern gemacht hatte. Geilers Auftreten für eine Kirchenreform, die sich auch gegen Pfründenhäufung wandte, wäre im gegenteiligen Fall auch wenig glaubwürdig gewesen. Die Überzeugungskraft von Geilers Appellen beruhte ja gerade auf der Übereinstimmung zwischen Worten und Taten, dem Leben und den ethisch-religiösen Grundsätzen[12]. Nur unter dieser Voraussetzung konnte er auf einen erzieherischen Dauererfolg hoffen.

Wie aus dem päpstlichen Annatenregister zu ersehen, erbrachte die Vikarspfründe, die Geiler 1478 verliehen worden war und deren Gefälle auch nach 1489 dem Prediger zuflossen, etwa 40 fl im Jahr[13]. Außerdem wurden ihm die einträglichen Präsenzgelder für den Chordienst bis 1489 wohl abhängig von seiner Anwesenheit und danach, gemäß der *fundatio*, unabhängig davon ausgezahlt[14]; in jedem Fall bekam er noch das, was der *cellarius* und *portarius* auszugeben pflegten[15]. Ein Brief Peter Schotts d. J. an Geiler läßt darauf schließen, daß dem Prediger eine bestimmte Menge Wein aus dem Ertrag der Weinberge des Domkapitels zustand[16]. Der Anspruch auf Versorgung mit Getreideprodukten war während seiner Investitur symbolisch durch den Gang zur Bäckerei des Domkapitels angedeutet worden[17]. Brot stand ihm sogar bei längerer Abwesenheit zu, was wir aus einem anderen Brief Schotts an Geiler in Augsburg erfahren. Er schreibt, der Prediger brauche sich um sein Haus keine Sorgen zu machen: Herr Christian und der Famulus[18] kümmerten sich sorgsam darum und lebten auf eigene Kosten – abgesehen vom Brot, welches nach wie vor von der Bäckerei (das heißt der des Domkapitels) geliefert werde[19].

---

praebendarum cumulasti parcus acervos / Contentus tenui semper at officio, / Divitias contempsisti fastumque et honores / Numilegos druides carpere doctus eras; in Brants deutscher Übersetzung: *Hat sich mit pfrunden nit beladen, / Noch die gehufft zür selen schaden, / Sunder hat sich verniegen lon / Mit dem ampt, das er hat gethon, / Reichtum und ere und grossen bracht / Hat er durch willen gots veracht* (Narrenschiff, S. 195 und 154; zu weiteren Nachweisen vgl. das Verzeichnis der Lamentationen VII, 8 Nr. 5).

[12] Vgl. das Motto zu Kapitel III.

[13] Vgl. oben S. 91 Anm. 153.

[14] Über die Frequenz seines Chorbesuchs vgl. die Angabe Wimpfelings in der Vita: *Chorum quando per otium licuit et a studio liberior fuit libenter frequentabat* (Das Leben Geilers (1510) S. 62 Z. 299 f.).

[15] Vgl. oben S. 86.

[16] Auf Wunsch des Domkapitels half Geilers Verwalter Christian bei der Weinlese (unten VII, 6 Nr. 30); vgl. auch die nächste Anm.

[17] Vgl. oben S. 102. *Man tregt mir das brot heim in mein huß, man schickt mir den wein heim und das gelt schickt man mir auch heim, darumb das ich der predig wart, unser ding stot daruff nit, das wir nach vil pfründen sollen stellen* (Fünfzehn Staffeln. In: Brosamen (1517) fol. 16 v).

[18] Vgl. unten S. 134.

[19] Vgl. unten VII, 6 Nr. 31.

Seit 1486 zahlte das Frauenwerk dem Münsterprediger außerdem jährlich am
St. Lukastag 4 fl aus der Stiftung des Claus Bock von Gerstheim aus[20]. Die teilweise erhaltenen Rechnungsbücher der Münster-Fabrik weisen den entsprechenden Betrag, auch über den Tod Geilers für seinen Nachfolger Jahr für Jahr aus; er
verschwindet allerdings in nachreformatorischer Zeit[21]. Ebenfalls jährlich 4 fl standen ihm seit vor 1492 gemäß einer von Hans Simmler noch zu dessen Lebzeiten
gestifteten Rente zu, die ihm von den Kartäusern, den Stiftungsverwaltern, ausgezahlt wurde[22]. Geilers Kodizill von 1507 kann man ferner entnehmen, daß er
außerdem eine Jahresrente in Höhe von 2 fl aus Wettolsheim und von 3 fl aus
Türkheim bezog[23].

Für seine seelsorgerische Tätigkeit im Reuerinnenkloster St. Magdalena[24], wo
er 30 Jahre lang predigte, zwölf Jahre lang Prior war und fast täglich die Messe
las[25], und für seine Predigten in weiteren Straßburger Konventen dürfte Geiler
entschädigt worden sein[26]. Beim Franziskanerinnenkloster St. Clara auf dem Wörth,
wo er häufig sprach, ist dies nachweisbar[27]: In den dortigen Rechnungsbücher
sind für den Münsterprediger keine Sachgeschenke ausgewiesen, wie sie beispielsweise die Karmeliten oder Franziskaner von den Nonnen erhielten, dafür aber
regelmäßig kleinere Geldbeträge für seine Predigten. Bei durchschnittlich vier
Kanzelreden, für die er jeweils zwischen einem und drei Schillingen erhielt, kam
er dort insgesamt auf knapp einen Gulden im Jahr[28].

---

[20] Vgl. oben S. 94 f.; im Jahre 1488 kamen sie seiner Mutter zu: Peter Schott d. J.
schreibt in dem eben erwähnten Brief, Geilers Verwalter, Herr Christian, habe die 4 fl, die
er von der Münsterfabrik bekommen habe, dessen Mutter gegegeben: *misisse autem se
aureos quatuor, quos a fabrica recoepit, matri tue, quae bene habet* (P. Schott: The Works
Bd. 1, Nr. 114 S. 134; unten VII, 6 Nr. 31).

[21] *Ußgobe bodem und ewige zinß so das wercke jerlich vom im gibt:* [...] *Item doctor
Keyssersperg vom brediger ampt zu zinße gebenn 4 fl* (ŒND 43 (1492) fol. 71 r); dito
(1500/01) fol. 59 r, (1501/02) fol. 54 r, (1502/03) fol. 48 r, (1504/05) fol. 48 v, (1505/06)
fol. 50 v, (1506/07) fol. 59 v, (1508/09) fol. 57 v. *Item dem doctor im munster zuo zinss
gebenn 4 fl* ((1512/13) fol. 76 v); kein Eintrag im nächsten erhaltenen Rechnungsbuch
(1531/32).

[22] Vgl. die Transkription der Urkunde vom 17. 10. 1496 unten VII, 3 d Nr. 15.

[23] Vgl. oben S. 46.

[24] Das 1227 gegründete Kloster überstand vor allem dank der Erfolge von Geilers Reformtätigkeit die Reformation und wurde erst 1789 aufgelöst.

[25] B. Rhenanus: Das Leben Geilers (1510) S. 92 Z. 103 f.; vgl. L. Pfleger: Geschichte
des Reuerinnenklosters St. Magdalena (1937) S. 32; vgl. auch unten S. 166.

[26] Vgl. unten S. 269 Anm. 6.

[27] Klostergründung von Hagenau ausgegangen, Bau 1299 beendet, 1442: 27 Schwestern, 1524 in städtische Verwaltung übergegangen, 1525 abgebrochen (vgl. M. Barth:
Handbuch der elsässischen Kirchen im Mittelalter (1960) Sp. 1392 f.).

[28] AH 10819 und 10820 (Rechnungen der Jahre 1482 und 1486-1495).

All das sind verhältnismäßig kleine Zugewinne, die in ihrer Summe aber eine sicherlich willkommene Ergänzung seines Soldes bildeten. Darüber hinaus erhielt der populäre Prediger als 'guter Freund', wie er genannt wird, von zwei großen, in städtischer Hand befindlichen Institutionen Geschenke: Einmal profitierten Geiler wie auch andere Wohltäter des Frauenwerks von dessen regelmäßig, in guten Jahren besonders großzügig ausgeteilten Gaben. Zu Weihnachten gab es Schweig- oder Münsterkäse[29] und Lebkuchen[30], zu Ostern Lämmer und Eier[31], zum Tag der Münsterkirchweihe (St. Adolfstag, 29. August) Birnen und Trauben, Hasel- und Walnüsse, Pfirsiche und Tannenbäume[32]. Dann vergab auch

---

[29] *Varia exposita*: *Item koufft umb Heinrichen von Crütz, den scheffer, 26 sweigkeße mynen herren den pflegernn, dem statschriber, doctori Keisersperg, dem wercktmeister und anderen des wercks gütten frunden uff die winnachtenn zuo verschenkende* (Wert: 4 lb 15 ß; ŒND 43 (1492) fol. 92 v); 21 Schweigkäse für 5 lb 6 ß ((1500/01) fol. 69 r); 10 Münsterkäse für 1 lb 7 ß 6 d ((1506/07) fol. 88 r); 'Schweigkäse' ist ein nicht näher bezeichneter Käse, der auf einer Schweige, d. h. auf einem Viehhof erzeugt wurde.

[30] *Allerhandt uß gobe*: *Item koufft 27 moß honigs zu den lebkuchen, so mann noch alter gewonheit des wercks guten frunden uff die winachten verschenckt, die moß umb 15 d, unnd darumb geben 1 lb 13 ß 3 d. Item koufft wurtz zu den selben lebkuchenn unnd darumb geben 1 lb 11 ß 9 d. Item von den selben lebkuchen zubachenn verlonnt 9 ß d*; dazu kommt normalerweise noch das sehr teure Konfekt (vgl. H. Boockmann: Das Konfekt des Deutschordenshochmeisters (1996) passim), das wie der Honig und die Gewürze bei einem Kaufmann namens Johann Anßhelm gekauft wurde (ŒND 43 (1500/01) fol. 66 v-67 r); 22 Maß Honig und Gewürze für 2 lb 18 ß, 27 Pfund Konfekt für 2 lb 2 ß und Backlohn 8 ß 8 d ((1501/02) fol. 62 r); 24 Maß Honig je zu 15 d für 1 lb 8 ß 9 d, Gewürze für 1 lb 9 ß, 24 Pfund Konfek für 4 fl *in ein gut jar zu geben* und Backlohn 9 ß ((1502/03) fol. 54 r); 26 Maß Honig je zu 14 d für 1 lb 10 ß 4 d, Gewürze für 1 lb 10 ß 4 d, 30 Pfund Konfekt für 5 fl und Backlohn 11 ß ((1504/05) fol. 53 v-54 r); 21 Maß Honig je zu 1 ß für 2 fl und 6 Maß Honig für 7 ß, Gewürze für 1 lb 12 ß 8 d, 30 Pfund Konfekt für 5 fl und Backlohn 10 ß ((1505/06) fol. 56 r-v).

[31] *Varia exposita*: *Item koufft uff die osternn 12 lember mynen herren den dryen pflegern, doctori Keisersperg, dem statschriber, dem werckmeister und zu gebruch des hüss*; [am Rand:] *ostereyger, lember* (Anzahl zusammen 42 Stück, Wert 2 lb 12 ß 8 d; ŒND 43 (1492) fol. 93 v); 10 Lämmer für 1 lb 16 ß 9 d ((1500/01) fol. 70 r); 10 Lämmer für 2 lb 3 ß 6 d ((1501/02) fol. 65 r); 11 Lämmer für 2 lb 4 ß 3 d ((1502/03) fol. 56 r); 10 Lämmer für 2 lb 10 ß 4 d ((1504/05) fol. 57 r); 11 Lämmer für 2 lb 7 ß 3 d ((1505/06) fol. 59 r); 10 Lämmer für 2 lb 3 d ((1506/07) fol. 89 r).

[32] *Varia exposita*: *Item koufft uff sandt Adolffs tag birnen, trübel, pfirsich, boümnüß, haselnüß etc. mynen herren den dryen pflegernn und andernn des wercks gütten frunden uff sant Adolffs tag zu verschenckende, unnd darumb gebenn* [am Rand:] *Adolffs nacht, birnen, pfirsich, trübel etc.* (Wert 1 lb 19 ß 8 d); *item koüfft dannen uff sant Adolffs nacht und dar ümb geben 3 ß 6 d* (ŒND 43 (1492) fol. 88 v); 50 Tannen für 4 ß 11 d, die anderen Gaben für 1 lb 10 ß 5 d (ŒND 43 (1500/01) fol. 68 r); 54 Tannen für 4 ß 11 d, die anderen Gaben für 1 lb 17 ß 8 d ((1501/02) fol. 62 v); Tannen für 4 ß 10 d, die anderen Gaben für 1 lb 10 ß 9 d ((1502/03) fol. 55 r); Tannen für 5 ß die anderen Gaben für 1 lb 14 ß 1 d ((1504/

das Große Spital[33] zu bestimmten Tagen an seine Förderer Geschenke: Geiler
erhielt zu St. Martin Geflügel und Wein und zu Weihnachten einen Lebkuchen[34].
Mit diesen Zuwendungen wurde sicher nicht allein Geilers eigene Großzügigkeit
im Spenden belohnt: Wie er bei Gelegenheit seines Vortrags der 'Artikel' vor dem
Rat unter Beweis stellte, war er auch bereit, sich energisch für die Rechte dieser
Institutionen einzusetzen; außerdem mögen die Gaben, die gerade vor den Hochfesten des Straßburger Kirchenjahres, wenn die Kirchen sicher besonders gut besucht waren, ausgegeben wurden, auch als Ermunterungszeichen für den Prediger gedacht gewesen sein, seine Hörerschaft zu reichlichen Spenden anzuhalten.

Auch für seine Dienste als Hofkaplan Maximilians I. wird Geiler ab 1501 gelegentlich Zuwendungen bekommen haben, die recht hoch gewesen sein dürften,
wie die 50 fl Aufwandsentschädigung für eine Reise nach Füssen im Jahre 1503
belegen[35].

Da dem Straßburger Münsterprediger ein Haus zustand, mußte Geiler dafür
keine Kauf- oder Mietkosten aufbringen; jedoch hatte er, wie dem oben zitierten
Schreiben Wimpfelings zu entnehmen ist, die Kosten für einen Haushalt von vier
Personen zu tragen[36]: Das waren außer ihm selbst eine Haushälterin[37] und ein
Famulus; die vierte Person war entweder seine Mutter, wenn sie denn zu diesem
Zeitpunkt noch lebte[38], oder aber ein Herr Christian, von dem bekannt ist, daß er

---

05) fol. 55 r); 54 Tannen für 5 ß 2 d, die anderen Gaben für 2 lb 1 ß 2 d ((1505/06) fol. 57
v); 56 Tannen für 5 ß 2 d, die anderen Gaben für 1 lb 15 ß 9 d ((1506/07) fol. 85 r); die
anderen Gaben für 1 lb 15 ß 3 d ((1508/09) fol. 76 r).

[33] Vgl. unten S. 238 Anm. 13.

[34] Jährlich 2 Kapaune und 4 Maß Wein (1 Maß: 1, 5 bis 1, 9 Liter; Jahrzeit- und Saalbuch mit Eintragungen von 1477 bis 1509. AH Nr. 585, fol. 84 r); *Item man gibt ouch
lebkuchen uff den selben tag dem official, insigler, doctor im munster, stat schriber unnd
schaffner yedem eynen, unnd tragens die pfister umb* (fol. 95 v); dito das Jahrzeit und
Saalbuch mit Eintragungen von 1477 bis 1509. AH Nr. 584, fol. 97 v.

[35] Vgl. unten S. 152.

[36] Vgl. oben S. 113 f.

[37] In einem Brief Schotts vom 22. 7. 1481 an Geiler wird eine Elisabeth, die zu diesem
Zeitpunkt Haushälterin gewesen sein könnte, genannt, die sich um einen Hund, der offenbar ebenfalls zum Haushalt gehörte, sorge (unten VII, 6 Nr. 7) - für das Jahr 1503 erfahren
wir übrigens von einem Kater im Hause Geiler (ebd. Nr. 64); vielleicht ist Elisabeth identisch mit der *ministra tua*, die vor Sorge über Geilers Ausbleiben im Herbst 1484 schlaflo-
se Nächte verbrachte (ebd. Nr. 15). Vier Jahre darauf wurde offenbar ein Ersatz für sie
gesucht: In einem Brief aus dem Jahre 1488 fragt Schott, ob Geiler eine *ancilla* dingen
wolle, was sich gerade anböte, da mehrere geeignete zur Hand seien: *ecquid ancillam tibi
conduci velis. Sunt etenim nonnulle prae manibus* (P. Schott: The Works Bd. 1, Nr. 114 S.
134; unten VII, 6 Nr. 30); vgl. auch Geilers Kodizill von 1507, in welchem er eine Ursula
Koler, vermutlich eine Haushälterin, bedenken wollte (vgl. oben S. 47 Anm. 54).

[38] Vgl. oben S. 49.

1488/89, während der mehrwöchigen Abwesenheit des Predigers in Augsburg, Geilers Haus hütete[39].

Das Predigerhaus beherbergte eine ansehnliche Bibliothek, deren Bände Geiler teilweise schon aus Basel mitgebracht hatte[40], teilweise später erwarb oder die der Prädikatur von verschiedenen Seiten vermacht worden waren[41]. Geiler vererbte sämtliche Bücher dem Amt[42]. Nach Beatus Rhenanus bestand die Sammlung des ehemaligen Theologieprofessors aus Schriften aller Genera, worunter auch poetische und historische nicht gefehlt hätten; die Mehrzahl der Bücher aber seien theologische gewesen[43].

Aus Geilers Testament und Kodizill erfährt man auch etwas über die Räume und die Einrichtung des Predigerhauses: Sein letzter Wille wurde in Gegenwart mehrerer Zeugen von einem Schreiber der Stadt Straßburg in einer größeren Stube, das heißt in einem beheizbaren Raum aufgezeichnet[44]. Das in einem anderen,

---

[39] *Dominus Cristianus* (P. Schott: The Works Bd. 1, Nr. 114 S. 134; unten VII, 6 Nr. 31); als er zwischenzeitlich im Herbst auf Wunsch der Domherren zur Weinlese das Haus verließ, kümmerte sich Peter Schott um dasselbe (vgl. ebd. Nr. 30); im Sommer 1489 läßt Christian Geiler, der erneut in Augsburg war, durch Schott grüßen (ebd. Nr. 34).

[40] Vgl. oben S. 64.

[41] Peter Schott d. J. gab einige Bände dazu und am 17. 9. 1489 vermachte Eucharius Trösch, Vikar des Hochchors (gest. 19. 12. 1489), der Prädikatur testamentarisch seine Bücher (C. Schmidt: Zur Geschichte der ältesten Bibliotheken und ersten Buchdrucker zu Strassburg (1882) S. 547).

[42] Vgl. T. W. Röhrich: Testament (1848) S. 584.

[43] *Bibliothecam habuit omnis generis librorum refertissimam quam ad successores transire pientissime voluit. Ibi neque poetis neque historicis sua loculamenta deerant, maior tamen eorum numerus erat, qui rem theologicam suis scriptis illustrarunt* (Beatus Rhenanus in: Das Leben Geilers (1510) S. 93 Z. 120-123; entsprechend M. Berler: Chronik (1510-20) S. 114); vgl. auch die Angaben zu seinen Büchern bei J. Wimpfeling in: Das Leben Geilers (1510) S. 66-70. Eine Liste der von Geiler zitierten Literatur nach der Ausgabe von Ph. De Lorenzi (J. Geiler: Ausgewählte Schriften (1881-1883) gibt E. Fuchs: Belesenheit Geilers (1927) S. 120 f. Die Predigerbibliothek sollte ein trauriges Schicksal haben: Nach der Reformation gelangte sie zunächst in die Bibliothek der 1566 gegründeten Akademie (seit 1621 Universität), die im ehemaligen Dominikanerkloster untergebracht war; während der Bombardierung der Stadt durch die deutsche Armee wurde die Kirche (wiederaufgebaut, heute Temple Neuf) in der Nacht vom 24. auf den 25. 8. 1870 gezielt beschossen und ging in Flammen auf. Die Universitätsbibliothek verbrannte und mit ihr die ebenfalls dort aufbewahrte Stadtbibliothek (vgl. J. Rott: Histoire des bibothèques publiques de Strasbourg détruites en 1870 (1977) bes. S. 634 und ders.: Un recueil de correspondances strasbourgeoise (1968) S. 244 Anm. 1; vgl. auch C. Schmidt: Zur Geschichte der ältesten Bibliotheken und ersten Buchdrucker zu Strassburg (1882) S. 9).

[44] *In curia sue solite residencie in stuba maiori* (T. W. Röhrich: Testament (1848) S. 585); Zeugen: Hieronymus Slapp (*scriba civitatis Argent. juratus*), Jeorius Zirckel (*sartoris civis Argent.*) und Gangolf Steinmetz (*clericus Argent. dioc.*).

'seine Studierstube' genannten Raum stehende Faulbett, also eine Liege zum Ruhen und Lesen, sollte samt Zubehör wieder Frau Veronika Friedrich gehören, die es Geiler einst zur Benutzung überlassen hatte[45]. Wohl in diesem Zimmer standen die Bücher, ein Tisch mit daraufstehendem Katheder und dazugehörigen Stühlen[46] und ein Leuchter mit Holzkreuz[47], was alles ebenso dem Amt verbleiben sollte wie das ihm von Peter Schott geschenkte Bett mit Zubehör, das sich in seiner Kammer, also in seinem Schlafzimmer befand[48].

Neben dem eben erwähnten Bett samt Bettzeug lassen sich noch eine Reihe weiterer Schenkungen an den Prediger nachweisen. Nach einer Reise, die Geiler, Johannes Rot und Peter Schott d. J. im Jahre 1486 zu Friedrich von Zollern nach Dillingen unternommen hatten, um bei der Weihe ihres Freundes zum Bischof von Augsburg dabeizusein und ihn zu beraten, bedankte sich Geiler brieflich für ein erhaltenes Stoffgeschenk: Der Bischof habe ihn damit für den kommenden Winter eingekleidet[49].

Zweieinhalb Jahre später erhielt er von Friedrich als Dank für Predigten, die er während einiger Wochen Ende des Jahres 1488 in Augsburg gehalten hatte, einen äußerst kostbaren Silberbecher im Wert von 20 fl. Er versetzte ihn später zugunsten von Armen[50], denen gegenüber er sich auch bei anderer Gelegenheit mildtätig zeigte[51]: Einmal erklärte er sich bereit, während eines Monats oder sogar länger für die Versorgung eines halben Hunderts Bedürftiger aufzukommen, die in

---

[45] *Lectulus in stuba mei studorii cum suis attinentiis pertineat dominae Veronicae Friderichen, quae mihi accommodaverat* (ebd. S. 586); wahrscheinlich handelt es sich um dieselbe *domina et mater Fridrichen*, die 1482 in einem Brief Peter Schotts d. J. erwähnt ist (P. Schott: The Works Bd. 1, Nr. 34 S. 41; unten VII, 6 Nr. 1); vermutlich war die Stube auch sein Sterbezimmer und das Faulbett sein Sterbebett (vgl. unten S. 161).

[46] Vgl. den Holzschnitt von 1517 (Abb. 7 in dieser Arbeit), wo Geilers Stube mit einem Tisch und Stuhl zu sehen ist.

[47] *Pulpitum et mensam, super qua stat, et sedes ad eam pertinens maneant cum libris et lampade cum cruce lignea* (ebd.).

[48] *Lectus cum suis attinentiis in camera mea, quem donavit Petrus Schott* (T. W. Röhrich: Testament (1848) S. 586); vermutlich ist Peter Schott d. Ä. gemeint.

[49] *Vestisti enim me pro hieme futura* (J. Geiler: Die aeltesten Schriften (1882) S. 94; unten VII, 6 Nr. 22).

[50] *Poculum nempe argenteum pretii florenorum circiter viginti a pudicissimo Friderico de Hohenzorna [...] dono sibi datum mox vendidit et pauperibus pecuniam dedit* (J. Wimpfeling in: Das Leben Geilers (1510) S. 57 Z. 162-164).

[51] *Er ist gewesen ein vatter aller armen menschen, deren er nye keynnen unbegabt hatt von synem angesicht lassen kummen mitt geld, speysz, tranck, bekleidung, mitt vermannung zu der gedult. Dan alles das, das ubertraff syn leyps narrung der prun, gab er armen lutten, welche er offt zu tiesch lud und mitt yn nam das essen, ein rechter ausz teiller desz woren kilchen schatz, zu welcher spyesz er ze zitten den grosten anmutt hett, gab er den armen* (M. Berler: Chronik (1510-20) S. 114).

Straßburg an der Syphilis erkrankt waren[52]. Seine Testamentsvollstrecker hielt er an, das von ihm in seinem letzten Willen nicht besonders Bezeichnete *ad pias causas* zu veräußern und, wie bereits erwähnt, seine Bücher zugunsten von Armen zu verkaufen, falls die Prädikatur einmal aufgehoben werden sollte[53].

Die Quellen geben neben den bislang geschilderten weitere interessante Details zu den Lebensumständen des Predigers. Nach abendlicher Lektüre habe er sich regelmäßig allein und ohne Licht zur Meditation über Gelesenes zurückgezogen, erfahren wir von Wimpfeling. Am frühen Morgen habe er dann zweimal die Matutin gesprochen, mittags sich zu einem kurzen Mittagsschlaf hingelegt[54]. Der Chronist Maternus Berler erwähnt wie seine Vorlage, die Vita des Beatus Rhenanus, Andachtsbilder mit der Passion darauf, die Geiler in den Ecken seiner Schlafkammer und Stube angebracht habe, um sich einzustimmen, bevor er die Messe lesen ging[55]. Kurz nach dem Aufstehen habe er die sieben Tageshoren gesprochen, erfahren wir weiter. Nur zweimal am Tage habe er gegessen, wobei er sich von Familiaren vorlesen lassen und häufig Gäste bewirtet habe[56]. Mittwochs habe er auf Fleisch verzichtet, die Fastengebote immer streng beachtet[57]. Geiler scheint auch sonst das, was er in Predigten von seiner Gemeinde forderte, selbst eingehalten zu haben[58].

---

[52] Vgl. unten S. 56.

[53] Vgl. oben S. 103 Anm. 214.

[54] J. Wimpfeling in: Das Leben Geilers (1510) S. 62 Z. 302-305, Z. 296 und Z. 305 f.; vgl. unten Anm. 59.

[55] *Passionem super benedicti servatoris nostri Iesu Christi sacrificaturus animo prius versabat; habebat ad hoc pium meditationis exercitium adiutrices chartas, in quibus crucifixi Christi figura depicta erat, in angulis affixas* (B. Rhenanus in: Das Leben Geilers (1510) S. 92 Z. 100-103); *Alle syn zitt vertreib er mitt studiren oder betrachtungen, mitt kurtzer ruwo des schlaffs, und so bald er entwacht, so stundt er uff und volbrocht die syeben tag zitt mitt mund und hertzen; und so er wolt volbringen das ampt der heilgen mesz, betracht er vormals das leiden Jesu Christi, un zu merer reitzung desz andachts liesz er in synner schlaff cameren und stuben der vier biegel oder eck an iedlichs ortt ein brieff verzeichnet mit dem leiden unsers herren an schlagen, dar mit syn gesicht und gemutt stetz darzu gereitzt wurd* (M. Berler: Chronik (1510-20) S. 114).

[56] Vgl. J. Wimpfeling in seinem Bericht über Pfründenkumulation *thuot vil gesten er an* (oben S. 113 f.).

[57] *Zwey mol desz tags nam er die spyesz: er mocht basz trincken dan essen. Er fasstet die gantz fasten, dar zu alle abent von der christenlichen kyrchen gebotten* (M. Berler: Chronik (1510-20) S. 115); vgl. J. Wimpfeling in: Das Leben Geilers (1510) S. 64 Z. 345-349.

[58] *Talis enim eius oratio erat qualis vita* (B. Rhenanus in: Das Leben Geilers (1510) S. 88 Z. 13); *Er was nitt als edliche predicanten die [...] ander lutt laster straffen, deren sye von ynnen aller vol sindt* (M. Berler: Chronik (1510-20) S. 113); *Standhafft und stiff ist er gesein | In worten und in wercken sein* (Gedicht Sebastian Brants ediert in S. Brant: Narrenschiff, S. 154).

9*

Über seinen voll ausgefüllten Tagesablauf in der Fastenzeit, während der er ja täglich zu predigen hatte, hat sich ein in der ersten Person geschriebener, wohl auf Geiler selbst zurückgehender Bericht erhalten, an Hand dessen wir von Stunde zu Stunde verfolgen können, womit der Prediger beschäftigt war[59]. Demnach stand er in jenen sechs Wochen im allgemeinen um zwei oder drei Uhr nachts auf[60], um sich in den folgenden Stunden zu überlegen, was er morgens predigen werde. Zwischen sechs und sieben Uhr stand er auf der Kanzel[61]. Danach notierte er aus

---

[59] *Modus vivendi tempore quadragesimali doctoris Joannis Geyler de Keysersberg ut retulit: De mane surgo secunda vel tertia hora et studeo, quid predicare velim et hoc usque sextam. Hora sexta predico. Hora septima rescribo que predicavi. Hora octava lego primam sacrarum horarum. Nona celebro. Decima dico nonas et vesperas. Undecima prandium. Duodecima modicum movendo dico quindecim gradus. Prima dormio unam vel duas horas. Tertia hora quero materiam predicabilem. Quarta dico completorium. Quinta collationem. Sexta dico matutinas et post sextam et septimam aliqualem recreationem sive motionem. Vado dormitum. Ita tempus deducendo erit homini breve. Va*[?] *dey slzit*[?] (etwa gleichzeitige handschriftliche Bemerkung unter dem Titel der Vita Geileri von Beatus Rhenanus, die dem 1908 der Straßburger der St. Wilhelmsbibliothek gehörenden Exemplar von J. Geiler: Navicula fatuorum (1510) beigegeben ist: nach K. Fischer: Das Verhältnis zweier lateinischer Texte Geilers zu ihren deutschen Bearbeitungen (1908) S. 6 f.; Text auch bei L. Dacheux: Un réformateur catholique (1876) S. LXIX).

[60] Vgl. J. Geilers Ermahnung, nicht zu lange in den Federn zu bleiben: *wenn einer auß schlaft, das er ain stund 6 oder 7 geschlafen hat, bald er erwachet, das er auf stand und nit stil lig und sich dar vor hiet, das nit böß gedenck in im auf gangen* (Pilger (1494) in: Sämtliche Werke Bd. 1, S. 75).

[61] Das wird durch eine Stelle bei J. Pauli bestätigt, wo es heißt: Geiler *hat keinen passion länger gepredigt an dem karfreitag dann von sechsen an biß zu sibenen wie sunst an einem tag* [...] *und nach mittag auch ein stund und predigt in' vol auß biß in das grab*. Geiler habe gesagt: *die langen predigen sollen sunst nichz, dann das die leüt schlaffen und die weiber seichen in die stüel, und der predicant macht sich selber müd* (Schimpf und Ernst (1535) fol. 80 v-81 r); in einem Brief an J. Wimpfeling schreibt Geiler, er habe die überlangen Karfreitagspredigten von bis zu 9 Stunden, zu denen sich andere Prediger in ihrem Konkurrenzkampf hinreißen ließen, immer schon abgelehnt; wie Chrysostomos, Leo, Georg halte auch er eine Stunde für ausreichend (Brief von 1499, nach dem 10. 4.; unten VII, 6 Nr. 52); vgl. auch J. Wimpfeling: Das Leben Geilers (1510) S. 79 Z. 712-717; auch seine Predigten bei den Reuerinnen scheinen stets eine Stunde gewährt zu haben (vgl. den Brief von Geiler an die Reuerinnen zu Straßburg vom 23. 5. 1501; unten VII, 6 Nr. 59); vgl. zu Geilers Predigtweise folgende Stelle aus der Postille (1522): *Zu dem ersten als bald Geiler uff die kantzel kam, so zohe er sein baret ab und fiel darnach nieder uff sine knüwe und bettet, was im ynfiel, wan er hat kein besunder gebet. Darnach richt er sich uff und macht ein crütz und sprach: In nomine patris et filii et spiritus sancti. Hora est, iam nos de somno surgere. Haec verba thematis* [...]. *Groß gnad und barmhertzigkeit verleihe unsz der almechtig got, amen, und setzt sein paret wider uff und fieng das evangelium gleich an zu predigen* (vgl. allgemein I. Weithase: Zur Geschichte der gesprochenen deutschen Sprache (1961) S. 46-54, Zit. S. 47).

dem Gedächtnis (wie wir wissen in Latein[62]), was er deutsch gesprochen hatte. Um acht Uhr beging er die erste kanonische Stunde. Eine Stunde später las er die Messe[63]. Um zehn sprach er die Nonen- und auch Vespergebete, die eigentlich erst am Abend fällig gewesen wären. Um elf speiste er. Zur Mittagszeit ging er spazieren. Um eins legte er sich, wie wir schon wissen, für eine oder zwei Stunden nieder. Danach suchte er Stoff für die Predigt am nächsten Morgen. Um vier Uhr nachmittags sprach er das Kompletgebet. Eine Stunde später war Abendbrotzeit. Um sechs Uhr abends holte er dann die Matutin nach, zu der er ja am Morgen nicht gekommen war, danach erholte er sich oder verschaffte sich Bewegung und ging anschließend zu Bett.

7. Rufe und Reisen

Nachdem Geiler weder an der Universität zu Basel noch an derjenigen zu Freiburg geblieben war und auch die lukrative Stelle in Würzburg abgelehnt hatte[1], trug man ihm, wie gezeigt, während des langwierigen, für ihn so unbefriedigenden Prozesses bis zur Berufung als ordentlicher Münsterprediger von Straßburg mehrfach Predigerstellen an. Im Herbst 1484 wäre er wohl beinahe ans Münster nach Basel gegangen[2]. Im Frühjahr 1487 beschwor ihn Friedrich von Zollern, ihm bei seinen Reformbemühungen zur Seite zu stehen, und bot ihm eine Dompredigerstelle an[3]. Anfang 1488 stand Geiler in Basel in Verhandlung[4]. Ab dem Sommer des gleichen Jahres hielt er sich wieder, diesmal sogar für ein halbes Jahr, in Augsburg auf, wo er häufig die Kanzel bestieg. Friedrich wird sicher erneut versucht haben, seinen Freund für die Stadt zu gewinnen – jedenfalls glaubte man in Straßburg, den Münsterprediger nun endgültig verloren zu haben[5].

Zwei Jahre später, Ende des Jahres 1490, zog es Geiler ein weiteres Mal für längere Zeit nach Augsburg. Nicht lange vorher, am 6. September, war sein enger Freund Peter Schott d. J.[6] mit nur 32 Jahren an einer in Straßburg grassierenden

---

[62] Vgl. die lateinischen Ausgaben im Werkverzeichnis (VII, 4 b).

[63] Der Bericht stammt vielleicht aus der Zeit von zwischen 1479 (erste Fastenzeit als Straßburger Prediger) bis vor 1489, da Geiler nach seiner rechtmäßigen Berufung als Prediger im Münster keinen Altardienst mehr zu verrichten brauchte (vgl. oben S. 102); doch las er ja fast täglich im Reuerinnenkloster die Messe (L. Pfleger: Geschichte des Reuerinnenklosters St. Magdalena (1937) S. 32).

[1] Vgl. oben S. 65.

[2] Vgl. oben S. 94.

[3] Vgl. oben S. 97.

[4] Vgl. ebd.

[5] Vgl. oben S. 99.

[6] Vgl. zu ihm unten S. 130-133.

Epidemie gestorben. Die Messe und Prozession, die der Rat drei Wochen zuvor gegen die Seuche veranlaßt und zu deren reger Teilnahme auch Geiler seine Hörer ermahnt hatte, hatten dem Kanoniker das Leben nicht retten können[7]. Im Januar 1491 mußte der Straßburger Vizedekan Heinrich von Henneberg Geiler mit einem Schreiben nach Augsburg daran erinnern, daß die Zeit der erlaubten Abwesenheit bereits überschritten sei und sich die Fastenzeit nähere, weswegen er baldmöglichst zurückkehren möge. Er könne das auch ohne weiteres tun, nachdem die Stadt die Pestepidemie überstanden habe[8].

Es scheinen Geiler also nicht allein das Begehren seines mächtigen Freundes aus Augsburg, sondern auch die Sorge um seine Gesundheit von Straßburg ferngehalten haben. Auch Mitte Februar, Wochen nach der Entwarnung, hatte der Bischof seinen Freund noch nicht ziehen lassen. Er wollte seine Hilfe bei der Errichtung einer Prädikatur nicht missen[9]. Das Straßburger Domkapitel war aber nicht bereit, wegen der Augsburger Schwierigkeiten auf den Prediger zu verzichten. Der Vizedekan bestand in einem Schreiben, das zwei Tage vor Beginn der Fastenzeit sowohl an Friedrich wie auch an Geiler abging, unter Verweis auf die Vertragsverpflichtungen des Münsterpredigers auf persönliche Wahrnehmung der Predigt[10]. Geiler ist dieser Weisung wohl schließlich nachgekommen[11].

Ende April finden wir Geiler aber wiederum in Augsburg[12]. Nun war allerdings von sofortiger Rückkehr oder von Vertragsverpflichtungen die Rede nicht mehr.

---

[7] Für den 16. 8. 1490 veranlaßte der Rat eine Messe nebst einer Prozession *für den sterbott (grave mortalitatis)* zu deren reger Teilnahme *per plebanum aut predicatorem* des Münsters das Volk am Sonntag, den 15. 8. 1490 (Marien Himmelfahrt, ein Feiertag, an dem Geiler nach Vertrag zu Predigen hatte; vgl. VII, 5), ermahnt werden sollte (AMS R 2, fol. 127 r); wegen einer Seuche sollte Geiler einmal dienstags früh im Münster predigen (ohne Jahr, im Advent; AMS R 12, fol. 313 r-v). Zu weiteren Gelegenheiten, zu denen er sich im Namen des Rats an seine Hörer wenden sollte vgl. unten S. 246.

[8] Vgl. den Brief von H. von Henneberg an Geiler von Ende Januar 1491 (VII, 6 Nr. 38).

[9] Brief von Heinrich von Henneberg an Friedrich von Zollern vom 14. 2. 1491: *Dan üwer liebe willens sige gott dem almechtigen zu lobe etc. ein predicature zu Augspurg im thumstifft uffzurichten unnd zestifften, dar zu üwer liebe sin nit entwesen möge. Mit sollichem furgebenn, wa er üwer liebe yetzt entzogen würde, mocht zu unstatten angefangen furnemens dienend etc.* (AMS Domstift 91 (Liber missivarum 1491-1520) S. 6 f. Nr. 7; gedruckt bei K. Stenzel: Geiler und Friedrich von Zollern (1927) S. 109 Nr. 2).

[10] Die Fastenzeit im Jahre 1491 begann am 16. 2.; Ostersonntag war der 3. 4. Der von Geiler vorgeschlagene Vertreter (Magister Wolfgang, Nachfolger J. Rots als Münsterpfarrer, am 24. 6. 1491 abgesetzt) hatte sich als nicht akzeptabel erwiesen (Brief von Heinrich von Henneberg an Geiler vom 14. 2. 1491; VII, 6 Nr. 39).

[11] Es haben sich sich aus dem Jahre 1491 allerdings keine sicher datierbaren Predigten und keine Briefe erhalten, aus denen hervorginge, wo er sich während der Fastenzeit aufgehalten habe (vgl. das Predigt- und Briefverzeichnis VII, 5 und 6).

[12] Brief von Heinrich von Henneberg an Geiler vom 28. April 1491 (VII, 6 Nr. 40).

Vielmehr war es jetzt für das Straßburger Domkapitel von größter Wichtigkeit, daß Geiler am Augsburger Bischofshof weilte. Es ging nämlich darum, Friedrich dazu zu bringen, auf sein Straßburger Domkanonikat zu verzichten, das man für den neu zu benennenden Dekan dringend benötigte. Diese Position hatte vormals Friedrich selbst innegehabt. Da er auch nach seiner Bischofsernennung das Straßburger Kanonikat nicht resigniert hatte, hatte man seit 1486 mit dem Vizedekan Heinrich von Henneberg vorliebnehmen müssen. Der wollte nun im Interesse des Domkapitels von Geilers Vertrauensstellung bei Friedrich profitieren und beauftragte seinen Prediger, dem Augsburger Bischof die Resignation schmackhaft zu machen. Er schrieb, Geiler solle seinem Freund die mißliche Lage in Straßburg schildern und mitteilen, man sichere Friedrich zu, über das nächste freiwerdende Kanonikat verfügen zu können, falls er zu resignieren zögere, weil er vorhabe, sein Kanonikat einem Verwandten zukommen zu lassen. Diese Zusicherung mit Bitte um Resignation teilte der Vizedekan am selben Tag auch Friedrich von Zollern mit[13]. Heinrich von Henneberg hatte mit Geiler den richtigen Unterhändler beauftragt, denn er brachte seinen Freund tatsächlich dazu, noch in jenem Jahr auf seine Straßburger Pfründe zu verzichten[14].

Im Frühjahr des Jahres 1505 hielt sich Geiler an einem anderen Bischofshof, dem von Basel auf, wie wir aus einem Brief Wimpfelings an Johannes Amerbach wissen[15]. Ob Christoph von Utenheim, der seit 1501 Bischof von Basel war, damals versuchte, seinen Freund Geiler als Münsterprediger zu gewinnen, wissen wir nicht. Allerdings zeigen weitere Angebote wie bekannt und gefragt der Straßburger Prediger im süddeutschen Raum und darüber hinaus war. Der Rat der Stadt Bern ließ bereits im Sommer des Jahres 1478, als Geiler in Straßburg gerade zu predigen begonnen hatte, beim dortigen Kapitel anfragen, ob es gestatte, den Kanzelredner für acht Tage als Ablaßprediger in der eidgenössischen Stadt auftreten zu lassen[16]. Geiler fuhr nicht, sei es, weil er nicht durfte oder nicht wollte oder weil er vielleicht schon wußte, daß in Bern die Pest ausgebrochen war[17]. Aus Wimpfelings Vita erfahren wir, daß der Kölner Erzbischof Philipp II. von Daun-Oberstein (1508-1515) noch nach 1508 darum bemüht war, den Prediger zu sich

---

[13] K. Stenzel: Geiler und Friedrich von Zollern (1927) S. 110 f.

[14] Geiler wurde sein Procurator bei der Resignation (vgl. Brief von Geiler an Hoyer von Barby und Mülingen von 1491; VII, 6 Nr. 42); Dekan wurde schließlich Hoyer von Barby und Mülingen; vgl. zu ihm unten S. 147 Anm. 110.

[15] Freiburg, 12. 5. 1505 (Amerbachkorrespondenz Bd. 1, Nr. 263 S. 248 f.; vgl. auch J. Wimpfeling: Briefwechsel Bd. 1, Nr. 177 S. 482).

[16] Am 28. 7. 1478: *An die thuomprost, techan und capitel der hochenstift Strasburg, doctorn Johan Keisersperg zuo verwilligen, her zu komen, in den acht tagen die kanzel der Römischen gnad zuo versechen* (Rats-Mandat 24, S. 202 nach Diebold Schilling: Die Berner-Chronik, S. 193 Anm. 1).

[17] Vgl. ebd. S. 193.

zu ziehen[18], den er, als er noch Propst des Straßburger Franziskanerklosters gewesen war, häufig gehört und auch zu sich nach Hause eingeladen hatte[19]; doch scheint Geiler nicht in Köln gewesen zu sein.

Geiler unternahm während seines Lebens zahlreiche, teils recht weite Reisen. Es ist erstaunlich, wie mobil ein vielbeschäftigter Mann wie Geiler war, zumal in einer Zeit mit bescheidener Reisegeschwindigkeit und -bequemlichkeit und auf Wegen, die nur selten sicher waren[20], ein Mann dem eigentlich nur wenig Zeit zum Reisen geblieben sein sollte bei durchschnittlich zwei Predigten in der Woche und vier Wochen Urlaub im Jahr (den er allerdings, wie gesehen, gelegentlich zu überziehen wagte). Aus einem Brief wissen wir, daß er reiten konnte[21], aus einem anderen, daß er häufig in Begleitung unterwegs war[22]. Im Sommer fuhr er regelmäßig in das etwa 50 km entfernte Baden zur Kur, was auf dem Wasserweg vielleicht in einem Tag zu schaffen war[23]. Mehrtägige Reisen mußte er unternehmen, um nach Freiburg, Basel, Augsburg (respektive Dillingen, wo der Bischof residierte)[24], Konstanz[25], Füssen[26] oder Würzburg zu gelangen.

Auf einer seiner mehrmals bezeugten Reisen zu seinen Verwandten im Oberelsaß[27], die etwa 75 km weit von Straßburg entfernt wohnten, wird Geiler das bei

---

[18] J. Wimpfeling in: Das Leben Geilers (1510) S. 75 Z. 610-614.

[19] Brief von M. Ringmann (Philesius) an Philipp von Daun-Oberstein vom 1. 9. 1506 (geruckt bei J. A. Riegger: Amoenitates Fasz. 2 (1776) S. 296).

[20] L. Dacheux schreibt, Geiler sei einmal in Deutschland in die Hände von Landsknechten gefallen, die ihn beraubt hätten (Un réformateur catholique (1876) S. 517, ohne Quellenangabe).

[21] Brief von Peter Schott an Geiler vom 21. 11. 1488: *Peratumque ut eo equo, quo tu ad nos veheris, Augustensem petat* (P. Schott: The Works Bd. 1, Nr. 114 S. 134 f.; VII, 6 Nr. 31).

[22] Eucharius Gallinarius (oder Henner; geb. Bretten, Kurpfalz; Immatr. Heidelberg 13. 11. 1475, mag. art. 1479; Kanoniker in Speyer) schrieb kurz nach Geilers Tod an Jakob Wimpfeling, er sei viermal mit dem Prediger unterwegs gewesen (J. Wimpfeling: Das Leben Geilers (1510) S. 85 Z. 856 f.; vgl. ders.: Briefwechsel, Nr. 258 S. 653).

[23] 1477: vgl. oben S. 62 Anm. 3; 1481: er predige am 22. 7. und 5. 8. zusammen mit Heynlin von Stein (M. Hossfeld: Johannes Heynlin aus Stein (1908) S. 266); 1482: vgl. S. 49 Anm. 14. Mindestens einmal war er wohl auch an den sauren Quellen in Göppingen (vgl. Seelenparadies (1510) fol. Nniii r-v = Sämtliche Werke Bd. 3, S. 868).

[24] Zu den genannten tritt ein weiterer Aufenthalt vermutlich im Sommer 1503 (vgl. VII, 6 Nr. 65).

[25] Im Sommer 1503 (vgl. ebd. Nr. 64).

[26] Im Sommer 1503 (vgl. ebd. und unten S. 152).

[27] Aufenthalt vor 1473 in Colmar: er sagte 1508, er sei vor über 35 Jahren dort gewesen und habe die *Sermones* des Predigers Johannes Wolberg gesehen (Ameise (1516) fol. 32 c Z. 4 nach E. Breitenstein: Autorschaft der Emeis (1941/42) S. 152 Anm. 3); Aufenthalt um den 27. 5. 1487 im Oberelsaß (vgl. VII, 6 Nr. 25); Aufbruch nach Kaysersberg, Ammersch-

Oberehenheim auf einer Vogesenhöhe gelegene Grab der hl. Ottilia, der Schutzpatronin des Elsaß, besucht haben[28]. Auf jeden Fall war er in seinem Leben mehrmals zu anderen heiligen Orten oder zu Menschen aufgebrochen, die wie Heilige verehrt wurden. Schon in seiner Jugend war er mit einem Eremiten zusammengenkommen, der in einem Vogesental in der Nähe von Ammerschweier bei einer Kapelle wohnte[29]. Dieser 'Bruder Sebastian' genannte Einsiedler hatte schon früh einen besonderen Eindruck auf Geiler gemacht[30]. Er besuchte ihn später zuweilen im Sommer[31] und predigte dann vor den Menschen, die sich dort am Tag des hl. Bernhard (20. August), des Patrons der Kapelle, versammelten[32].

Eine Reise in die Eidgenossenschaft zu einem weitaus bekannteren Einsiedler fällt wohl in Geilers Basler Zeit. Nikolaus von Flüe hauste bei Obwalden in der Nachbarschaft einer für ihn erbauten Kapelle, wo er am 21. März 1487 auch starb[33]. Ganz in der Nähe, in Flüeli-Sachseln, war er um 1417 geboren worden. Zunächst hatte sich der reiche Bauer und Vater von zehn Kindern in der Politik seiner Heimat betätigt und wichtige Ämter innegehabt. Während einer Pilgerfahrt im Jahre 1467 überkamen ihn Visionen, die ihn dazu bewogen, seine Familie zu verlassen und sich in die Einsiedelei zu begeben. Dort verzichtete er 19 Jahre lang, die er noch bis zu seinem Tode zurückgezogen lebte, auf normale Nahrung. Er erlangte bald Berühmtheit, weil er außer dem Sakrament weder Speise noch Trank zu sich zu nehmen schien.

In einer Predigt aus dem Jahre 1500 kommt Geiler auf Nikolaus zu sprechen, den er einmal gesehen habe[34]. Einige Jahre später gibt er in einer anderen Predigt

---

weier und Türkheim am 17. 8. 1507, wo er je ein Anniversar einzurichten gedachte (vgl. T. W. Röhrich: Testament (1848) S. 586).

[28] M. Barth: Die Heilige Odilia (1938) S. 173, ohne Quellenangabe.

[29] Im Sommer 1992 fanden sich noch stark überwucherte und verwitterte Mauerreste des vom 14. bis 18. Jh. von Klausnern bewohnten sog. Bruderhauses im Wald ca. 100 m nördlich der Straße D 11, auf halbem Wege zwischen Ammerschwihr und Labaroche; ein Foto vom Zustand der Eremitage um 1930 in: Jean Geiler de Kaysersberg (1934) vor S. 37; vgl. ebd. S. 50 und J. Levy: Die Einsiedeleien im Elsaß (1918) 201.

[30] *In eo quidem loco a teneris annis heremitam noverat* (J. Wimpfeling in: Das Leben Geilers (1510) S. 63 Z. 323); *Uni praecipue heremitorio singulariter afficiebatur in valle Harundineti sito prope Amorswiler* (ebd. Z. 320 f.).

[31] Durch einen Brief, den P. Schott am 27. 5. 1487 an Geiler nach Kaysersberg schickte, wissen wir, daß der Prediger vorhatte, Sebastian anläßlich eines längeren Aufenthaltes im Oberelsaß im Frühjahr jenes Jahres zu besuchen (VII, 6 Nr. 25).

[32] *Ad eum nonnunquam locum die divo Bernardo solenni [...] ascenderat et ad populum [...] sermones faciebat* (J. Wimpfeling in: Das Leben Geilers (1510) S. 63 Z. 326-328).

[33] Zu ihm vgl. R. Gröbli: Bruder Klaus (1990) S. 123-164. Die Kapelle stand an einem 'Ranft' genannten Abhang zum Melchtal in der Nähe des Sarner Sees.

[34] Am 29. 3. 1500: *Rursus quidam sanctorum, pro multa tempora nihil commederunt et fratres quidam potius quam ficus tangere vellent, quas deferebant mori fame elegerunt.*

einen Dialog wieder, den er mit dem Eremiten 32 Jahre zuvor geführt habe[35]. Es kann sein, daß er damals auch in der in der Schwyz gelegenen Wallfahrtskirche Unserer Lieben Frau zu Einsiedeln gewesen war[36]; vielleicht reiste er auch einige Jahre darauf einmal von Straßburg aus in die Schweiz[37].

Wahrscheinlich im Jahre 1483 unternahm Geiler seine wohl weiteste Pilgerfahrt[38]. Sein Ziel war St. Maximin in der Nähe von Marseille[39], wo man seit dem späten 13. Jahrhundert die Gebeine der als erste Missionarin der Provence gelten-

---

Sed et nostris temporibus de fratre Nicolao in Underwalden (quem vidi) mira asserebantur (J. Geiler: Peregrinus (1513) fol. Miii v); in einer anderen Predigt: *Es ist nit not, das sich alle menschen geben uff schauwent leben, als bruoder Claus von Underwalden* (ders.: Brosamen (1517) fol. 11 v).

[35] *Es ist 32 jar, darunder nit, da was ich ein mal bei bruoder Niclausen im Schweitzerland, da fraget ich in: Lieber Niclaus, ir füren ein streng leben (als man sagt mer dan kein cartüser noch kein geistlicher). Förchten ir nit, das ir irren oder felent. Er antwurt und sprach: Wann ich hab demuot und den glauben, so kan ich nit felen. Da ich diß gelesen hab, da hab ich daran gedacht, das er wol geantwurt hat* (J. Geiler: Evangelienbuch (1517) fol. 199 b, zit. nach R. Durrer: Bruder Klaus Bd. 1 (1917) S. 49); es gibt zwei Jahre, von denen aus man zurückrechnen kann: a) laut Titel des Evangelienbuchs wurden die darin gesammelten Predigten Geiler 1504 vom Mund abgeschrieben (das hieße, er wäre 1472 dort gewesen), b) da Geiler über Nikolaus in einer Predigt am Florentiustag (7. 11.) sprach, der nach dem Evangelienbuch auf einen Sonntag gefallen war (im Jahre 1504 ein Donnerstag) kommt von den letzten 4 Jahren, in denen Geiler die Predigten wiederholte, nur 1507 in Frage (das hieße, er wäre 1475 dort gewesen).

[36] Mit Annahme des Jahres 1475: M. Barth: Florentius (1951/52) S. 219.

[37] Die Literatur erwähnt jedenfalls weitere Aufenthalte: In Einsiedeln im Jahre 1480 (A. Stöber: Geiler (1834) S. 20 A. 35, ohne Quellenangabe); im Jahre 1484 mit mehreren Straßburger Bürgern (L. Pfleger: Kirchengeschichte der Stadt Straßburg im Mittelalter (1941) S. 194, ohne Quellenangabe); 1486 zusammen mit 100 Straßburgern (Ph. De Lorenzi in J. Geiler: Ausgewählte Schriften Bd. 1, S. 19, ohne Quellenangabe); O. Ringholz erwähnt zwar einen Besuch Geilers, führt aber als Beleg nur de Lorenzi an (Wallfahrtsgeschichte Einsiedeln (1896) S. 93 und 129).

[38] Das Jahr nach J. Wimpfeling (vgl. unten Anm. 43); die gleiche Angabe gibt A. Stöber nach einem im Straßburger Stadtarchiv befindlichen Brief (Geiler (1834) S. 21 Anm. 38) und L. Dacheux (Un réformateur catholique (1876) S. LXXIII A. 2); die Annahme dieses Jahres wird dadurch gestützt, daß für 1483 keine Predigten und für die längste Zeit des Jahres auch keine Briefe von Geiler überliefert sind. Vgl. auch O. Herding in: Das Leben Geilers (1510) S. 80 Anm. zu Z. 728, der das Jahr 1483 oder 1484 annimmt. D. Specklin gibt das Jahr 1486 (Collectanea (1587) Nr. 2160; wohl danach L. Pfleger: Geschichte des Reuerinnenklosters St. Magdalena (1937) S. 33), was weniger wahrscheinlich ist, da sich aus dem Frühjahr und Sommer dieses Jahres mehrere in Straßburg geschriebene Briefe Geilers erhalten haben.

[39] *Noch dem als ich der selben krug dry gesehen hab in Marsilien, so gond in ein yeglichen, als ichs überschlag, ongeverlich sechs, syben oder acht moß dißer moß hye* (J. Geiler: Postille (1522) T. 1 fol. 25 r).

den Maria Magdalena verehrte[40]; er suchte auch eine in bald 1000 m Höhe gelegene Grotte in der Chaîne de la Sainte-Baume auf, wo die Heilige der Legende
nach ihre Buße verbracht haben soll und die ebenfalls ein vielbesuchtes Wallfahrts-
ziel war[41]. Die besonderen Beziehungen des Predigers zum Magdalenenkloster in
Straßburg und ihrer Patronin, die sich in seinen häufigen Predigten über die bü-
ßende Frau niederschlugen, wurden schon berührt[42] und machen seinen Wunsch
verständlich, auch deren heilige Stätten zu besuchen. Er verband seine Andacht
aber auch mit intellektueller Neugier. Denn in jener Grotte notierte er sich ein,
wie es heißt, dort mehr als 100 Jahre zuvor von Petrarca an die Wand geschriebe-
nes Gedicht über die Büßerin[43]. Auch sonst kombinierte Geiler diese Wallfahrt
mit humanistischen Interessen – falls er sich nicht gerade ihretwegen auf den Weg
gemacht hatte. Auf der Rückreise besuchte er nämlich in Lyon nicht nur das Grab
des innig von ihm verehrten Jean Gerson, sondern er suchte und kopierte dort und
im Coelestinerkloster von Avignon (dem der Kanzler der Sorbonne seine Bibliothek vermacht hatte) *magnis impensis*, wie Wimpfeling schrieb[44], auch Manuskripte, die er für eine geplante Ausgabe der Schriften Gersons brauchte[45].

---

[40] *Aber hye dissit Auion* [Avignon], *uff dem weg, so man hyn in wil gon do Sancta Maria
Magdalena liphafftig begraben lyt, do thuot ein eßell ein tag also vil, als zehen ochßen im
Schwartzwald; des feldes halb, das do ist wie ein esch* (ebd. T. 3 fol. 44 r); *wenn man gen
sant Maria Magdalenen gat, da ich gesin bin, in den landen ist gewonheit, das man dir in
eim wirtzhauß wasser und wein auff den tisch setzt, und sol keins nit, das wasser sol nicht,
es wachsen frösch darin, der wein essigt und ist verbrant; wann man aber das wasser under den wein thuot, so nimpt es im das essichen und ist guot zetrincken* (ebd. fol. 67 r). Vgl.
B. Montagnes: La légende dominicaine de Marie-Madeleine à Saint-Maximin (1987).

[41] Vgl. unten Anm. 43.

[42] Vgl. oben S. 116.

[43] Vgl. J. Wimpfeling: Das Leben Geilers (1510) S. 79 f. Anm. zu Z. 728; ders. hat es
später kopieren lassen: *Carmen F. Petrarche ut dicitur affixum in specu, quo Maria Magdalena poenituit, per dominum Johannem Keysersbergium Argentoratos usque allatos* (ebd.
S. 32); *Carmina Francisci Petrarchae ad Mariam Magdalenam effusa, quae Keisersbergius
[...] in specu Marsiliana, ubi magnae illius Christi amatricis quiescit corpus, anno ab hinc
23 exscripsit* (Brief von dems. an M. Ringmann von 1506; gedruckt bei dems.: Briefwechsel Bd. 2, Nr. 221 S. 573 f., Zit. S. 574 und J. Geiler: Passio (1506) fol. [Dviii] r, dort das
Gedicht: *Dulcis amica dei lachrymis inflectere nostris* bis *Carmina corporeo de carcere
digna fuisit*; dass. auch bei W. Crecelius: Ein Brief von M. Ringmann (1885) S. 237 f.).

[44] J. Wimpfeling: Das Leben Geilers (1510) S. 80 Z. 729 f.

[45] *Ich bin zuo Leon* [Lyon] *gewesen, da ich zuo sant Maria Magdalena zoch, und gab
einem knaben ein pfening, er solt in uff den altar opffern. Da wißt er nit, was er damit
thuon solt, wann es ist nit da gewonlich, sunder man hat kertzlin feil. Da steckt einer ein
pfening in, wer da wil oder nit wil, und opffert es und nit gelt, man weiß von gelt opffer nit
zesagen* (J. Geiler: Brosamen (1517) T. 1 fol. 88 v); *Et licet post peregrinationem ad specum
divae Mariae Magdalenae sepulchro etiam Ioannis Gerson Lugduni* [Lyon] *devote visitato*
(ebd. S. 79 f. Z. 727-729).

8. Bekanntenkreis

Die bahnbrechende Gerson-Werkausgabe, die bis zur Ausgabe von Ellies du
Pin von 1706 die maßgebliche bleiben sollte und noch heute, auch nach der modernen Ausgabe von Glorieux[1], ihren Wert behält[2], setzte Geiler in Zusammenarbeit mit Peter Schott d. J. und Jakob Wimpfeling ins Werk, zwei Freunden, die
ihm in seinem Leben sehr nahe standen. Nachdem Schott in Paris von seinem
ehemaligen Tutor Johannes Müller[3] weitere Manuskripte hatte suchen lassen, gaben der Prediger und sein gelehriger Schüler auf der somit geschaffenen handschriftlichen Grundlage im Jahre 1488 eine dreibändige Gesamtausgabe der
Gersonschen Werke heraus[4]. Nach weiteren Handschriftenfunden wurde Wimpfeling durch den Prediger veranlaßt, im Jahre 1502 einen Ergänzungsband folgen
zu lassen[5].

Eine ganz besondere Vertrautheit[6] verband den Prediger, schon lange vor ihrem gemeinsamen Editionsprojekt, mit dem jungen Straßburger Patrizier Peter

---

[1] J. Gerson: Œuvres complètes. 10 Bde. Paris-Tournai 1960-1973.

[2] »Le texte toutefoi avait été établi de manière suffisamment approfondie et soignée
pour que l'édition de Geiler puisse aujourd'hui encore être consultée avec profit« (G. M.
Roccati: Geiler von Kaysersberg et la tradition imprimée des œuvres de Gerson (1985) S.
289); vgl. zur Ausgabe vor allem: H. Kraume: Die Gerson-Übersetzungen Geilers von
Kaysersberg (1980) S. 80-90.

[3] Gest. Rom 29. 8. 1491; Immatr. Univ. Erfurt 1463; Univ. Ferrara Doctor utr. iur. 1487;
Kanoniker an Alt St. Peter in Straßburg 1490. Vgl. zu ihm P. Schott: The Works Bd. 2, S.
742-744.

[4] J. Gerson: Opera. Bd. 1-3 Straßburg (Johann Prüss) 1488. In seiner Ausgabe von J.
Gerson: Sermo de passione (1509) wandte sich Jakob Otther mit folgenden Worten an
seine Leser: *Merito itaque Christi amatores, salutaris huius doctrine disseminatoribus
gratias agere debebunt, imprimis autem doctori Keysersbergio, quem non piguit propriis
suis impensis magnisque laboribus tractatus illos inquirere, inquisitos atque inventos ex-
cusioni mandare. Illis excusis et alios e Gallico in latinum traductos subiungere, nonnuslos
quoque per seipsum e latino in vernaculam linguam versos in vulgum emittere, cum itaque
omnia fere doctoris christianissimi opera hunc in modum publicum fortita sint, extabat
adhuc eiusdem de passione domini sermo aureus* (Titelblatt v = [ai] v, Datum: 31. 1. 1509);
vgl. auch J. Trithemius (oben S. 179 Anm. 3).

[5] J. Gerson: Opera. Bd. 4 Straßburg (Martin Flach d. J.) 1502; vgl. die Briefe von J.
Wimpfeling an die Leser der Werke Gersons vom 16. 9. 1501 und 1. 12. 1501; gedruckt bei
J. Wimpfeling: Briefwechsel Bd. 1, Nr. 117 S. 364-366 und Nr. 120 S. 373-376.

[6] *Hec fortasse lacius et aperte et ex sententia, quoniam te maioris facio quam quod
conquistis et commenticiis apud te utar* (Brief von P. Schott an Geiler vom 6. 3. 1481,
gedruckt in P. Schott: The Works Bd. 1, Nr. 18 S. 27; unten VII, 6 Nr. 6); *meipsum quidve
mihi expediat longe clarius nescere videaris quam ego* (Brief von dems. an dens. vom 22.
7. 1481, gedruckt ebd. Nr. 20 S. 29; unten VII, 6 Nr. 7; *Immensitas enim amoris in te mei*

Schott d. J.[7]. Geiler übte auf den 13 Jahre Jüngeren einen mächtigen Einfluß aus und war ihm wohl mehr Vater noch denn Freund[8]. Schon in seinem ersten Jahr in Straßburg lernte der Prediger, wie bereits gesagt, den zwanzigjährigen Studenten kennen, der für einige Zeit aus Bologna, wo er die beiden Rechte studierte, in seine Vaterstadt zurückgekehrt war[9]. Geiler war ein Freund der Familie, die ja maßgeblich dazu beigetragen hatte, ihn für Straßburg zu gewinnen. Der Vater des Hauses, der erfolgreiche Geschäftsmann und Politiker Peter Schott d. Ä., hatte seinem Sohn die denkbar beste Ausbildung ermöglicht und hoffte, sein neben vier Töchtern einziger männlicher Nachkomme werde eines Tages in seine Fußstapfen treten. Er hatte ihn, immer in Begleitung eines Tutors, zur besten Lateinschule im Elsaß geschickt, zu Ludwig Dringenberg nach Schlettstadt, sodann zum Studium der Artes auf die Sorbonne und schließlich zu dem der Jurisprudenz an die berühmte Fakultät von Bologna.

Voller Begeisterung für die Gedanken des Humanismus kehrte der begabte junge Mann von dort zurück und schloß alsbald Freundschaft mit dem neuen Stadtprediger, von dessen Wesen er ganz eingenommen war. Wieder in Italien, geriet Peter Schott in eine Lebenskrise, da er einerseits seinen Vater in dessen Erwartungen ihm gegenüber nicht enttäuschen wollte, andererseits aber – unter der Einwirkung Geilers stehend – in der Fortsetzung des juristischen Studiums und einem aufreibenden Leben in der Öffentlichkeit keinen Sinn mehr sah. Er wollte sich viel lieber zurückgezogen ganz den *studia humanitatis* und vor allem der Theologie hingeben. Schott, der sich zunächst aus diesem Konflikt nicht hatte lösen können, legte sein Schicksal, wie wir aus vielen seiner Briefen wissen, völ-

---

facit, ut et prudentem docere velim (Brief von dems. an dens. vom 19. 6. 1488, gedruckt ebd. Nr. 119 S. 139; unten VII, 6 Nr. 29).

[7] Geb. Straßburg 10. 7. 1458, gest. ebd. 12. 9. 1490, Grab in Jung St. Peter ebd.; ab 1465/66 Lateinschule in Schlettstadt (Tutor: Johannes Müller, der ihn auch nach Paris und Bologna begleitete); ab 1470/71 Studium der Artes in Paris; ab Sommersemester 1474 Studium in Bologna (Abschluß: am 7. 9. 1480: dr. utr. iur.), wo er auch Griechisch lernte, und in Ferrara (Wintersemester 1480/81); Kanonikat in Jung St. Peter in Straßburg 22. 4. 1482; Priesterweihe 21. 12. 1482; hörte im Straßburger Franziskanerkloster Vorlesungen Conrads von Bondorf. Vgl. zu ihm U. Israel: Peter Schott (1996), P. Schott: The Works Bd. 1 (1963) 'Biographical Notes on Peter Schott', S. xxii-xxxi, 'Chronology of Peter Schott's Life' ebd. Bd. 2 (1971) S. XVI f., S. 378-383 Nr. 57-59, Ch. Schmidt: Histoire littéraire Bd. 2 (1879) S. 2-35 und L. Dacheux: Un réformateur catholique (1876) S. 286-427 passim.

[8] *Non secus quam patri honorandus* (Brief von P. Schott d. J. an Geiler vom 3. 6. 1481, gedruckt ebd. Nr. 18 S. 26; unten VII, 6 Nr. 6); *maiori suo non secus ac patri charo salutem plurimam dicit* (Brief von dems. an dens. vom 7. 8. 1481, gedruckt ebd. Nr. 21 S. 30; vgl. VII, 6 Nr. 8); *dilectissime precoeptor, que tibi discipulus et filius depromit* (Brief von dems. an dens. vom Anfang des Jahres 1488, gedruckt ebd. Nr. 125 S. 144; vgl unten VII, 6 Nr. 27).

[9] Vgl. oben S. 93.

lig in die Hände seines älteren Freundes[10]. Der riet ihm, der Stimme seines Herzens zu folgen und das Leben zu wählen, das ihn näher zu Gott führe.

Von ihrem gegenseitigen Vertrauensverhältnis[11] zeugt, daß der Jüngere umgekehrt auch dem Älteren Ratschläge zu erteilen wagte. Zweieinhalb Wochen vor Beginn der Fastenzeit des Jahres 1480, in der Geiler, wie wir wissen, täglich zu predigen hatte, empfahl der 22jährige Schott dem 35jährigen Geiler, an die Gesundheit zu denken, sich nicht zu überarbeiten und zu sehr zu kasteien, sich vielmehr zu schonen, damit er Straßburg möglichst noch lange erhalten bleibe[12]: Man müsse die Arbeit beherrschen, sagte er, dürfe sich aber nicht von ihr beherrschen lassen. Geiler solle während der Quadragesima auch von den nun zusätzlich von Bischof und Papst erlaubten Speisen essen, was der Asket Geiler aber strikt ablehnte – im übrigen auch, weil er wußte, daß Albrecht das päpstliche Indult vor allem deshalb erwirkt hatte, weil er seine Kassen mit der für die Erlaubnis erhobenen Taxe zu sanieren hoffte[13].

Peter Schott schloß seine Studien in Italien zwar mit dem Doktor beider Rechte ab, kehrte aber zur Enttäuschung seines Vaters nur heim, um alsbald die Priesterweihe zu empfangen und Kanoniker am Straßburger Stift Jung St. Peter zu werden. Bis zu seinem frühen Tod mit 32 Jahren bemühte er sich vergeblich, noch einmal nach Paris zu gelangen, um Theologie zu studieren, was, wie er sagte, immer schon sein Wunsch gewesen sei[14]. In der Zwischenzeit unterstützte er Geiler, den er gewöhnlich sonntags aufzusuchen pflegte[15], tatkräftig bei dessen Reformbemühungen, wobei seine profunden juristischen Kenntnisse und weitreichenden Verbindungen ein manches Mal von großer Wichtigkeit wurden[16].

Während es, wie gezeigt, Peter Schott d. J. zu verdanken ist, daß der Prediger Straßburg nicht den Rücken kehrte[17], sorgte Geiler seinerseits dafür, daß sein

---

[10] Vgl. z. B.: *Teque oratum velim, ut sicut rei principium faustissimum, ut spero, dedisti, ita reliqui cursus mei, moderationem omnem et gubernationem in te sumere velis* (Brief von P. Schott an Geiler vom 20. 12. 1480, gedruckt in P. Schott: The Works Bd. 1, Nr. 13 S. 21; unten VII, 6 Nr. 3); *omnia enim te duce, te rectore agere constituam* (Brief von dems. an dens. vom 22. 7. 1481, gedruckt ebd. Nr. 20 S. 29; unten VII, 6 Nr. 7).

[11] Vgl. U. Israel: Peter Schott (1996) S. 247-252.

[12] *Corporis imbecillitatem abunde possis curare* (Brief von P. Schott an Geiler vom 30. 1. 1480, gedruckt in P. Schott: The Works Bd. 1, Nr. 14 S. 22 f.; unten VII, 6 Nr. 3).

[13] Zu den Erfolgen des Bischofs vgl. oben S. 72.

[14] Brief von P. Schott an Antonius Manlius Britonoriensis vom 6. 10. 1485, gedruckt in P. Schott: The Works Bd. 1, Nr. 73 S. 79 f.

[15] [...] *quo minus te, ut consuevi, diem dominicum reviserem* (ebd.).

[16] Vgl. bspw. die Bemühungen von 1482 bis 1485 um die Gestattung der Letztkommunion für zum Tode Verurteilte (vgl. unten S. 264) oder den Brief, den er für Geiler an den päpstlichen Nuntius Emerich Kemel schrieb (vgl. unten S. 197).

[17] Vgl. oben III, 5 c.

Freund nicht der Vergessenheit anheimfiel. Bald schon nach Schotts Tod wandte er sich an dessen Korrespondenzpartner und bat sie um Kopien von Briefen und Gedichten, die er herausgeben wollte[18]. Die Herausgabe der Sammlung, in der auch die Schriften des Kanonikers erschienen, besorgte dann am Ende aber nicht er, sondern der gemeinsame Freund Jakob Wimpfeling. Mit den 'Lucubraciunculae ornatissimae' setzte Wimpfeling nicht nur dem jungen Humanisten ein bleibendes Denkmal, sondern dokumentierte auch die enge Freundschaft, die zwischen Peter Schott und Johannes Geiler bestanden hatte[19].

Auch bei anderen Gelegenheiten erwies sich der Prediger als fruchtbarer Initiator von wichtigen editorischen Unternehmungen. Aus dem Widmungsbrief einer Thomas von Aquin-Ausgabe des Magisters und Straßburger Dominikanerlektors[20] Thomas Winkel aus dem Jahre 1500 erfahren wir, daß der Prediger zu dieser Edition den Anstoß gegeben hatte[21]. Und auch die im Jahre 1508 erstmals erschienene wichtige Straßburger Bischofsgeschichte und die 1510 erschienene Schrift 'Contra turpem libelleum Philomusi' aus der Feder von Jakob Wimpfeling sind auf Drängen Geilers zustande gekommen, wie der Autor schrieb[22]. Nicht nur diese beiden und weitere Gelehrte, die sich durch ihn anregen ließen[23], sahen im Straßburger Münsterprediger ihren Lehrer – auch viele seiner anderen Freunde

---

[18] Vgl. den Brief an Johannes Reuchlin vom 31. 1. 1494: *Colligere enim undecunque nitor et multas iam collegi ac in unum volumen redigere statui imprimendum*; vgl. auch den Brief Geiler an J. Wimpfeling vom 24. 12. 1497, in dem er über den Fortgang des Unternehmens berichtet (unten VII, 6 Nr. 48).

[19] Das Manuskript war wohl schon 1494 druckreif und sollte in Basel bei Johann Amerbach erscheinen, wo aber keine Ausgabe zustande kam (vgl. P. Schott: The Works Bd. 2, S. 372 f. Nr. 29); gedruckt wurde es schließlich 1498 in Straßburg bei Martin Schott (aktiv 1481-1499), einem Vetter Peter Schotts d. J.; es finden sich in dieser Sammlung neben Briefen, die von Schotts 19. Lebens- bis zu seinem Todesjahr reichen, und einigen wenigen Schreiben an ihn auch lateinische Poesie, Reden, eine kleine Abhandlung moraltheologischen und eine prosodischen Inhalts sowie einige Gutachten zum Kirchen- und Zivilrecht.

[20] Seit 1500 Dominikanerlektor (Ch. Schmidt: Notice sur le couvent et l'église des Dominicains de Strasbourg (1876) S. 64).

[21] Thomas von Aquin: Questiones disputate (1500); Winkel nannte seine Thomas-Ausgabe *hic noster communis opus* (unten VII, 3 d Nr. 16).

[22] Zum 'Cathalogus Episcoporum' vgl. unten S. 171; zu der Schrift 'Contra turpem libellum Philomusi' vgl. O. Herding/D. Mertens in: J. Wimpfeling: Briefwechsel Bd. 2, S. 660 f. Anm. 7.

[23] Wir erfahren von weiteren Anregungen, die allerdings nicht umgesetzt worden zu sein scheinen: Zusammen mit Peter Schott d. J. hatte sich Geiler im Jahre 1490 bemüht, Adolph Occo zur Abfassung einer deutschen Geschichte zu bewegen (Brief von P. Schott an Ad. Occo vom 10. 7. 1490; gedruckt bei P. Schott: The Works Bd. 1, Nr. 148 S. 161 f.; vgl. ebd. Bd. 2 S. 564 Nr. 1092); Geiler regte auch Thomas Wolf d. J. zur Abfassung einer Chronik an (vgl. O. Herding in: J. Wimpfeling: Briefwechsel Bd. 1, S. 390 Anm. 13).

nannten ihn in ihren Briefen in Erinnerung an ihre Studienzeit *praeceptor meus*[24].

Durch seine Ausbildung und Kenntnisse war Geiler ja tatsächlich Lehrer, hatte er doch 34 Semester lang an zwei Universitäten gelernt und als Magister Artium und Professor der Theologie gelehrt; darüber hinaus war er aber in gewissem Sinne auch der Lehrmeister seiner Stadt.

Neben seiner 'pädagogischen Arbeit' von der Kanzel, kümmerte sich Geiler auch ganz persönlich um die Ausbildung von jungen Männern, die *famuli*, *familiares* oder *diener* genannt werden, bei ihm wohnen durften und ihm dafür als Sekretär assistierten oder anderweitig zur Hand gingen[25]. Von einer Reihe von Personen nimmt man an, daß sie einige Zeit bei Geiler in einer solchen Position tätig waren[26]: Dies waren Eucharius Henner (Gallinarius), der seinen Lehrer, wie er sagte, auf vier verschiedenen Reisen begleitet hatte[27]; Gangolf von Steinmetz, der zuvor Famulus bei Peter Schott d. J. gewesen war und dem Geilers Biograph, Beatus Rhenanus, später wichtige Informationen verdankte[28]; Dietrich Gresemund d. J., der als der erste Griechischlehrer der Stadt gilt[29]; Ottmar Nachtigall (Luscinius), der als Humanist, Theologe und Musiker bekannt wurde[30]; Jakob Otther,

---

Erfolg hatte er 1488 damit, Schott zu dem Traktat 'De Christiana vita salubriter instituenda' anzuregen (P. Schott: The Works Bd. 1 Nr. 110 S. 121).

[24] Vgl. den Brief von Friedrich von Zollern an Geiler vom 23. 5. 1487 (vgl. unten VII, 6 Nr. 24); Brief von Martin Prenninger an Geiler vom 27. 12. 1492 (ebd. Nr. 44); Dedikationsepistel von S. Brant an Geiler vom 15. 7. 1496 (vgl. die Transkription unten VII, 3 d Nr. 14); Brief von J. Wimpfeling an Geiler vom 10. 4. 1499; Dedikationsepistel von J. Winkel an Geiler vom 7. 3. 1500 (vgl. die Transkription unten VII, 3 d Nr. 16); eine weitere Anrede, häufig von jüngeren Freunden, die sich ihm besonders zugeneigt fühlten: *pater meus*: vgl. Brief von P. Schott d. J. an Geiler vom 6. 3. 1481 (unten VII, 6 Nr. 6); Brief von Bohuslaw von Hassenstein an Geiler von 1491 (ebd. Nr. 41); Brief von J. Rot an Geiler vom 13. 6. 1493 (ebd. Nr. 45).

[25] *Famulus te expectabit* (Brief von P. Schott an Geiler vom 20. 10. 1488; gedr. bei P. Schott: The Works Bd. 1, Nr. 124 S. 143; unten VII, 6 Nr. 30); zudem wird *dominus Christianus* genannt, der zur Weinlese weg sei; von einem *diener* ist in einem Brief von Geiler an Florenz Rummler vom Januar 1501 die Rede (unten VII, 3 d Nr. 17).

[26] Vgl. M. A./M. L. Cowie in: P. Schott: The Works Bd. 2, S. 443 Nr. 279.

[27] Vgl. oben S. 126 Anm. 22.

[28] Vgl. oben S. 182.

[29] Geb. 1477, gest. 1512; Student in Mainz 1493, Padua 1495, Bologna 1497, Heidelberg 1499. Vgl. zu ihm Heinrich Grimm in: NDB Bd. 7 (1966) S. 48 f.

[30] Geb. um 1478, gest. 1537; Organist an St. Thomas 1517. *Ich hab inn meyner kinthayt von doctor Kaysersberger in seinen predigen zuo Straßburg gethon und sonst in seynem hauß ains tayls also vil haylsamer leer empfangen, die mir dar zuo geholffen, das man mich zeycht ich sey kayn weltmensch. Got verleyhe mir, das dise nachred war sey. Dardurch ich hab befunden, wie wol es thuot, so man ain kind am ersten, wie Hieremias der prophet spricht, in die forcht gotes und under seyn ioch understet zuo bringen* (O. Nachti-

der spätere Herausgeber Geilerscher Werke[31]; seine beiden Neffen Conrad[32] und Peter Wickgram[33]; Christoph von Haus (Domo), der später als Kanoniker in Speyer auftauchte[34] und schließlich auch Clauß Schott, ein Vetter von Peter Schott d. J., der Getreidehändler wurde[35]. Auch den jungen Thomas Wolf d. J.[36] förderte der Prediger, doch kann man nicht sagen, er sei sein *famulus* gewesen[37].

Einige von Geilers Schülern traten auch als Herausgeber oder Übersetzer seiner Schriften hervor. Manche Werke sind ohne Editorangabe erschienen; für viele kennt man aber die zeitgenössischen Herausgeber, die teilweise gleichzeitig Übersetzer waren. Zu nennen sind Jakob Biethen[38], Johann Adelphus Muling[39], Jakob

---

gall (Luscinius): Die gantz evangelisch histori (1525) fol. c3 r-v). Vgl. zu Nachtigall K. W. Niemöller: Othmar Luscinius, Musiker und Humanist (1958) S. 42 Anm. 10.

[31] Geb. um 1485 in Lauterburg (Unterelsaß), gest. 1547 Esslingen; Immatr. Heidelberg 1505; *familiaris* von 1507 bis 1510; doch scheint er nicht bei Geiler gewohnt zu haben: *familiaris fuit* [sc. Otther] *doctoris Keiserspergii ad finem usque vite ipsius doctoris; modo autem Cartusianam domum inhabitat, homo et litteris et probitati accomodatus* (Brief von Johannes Brisgoicus an Johannes Amerbach vom 24. 10. 1511; gedruckt bei Amerbach-korrespondenz Bd. 1, Nr. 458 S. 427; vgl. J. Wimpfeling: Briefwechsel Bd. 2, S. 640 Anm. 4). Vgl. zu ihm G. Bauer in J. Geiler: Sämtliche Werke Bd. 3 (1995) S. X.

[32] Geb. Türkheim, gest. Straßburg 29. 8. 1535, Grablege: Pfarrkirche St. Barbara Türkheim; Immatr. Freiburg i. Br. als mag. art. Paris. 1494, Dekan phil. fac. 1503, lic. theol 1511; Weihbischof von Straßburg seit 1512; vgl. den Brief von J. Wimpfeling an C. Wickgram vom 1. 10. 1516; gedruckt bei J. Wimpfeling: Briefwechsel Bd. 2, Nr. 329 S. 813-816. Vgl. zu Conrad Wickgram ebd. S. 813 Anm. 1.

[33] Geb. Türkheim, gest. 14. 5. 1542; Immatr. Freiburg i. Br. 1501, lic. theol. 1511; als Prediger im Münster Nachfolger seines Onkels 1511-1523; ab 1521 predigte er im neugläubigen Sinn, worauf er vom Domkapitel von seinem Amt enthoben wurde; daraufhin Rückbesinnung und Reformationsgegner; gest. als Kanoniker und Camerarius des Straßburger Stifts St. Thomas. Vgl. zu ihm L. Pfleger: Peter Wickgram (1921).

[34] Vgl. M. A./M. L. Cowie in: P. Schott: The Works Bd. 2, S. 443 Nr. 279.

[35] 1500 als Vertreter der Kornleutezunft im Rat. Von P. Schott d. J. 'Nikolaus' oder 'Vetterclaus' genannt (vgl. Briefe von P. Schott an Geiler vom 22. 7. 1481, vom 7. 8. 1481 und vom 19. 6. 1488; unten VII, 6 Nrr. 7, 8 und 29); einmal sorgte er auf Geilers Anweisung dafür, daß der Ofen im Haus getrocknet und mit Mennige ausgestrichen wurde (Brief von P. Schott an Geiler vom 25. 8. 1489; unten VII, 6 Nr. 34).

[36] Geb. 1475 gest. 1509; Immatr. Univ. Erfurt 1488; Immatr. Univ. Bologna 1492, dr. iur. can. 1501; 1482 Kanoniker an St. Thomas in Straßburg, 1487 an Jung St. Peter, vor 1503 Dekan von Alt St. Peter (weitere Pfründen). Vgl. zu ihm Fr. Rapp: Réformes (1974) S. 299 Anm. 97.

[37] *Thomam Volphium iuniorem* [...] *muneribus est saepiuscule prosequutus* (B. Rhenanus: Das Leben Geilers (1510) S. 94 Z. 135).

[38] Geb. Reichenweiher (Riquewihr); Herausgeber und Übersetzer von: Sermones praestantissimi (1514).

[39] Geb. Straßburg um 1480/85, gest. zw. 1523 und 1555; zw. 1505 und 1514 in Straß-

Otther[40], Johannes Pauli[41], Matthias Ringmann (Philesius)[42], Peter Schott d. J.[43], Heinrich Weßmer[44], Peter Wickgram[45], Jakob Wimpfeling[46] und Thomas Wolf d. J.[47]. Geiler schrieb zunächst lateinische Konzepte, hielt seine Predigten allerdings auf deutsch, was gelegentlich von seinen Hörern mitgeschrieben oder anschließend aus dem Gedächtnis notiert wurde[48]. Er selbst fertigte zumeist im Anschluß an seine Reden eine lateinische Nachschrift an[49]. Die Ausgaben kamen später im allgemeinen zuerst für das gelehrte Lesepublikum lateinisch heraus und wurden erst danach ins Deutsche übersetzt.

Geiler war zwar Pädagoge und bildete zeitweise den Mittelpunkt eines Kreises von Humanisten, die vor allem seinetwegen in die Stadt gekommen waren[50], doch

---

burg nachweisbar als Arzt, Korrektor, Editor, Übersetzer und Autor; Herausgeber und Übersetzer von: Passion in Lebkuchenform (1514) und Pater-Noster-Auslegung (1515). Vgl. zu ihm François-Joseph Fuchs in: NDBA Bd. 27 (1996) S. 2734.

[40] Herausgeber von: Fragmenta passionis (1508), Oratio dominica (1509), Navicula fatuorum (1510, auch Übersetzer), Seelenparadies (1510), Navicula poenitentie (1511, auch Übersetzer), Christliche Pilgerschaft (1512) und Peregrinus (1513). Vgl. zu ihm oben Anm. 31.

[41] Herausgeber von: Evangelienbuch (1515), Ameise (1516), Brosamen (1517), Sünden des Munds (1518) und Narrenschiff (1520, auch Übersetzer). Vgl. zu ihm unten S. 172 Anm. 16, L. Pfleger: Der Franziskaner Johannes Pauli und seine Ausgaben Geilerscher Predigten (1928), K. Fischer: Das Verhältnis zweier lateinischer Texte Geilers zu ihren deutschen Bearbeitungen (1908) und G. Bauer: Geiler ein Problemfall (1994) S. 570-575.

[42] Geb. Reichsfeld (Elsaß) 1482, gest. St. Dié (Lothringen) August (?) 1511; Studium Univ. Heidelberg, Schüler Wimpfelings; Univ. Paris; Korrektor bei dem Drucker Prüss in Straßburg um 1500 mit Unterbrechungen bis 1507; Herausgeber von: Passion (1506) und Passio (1506, auch Übersetzer). Vgl. zu ihm Wilhelm Kühlmann in : Literaturlexikon hrsg. v. Walther Killy Bd. 5 (1991) S. 476 f.

[43] Übersetzer der Geiler zugeschr. Imitiaciuncule morales (vgl. unten VII, 4 c Nr. 14).

[44] Herausgeber von: Postille (1522).

[45] Herausgeber von: Sermones et tractatus (1518). Vgl. zu ihm oben Anm. 33.

[46] Übersetzer von: Heilsame Predigt (1513); vgl. auch den Brief Wimpfelings an Peter Attendorn vom 15. 10. 1489 (gedruckt bei J. Wimpfeling: Briefwechsel Bd. 1, Nr. 18 S. 154-157) und den Widmungsbrief von Wimpfeling an Frau Anna von Endingen vom 22. 12. 1512 (ebd. Bd. 2. S. 724 f.).

[47] Herausgeber von: Episola elegantissima (1505). Vgl. zu ihm oben Anm. 36.

[48] *Er wolt nitt, das syne predige bey synem lebtag getruckt wurden, jedoch wurden deren vil getruckt. Er prediget nymer, er hett dan die selbig vormals geschriben, doch mitt gemeinnem latin, als dan bey allen theologi gewon ist* (M. Berler: Chronik (1510-20) S. 114).

[49] Vgl. oben S. 122; vgl. auch die Ankündigung an seine Hörer im Straßburger Münster, keine neuen Predigtthemen mehr auszuarbeiten, sondern alte wieder vorzunehmen (unten Anm. 114).

[50] Vgl. oben S. 5.

ist er selbst nicht im eigentlichen Sinne Humanist zu nennen; das heißt er beschäftigte sich weniger mit klassischer Poesie und Rhetorik, mit griechischer Sprache und Geschichte, kurz den *studia humanitatis*, suchte seine Vorbilder also nicht
in erster Linie in der klassischen Antike, sondern zuallererst im lateinischen Mittelalter[51]. Gleichwohl bezog seine Belesenheit auch antike Autoren ein[52].

Neben seiner Muttersprache und Latein beherrschte er das Französische, was
viele für seine Predigten und die Gerson-Ausgabe angefertigte Übersetzungen
bezeugen[53]. Doch konnte er offenbar noch während seiner Frankreichreise nicht
Französisch sprechen, da er sich eines Dolmetschers bedienen mußte[54]. Griechisch
konnte er wohl nur wenig[55], Hebräisch offenbar gar nicht[56]. Geiler, der selbst eine
bemerkenswerte Bibliothek besaß[57], beklagte öfter den Zustand der Dombibliothek
und verlangte ihren Ausbau[58]. Die Qualität der in Straßburg gebrauchten liturgischen Bücher lag ihm besonders am Herzen[59]: Er beauftragte seinen Freund Wimp-

---

[51] Nach Paul Oskar Kristeller definiert E. Meuthen: »In Übereinstimmung mit dem
Selbstverständnis des 15. und 16. Jahrhunderts ist demnach ein Humanist, wer den studia
humanitatis obliegt, den fünf Wissenschaften der Grammatik, der Rhetorik, der Poetik, der
Geschichte und der Moralphilosophie« (Charakter und Tendenzen des deutschen Humanismus (1983) S. 217); 'Christlicher Humanismus' ist: »die Gestaltung chrislichen Lebens
aus einer von der antik-christlichen Literatur gebotenen Vorbildlichkeit heraus« (ebd. S.
220); vgl. aber das Inhaltsverzeichnis von J. Wimpfeling zu seiner Vita: *Quod litteras quoque
humaniores et historias revolverit nullumque nostrae aetatis despexerit* (Das Leben Geilers
(1510) S. 55 Z. 81 f.).

[52] Vgl. v. a. zu den nichtchristlichen Autoren ebd. S. 69 Z. 464-469.

[53] Vgl. O. Herding in: ebd. S. 19 Anm. 36; Französischkenntnisse nimmt auch G. Bauer
an (J. Geiler: Sämtliche Werke Bd. 1, S. XXXVIII); L. Dacheux dagegen nicht (Un
réformateur (1876) S. 517 und S. 568).

[54] L. Dacheux: Un réformateur (1876) S. 517, ohne Quellenangabe.

[55] P. Schott d. J. schrieb am 6. 10. 1485 an Manlius Britonoriensis, er, Schott, sei der
einzige in Straßburg, der Griechisch könne (Works Bd. 1, S. 80 Nr. 73); einzelne Worte
muß Geiler allerdings beherrscht haben: vgl. sein Testament *agant secundum bonam
epikrisin* (T. W. Röhrich: Testament Geilers (1848) S. 585); *Darumb heisset er* [sc. der
Mensch] *in kriechen sproch antropos, das ist ein umkerter baum* (J. Geiler: Menschenbaum (1521) fol. 20 r-v, gepredigt 1495/96).

[56] Vgl. Ch. Schmidt: Histoire littéraire Bd. 1 (1879) S. 379.

[57] Vgl. oben S. 119.

[58] Vgl. Ch. Schmidt: Livres et bibliothèques à Strasbourg au moyen-age (1876) S. 440;
vgl. den Brief von Johannes Rot an Geiler vom 13. 6. 1493 (unten VII, 6 Nr. 45); Geiler
scheint selbst einen Bestandskatalog gehabt zu haben (Brief von J. Rot an Johannes
Amerbach in Basel, Straßburg 30. 5. 1492: *Opera beati Ambrosii, que inter libros dominorum
ecclesie Argentinensis habentur, dominus doctor Keisersperg assignabit, quorum etiam
registrum ipse habet*; Amerbachkorrespondenz Bd. 1, Nr. 20 S. 27); vgl. unten S. 175
Anm. 42.

[59] [...] *quod Ioannes Keiserßbergius absque stomacho legere non potuit, quippe quod*

feling, Vorschläge für die Korrektur der im Laufe der Zeit durch das vielfache Kopieren verunstalteten liturgischen Bücher zu machen.

Der Prediger hatte den fünf Jahre jüngeren Jakob Wimpfeling[60] schon Mitte der 1460er Jahre an der Freiburger Universität in den Freien Künsten unterrichtet[61]. Mit dem späteren *spiritus rector* des oberrheinischen Humanismus verband ihn zeitlebens eine enge Freundschaft; kaum ein anderer beeinflußte Wimpfelings Denken so wie der Prediger[62]. Im Jahre 1499 sehen wir Geiler seinen Freund in dessen Kontroverse mit Daniel Zanckenried unterstützen, die sich an der Frage entfacht hatte, ob Christus am Kreuz ein Lendentuch getragen habe oder nicht[63]; zwei Jahre später ließ sich der Humanist dem Prediger zuliebe in Straßburg nieder und unterstützte ihn bei der Gerson-Ausgabe und der Reform des städtischen Bildungswesens[64]. Etwa zur gleichen Zeit waren die beiden übereingekommen,

---

multa in eodem illepida et inconcinna videbantur [...]. Discutiamus cum venia ex ordine universa, ut praeceptori nostro Ioanni Keißersbergio in hac re sollicito atque roganti, morem geramus (J. Wimpfeling über das Officium de Visitatione Marie in: ders.: Castigationes locorum in canticis ecclesiasticis et diuinis officijs deprauatorum (1513) fol. b v); vgl. den Widmungsbrief Wimpfelings an Friedrich von Bayern vom 12. 12. 1500 (gedruckt bei dems.: Briefwechsel Bd. 1, Nr. 111 S. 341-343); Franciscus Wyler vertonte u. a. auf Bitten Geilers ein Officium (ebd. Bd. 2 S. 283); vgl. R. Donner: Jakob Wimpfelings Bemühungen um die Verbesserung der liturgischen Texte (1976).

[60] Geb. 25. 7. 1450 in Schlettstadt, gest. 15. 11. 1528; vor 1463 Besuch der Lateinschule in Schlettstadt unter Ludwig Dringenberg; Immatr. Freiburg i. Br. 31. 10. 1464; Univ. Erfurt 1469; Immatr. Heidelberg 2. 12. 1469, mag. art. 1471, theol. bacc. 1479, Rektor der Univ. 1481/82; Vicarius und zeitw. Prediger (1484-1487) am Speyerer Dom 1484-1498; in Straßburg Februar 1489; lic. theol. in Heidelberg 1496; in Straßburg 1. 7. 1497; in Heidelberg 1498-1501; überreichte dem Straßburger Rat seine 'Germania' Oktober 1501; in Straßburg März, 24. 9. 1503 und 1505-1508; in Freiburg i. Br. 1508/1509; in Straßburg Dezember 1509; in Heidelberg 13. 2.-15. 6. 1510 (vgl. die Zeittafel in: J. Wimpfeling: Briefwechsel Bd. 101-113). Vgl. zu ihm J. Knepper: Jakob Wimpfeling (1902) und D. Mertens in: Humanismus im deutschen Südwesten. Biographische Profile (1993) S. 35-57.

[61] Vgl. oben S. 52.

[62] Vgl. ihre Korrespondenz, die sich für die Jahre von 1497 bis 1503 erhalten hat (vgl. das Brieverzeichnis VII, 6); »Für Wimpfeling ist der große, ins *gesamte* öffentliche Leben hineinwirkende Weltgeistliche und Prediger (im Gegensatz zum Mönch), eine besonders dem Spätmittelalter eigene Erscheinung also, zum Leitbild geworden nicht allein für die Ordnung kirchlicher, sondern auch weltlicher Dinge. [...] Geiler von Kaisersberg war – neben der reichsstädtischen Verfassung und dem reichsstädtischen Lebensstil – sein großes Bildungserlebnis« (O. Herding: Wimpfeling und seine Erziehungsschrift „Adolescentia" (1963) S. 5); vgl. auch J. Knepper: Jakob Wimpfeling (1902) S. 11.

[63] Brief von Geiler an Wimpfeling von 1499 (unten VII, 6 Nr. 52); vgl. auch den Brief Wimpfelings an Geiler vom 10. 4. 1499 (vgl. ebd. Nr. 48) und Wimpfelings Brief an Zanckenried vom 7. 7. 1499 (J. Wimpfeling: Briefwechsel Bd. 1, Nr. 96 S. 320-323).

[64] Vgl. unten S. 270.

ihr Heil in einem gemeinsamen Einsiedlerleben zu suchen, wozu es aber nicht kam[65].

Eine interessante Einschätzung vom Verhältnis des Predigers zum Römischen Recht und auch zu den Straßburgern erfahren wir aus einem Brief, den Jakob Wimpfeling im Jahre 1502 im Namen Geilers an Thomas Murner[66] schrieb. Geiler war unversehens in die zwischen Wimpfeling und Murner ausgetragene Kontroverse geraten[67], bei der es unter anderem um die historische Zugehörigkeit des Elsaß zu Deutschland oder zu Frankreich ging[68]. Wimpfeling hatte im Jahre 1501 seine Position zu dieser Frage (daß nämlich das Elsaß schon immer zu Deutschland gehört habe) und seine im Verbund mit Geiler vertretenen pädagogischen Prinzipien mit der Schrift 'Germania' der gelehrten Öffentlichkeit, insbesondere dem Straßburger Rat, vorgelegt[69], worauf Murner im Jahr darauf mit einer 'Germania nova' geantwortet hatte[70], die Wimpfeling seinerseits noch im gleichen Jahr mit der 'Defensio Germaniae' quittierte[71].

Geiler hatte nun wohl im Sommer des Jahres 1502 überraschend eine Invektive von dem ihm persönlich offenbar gänzlich unbekannten Thomas Murner erhalten. Der Straßburger Franziskanerkonventuale schrieb, er fühle sich durch eine Predigt Geilers angegriffen. Der Prediger habe sein, Murners, Unternehmen, die Institutionen Justinians einem größeren Publikum bekannt zu machen, von der Kanzel herab verunglimpft. Wimpfeling antwortete für seinen während der Fastenzeit besonders beanspruchten Lehrer, der sich vielleicht auch zu schade dafür war, in die Kontroverse mit dem jungen Franziskaner einzusteigen, in einem Brief, den er kurz darauf auch seiner 'Defensio' beigab und damit öffentlich machte[72].

---

[65] Vgl. unten S. 150.

[66] Geb. Oberehenheim (Obernai) um 1469 oder 1475, gest. 1537; mit 15 Jahren in den Straßburger Franziskanerorden (Konventualen) eingetreten; seit 1498 Pariser mag. art., seit 1500 oder 1501 sacrae theol. bacc. Cracoviensis. Vgl. zu ihm Francis Rapp in: NDBA Bd. 27 (1996) S. 2781-2785.

[67] *Tu* [sicil. Murner] *Keiserspergium, tu Wimpfeingium extinguere moliris* (Brief von Wimpfeling an Murner vom 1. 9. 1502; gedruckt bei J. Wimpfeling: Briefwechsel Bd. 1, Nr. 128 S. 393); *Conaris mentire me* [sc. Murner] *Keysersbergium vitiasse, quod tanto a veritate alienum scio, quantum cetero quoque mentitus* (Brief von Murner an Wimpfeling von kurz nach dem 1. 9. 1502; gedruckt ebd. Nr. 129 S. 396).

[68] Th. v. Liebenau: Thomas Murner (1913) S. 22-33; vgl. oben S. 2.

[69] J. Wimpfeling: Germania ad rempvblicam argentinensem (1501); vgl. den Widmungsbrief von Wimpfeling an den Straßburger Rat vom 14. 10. 1501 (ders.: Briefwechsel Bd. 1, Nr. 118 a S. 366-369); vgl. E. v. Borries: Wimpfeling und Murner (1926).

[70] Th. Murner: Ad rempublicam argentinam Germania noua (1502).

[71] J. Wimpfeling: Defensio Germaniae Jacobi Wympfelingii quam frater Thomas Murner impugnauit (1502).

[72] Brief an Thomas Murner. Geschrieben von Jakob Wimpfeling im Auftrag Geilers

Wimpfeling schrieb, Murners Vorwürfe seien völlig unhaltbar. Geiler kenne nämlich weder ihn noch seine Unternehmungen[73]. Er verstehe nicht, wie Murner darauf komme, Geiler könne etwas gegen die Popularisierung des Römischen Rechts haben, ein Mann, der beinahe in jeder Predigt dazu aufrufe, sowohl die göttlichen wie eben auch die kaiserlichen Gesetze einzuhalten, und sich, beispielsweise was das Testierrecht angehe, ausdrücklich auf diese Rechtsnormen berufen habe[74]. Vollends unverständlich sei ihm der Vorwurf, der Prediger sei schlecht auf die Straßburger zu sprechen. Durch eine Auflistung von Namen von Straßburgern, die von niemandem mehr geliebt würden als von Geiler, suchte Wimpfeling den Franziskaner zu entkräften[75]. Zudem sei er, Murner, nicht in Straßburg geboren, sondern in Oberehenheim, bräuchte sich also, selbst wenn denn sein Vorwurf zuträfe, überhaupt nicht angesprochen zu fühlen. Wimpfeling rechtfertigte darauf die gemeinsam mit Geiler unternommenen schulischen Bestrebungen und wies darauf hin, daß es einem Mann wie Murner nicht anstehe, eine Persönlichkeit wie Geiler anzugreifen.

Dieser Persönlichkeit widmete Wimpfeling im Jahre 1510 die längste von einem Zeitgenossen stammende Biographie. Der Humanist verfaßte auch ein längeres Gedicht auf den Verstorbenen[76] und regte eine Vielzahl weiterer Totengedichte an, die er herausgab[77]; er hoffte aber vergeblich, daß man das seine für den Gedenkstein im Münster auswählen würde[78]. Drei Jahre nach Geilers Tod übersetzte Wimpfeling schließlich die Synodalrede, die sein verstorbener Freund drei Jahrzehnte zuvor in Straßburg gehalten hatte[79].

---

vom 26. 7. 1502 (unten VII, 6 Nr. 63; gedruckt bei J. Wimpfeling: Defensio Germaniae (1502) fol. [biii] r-v).

[73] *Qui* [sicl. Geiler] *neque vitam, neque personam, neque doctrinam, sed neque nomen tuum plane cognovisse sese testabatur, nec in animum suum unquam descendisse de te loqui aut in te invehere hominem sibi incognitum* (J. Wimpfeling: Briefwechsel Bd. 1, Nr. 124 S. 385); vgl. auch die Überschrift, die ders. einer Abschrift des Briefes von Murner an Geiler gab: [...] *neque eius personam, neque nomen, neque statum unquam cognovisset* (Th. Murner: Ulenspiegel (hrsg. v. J. M. Lappenberg) S. 421; unten VII, 6 Nr. 62).

[74] *Ille, inquam, qui omni fere contione persuadere nititur ad omnem legem, in primis divinam, deinde ad sanctissimas caesareas (que ex nature fonte procedunt) observandas, utpote in ultimis voluntatibus et testamentis non violandis contra que plebiscitum hic emersit neminem ultra quinque solidos denariorum in egritudinis lecto legare posse* (J. Wimpfeling: Briefwechsel Bd. 1, Nr. 124 S. 385); vgl. unten IV, 2 b.

[75] Hans Simmler, Johannes Rot, Peter Schott d. J., Sebastian Brant, Johannes Schott (Straßburger Drucker), Johannes Lyse (dr.; Augustinereremit; Lektor in Straßburg 1499), Thomas Lamparter.

[76] Vgl. unten VII, 8 Nr. 33.

[77] Vgl. unten S. 164.

[78] Vgl. ebd.

[79] Heilsame Predigt. Straßburg (Johannes Grüninger) 1513.

Wie Wimpfeling lernte Geiler wohl auch Friedrich von Zollern[80] an der Freiburger Universität kennen. Er zählt ohne Zweifel zu den ältesten und auch engsten Freunden des Predigers; ihm verdanken wir das wohl einzige authentische Bildnis des Predigers[81]. Als der 23jährige Geiler im Jahre 1468 in Freiburg als Magister in den Artes liberales unterrichtete, war der sechs Jahre jüngere hochadlige Student schon Kanoniker am Straßburger Münster[82]. Nachdem Geiler an der Universität Basel in Theologie promoviert worden war und Friedrich sein Studium in Erfurt fortgesetzt hatte, trafen sie an ihrer alten Universität wieder zusammen. Der Ältere wurde der Theologieprofessor des Jüngeren[83], und nacheinander bekleideten sie das Rektorat[84]. Bereits aus den folgenden Jahren haben sich sehr persönliche Lebenslehren Geilers für Friedrich erhalten, der damals den Gedanken hegte, sich bald zum Priester weihen zu lassen (was dann allerdings noch einige Jahre dauern sollte)[85]. Geiler ermahnte seinen Freund, zuallererst Christ, dann Graf zu sein, sich vor Frauen, aber ebenso auch vor bartlosen Männern zu hüten. Er solle vor allem daran denken, daß er nicht zugleich der Welt und Gott dienen könne[86].

Bald trafen sie wieder zusammen, und zwar in Straßburg, wo Geiler als Münsterprediger gemeinsam mit Friedrich als Domdekan das Kapitel und darüber hinaus manchen 'Mißstand' zu reformieren suchte[87]. Unterstützung erhielten sie wäh-

---

[80] Geb. 1451, gest. Dillingen 8. 3. 1505; Kanonikat im Straßburger Münster (Wende 1467/68-1491) weitere Pfründen (Kanonikat im Dom von Konstanz, Pfarreien Offenburg/ Baden und Rußbach/Oberösterreich); Immatr. Freiburg i. Br. 20. 5. 1468; ab WS 1469 in Erfurt; später wieder in Freiburg; Dekan des Straßburger Domkapitels, gewählt 25. 6. 1483; 21. 3. 1486 zum Bischof von Augsburg gewählt, 17. 9. 1486 in Dillingen konsekriert.

[81] Vgl. unten S. 168.

[82] Zu den Beziehungen zwischen Geiler und Friedrich vgl. K. Stenzel: Geiler und Friedrich von Zollern (1927), A. Steichele: Friedrich Graf von Zollern und Johannes Geiler von Kaisersberg (1856) und Fr. Zoepfl: Das Bistum Augsburg im Mittelalter (1955) S. 524-535; vgl. auch Friedrich v. Zollern: „Tagebuch" (das Tagebuch auch bei A. Steichele: Beiträge zur Geschichte des Bistums Augsburg (1850) S. 113-144).

[83] *Friderico [...] cuius in re divina praeceptor erat* [sc. Geiler] (J. Wimpfeling in: Das Leben Geilers (1510) S. 57 Z. 163 f.).

[84] Geiler: WS 1476/77, Friedrich: SS 1477.

[85] Friedrich las seine erste Messe am 2. 2. 1485 (vgl. P. Schott: The Works Bd. 1, Nr. 252 S. 286 f.).

[86] *Volo igitur ut te cristianum primum, postea autem comitem consideris [...]. Consorcia iuvenum et maxime illorum, qui imberbes sunt, devita, quanto convenientius poteris; quos autem aput te habere cogeris, retine in freno. [...] Paucis sis familiaris, tamen omnibus communis. [...] Fuge omnem quarumcunque feminarum confabulationem. [...] Non poteris servire mundo et domino* (Brief Geilers an Friedrich von 1478; gedruckt bei A. Steichele: Friedrich Graf von Zollern (1856) S. 155 f.; unten VII, 6 Nr. 1).

[87] Vgl. bspw. ihren Erfolg gegen den Pfingstbrauch des 'Wilden Weibes von Geispols-

rend dieser Zeit von Johannes Rot[88], dem Münsterpfarrer und Pönitentiar des Bischofs, der im selben Jahr wie Geiler sein Studium in Freiburg aufgenommen hatte, und dem aus Italien zurückgekehrten Peter Schott d. J.[89]. Doch noch bevor die begonnenen Reformen abgeschlossen waren und noch bevor Geiler rechtmäßig in seinem Amt installiert war, mußte er erfahren, daß Friedrich als Bischof von Augsburg im Gespräch war. Die Hoffnungen des reformfreudigen Predigers, daß der Dekan vielleicht dereinst die Straßburger Kathedra besteigen könnte, wäre damit zerschlagen gewesen. Zudem stand zu befürchten, daß Friedrich wegen der spezifischen Gegebenheiten der Augsburger Diözese mehr und mehr in die Reichspolitik gezogen werden und damit nur wenig für eine Reform im Kleinen, die Geiler für die einzig erfolgversprechende hielt, tun können würde[90].

Daher beschwor ihn Geiler, das in Straßburg gerade erst begonnene Reformwerk nicht im Stich zu lassen, vielmehr auf die Bischofswürde zu verzichten[91]. Er glaubte auch später noch, als er einem anderen Freund, Christoph von Utenheim, abriet, Bischof zu werden[92], daß ein solch hohes Kirchenamt seinen Inhaber mit großer Wahrscheinlichkeit korrumpiere. Christoph nahm aber schließlich die Wahl ebenso an wie Friedrich, der allerdings zunächst verunsichert wurde. Kurz nachdem er von seiner Wahl durch das Augsburger Domkapitel erfahren hatte, fragte er seinen Freund um Rat, ob er die Wahl überhaupt annehmen solle. Geiler verstand offenbar inzwischen die politisch-dynastischen Zwänge besser, denen Friedrich ausgesetzt war und riet ihm nicht mehr ab, sondern forderte ihn auf, seinem Gewissen zu folgen: Wenn er in die Fußstapfen der übrigen, in Geilers Augen

---

heim' unten S. 234; anderes wird in dem Brief Geilers an den Nachfolger Friedrichs, Hoyer von Barby und Mülingen, aufgezählt (unten VII, 6 Nr. 42).

[88] Geb. Straßburg, gest. 1508; Immatr. Univ. Freiburg i. Br. 1460; ab 1472 Studium in Paris (mag. art.); 1482 oder 1484 bis 1490 Pönitentiar und Pfarrer von St. Lorenz im Münster; 1490, im Jahr nach Geilers offizieller Ernennung zum Münsterprediger von Straßburg, gab Rot sein Weltpriesteramt auf und trat dem Kartäuserorden bei (Fr. Rapp: Réformes (1974) S. 491 f.).

[89] Schott war in Straßburg ab Juli 1481 bis zu seinem Tod am 12. 9. 1490; Installation als Kanoniker von Jung St. Peter am 22. 4. 1482; *Magister Iohannes Rot communis amicus* (Brief von P. Schott d. J. an Geiler vom 27. 5. 1487; gedruckt bei P. Schott: The Works Bd. 1, Nr. 99 S. 110; unten VII, 6 Nr. 25).

[90] Vgl. K. Stenzel: Geiler und Friedrich von Zollern (1927) S. 74; zu Geilers Kirchenreformvorstellungen vgl. unten S. 274-277.

[91] Sobald Geiler von der Absicht erfuhr, schrieb er Friedrich, er befürchte, er könne ein Bischof wie die anderen werden: *Timeo ne involvant te, ne te rapiant et absorbeant ut fias quasi unus ex eis [...]. At fortasse maiori reservatus es. [...] Statim sermone finito, manibus trementibus adhuc ex predicationis labore* (Brief vom 28. 2. 1486; gedruckt bei J. Geiler: Die aeltesten Schriften (1882) S. 84 f.; unten VII, 6 Nr. 17).

[92] Vgl. den Brief von J. Wimpfeling an Chr. v. Utenheim zw. erster Jahreshälfte 1501 und 24. 11. 1502 (J. Wimpfeling: Briefwechsel Bd. 1, Nr. 130 S. 398).

allesamt unwürdigen Bischöfe treten wolle, sagte er, wäre es besser für ihn, nie geboren worden zu sein[93]. Friedrich versprach anscheinend seinem Freund daraufhin, ihn nicht enttäuschen zu wollen. Geiler jedenfalls beantwortete einen nicht erhaltenen Brief Friedrichs, mit dem dieser mitteilte, die Wahl annehmen zu wollen, voller Freude – fand aber gleichzeitig auch wieder mahnende Worte[94]. Nach der Bischofsernennung stand der Prediger seinem Freund weiterhin mit Rat und Tat zur Seite. Wir treffen ihn beispielsweise schon kurz nach der Wahl gemeinsam mit Schott und Rot als Berater am Bischofshof[95].

Auf einen interessanten, bisher kaum bekannten Brief Geilers an Friedrich von 1486, aus der Zeit, als er zum Bischof schon gewählt, aber noch nicht konsekriert war, soll hier etwas genauer eingegangen werden, da er das zwischen ihnen vorhandene Vertrauensverhältnis besonders anschaulich beleuchtet (s. die Abb. auf den folgenden Seiten)[96]. Geiler empfiehlt mit diesem Brief seinen Halbbruder Dietrich als *familiaris*. Er schreibt, Dietrich habe ihre gemeinsame Mutter und ihn wiederholt inständig darum gebeten, sich für ihn zu verwenden. Er, Geiler, habe sich zunächst aber dagegen gesträubt, seinem Stiefbruder vielmehr gesagt, er müsse zunächst ein gottgefälliges Leben führen, bevor er etwas für ihn tun wolle. Dietrich, teilt Geiler seinem Freund in aller Offenheit mit, habe zunächst

---

[93] *Si vestigia episcoporum nostri temporis insequi volueris* [...] *melius tibi foret, quod natus nunquam fuisses* (Brief von Geiler an Friedrich von 1486, zw. 27. 3. und 12. 6.; gedruckt bei J. Geiler: Die aeltesten Schriften (1882) S. 86; unten VII, 6 Nr. 19).

[94] *Scripta tua* [...] *que quanto me affecerint gaudio vix a me posset edici.* [...] *Non propter te ad pontificatum electus es, non propter temporalia accumulanda, sed finalissime ut populum hunc exemplo et doctrina in fide christiana et moribus instruas.* [...] *Memini me tibi antea dixisse et iterum dico liber, quod nisi alios mores quam ipsi habent indueris, nec tu pater nec ipsi salvabuntur* (Brief von Geiler an Friedrich vom 14. 6. 1486; gedruckt bei J. Geiler: Die aeltesten Schriften (1882) S. 87 und 89; unten VII, 6 Nr. 20).

[95] In Dillingen im Sommer des Jahres 1486 (vgl. oben S. 96); vgl. den kurz nach der Rückkehr aus Dillingen geschriebenen Brief Geilers an Friedrich von 1486: *Setrahe te ad horam in silentio in tuo oratorio aut ubi liber esse ab omni homine poteris et recogita ea, que coram me et confratribus his diebus recensuisti; hec meditare et trahe in affectum et ora* (gedruckt bei J. Geiler: Die aeltesten Schriften (1882) S. 92; unten VII, 6 Nr. 21); Brief von dems. an dens. vom 25. 8. 1486: *Ubi tempus tue consecrationis advenerit, noli tibi eam exhiberi post fornacem quemadmodum quidam ex nostris episcopis facere soliti fuerunt, sed in cathedrali tua ecclesia hoc munus accipito* [...]. *Episcopus non doceri venit, sed docere. Turbam regere debet, non ab ea regi.* [...] *Orationes meas etsi tepidas tibi exhibeo et si quid aliud possem mea industria, non deforet promptum votum* (ebd. S. 93 f.; unten VII, 6 Nr. 22); zur Visitation der Kirchen von Dillingen durch Geiler und Friedrich vgl. unten S. 278.

[96] Brief von Geiler an Friedrich von Zollern von 1486, zw. 21. 3. und 17. 9. (Transkription unten VII, 3 d Nr. 6; vgl. unten VII, 6 Nr. 23); vgl. zur Zuneigung, die Friedrich Geiler entgegenbrachte, auch unten S. 288 Anm. 17.

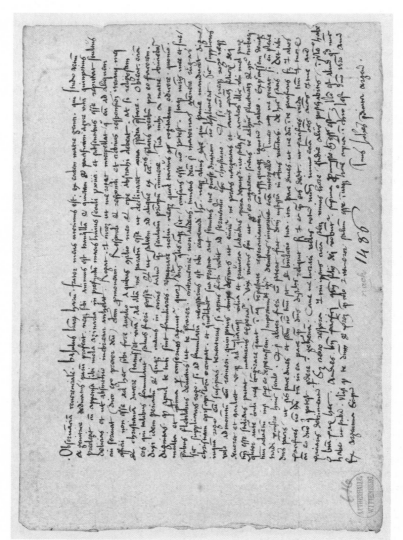

Abb. 5 Lateinische Schriftprobe

Brief von Geiler an den gewählten Bischof von Augsburg Friedrich von Zollern aus dem Jahre 1486

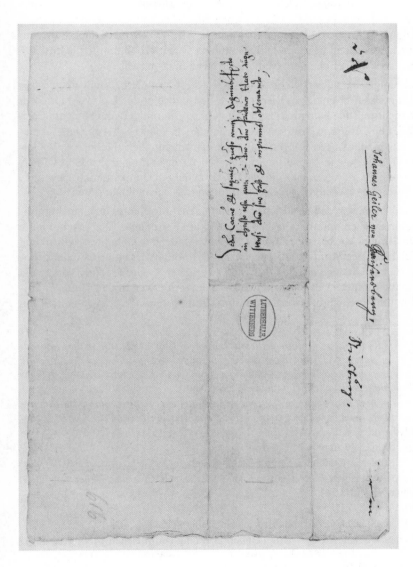

wie Abb. 5 verso

ohne großen Erfolg studiert, führe seitdem ein unbeständiges Leben und trinke[97]. Von der Mutter habe er sich aber schließlich dazu überreden lassen, den Bischof zu fragen, ob er Dietrich vielleicht als *famulus* aufnehmen wolle. Wenn nicht, schreibt Geiler, so solle er nicht zögern, ihn wegzuschicken, was Dietrich vielleicht eine Lehre sein werde[98]. Wir wissen nicht, ob Dietrich nach einer derartigen Empfehlung in Augsburg angenommen wurde. Aber er scheint es auch weiterhin zu keinem Wohlstand gebracht zu haben, denn Geiler erließ ihm im Jahre 1507 testamentarisch alle Schulden, weil er, wie es heißt, arm sei[99].

Der Prediger war auch nach Friedrichs Konsekration mehrmals und einige Male sogar für mehrere Monate am Bischofshof, ließ sich aber doch, obwohl ihm sein Freund mehrmals die Domprädikatur anbot, nicht für immer in die Stadt am Lech locken[100]. Die Offerte, wenigstens für ein Jahr als Berater nach Augsburg zu ziehen, mußte Geiler wegen seiner Straßburger Verpflichtungen ablehnen[101]. Von einem Besuch Geilers in Augsburg erfahren wir für das Frühjahr des Jahres 1491, als er Friedrich zum Verzicht auf dessen Straßburger Domkanonikat bewog[102]. Danach werden die Zeugnisse einer Verbindung zwischen ihnen seltener.

Einmal hören wir, daß Friedrich seinen alten Theologielehrer in einem komplizierten juristischen und moralischen Problem um Rat anging. Der Bischof hatte nämlich Skrupel, die beim geistlichen Gericht anfallenden Gebühren, wie üblich, nach der Höhe des Streitwerts festzusetzen und wollte wissen, ob es nicht geboten sei, sie nach dem geleisteten Aufwand zu erheben[103]. Der Prediger konnte die Frage nicht kompetent beantworten und wandte sich daher an den Tübinger Humanisten und Rechtsprofessor Dr. utr. iur. Martin Prenninger[104], von dem er ein

---

[97] *Qui studio artium et geniture dedicatus parum profecit, neque sibi animus est tranquillam et quietam et pacificam agere vitam, quinpotius preelegit cum appensa sibi mola azinaria in profundum maris huius seculi proiici et sub sentibus esse reputat stultus delicias et, ut absinthio inebrietur, anhelat* (unten VII, 3 d Nr. 6).

[98] *Quod si non, neque rogo neque volo ad monitum eum retineri, quin potius obnixe deprecans ut enunciatur, ne porcus margaritas et canis panem filiorum dei devoret et conculcet* (ebd.).

[99] Vgl. oben S. 49 Anm. 12.

[100] Vgl. zu den Aufenthalten bei Friedrich die Zeittafel zu Geilers Leben (VII, 1).

[101] Vgl. den einzigen erhaltenen Brief von Friedrich von Zollern an Geiler vom 23. 5. 1487 (unten VII, 6 Nr. 24).

[102] Vgl. oben S. 125.

[103] Vgl. K. Stenzel: Geiler und Friedrich von Zollern (1927) S. 104-107.

[104] Genannt Uranius. Geb. wahrscheinlich in Erding bei München 1450, gest. 1501; Immatr. Univ. Ingolstadt 1472 als Magister; 1490-1501 Juraprofessor in Tübingen vor allem für Kirchenrecht. Prenninger bezeichnete Geiler als seinen Lehrer; vgl. hierzu und allgemein zu ihm J. Haller: Anfänge der Universität Tübingen Bd. 1 (1927) S. 144-146 und Bd. 2 (1929) S. 51* f.

kirchenrechtliches Gutachten erbat[105]. Ein letztes Mal noch vor Friedrichs Tod im Jahre 1505 haben wir Nachricht, daß sich der Bischof an seinen Freund wandte, um ihn an seinen Hof einzuladen. Geiler weilte im Jahre 1503 bei Maximilian I. in Füssen, nicht weit von Dillingen, und besuchte Friedrich wohl auf dem Rückweg nach Straßburg[106].

Der Weggang des gutwilligen und mächtigen Helfers aus Straßburg im Jahre 1486 war nicht der Anfang, aber ein weiteres Glied in einer Kette von herben Verlusten und Enttäuschungen für Geiler gewesen. Seit jenen Tagen mehren sich die Zeichen für eine Krise im Leben des Predigers[107], die Francis Rapp für die 1490er Jahre diagnostiziert hat[108]. Schon zuvor hatte Geiler erkennen müssen, daß die von dem seit 1478 amtierenden Bischof Albrecht erhofften Reformen ausblieben, obwohl dieser die Geistlichen der Diözese im Jahre 1482 zu einer Synode geladen und eine Visitation des Klerus unter Geilers Führung eingeleitet hatte. Auch das drei Jahre darauf dem Bischof vorgebrachte Projekt einer Umwandlung des in Verruf geratenen adligen Damenstifts St. Stephan in eine Klerikerbildungsanstalt verlief im Sande[109]. Nach der jahrelangen Vakanz der wichtigen Domdekanstelle, die durch den Weggang Friedrichs entstanden war, sollte der Prediger von dem neuen Dekan, Hoyer von Barby und Mülingen[110], alsbald enttäuscht werden, da sich herausstellte, daß er ein Spieler und Konkubinarier war.

Im Jahre 1490 war Peter Schott d. J. gestorben, und im gleichen Jahr hatte sich der Münsterpfarrer Johannes Rot, der Geilers von der Kanzel herab unterstützt und gelegentlich auch vertreten hatte, in eine Kartause zurückgezogen. Fünf Jahre später folgte ihm in diesem Schritt auch der Kanoniker von St. Thomas, Melchior Pfister von Königsbach[111], der der von Geiler geleiteten Visitations-Kommission angehört hatte. Ein anderer Freund, der ihn in jenem vergeblichen Versuch und auch bei einer späteren Visitation unterstützt hatte[112], der Kanoniker von St. Thomas Hans Simmler war bereits im Jahre 1492 gestorben.

---

[105] Vgl. den Brief von Prenninger an Geiler vom 27. 12. 1492 (unten VII, 6 Nr. 44).

[106] Vgl. J. Wimpfeling: Briefwechsel Bd. 1, Nr. 142 S. 431.

[107] Vgl. zu Geilers Stimmung in dieser Zeit den Brief von Geiler an Friedrich von Zollern von 1486: *profundum maris huius seculi [...]. Timeo, ne pereat, si eum plene tradi permisero huic seculo* (VII, 3 d Nr. 6; vgl. VII, 6 Nr. 23).

[108] »Dans les années 90 du XVe siècle, le prédicateur traversa une crise grave. [...] G[eiler] se sentait isolé« (Fr. Rapp: Geiler (1988) S. 1138); vgl. ders.: Geiler (1978) S. 29 f.

[109] Vgl. unten S. 269.

[110] Geb. 1451, gest. 13. 1. 1521; Immatr. Univ. Erfurt Frühjahr 1479, Rektor 1480; vom Papst 1489 zum Dekan ernannt, installiert 28. 4. 1491. Vgl. zu ihm K. Stenzel: Geiler und Friedrich von Zollern (1927) S. 86-104.

[111] Gest. 1508; Kanoniker in St. Thomas 1483; Kartäuser 1495; Prior der Straßburger Kartause 1501-1508. Vgl. zu ihm J. Wimpfeling: Briefwechsel Bd. 2, S. 580 Anm. 2.

[112] Vgl. unten S. 270.

Zwar waren mit der rechtmäßigen Errichtung der Prädikatur die vormaligen
Unsicherheiten beseitigt und seine Autorität gewachsen, doch kamen auch dann
in Geiler gelegentlich Zweifel auf, ob seine Art zu leben die richtige und sein
Engagement für Reformen überhaupt sinnvoll sei. Im Februar des Jahres 1500
rief Geiler Wimpfeling dazu auf, gemeinsam mit ihm und weiteren Freunden der
Welt den Rücken zu kehren und ein neues Leben innerer Einkehr zu beginnen[113].
Selbstkritisch bekennt der Prediger, viele Jahre lang und mit großem Eifer zwar
andere belehrt, sich selbst dabei aber vernachlässigt zu haben. Er schreibt, er
wage zu behaupten, daß auch die tägliche Predigt und Schriftlesung eine Verhär-
tung des Herzens nicht verhindern könne, wenn nicht Meditation und hingebungs-
volle Übung in den Tugenden hinzuträten. Beide, er wie Wimpfeling, seien nun
so weit, aus der alten Tretmühle auszubrechen. Auf alle Fälle sei er entschlossen,
ferner keine Mühe mehr darauf zu verwenden, neue Predigten auszuarbeiten, vielmehr wolle er lediglich die alten wieder vornehmen und sie von neuem vortragen.
Tatsächlich kündigte Geiler dies bald darauf auch seiner Gemeinde an[114].

Geiler traf mit seinem im Jubeljahr 1500 vorgebrachten Vorschlag, der Welt zu
entfliehen, bei Wimpfeling auf offene Ohren. Voller Freude nahm dieser nämlich
auch das Angebot auf, das ihm der gemeinsame Freund und Basler Domkanoniker
Christoph von Utenheim[115] bei einem etwa gleichzeitigen Besuch in Speyer unter-
breitete: Christoph, den Geiler seit seiner Zeit an der Universität Basel kannte,
lud Wimpfeling zu ganz ähnlichem ein, nämlich zusammen mit dem Prediger,
dem Dominikaner Thomas Lamparter[116] und ihm an einem abgelegenen Ort in

---

[113] Brief von Geiler an Wimpfeling vom 6. 2. 1500 (VII, 6 Nr. 54); *Diesser doctor von
wegen der bessen weld understundt, ein schwowendes* [!] *leben zu furen, usz sinem eignen
gutt* (M. Berler: Chronik (1843) S. 115).

[114] Vgl. die Stelle in einer Predigt, die er am Sonntag Estomichi (1. 3.) 1500 im Münster hielt: *Vestrum erit fratres mei et sorores charissimi ad sermones illos festinare et diligenter auscultare. Statui enim amodo nihil novi (ad tempus saltem sive annos aliquot)
colligere quemadmodum hactenus per annos vigintiduos nisus sum facere, sed redire ad
possessiones meas. Id est ad ea que vobis antea predicavi et illa (quantum mihi dominus
dederit) in debitam redigere formam, ne labor iste quem habui omnino pereat, forsitan
capient aliqui saltem occasionem in futurum meliora dicendi, ceterum inter predicationes
illas resumendas, placuit initium sumere a peregrino* (Peregrinus (1513) fol. Aiii r-v).

[115] Geb. um 1450, gest. 16. 3. 1527; Rektor der Univ. Basel 1473, dr. iur. can.; Domkanoniker in Basel 1475; Bischof von Basel: gewählt 1. 12. 1502 bis Amtsniederlegung
19. 2. 1527. Vgl. zu ihm Alfred Hartmann in: NDB Bd. 3 (1957) S. 243; vgl. zu ihrem
Vertrauensverhältnis unten S. 288.

[116] Oder Lampertheim; geb. in Zabern (Saverne); Immatr. Univ. Heidelberg 1450, bac.
art. 1452; Plebanus an St. Thomas in Straßburg, dann Dominikaner; 1475 Prior des Dominikanerklosters von Chur; 1482 von Gebweiler; 1483 Durchführung einer Klosterreform in
Klingenthal bei Basel; 1490 im Straßburger Dominikanerkloster. Vgl. zu ihm O. Herding
in: J. Wimpfeling/B. Rhenanus: Das Leben Geilers (1510) S. 40 f; vgl. Wimpfelings Urteil

einer Priestergemeinschaft zu leben[117]. Die vier Freunde wurden sich einig. Um ungebunden zu sein, resignierte Wimpfeling seine Pfründen, und man stand kurz davor, fern der Zivilisation eine *vita communis* zu führen[118], als Christoph zum Bischof von Basel gewählt wurde und sich damit im Jahre 1502 der Plan zu solch einer tiefgreifenden Änderung der Lebensform zerschlug[119].

Es war um 1500 nicht das erste Mal gewesen, daß Geiler vom *appetitus eremiticae vitae* gepackt worden war. Von Jugend auf, seit er den nahe seines Heimatortes lebenden Eremiten Sebastian gesehen hatte, fühlte er sich zu dieser weltabgewandten Leben hingezogen, das so ganz das Gegenteil von dem eines in der Öffentlichkeit stehenden Münsterpredigers war[120]. Er hatte, wie gezeigt, nicht nur wiederholt jenen Einsiedler aus dem Rohrtal besucht[121], sondern war auch zu der abgelegenen Kapelle des weithin verehrten Eremiten Nikolaus von Flüe in die Schweiz gepilgert[122]. Ganz zu Beginn seiner Karriere auf der Kanzel hatte er schon einmal überlegt, sich in die Stille zurückzuziehen. Es waren damals Eggelin Becker von Braunschweig und Peter Schott d. Ä. gewesen, die ihn zurückgehalten hatten[123].

Ein Jahrzehnt später, als er überlange von Straßburg fernblieb, wo in der weder Bischof noch Domkapitel geneigt zu sein schienen, ihm zu einer Position zu verhelfen, in er mit mehr Autorität für Reformen wirken konnte, trug er sich wohl

---

über die Freundschaft zwischen Geiler und Lamparter: *confraterno complectebatur amore* (J. Wimpfeling ebd. S. 58 Z. 176 f.).

[117] *Venit interea Spiram Chrisoph. Vtenhemius, a me sciscitans, si secum ad solitudinem quandam secedere possem, asserens Ioanni Keiserspergio et fratris Thomae Lamparter, viris christianissimis, suum futurae vitae institutum admodum placere: adstipulabar cum gaudio* (J. Wimpfeling: Expurgatio contra detractores (1514) fol. M r nach J. A. Riegger: Amoenitates Fasz. 3 (1776) S. 422).

[118] Zu den möglichen Orten vgl. den Brief von Wimpfeling an Christoph v. Utenheim [zw. erste Jahreshälfte 1501 und 24. 11. 1502]; gedruckt bei J. Wimpfeling: Briefwechsel Bd. 1, Nr. 130 S. 397-402; vgl. auch ebd. Bd. 2 Nr. 229 S. 593-595 und D. Mertens, Jakob Wimpfeling in: Humanismus im deutschen Südwesten. Biographische Profile (1993) S. 49. *Er* [sc. Geiler] *hette zu einner wonnung erwelt das closter unser frowen tal genant bey Mentz, oder Sanct Ulrich zu Wilmarzell uff dem wald. Jedoch ward er uber redt von wegen desz wort gottes zu Straszburg zu pliben* (M. Berler: Chronik (1843), S. 116).

[119] *Motus fui et ego ad desiderandam heremum et indubie dudum cum aliis introissem, nisi patronum nostrum et antesignanum praesulatus Basiliensis praeripuisset* (J. Wimpfeling: Das Leben Geilers (1510) S. 63 Z. 329-331).

[120] Vgl. das mit *De appetitu heremiticae vitae* [...] überschriebene Kapitel in der Vita von J. Wimpfeling (Das Leben Geilers (1510) S. 62 f.).

[121] Vgl. oben S. 127.

[122] Vgl. ebd.

[123] Vgl. die Dedikationsepistel von J. Otther an den Kartäuserprior Gregor Reisch vom 15. 10. 1510: *Adeoque vitam secretiorem amavit, ut secum tacite deliberans, eremum ipsum nisia Gabriele Buhel et Eggelingo prohibitus intrasset* (Navicula poenitentie (1511) Titel-

erneut mit dem Gedanken, alles aufzugeben, denn als Peter Schott d. J. im Jahre
1488 ein Schreiben Gabriel Biels nach Augsburg sandte, mit dem dieser Geiler
erfolgreich ermutigte, in Straßburg auszuharren, hatte es vermutlich nicht nur
gegolten, die Begehrlichkeiten des Bischofs von Augsburg abzuwehren (eine hand-
feste Attraktion konnte die dort noch zu schaffende Prädikatur ja nicht sein)[124]. Es
ist vielmehr wahrscheinlich, daß damals wiederum die große Gefahr bestand, daß
der Prediger sich überhaupt von der Welt abwenden und in die Einsiedelei begeben könne. Nach Jakob Wimpfeling war es nämlich zuvörderst Gabriel Biel zu
verdanken gewesen, daß Geiler sich nicht zurückzog, sondern auf seinem gefährdeten Posten in Straßburg verblieb[125].

Daß der Prediger auch nach dem gescheiterten Versuch von 1500/02, sich in
die Einsiedelei zu begeben, auf der Kanzel verharrte und sein Wirken in der Öffentlichkeit nicht doch noch auf seine alten Tage mit der Eremus vertauschte, ist
vielleicht dem Umstand mit zu verdanken, daß sich nicht nur Wimpfeling in der
Stadt niederließ, sondern Geiler kurz zuvor auch die Vermittlung von Sebastian
Brant als Syndikus für Straßburg gelungen war[126]. Kennengelernt hatten sie sich
schon ein Vierteljahrhundert zuvor, als Geiler als Theologieprofessor sein letztes
und Brant als Student sein erstes Semester an der Universität Basel verbrachte.
Der Prediger erhoffte von dem in Straßburg geborenen Poeten und Juristen Unter-

---

blatt v=fol. [i] v); Becker starb im Jahre 1481, die Vita Wimpfelings spricht auch die Leistung Schotts d. Ä. an (vgl. unten Anm. 125).

[124] Vgl. oben S. 100.

[125] *Credibile est ipsum vitam iamdudum solitariam subiise, nisi doctissimi amicissimique
viri secus ei persuasissent. In primis dominus praepositus Gabriel Byel summus theologus
cuius consilio (veluti sapientissimi patris) maxime nitebatur et post illum Petrus Schottus
gubernator Argentoratensis reipublicae prudentissimus* (J. Wimpfeling: Das Leben Geilers
(1510) S. 62 f. Z. 309-313); im Anschluß wird von den Leistungen Schotts d. Ä. für die
Errichtung der Prädikatur berichtet. Vgl. oben Anm. 123.

[126] Geb. Straßburg 1457, gest. ebd. 10. 5. 1521; zu seinen Studien vgl. oben S. 59 Anm.
63; Geiler hatte den damals in Basel lebenden Brant mit einem Schreiben von Anfang
Januar 1500 empfohlen (unten VII, 6 Nr. 53; Brants Bewerbungsschreiben an den Stettmeister und Rat vom Januar 1500 in einer Abschrift v. J. Wencker AST 323, 2 fol. 603 r-v;
gedruckt bei dems.: Apparatus, S. 23 f.). Am 17. 8. 1500 wurde Brant zum Syndikus ernannt, er trat die Stelle am 13. 1. 1501 an (Amtseid als Advokat) und wurde Ende 1502
dazu noch Stadtschreiber; er behielt diese Funktionen bis zu seinem Tod. In seinen Ämtern
hatte er großen Einfluß auf die Verwaltung. Er redigierte die Protokolle der Ratssitzungen
und Beschlüsse, bereitete den Text von Gesetzen für den Rat vor, führte die Korrespondenz
der Stadt, begab sich auf diplomatische Reisen und zensierte überdies auch noch Bücher.
1520 beschloß der Rat, daß nach seinem Tod die Ämter wieder getrennt werden sollten (F.-
J. Fuchs: Stadtschreiber (1980) S. 10). Vgl. zu Brants Straßburger Zeit J. Knape: Studien
zu Leben und Werk Sebastian Brants (1992) S. 181-220; zu den möglichen Motiven eines
Umzugs von Basel nach Straßburg ebd. S. 91 f. Allgemein zu Brant auch Hermann Wiegand
in: Humanismus im deutschen Südwesten. Biographische Profile (1993) S. 77-104.

stützung für seine bildungs- und rechtsreformerischen Ziele[127]. Außerdem dürfte die Chance, die dem Prediger im Januar des Jahres 1501 geboten worden war, ein weiterer Grund gewesen sein, die Hoffnung nicht fahren zu lassen und in der Stadt zu bleiben: Damals durfte er in aller Form dem obersten Gremium der Stadt seine Rechtsreformvorstellungen unterbreiten und hatte damit die Möglichkeit bekommen, direkt in seinem Sinne auf die Politik Straßburgs einzuwirken. Während er vom Klerus in mehrfacher Hinsicht enttäuscht worden war, eröffnete sich ihm der weltlichen Obrigkeit gegenüber ein Betätigungsfeld, auf dem es sich zu engagieren lohnte. Im gleichen Jahr noch erfuhr der hochgeschätzte Prediger zusätzlich eine ungeahnte Anerkennung und Aufwertung seiner Position, als ihn der König persönlich in seinen Schutz nahm und auszeichnete.

9. Königsnähe

Für König Maximilian I. war die Region Elsaß von großer politischer Bedeutung[1]. Als Randzone des Reiches verdiente sie besondere Aufmerksamkeit, denn sie bildete die Grenze zu so wichtigen Gegenspielern des Hauses Österreich wie Franreich, der Schweiz und der Pfalz. Über die Westgrenze waren Mitte des 15. Jahrhunderts die Armagnaken ins Reich eingefallen, und ein Vierteljahrhundert später ging die Bedrohung aus derselben Richtung von Karl dem Kühnen von Burgund aus. Im Süden zeigte sich nach dem verlorenen Schweizerkrieg die gefährliche Attraktivität der Eidgenossenschaft für die Stände des Oberrheins, als Basel und Schaffhausen im Jahre 1501 aus dem Reichsverband ausscherten und sich ihr anschlossen.

Der König bemühte sich auf verschiedene Weise, die städtereiche und wirtschaftlich weit entwickelte Landschaft zwischen Rhein und Vogesen fester an das Reich zu binden. Auf der einen Seite versuchte er, das Elsaß in den Schwäbischen Bund zu ziehen. Auf der anderen erweiterte er die Herrschaftsrechte des Hauses Österreich in der Gegend, indem er Pfandrechte in der Ortenau gewann und im Jahre 1504 Hagenau (Haguenau) als Reichslandvogtei zu den österreichischen Vorlanden schlug und damit der Kurpfalz entzog. Maximilian demonstrierte sein politisches Interesse am Elsaß auch in häufiger persönlicher Präsenz, und regelmäßig kehrte er dabei in der wichtigsten elsässischen Stadt, in Straßburg, ein: Etwa 20 Aufenthalte sind während seiner Regierungszeit nachgewiesen – im Jah-

---

[127] Vgl. unten S. 270.
[1] Vgl. zum folgenden D. Mertens: Maximilian I. und das Elsaß (1976), das Kapitel 'Strasbourg allié fidèle de Maximilien' von Fr. Rapp in: G. Livet/Fr. Rapp: Strasbourg Bd. 2 (1981) S. 249-252 und P. Moraw: Die deutschen Könige des späten Mittelalters und das Oberrheingebiet (1993).

re 1494 bestätigte er Straßburg alle seine Privilegien; 14 Jahre später durften in der Stadt Goldmünzen geschlagen werden[2].

Auch wenn er nicht im Westen war, hielt er regen Kontakt mit der politischen und geistigen Spitze Stadt. Die ausgeprägten Vorstellungen, die beispielsweise Jakob Wimpfeling und Sebastian Brant über die zukünftige Rolle der deutschen Nation und besonders ihres Königs als Römischer Kaiser entwarfen, machte sich Maximilian ideell und propagandistisch zunutze. Wimpfeling schrieb er als *familiaris* an, Brant ernannte er ehrenhalber zum Rat[3]. Zum Hofkaplan aber hatte er zuvor im Jahre 1501 Johannes Geiler von Kaysersberg erkoren, der ihn damals vermutlich in Fragen ungewöhnlicher Himmelserscheinungen beriet[4]. Im Jahr darauf, als der Prediger als Vertreter des Magdalenenklosters in einer Erbstreitsache mit dem Stadtregiment aneinandergeriet, stärkte ihm der König mit einer an den Meister und Rat von Straßburg gerichteten Missive den Rücken[5].

Im Sommer des Jahres 1503 beorderte Maximilian seinen Hofkaplan Geiler – versorgt mit dem wahrhaft fürstlichen Wegegeld von 50 fl – zu sich nach Füssen[6] (ähnlich wie er im Januar des Vorjahres auch Sebastian Brant nach Innsbruck eingeladen hatte, dem zum Abschied in gleicher Höhe gar ein Jahressold zugesagt worden war[7]). In Füssen weilte der König regelmäßig, wenn er im Voralpenland jagte[8]. Anlaß für Geilers Berufung waren seltsame Phänomene, die sich in Maximilians Umgebung begeben hatten und über die er sich von dem Doktor der Theologie Aufschluß erhoffte: Es hatten sich nämlich Kreuzzeichen auf der Kleidung der Menschen niedergeschlagen[9]. Ähnliche blutrote Gebilde, die heute als

---

[2] Vgl. zu den Aufenthalten ebd. S. 251, unten Anm. 14 und unten S. 190.

[3] Vgl. den Brief von Maximilian an Wimpfeling vom 18. 9. 1510 (J. Wimpfeling: Briefwechsel Bd. 2 Nr. 266 S. 662 und Anm. 6 S. 663); zur Ernennung Brants zum *rat und diener* im Jahre 1502 vgl. J. Knape: Studien zu Leben und Werk Sebastian Brants (1992) S. 184 f.

[4] *[...] ersamen unnsern lieben andechtigen Johannsen Keysersperger, doctor, verschiner jar aus sondern gnaden, so wir zw ime tragen, zu unnserm capplan aufgenomen unnd ime darmit alle freyhait, eer vortayl unnd recht, so annder unnser caplän haben, gegeben* (Maximilian I. an den Rat von Straßburg vom 17. 6. 1502; vgl. die Transkription des gesamten Mandats vom 17. 6. 1502 unten VII, 3 d Nr. 22); vgl. H. Wiesflecker: Maximilian Bd. 3 (1977) S. 433; allgemein 'Zur Mentalität spätmittelalterlicher gelehrter Räte' und besonders zu deren Reformvorstellungen vgl. H. Boockmann (1981) bes. S. 314-316.

[5] Maximilian I. an den Rat von Straßburg vom 17. 6. 1502 (VII, 3 d Nr. 22); vgl. auch unten S. 207.

[6] Unten VII, 6 Nr. 65; Ankunft am 17. 7. 1503 (ebd.).

[7] Vgl. J. Knape: Studien zu Leben und Werk Sebastian Brants (1992) S. 184-186.

[8] Vgl. A. Steichele: Bistum Augsburg Bd. 4 (1883) S. 324 Anm. 22.

[9] *Desselbigen jars [1503] im summer, die weil kunig Maximilian hye zu Füssen lag, da fielen die kreutzlach in die klaider der menschen in mängerlay farb, des sich alle menschen verwunderten. Und schicket kunig Maximilian gen Straßburg nach doctor Johan Kaysers-*

verwehter Saharasand oder Rostpilzwucherungen erklärt werden, waren seit einigen Jahren auch in anderen Gegenden immer wieder aufgetaucht[10]. Im Jahre 1502 hatte zum Beispiel die vorgebliche Asketin Anna Laminit in Augsburg Maximilian ein Kreuz gezeigt, das auf ihrem Schleier erschienen war[11]. Der König wollte diese Himmelszeichen, wie auch andere seit längerem beobachtete unerklärliche Phänomene[12], als Aufforderung zu einem Kreuzzug gedeutet wissen. Das Oberhaupt der Christenheit ließ die Erscheinungen in der Reichspropaganda verwerten, den in den ersten Jahren des 16. Jahrhunderts gehegten Türkenkreuzzugsplänen verliehen sie neuen Aufschwung.

Maximilian wird den Prediger aber nicht allein herbeizitiert haben, um dessen Meinung über den Kreuzregen zu erfragen. Das hätte er billiger schriftlich erfahren können, auch wenn ihm dann die Predigten entgangen wären, die Geiler während seines Aufenthaltes in Tirol an den Sonn- und Feiertagen im Füssener Bene-

---

perger, das er in fragte, was solliche kreutzlen bedewten. Da kam doctor Kaysersperger her gen Füssen und was vil malen allain bey kunig Maximilian im schloß. Was sy mit ainander gehandelt haben, das waist niemats. Wol thett doctor Kaysersperger etlich predig offentlich vor dem volck in unser grossen kirchen. Und ward gedachter doctor vom kunig herein beschaiden in unser gotzhaws, da was er zu herberg, wonet und lag in ainer zell, gleich wie unser ainer, was ain vast hochgelerter, diemutiger man, der sich vast von der welt zoch und seinem leib vast abprach an essen und an trincken, und was dem kunig vast lieb und belib hye, bis das der kunig hinwegk zoch. Und mittler zeit, die weil er hye lag, macht er ain lateinisch tractetlen in der zell, darin er lag. Dasselbig tractetlen nennet er lepusculus [Lepusculus (1518)], das hab ich auch abgeschriben mit aigne hand (Gallus Knöringer, Prior des Benediktinerklosters St. Mang (Magnus), in seinen Annales Faucenses (reichend bis 1531); gedruckt in: Quellen zur Geschichte des Bauernkrieges in Oberschwaben, S. 415 Anm. 2, auch bis auf den letzten Satz gedruckt in A. Steichele: Bistum Augsburg Bd. 4 (1883) S.´324 Anm. 22; so auch bei J. Wimpfeling: Briefwechsel Bd. 1, S. 427 f. Anm. 8, allerdings mit der Ergänzung Cruces apparebant in vestibus (in marg.) und einem entscheidenden Unterschied: mancherley land statt mängerley farb). Vgl. zum Kreuzregen im Elsaß und in Schwaben A. Stöber: Sagen des Elsasses (1852) S. 18 f.; vgl. auch den Artikel 'Kreuzzeichen' in: H. Bächtold-Stäubli: Handwörterbuch des deutschen Aberglaubens Bd. 5 (1932/33) bes. Sp. 549 f.

[10] Vgl. H. Haustein: Frühgeschichte der Syphilis (1930) S. 356 f.

[11] Vgl. unten S. 159.

[12] Am 7. 11. 1492 war im Elsaß am hellichten Tag ein ca. 130 kg schwerer Meteorit vom Himmel gefallen, den Maximilian wenige Wochen später besichtigte (vgl. das von S. Brant publizierte Flugblatt zum 'Donnerstein' aus dem Jahre 1492 in: Humanismus im deutschen Südwesten. Biographische Profile (1993) Abb. 2 S. 81; dazu ebd. S. 86 f. und D. Wuttke, Brant und Maximilian (1976); vgl. auch Encyclopédie de l'Alsace s. v. 'Ensisheim'); am 10. 9. 1495 waren in Bürstadt bei Worms siamesische Zwillinge geboren worden über die Brant ein Gedicht veröffentlichte (vgl. H. Wiegand: Sebastian Brant in: Humanismus im deutschen Südwesten. Biographische Profile (1993) S. 88), seit 1496 wurde das Reich von einer vorher nicht gekannten Seuche, der Syphilis, heimgesucht (vgl. unten IV, 3 c).

diktinerkloster St. Mang hielt und denen der König, wie wir wissen, offen oder auch heimlich beiwohnte[13]. Der Monarch zog den damals 58jährigen Geiler, von dessen Redekunst er sich zuvor in Straßburg[14] (und vermutlich auch in Augsburg[15]) hatte überzeugen können, aller Wahrscheinlichkeit nach auch als Ratgeber in politischen und vor allem kirchenpolitischen Fragen heran[16]. Das legen auch die besonderen Uständе nahe, die Intensität und die Vertrautheit ihrer Begegnung, von der Geiler seinem Freund Wimpfeling noch von Füssen aus Bericht erstattete[17].

Am Dienstag, den 18. Juli, am Tag nach Geilers Ankunft, habe sich Maximilian, als er gerade einer Messe beiwohnte, erkundigt, wo der Prediger sei, und ihn rufen lassen. Der König habe ihn mit freundlichen Worten vor der Kirchtür begrüßt und noch um etwas Geduld gebeten. Am darauffolgenden Sonntag habe er ihn, wie Geiler schreibt, nach dem Mittagessen zu sich kommen lassen und ihm unter vier Augen derart frank und frei sein Herz geöffnet, daß er sich habe wundern müssen, daß der König einem fremden Menschen, mit dem er doch noch nie zuvor ein einziges Wort gewechselt oder persönlichen Umgang gepflegt habe, so sehr vertraue[18]. Maximilian sollte in seinem Vertrauen nicht enttäuscht werden:

---

[13] Brief von Geiler an Jakob Wimpfeling vom 2. 8. 1503 (unten VII, 6 Nr. 65).

[14] Im Jahre 1492 hatte Maximilian Geiler zum ersten Mal in Straßburg gehört (L. Dacheux: Un réformateur catholique (1876) S. 496; vgl. auch D. Specklin: Collectanea (1587) Nr. 2167), dann am 21. 4. 1499 (vgl. VII, 5), im August 1504 (J. Wimpfeling: Briefwechsel Bd. 1, S. 677 Anm. 4) und am 16. 4. 1507 im Johanniterkloster: Maximilian war *uff dem lettner an der predig* (Evangelienbuch (1515) fol. 92 r); Maximilian war *auch an der predig, aber uff dem lettnar* (Postille (1522) T. 3, fol. 11 v); weitere Aufenthalte in den Jahren 1503 und 1505, bei denen Maximilian im Johanniterkloster logierte (M. Jouanny: Les Hospitaliers en Basse Alsace (1931) S. 125) und ebenfalls Gelegenheit gehabt hätte, Geiler zu hören.

[15] Maximilian hielt sich von 1473 bis 1518 während 17 Besuchen insgesamt über zweieinhalb Jahre lang in Augsburg auf - er wurde daher von Zeitgenossen 'Bürgermeister von Augsburg genannt' (vgl. Augsburger Stadtlexikon (1985) s. v. 'Maximilian'); Geiler war in den Jahren 1486 bis 1491 jedes Jahr, teilweise für mehrere Monate in Augsburg, wo er regelmäßig predigte (vgl. VII, 1).

[16] *Et Joannes Keyserßbergius theologus mansuetissimo victoriosissimoque Romanorum regi Maximiliano pro imperio iuste et pacifice gubernando, saluberrimas doctrinas nuper dedit* (J. Wimpfeling: De integritate (1505) fol. [Cv] v); *Er macht diessem keysser precepta wol zu regiren das keysserthum* (M. Berler: Chronik (1510-20) S. 114 f.); »Gerne sprach er sich mit angesehenen Theologen wie Geiler von Kaisersberg [...] über religöse, kirchenpolitische und dogmatische Probleme aus« (H. Wiesflecker: Maximilian I. Bd. 5 (1986) S. 154, ähnlich S. 331).

[17] Brief von Geiler an Jakob Wimpfeling vom 2. 8. 1503 (VII, 6 Nr. 65).

[18] [...] *post prandium me vocavit et ita familiariter confidenterque mihi soli cum solo cor suum aperuit ita ut ego mirarer, quod homini ignoto, cum quo nullos unquam sermones neque familiaritatem miscuerat, tantum confideret. Plane omnem maiestatem seposuit et*

Er hatte Geiler gebeten, über den Inhalt der Gespräche Stillschweigen zu bewahren, als habe er gebeichtet. Und tatsächlich verriet der Prediger in seinem Bericht an Wimpfeling kaum Nennenswertes darüber.

Bei der Unterredung, fährt Geiler fort, habe der König seine Majestät voll und ganz beseitegelassen, ihn beispielsweise genötigt, sein wollenes Birett[19] wieder aufzusetzen, weil er geglaubt habe, der Prediger habe es ihm zu Ehren abgenommen (tatsächlich hatte er es aber wegen der herrschenden Sommerhitze zur Abkühlung nur einmal vom Kopf nehmen wollen). Geiler betont in seinem Brief auch die formale Gleichstellung, die Maximilian ihm gewährt habe: Zwei gleich hohe Sitzbänke habe er zu ihrer Unterredung an einen diskreten Ort stellen lassen. Nach ihrer Zwiesprache hätten sie den Gedankenaustausch in schriftlicher Form fortgesetzt: Der König habe zuerst seine Ansichten niedergeschrieben und ihn dann gebeten, geradeheraus darauf zu antworten. Nach diesem Meinungswechsel habe der König den folgenden Tag zu einem erneuten Treffen bestimmt. Geiler teilt seinem Freund weiter mit, Maximilian sei ein guter Lateiner, allerdings schriftlich ein besserer als mündlich[20]. Am Ende seines Briefes verrät der Prediger dann doch ein Detail der Unterhaltung: Sie seien unter anderem auch auf des Königs Neider (aemuli[21]) zu sprechen gekommen, worauf Maximilian gesagt habe, daß er längst verfault im Grab liegen würde, wenn er sich immer um sie gekümmert oder sich ihre Existenz zu Herzen genommen hätte[22].

Die Königsnähe, die Geiler in jenen Tagen in Füssen gewann, wurde von grundlegender Bedeutung für sein künftiges Ansehen in Straßburg und darüber hinaus

---

cum aliquando byrrum de capite ob refrigerium, quia estus erat, ponerem, putans id per me sibi in reverentiam fieri operire caput cogebat, duo subsellia in secretissimo loco aequalia poni iussit. Ibi consedimus et locutus est, que mihi plane loqui non licet, neque temere me vocavit. Voluit autem, ut nemini patefacerem, sed quasi sub secreto confessionis retinerem: Finito itaque colloquio, sed et dialogo inter nos scriptis incepto sacra regia maiestas scripto sententiam suam posuit et ut ego e regione responderem voluit; quo facto alterum diem statuit, ut in id ipsum rediremus. Latinus bonus, sed scripto melior quam verbo. Inter loquendum dum fieret de suis emulis sermo, inquit: „Dudum putridus iacterem, si haec et haec" etc. Interea praedico omni die festivo in eodem loco ubi dicunt regiam maiestatem iam aperte, iam occulte interesse (J. Wimpfeling: Briefwechsel Bd. 1, Nr. 141 a S. 428; unten VII, 6 Nr. 65).

[19] Vgl. unten S. 169; Darstellungen von Geilers Birett auf und dem Titelbild und den Abb. 3, 4, 6, 7 und 8.

[20] Zu Maximilians Lateinkenntnissen vgl. H. Fichtenau: Maximilian I. und die Sprache (1974) S. 35-38.

[21] In der Übersetzung von Sebastian Brant: sine widerwertigen und die im nit güts günden (J. Wimpfeling: Briefwechsel Bd. 1, Nr. 141 b S. 430; unten VII, 6 Nr. 65).

[22] Vgl. die deutlicher als die erste Abschrift des lateinischen Briefes (Original verloren) werdene Übersetzung von Brant: Ich wer langst ful, wann ich mich solcher sachen allzit angenommen oder zu hertzen gon lossen (ebd.).

auch für seine Nachwirkung[23]. Den Stellenwert, den Geilers Bericht für seinen Freund Wimpfeling und über ihn hinaus haben sollte, erkennt man an seiner Überlieferung. Eine Abschrift erhielt sich in einem privaten Codex Wimpfelings. Eine weitere Abschrift und eine deutsche Übersetzung davon fertigte der Straßburger Stadtsekretär Sebastian Brant für den Rat an – ein Beleg für das große Interesse, das man dort an dem Verhältnis des Münsterpredigers zum König hatte. Schließlich wurde das Schreiben 1519, als Geiler schon neun Jahre tot war, durch einen Augsburger Druck den Humanisten, die den in jenem Jahr verstorbenen Maximilian betrauerten, und einer breiteren Öffentlichkeit bekannt gemacht[24].

Einzelheiten der Konversationsthemen jener Zusammenkunft können wir Wimpfelings Geiler-Nekrolog entnehmen, der sieben Jahre nach dem Füssener Treffen erschien[25]. Der Prediger habe dem König verwickelte Probleme erklärt (*dubia quaedam proposita:*), ihm gepredigt, ihm schriftliche Unterweisungen gegeben[26]; er habe ihn daran erinnert, daß in Zukunft Friede unter den christlichen Fürsten und Gerechtigkeit für alle hergestellt und die unmenschliche und grausame Despotie der Straßenräuber abgestellt werden müsse[27]. Maximilians Biograph Hermann Wiesflecker vermutet, daß von Kirchenpolitik die Rede gewesen sei, speziell auch von den *Gravamina Germaniae nationis*[28]. Dafür könnte sprechen, daß der König im Jahre 1507, als er aus Anlaß der Weihe Bischof Wilhelms von Hohnstein in Straßburg weilte[29], Geiler und auch Wimpfeling eventuell um Rat

---

[23] Vgl. die spätere Chronistik: *Diesser doctor ward von wegen synner grossen leer und heilges leben von dem frydsammen keysser Maximiliano seer liep gehabt, also das er offt von wegen synner weyszheit und leer gon Straszburg kam, mitt ym sprech ze halten und zuhoerrung synner predig* (M. Berler: Chronik (1510-20) S. 114 f.); *Diser doctor Keysersberg was Maximiliano vast lieb* (K. Hedion: Chronik (1539) S. 644); *diser doctor Keysersberg was Maximiliano seer lieb* (M. Beuther: Chronica (1566) S. 657); vgl. J. Wimpfeling: Briefwechsel Bd. 1, Nr. 141 b S. 427-430 bes. S. 429 Anm. 1.

[24] P. Aegidius: Threnodia seu lamentatio in obitum Maximiliani (1519) fol. Bbiiiv-[Bbiv]r.

[25] *Fuit [...] Maximiliano caesari carissimus a cuius maiestate multis nuper litteris atque nuntiis accersitus ac benignissime susceptus dubia quaedam proposita explicavit, contiones habuit vitaeque totius ordinem praescripsit, pacem praecipue inter christianos principes faciendam ac iustitiam omnibus ministrandam et latrunculorum inhumanam saevamque tyrannidem prorsus delendam commonefecit sicque vix tandem cum commeatu gloriose dimissus est* (J. Wimpfeling in: Das Leben Geilers (1510) S. 74 f. Z. 604-610).

[26] Vgl. auch H. Wiesflecker: »Geiler verfaßte für den Kaiser [König ?] Anweisungen, wie sich ein christlicher Fürst zu verhalten habe« (Maximilian I. Bd. 5 (1986) S. 346).

[27] Geiler konnte vielleicht aus eigener Erfahrung berichten (vgl. oben S. 126 Anm. 20).

[28] »[...] höchstwahrscheinlich war von wichtigen kirchenpolitischen Dingen die Rede« (H. Wiesflecker: Maximilian I. Bd. 3 (1977) S. 476 Anm. 152); »[...] wohl auch die Gravamina der Deutschen Nation und die Grundlagen seiner Kirchenpolitik« (ebd. S. 103 f.); vgl. H. Ullmann: Kaiser Maximilian I. Bd. 2 (1891) S. 132.

[29] Am 14. 3. 1507.

fragte, was man ihrer Meinung nach gegen die angenommene Ausbeutung Deutschlands durch Rom tun könne[30].

Wiesflecker sieht den Straßburger Münsterprediger allgemein »bei Hofe eine maßgebende Rolle« einnehmen[31], wo er »größtes Ansehen« genossen habe[32]; ja, er geht soweit zu sagen: »Geiler war es wohl, der dem Kaiser den Gedanken der Kirchenreform näherbrachte«[33]. Doch ist es wenig wahrscheinlich, daß es dazu des Straßburger Predigers bedurft hätte, auch sind die Gesprächsthemen ja im einzelnen nicht bekannt. Geiler war sich jedenfalls der Bedeutung des Treffens bewußt, wenn er über die vertrauliche Begegnung (auf die er ja inhaltlich nicht näher eingehen durfte) Wimpfeling orakelhaft andeutete, der König habe ihn nicht ohne Grund berufen (*neque temere me vocavit*[34]).

Vielleicht nahm Maximilian von Geiler auch die Dienste eines Seelsorgers in Anspruch[35]. Der König habe den Prediger wegen seiner profunden Bildung und integren Lebensführung ungewöhnlich verehrt, erfahren wir aus der Vita des Beatus Rhenanus, der es sich ebenfalls nicht entgehen ließ, auf die Beziehung Geilers zu Maximilian einzugehen[36]. Hier lesen wir, daß der Prediger mehr als einmal zum König berufen wurde[37], was die Nachricht über ihr Zusammenkommen im Jahre 1507 glaubhaft macht. Auf alle Fälle scheint der König wohl nach ihrem persön-

---

[30] Brief Maximilians I. an Jakob Wimpfeling vom 10. 3. 1511, wo er erwähnt, daß er vor 5 Jahren mit Geiler und Wimpfeling gesprochen habe (vgl. J. Wimpfeling: Briefwechsel Bd. 1, Nr. 273 S. 676-678); vgl. zur Authentizität und wahrscheinlichen Datierung des Briefes ebd. S. 676 f. Anm. 1-4; der Brief ist nur durch D. Specklin überliefert (Collectanea (1587) Nr. 2203); vgl. auch Ch. Schmidt: Histoire littéraire Bd. 1 (1879) S. 370.

[31] H. Wiesflecker: Maximilian I. Bd. 5 (1986) S. 117.

[32] Ebd. S. 345.

[33] Ebd. S. 346.

[34] In der Übersetzung von Sebastian Brant: *und worlich hat er mich nit vergebens beruft* (J. Wimpfeling: Briefwechsel Bd. 1, Nr. 141 b S. 430).

[35] Der König pflegte sich auf große Kirchenfeste, vor allem auf Ostern besonders vorzubereiten und »unter Leitung gebildeter Seelsorger, wie Gregor Reisch oder Geiler von Kaisersberg, geistliche Übungen mitzumachen« (H. Wiesflecker: Maximilian I. Bd. 5 (1986) S. 153, ohne Quellenangabe für andere Gelegenheiten als 1503, wo Geiler an Ostern sicher noch nicht anwesend war, vgl. unten VII, 6 Nr. 65).

[36] *Ob summam vero eruditionem cum vitae sanctimonia copulatam ab invictissimo imperatore caesare Maximiliano benevolentia haud vulgari dilectus est* (B. Rhenanus in: Das Leben Geilers (1510) S. 94 Z. 139-141); *Obiit* [sc. Geiler] [...] *sub Maximiliano Augusto a quo ob vitae integritatem plurimum amatus est* (ebd. S. 95 Z. 175 f.).

[37] *Hunc interdum ad se accersire, accersitum non tam comiter quam familiariter compellare solitus erat. Huius etiam in magnis rebus consilium non parvi aestimabat. Sacratissimo caesari praecepta quaedam collegit, ad quae se rex componere debeat, ut suis utilitatem, sibi vero gloriam pariat. Subinde dictitabat bonae conscientiae esse Maximilianum Augustum iustitiae ac pacis literarumque amantissimum* (ebd. S. 94 Z. 141-145).

lichen Kennenlernen in Füssen in regelmäßigem brieflichem Kontakt mit Geiler geblieben zu sein[38].

10. Tod, Grablegung und Gedenken

Die beiden noch in Geilers Todesjahr erschienenen Nekrologe von Beatus Rhenanus und Jakob Wimpfeling sind mehr als bloße Lobreden, sie sind schon fast Glorifizierungen zu nennen. Die an hochmittelalterliche Heiligenviten erinnernden Züge darin sowie andere Umstände, die über das Ende und die Grablegung des Predigers bekannt sind, hätten zu anderen Zeiten vielleicht als eine erste Grundlage für einen Kanonisierungsprozeß dienen können.

Wimpfeling etwa sagt, es sei leicht zu glauben, daß göttliches Walten Geiler die Kraft zu seiner trotz Alter und Krankheit nicht nachlassenden Predigttätigkeit gegeben habe[1]. Das mochte der Schlettstädter um so eher glauben, als er selbst nach nur etwa vier Jahren seine Stellung als Kanzelredner am Speyerer Dom hatte aufgeben müssen, da er, der damals knapp 40 Jahre alt gewesen war, ihr auf die Dauer gesundheitlich und stimmlich nicht gewachsen gewesen war[2], während Geiler ein Vierteljahrhundert älter war als er seine letzte Predigt hielt. Beatus Rhenanus schreibt kurz nach Vollendung seiner Vita an Sebastian Brant, er sei sich absolut sicher, daß Geiler, der *vir sanctissimus*, unter die Zahl der *divi* aufgenommen worden sei[3]. Folgerichtig wurde der Münsterprediger bald nach seinem Tod von Maternus Berler, der in seine Chronik eine längere Lebensbeschreibung inserierte, *der heilig doctor Joannes Keyssersberg* genannt[4].

Noch bevor Geiler tödlich erkrankte, wurde ihm von einer damals wie eine Heilige verehrten Asketin brieflich sein baldiges Ende prophezeit, worauf er aber

---

[38] Vgl. oben Anm. 25.

[1] *Creditu facile est coelesti ipsum numine quod naturae vires auxerit fuisse aflatum* (J. Wimpfeling: Das Leben Geilers (1510) S. 80 Z. 733 f.).

[2] D. Mertens, Jakob Wimpfeling in: Humanismus im deutschen Südwesten. Biographische Profile (1993) S. 48.

[3] *Pro gloria inclytae urbis Argentinae Io. Keisersbergii viri sanctissimi, quem in divorum numerum relatum minime ambigo, vitam [...] aedidi* (Brief von B. Rhenanus an S. Brant vom 13. 9. 1510; gedruckt mit frnz. Übs. bei R. Walter: Beatus Rhenanus. Anthologie de sa correspondance (1986) Nr. 5 S. 105, vgl. auch Anm. 3 zu 'sanctissimus' S. 106; auch gedruckt mit frnz. Übs. bei dems.: L'affaire des penitentes de Sainte Marie-Madeleine (1981) S. 62); Rhenanus spricht Geiler eine *heroica vita* zu (B. Rhenanus: Das Leben Geilers (1510) S. 89 Z. 34).

[4] *Prediget der heilig doctor Joannes Keyssersberg* (Lebensbeschreibung mit dem Titel *Das Leben Johannis Geyler von Keysersberg der thumstifft Straszburg erster predicant* zum Jahr 1510 (M. Berler: Chronik (1510-20) S. 111-119, Zit. S. 119).

offensichtlich gelassen und voller Gottvertrauen reagierte[5]. Die Ankündigung stammte aus der Feder der weiter oben bereits erwähnten Anna Laminit[6], die über ihre Heimatstadt Augsburg hinaus Berühmtheit erlangt hatte, indem sie vorgab, ganz ohne Speise zu leben[7]. Geilers Unerschrockenheit ist um so bemerkenswerter, als er nicht wissen konnte, daß die 'Hungerkünstlerin' drei Jahre nach seinem Tod als Betrügerin entlarvt werden sollte[8]. Nachdem die Laminit 1495 oder 1496 wegen Kuppelei und anderer Vergehen zunächst aus Augsburg verbannt worden war, doch schon bald wieder zurückkehren gekonnt hatte, sorgte sie rasch für Aufsehen, da sie verbreitete, mit noch weniger Nahrung auszukommen als früher Nikolaus von Flüe, der immerhin an allen Sonn- und Aposteltagen das heilige Sakrament zu sich genommen hatte[9].

Maximilian I. erfuhr wahrscheinlich im Jahre 1500 anläßlich einer Prozession in Augsburg von ihr oder wurde spätestens zwei Jahre darauf auf sie aufmerksam, als es ihr gelang, ihm ein auf ihrem Schleier angebrachtes Kreuz zu zeigen, das angeblich auf wunderbare Weise dort erschienen war. Sie erregte damit das besondere Interesse des Königs, den die zu jener Zeit vermehrt beobachteten Kreuzerscheinungen schon länger besorgten und der ja auch Geiler wegen dieser rätselhaften Vorkommnisse zu Rate gezogen hatte. Maximilian instrumentalisierte jene Phänomene, um für einen geplanten Türkenkreuzzug zu werben, und verwertete in diesem Zusammenhang auch die Augsburger Begegnung mit Anna Laminit.

Anna Laminit durfte im Jahre 1503 der Königin Maria Blanca ihre Annavisionen schildern[10], wegen derer die Stadt gar eine Prozession veranstaltete, die sich großen Zulaufs auch von außerhalb erfreute. Anna, die zu diesem Zeitpunkt bereits seit sechs Jahren ohne natürliche Speise zu leben schien, wurde über Deutschland hinaus populär. 1507 führte der päpstliche Legat Bernhardinus Lopez de Carvajal ein Gespräch mit ihr, vier Jahre später bekam sie Besuch von dem aus Italien zurückkehrenden Augustinereremiten Martin Luther, und auch dessen späterer

---

[5] *Antequam autem eo morbo corriperetur, qui ei fatalis fuit, ab Augustana quadam probatae vitae puella (nullo haec extrario alimento vescitur) per literas de imminente sibi morte est certior factus; qua monitione nihil consternatus dissolvi cupiit et esse cum Christo* (B. Rhenanus in: Das Leben Geilers (1510) S. 95 Z. 156-160); *e dan er viel in syn todliche kranckheitt, ward ym von einner geistlichen junckfrowen zu Augspurg, die kein liepliche spyesz understund zu essen, geschriben das endt synes leben. Den brieff lasz er unerschrocklichen, begert zu leben bey Christo* (M. Berler: Chronik (1510-20) S. 115).

[6] Geb. Augsburg ca. 1480, gest. Freiburg i. Ü. 1518; vgl. zu ihr Fr. Roth: Anna Laminit (1924); vgl. auch oben S. 153.

[7] Vgl. oben Anm. 5.

[8] Vgl. zu diesem und dem folgenden Fr. Roth: Anna Laminit (1924) S. 376-401.

[9] Vgl. oben S. 127.

[10] Der Taufname der Laminit war vermutlich Ursula, doch nannte sie sich wahrscheinlich deshalb Anna, weil die Annenverehrung zu ihrer Zeit gerade besonders populär war, und sie sich mit diesem Namen größeren Zuspruch versprach.

Gegner Johannes Eck, der Geiler einmal als sein Vorbild und Lehrer bezeichnen und eine Predigt unter dessen Namen herausgeben sollte[11], war mit ihr bekannt. Geiler wird über seinen Freund Friedrich von Zollern, den Bischof von Augsburg, von ihr erfahren haben, und vielleicht hat er sie bei einem seiner Besuche in der Stadt am Lech persönlich kennengelernt; umgekehrt ist es gut möglich, daß Anna Laminit den Prediger als junges Mädchen in ihrer Heimatstadt sprechen gehört hatte[12].

Die Augsburger Chronistik vermerkt Geilers Tod, ohne aber auf jene Prophezeiung einzugehen[13]. Aber als die entsprechenden Chroniken geschrieben wurden, war die Laminit ja bereits längst entzaubert. Wir wissen nicht, wann genau und mit welchen Worten sie Geiler sein herannahendes Ende ankündigt hatte. Doch daß Beatus Rhenanus ihre Weissagung in seiner keine sieben Wochen nach Geilers Tod abgefaßten Vita mitteilte, spricht dafür, daß dessen Ableben etwa wie vorhergesagt eingetreten war[14]. Um das Jahr 1510 stand die hungernde und wahrsagende Jungfrau auf dem Höhepunkt ihres Ansehens. Acht Jahre später fand die Laminit ein bitteres Ende: Inzwischen zum zweiten Male, diesmal als Betrügerin aus Augsburg vertrieben (Kunigunde, die Schwester Maximilians I. und Herzogin von Bayern, hatte sie eingeladen und separiert; die 'Hungerkünstlerin' verriet sich, als sie gezwungen war, ihren Kot zum Fenster hinauszuwerfen) wurde sie, die inzwischen geheiratet hatte, in Freiburg im Üchtland als Verbrecherin hingerichtet.

Schon einen Monat vor seinem Tode hatte sich das Gerücht, Geiler sei gestorben, bis nach Heidelberg verbreitet, wo Wimpfeling davon erfuhr[15]. Der Prediger war schon seit längerem an einem Stein erkrankt, der ihm heftige Schmerzen verursachte, gegen die er bei seinen regelmäßigen Besuchen in Heilbädern Linderung suchte[16]. Die Todesursache war nach Beatus Rhenanus eine Geschwulst, die

---

[11] J. Geiler zugeschrieben: Schiff des Heils (1512); vgl. Dr. Johannes Eck (1986) S. 40; *Diss gegenwürtig schef der buoß und penitenz, so weylandt der geystlich vatter und hochberuombt doctor Johanes Geyler von Kaysersperg, mein lieber maister säliger, zuo Straßburg gepredigt, in dise figur mit kurtzer außlegung getewtscht* (Widmungsbrief von J. Eck an Herzogin Kunigunde von Bayern vom 18. 3. 1512; gedruckt bei Briefmappe S. 149).

[12] Vgl. zu Geilers Augsburger Predigten die Zeittafel (VII, 1).

[13] *Was ains fast guoten lebens und fast ain guoter brediger* (Fortsetzung der Chronik des Hektor Mülich von Jörg Demer in: Die Chroniken der schwäbischen Städte. Augsburg Bd. 4 (1894) S. 466).

[14] Die Dedikationsepistel von Beatus Rhenanus ist auf den 15. April datiert (in: Das Leben Geilers (1510) S. 88 Z. 26).

[15] *Fama est Keisersbergium [...] obisse* (J. Wimpfeling: Briefwechsel Bd. 2, Nr. 255 S. 652).

[16] Regelmäßige Besuche in Baden, mindesten einmal war er auch an den sauren Quellen in Göppingen (vgl. oben S. 126).

ihm allmählich lebenswichtige Organe zerstört hatte[17]. Geiler starb am Sonntag Lätare, dem 10. März 1510, um die Mittagszeit sitzend in einem Ruhebett, vermutlich in dem, das in seiner Arbeitsstube stand und das in seinem Testament Erwähnung gefunden hatte[18]. Anwesend war Jakob Sturm[19], der seinem Lehrer Jakob Wimpfeling die Umstände des Todes bald darauf mitteilte[20]. Daß der Prediger noch die Sterbesakramente einnehmen konnte, darf angenommen werden, da das Gegenteil sicher vermerkt worden wäre.

Nur sechs Tage bevor er 65 Jahre alt geworden wäre, schied ein Mann aus dem Leben, der in einem Kalender neben seinem Geburtstag *Dies calamitatis* vermerkt hatte[21], ein Mann, den in seinen vielen Hunderten von Predigten kaum ein anderes Thema so sehr angezogen hatte wie der Tod, ein Mann auch, der auf die Prophezeiung seines eigenen nahen Endes gelassen reagiert hatte. Ein rechtes Leben stellte für ihn die Vorbereitung für einen rechten Tod dar, für die Kunst zu sterben[22]. Es starb schließlich ein Mann, der sich in seinem seelsorgerischen wie

---

[17] *Augescente tandem ob tumorem aegritudine membraque vitalia sensim enectante naturae concessit decimo Martii die, paulo post meridiem, anno salutis MDX* (B. Rhenanus in: Das Leben Geilers (1510) S. 95 Z. 160-162); *Acerbissimos calculi dolores (quos aequanimiter tulit) annum fere septuagesimum accesset* (J. Wimpfeling: Das Leben Geilers (1510) S. 80 Z. 730 f.); *zu zitten vermiest mitt kranckheiten der lenden, welches man das gryn* [d. i. Nieren- oder Blasenstein] *nempt* [!] (M. Berler: Chronik (1510-20) S. 115); *gesund, ohne daß er dabey am Nieren-Stein incommodiret ward* (Geilers Bild und Leben (1721) S. 6); ohne nähere Quellenangabe spricht L. Dacheux von Wassersucht (»hydropisie«) als Todesursache (Un réformateur (1876) S. 505).

[18] Vgl. zum genauen Todeszeitpunkt unten Anm. 20 und die vorige Anm. *Dominica Laetare horam circiter duodecimam* (Brief von Martinus Cellarius (Keller) an Jakob Wimpfeling. [Straßburg, zw. 11. 3. und 24. 4. 1510], in: Das Leben Geilers (1510) S. 84 Z. 834 f.; vgl. J. Wimpfeling: Briefwechsel Bd. 2, Nr. 256 S. 652); *Und als syn kranckheit durch geschwulst teglich zu nam, hatt er syn edle seel uff geben an dem 10. tag desz mertzen zwisten eim und zwolffen, anno MDX* (M. Berler: Chronik (1510-20) S. 115); vgl. zum Faulbett unten Anm. 20 und oben S. 120 Anm. 45.

[19] Geb. Straßburg 10. 8. 1489, gest. 30. 10. 1553; 1523 bekannte er sich öffentlich zum Protestantismus. Vgl. zu ihm Marc Lienhard: Jakob Sturm. In: Die Reformationszeit I, hrsg. Martin Greschat (Stuttgart usw. 1989) (= Gestalten der Kirchengeschichte 5) S. 289-306.

[20] *Decessit dominica Laetare, paulo post primam, me praesente et vidente sedens in lectulo hypocausti seu stubae suae, ut germanice loquar* (Brief von Jakob Sturm an Jakob Wimpfeling. [Straßburg, zw. 11. 3. und 24. 4. 1510], in: Das Leben Geilers (1510) S. 84 Z. 835 f.; vgl. J. Wimpfeling: Briefwechsel Bd. 2, Nr. 257 S. 653). Vgl. auch V. Honemann: Der Tod bei Geiler von Kaysersberg (1987); es ist allerdings zu bemerken, daß mit den ebd. S. 90 und ebd. Anm. 1 angegebenen Quellenpassagen nicht zu belegen ist, daß neben Sturm auch Cellarius und Henner in der Todesstunde bei Geiler waren, wie Honemann mit Dacheux vermutet.

[21] B. Rhenanus in: Das Leben Geilers (1510) S. 96 Z. 192 f.

[22] Vgl. nur das ältestes erhaltene Werk von J. Geiler: Totenbüchlein (1480/81) oder die

in seinem politischen Wirken ein Leben lang eingesetzt hatte für die Voraussetzungen eines solchen rechten Todes und für die Zeit danach. Er hatte es beispielsweise erreicht, daß man in der Stadt den zum Tode Verurteilten einen Beichtvater stellte und ihnen die Sterbesakramente spendete[23], auch hatte er vehement für die exakte Erfüllung des letzten Willens eines Freundes gekämpft[24]. Für sein eigenes Seelenheil hatte er gesorgt, indem er einen Teil seiner Hinterlassenschaft Armen vermachte[25] und mehrere Anniversare gestiftet hatte[26].

Zwei Monate vor seinem Tod, am ersten Tag des neuen Jahres, hatte Geiler wohl zum letzten Mal die Kanzel bestiegen. Danach wird ihn die fortschreitende Krankheit daran gehindert haben[27]. Am Tag nach seinem Tod, trug man den Leichnam des Straßburger Predigers in einer feierlichen Prozession zum Münster und bestattete ihn in Anwesenheit vieler Geistlicher und einer großen Menschenmenge vor jenem Predigtstuhl, von dem herab er 32 Jahre lang zu seiner Gemeinde gesprochen hatte[28]. Mit jener Grabstelle entsprach man dem letzten Willen Geilers[29], der nicht der einzige Prediger war, der sich einen solch exponierten und das Wirken zu Lebzeiten mit der erhofften Memoria verbindenden Begräbnisort wählte: Im Jahre 1495 war etwa auch Johann Kraft, der 45 Jahre lang in Cham gepredigt hatte, unter seiner Kanzel beerdigt worden[30].

Ars moriendi dess.: Sterbe-ABC (1497), ders.: Trostspiegel (1503) - 'Trostspiegel so dir Uatter / muoter / kynd / oder freünd gestorben synt' - und ders.: Trostspiegel (Irrendes Schaf (Sammlung) 1510) - 'Der Trostspiegel. Wider vnuernünfftigs trauren vmb die abgestorbnen fründ'.

[23] Vgl. unten S. 264 f.

[24] Vgl. unten S. 201-205.

[25] Vgl. oben S. 121.

[26] In Kaysersberg, Ammerschweier und Türkheim (vgl. oben S. 46); allerdings geht aus Geilers letztem Willen nicht eindeutig hervor, ob diese Anniversare für ihn sein sollten, denn in den drei Orten hatten auch Verwandte von ihm gelebt; die Straßburger Reuerinnen hatten testamentarisch 10 fl vermacht bekommen und versprachen in ihrem Obituarium für den Prediger stets eine Jahrzeit zu begehen (vgl. unten Anm. 51).

[27] Ch. Schmidt: Histoire littéraire Bd. 1 (1879) S. 373; vgl. das Predigtverz. (VII, 5).

[28] *Postera die comitantibus funus ecclesiae maioris canonicis et vicariis multo quoque populo ante cathedram, quam vivens praedicando duobus et triginta annis rexerat, sepultus est* (Brief von J. Sturm in: Das Leben Geilers (1510) S. 84 Z. 841-844); *Corpus eius sequenti luce est celebri pompa elatum atque iuxta suggestum illum caelatura imagunculisque affabre sculptis ornatissimum terrae mandatum* (B. Rhenanus in: Das Leben Geilers (1510) S. 95 Z. 162-164); *und an dem andren tag mit grosser herlichkeit der procession vergraben zu dem predigstull, daruff er lebendt das volck regirt hatt, mitt grossem klag und weinnung alles volck* (M. Berler: Chronik (1510-20) S. 115).

[29] *Corporis mei sepulturam eligo in loco sacro ecclesiae Argentinensis, circa ambonem praedicatoriam* (T. W. Röhrich: Testament (1848) S. 583).

[30] P. Mai: Predigerstiftungen des späten Mittelalters im Bistum Regensburg (1968) S. 16.

Den Exequien am Tag nach dem Begräbnis Geilers wohnten neben dem gesamten Rat zahllose Menschen, vor allem weiblichen Geschlechts bei, darunter
sicher viele Nonnen aus den Frauenklöstern, in denen er regelmäßig gepredigt
hatte[31]. Niemand habe es unterlassen, so schreibt Jakob Sturm, beim Betreten des
Münsters das Grab des Predigers mit Weihwasser zu besprengen[32].

Von Geilers Grabplatte findet man heute keine Spur mehr auf dem Boden der
Kathedrale[33]. Um die Formulierung ihrer Inschrift war unmittelbar nach seiner
Beerdigung ein regelrechter Wettstreit entbrannt, dessen Ausgang zeigt, wie hoch-
fliegende Ambitionen bildungsreformerischer Humanisten selbst in einer Stadt
wie Straßburg auf den prosaischen Boden biederen Geschmackes zurückgeführt
werden konnten[34]. Gekränkt schrieb Beatus Rhenanus, der mit seinem Entwurf
nicht berücksichtigt worden war: *literatores quidam semidocti barbaris notis bar-*
barum epigramma lapidi sepulchrali circumsculpi curarunt[35]. Er rettete allerdings
seine eigenen Bemühungen vor dem Vergessenwerden, indem er sie wenigstens
in seine Vita Geileri aufnahm. Er hatte den Prediger in einem fast hundert Worte
umfassenden Text verherrlicht, ihn beredter als Perikles, beherrschter als Sokra-
tes, gottesfürchtiger als Numa Pompilius genannt[36]. Das war den nüchternen Straß-

---

[31] *Die Mercurii exequiae in summae ecclesiae choro habitae sunt praesente et offerente*
senatu Argentinensi atque innumera utriusque sexus plebe; vidisses maximam matronarum
frequentiam earumque tantum affectum quantum vix credidisses (Brief von J. Sturm in:
Das Leben Geilers (1510) S. 84 Z. 844-847); *Exequias eius sacerdotes quam plurimi cele-*
brarunt multorum civium atque etiam senatus totius praesentia honoratas (B. Rhenanus
ebd. S. 95 Z. 164 f.); *Syn liepfal ward von der priesterschafft herlichen begangen, in*
gegenwirtikeitt des gantzen ratt (M. Berler: Chronik (1510-20) S. 115); *die postera hora*
undecima ante suam ecclesiae maioris sedem sepultus cum multorum lacrimis et singultu
(Brief von Martinus Cellarius (Keller), Kanoniker an Jung St. Peter zu Straßburg, an Jakob
Wimpfeling. [Straßburg, zw. 11. 3. und 24. 4. 1510], in: Das Leben Geilers (1510) S. 84 Z.
835 f.).

[32] Ebd. S. 84 Z. 847 f. Vgl. zu den Exequien auch unten S. 294 f.

[33] Auf dem Holzschnitt aus der Heilsamen Predigt (1513) (Abb. 3 in dieser Arbeit) ist
im Vordergrund vor der Kanzel eine Grabplatte zu sehen, auf der ein Abendmahlskelch
dargestellt ist. Vielleicht wollte der Künstler den Grabstein des drei Jahre zuvor verstorbenen Predigers zeigen; der Stein verschwand nach einer Zerstörung (J. M. B. Clauß: Münster als Begräbnisstätte (1905) S. 21), während das Grab nach L. Pfleger im Jahre 1910
noch vorhanden war (Geiler. Zu seinem Todestag. In: Predigt und Katechese (1910) S. 27);
nach Fr. Piton wurden die sterblichen Reste Geilers umgebettet und in der Nähe die Gedenk-
tafeln verbracht: »ses restes mortels furent ensuite transférés contre le premier pilier du
choeur en face de la chapelle Sainte-Catherine« (La cathédrale de Strasbourg (1861) 44 f.,
ohne Quellenangabe).

[34] Vgl. O. Herding in: Das Leben Geilers (1510) S. 46-48 und L. Dacheux: Un réformateur catholique (1876) S. 507-509.

[35] B. Rhenanus in: Das Leben Geilers (1510) S. 95 Z. 180 f.

[36] Vgl. VII, 8 Nr. 24.

burgern offenbar zu preziös – sie beschränkten sich auf einen traditionellen und schlichten, in den Augen der Humanisten aber wenig originellen Text: *Anno Domini etc. mortuus est Dominus Joannes etc. Requiescat anima eius in pace*[37].

Dies sind zumindest die Worte eines Klerikers, wie sie der mit seinem Vorschlag ebenfalls übergangene Jakob Wimpfeling in seinen drei Jahre nach seiner Zurückweisung erschienen *Castigationes* wiedergibt. Beleidigt charakterisierte er den Kleriker, der sicher Straßburger Domkanoniker war, als rückständig, ungebildet und provinziell und machte ihn damit lächerlich. Der Geistliche, der nur einmal im Jahr die Messe lese, habe ihn, Wimpfeling, schäumend vor Wut wegen seines Entwurfes, den man doch von ihm erbeten habe, zur Rede gestellt und gefragt, weshalb man sich unbedingt etwas Neues ausdenken müsse, weshalb man nicht mit den althergebrachten Epitaphientexten zufrieden sei. Nachdem Wimpfeling bekannt habe, der römischen Antike und ihrem eleganten Latein gefolgt zu sein, um ein gutes Beispiel zu geben, damit er und seine Landsleute von Ausländern nicht ständig Barbaren gerufen würden, habe der Geistliche schroff entgegnet: „Was sollen wir mit Rom, was mit Italien? Hier sind wir im Elsaß!"[38]

Neben den beiden Biographen haben noch Johannes Reuchlin[39] und eine ganze Reihe Poeten um die ideale Formulierung einer Totenklage auf Geiler gerungen, die Wimpfeling unter dem Titel *Planctus et lamentatio* der Erstausgabe seiner Vita Geileri beigab[40]. Unter ihnen ragen Philipp Melanchthon (1497-1560)[41] und Sebastian Brant hervor. Die Namen der anderen verweisen zumeist auf die Universität Heidelberg, ihre Träger stammten vor allem aus dem heutigen bayerischen Schwaben, aus Günzburg und Kempten[42]. Sie waren Schüler Wimpfelings,

---

[37] J. Wimpfeling: Castigationes (1513) fol. a4 v.

[38] *E quorum* [sc. ignarorum] *fuit sacerdos semel in anno sacrificans, qui, propter epigramma prosaicum in quemdam mortuum a me rogato conscriptum et quidem plane, sed non coquinaria (ut aiunt) latinitate quali ipse praescripserat, in faciem meam irruit irae plenus, flammantibus oculis, tremulis labris et jurgantibus verbis, quidnam novi molirer? cur non antiquis epitaphiis contentus essem? Aiebam me Romanam antiquitatem et latinam elegantiam sequi ac diligere cupereque, ut posteri nostri hoc idem facerent, ne semper ab exteris barbari vocaremur. Respondit pervicacissimus vir: Quid nobis de Roma? quid de Italia? Hic in Alsatia sumus. Nonne bene dictum est: Anno Domini etc. mortuus est Dominus Joannes etc. Requiescat anima eius in pace. Cessi importunitati, dedi locum furori* (nach L. Dacheux: Un réformateur catholique (1876) S. 506 Anm. 1).

[39] J. Reuchlin: Carmen theologicum (1510).

[40] Vgl. das Verzeichnis der Lamentationen (VII, 8) und J. Wimpfeling: Das Leben Geilers (1510) S. 85-87 Anm. zu Z. 877 ff.

[41] Vgl. zu ihm Heinz Scheible in: Humanismus im deutschen Südwesten. Biographische Profile (1993) S. 221-238.

[42] Vgl. O. Herding in: Das Leben Geilers (1510) S. 16 f.; es waren: Anton Bleger, Johannes Botzheim, Georg Glockensnabel, Peter Günther, Martin Habsburg, Franz Heckmann, Johannes Hiber, Peter Kessel, Johannes Lachmann, Johannes Maler, Heinrich Mümprott,

der sie, wie ein Jahrzehnt zuvor schon einmal eine andere Studentengruppe, zu Versen über ein gemeinsames Thema angeregt hatte. Damals hatte er die Gedichte, die *contra poetas lascivos* geschrieben worden waren[43], Geiler zur Beurteilung gesandt, dessen Meinung darüber sich erhalten hat[44].

Von den Resultaten des 'Dichterwettbewerbs' von 1510 wurden am Ende doch noch einige Zeilen in Stein verewigt und gelangten in Gestalt der ersten beiden Distichen von Sebastian Brants Poem ins Straßburger Münster[45]. Die Johanniter, deren Kloster sich durch eine großartige Bibliothek auszeichnete und zu denen Geiler besondere Beziehungen gepflegt hatte, erwiesen sich als offener für humanistische Dichtung[46] als die Domkanoniker. Sie ließen ein steinernes Epitaph in Nachahmung eines in einen Rahmen gehefteten Pergamentblattes anfertigen. Die Schrift darauf ist schwarz, die Majuskeln sind abwechselnd rot und blau gefaßt. Die Tafel hing vermutlich schon immer an ihrem jetzigen Ort, dem ersten Pfeiler im südlichen Hauptschiff, gegenüber dem 'Engelspfeiler'[47]. Etwas weiter höher und links befindet sich heute eine weitere, in schwarz auf Goldgrund beschriebene Tafel, die ebenfalls auf Initiative der Johanniter zu Geilers Gedenken geschaffen worden war[48]. Sie hing ursprünglich in ihrer Kirche auf dem Grünenwörth und wurde im Jahre 1633, als man das Kloster abriß, ins Münster transferiert[49].

Othmar Nachtigall (oder Luscinius),Urban Philiranus Rieger (oder Rhegius), Jacob Sagittarius, Johannes Schnitzer, Johannes Sorbillo und Franz Wiler (vgl. unten VII, 8).

[43] J. Wimpfeling: Adolescentia, S. 341-354.

[44] Unten VII, 6 Nr. 51.

[45] *Quem merito defles urbs Argentina Ioannes / Geiler, Monte quidem caesaris egenitus*[,] */ Sede sub hac recubat quam rexit praeco tonantis / Per sex lustra docens verba salutifera* (Transkription nach dem Original im Münster; Abb. bei J. M. B. Clauß: Münster als Begräbnisstätte (1905) S. 21); Nachweise auch für das Gedicht und seine deutsche Übersetzung unten VII, 8 Nrr. 5 und 6.

[46] Im Johanniterkloster lebte bspw. von 1461 bis zu seinem Tode der ehemalige Bürgermeister Sigismund Gossembrot (geb. Augsburg 1417, gest. Straßburg 1493), der in seiner Augsburger Zeit im Mittelpunkt eines Humanistenkreises gestanden hatte.

[47] Nach J. Gapp war die Tafel zunächst am unteren Teil der Kanzel angebracht (Un réformateur catholique (1877) S. 32, ohne Quellenbeleg); dafür könnte der Text sprechen, da Geilers Grablege ja in der Nähe der Kanzel war, doch sind die Verse Teil eines längeren auch unabhängig vom Anbringungsort der Tafel bestehenden Gedichtes und waren ja ursprünglich für den Grabstein bestimmt.

[48] *Joanni Geiler Keisersbergio theologo integerrimo*[,] *qui annos supra XXX Christi legem Argentinensibus exemplo et sermone constantissime patefecit*[,] *ut immortalis sit eius pro maximis suis meritis memoria, huius loci commendator et fratres hoc saxum summo cum favore posuere. Obiit decima Martii anno domini MVX* (Transkription nach dem Original im Münster); vgl. Nachweise unten VII, 8 Nr. 1.

[49] Vgl. L. Dacheux: Un réformateur (1876) S. 506 f. und J. M. B. Clauß: Kritische Uebersicht (1910) S. 486.

Andere Formen von Gedenken an Geiler finden sich in verschiedenen Anniversarien aus Straßburg dokumentiert. Drei Tage nach den Exequien verzeichnet der *Liber anniversarius* des Hochchors eine Gabe von 5 ß zum Gedächtnis an den Vikar Geiler[50]. Laut ihrem Seelbuch wollten auch die Reuerinnen für den Prediger, der ihrem Konvent *vil guottes geton hett, geistlich und zittlich*, immer an seinem Todestag ein Jahrzeitgedächtnis begehen[51]. Mit dem Begriff *zittlich* waren wohl weniger die in dem Eintrag erwähnten 10 fl gemeint, die er den Nonnen in seinem Testament vermacht hatte[52] (ein Exemplar seines letzten Willens hatte er samt zugehörigem Indult in ihrem Kloster hinterlegt[53]), als vielmehr die Dienste, die er als Prior geleistet hatte[54].

Während man in den ersten Jahrhunderten nach seinen Tod keine weiteren Erinnerungsmale an Geiler errichtet zu haben scheint, gedachte die vom Historismus angeregte Gedenk- und Denkmalskultur auch des Predigers. Ein halbplastisches Relief, das Geiler zeigt, ziert die Südwestecke der 1894 fertiggestellten Universitätsbibliothek, die in dem nach 1871 zum Rhein hin großzügig aus-

---

[50] *Idus martii: pro memoria Joannis Geyler de Keysersberg, dantur quinque solide in visitatione* (Ph. A. Grandidier: Œuvres historiques inédites Bd. 2, S. 201).

[51] Eintrag zum 10. März: *Gedenckend durch gott des wirdigen hochgelerten herr doctor Keyßerspergs, der uns vil guottes hat geton. Suoch do hinden by dem buochstaben A [...].* A: *Gedenckent durch gott des erwidigen hochgelerten herren Johannes von Keißersperg, doctor der heiligen geschrifft, prediger inn der hohen stifft Straßburg, der uß dißer zitt gescheiden ist uff suntag letare im jor 1510, was der 10. tag im mertzen, der unsrem convent vil guottes geton hett, geistlich und zittlich. Aller meist geistlich mitt vil guotter lere und predigen, so er uns inn 30 joren geton hat. In den selben joren er ein mitt helffer gewesen ist mitt den statthalteren unsers öbersten probstes. Ist ouch selber by 12 joren gewesen sin statthalter. Er hett uns ouch inn sym letzsten besetzt 10 gulden und uns sust vil guottes und truwen geton, des halben wir flyssiclichen gott den herren für sin sele bitten sollen und verwilliget haben, im sin jorgezitt zuo begon mitt einem andren jorgezitt noch gewonheit unsers closters* (Obituarium St. Magdalena, S. 25 und S. 124); *ordo Poenitentium suae curae creditae* (J. Wimpfeling in: Das Leben Geilers (1510) S. 58 Z. 177 f.); vgl. oben S. 116.

[52] Vgl. die vorige Anm. Es ist zwar weder in seinem Testament noch im Kodizill speziell von dieser Schenkung die Rede, doch findet sich in ersterem eine Generalformel auch in bezug auf seine Geldhinterlassenschaft: *Item omnem suppellectilem et pecuniam, si quam reliquero, testamentarii distribuant secundum quod specificavero* (T. W. Röhrich: Testament (1848) S. 583).

[53] *Cuius* [sc. testamentum] *simile locatum est in ladula cum indulto apud Penitentes* (ebd.).

[54] Vgl. unten S. 206; im Jahre 1491 begehrten die Schwestern für ihren Konvent, ihren Visitator Hans Simmler und ihren Prior Geiler bei der römischen Kurie die Freiheit, einen Welt- oder Ordensgeistlichen zum Beichtvater wählen zu dürfen, was von Papst Innozenz VIII. gestattet wurde (L. Pfleger: Geschichte des Reuerinnenklosters St. Magdalena (1937) S. 30).

gebauten Gründerzeitviertel liegt[55]. Dort findet man übrigens auch ganz in der Nähe der heutigen 'Archives départementales du Bas-Rhin' eine kleinere, nach Geiler benannte Straße, die, zwischen Universität und Orangerie gelegen, parallel zur 'Avenue de la Forêt-Noire' verläuft[56].

Noch während des Ersten Weltkrieges setzte man Geiler dann eine weitere Gedenktafel. Man griff, wie schon vier Jahrhunderte zuvor, auf das Gedicht von Sebastian Brant, zurück, nun allerdings auf die deutsche Version[57]. Sie wurde im Jahre 1917 außen an der Ostseite des inzwischen barocken Langhauses der Kirche des ehemaligen Reuerinnenklosters angebracht, auf der Seite, wo einst der Kreuzgang lag[58]. Vor die Tafel stellte man den sogenannten Geilerbrunnen. Auf einem hohen Pfeiler, aus dem ein heute trockenes Brunnenrohr ragt, steht eine Sandsteinbüste Geilers, die ihn in etwa so wie auf dem Titelblatt der 'Postille' zeigt[59].

In der oberelsässischen Stadt, deren Namen der Prediger trug, faßte man an der Wende vom 19. zum 20. Jahrhundert den Plan, Geiler anläßlich seines 400. Todestages, der ja Anlaß für zahlreiche Aufsätze und Zeitungsartikel werden sollte[60], in besonderer Weise zu ehren[61]. Der Altertumsverein für Kaysersberg und Umgebung beschloß, dem berühmten Bürger der Stadt ein Denkmal zu errichten. Bis 1910 war allerdings nicht genug Geld zusammengekommen, so daß der Plan aufgegeben wurde. Erst nach zwei Jahrzehnten und einem Weltkrieg kam es zu einer neuen Initiative. Nun gehörte das Elsaß wieder zu Frankreich und der Wunsch, sich der deutschen Vergangenheit zu erinnern, war offenbar gewachsen. Am 30. Juli 1933 konnte eine überlebensgroße Skulptur aus Vogesensandstein eingeweiht werden[62]. Nur ein Jahrzehnt später, inzwischen auf 'Reichsland' stehend, wurde sie von den Bomben des nächsten Weltkrieges zerstört. Es sollten noch einmal

---

[55] Nach Plänen von Neckelmann und Hartel gebaut; heute Bibliothèque Nationale et Universitaire de Strasbourg, 6, Place de la République; Relief an der Seite zur Rue du General Gouraud.

[56] 'Rue Geiler'.

[57] *GEILER v.*[on] *KAYSERSBERG z.*[um] *GEDÄCHTNIS*[.] *1445*[-]*1510*[,] *er was ein gezierd der geistlichkeit*[,] / *ein spiegel aller militigkeit*[,] / *ein liebhaber frydens u*[nd] *tugent*[,] / *ein unterweiser alter u*[nd] *jugent* (Transkr. nach dem Original); vgl. VII, 8 Nr. 5.

[58] Er dient heute als Schulhof.

[59] Geschaffen von dem Straßburger Bildhauer Marzolf (L. Pfleger: Geilerdenkmal in Straßburg (1917) S. 352); zur Abb. in der Postille, die dieser Arbeit als Abb. 8 reproduziert ist, vgl. unten S. 173.

[60] Vgl. oben S. 34 Anm. 112 f.

[61] Vgl. Jean Geiler de Kaysersberg (1934) S. 7-9 und L. Sittler: Kaysersberg (1979) S. 18 mit Abb. S. 10.

[62] Geschaffen vom Bildhauer Charles Geiss (gest. 1958) aus Colmar; Abb. des Platzes ('Place Geiler', ehem. 'Spittelplatz') und des Denkmals im Zustand vor der Zerstörung bei M. Horst: Geiler de Kaysersberg (1986) S. 55.

mehr als ein Jahrzehnt vergehen, bis das Denkmal im Jahre 1958 von demselben Künstler an gleichem Ort, der nun wieder zu Frankreich gehörte, neu errichtet werden konnte.

11. Bildnisse

Geiler lebte in einer Zeit, in welcher es von mächtigen, reichen, gebildeten oder berühmten Persönlichkeiten Bildnisse gibt, bei denen wir davon ausgehen können, daß sie durchaus Ähnlichkeit mit den Abgebildeten haben. Auch der Münsterprediger wurde zu seinen Lebzeiten porträtiert. Es mag interessant sein, nachdem sein Lebenslauf geschildert wurde und Nachwirkungen angesprochen wurden, näher auf ein Ölgemälde von Hans Burgkmair d. Ä.[1] und auf andere Darstellungen, die Geiler zeigen[2], einzugehen.

Der 17jährige Burgkmair malte den Münsterprediger von Straßburg im Jahre 1490 im Auftrag von dessen Freund und Gönner, des Augsburger Bischofs Friedrich von Zollern[3]. Das geht aus zwei zu verschiedenen Zeiten angebrachten Aufschriften auf der Tafelrückseite hervor. Eine stammt vom Vater des Künstlers, Thoman Burgkmair (1444-1523), und ist erst nach dem Tode Geilers angebracht worden[4]. Die andere ist älter und wurde wohl bald nach Fertigstellung vom Künstler

---

[1] Geb. Augsburg 1473, gest. ebd. 1531. Vgl. zu ihm H. A. Schid in: Thieme-Becker: Künstlerlexikon Bd. 5 (1911) S.252-258.

[2] Vgl. auch die Beschreibung des Äußeren Geilers von B. Rhenanus in seiner Vita: *Fuit statura procera, capillo crispo, facie macilenta ac corpore gracili, sed salubri et renum dolore excepto nullis aegritudinibus obnoxio* (Das Leben Geilers (1510) S. 94 Z. 152-154) und von M. Berler: *Er ist gewessen gerader staturr, mitt krussem horr, magers antzlitt, volgeformirter und lieblichem leip, gesundes corpers* (Chronik (1510-20) S. 115).

[3] Abb. in dieser Arbeit als Titelbild; vgl. Altdeutsche Gemälde Augsburg. Katalog (1988) Abb. 18, S. 32 und S. 34-37. 1759 gelangte das Gemälde aus dem kurfürstlichen Magazin München in das kurfürstliche Schloß Dachau und von dort 1824 in das Depot, sechs Jahre später in die Galerie des königlichen Schlosses Schleißheim bei München, wo es bis 1931 verblieb; der Öffentlichkeit wurde es erst durch einen Zeitungsaufsatz aus dem Jahre 1884 bekannt (Wilhelm Schmidt: Zur altdeutschen Kunst. In: Beilage zur Allgemeinen Zeitung, München Nr. 207 (1884) S. 3051); 1932 kam es in die staatliche Gemäldesammlung Augsburg, wo es auch heute noch betrachtet werden kann – übrigens neben dem Porträt des Auftraggebers (vgl. unten Anm. 10).

[4] *1490. Doctor Johannes Gaieler von Caysersperg, predikant zuo Straßburg, gestorben auf suntag letare 1510 jar. Von Hanns Bugkmair, maler, gekonterfet, was 17 jar alt. Dem hern und bischofen Friderichen graufen zuo Hochen Zolern z[...]* (abgebildet bei: U. Schmid: Geyler von Kaisersberg (1906) vor S. 157). H. Müller vermutet wegen der Inschrift Thomans, die nach Geilers Tod (10. 3. 1510) angebracht worden sein muß, das Bild sei mindestens bis 1510 im Hause Burgkmair verblieben (Malerfamilie Burgkmair (1955) S. 51), was mir

selbst beigefügt[5]. Der junge Hans Burgkmair war zwar um 1488 selbst am Oberrhein, doch spricht nichts gegen die Datierung auf der Rückseite, zumal auch die
Altersangabe des Künstlers stimmig ist. Der Prediger war jedenfalls, wie in den
voraufgegangenen vier Jahren, auch 1490 in der Stadt am Lech[6].

Das Brustbild ohne Hände in etwa halber Lebensgröße zeigt vor blauem Hintergrund den nach links blickenden 45jährigen bartlosen Geiler mit rundem, leicht
vorspringendem Kinn, großen braunen Augen sowie runden Brauen; er hat kurze,
doch teilweise über die Ohren reichende, gewellte braune Haare. Der Prediger
trägt ein rundes, nicht gewölbtes, hohes Birett[7] und ein am Hals mit einem niedrigen eingehakten Kragen geschlossenes schlichtes schwarzes Gewand[8].

Der Fürstbischof hatte das Bildnis zu einem Zeitpunkt in Auftrag gegeben, als
ihm mit Geilers endgültiger Annahme der Straßburger Predigerstelle im Jahre
1489 deutlich geworden sein mußte, daß seine wiederholten Versuche gescheitert
waren, den begnadeten Prediger und persönlichen Ratgeber in Glaubens- und
Kirchenfragen für sich und Augsburg zu gewinnen[9]. Vielleicht wollte er nun, da
er seinen Freund nicht auf Dauer persönlich in seiner Nähe haben konnte, wenigstens ein Bild von ihm besitzen. Burgkmair malte im gleichen Jahr auch den 39jäh-
rigen Friedrich von Zollern[10].

Möglicherweise erblicken wir den Straßburger Münsterprediger auch auf einem bislang noch nicht mit ihm in Verbindung gebrachten Titelverso, das den
zwei Jahre vor seinem Tod bei Johannes Grüninger in Straßburg erschienenen

---

wenig einleuchtend erscheint. Es ist vielmehr wahrscheinlicher, daß es zumindest bis zum
Tod des Auftraggebers (1505) in dessen Besitz verblieben ist. Ein Anlaß für die Inschrift
könnten Veränderungen gewesen sein, die mit dem Bild vorgenommen wurden: Der Mal-
rand ist unten von der Mitte nach rechts leicht beschnitten, wodurch die ältere Inschrift
Hans Burgkmairs teilweise nicht mehr lesbar ist (Altdeutsche Gemälde Augsburg. Katalog
(1988) S. 34 f.).

   [5] Am unteren Rand: [...] *maler was 17 jar alt* [...] *ich* [...] (abgebildet bei U. Schmid:
Geyler von Kaisersberg (1906) vor S. 157).

   [6] Vgl. oben S. 123 f. und VII,1. Er war Ende des Jahres 1490 angereist und bis zum
Januar des folgenden geblieben.

   [7] Vgl. Geilers Brief an Wimpfeling von 1503, in dem er schildert, er habe sein wollenes
Birett in Gegenwart Maximilians wegen der Hitze abgenommen (oben S. 155).

   [8] Zur Kleidung allgemein: M. Bringemeier: Priester- und Gelehrtenkleidung (1974),
W. N. Hargreaves-Mawdsley: A History of Academical Dress in Europe (1963) und A.
Reinle: Die Ausstattung deutscher Kirchen im Mittelalter (1988) Kapitel zur Kleidung.

   [9] Vgl. oben S. 123-125.

   [10] Das Bild ist datiert und hat nahezu die gleichen Maße wie das Geiler-Porträt: Papier,
auf Leinwand geklebt, 37, 2 x 25, 8 cm. Staatsgalerie Augsburg/Städtische Kunstsammlungen. Inv. Nr. 10277; vgl. Altdeutsche Gemälde Augsburg. Katalog (1988) Abb. 19 und
S. 32-34; Aufschrift auf dem Bild: *1490* und *etatis annorum 39*. Die beiden Bilder von
1490 sind übrigens die ältesten bekannten Werke des Künstlers, der später auch zu mehre-

'Cathalogus episcoporum' von Jakob Wimpfeling schmückt[11]. »Im Stil traditioneller Buchwidmungsbilder wird der Autor Wimpfeling dargestellt, wie er dem durch Amtstracht, Insignien und Wappen identifizierten Adressaten Bischof Wilhelm von Hohnstein (1506-1541) seine Geschichte der Straßburger Bischöfe überreicht. Den Bischof umstehen zu seiner Rechten [...] die gelehrten Geistlichen, zu seiner Linken die Adligen.«[12]

Abb. 6 *Geiler bei Bischof Wilhelm von Hohnstein*

Anonymer Holzschnitt. J. Wimpfeling: Cathalogus
episcoporum (1508) Titelverso

ren in Augsburg verlegten Predigten Geilers Holzschnitt-Illustrationen schuf (zu J. Geiler: Deutsche Predigten (1508), Granatapfel (1510) und Navicula penitentie (1511)).

[11] J. Wimpfeling: Cathalogus episcoporum (1508).

[12] D. Mertens, Jakob Wimpfeling in: Humanismus im deutschen Südwesten. Biographische Profile (1993) S. 55.

Vielleicht läßt sich einer der gelehrten Geistlichen identifizieren. Direkt hinter dem Autor, der sich zum Bischof wendet und dabei sein rechtes Knie beugt, steht ein Mann, der nach rechts unten schaut und dessen linke Hand zu sehen ist. An seiner rechten Seite steht ein ihn anblickender jüngerer Mann. Der ältere trägt ein rundes Birett, worunter seine bis halb über die Ohren reichenden Haare hervorkommen, und einen Chorrock mit Schnitt an der Brust und rundem Kragen. Der jüngere hat längere Haare und trägt keine spezifische Klerikerkleidung; er hat ein etwas spitzes Gesicht und eine lange schmale Nase. Aufgrund einer gewissen Übereinstimmung in der Physiognomie und der Kleidung mit dem Burgkmairschen Gemälde, vor allem aber mit späteren Holzschnitten, die Geiler auf der Kanzel oder in seiner Studierstube zeigen, kann man annehmen, daß der ältere den etwas über 60jährigen Münsterprediger darstellen soll, der die Anregung zu der Bischofsgeschichte gegeben hatte, wie Jakob Wimpfeling in der Dedikationsepistel an die Mitglieder des Straßburger Domkapitels schrieb[13].

Drei Jahre nach Geilers Tod und sieben Jahren nach dem 'Cathalogus episcoporum' erschien ebenfalls bei Grüninger in Straßburg der erste Druck der 'Heilsamen Predigt', in dem man auf einer der beigegebenen Illustrationen Geiler auf der Kanzel stehen sieht. Dieser anonyme Holzschnitt war sicher Vorlage für einen weiteren, ebenfalls keinem Künstler zugewiesenen, der das Titelblatt einer Ausgabe der 'Pater-Noster-Auslegung' von 1515 schmückt, die ebenfalls in der Stadt an der Ill die Pressen verließ. Auf beide Bilder wurde weiter oben bereits im Zusammenhang mit der Münsterkanzel eingegangen[14].

Geiler trägt beide Male ein Birett und über die Schultern eine bis zu den Hüften reichende, außen mit Pelz besetzte Almucia in Form eines Schnurmantels, an dessen unterem Saum Pelztroddeln angebracht sind. Bei beiden Holzschnitten ist er wieder mit einem Chorrock mit rundem Kragen bekleidet, der auf dem jüngeren Bild allerdings sehr weite modische Ärmel hat, die vielleicht mit Zaddeln besetzt oder anders verziert sind, worunter eine Subtunika mit engeren Ärmeln zum Vorschein kommt. Auf dem älteren Bild weist er belehrend mit dem Zeigefinger seiner Rechten und der ausgestreckten Linken auf zwei reichgekleidete Zuhörer; auf dem jüngeren scheint er mit dem Zeigefinger seiner Rechten an den Fingern der Linken abzuzählen. Eine Ähnlichkeit der Gesichtszüge des Abgebildeten mit denen auf dem Burgkmair-Bild und dem Schnitt, der dem 'Cathalogus episcoporum' beigegeben ist, kann man eher auf dem älteren Holzschnitt ausmachen, der den Prediger etwas jünger als auf dem Bild von 1515 darstellt. Die Haare sind in beiden Fällen etwas länger, bei dem älteren Bild auf der Stirn deutlich gelichtet.

---

[13] Am 31. 12. 1507: *Rogavit me plus semel Ioannes Keiserspergius [...], ut Catalogus episcoporum Argentinensium usque ad nostra tempora colligerem* (J. Wimpfeling: Briefwechsel Bd. 2, Nr. 236 S. 613).

[14] Vgl. die Abb. 3 und 4 in dieser Arbeit.

Ein weiterer Holzschnitt, auf dem Geiler abgebildet ist, erschien sieben Jahre nach seinem Tod in der Predigtsammlung 'Die brösamlin doctor Keiserspergs uffgelesen von frater Johann Paulin barfuoser ordens'[15]. Johannes Pauli[16] ließ das, was er im Titel sagt, auch mit einem interessanten Holzschnitt ausdrücken, den er gleich zweimal seiner Straßburger Ausgabe beigab[17]. Man sieht den knienden Franziskaner, wie er beschriebene Zettel aufliest und in einem Korb sammelt. Die Schnipsel sind Brosamen gleich von einem Tisch gefallen, an dem Geiler gerade eine Mahlzeit beendet hat, was man daran sieht, daß ein junger Diener im Begriff ist, den Raum mit einer zugedeckten Schüssel in der einen und einer Kanne in der anderen Hand nach links zu verlassen, während dem Prediger ein Becher, ein Messer und einen Kanten Brot auf der Tischdecke verbleiben.

Abb. 7 *Geiler in seiner Studierstube*

Anonymer Holzschnitt. J. Geiler: Brosamen T. 2 (1517) fol. [6 b]

---

[15] J. Geiler: Brosamen (1517) Titel.

[16] Eigentl. Paul Pfeddersheimer; geb. Pfeddersheim (heute Teil von Worms) Mitte 15. Jh., gest. Thann (Oberelsaß) nach 1520; Priester, Lektor, Prediger; in Straßburg wohl 1504-1510 als Guardian des Franziskanerklosters. Vgl. zu ihm Robert G. Warnock in: Verfasserlexikon Bd. 7 (1989) Sp. 369-374.

[17] J. Geiler: Brosamen T. 2 (1517) fol. [6 b] und 32 b.

Die Szene findet offenbar in Geilers Haus in einem gewölbten Zimmer mit Säulen statt, die dem Prediger nicht nur zum Essen, sondern auch zum Arbeiten dient. Vermutlich ist die Studierstube gemeint, die in seinem Testament erwähnt wird und in der er auch starb[18]. Ein Fenster gibt die Sicht auf Bäume und Gebäudeteile frei, die zum Bruderhof, der dem Münsterpredigerhaus gegenüber lag, oder dem nicht weit entfernten romanischen Ostabschluß des Münsters gehören könnten[19]. Mit der rechten Hand weist der Prediger nach vorne. Es ist nicht recht zu entscheiden, ob er dem vor ihm knienden Barfüßer über den Kopf streichen oder ihn gar segnen oder einfach nur eine Seite in dem rechts von ihm aufgeschlagenen Buch umschlagen will. In der linken Hand hält er Augengläser, am rechten Rand des Tisches steht ein Stundenglas[20]. Geiler trägt diesmal ein gewölbtes Birett; sein Gewand ist ein sehr weites Superpelliceum, das am unteren Saum wieder mit Zaddeln besetzt oder sonst verziert ist; darunter erkennt man am Dekolleté ein weiteres Kleidungsstück mit Schnitt an der Brust sowie hellem Kragen und Saum. Seine Gesichtszüge ähneln denen des Holzschnitts von 1515.

Kein Bildnis des Predigers prägte die Vorstellung von ihm so sehr wie der unzählige Male kopierte und in verschiedenen Versionen gedruckte, zum erstenmal 1522 auf dem Titel von Geilers 'Postille' erschienene Holzschnitt[21] von Hans Wechtlin[22]. Wechtlin wurde in Straßburg geboren und lebte dort auch lange Zeit, hatte also oft die Gelegenheit, Geiler zu sehen. Der Wechtlinsche Schnitt zeigt Geiler jedoch ganz anders als das Ölgemälde von Burgkmair und auch als die vier womöglich voneinander abhängigen Schnitte aus Straßburg. Man sieht einen Mann von wohl mehr als sechzig Jahren, mit ausgeprägt breitem Kinn, markanter langer schmaler Nase und eingefallenen Wangen von halb rechts. Seine Stirn ist von tiefen Falten durchzogen, seine Mundwinkel nach unten gezogen. Hier blickt ein Mann streng, ja finster aus dunklen und tief liegenden Augen, über denen er die Brauen zusammengezogen hat, der ernüchtert und verbittert, doch nicht gebrochen zu sein scheint. Die spätere Popularität des Bildes rührt sicher auch daher, daß man an jeder 'Sorgenfalte' des Gesichts eine jener Enttäuschungen abzulesen glaubte, die Geiler seine, wie man lange von protestantischer Seite aus meinte[23],

---

[18] Vgl. oben S. 120 und S. 161.

[19] Vgl. zu Geilers Haus oben S. 119 f.

[20] Eine Kanzelsanduhr nahm er auch zur Predigt mit, weil er nicht länger als eine Stunde reden wollte (vgl. oben S. 122).

[21] J. Geiler: Postille (1522) Titelblatt. Vgl. Porträtsammlung Wolfenbüttel A, 8 (1989) S. 363-365 A. 7546-7550, H. W. Singer: Neuer Bildniskatalog Bd. 2 (1937) S. 130 und ders.: Allgemeiner Bildniskatalog Bd. 4 (1931) S. 255 f.

[22] Geb. Straßburg 1480/85, gest. ebd. 1530; ab 1505 in Nancy; 1514 Bürger von Straßburg. Vgl. zu ihm Heinrich Röttinger in: Thieme-Becker. Allgemeines Künstlerlexikon Bd. 35 (1942) S. 233-235.

[23] Vgl. oben S. 18.

Abb. 8 *Geiler als älterer Mann*

Holzschnitt von Hans Wechtlin. J. Geiler: Postille (1522) Titelblatt

dekadente, bigotte und unmoralische, doch glücklicherweise dem Untergang geweihte Zeit bereitet hatte.

Der 'aufrechte Kämpfer für eine Reformation der Kirche' trägt auch auf dieser Darstellung eine Priestermütze, die wegen ihrer viereckigen Form Pileus quadratus genannt wird und erst um 1500 in dieser Form verwandt wurde. Darunter kommt sein dickes, gewelltes, bis halb über die Ohren reichendes Haar hervor. Über einem Gewand aus kräftigem Stoff mit Schnitt an der Brust und Stehkragen trägt er einen Überwurf mit weitem, rundem Halsausschnitt, darüber einen Tasselmantel aus Pelz, von dem die beiden großen ovalen schachbrettgemusterten Tasseln und ein Teil der dicken geflochtenen Schnüre zu sehen sind.

Die abgehärmten, scharfen Gesichtszüge auf jenem Holzschnitt paßten offenbar gut zur Illustration des unerbittlichen Sittenpredigers, als den man sich Geiler seit der Reformationszeit bis zur Gegenwart vorzustellen pflegte: Nicolaus Reusner wählte 1587 diesen Holzschnitt, um ein Bild von Geiler zu geben[24], Joseph Anton Riegger eröffnete 1775 den Abschnitt über ihn mit einem nach Wechtlin gestochenen, den Prediger aber etwas verjüngt und weniger verbittert zeigenden Bild[25], Léon Dacheux stellte ein Jahrhundert später seiner Biographie einen von Alexandre Straub gezeichneten Stich nach Wechtlin voran[26], und wieder ein Jahrhundert später zeigte auch Francis Rapp jenen Holzschnitt in seinem Geiler-Artikel im 'Nouveau dictionnaire de biographie alsacienne'[27], und zwar in der Variante, die Luzian Pfleger schon 1932 veröffentlicht hatte[28]. Auch das Relief, die Büste und die Skulptur, die von Geiler Ende des 19. und Anfang des 20. Jahrhunderts geschaffen wurden, weisen jene Physiognomie auf[29].

Vergleicht man das am ehesten als authentisch anzusehende Konterfei Burgkmairs mit jenem zwölf Jahre nach Geilers Tod zum ersten Mal erschienenen Holzschnitt, so will man, auch wenn man berücksichtigt, daß der Abgebildete in höherem Lebensalter dargestellt ist, nicht recht glauben, daß ein und derselbe Mann zu sehen ist. Wechtlin unterstrich offenbar Geilers Charakter, wie er und seine Zeitgenossen ihn sahen, mit physiognomisch scheinbar passenden Gesichtszügen. Der auf dem Holzschnitt Abgebildete gleicht – abgesehen von Alter, Frisur und Kleidung (Almucia mit Kapuze über dem Kopf) – eigentlich eher Rudolf Agricola[30], wie er auf einem unsignierten Gemälde zu sehen ist, das Lucas Cranach d. Ä. (1472-1553) zwischen 1526 und 1530 malte[31] und das – aufgrund der Ähnlich-

---

[24] N. Reusner: Icones (1587) fol. Biii r.

[25] J. A. Riegger: Amoenitates Fasz. 1 (1775) zu S. 54.

[26] L. Dacheux: Un réformateur catholique (1876) Titelbild.

[27] Fr. Rapp: Geiler (1988) S. 1136; die einzelnen Lieferungen des im Erscheinen begriffenen Nachschlagewerkes (NDBA) werden im übrigen auf dem Deckel ebenfalls von einer verkleinerten Reproduktion jener Fassung geziert.

[28] L. Pfleger: Geilerbildnisse (1932) nach S. 180.

[29] Vgl. oben S. 167.

[30] Oder Roelof Huysman; geb. Baflo bei Groningen 1443, gest. Heidelberg 27. 10. 1485. Vgl. zu ihm R. Stupperich in: LexMA Bd. 1 (1989) Sp. 220 f.

[31] Öl auf Buchenholz, 29, 9 x 23 cm, Alte Pinakothek München Inv. Nr. 9363, erworben 1926 in Genf und seitdem wieder bekannt; vgl. Alte Pinakothek München (1983) S. 154 f. mit s/w. Abb. S. 154, angesehen als Porträt Rudolf Agricolas; Zuschreibung gestützt durch ein etwas kleineres und von Cranach mit Schlange signiertes Porträt desselben Mannes aus der Zeit um 1530 (19, 8 x 15 cm, Starnberg, Sammlung. Dr. Robert Purrmann; vgl. W. Schade: Cranachs Bildnisse von Humanisten (1974) S. 266 Kat. Nr. 167, Abb. 123 als Porträt Agricolas; M. J. Friedländer und J. Rosenberg: Die Gemälde von Lucas Cranach (1979) Nr. 310 A, dort allerdings angesehen als Porträt Geilers; Alte Pinakothek München (1983) S. 154 f., wo es nach Schade als Porträt Agricolas betrachtet wird).

keit mit jenem Holzschnitt – lange Zeit für ein Porträt Geilers angesehen wurde[32].
Auf diesem Ölbild blickt ebenfalls ein Mann nach links, der eine sehr ausgepräg-
te lange schmale Nase, ein kantiges breites Kinn und Ansätze zu eingefallenen
Wangen wie herabfallenden Mundwinkeln hat. Cranach war vermutlich nie in
Straßburg, kannte Geiler offenbar nicht und malte das Bild entweder nach Vorlage jenes Holzschnittes oder aber eines anderen Bildes, das Agricola darstellt[33].
Es scheint mir eindeutig, daß der Abgebildete, der wohl jünger als 40 Jahre ist,
nicht identisch sein kann mit dem Mann, der auf Burgkmairs Bild von 1490 zu
sehen ist.

Gerhard Bauer stellte dem ersten Band der Geilerschen Werkausgabe ein un-
datiertes Brustbild ohne Hände eines anonymen Künstlers voran, das bis dahin
der Öffentlichkeit weitgehend unbekannt war und das den Prediger darstellen soll[34].
Der Mann, der Mitte 30 sein könnte, schaut nach rechts. Er hat halblange, bis
über die Ohren und in die Stirn reichende, dunkle, lockige Haare und trägt ein
rundes Birett sowie ein schwarzes Gewand. Der Dargestellte scheint mir mehr
Ähnlichkeit mit den Abgebildeten auf den Gemälden zu haben, die inzwischen
oder überhaupt als Porträts Agricolas angesehen werden, und weniger mit dem
auf dem Gemälde Burgkmairs. Es entspricht besonders aufgrund der markanten
Nase und Kinnpartie auch eher dem Holzschnitt Wechtlins. Auch hier schaut ein
ernüchtert wirkender Mann aus tief liegenden Augen, der allerdings einen weniger strengen als schwermütigen Blick hat.

Gleichwohl weist das, was von der Bildbeschriftung lesbar ist, auf einen 'Johannes aus Kaysersberg' hin[35]. Wie wir wissen, gab es aber zwei Personen, die
diesen Namen trugen, was ja wahrscheinlich auch zu den wohl falschen Angaben
in bezug auf Geilers Studienaufenthalte führte[36]. Sollte sich die so geringe Ähnlichkeit der Konterfeis daraus erklären, daß einmal Johannes Scriptoris von Kay-

---

[32] Vgl. die Abb. und Zuweisungen bei L. Pfleger: Geilerbildnisse (1932) nach S. 192
und Alte Pinakothek München (1957) Abb. 40; W. Schade wies nach, daß es sich um ein
Porträt Agricolas handeln müsse (Cranachs Bildnisse von Humanisten (1974) S. 266 Kat.
Nr. 167, Abb. 146), was M. J. Friedländer und J. Rosenberg allerdings nicht übernahmen
(Die Gemälde von Lucas Cranach (1979) S. 130 Nr. 310, Abb. 310); noch als Bild Geilers
aufgefaßt in der bei Francis Rapp angefertigten Dissertation von B. Williams: La Réforme
dans l'enseignement de Jean Geiler (1989) S. 47.

[33] Vgl. W. Schade: Cranachs Bildnisse von Humanisten (1974) S. 257-261 und S. 266
Kat. Nr. 167.

[34] J. Geiler: Sämtliche Werke Bd. 1, Titelbild; dazu ebd. S. XX und Anm. 46 (im Eigen-
tum von Dr. Fritz Eberhard, Schwäbisch Gmünd); vgl. auch 'Ein Rektor unter dem Hammer' in: Badische Zeitung, Freiburg i. Br. (17. 9. 1970) S. 13: Ölgemälde um 1500, Format
23 x 28 cm auf Holztafel, olivgrüner Hintergrund.

[35] *Iohans* [...] *zu Key*[...]; die Bildbeschriftung auf der rechten Seite ist durch eine ältere
Retusche verdeckt (ebd.).

[36] Vgl. oben S. 56.

sersberg, der im Jahre 1460 als *clericus Basiliensis* gemeinsam mit Geiler in Freiburg das Studium aufgenommen hatte und ab dem Jahre 1482 als Domprediger von Mainz wirkte[37], und das andere Mal Johannes Geiler von Kaysersberg abgebildet ist?

Meines Erachtens kann man von den besprochenen Bildern allein dem Burgkmairschen Authentizität zusprechen; einmal, weil nichts dagegen spricht, daß der Künstler sein Modell gesehen hat, dann aber vor allem, weil es datiert und damit sicher zu Geilers Lebzeiten entstanden ist. Wechtlin mag versucht haben, in seinem Holzschnitt Züge des Gealterten festzuhalten, die mir aber überzeichnet zu sein scheinen und wohl eher nach Vorlagen als nach der Gestalt des zum Zeitpunkt der ersten Veröffentlichung bereits 12 Jahre toten Predigers entworfen wurden. Bei dem Gemälde, das uns Gerhard Bauer präsentiert, könnte eine Untersuchung, die die teilweise verdeckte Inschrift zutage bringt, für Klärung sorgen.

Nachzutragen bleibt, daß vermutet worden ist, Geiler hätte als Vorbild für eine geschnitzte und gefaßte Apostelfigur gedient, die auf einem Flügelaltar von 1518 in der Kaysersberger Pfarrkirche Heilig-Kreuz zu sehen ist[38]. Tatsächlich verbrachte Geiler ja einen Teil seiner Jugend in jener Stadt, war wohl auch später häufiger dort und stiftete ein Anniversar in eben jener Pfarrkirche[39]. Der dritte Apostel von rechts scheint in der Tat individueller als die anderen gestaltet zu sein, was ja häufig als Argument für identifizierbare Porträts ins Feld geführt wird; eine entfernte Ähnlichkeit wäre denkbar. Doch steht nicht fest, ob der Künstler Geiler oder auch nur ein Bildnis von ihm je gesehen hat und ob er der Figur, die beinahe ein Jahrzehnt nach dem Tod des Predigers geschaffen wurde, tatsächlich dessen Antlitz geben wollte.

---

[37] Vgl. oben S. 84 Anm. 100. Ein Porträt Scriptoris' ist weder bei H. W. Singer: Allgemeiner Bildniskatalog (1931) noch bei ders.: Neuer Bildniskatalog (1937) noch bei der Porträtsammlung Wolfenbüttel A, 8 (1989) nachgewiesen.

[38] J. M. B. Clauß: Skulpturengruppe an der Straßburger Münsterkanzel (1912) S. 55; zwischen dem 10. und 21. 1. 1518 beauftragte der Rat von Kaysersberg Hansen (Bongart) Bildhauer zu Colmar (zwischen 1511 und 1549 nachweisbar) nach einem vorliegenden Entwurf einen Altar für 180 fl herzustellen; sein Gehilfe war Meistergeselle Wendlin Steinprunn aus Weißenburg; der Altar ist fast vollständig erhalten (W. Hotz: Handbuch der Kunstdenkmäler im Elsaß und in Lothringen (1965) S. 84 mit Abb. 106); vgl. auch F.-X. Kraus: Kunst und Altertum im Ober-Elsaß Bd. 2 (1884) S. 199 f; gute farbige Abb. des gesamten Altars auch in: L. Sittler: Kaysersberg (1979) S. 32.

[39] Vgl. oben S. 46.

IV. Der Rechtsreformer

*Nosti vir praeclarissime celum eius, quem prius nominavi, doctoris, quanto
fervore pro gloria dei decertet, quanta contentione corripiat. Neque enim aliter
talenti sibi commissi rationem, domino satisfacientem reddere se posse confidit,
nisi se ponat murum contra iniquos et in his precipuum errorem detegat, que
sub pallio vel statutorum vel consuetudinis relata, iustitie cuiusdam faciem
apud imperitos et eos pervicaces induerunt.*

> Peter Schott d. J. über seinen Freund Geiler in einem Brief von 1484/85 an den aposto-
> lischen Nuntius Emerich Kemel (P. Schott: The Works Bd. 1, Nr. 187 S. 205)

Der zweite Teil der Arbeit will die Bemühungen Geilers untersuchen, die Rechtsordnung seiner Stadt zu reformieren. Bei den '21 Artikeln', die der Leitfaden bei
der nach Materien gegliederten Analyse der Rechtsreformversuche sein sollen,
handelt es sich um die detaillierteste und am besten begründete Kritik an 'Mißständen', die sich aus der Hand des Predigers erhalten hat, was die Überlieferungsgeschichte und der Nachruhm, die sie ihrem Autor bereiteten, unterstreicht.

Anfang des Jahres 1501 trat Geiler vor den Straßburger Rat und kritisierte in
21 Punkten diejenigen *gewonheiten, statutenn und bruchs* (155, 3 f.[1]) seiner Stadt,
welche in seinen Augen eine höherstehende Rechtsordnung und Gottesgebote ver-
letzten und damit Glück und Seelenheil ihrer Einwohner gefährdeten. Es handelt
sich bei dieser Klageschrift, die ihr erster Herausgeber 'Les XXI articles' nannte[2], wie oben in der Einleitung dargelegt, um eine einmalige, bislang kaum beach-

---

[1] Vgl. zur Zitierweise oben S. 72 Anm. 27.

[2] L. Dacheux: Un réformateur catholique (1876) S. III; der vollständige Titel der
Geilerschen Schrift lautet: *Diß sindt die artickel der gewonheiten statutenn und bruchs der
stat Straßburg, in denen not ist, das man behutsamlich wandle und rats pflege der gotz-
förchtigen, erfarnen, wisen und gelerten in keyserlichen, bebstlichen und götlichen rechten, zu erkennen, ob die selben gewonheit, bruch und statuten nit sihen wider christeliche
gäsatz und gottes gebotte, do durch die regierer der selben stat und ander ire inwoner,
durch haltung sollicher statut und gewonheiten und gebruchs, fallenn in ungenoden gottes
und ewige irer selen verdamniß* (155, 3-12); Geiler spricht in seiner Einleitung davon, daß
er *21 artickel* (156, 7) verfaßt habe, gebraucht diese Bezeichnung aber summarisch für die
auch im Manuskript bis 21 durchgezählten Kapitel; die Vita Jakob Wimpfelings (1510)
kennt keinen speziellen Titel: *in viginti articulis* (J. Wimpfeling/B. Rhenanus: Geiler, S. 68

tete Quelle[3]. Bevor man zu Verallgemeinerungen schreiten kann, ist es notwendig, erst einmal so genau wie möglich festzustellen, was der Kleriker Geiler für beklagenswert hielt an der weltlichen Ordnung seiner Stadt. Dabei werden uns die Erkenntnisse, die im biographischen Teil der Arbeit und besonders in dem Kapitel zur Stadtgeschichte Straßburgs gewonnen wurden, helfen, den Erfahrungshorizont, der ihm 1501 zu Verfügung stehen konnte, abzustecken, die Beweggründe, die ihn vor den Rat Straßburgs treten ließen, zu verstehen und die Absichten, die er damit verband, zu erkennen. Daneben mögen markante Einzelheiten, die der Quelle ferner zu entnehmen sind, das Bild vom Zusammenleben in der Stadt ergänzen.

Es werden im folgenden Antworten auf Fragen nach Form, Inhalt und Wirklichkeitsgehalt der Geilerschen Schrift gesucht. Wie baute er seine Einlassung vor dem Rat auf, hielt er eine bestimmte Reihenfolge ein, kann man einen Konstruktionsplan erkennen? Welchen logischen Gesetzen gehorchen die einzelnen Argumente, sind sie begründet und schlüssig, vermögen sie zu überzeugen? Welche Punkte wählte der Prediger aus, was war ihm wichtig, was überging er, wo wiederholte er sich? Welche Details kann man erfahren, die nicht im Zentrum seiner Argumentation stehen, die er, weil sie ihm selbstverständlich waren, unwillkürlich, gleichsam en passant nannte und die gerade deshalb heute von besonderer Bedeutung sein können? Schließlich: Trifft seine Schilderung im einzelnen zu, wenn man sie mit der sonstigen Überlieferung vergleicht? Bleibt er immer sachlich, übertreibt er gelegentlich oder stellt er gar falsche Behauptungen auf? Kurz: Wie ordnen sich die '21 Artikel' Geilers von Kaysersberg, interpretiert man sie unter Einbeziehung von Parallelquellen, in die allgemeinen historischen Zusammenhänge seiner Zeit ein, und welche Aufschlüsse geben sie darüber hinaus?

Z. 456); Johann Wencker gebraucht in seiner Chronik von 1637 den Titel *Dr. Johans Keyserspergs artickel* (J. Wencker: Chronik, S. 145 Nr. 2994).

[3] Die '21 Artikel' Geilers waren bisher noch nicht Gegenstand einer eigenen Untersuchung. In der Biographie von L. Dacheux findet sich in einem eigenen Kapitel (Un réformateur catholique (1876) V. Kapitel S. 75-97) eine Paraphrasierung der Artikel mit Anmerkungen, die teilweise Quellenexzerpte (allerdings oft ungenügend nachgewiesene und nicht datierte) enthalten; W. Lindemann bearbeitete und übersetzte 1877 diese Biographie teilweise und widmete den Artikeln ebenfalls ein eigenes Kapitel, in welchem er kurz den jeweiligen Inhalt wiedergibt (Johannes Geiler, S. 36-42); der Anmerkungsapparat zu Dacheux' Ausgabe von 1882 (J. Geiler: Die aeltesten Schriften, S. 43-76) bringt vor allem Zitate aus dem kanonischen und zivilen Recht, zu manchen Artikeln auch Exzerpte aus den entsprechenden Stadtordnungen, zu anderen nur deren Fundstelle; die Chronisten, die Glossatoren, die Kirchenväter und Legendenautoren werden nicht berücksichtigt. Der erste Band der Werke Geilers von G. Bauer enthält Nachweise zu den meisten Zitaten, knappe Angaben zur Überlieferung, eine Handschriftenbeschreibung und ein Variantenverzeichnis der '21 Artikel'; der angekündigte Kommentarband wird nach Abbruch der Werkausgabe nun wohl nicht mehr erscheinen (vgl. oben S. 7 f. Anm. 27).

Zu der in den folgenden Kapiteln angewandten Methode ist folgendes zu sagen: Um Geilers Sorgfalt im Zitieren beurteilen zu können[4], wurden die von ihm in den '21 Artikeln' angeführten Stellen aus der Kanonistik und einer Exempelsammlung[5] an Hand von Inkunabeln überprüft, die auch Geiler schon zur Verfügung gestanden haben können[6]; darüber hinaus wurde den Verweisen auf die beiden Corpora iuris nachgegangen. Das erscheint auch deshalb sinnvoll, weil die Angaben im Apparat der Bauerschen Ausgabe nicht immer zutreffen[7]. Auch wo Geiler auf Bibel, Patristik[8] und Legendenliteratur anspielt, wurde versucht, die Quellenstelle aufzuspüren.

Die in den einzelnen Punkten angesprochenen Sachverhalte, Traditionen und Rechtsnormen wurden mit der schriftlichen Überlieferung des Straßburger Magistrats[9], anderen Äußerungen Geilers und seiner Zeitgenossen respektive der späteren Chronisten und Historiographen verglichen, um Aussagen über ihre Angemessenheit treffen zu können. Von den Schriften Geilers, die zum weitaus größten Teil erst nach seinem Tod erschienen sind und bei denen sich ja ein manches

---

[4] Vgl. zu der Akribie, die er in der Verwendung von Vorlagen zu seinen Predigten zeigte G. Bauer in J. Geiler: Sämtliche Werke Bd. 3 S. XV f.

[5] Speculum exemplorum (1495).

[6] Vgl. die Arbeiten der Kanonisten im Quellenverzeichnis.

[7] Seite 182 und 199 wird in der Anmerkung Heinrich von Segusio angeführt, während Geiler an der entsprechenden Stelle auf Angelus Carleti verweist (A. Carleti: Summa Angelica (1498) fol. 151 r und 150 v); zu S. 199 Z. 7-8 gibt es überhaupt keine Anmerkung: Geiler bezieht sich auf die Glossa ordinaria des Bernhard von Parma (Casus longi (1493) fol. a 5). Auch die Auflösungen der gängigen Abkürzungen der juristischen Literatur können nicht immer überzeugen: So zitiert Geiler beispielsweise bei seinen ersten Verweisen (158, 6) zwei Authenticae aus dem Codex Iustinianus (Cod. 1, 2, 13: *Ingressi monasteria* und *Si qua mulier*; die Stellen finden sich im Corpus iuris civilis als novellae 5, 5 und 123, 38 wieder): Bauer löst *auten* als »auten<im>« auf; im gleichen Zusammenhang werden bei den entsprechenden Stellen im Decretum Gratiani nach richtiger Auflösung von »q<uestio>« (158, 10) das 'c' mit capitulum statt canon ergänzt (158, 11); auf S. 162 gibt er Geilers Zitierweise des Codex Iustinianus als »Cod. Iust. I, tit. III, lex 42« wieder: Tatsächlich aber handelt es sich um die *lectio* 54 (56) (Cod. 1, 3, 54 (56): C. I. Civilis: Bd. 2 S. 37 f.); leider gibt er in dem »Verzeichnis der abgekürzt zitierten Literatur« (S. XLIV-XLVI) die von ihm eingesehene Ausgabe nicht an, so daß nicht zu überprüfen war, ob dort eventuell anders gezählt wurde.

[8] Der Verweis auf Johannes Duns Scotus (159, 22 f.) konnte offenbar auch von Gerhard Bauer nicht nachgewiesen werden: er gibt jedenfalls keine Anmerkung hierzu. Geiler zitiert eventuell den Kommentar zu Duns' theologischem Lehrbuch der Sentenzen, die Ordinatio (Opus Oxoniense); an der betreffenden Stelle fand sich jedoch nicht der erwartete Beleg.

[9] Hier waren vor allem die im Stadtarchiv erhaltene Sammlung der Statuten ergiebig (Serie R), zu der es ein systematisches Findbuch gibt (Statutenrepertorium); die Statuten sind teilweise gedruckt bei J. Brucker: Zunft- und Polizeiordnungen.

Mal die Echtheitsfrage stellt[10], erwiesen sich seine 1498/99 gehaltenen Predigten über das Narrenschiff von Sebastian Brant[11] als besonders ergiebig[12]. Geiler benutzte als Vorlage eine Straßburger Bearbeitung von Brants erfolgreichem Buch, die das Original in manchen Details auf die dortigen Verhältnisse zuschneidet und daher hier von besonderer Bedeutung ist[13].

1. Entstehung, Überlieferung und Aufbau der '21 Artikel'

Es soll zunächst geklärt werden, wie es zur Abfassung der '21 Artikel' kam, wie die Schrift überliefert wurde und in welcher Form sie sich erhalten hat. Obwohl die Ratsprotokolle der entsprechenden Zeit nicht erhalten sind, lassen sich die Entstehungsumstände der Beschwerdeschrift doch recht genau rekonstruieren. So kann man hier exemplarisch das Procedere nachzeichnen, das folgen konnte, wenn der Münsterprediger von der Kanzel herab Ratsherren angriff. Es werden Umgangsformen deutlich, welche ein Kleriker und die politisch führenden Räte miteinander pflegten.

Geiler hatte, als er vor den Rat trat, eine Position inne, die von der kommunalen Verwaltung unabhängig war. Er wurde weder vom Magistrat besoldet, noch war er dem Rat weisungsgebunden[1]. Die Tatsache daß der Ammeister Peter Schott d. Ä. die Initiative zur Errichtung einer Prädikatur ergriffen und dazu auch finanziell beigesteuert hatte sowie, daß Geiler der Kandidat einflußreicher Bürger gewesen war, löste das Amt nicht aus der Bistumshierarchie heraus. Der Kleriker Geiler war Inhaber eines Amtes am Domstift und als solcher dem Dekan und Kapitel, in letzter Instanz seinem Bischof Rechenschaft schuldig, bei dem auch die Jurisdiktion über ihn lag. Er konnte also dem Rat selbstbewußt gegenübertreten – besonders, da er wußte, daß er in Straßburg außerordentlich große Popularität[2] und

---

[10] So stammt beispielsweise die unter seinem Namen geführte Schrift 'Die zehe gebot [...] erclert vnd vßgelegt durch etlich hochberümbte lerer [...] mit vßlegung des pater noster'. Straßburg (Johannes Grüninger) 1516, die einschlägig wäre, wohl nicht von Geiler (vgl. dens.: Die aeltesten Schriften, Nr. 12 S. CXXIII-CXXV).

[11] Erstdruck: S. Brant: Das Narrenschyff (1494).

[12] J. Geiler: Navicula (1510) und ders.: Narrenschiff (1520); vgl. Fr. Zarncke in: S. Brant: Narrenschiff, S. 293 f.; zum Verhältnis von Geilers Versionen und möglichen Vorlagen Kl. Manger: Literarisches Leben während der Prädikatur Geilers (1983) S. 21 f.

[13] S. Brant: Das nüv schiff Narragonia (1494).

[1] *Do ir mich* [sc. Geiler] *vor eüch* [sc. die Räte] *geladen haben unnd mir gebotten, dartzu ir doch kein recht hatten* (156, 21 f.); vgl. zu Geilers Stellung oben III, 5 b-d.

[2] Peter Schott d. J. schrieb am 27. 5. 1487 dem sich in Kaysersberg befindenden Geiler: *Adeo me obtundunt passim accurentes sciscitantesque: ubi nam sis? quando sis rediturus? ut vix audeam in publicim prodire* (P. Schott: The Works Bd. 1, Nr. 99 S. 109).

hohes Ansehen genoß: Wie wir wissen, mochte man auf seine Anwesenheit kaum längere Zeit verzichten[3].

Am Tag des Johannes Chrysostomos (27. Januar) 1501, einem Mittwoch, kam der Straßburger Münsterprediger auf die 'Pfalz', das Rathaus seiner Stadt, und trug dem 'Rat und den Einundzwanzig', dem obersten Regierungs- und Verwaltungsgremium, 'von der achten bis zur zehnten Stunde' auf deutsch einen Katalog von Klagepunkten vor[4]. In diesen zwei Stunden führte er Beschwerde gegen eine Reihe städtischer Bestimmungen, die seiner Meinung nach gegen allgemeinchristliche Normen und, schlimmer noch, direkt gegen Gottes Gebote verstießen, und verlangte ihre Änderung beziehungsweise Abschaffung, denn die Regierenden der Stadt und mit ihnen ihre Bewohner würden, wie er befürchtete, durch Einhaltung solcher Bestimmungen in Ungnade Gottes und ewige Seelenverdammnis fallen.

Geiler löste mit seinem Auftreten eine Zusage ein, die er am Martinstag (11. November) des voraufgegangenen Jahres dem Fünfzehnermeister Peter Arg[5] und dem Altammeister Obrecht Armbruster[6] gegeben hatte. Der Leiter des mächtigen, für Ordnungen und Verwaltung zuständigen Ausschusses des Magistrats[7] und der Vorsitzende des Kleinen Rats hatten damals im Namen ihrer Ratskollegen von ihm wissen wollen, weshalb er *uff der cantzel gesprochen hett, sye weren alle des teüfels, unnd ir vorfaren und ir nachkomen* (155, 24 f.)[8]. Die beiden Ratsher-

---

[3] In dem Tagebuch über Friedrich von Zollern kann man zu Geilers Abschied aus Dillingen - nachdem er ein Vierteljahr fern von Straßburg gewesen war - lesen: *Item am samstag post octavam epiphanie* [18. 1. 1489] *ryt doctor Kaysersperg hie ze Dilling aus gen Straßburg, wan die von Straßburg hetten gar vil brief geschickt meinem gnädigen hern und den doktor, hetten ein unwillen, das er so lang aus was onerlaupt; wie wol mein gnädiger denen von Straßburg geschriben hett, hetten sie ein verlangen nach ihrem lehrer und prediger* (Friedrich v. Zollern: „Tagebuch" (1886/87) S. 4 Nr. 155); vgl. oben III, 7.

[4] *Recitatum coram senatu anno 1501, feria quarta, die Sancti Johannis Crisostomi, hora octava usque ad decimam per me Joannem Geyler de Keysersbergg in propria persona* (200, 3-6); in Straßburg wurden die Stunden spätestens seit 1405 auch nach unserer heutigen Zeitrechnung gezählt (vgl. H. Grotefend: Zeitrechnung Bd. 1 (1891) S. 186); im Jahr 1494 brachte man an der Südseite des Münsters eine Sonnenuhr mit der auch heute gebräuchlichen gleichen Stundeneinteilung an, die im übrigen das älteste dafür bekannte Beispiel darstellt (G. Livet/Fr. Rapp: Strasbourg Bd. 2 (1981) S. 602). Geiler sprach zu den normalen Sitzungszeiten, also am Vormittag auf dem Rathaus.

[5] Gest. 1521; Patrizier; Ammeister 1504, 1510 und 1516. Vgl. zu ihm François-Joseph Fuchs in: NDBA Bd. 1, S. 60.

[6] Gest. 1501; Patrizier; Ammeister 1499. Vgl. zu ihm ders. ebd. S. 61.

[7] Zu den Fünfzehn M. Alioth: Gruppen an der Macht. Zünfte und Patriziat in Straßburg (1988) S. 148.

[8] Vgl. eine in den letzten Jahren seines Lebens gehaltenen Predigt: *Also die underthonen loßent sich entbesten, aber die köpff, die regenten wend nit doran, seind nit zuoströüffen,*

ren hatten sich zu dieser Unterredung nach der Vesper im Kreuzgang des Münsters eingefunden (155, 19). Sie waren also dem Vorschlag Geilers gefolgt, sich an einem in gewissem Sinne 'neutralen' Ort, der laut dem Prediger auch den Ratsherren *gemein* sei, zu treffen[9] und nicht auf der Kanzlei oder in seinem Haus, wie es ein Ratsbote Geiler zuvor[10] unterbreitet hatte. Geiler führte sie in den Kapitelsaal (156, 22), wo er ihnen auf ihre Frage aber keine unmittelbare Antwort gab. Er sagte, er wolle ihnen die Gründe für sein Reden von der Kanzel in schriftlicher Form geben, weil eine Erklärung nun zu lange dauern würde[11].

Doch wird mangelnde Zeit nicht der einzige Grund dafür gewesen sein, den beiden Repräsentanten des Rats nicht gleich Rede und Antwort zu stehen. Geiler hoffte, wie er sagte, Gelegenheit zu bekommen, seine Rechtfertigung besser vorbereitet dem gesetzgebenden Gremium der Stadt vortragen zu können[12]. Er versprach sich von einem Auftreten vor dem Rat und den Einundzwanzig, die versammelten Ratsherren von der Gottlosigkeit oder Ungerechtigkeit ihrer Gesetzgebung überzeugen und zu Änderungen bewegen zu können. Um sein Ziel zu erreichen, richtete er kurz vor jenem Chrysostomostag 1501 an den Ammeister Florenz Rummler[13] die Bitte, an einem Dienstag oder Mittwoch den Rat und die Einundzwanzig einzuberufen; er wolle dann vor diesem Gremium die Fragen des Rats beantworten (s. die Abb. auf den folgenden Seiten)[14].

Am von Rummler festgelegten Tag trug Geiler zwar mündlich vor, übergab aber noch nicht die angekündigte schriftliche Fassung. Erst zwei Monate nach seiner Rede ließ er sie dem Rat zusammen mit einem Begleitschreiben, das an die beiden Abgesandten von damals adressiert war, auch schriftlich zukommen[15]. Geiler sagt, er habe erst nun die Zeit gefunden, seinen Text abschreiben zu lassen und

---

sye geben uff kein predig nit, noch keren sich ouch nitt an die gebott gotts, noch an kein christenlich ordenung. Dorumb der tüfel, der rechtjäger, muosß inen die hut über die oren abzyehen (J. Geiler: Postille T. 2 (1522) fol. 113 r).

[9] *Hab das mittel wellen halten unnd innen bestimpt ein statt, die inen und mir gemein ist, inn den kilch creutz gang* (156, 25-27).

[10] *Umb Martini* (155, 13), was hier vor Martini bedeuten muß.

[11] *Was aber die ursach sey, unnd warumb ich das geredt hab, will ich euch inn geschrifft uberanttwurtten. Es were zulanng uff dis mal zureden* (156, 3-5).

[12] Er schrieb die Artikel *inn meinung (als ich auch tet) inen die zuuberanttwurtten unnd vorzulesen* (156, 8-10).

[13] Gest. 1526; Mitglied der Kornkäuferzunft; im Großen Rat: 1489, 1490, 1493, 1494, 1499, 1500, 1511 und 1512; Ammeister: 1501, 1507, 1513; Dreizehner 1502-20. Vgl. zu ihm J. Hatt: Liste des membres du Grand Sénat de Strasbourg (1963).

[14] Vgl. die Transkription unten VII, 3 d Nr. 17 und unten VII, 6 Nr. 57.

[15] Vgl. die Transkription des Briefes vom 27. 3. 1501 unten VII, 3 d Nr. 18. R. Voltmer gibt eine falsche Chronologie, wonach die 21 Artikel bereits »'ante 11. November 1500'« an den Rat gerichtet und am 27. 1. 1501 persönlich überreicht worden seien (Geiler und die Syphilis (1996) S. 430 und Anm. 72)

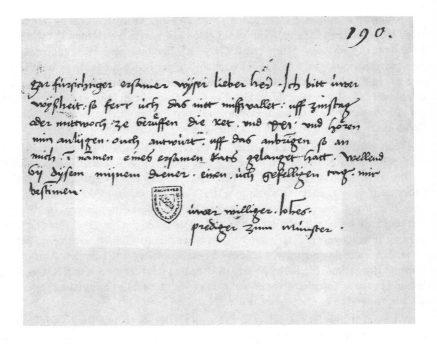

Abb. 9 *Deutsche Schriftprobe*

Brief von Geiler an den Ammeister Florenz Rummler vom Januar 1501

zu *rechtvertigen*, was hier etwa soviel heißt wie verbessern und mit Anmerkungen versehen[16]. Es gibt keinen Hinweis darauf, daß er inhaltlich von seinen mündlichen Äußerungen abgewichen sei[17].

Die 'Artikel', die mehrfach in zeitgenössischen, allerdings nicht von Geilers Hand stammenden Manuskripten überliefert sind[18], gerieten auch nach seinem

---

[16] M. Lexer: Taschenwörterbuch, S. 165; *hab ich dyse artikel myner mancherleyg anlygen halb nitt er mögen lossen abschriben und die also abgeschribnen rechtvertigen, wie ir sy denn also sehen, und also bißhar verzogen* (unten VII, 3 d Nr. 18).

[17] Dagegen S. Eisenmann, die das Zustandekommen der Artikel nicht recht durchschaut zu haben scheint: »Anlaß ihrer Entstehung war die Aufforderung des Straßburger Rats an Geiler, die Kritikpunkte, die er gegenüber der Stadt und ihren Vertretern auf der Kanzel vorgebracht hatte, nun schriftlich zusammenzufassen und einzureichen. Die vorliegenden „21 Artikel" sind deshalb eine Ausarbeitung, die in dieser Form nicht mündlich vorgetragen wurde« (Das volkstümliche Element in den dt. Predigten Geilers (1996) S. 180).

[18] Sie sind ohne Zweifel von Geiler formuliert, wofür ihre syntaktische Form spricht (vgl. W. Schröder: Ellipsen (1985) S. 35 f.).

wie Abb. 9 verso

Tod nicht in Vergessenheit[19]. Daß diese Schrift etwas Außergewöhnliches war, bezeugt nicht zuletzt auch die nächste Nachricht, die wir von ihr haben: In der Vita des Predigers aus seinem Todesjahr 1510 erwähnt Jakob Wimpfeling die 'Artikel' und zollt ihnen hohe Anerkennung[20]. Ende des 16. Jahrhunderts verwies dann ein Archivar auf die Handschrift der 'Artikel' im städtischen Archiv und gab ihren Fundort an[21]. Ein anderer Archivar, Johann Wencker, hatte für seine Chro-

---

[19] Vgl. zu diesem und dem folgenden L. Dacheux in J. Geiler: Die aeltesten Schriften, S. XVII-XIX und J. Geiler: Sämtliche Werke Bd. 1, S. 517 f.

[20] *In recensendis historiis bonum ordinem optimam memoriam habuit nec ius pontificum neque leges sacratissimas ignoravit, id quod in viginti articulis prudenti et iusto senatui Argentinensi oblatis liquido cognosci potest* (J. Wimpfeling in: Das Leben Geilers (1510) S. 68 Z. 455-457).

[21] Nach den handschriftlichen und bis Ende des 16. Jh. (mit Ergänzungen bis ins 17. Jh.) reichenden Collectanea des Archivars Laurentius Clussrath (Bürgerrecht in Straßburg 25. März 1588, gest. 1622), der 1594 zum 'registrator archivorum' ernannt wurde: s. v.

nik von 1637 offenbar die Handschrift gelesen, denn für das Jahr 1501 gab er unter dem Titel *Ermahnung Dr. Keyserspergs* ein durchaus zutreffendes Inhaltsverzeichnis der '21 Artikel', das zwar in einigen Punkten von den Überschriften abweicht, die Kapitel aber lediglich präziser bestimmt. Abschließend faßt er zusammen: *Ist weitleufig mit allegirung keyserlicher und geistlicher rechte. An allen orten deffendirt er dise und den bapst, auch der kirchen oder deren geystlichen freyheit wider die weltlichen*[22]. Der lutherische Theologe Balthasar Bebel[23] plante eine Generation später, in einer nicht ausgeführten Chronik auf die 'Artikel' einzugehen, von denen er, seinen erhaltenen Notizen zufolge, durch die Handschrift Wenckers Kenntnis hatte[24].

Ebenfalls mit Bezug auf Wenckers Eintragung zum Jahr 1501 erwähnte August Stöber die 'Artikel' im Jahre 1834[25]. Trotz dieser Nennung, und obwohl Adam Walther Strobel seine mehrbändige 'Vaterländische Geschichte des Elsaß' laut Titel »nach den Quellen gearbeitet« hat, traute er Geiler im dritten Band von 1843 das Auftreten vor dem Rat nicht mehr zu: »daß er sich in die inneren Angelegenheiten des Stadtregiments gemischt habe, wozu er zu Zeiten aufgefordert wurde, läßt sich von seiner umsichtigen Klugheit nicht erwarten«[26]. Strobel scheint also weder die '21 Artikel' noch auch die ausführlichen Angaben bei Wencker gekannt zu haben – er hätte sonst schwerlich zu diesem falschen Urteil kommen können.

Da es ja aber auch noch andere Nachrichten vom politischen Engagement des Münsterpredigers gibt, nicht zuletzt auch manche Stellen seiner Werke dafür sprechen, verrät das Urteil Strobels mehr als bloße Unkenntnis der einzelnen Quellen. Strobel ging wohl davon aus, daß der 'Reformator vor der Reformation', für den man Geiler ja noch länger halten sollte, die Trennung von Kirche und Staat in weiser Voraussicht bereits vollzogen habe[27]. Fünf Jahre später zählte Timotheus Wilhelm Röhrich immerhin zehn der Reformpunkte auf; er benutzte offenbar Wenckers Chronik, hatte aber das Manuskript im Stadtarchiv nicht in der Hand gehabt[28]. Im Jahre 1851 schließlich glaubte Ludwig Schneegans, der die Angaben

---

'*Rohraff*' Erwähnung der Artikel mit Fundort (*Vidi in V. D. G.* [d. i. Vorderes Dreizehner Gewölbe] *Corp. A. under den Kirchensach*) fol. 135 r.

[22] J. Wencker: Chronik (1637) S. 145 f. Nr. 2994, Zit. S. 146; auch in J. Geiler: Die aeltesten Schriften, S. XVII f. Anm. 2.

[23] Geb. Straßburg 28. 10. 1632, gest. 2. 10. 1686; Direktor des Protestantischen Seminars und Kanoniker an St. Thomas in Straßburg.

[24] Unter dem Titel *Argentoratensia* Notizen u. a. aus dem Manuskript der verlorenen Chronik von Johann Wencker (AST 165, 1 fol. 1 r-14 r); *Keisersperger postulata. 1501*; Verweis auf: Johann Wencker, Chronik Bd. 4 (AST 165, 1 fol. 11 v).

[25] A. Stöber: Geiler (1834) S. 25 Anm. 50.

[26] A. W. Strobel: Vaterländische Geschichte Bd. 3 (1843) S. 508.

[27] Vgl. oben S. 18-34.

[28] T. W. Röhrich: Testament (1848) S. 580 und Anm. 24.

der Wenckerschen Chronik kannte, daß die Abschrift von Geilers Vortrag im Jahre 1686 während des Archivbrandes oder im Jahre 1789 im Verlauf der Plünderung des Rathauses, in welchem das Archiv damals untergebracht war, zugrunde gegangen sein müsse[29].

Geilers Biograph, Abbé Léon Dacheux, ist es zu verdanken, daß die Protestschrift wiederentdeckt und vor dem Vergessenwerden bewahrt wurde. Er fand zunächst ein bis auf wenige Zeilen vollständiges Manuskript in den Archives départementales in Straßburg[30]. Ein komplettes Exemplar konnte er dann in der Stadtbibliothek zu Schlettstadt[31] und ein weiteres im Stadtarchiv zu Straßburg entdekken, sicher die Version, die Geiler dem Rat nach seinem Vortrag zusandte[32]. Keine der drei Handschriften ist aber als das originale Vortragsmanuskript Geilers anzusehen[33].

Dacheux erwähnte seinen Fund erstmals 1864[34] und gab zwei Jahre darauf eine kurze Zusammenfassung der einzelnen Artikel[35]. Die *editio princeps* nach der Version des Straßburger Stadtarchivs erschien 1876 im Anhang zu der Biographie des Predigers[36]. Dacheux veröffentlichte die Klagepunkte im Jahr darauf erneut in einer ersten Abteilung der ältesten Schriften des Münsterpredigers[37] und gab sie 1882 gleich zweimal in einer in Colmar und Freiburg i. Br. erschienenen Prallelausgabe heraus[38]. Im Jahr davor hatte Philipp de Lorenzi in seiner vier-

---

[29] L. Schneegans: Das Pfingstfest (1851) S. 50 f.

[30] Es bricht im Nachwort mit dem Wort *bezeug* ab (Variante zu 199, 20); heutige Signatur: H 1365, 1 'Fonds de Saint-Jean' (Handschrift 'b' in J. Geiler: Sämtliche Werke Bd. 1).

[31] Bibliothèque Humaniste; heutige Signatur: Ms. 116 (Handschrift 'c' ebd.).

[32] Heutiger Standort: AMS II 46, 2 (Handschrift 'a' ebd.); vgl. die Beschreibung der drei Handschriften von Gerhard Bauer ebd. S. 519-523.

[33] G. Bauer in: J. Geiler: Sämtliche Werke Bd. 1, S. 518

[34] L. Dacheux: Geiler et la législation civile de Strasbourg (1864) S. 244 f.

[35] Ders.: Décandence religieuse (1866).

[36] 'Un réformateur catholique a la fin du XVe siècle. Jean Geiler de Kaysersberg. Prédicateur a la cathédrale de Strasbourg. 1478 - 1510. Étude sur sa vie et son temps. Paris/Strasbourg 1876', S. III-XXXXIII. Gerhard Bauer irrt, wenn er die *editio princeps* in der Ausgabe 'Dr. J. Geilers von Kaysersberg XXI Artikel und Briefe. [Hrsg. v. Léon Dacheux]. Freiburg i. Br. 1877 (= Die aeltesten Schriften Geilers von Kaysersberg 1. Abt.)' sieht (J. Geiler: Sämtliche Werke Bd. 1, S. 517 und Anm. 5). Die Artikel sind dort (S. 1-41) mit kleinen Abweichungen ebenfalls nach der Handschrift des Stadtarchivs transkribiert. G. Bauer führt zwar die richtige Datierung der *editio princeps* '1876' aus Dacheux' Bibliographie an (J. Geiler: Die aeltesten Schriften (1882) S. XVII), hält sie aber für falsch.

[37] Vgl. die vorige Anm.

[38] 'Die aeltesten Schriften Geilers von Kaysersberg. XXI Artikel. Briefe. Todtenbüchlein. Beichtspiegel. Seelenheil. Sendtbrieff. Bilger. Freiburg i. Br. 1882', S. 1-41; 'Les plus anciens écrits de Geiler de Kaysersberg. Todtenbüchlein. Beichtspiegel. Seelenheil. Sendtbrieff. Bilger. Précédés d'une étude bibliographique. Colmar 1882', S. 1-41.

bändigen, wissenschaftlichen Ansprüchen allerdings nicht genügenden Auswahl-
ausgabe den Prolog paraphrasiert und den Inhalt der Beschwerdepunkte knapp
wiedergegeben[39]. Hans Eggers wählte in seiner Deutschen Sprachgeschichte von
1969 einen Teil des Prologs als Beispiel für das Frühneuhochdeutsche aus und
gab Wortübertragungen an[40]. Im Jahre 1989 schließlich veröffentlichte Gerhard
Bauer die '21 Artikel' im ersten Band seiner kritischen Werkausgabe, deren Text
der vorliegenden Arbeit zur Grundlage dient[41].

Die Genauigkeit, mit der Geiler die Umstände der Entstehung der 'Artikel' in
den einleitenden[42] und begleitenden Worten angibt, zeichnet seine Protestschrift
insgesamt aus. Die Sprache seiner 'Artikel' ist »[...] ebenso wie seine Argumentation einfach und verständlich, sie wirkt, gerade in ihrer schlichten Direktheit,
ungemein eindringlich und eindrucksvoll. Wenn irgendwo, hat Geiler hier sein
Anliegen *natürlich und mit Deutlichkeit* vorgetragen«[43]. In manchen Passagen
bedient sich der Prediger aber auch der umständlichen Urkunden- und Kanzleisprache, allerdings vornehmlich da, wo er Statuten zitiert[44].

Geiler stattete seine Schrift mit umfangreichen juristischen Nachweisen aus –
sicher nicht in erster Linie für die Ratsherren, von denen die meisten schwerlich
etwas mit ihnen haben anfangen können; die Rechtssätze werden nie wörtlich
ausgeschrieben, sondern es wird stets nur in der damals üblichen Zitierweise und
in Latein auf sie verwiesen. Die Fülle von Belegen aus der Bibel, dem zivilen und
kanonischen Recht macht natürlich einen soliden Eindruck und sollte dies wohl
auch; Geiler wurde ja nicht ohne Grund der Doktor im Münster genannt[45]. Doch
der scholastische Apparat wird in erster Linie für studierte Leser angebracht worden sein. Geiler rechnete damit, ja er verlangte sogar, daß der Rat wegen der ihm
vorgelegten Beschwerden *rats pflege der gotzförchtigenn, erfarnen, wisen und
gelerten in keyserlichen, bebstlichen und götlichen rechten* (155, 5-7). Er war
zudem ausdrücklich bereit und entbot sich, *zu sten des urteils aller dernn, die do
baß mercken und verston die gesatzd gottes und der mönschen* (199, 18 f.).

---

[39] J. Geiler: Ausgewählte Schriften Bd. 1 (1881) S. 43-46.

[40] H. Eggers: Sprachgeschichte (1969) S. 222.

[41] 'Johannes Geiler von Kaysersberg. Sämtliche Werke. Hrsg. v. Gerhard Bauer. Teil 1:
Die deutschen Schriften. Abt. 1: Die zu Geilers Lebzeiten erschienen Schriften. Bd. 1
Berlin/New York 1989 (= Ausgaben deutscher Literatur des XV. bis XVIII. Jahrhunderts
129)', S. 155-200.

[42] J. Geiler: Sämtliche Werke Bd. 1, S. 155 Z. 3 bis S. 156 Z. 34.

[43] G. Bauer in: J. Geiler: Sämtliche Werke Bd. 1, S. XXXVI f.

[44] Nach H. Eggers ist die Sprache Geilers 'gemeines Deutsch' (Sprachgeschichte (1969)
S. 158); für W. Schröder: stellen die '21 Artikel' ein Beispiel dar für »Urkunden- und
Kanzleisprache [...], die auch sonst für 'Ungrammatisches' besonders anfällig gewesen zu
sein scheint« (Ellipsen (1985) S. 36).

[45] Vgl. oben S. 40 Anm. 15.

Der Münsterprediger erwartete also, daß sich die Ratsherren um ein Gutachten von einer Universität bemühen würden, wie sie es beispielsweise getan hatten, als es darum ging, zu entscheiden, ob den zum Tode Verurteilten das letzte Sakrament zu gewähren sei oder nicht[46]. Auch nun konnte er dem gelassen entgegensehen. Der Prediger durfte hoffen, von studierten Gutachtern die Bestätigung seiner Positionen zu bekommen: Er war lange genug auf der Universität gewesen, um zu wissen, daß seine Gravamina, vorausgesetzt die *argumentatio* war schlüssig und juristisch hinreichend untermauert, aus der Sicht eines Gelehrten unanfechtbar waren. Die politischen Pragmatiker im Rat allerdings glaubten gleichwohl, wie sich zeigte, viele seiner Forderungen nicht erfüllen zu können. Sie verzichteten im Fall der '21 Artikel' auch auf die Einholung eines universitären Gutachtens.

Geiler hatte seine nach aller Kunst der Scholastik begründete Einlassung nicht zum Schaden oder zur Schmach von jemandem, wie er sagte, sondern auf Begehren des Rats und Pflicht seines Amtes verfaßt[47]. Geiler sah es also durchaus als seine Aufgabe an, für die Beseitigung von Mißstand und Unrecht in der Stadt einzutreten und deswegen Einfluß auf die Politik zu nehmen, zumal er vertraglich dazu verpflichtet war[48]. Die Ratsherren schienen auch willens zu sein, Mißstände zu beseitigen: Geiler zufolge hatten sie sich ja an ihn gewandt, weil sie *unngern thun* [wollten], *das nit recht were* (155, 26 f.). Sie wollten keinen Aufruhr riskieren und sorgten sich um ihr Seelenheil, wenn eine Autorität wie ihr Münsterprediger von der Kanzel herab sagte, sie seien alle des Teufels. Geiler hatte schon eineinhalb Jahrzehnte zuvor bei dem apostolischen Nuntius Emerich Kemel[49] anfragen lassen, ob alle diejenigen, die nach unrechten Normen (die im einzelnen aufgelistet werden) handelten oder dies nicht hinderten, tödlich sündigten. Er wollte damals auch wissen, ob er, dem ja an Stelle des Bischofs das Amt zu predigen anvertraut sei, schweigen solle oder ob er vielmehr verpflichtet sei, den angesprochenen Übeln zu widersprechen. Geilers Protest von 1501 war also auch durch Sorgen um sein eigenes Seelenheil motiviert.

Von Wimpfeling wissen wir genau, daß er die '21 Artikel' kannte, von anderen Freunden Geilers dürfen wir es vermuten. Für diese Vermutung sprechen nicht zuletzt die Zahl und die Fundorte der erhaltenen Abschriften. Das Manuskript, welches man im Straßburger Stadtarchiv aufbewahrt, dürfte das sein, das Geiler nach seinem Vortrag dem Rat zusandte. Für die Version in den Archives départementales wird als Provenienz das Straßburger Johanniterkloster auf dem Grünen-

---

[46] Vgl. unten S. 264-267.

[47] *Dass ich disse ding nit geschriben hab zu jemans schad oder schmoch, sunder uff anbringen und begird eins erbern radts disser stat Straßburg und pflicht myns ampts, mitsampt, als ich hoff, christenlicher, gotlicher und bruderlicher fruntschafft* (199, 20-25).

[48] Vgl. unten S. 285.

[49] Vgl. zu ihm unten S. 197.

wörth genannt[50]. Die Johanniter unterhielten enge Beziehungen zu Geiler, der sich von ihnen des öfteren zu Predigten einladen ließ[51]. Sie errichteten ihm sowohl in ihrer Kirche als auch im Münster ein Epitaph[52]. Sie besaßen eine respektable Bibliothek[53] und beherbergten zwischen 1500 und 1507 siebenmal König Maximilian I. bei seinen Besuchen in der Stadt[54]. In die Humanistenbibliothek nach Schlettstadt schließlich wird das Manuskript in Form einer Abschrift für einen der Freunde des Münsterpredigers gekommen sein.

Geiler kritisierte in seiner Beschwerdeschrift einige der *gewonheiten, statutenn und bruchs* (155, 3 f.) der Stadt Straßburg, die ihm als Unrecht erschienen, mithin einen Teil des Stadtrechts[55]. Er orientierte seine Kritik aber nicht an den Artikeln irgendeiner ihm vorliegenden Statutensammlung, sondern an den jeweiligen ihm zu Ohren gekommenen Rechtsnormen[56], zumeist aber bezog er sich auf die konkrete Rechtspraxis. Diese wurde von ihm in dem hier interessierenden Zusammenhang bei magistralen Rechtsakten wahrgenommen, von denen er gehört hatte oder die ihm selbst widerfahren waren[57]. Geiler ging die Transparenz der Straßburger Rechtsordnung, insbesondere was die 'peinlichen Sachen' anging, nicht weit genug, und er forderte eine Offenlegung der Statuten, wie dies aus anderen Städten (Nürnberg 1484, Tübingen 1497, Worms 1498) bereits bekannt war[58].

---

[50] In einem Handschriftenverzeichnis des Klosters aus dem 18. Jh. werden die Artikel allerdings nicht genannt (J. J. Witter: Catalogus codicum manuscriptus (1746)); zur Klostergeschichte vgl. M. Barth: Handbuch der elsässischen Kirchen im Mittelalter (1960) Sp. 1393-1397.

[51] Vgl. das Predigtverzeichnis (VII, 5).

[52] Vgl. oben S. 165.

[53] Die Bibliothek ging zusammen mit der Stadtbibliothek beim Brand von 1870 fast vollständig unter; ihre ehemaligen Bestände kann man dem gedruckten Bibliothekskatalogen von J. N. Weislinger entnehmen: Catalogus librorum impressorum (1749); Armamentarium catholicum (1749).

[54] Vgl. oben S. 154 Anm. 14; einmal klagten die Johanniter Geiler gegenüber, wie teuer sie die königlichen Aufenthalte zu stehen kämen *und begehrten seinen rath, wie der sach abzuhelfen mit ermelden, sie als arme brüder würdens in die länge nicht erschwingen mögen. Darauf er sagt: Hättet ihr gebaut wie arme brüder, so hättet ihr diese gäste nicht; weil ihr aber gebaut wie fürsten, ists auch billig, dass ihr solche beherbergt* (H. Ludwig: Deutsche Kaiser und Könige in Straßburg (1889) S. 167 und S. 169 nach Johann Wenckers handschriftlicher Chronik; Ansicht des Klosters aus der ersten Hälfte des 16. Jh. S. 167).

[55] Vgl. zur Straßburger Gesetzgebung von 1440-1599 allgemein J. Rott: Les règlements disciplinaires municipaux (1981).

[56] Den zwanzigsten Artikel beginnt er beispielsweise: *Es ist als ich bericht wurd gewonheit* [...] (S. 195, 21).

[57] Vgl. z. B. seine Erfahrungen als Testamentsvollstrecker für Hans Simmler (vgl. unten S. 201-205).

[58] Er forderte, daß der Rat *statut, gewonheiten und ordenung diser stat* [...] *offnen und*

Der Rat sah wohl ein, daß Straßburg, gerade auch als eine Stadt, deren Recht für andere Kommunen zum Vorbild gereichte[59], nicht zurückstehen dürfe und ließ noch im Jahre 1501 eine unter Sebastian Brants Federführung entstandene Statutensammlung drucken. Diese stellte freilich nicht wie in den anderen Städten eine allgemeine 'Rechtsreformation' dar, sondern legte Bestimmungen gegen Prostitution und Ehebruch vor, die zur Durchsetzung der Ehe als einzig erlaubter Form der Geschlechterbeziehung dienen sollten[60].

Das, was wir aus Geilers Auffassung der Rechtspraxis und Verständnis der Rechtsordnung über Straßburg erfahren können, ist viel mehr, als in einem allgemeinen Statutenbuch von 1501 zu finden wäre. Einmal wurden damals längst nicht alle gültigen Rechtsnormen aufgezeichnet. Dann lassen aber auch die schriftlich fixierten allein nicht erkennen, ob und in welcher Form sie angewandt wurden, das heißt welche Rechtswirklichkeit sich hinter ihnen verbirgt[61]. Zudem erfahren wir durch Geiler etwas über die Genese des Straßburger Stadtrechts und seine Bedeutung für die Region: Er nannte die Quellen, aus denen die Stadt ihr Gesetzgebungsrecht ableitete, nämlich die von Kaiser und Papst bestätigten Privilegien (199, 11 f.), und wußte, daß Nachbargemeinden dieses Recht übernahmen (197, 3-10).

Die Friedensgemeinschaft einer mittelalterlichen Stadt, die mit der *coniuratio* der Bürger stets aufs neue bekräftigt wurde, verlangte ebenso eine differenzierte Verrechtlichung der Beziehungen der Bürger wie ihr auf Handel, Verkehr und Gewerbe abgestelltes Wirtschaftsleben. Im ausdifferenzierten spätmittelalterlichen Stadtrecht können wir unsere Begriffe von öffentlichem Recht, Privatrecht und Strafrecht erkennen[62] – oder, weniger anachronistisch und präziser ausgedrückt, können wir Bestimmungen finden, die die Verfassung und Verwaltung der Kommune, die 'bürgerlichen Sachen' sowie die 'Gute Ordnung' und die 'peinlichen Sachen' betreffen[63].

---

an die son lossen kummen (196, 27-30); er meint hier speziell wohl nur die sich auf das Strafrecht beziehenden Rechtsnormen, aber im folgenden wünschte er auch allgemein eine offenere Haltung des Rats. Vgl. zu den 'Rechtsreformationen' in anderen Städten R. Schulze in: HRG Bd. 4 (1990) Sp. 469 f.; zu Nürnberg unten S. 255.

[59] Vgl. unten S. 264.

[60] Gesatz und ordenunge (1501); vgl. J. Knape: Studien zu Leben und Werk Sebastian Brants (1992) S. 194 f.

[61] Vgl. zu den Schwierigkeiten, von Rechtsbestimmungen auf die Rechtswirklichkeit zu schließen U. Dirlmeier: Obrigkeit und Untertan in den oberdeutschen Städten des Spätmittelalters. Zum Problem der Interpretation städtischer Verordnungen und Erlasse (1980).

[62] Die mittelalterliche Stadt als autonome »Korporation« im Rechtssinne (M. Weber: Wirtschaft und Gesellschaft, S. 756) wird als maßgebendes Vorbild des modernen Staates und damit auch seiner Rechtsordnung angesehen (vgl. K. Kroeschell: Stadtrecht und Stadtrechtsgeschichte, S. 285).

[63] H. K. Schulze teilt nach moderner Begrifflichkeit ein in: Privatrecht, Polizei- und

Man findet eine solche Einteilung bis zu einem gewissen Grad etwa bei Ulrich Tenngler[64] vor, der seinen im 16. Jahrhundert vielfach wiederaufgelegten 'Neuen Layenspiegel' von 1511 (»eine systematische Real-Enzyklopädie der praktischen Rechtswissenschaften für den täglichen Gebrauch«[65]) in drei Bücher einteilt, die für unser Verständnis allerdings sehr unterschiedliche Rechtsmaterien enthalten: Das erste Buch handelt dem Vorwort nach, das Sebastian Brant verfaßte, von *ettlichenn person, so zuo weltlicher regierung* [...] *gewondlichen gebraucht werden* (das Register weist beispielsweise zudem aus: Erbschaften, Spiel und Zutrinken, Juden und Kurfürsten); das zweite handelt von *gerichtlicher ordnung und mannigerlay formen in burgerlichen sachen* (im Register auch: geistliches Gericht, Acht, Geleit und Landfriede); das dritte von *peinlichen sachen* (im Register auch: Gotteslästerung, das göttliche Gericht und der Endchrist)[66].

Es erscheint sinnvoll, die Kritikpunkte Geilers in Anlehnung an Tenngler nach den oben angegebenen Rechtsbereichen zusammenzufassen, weil eine systematische Einteilung besser erkennen läßt, in welchen Rechts- und somit auch Lebensbereichen Geiler die Ordnung seiner Heimatstadt für revisionsbedürftig hielt, woraus – falls sich seine Klage nach damaligem Rechtsverständnis als begründet erweist – gefolgert werden könnte, auf welchen Feldern der Rat seine Kompetenzen überschritt beziehungsweise wo er untätig blieb.

Geiler beginnt mit Statuten, die man heute dem Zivilrecht zurechnen würde: Um das Erbrecht, wovon die Artikel 1 bis 6 und auch 12 kurz handeln[67], wurde in Straßburg häufig gestritten[68]. Danach rückt der Prediger in drei Klagepunkten

---

Ordnungsrecht, Wirtschaftsrecht, Verfassungs- und Verwaltungsrecht sowie Straf- und Prozeßrecht (Verfassung Bd. 2 (1986) S. 157-160).

[64] Geb. um 1440, fränkisch-schwäbischer Abstammung, gest. 1510 oder 1511; 1479-1483 Stadtschreiber in Nördlingen. Vgl. zu ihm A. Erler in: HRG Bd. 5 (33. Lfg. 1991) Sp. 145 f.

[65] Der Laienspiegel ist zuerst 1509 erschienen, wird aber hier in der von Tenngler und Sebastian Brant überarbeiteten Ausgabe von 1511 zitiert, in der er auch geschichtliche Bedeutung gewann; das Buch zählte zur populären Literatur und wandte sich, wie der Name schon sagt, in erster Linie an Laien, war aus der Rechtspraxis geschöpft (die beiden Bearbeiter hatten langjährige Erfahrung als Stadtschreiber) und sollte zur Verbreitung Römischer Rechtskenntnisse dienen. »Man besaß in ihm gleichsam eine systematische Real-Enzyklopädie der praktischen Rechtswissenschaften für den täglichen Gebrauch« (vgl. B. Koehler: 'Laienspiegel' in: HRG Bd. 2 (1978) Sp. 1357-1361; Zit. Sp. 1361).

[66] U. Tenngler: Der neu Layenspiegel. Uon rechtmässigen ordnungen in Burgerlichen vnd peinlichen Regimenten (1511) Vorwort fol. [Ciiii v].

[67] Johannes Trithemius erwähnte 1495 unter den Werken Geilers auch eine Abhandlung *contra statutum, quo testamentum cives facere prohibetur*, die bislang nicht als selbständige Schrift nachgewiesen werden konnte (Cathalogus illustrium virorum (1495) fol. 60 r-v).

[68] Vgl. die einleitenden Kapitel bei P. Baur: Testament und Bürgerschaft. Alltagsleben und Sachkultur im spätmittelalterlichen Konstanz (1989).

ordnungsrechtliche Fragen in den Mittelpunkt (Spiele und Stuben sollen verboten, die Feiertage mehr geachtet werden), auf die er noch in drei weiteren Artikeln eingeht: Im 10. Artikel kommt er auf das Marktrecht zu sprechen, im 12. klagt er über mangelhafte Versorgung von Kranken, im 13. über unzureichende Organisation des Bettelwesens und im 16. über respektlose Bräuche. Statuten, die das Münz- und Kreditwesen, den Handel und das Gewerbe regulierten, können ebenfalls unter den Begriff 'Gute Ordnung' subsumiert werden. Geiler kam als Kleriker selbst nur selten mit ihnen in Kontakt und betrachtete es als Seelsorger wohl auch nicht als seine vorrangige Amtspflicht, die Wirtschaftsordnung der Stadt Straßburg zu kritisieren. In den 'Artikeln' kommt er nur an wenigen Stellen und dann nur im Zusammenhang mit anderem auf sie zu sprechen; seine Predigten sind in dieser Hinsicht ergiebiger und wurden von der Wirtschaftsgeschichte ausgewertet[69].

Besonderes Augenmerk richtet Geiler auf die Übertretungen des Rats bezüglich der Verfassung und Verwaltung der Kommune: Die Ratspflegschaften über die Münster-fabrica (Artikel 11) und das Große Spital (Artikel 12) hätten zu Unregelmäßigkeiten geführt. Es seien Abgaben teils zu Unrecht (von Klerikern: Artikel 15 und 17), teils ungleichmäßig (von Laien: Artikel 20) erhoben worden. Außerdem profanierten Verwaltungsakte des Magistrats das Münster (Artikel 14). In zwei Artikeln kommt Geiler dann auch auf strafrechtliche Probleme zu sprechen (Artikel 18 und 21). Der 19. Artikel beschäftigt sich schließlich mit allgemeinen Fragen des Stadtrechts.

2. Reformvorschläge zu 'bürgerlichen Sachen'

Die Rechtsnormen des *Ius civile* regelten die Beziehungen der Stadtbewohner untereinander. Der Rat versuchte, durch Ordnungen in diesem Bereich unter anderem Einfluß auf die Vermögensflüsse und Liegenschaftswechsel in der Stadt zu nehmen. Dies war wichtig, weil aus der direkten Vermögens- und Grundsteuer die Haupteinkünfte der Stadtkasse kamen. Da es keine Haushaltsplanung im heutigen Sinne gab, wirtschaftete der Magistrat 'von der Hand in den Mund', und bei unzureichendem Steueraufkommen war er rasch zahlungsunfähig: Sein besonderes Interesse war es daher, das aufgrund von kirchlichen Privilegien seiner Steuerhoheit entzogene Vermögen und den steuerfreien Grundbesitz des Klerus möglichst gering zu halten. Er begründete seine diesbezüglichen restriktiven Verordnungen immer wieder damit, daß der Stadtverwaltung bei größerer Freizügigkeit zu viele Steuern entgehen würden und der Bestand des Gemeinwesens dadurch gefährdet sei.

---

[69] Vgl. etwa O. Lauffer: Beiträge zur Geschichte des Kaufmanns im 15. Jahrhundert (1899-1900).

a) Erbrecht von Geistlichen

An Hand des ersten Artikels soll der formale Aufbau der Gutachten Geilers exemplarisch vorgestellt werden, denn hier verfährt er besonders ausführlich. Die meisten anderen Artikel sind analog zu diesem argumentativen Gerüst aufgebaut. Geiler beginnt den 1. Artikel mit dem Halbsatz: *Es ist am ersten ein statut und ouch gebruch* (157, 3), orientiert sich also, wie es schon der Titel der Beschwerdeschrift nahelegt[1], an einer städtischen Rechtsgrundlage (a), unter die er bestimmte Sachverhalte subsumiert (b). Dann weist er den Widerspruch des aktuellen Straßburger Rechts zum alten Herkommen und zu kaiserlichem, päpstlichem und göttlichem, also übergeordnetem Recht[2], und zu anderen Stadtrechten nach (c). Schließlich nennt er Sanktionen, die für das Erlassen oder Einhalten solcher, seiner Meinung nach rechtswidriger Statuten zu erwarten seien (d). Geiler verlangt in diesem Artikel nicht explizit Konsequenzen – die Forderung nach Änderung oder Abschaffung ergibt sich aber implizit aus Gottes Gebot, päpstlicher Sanktion und Römischem Recht: Er kann in diesem Fall anerkannte Autoritäten für sich sprechen lassen. Das ausdrückliche Verlangen nach Kassierung aller als Unrecht erwiesenen Bestimmungen findet sich im Nachwort der Schrift. Statuten, die wider Gottes Gebote sind, lesen wir dort, also auch das hier vorgestellte, muß man aufheben (197, 19-24).

Es folgt die Exemplifizierung des argumentativen Gerüsts an Hand des 1. Artikels:

a) Eine Frau, die in ein Kloster gehen will, darf nicht mehr als 200 fl ihres Vermögens einbringen, der Rest fällt an ihre Verwandten (157, 3-8).

b) Ein Bürger hinterläßt seinen zwei Töchtern insgesamt 2000 fl. Die eine geht in ein Kloster und erhält gemäß den Statuten lediglich 200 fl, die andere geht in ein Bordell und erhält zu ihrem Erbteil von 1000 fl noch 800 fl zusätzlich, die ihre Schwester nicht erben darf. Die nun reiche Tochter lernt dort einen *buben* kennen, heiratet ihn und verläßt mit ihm die Stadt; jener bringt in der Fremde das Erbe seiner Frau durch (157, 9-23).

c) – Das Statut ist eine Neuerung, die noch keine 30 Jahre alt ist (158, 1 f.).

   – Es steht im Widerspruch zum Codex Iustinianus (Cod. 1, 2, 13) (158, 5-8).

   – Es steht ebenfalls im Widerspruch zu den *canones* des Corpus iuris canonici (C. 19, q. 3, c. 7 und 9), die einem kaiserlichen Privileg für die Kirche entspringen (158, 10-15).

   – Das Römische Recht sieht vor, Statuten, die die Privilegien der Kirchen verletzen, abzuschaffen (Cod. 1, 2, 12) (159, 3-5).

---

[1] Vgl. oben S. 178 f. Anm. 2.

[2] In einer der Narrenschiffpredigten nennt er eine weitere übergeordnete Rechtsinstanz, das Naturrecht, im Widerspruch zu dem es kein Mensch unternehmen solle, Normen zu erlassen (vgl. unten S. 288).

– Duns Scotus und ein anderer, nicht genannter Kirchenlehrer betrachten ein derartiges Statut als Todsünde (159, 18-23).

– Es ist wider das Gebot 'Du sollst nicht stehlen' (Ex. 20, 14, Lev. 19, 11 und Deut. 5, 19) (159, 23 f.).

– Jesaja warnt diejenigen, die unrechte Gesetze, besonders zum Nachteil von Armen, erlassen (Is. 10, 1 und 2) (160, 1-3 und 12 f.).

– Viele andere Städte, wie zum Beispiel Nürnberg[3], kennen ein solches Statut nicht, und es geht ihnen wirtschaftlich dennoch gut (160, 29 f.).

d) Wer die Privilegien der Kirchen mißachtet, wird nach kanonischem Recht mit dem Kirchenbann belegt (X 5, 39, 49) (158, 15-29).

Geiler hält es also im 1. Artikel für unrecht, daß Frauen, die in ein Kloster eintreten wollen, diesem nur einen Teil ihres Vermögens oder Erbes zukommen lassen dürfen. Er sagt, die Regierenden wollten durch solche Bestimmungen, welche die Möglichkeit der Begabung kirchlicher Institutionen einschränken, die *uffrichtung eins nuwen closters, kilchen oder spitals verhindern* (159, 13 f.)[4]. Geiler spielt möglicherweise auf eine Straßburger Verordnung von 1471 an, die diese Materie zum Gegenstand hat[5]:

Were aber das ein jungfröwe oder wittwe begerte in ein closter zuo kommen, dem almehtigen got in eym geistlichen leben zuo dienen, das sol man lossen gescheen, und ir ir guot ligendes und farendes lossen volgen in das closter zuo nyessen iren lebetagen. Doch das die briefe, über eigen und erbe sagende, blibent ligen in gemeyner hant und das von irem guot der stat hengste und pferde gezogen werdent noch besage der ordenunge. Und wann ein solich persone von tode abegät, so sol von irem guot dem closter werden so vil, als noch irem alten harkommen gewönlich umb ein pfründe geben worden ist, doch nit über 100 lb d [entsprechen 200 fl]. Und sol das überige guot alles, es sy ligendes oder farendes, iren erben harußer werden und fallen.

Geiler spricht davon, daß *keyner witwenn oder jungkfrouwen, die in ein kloster gon will und got dienen, gestattet wurt, wie rich sie ist, das sie nit me mit ir in das*

---

[3] Straßburg unterhielt seit Anfang des 14. Jh. nachweisbare wirtschaftliche Beziehungen zu Nürnberg, die zu Ende des 15. und Anfang des 16. Jh. sehr eng wurden; Straßburg war eine Etappe für die Nürnberger nach Lyon; es ließen sich viele von ihnen an der Ill nieder (F.-J. Fuchs: Relations commerciales entre Nuremberg et Strasbourg (1972)).

[4] Es wurde im 15. Jh. und den ersten Jahrzehnten des 16. Jh. tatsächlich weder in der Stadt noch Diözese Straßburg ein Kirchengebäude von Bedeutung errichtet - im Gegenteil: Die Zahl der Straßbuger Dominikanerinnenkonvente beispielsweise sank von 7 auf 4 (Fr. Rapp: Réformes (1974) S. 398).

[5] Vom 23. Juli 1471: AMS R 28, fol. 104 r-105 r (gedruckt bei J. Brucker: Zunft- und Polizeiordnungen, S. 294-297); vgl. auch den Versuch des Rats von 1502, eine ähnliche Bestimmung von Maximilian I. bestätigen zu lassen (vgl. unten S. 213).

kloster bring, weder 100 lb d [entsprechen 200 fl], *das uberig, wie vijll sin ist, muß sie iren frunden lossen, als ob sie todt were* (157, 3-8).

Der entscheidende Unterschied zwischen Geilers Aussage und dem Statut von 1471 besteht darin, daß dem Statut nach den Frauen zu ihren Lebzeiten immerhin das Nießbrauchrecht für ihre Güter und ihr Erbe belassen wurde, deren direkte Besteuerung, das 'Stallgeld'[6], sich die Stadt allerdings vorbehielt (bei einer Über- eignung an die geistliche Institution wären ihr diese Einkünfte wegen deren Im- munität im allgemeinen entgangen). Der Prediger gibt eine annähernde Datie- rung für das von ihm kritisierte Statut: Es sei unter anderem auch *wider alt harkummen, gebruch und gewonheit disser stat Straßburg und ein nuwerung neher* [...] *dan in drissig joren uff gericht und erdocht* (157, 34 - 158, 2). Einen raschen Erfolg hat Geiler mit seinem Protest hier nicht gehabt, denn er prangerte jene 'Ungerechtigkeit' im Erbrecht mit den gleichen Argumenten im Jahr darauf auch in einer Predigt an[7]. Der Rat wollte einer möglichen Umgehung jener Bestim- mung einen Riegel vorschieben, indem er weiter beschloß, daß sie auch verbind- lich sei, wenn vor dem Eintritt in ein Straßburger Kloster das Bürgerrecht aufge- geben werde[8].

Das Statut zur Einschränkung der Testierfreiheit sieht man im Jahre 1488 bei einer Erbstreitsache in konkreter Anwendung[9]: 'Meister und Rat', wie in den Rats- akten das Gremium der Einundzwanzig unter dem Vorsitz des Ammeisters meist kurz genannt wird, fanden einen Kompromiß zwischen zwei Ratsherren, die als Pfleger den Konvent St. Clara auf dem Wörth[10] vertraten, und dem Kürschner Hans Adam, der als Vormund für Martha Trechsel, die in dieses Franziskanerinnen- kloster eintreten wollte, die Interessen ihrer Erben wahrnahm. Man einigte sich darauf, daß Martha als Nonne zu ihren Lebzeiten den Nießbrauch ihres gesamten väterlichen und mütterlichen Erbes habe, verfuhr also gemäß dem Statut von 1471. Nach ihrem Tod solle das Kloster nur 70 fl erhalten, der Rest an die Erben fallen. Verlasse sie den Konvent oder sterbe sie, bevor sie das Gelübde abgelegt habe, solle das Kloster lediglich 10 fl behalten dürfen.

---

[6] Vermögenssteuer, die zur Unterhaltung von Pferden der städtischen Reiterei eingezo- gen wurde.

[7] *Und wär sy waiß wie lanng in dem closter gewesen und lieff wider darauß unnd lieff schon in das huorhauß, man gäb ir noch hundert pfund zuo jhenem, ee man es ir näme, pfuch, auß mitt den rechten, die ir hie machen* (J. Geiler: Hase im Pfeffer, gepredigt 1502, fol. Cciii v).

[8] *Sol sie das uffgeben irs burgrehten daran nit schirmen* (AMS R 28, fol. 104 v; ge- druckt bei J. Brucker: Zunft- und Polizeiordnungen, S. 296).

[9] Am 14. 7. 1488 (AMS II 40, 4).

[10] Vgl. zur Klostergeschichte M. Barth: Handbuch der elsässischen Kirchen im Mittel- alter (1960) Sp. 1391 f.

In einem Brief Peter Schotts d. J. an Emerich Kemel[11] vom Ende 1484 oder
Anfang 1485[12] wird ebenfalls davon gesprochen, daß einem Kloster beim Eintritt
nicht mehr als 100 lb übertragen werden dürften, während der Rest ohne Testa-
ment den Erben zufalle[13]. Der päpstliche Nuntius Kemel war zuvor an den Münsterprediger herangetreten und hatte ihn gebeten, ihm nähere Informationen über
Mißstände in Straßburg zukommen zu lassen, über die er wegen der Kürze seines
Aufenthaltes in der Stadt nicht hatte genügend in Erfahrung bringen können[14].
Die ausführliche Antwort auf diese Anfrage verfaßte dann aber nicht Geiler, sondern in seinem Namen Peter Schott d. J., weil, wie es heißt, der Prediger nicht die
Zeit dazu fand, persönlich zu schreiben. Der Brief ist deshalb wichtig, weil darin
bereits eineinhalb Jahrzehnte zuvor Ähnliches wie in den 'Artikeln' kritisiert wurde.
Geiler hatte Kemel damals durch Schott bitten lassen, ihm mitzuteilen, was ange-
sehene Autoritäten zu den angesprochenen Punkten sagen würden. Aus einem
späteren Brief Schotts vom Mai 1485 geht hervor, daß beide noch auf die Stellungnahme aus Rom warteten[15]. Sollte der Minorit später noch geantwortet haben,
werden einige der von Geiler in den 'Artikeln' angeführten Zitate von Autoritäten
auf Kemel zurückgehen. Von Nutzungsrechten ist aber auch im Brief an Kemel
nicht die Rede. Es ist wenig wahrscheinlich, daß jener Verordnung von 1471 eine
modifizierte – also entsprechend der Geilerschen und Schottschen Darstellung
verschärfte – gefolgt ist, da man im Jahre 1488 auch Martha Trechsel den Nießbrauch gewährte. Geiler überging also die Milderung der Bestimmung oder war
in diesem Fall schlecht informiert.

Aus einem in diesem Zusammenhang geschriebenen Satz erfährt man etwas
über Geilers Informationsquellen: *Sindt noch im leben, die, do man zalte 1480,*
die erst rachtung darin gemacht haben, als ich in zedeln dar uber begriffen ge-
schriben findt (158, 2-5). Daraus läßt sich schließen, daß er Akten oder Urteile
gesehen hat. Die Möglichkeit zur Einsichtnahme gewährte ihm vielleicht sein
Freund Sebastian Brant, der im Jahr vor Geilers Auftritt im Rat auf dessen Empfehlung hin zum Syndikus ernannt worden war und zwei Wochen vor jenem Er-

---

[11] Dr. iur. can Ferrara 1468; nuntius apostolicus 1478. Vgl. zu ihm: P. Schott: The Works
Bd. 2, S. 735.

[12] Ebd. Bd. 1, Nr. 187 S. 205-207; unten VII, 6 Nr. 16; auch in M. A./M. L. Cowie:
Geiler and abuses (1961) S. 485-492 mit englischer Übersetzung S. 492-495.

[13] *Statuto civitatis Argentinensis cavetur, quod intrans religionem non possit de bonis*
suis, quantumcumque dives, deferre ad monasterium plures quam 100 lb, que faciunt prope
200 fl renenses, relique cogitur relinquere heredibus ab intestato (P. Schott: The Works Bd.
1, Nr. 187 S. 206; unten VII, 6 Nr. 16).

[14] Kemel war bereits einige Jahre zuvor, 1482, in Straßburg gewesen und hatte im El-
ternhaus von Peter Schott d. J. gewohnt; damals war er in Deutschland unterwegs gewesen,
um für einen Türkenkreuzzug den Ablaß zu predigen (P. Schott: The Works Bd. 2, S. 735).

[15] Brief von P. Schott an Vitus Maeler vom 28. 5. 1485 (P. Schott: The Works Bd. 1, Nr.
69 S. 76).

eignis zudem den Amtseid als Advokat der Stadt abgeleistet hatte[16]. Geiler hatte aber bereits vor der Anwesenheit Brants in der Stadt Zugang zur Ratskanzlei, was wir aus einem Brief des Predigers an Wimpfeling aus dem Jahre 1497 wissen[17].

Geiler weist in diesem Artikel darauf hin, daß die hier einschlägigen Abschnitte des kanonischen Rechts, anders als einige meinten, nicht vom Klerus erdacht, sondern bereits im Zivilrecht niedergelegt worden seien, auf dem jene beruhten (158, 12-15). Er will damit sowohl belegen, daß sich weltlicher und geistlicher Gesetzgeber in der Beurteilung dieser Frage einig seien, als auch einem möglichen Kritiker begegnen, der behaupten könnte, die Kleriker hätten ihre Privilegien selbstherrlich zu ihrem eigenen Vorteil erlassen. Geiler wußte genau, wie im Rat argumentiert wurde: *Und ob du sprichest: Mit der wiß, so kem das gut alles in die kloster, und möcht die stat nit in wesen behalten werden* (160, 22-24). Er führt diesen wie andere mögliche Einwände gegen seine Forderungen an, um sie in scholastischer Methode im Vorfeld mit passenden Antworten auszuräumen und damit seinem Gegenüber argumentativ jeden Wind aus den Segeln zu nehmen.

Im 2. Artikel wendet sich Geiler erneut und nun allgemeiner gegen die Amortisationsgesetzgebung des Rats, dagegen daß *kloster lut zum erbe nit gelossen werden, ursach wurt dar geben: Man erbt nutz haruß, worumb man dan solt hyn in erben* (162, 3-6). Die Begründung, die er hier den Ratsherren in den Mund legt, erscheint in einem anderen Licht, wenn man weiß, daß der Rat für das Große Spital[18], das unter seiner Verwaltung stand und wegen seiner Kapitalkraft von außerordentlicher ökonomischer Bedeutung war[19], folgendes verordnet hatte: *Es ensol ouch hinnanfürder der kein bruoder oder swester, die in dem vorgenanten spittal sint oder harnach darin kömet, har uß erben*[20]. Und eine 'doppelte Moral' kann man dem Rat, falls Geilers Darstellung richtig war, vollends unterstellen, wenn man ein Gebot von 1466 betrachtet: *Wer in unsern spittal zuo Strosburg kommt, der sol kein sin guoter hinweg geben, vermachen noch verussern in dheinen*

---

[16] Vgl. oben S. 150 Anm. 126.

[17] Wimpfeling hatte Geiler gebeten, Recherchen über den 1458 in Straßburg verbrannten Ketzer Friedrich Reiser und dessen Anhängerschaft in der Stadt zu machen; Geiler antwortete am 27. 12. 1497: *annotata ex cancellaria senatus Argentinensi* [...]. *Si vis et de illo cercior fieri aut aliis quibusdam, fac sciam et inquirere studebo* (J. Wimpfeling: Briefwechsel Bd. 1, Nr. 79 S. 279; unten VII, 6 Nr. 48).

[18] Vgl. unten S. 238 f.

[19] *Man doch spricht der spittal hab zwiret als vijll als unser frouwen werck, ja mehe dan der gantz stifft im munster* (184, 29 f.).

[20] AMS R 13, fol. 66 r; gedruckt bei J. Brucker: Zunft- und Polizeiordnungen, S. 271, der die Ordnung auf Ende 14./Anfang 15. Jh. datiert (vgl. fast denselben Text vom 10. 1. 1391 in: Urkundenbuch Straßburg Bd. 4, 2, S. 128); die Küsterin wurde angewiesen: *sobalde ein mensch in todsnöten lyt und verscheiden will, was dieselb person by ir hat, es sig golt, gelt, kleider oder geltswert, klein oder groß etc., uffhaben, sobald es gesturbt, und eim schaffner oder meisterin getrulichen überantwurten* (J. Gabler: Spital (1941/42) S. 70).

weg; dann alles sin guot sol demselben unseren spyttal werden und mit den personen darin volgen[21].

Geiler hatte zwar von einer das Erbrecht der Ordensgeistlichkeit einschränkenden Bestimmung gehört, aber nicht erkunden können, ob seine Informationen darüber zutrafen[22]. An dieser Stelle wird deutlich, daß er für seine Beschwerden Recherchen unternahm und daß er, wo jene erfolglos blieben, Wissenslücken bekannte. Er argumentiert in diesem Artikel ähnlich wie im ersten: Nachdem er den *gebruch* (162, 3) zitiert und ihn Unrecht genannt hat, führte er Beispiele an, die belegen sollen, daß unter Verwandten eine Reihe von Konstellationen denkbar seien, bei denen kein Anstoß daran genommen werde, daß der eine Teil den anderen beerbe, aber nicht umgekehrt. Er malt wieder schwarzweiß und hält einer frommen Tochter, die ihr Gut für religiöse Zwecke anlegen möchte und nicht erben darf, einen Spieler entgegen, der das Seine vertut und doch das Erbe bekommt. Danach zitiert er wieder der Verordnung entgegenstehende Bestimmungen des zivilen und kanonischen Rechts und behauptet, in anderen Städten gebe es solche Beschränkungen nicht. Er antizipiert wiederum mögliche Einwendungen und beantwortet sie mit konkreten Beispielen. Solche Einwände sind in seinen Augen: *Die kloster hant on das gnug und nit me dan zu vijll* (163, 8 f.). Oder: Die Stadt werde durch das Erben in die Tote Hand so belastet, daß sie *nit mocht in wesen behalten werden* (163, 25). In bezug auf den zweiten Einwand warnt er vor eigenmächtigem Handeln der Kommune und verweist sie an die *oberkeit* (163, 27) – also in erster Linie wohl an den Papst – von der Modifikationen der besonderen Rechte des Klerus verlangt werden könnten. Zum Abschluß erinnert er an die im 1. Artikel aufgezählten Strafen.

Geiler argumentiert nicht in allen Artikeln so ausführlich wie in den beiden ersten. Er war ein zu geschickter Rhetor[23], als daß er seine Hörer mit immer wiederkehrenden Begründungen gelangweilt hätte. Auch gibt es nicht zu jedem Mißstand, den er anführt, passende Bestimmungen aus dem zivilen und kanonischen Recht. Daher kürzt er seine Ausführungen mehrfach mit dem lakonischen Satz ab: *Wer hie zu lang zu schriben* (182, 19 f.)[24].

Eine Fassung des im 2. Artikel inkriminierten Statuts findet man wieder aus dem Jahre 1471. Der Rat begründete die Bevogtung von Frauen, die in ein Kloster eintreten wollten, damals wie folgt:

---

[21] Vom 6. 5. 1466 (J. Gabler: Ordnungen der Verwaltungsorgane des Grossen Spitals (1941/42) S. 35 f.).

[22] Vgl. J. Geiler: Sämtliche Werke Bd. 1, S. 186 Z. 32-S. 187 Z. 3.

[23] *Incredibile facundia tua* (Brief von P. Schott d. J. an Geiler von 1488; gedruckt bei P. Schott: The Works Bd. 1, Nr. 125 S. 145; vgl. unten VII, 6 Nr. 27).

[24] Vgl. : *Ich bekenne, das noch me inrede mögen geschehen, die zu verantwurten lange zijt neme. Ir sihent aber wie vill ir wellent, so gondt keiserliche und bebstliche und vorab gotliche recht vor, denen muß man gehorsam sin und do by lossen bliben* (171, 16-20).

Als jungfröwen und wittwen bishar groß gifften und geben hinweg geben habent,
ouch ettliche mit allem irem gut in clöster gangen sint und iren erben, die inen
ettwann vast nohe gewant gewesen sint, ir gut enpfürt, ouch clöstere ettwann richer
lüte kinde an sich gezogen und in ir clöster broht habent, do versehelich ist, das sie
darinne me angesehen habent ir gut dann die persone, dodurch die nehsten erben
enterbet worden sint, des für die rete und XXI clegde kommen ist [...]. Daruff und
ouch nochdemm dodurch der stat an irem dienst hengst und pferde ziehen swerlich
abegangen ist und fürter abegän mag [...].[25]

Der Versuch, die Gaben der Bürger vor allem an die Bettelordensklöster einzudämmen, um deren Expansion zu verhindern, hatte in Straßburg bereits eine lange Tradition. Der Rat war vor der Stadterweiterung von 1350 besonders daran
interessiert gewesen, nicht zu große Anteile der durch die Stadtmauer limitierten
Grundfläche an Konvente gelangen zu lassen, womit der Stadt die so wichtige
Grundsteuer entging. So verbot er bereits 1276 den Zuzug neuer Klöster, die bislang vor der Stadtmauer gelegen waren[26]. Er wollte mit seinen Restriktionen aber
auch den Besitzstand der Geschlechter wahren und verhindern, daß immer mehr
Güter an die Tote Hand gelangten, wodurch sie der Besteuerung weitgehend entzogen waren. Bereits um 1280 sind erste Versuche zu registrieren, auch Schenkungen und Vermächtnisse an die Bettelorden einzuschränken[27].

Im Jahre 1287 hatte der Rat den Bürgern den Besuch des Gottesdienstes und
den Empfang der Sakramente bei den Dominikanern verboten, weil er glaubte,
die in seinen Augen zu reichlichen Spenden an diese nicht anders mehr einschränken zu können[28]. Als Reaktion verließen die Bettelmönche demonstrativ die Stadt.
Daraufhin wurde Straßburg mit dem Interdikt belegt. Bischof Konrad von Lichten-
berg (1273-1299) wurde als Schiedsrichter berufen und hob, nachdem der Rat die
Verbote zurückgenommen hatte, seinerseits die Sanktionen gegen die Stadt auf.
Anfang 1290 kehrten die Dominikaner wieder in die Stadt zurück. Um 1500 kommt
hinzu, daß die Religiosen, anders als beispielsweise noch im 14. Jahrhundert,
häufiger von auswärts kamen, die Klöster also immer weniger Versorgungsanstal-
ten für eigene Stadtkinder waren[29]. Zudem war der Rat nun in großen Finanznöten, auch weil die städtische Verwaltung nun zusätzliche soziale Aufgaben wahrnahm, die vormals den Kirchen oblagen. Als im Verlaufe der Reformation die
meisten Klöster aufgelöst wurden, verwandte der Rat die ihm zufallenden Mittel
für soziale Aufgaben:

---

[25] AMS R 28, fol. 104 r; gedruckt bei J. Brucker: Zunft- und Polizeiordnungen, S. 294 f.

[26] *Man ensol ouch niemerme gestatten, daz dehein closter, die noch uße sint, jemer har*
in die stat komme, noch hinne gebuwe (Die Chroniken der oberrheinischen Städte. Straßburg Bd. 2 (1872) S. 971).

[27] Fr. Rapp: Réformes (1974) S. 110.

[28] Vgl. zu diesem und dem folgenden Livet/Rapp: Strasbourg Bd. 2 (1981) S. 63- 65.

[29] A. Schindling: Reformation (1980) S. 70; vgl. auch oben S. 75.

Nichts haben wyr in unseren gemeinen oder besonderem nutz verwendt, sonder lassen daruß die pensionierten personen underhalten, und nach ierem abgang ist die nutzung verordnet zu underhaltong des gemeinen almusens, spitals, weysens und bloterhüß und der schulen, also das auch gemeiner nutz in zukunfft sollicher gefell sich nit underziehen wirt.[30]

Die fortgesetzten Versuche des Rats, in die Testierfreiheit des Klerus einzugreifen, kann man besonders gut an einem Fall verfolgen, in den Geiler persönlich verwickelt war. Wir erfahren davon im Jahre 1505, als sich der Prediger in Anwesenheit von drei Zeugen sein Testament bestätigen ließ[31]:

Quod si aliqua emergeret intricatio, tunc quicquid pro extricatione conducere poterit, faciendi habeant facultatem[32]*; nolo enim eos* [sc. die Testamentsvollstrecker[33]] *aliquo modo in aliquod periculum vel damnum praetextu executionis illius testamenti venire, quale ego passus fui in executione testamenti magistri Joannis Simlers.*

Dieser Passus bezieht sich auf einen Vorfall, der damals schon mehr als ein Jahrzehnt zurücklag. Geiler hatte sich im Jahre 1487 von dem wohlhabenden Kanoniker und Offizial des Bischofs, Hans Simmler[34], zum wichtigsten von dessen

---

[30] 1530: aus dem sog. 'Ratschlag D', Fassung A, der Vorstufe einer Beilage der Reichstagsinstruktion, deren Endfassung zur Verantwortung der Ratsdeputation vor dem Kaiser über die Reformation in Straßburg verwendet werden sollte (zur Entstehung: J. Rott in: M. Bucer: Deutsche Schriften (1969) S. 339 f.; Zit.: S. 350 Z. 17-22).

[31] Am 30. 4. 1505. Zitiert nach T. W. Röhrich: Testament (1848) S. 585.

[32] Geiler führte 1498/99 aus, was er mit der *facultas* gemeint haben könnte: *die testamentarii* [damit meinte er auch sich] *nit sünden und nit unrecht thuont, das sie guot lassen den erben, das armen leuten durch got gemacht ist, wan sie besorgen, das inen grosser schad daruß möcht entspringen, es wer an irem guot oder an irem leib, wann sie hetten es nit uff sich genummen das ampt mit dem geding* (J. Geiler: Narrenschiff (1520) fol. [Zvi] v).

[33] Dr. Johannes Schrauff (ehemals Professor in Mainz, wohnte damals bei den Wilhelmiten in Straßburg) und Martin Passaver (Summissarius der Straßburger Kirche).

[34] Geb. Straßburg 5. 4. 1429, gest. ebd. 2. 8. 1492; der Sohn eines Tuchhändlers war Licentiat im zivilen und kanonischen Recht, Inhaber mehrerer Pfründen in und außerhalb der Stadt Straßburg; er hinterließ ein reiches Erbe, worunter auch Teile für Geiler bestimmt waren: *Item venerabili domino doctori Johanni de Keysersperg, singularissimo meo benefactori, lego et dono meliorem vestem, quam ex omnibus meis relinquendis vestimentis elegerit, cum capicio et duo bicaria similia quasi nova essent, ex meis bicariis argenteis ex successione parentum meorum acquisitis, in vita mea parum usis, cui etiam restitui volo Scotum, super quarto sententiarum, quem mihi alias accomodaverat.* Nach der Bitte an Geiler, den anderen Exekutoren mit Rat und Tat bei der Vollstreckung des Testaments beizustehen, schreibt er: *pro cuius onere favoreque lego sibi mensam pulchriorem et meliorem quam ex meis omnibus elegerit. Quam tamen post ejus obitum ad monasterium Penitentum devolutam esse volo et in stuba maiore domus nove collocari et permanere semper* (von der Gabe eines Tisches an das Magdalenenkloster ist in Geilers letztem Willen nicht die Rede, vielmehr soll der dort genannte Tisch beim Amt verbleiben; vgl. oben S. 120); Simmlers übrige Bücher gingen an die Münsterbibliothek (aus dem Teilabdruck des Testa-

Testamentsvollstreckern machen lassen[35]. Das Erbe Simmlers sollte vor allem für karitative Zwecke[36], für Seelmessen und für zwei Stipendien an Theologie-studenten[37] und verwendet werden[38]; aber auch den Verwandten war ein Teil zuge-wiesen[39].

Bei der Abfassung und Bestätigung des Testaments waren die Erfordernisse des geltenden Rechts berücksichtigt worden[40]. Simmler hatte zudem darauf ver-zichtet, durch die Zahlung von einem sogenannten *ferto* (1/4 Mark) an die bischöf-liche Kasse das Recht zu erlangen, seine Verwandten als Haupterben einzuset-zen[41]. Üblicherweise wäre seine Hinterlassenschaft nun an den Bischof gefallen. Simmler hatte sich aber an den Bischof gewandt und von ihm die *indultum testandi*

---

ments in: J. Wencker: Collecta archivi, S. 428-30, Zit. S. 428 f.), der sie offenbar tatsäch-lich übergeben wurden (vgl. die Aufschrift seines nicht erhaltenen, ehemals im Münster befindlichen Grabsteins: *Mementote Iohannis Simler Argentinensis iurisconsulti doctissimi, qui consilio suo multis profuit nostramque bibliothecam optimis voluminibus locupletavit* (O. Schad: Münster (1617) S. 49); vgl. J. M. B. Clauß: Münster als Begräbnisstätte (1906) S. 15).

[35] Das Testament wurde 1487 verfaßt, im November 1489 notariell aufgesetzt (AMS Chartes Kartause und St. Nikolas (K und N) 6) und 1490 erweitert: *Item primo et princi-paliter constituo executorem mei testamenti venerabilem dominum doctorem Johannem de Kaysersberg, in Argentinensi ecclesia predicatorem dignissimum, non quod ipse multum debeat fatigari laboribus in exequendo, sed quod eiusdem consilio etiam dato et secuto omnia, que evenient, impedimenta aut dubia in et circa executionem faciendam per ipsum declarari ac per eundem declarata, reliqui subscripti executores aut pars eorumdem maior exequi debeant et teneantur, non dissidens de eodem quotienscumque fuerit requisitus, numquam denegabit consilium et auxilium secundum deum sanum ad anime mee salutem promovendam* (J. Wencker: Collecta archivi, S. 429).

[36] Vgl. unten S. 205 und die Transkriptionen des Ratsprotokolls (unten VII, 3 d Nr. 12) und der Urkunde (ebd. Nr. 15).

[37] Es wurde eine jährliche Rente von je 20 fl ausgesetzt; vgl. unten S. 271.

[38] Er gab auch Geld an das in städtischem Besitz befindliche Frauenwerk: *Innome von besetztem gelt so erberlute zu allen molen an das werck gebenn:* [...] *Item ingenommen von den testamentarien meister Hanns Symelers seligen so er dem werck besetzt hat 20 fl* (ŒND 43k, fol. 36 r, Rechnungen vom 2. Quartal 1492); *Innome von lütten so diß jore gestorben sint, den man im münster gelütet hat: Item ingenommen von meister Hanns Symlern seligenn für ein lütten 9 ß 10 d* (ebd. fol. 34 r).

[39] Vgl. unten Anm. 44.

[40] *By gesundem lijb, mit erlaubung sines busschofs, vijl jor vor synem tod, in gegen-wirtikeit eynes notarien und gezugen* (164, 20-22). Vgl. S. Brant: Clag antwurt (1500) fol. 120 v: *Item du solt wissen, das auß ordnung geystlicher rechten genuog ist an zweyen zeugen im testament oder letsten willen und besunder wodurch gotes ere oder durch gotes willen etwas geschafft wirt.* [...] *Und wo sölichs geschafft nit volendet oder verbracht wirt, so mag und soll der bischoff den erben zwingen, das er den letzten willen volende.*

[41] Vgl. L. Dacheux: Un réformateur catholique (1876) S. 53 Anm. 4.

genannte Erlaubnis erhalten, frei über sein Erbe und seinen übrigen Besitz zu verfügen. Von dieser Möglichkeit, die in der Diözese Straßburg seit etwa 1480 gegeben war, machten Kleriker regen Gebrauch und gaben oft ihr gesamtes Vermögen religiösen Institutionen. Die legitimen Erben beschwerten sich deshalb häufig beim Rat, dem dieser Brauch ebenfalls mißfiel. Für die Erziehung eines Kindes und die Erlangung einer Pfründe hatten die Eltern eines Priesters oftmals viel investiert, was zu Lasten des Familienvermögens, also des Erbes der Geschwister ging. Der Rat glaubte, es sei nur gerecht, wenn diese im Todesfall zum Ausgleich einen Teil des Vermögens ihres Bruders erhielten, und kaum tolerabel, wenn dieser sie leer ausgehen ließe[42]. Dem Rat gelang es aber vor der Reformation nicht, das *indultum testandi* zu unterbinden[43].

Die Verwandten Simmlers hatten die ihnen zugedachte Summe akzeptiert und ausdrücklich auf ihr Erbe verzichtet, wie Geiler schreibt[44]. Gleichwohl fochten sie die Testamentsvollstreckung im Jahr nach dem Ableben Simmlers an. Der Rat wurde veranlaßt, die Testamentsvollstrecker auf das Rathaus zu laden, wo ihnen die Klage vorgetragen wurde. Die Kleriker waren zwar erschienen, um, wie sie sagten, dem Rat Achtung zu erweisen, nicht aber, um ihn damit etwa als Gerichtsstand anzuerkennen[45]. Vielmehr beriefen sie sich auf das *privilegium fori*, wonach ein Kleriker, falls er es nicht vorzog, sich einem weltlichen Richter zu unterstellen[46], grundsätzlich seinem geistlichen Richter, in diesem Fall also dem Bischof, unterworfen war[47]. Der Rat hatte aber schon im 13. Jahrhundert beansprucht, zu-

---

[42] Vgl. die Transkription der Supplik des Rats an Maximilian von 1502 unten VII, 3 d Nr. 26; vgl. auch Fr. Rapp: Réformes (1974) S. 414. Der sog. Oberrheinische Revolutionär hätte die Haltung des Rats wohl unterstützt, schrieb er doch um 1500: *Do bei soll man betrachten die ordnung der rechten, nit sein nechsten frund berouben und der kirchen gen, es ist diebstal* (A. Franke: Das Buch der hundert Kapitel und der vierzig Statuten des sogenannten Oberrheinischen Revolutionärs (1967) S. 510).

[43] Vgl. Fr. Rapp: Réformes (1974) S. 414. Im Jahr 1529 wurde in Straßburg das Lesen der Messe verboten.

[44] *Sin gut armen luten und zum gots dienst verordnet, synen zweien schwindernn gesipten frunden ein summ, do by bestympt, vermacht, die ouch sollichs angenomen und uff das erbe fur notarien und gezugen verzigen handt* (164, 24-28).

[45] *Zu ere und reverentz eynem radt, des verachter sie nit gesehen wellen sin* (165, 28).

[46] Von Geiler angeführte Stelle aus dem Corpus iuris canonici: X 2. 2. 12.

[47] Das war nicht nur in den von Geiler zitierten Stellen des Corpus iuris civilis (Cod. 1, 3, 32 (33)) und Corpus iuris canonici (C. 11, q. 1, c. 42 f.; X 3. 49. 4 und 7) fixiert, sondern wurde auch in zeitgenössischen Rechtshandbüchern so gesehen: *Item das beneficium fori kompt auch zuohilff den geweichten. Wann ob gleich etwo ain geweichter dem weltlichen gericht underwirffig, mag er sich doch ziehen für seinen bischoff oder ander fugklich richter. Unnd dieser freyhait verzeicht man sich weder nach gaistlichen noch weltlichen rechten* (U. Tenngler: Der neu Layenspiegel (1511) fol. 55 r); vgl. auch den sog. Oberrheinischen Revolutionär: *Man soll ein frummen priester nit mit weldlichen rechten furnemen* (A. Franke:

mindest über die Dienstleute der Geistlichen zu Gericht zu sitzen[48]. Indem behauptet wurde, *man hette nuwent geurteilet über die leigen, die under irme stabe sehssent*[49], gelang es dem Rat beispielsweise im Jahre 1385, auch über das Dominikanerkloster ein Urteil zu fällen.

In der Streitsache um das Erbe Simmlers erreichte nun einer der vorgeblichen Erben in Abwesenheit der Testamentsvollstrecker durch Eidesleistung ein Urteil des Rats auf Herausgabe eines silbernen Bechers aus der Erbmasse: Falls die Kleriker dem nicht nachfolgten, sollte ihnen der Stadtfriede gekündigt werden, *der inen vor gewalt der erben zu geseit waß*, mit der von Geiler genannten Konsequenz, daß *also menniglich sie zu tode zeschlahen* erloubt wäre (166, 15-17). Dies erklärt, weshalb Wimpfeling Geiler als *ultimarum voluntatum fere usque ad sanguinem defensor* apostrophierte[50]. Dem Münsterprediger kamen die Motive für jene Ratsentscheidung zu Ohren: *Ist dar by geredt (als ich bericht bin), man will sich also in der sach halten, das keynen me gelust ein testamentarius zu werden, und also mit gewalt one recht ab triben* (166, 17-20).

Einige Details des Vorgangs bis zu dem Ratsurteil, das bis hierher vor allem aus den Angaben in Simmlers Testament, Geilers '21 Artikeln' und den Narrenschiffpredigten rekonstruiert wurde, läßt sich ausnahmsweise an Hand eines Ratsprotokolls von 1493 nachprüfen, das zwar, wie die übrigen aus Geilers Zeit, im Original verloren ist, sich aber als Abschrift aus dem 18. Jahrhundert im Straßburger Stadtarchiv erhalten hat[51]. Dort wird der Vorgang wie folgt wiedergegeben: Nachdem im Namen der beiden Schwestern und vermeintlichen Erben Simmlers deren Ehemänner beim Rat gefordert hätten, ihre Frauen nach Straßburger Recht in das Erbe einzusetzen, habe man die Testamentsvollstrecker vorgeladen, die auch erschienen seien, ohne aber den Rat als Gerichtsstand anzuerkennen. Die Ehemänner der Simmlerschwestern hätten darauf erneut vom Rat

---

Das Buch der hundert Kapitel und der vierzig Statuten des sogenannten Oberrheinischen Revolutionärs (1967) S. 324).

[48] *Ein jeglicher unser burger, er sie gotzhusdienstman oder nüt, sol zuo rehte staun vor dem meister und vor dem rate von Strazburg und ensol sich dez nüt wern* (Statut von 1276 in: Die Chroniken der oberrheinischen Städte. Straßburg Bd. 2 (1872) S. 951).

[49] Der Chronist Königshofen über einen Streit zwischen dem Rat und den Dominikanern über 200 lb Strafe, die die Mendikanten bezahlen mußten, nachdem sie einen flüchtigen Straftäter, der bei ihnen Asyl gesucht hatte, nicht hatten ausliefern wollen (Die Chroniken der oberrheinischen Städte. Straßburg Bd. 2 (1872) S. 735, Variante zu Z. 20).

[50] J. Wimpfeling in: Das Leben Geilers (1510) S. 57 Z. 154 f.; an späterer Stelle wird Wimpfeling noch deutlicher: *Passus est etiam insidias usque ad sanguinem a cognatis cuiusdam magni iureconsulti, cuius ultimam voluntatem constantissime tueri contra episcopi conniventiam moliebatur* (ebd. S. 82 Z. 773-776; der Sachverhalt ist hier so präzise bestimmt, daß mit dem großen Rechtsgelehrten niemand anderes als Simmler gemeint sein kann); vgl. auch unten Anm. 52 und S. 207.

[51] Vgl. Transkription des Ratsprotokolls vom 15. 6. 1493 unten VII, 3 d Nr. 12.

gefordert, in ihrer Sache zu entscheiden, worauf Geiler das Wort ergriffen und dem Rat gegenüber seine Sicht der Dinge dargelegt habe: Simmler hätte sein ihm teils von der Kirche, teils von seinem väterlichen Erbteil zugewachsenes Vermögen testamentarisch armen Leuten vermacht, für Seelmessen verwendet wissen wollen und auch seinen Schwestern eine Leibrente von 20 fl ausgesetzt. Diese hätten die Rente nach dem Tod ihres Bruders angenommen, formell auf ihr Erbe verzichtet und den Testamentarien Zutritt zur Erbmasse verschafft. Die Testamentsvollstrecker hätten daraufhin Geld entnommen und es den Schwestern quittieren wollen. Als diese aber die Annahme der Quittung verweigert hätten, sei diese richterlich hinterlegt worden.

Der Bischof hätte sich daraufhin eingeschaltet und Geiler die Herausgabe eines Teils der Erbmasse nahegelegt. Der Bischof versuchte also, seine Jurisdiktionsgewalt zu wahren und griff ein, als offenbare Gefahr für das Leben der Geistlichen bestand. Er wies, wie wir wissen, die Testamentarien zunächst an, 500 fl an die Erben auszuzahlen[52] (es muß sich also außer um den kostbaren Becher um noch weitere Streitsachen gehandelt haben). Doch blieb Geiler standhaft, widersprach seinem Oberhirten und setzte es schließlich durch, daß auch der Bischof auf die Vollstreckung des Testamentes nach Wortlaut bestand, was die Angaben des Ratsprotokolls von 1493 bestätigen. Der weitere Fortgang der Streitsache wird in der erhaltenen Abschrift nicht wiedergegeben.

Im Interesse der vorgeblichen Erben Simmlers versuchte auch der mit ihnen verwandte Wilhelm von Rappoltstein, auf Geiler Druck auszuüben. Der Prediger wandte sich allerdings an den Dekan des Hochstifts, Hoyer von Barby, der zwar der Neffe des Rappoltsteiners war, aber in der Schuld des Predigers stand, weil er ihm indirekt sein Straßburger Kanonikat zu verdanken hatte[53]. Geiler konnte Hoyer für sich gewinnen: Dieser bat seinen Onkel, nicht weiter auf den Prediger einzuwirken und den Bischof oder das Offizialat als zuständige Instanzen in diesem Rechtsstreit anzuerkennen[54]. Am Ende jedenfalls konnte sich Geiler durchsetzen und den letzten Willen seines Freundes Simmler vollstrecken.

Ein Jahrzehnt später entspann sich ein weiteres Mal ein Rechtsstreit, bei dem es darum ging, ob eine letztwillige Verfügung *ad pias causas* erfüllt werden könne oder nicht, und wir sehen den Prediger sich erneut energisch dafür einsetzen, daß eine Sache, die nach seiner Meinung vor das geistliche Gericht gehöre, nicht vor das städtische gezogen wurde. Einen Hinweis darauf, in welcher besonderen

---

[52] J. Geiler 1498/99 in einer Predigt: *Es wer guot, das man die ding erfüre umb der conscientzen willen. Der testamentarii meister Hans Simlers den selben testamentaryen ward getreuwet, sie zetödten, wan man die freund nit ußrichte. Da hieß der bischoff von Straßburg den freunden geben fünffhundert fl, die nit inen gesetzt waren, sie waren aber armen leuten gesetzt* (Narrenschiff (1520) fol. [Zvi] v).

[53] Vgl. oben S. 125.

[54] Vgl. die Transkription des Briefes vom 17. 8. 1493 unten VII, 3 d Nr. 13.

Funktion er dieses Mal in Diskussion mit dem Rat trat, erfahren wir aus dem Obituarium des Straßburger Reuerinnenklosters St. Magdalena[55]. Die Nonnen versprechen, das Jahrzeitgedächtnis des gestorbenen Predigers zu begehen, der ihnen 30 Jahren lang mit Lehre und Predigt viel Gutes getan habe. Außerdem sei er zwölf Jahre lang auch Vertreter des Generalpropsts des Ordens gewesen, was soviel wie Prior des Straßburger Klosters meint.

Der Rechtsstreit hatte sich wie folgt entwickelt[56]: Bevor eine Straßburgerin im Jahre 1501 mit ihrer Nichte auf eine Pilgerreise ging, hatte sie dem Kloster St. Magdalena ihr Vermögen anvertraut. Falls sie nicht lebendig zurückkehren würde, sollte es – bis auf 30 fl, die an ihre Erben gehen sollten – an den Konvent fallen, damit dort Seelmessen gelesen und Almosen an Arme verteilt werden könnten. Sie starb tatsächlich auf ihrer Reise. Ihre Weggefährtin Adelheid trat nun an die Nonnen heran und verlangte die Herausgabe des gesamten Vermögens. Ihre Tante habe unterwegs, kurz vor ihrem Tod, die Verfügung geändert. Zum Beweis legte die Nichte einen Schlüssel und ein Schriftstück vor. Da der Konvent diese Dinge nicht als Rechtsmittel anerkannte, ließ Adelheid ihn vor dem Offizial verklagen, bekam dort allerdings nicht Recht. Daraufhin nahm sie das Bürgerrecht an und versuchte ihr Glück vor dem städtischen Gericht, wogegen sich die Nonnen verwehrten.

Der oberste Propst ihres Ordens gab seinem Vertreter Geiler förmlich den Auftrag, die Nonnen rechtlich zu vertreten. Der Prediger protestierte am 12. Mai 1502 dagegen, daß der Fall vor dem Rat verhandelt werden solle, und forderte die Ratsherren auf, den Rechtsstreit vor ein Schiedsgericht oder das zuständige geistliche Gericht zu verweisen oder aber seiner Partei acht Tage Bedenkzeit zu geben. Geiler brauchte die Zeit, denn er hatte den Nonnen empfohlen, sich an den König zu wenden. Er hatte ja seine Erfahrungen mit dem städtischen Gerichtszwang im Verfahren um das Erbe Simmlers gemacht. Maximilian I. leistete dem Konvent tatsächlich umgehend Beistand und wies den Straßburger Rat in einem Mandat vom 21. Mai 1502 an, das Verfahren nicht an sich zu ziehen, sondern da zu belassen, wo es hingehöre: beim geistlichen Gericht[57].

Das Mandat war aber nicht rechtzeitig in Straßburg angekommen und Geiler sah sich erneut gezwungen, als Vikar des Klosters vor dem Rat darzulegen, aus welchen Gründen die Nonnen nicht verpflichtet seien, sich vor dem weltlichen Gericht zu verantworten. Er verlangte wiederum, die Sache an das Offizialat zu verweisen. Dagegen brachte der Anwalt Adelheids einschlägige Präzedenzfälle vor und beharrte darauf, daß der Rat nach dem Vertrag von Speyer[58] ordentliche

---

[55] Vgl. oben S. 166 Anm. 51.
[56] Vgl. die Transkr. des Mandats Maximilians I. vom 21. 5. 1502 unten VII, 3 d Nr. 21.
[57] Ebd.
[58] Am 22. 4. 1422 nach dem Dachsteiner Krieg zwischen Bischof Wilhelm von Diest

Gerichtsstatt sei, nachdem es sich um eine Erbstreitigkeit handele, nicht aber um geistliche Güter ginge; zudem sei damals in Straßburg kein rechtmäßiges Testament zustande gekommen. Die Ratsherren erkannten daraufhin, daß die Sache beim städtischen Gericht bleiben solle und noch am gleichen Tag dort zu verhandeln sei.

Keinen Monat später nahm Maximilian I. in einem erneuten Mandat an den Straßburger Rat seinen Hofkaplan, der *sich gewallts besorgte* in dieser Sache, und das Kloster St. Magdalena ausdrücklich in königlichen Schutz und befahl der Stadt, es unter ihren Schirm zu nehmen[59]. Wie der Streit schließlich ausgegangen ist, erfahren wir nicht.

b) Erbrecht von Laien

In den folgenden Artikeln behandelt Geiler das Erbrecht von Laien. Diese seien in ihrer Testierfreiheit eingeschränkt. Im 4. Artikel behauptet er:

Es wurt unkrefftig erkant in disser stat alles gemechd, es sige im todbet oder ouch mit gesundem libe, das do geschicht, das es noch dem tod des schaffers volstreckt sol werden, uber ein bestympte summ, mir nit kuntlich, es sihe verschafft armen luten oder in anderwiß, die man in latin nennet Ad pias causas (168, 14-19)[60].

Ein Statut vom Jahre 1300, auf das im Jahre 1428 rekurriert wurde und das Ende des Jahres 1509 noch gültig war[61], gibt den Anteil des Erbes, der vom Totenbett aus frei verfügbar war, mit einem Prozent, mindestens aber 5 ß an[62]. Allerdings mußte dies bei Summen von mehr als 5 ß mit Wissen und Willen der Erben geschehen[63]. Wie schon erwähnt, hatte Geiler ja wahrscheinlich keine Gelegen-

---

und der Stadt Straßburg in Speyer geschlossener Friede; Text bei Ch. Schmidt: Chapitre Saint-Thomas (1860) Nr. 103 S. 423-430; zum Verhältnis der Stadt zu Bischof/Domkapitel und zu den Klöstern vgl. M. U. Chrisman: Church and City in Strasbourg 1480-1548 (1962) S. 52-62.

[59] Vgl. die Transkription des Mandats vom 17. 6. 1502 unten VII, 3 d Nr. 22.

[60] Vgl. einen Brief P. Schotts an E. Kemel (geschrieben zw. Ende 1484 und 21. 2. 1485): *Item statuto cavetur, quod non potest testamento vel donatione causa mortis aliquid relinqui, etiam locis sacris, vel ad pias causas* (P. Schott: The Works Bd. 1, Nr. 187 S. 206); von einem Anteil, der frei vererbt werden dürfe, ist hier nicht die Rede.

[61] Es wurde später aber wahrscheinlich abgeschafft und 1515 wieder erneuert (vgl. Fr. Rapp: Réformes (1974) S. 413 Anm. 110).

[62] *So sol ein jegliche mensche in sinem tottbette macht und gewalt haben hinweg zu geben, obe er wil sinen guten frunden, geistlichen oder weltlichen, oder su sinem selgerete oder conscientien gelte oder sunst durch gott, von hundert pfunden ein pfunt von allem sym gut ligende oder varende [...] und eins sy arm es wolle, soll macht haben funf ß hinweg zu geben* (J. Geiler: Die aeltesten Schriften, S. 49 f.); vgl. oben S. 140 Anm. 74.

[63] In einem am 8. 3. 1428 zwischen Bischof Wilhelm von Diest und dem Rat geschlos-

heit, alle städtischen Verordnungen einzusehen. In diesem Fall wird er wohl keinen Statutentext gesehen haben, da er beispielsweise den Prozentsatz der frei ver-
fügbaren Erbmasse nicht angeben konnte. Von einem Verbot, *mit gesundem libe*
etwas zu vererben ist ebenfalls keine Rede. Die Gesetzgeber glaubten mit dem
Dekret vom Jahre 1300 verhindern zu müssen, daß ein frommer Sterbender kurz
vor seinem Tod, besorgt um sein Seelenheil und vielleicht ermuntert durch einen
ihm beistehenden Geistlichen, den größten Teil seines Vermögens einer geistlichen Institution etwa zur Verwendung für karitative Zwecke zukommen ließ und
dabei seine natürlichen Erben überging. Ganz in diesem Sinne mußten die
Minoriten im Jahre 1383 beispielsweise geloben[64]:

> *Daz wir nieman underwisen süllent noch schaffen underwiset an sinem totbette, daz*
> *uns burger oder burgerin zuo Strazburg ir eygen oder ir erbe gebent oder besetzent,*
> *also daz die rehten erben da mit verderbet und enterbet sint.*

Auch der 5. Artikel handelt vom Erbrecht. Hier glaubt Geiler erklären zu müssen, was ein Testament ist, da er davon ausgeht, daß *jederman meynt die testament*
sihen allein fur die pfaffen erdocht und zu nutz den geistlichen (172, 13-15)[65]. Er
argumentiert in humanistischer Manier als überzeugter Pädagoge: Wenn dieser
Irrtum aufgeklärt sei und man wisse, daß das Testament bereits vor Christi Geburt
von den Römern, deren *regiment* doch über alle Maßen großartig gewesen sei, als
ein nützlicher Vertrag erkannt worden sei, dann gäbe es keinen Grund mehr, die
Testierfreiheit derart einzuschränken, daß sogar ein Straßburger Bürger nicht mehr
die Freiheit habe, einem anderen Laien oder für weltliche Zwecke etwas letztwil-
lig zu verfügen (171, 26-29). Hierdurch würden die Bürger enterbt, da sie zu den
Menschen gerechnet würden, denen man wegen mangelnder Willensfreiheit oder
anderer Untauglichkeit das Erbrecht verwehre[66]. Der Rat hatte tatsächlich die
Testierfreiheit zugunsten der natürlichen Erbfolge eingeschränkt. Er wollte die

---

senen Vertrag wird das folgende als weiterhin geltend bezeichnet: *Do hapen die von Stras-*
purg eyn ordenunge gemacht, das deheine person, manne noch wip, an irem dotbette uber
funff ß Strasperger unsere frauwen husz noch deheinen andern gothusern ane wißen und
willen der erben geben solle [...]. Auch was personen gesundes libes machent an unser
frauwen huß oder ander gotshusere, nach irem tode zu empfahen und zu haben durch der
sele heile willen ane der erben willen, das sprechen sie abe (F. Blumstein/Ad. Seyboth:
Urkunden, S. 12 Nr. 8).

[64] Am 9. 7. 1383 (Die Chroniken der oberrheinischen Städte. Straßburg Bd. 2 (1872) S.
972; dort irrtümlich auf 1283 datiert).

[65] *Ein testament ist nutz anders, wenn ein vernunftig gescheffde oder gemechde siner*
guter, do eyner ordnet, wie sin gut noch synem tod uß geteilt sol werden mit bestymmung
eins erben; doch so getar er sine kind nit verteilen: Inen ist vorbehalten ir teil, das in latin
genant wurt legittima (172, 29-173, 2).

[66] *Also do sint: unsinnig, toub, stummen, minderjerig, gudig, verurteilet zum tod, offenlich*
wuocherer, bennige, eigen lut, klosterlut, ketzer, blinde und der glichen untouglich lut (173,
10-13).

Familienvermögen nicht zersplittern lassen. Geiler sieht aber einen Vorteil darin, wenn den Kindern lediglich ein Pflichtteil zustehe, da sie dann eher geneigt seien, sich um ihre Eltern zu kümmern; hätten sie von vornherein Aussicht auf das ganze Erbe, wären die Eltern gleichsam die Gefangenen ihrer Kinder (173, 18-28).

Der folgende, 6. Artikel berührt ebenfalls das Erbrecht, und zwar das von Witwen. In Straßburg seien diese ungerechtfertigterweise einem Vogt unterstellt, ohne dessen Einverständnis sie von ihren Liegenschaften nichts verschenken oder vermachen dürften[67], während männliche Waisen zum Beispiel unbenommen ihr väterliches Erbe verschwenden könnten Er fordert hier ausnahmsweise einmal die Verabschiedung eines neuen Statuts: Nach 'kaiserlichem Recht', also dem Corpus iuris civilis, müsse man Knaben und jungen Männern, die keinen Vater mehr hätten, einen *tutor* und dann einen *curator* zur Seite geben[68], damit *ein junger nit in synen wutenden jaren, das im von synem vatter verlossen ist, vertuge* (175, 19 f.). Das sei ein taugliches Mittel, damit die Familien wohlhabend und in der Stadt ansässig blieben.

Geiler veranschaulicht die Konsequenzen aus dem angegriffenen Statut wieder mit Extremen: Auf der einen Seite werde einem Verschwender unbenommen erlaubt, sein gesamtes Vermögen im Dienste des Teufels zu vertun, auf der anderen werde einem frommen Menschen verwehrt, seine Habe um Gottes Willen zu spenden. Wie die Handlungen eines gottesfürchtigen Menschen ausschauen sollten, deutet Geiler durch den Verweis auf das Vorbild der hl. Elisabeth an, die 2000 Mark auf einmal zum Bau eines Spitals dargebracht, und das der hl. Paula, die alles, was sie hatte, für ein frommes Leben aufgegeben habe (176, 6-9). Die Legenden der beiden Heiligen, die als Witwen Bedeutendes für die *caritas* geleistet hatten[69], dürften aus der Legenda Aurea des Jacobus a Voragine bekannt gewesen

---

[67] *Es ist nuwelich ein statut gemacht, das den witwenn ein fogt geben wurt, on deß wissen und willen sie nutzet geben, schaffen oder verschaffen mögen, ouch zu gotlichen dingen oder armen luten von ligenden gutternn, on ires fogts willen* (175, 6-10); er bezieht sich wohl auf die Rechtspraxis gemäß der oben in Anm. 5 angeführten Verordnung von 1471 (oder einer Neufassung von ihr) in der es heißt: *und sollent die selben jungfröwen und wittwen nit maht haben, irs guts ützit hinweg zu geben, zu versetzen oder zu verkouffen one ir vögte, die inen also geben werdent, und ir nehsten fründe wissen und willen [...]. Doch das sie die nutze von iren gütern, zinsen und gülten bruchen mögent und domitt tun und lossen noch irem willen* (AMS R 28, fol. 104 r; gedruckt bei J. Brucker: Zunft- und Polizeiordnungen, S. 295).

[68] *Bitz uff 14 jor mit eynem schirmer oder furmunder, den man nennet im latin tutorem, und darnach bitz uff 25 jar mit eynem versorger, wurt genant curator* (175, 16-19).

[69] Elisabeth (1207-1231), Tochter des ungarischen Königs Andreas II. und Landgräfin von Thüringen, gründete als Witwe das Franziskusspital in Marburg und opferte sich im Dienst an Armen und Kranken auf; vgl. Geilers Predigt Geistliche Spinnerin (1510), die von der hl. Elisabeth handelt. Paula (347-404), Tochter aus römischer Adelsfamilie, gründete und leitete als Witwe in Bethlehem mehrere Klöster.

sein, die bereits in der ersten Hälfte des 14. Jahrhunderts in Straßburg übersetzt worden war[70].

Mit dem von Geiler kritisierten Statut wollte der Rat das weitere Anwachsen der besonders im 14. Jahrhundert erworbenen Klostergüter einschränken; die Aufsicht über Kauf und Verkauf dieser Güter übernahmen überdies von der Stadt eingesetzte Pfleger, wie einer Verordnung bezüglich der Dominikaner vom Anfang des 15. Jahrhunderts zu entnehmen ist[71]:

Daz die selben brüder noch ir nachkommen derselben ires hüses güter nüt kouffen noch verkouffen, versetzen noch verseren sollent in denhein weg, ez sie denne mit wissen und wille derselben pfleger oder die denne an ire stat komment etc.

Seit Anfang des 14. Jahrhunderts wurden den Frauenklöstern Kuratoren beigegeben[72]. Die Franziskaner schränkten sich 1383 selbst in ihrer Geschäftsfähigkeit ein[73]:

Daz wir gein guot, eigen noch erbe, daz die burgere oder burgerin von Strazburg anhört und uns besetzet oder gegeben wirt, also verkouffen süllent oder verandern mit der gedinge, daz es danach wider an uns oder an anders jeman von unsern wegen gevalle.

Zusammenfassend kann man sagen, daß der Rat mit einer Reihe von Bestimmungen die privatrechtliche Gestaltungsfreiheit der Straßburger Einwohnerschaft im Erbrecht einschränkte. Indem er die Testierfreiheit zuungunsten des Klerus beschnitt, hoffte er, den Güterfluß an die Geistlichkeit einzudämmen und die in der Stadt befindlichen Sach- und Geldwerte dem Zugriff der städtischen Besteuerung zu bewahren. Geiler greift schon zu Beginn seiner Schrift genau die Probleme auf, die in der zweiten Hälfte des 15. Jahrhunderts im Mittelpunkt der Diskussion des Rats standen: Es ging um die virulente Frage, wie die städtischen Finanzen aufgebessert werden könnten. Der Münsterprediger war sich durchaus darüber im klaren, wo die Schwierigkeiten lagen, war sogar offen für legitime Interessen der urbanen Politik, widersprach ihr jedoch heftig, wo er Ungerechtigkeiten und Eigenmächtigkeiten zu erkennen glaubte.

---

[70] Zu Elisabeth: *Sie gab zweitusent mark silbers durch got den armen menschen [...], die ir worent geben, daz su uf iren widemen furzige. Also furkofte su alle ir kostpere kleinot. Do von buwete su einen erlichen spittel, do vil siechen inne enthalten wurdent. Do wart su selber maget und dienerin und fursach die siechen noch aller irre notdurft* (Elsässische Legenda, S. 809-814; Zit. S. 813 Z. 2-6). Zu Paula: *Su waz geweltig an richtuome, nuo vil schinberre ist su in der armuot Cristi [...]. Noch irme tode enlies su nut einen pfenning eygines guotes* (ebd. S. 159-163; Zit. S. 159 Z. 23 f. und S. 163 Z. 28 f.).

[71] Die Chroniken der oberrheinischen Städte. Straßburg Bd. 2, S. 973.

[72] Fr. Rapp: Gestionnaires (1984) S. 75.

[73] Die Chroniken der oberrheinischen Städte. Straßburg Bd. 2, S. 972 (vgl. oben Anm. 64).

c) Amortisationsgesetzgebung nach 1501

Während der Rat bislang eher punktuell in die Rechte des Klerus eingegriffen und damit Geilers Protest herausgefordert hatte, faßte er wohl bald nach dem mutigen Auftreten des Münsterpredigers den Entschluß, sich um eine wirksamere systematische Amortisationsgesetzgebung zu bemühen. Vielleicht erreichte Geiler das Gegenteil von dem, was er erhofft hatte. Jedenfalls werden die Räte, nachdem sie Geilers Klagepunkte gehört hatten, von der Notwendigkeit überzeugt gewesen sein, ihre gesetzlichen Absichten durch König oder Papst bestätigen zu lassen. Denkbar wäre allerdings auch, daß man schon vorher im Rat vorgehabt hatte, die Gesetze zu effektivieren, daß Geiler dies durch Sebastian Brant zu Ohren gekommen war und er gerade deswegen die Ratsherren von der Kanzel herunter angriff[74]. Interessant an dem erneuten Vorstoß des Rats gegen die Rechte des Klerus ist vor allem, daß man sich diesmal darum bemühte, den Prediger in den Gesetzgebungsprozeß mit einzubeziehen. Um zu verstehen, wie es dazu kam, daß Geiler gleichsam zu einem Teil der Straßburger 'Legislative' wurde, ist es nötig, näher auf die verschiedenen Ratsinitiativen der Jahre nach 1501 und auf die Reaktionen der betroffenen Geistlichen einzugehen.

Vermutlich bald nach Geilers Auftritt beriet ein eigens gebildeter Ratsausschuß über die Schwierigkeiten, die der Gemeinde durch die besonderen Rechte des Klerus entstanden. Man kam zu dem Ergebnis, daß Mittel und Wege gefunden werden müßten, die Güterkumulation in der Toten Hand zu bremsen, zumal man gehört hatte, der Klerus habe bereits seinerseits eine Ordnung erlassen, wonach die Güter, die er besaß, niemals wieder an Laien zurückfallen sollten[75]. Zwar könne man auch in Zukunft nichts dagegen einwenden, daß der Bischof einen Kleriker beerbe, der ohne *ferto* starb, aber die gefährliche Neuerung des *indultum testandi*, mit welchem ein Geistlicher unter Assistenz von Testamentarien die Anverwandten enterbe, dürfe man nicht hinnehmen[76]. Es komme vor, daß Geschwister leer ausgingen, nachdem die Eltern viel Geld für die Ausbildung eines Sohnes ausgegeben hätten, der dann Kleriker wurde.

Man überlegte, wie der Klerus dazu gebracht werden könne, wenigstens die Ewigzinsen, die er auf Häuser in der Stadt besaß, zu veräußern. Dies sei in Städten wie Augsburg, Basel, Bern, Speyer, Frankfurt, Nürnberg und Ulm gelungen, von denen man Informationen über ihr Vorgehen einholen wolle[77]. Außerdem wolle

[74] Vgl unten Anm. 91 und 104.

[75] Vgl. Transkription des Ratsprotokolls unten VII, 3 d Nr. 23.

[76] Vgl. oben S. 202 f.

[77] Auch wegen der Vorgehensweise gegen die Syphilis oder das Bettelwesen konsultierte man die Ordnungen befreundeter Städte (vgl. unten S. 223 Anm. 23 und S. 231); am 7. 10. 1482 hatten die Nürnberger Ratsherren ihren Straßburger Kollegen eine Weinordnung geschickt, die sie mit einigen Fürsten und Herrn aufgestellt hatten (AMS R 1, 167).

man dafür sorgen, daß der Klerus angemessen zur Friedenssicherung in und außerhalb der Stadt beitrage, da er auch Nutzen davon habe, wie sich in den Burgunderkriegen ja gezeigt habe. Für einen von Maximilian I. geplanten Türkenkreuzzug[78] setzte der Rat zur gleichen Zeit eine halbprozentige Sondersteuer fest,
die ausnahmslos alle Bürger und ausdrücklich auch die Geistlichen und deren
familia zu zahlen hatten[79].

Sebastian Brant wurde beauftragt, ein Gutachten zu jenen Problemen zu er-
stellen, was für ihn, wie er bekannte, die schwierigste Aufgabe gewesen sei, die er
bis dahin je zu erledigen gehabt habe[80]. Er kam zu dem für den Rat traurigen
Ergebnis, daß man nach Recht und Ordnung ziemlich wenig tun könne. Es gebe
höchstens die Möglichkeit zu verhindern, daß in Zukunft noch mehr an die Tote
Hand falle – was sie bereits halte, sei verloren. Auf alle Fälle sei es am besten,
man bemühe sich um eine päpstliche Bulle.

Bald darauf wurde Hans Wilhelm Rotwil[81] zum Bürgermeister von Augsburg
abgefertigt, um ihn nach der dortigen effektiven Amortisationsgesetzgebung zu
befragen, von der man gehört hatte[82]. Rotwil sollte den Bürgermeister bitten, dem
Straßburger Rat eventuelle Ordnungen oder Privilegien in Kopie zukommen zu
lassen oder mögliche Verfahrensweisen zu erläutern und ihm gleichzeitig strengs-
te Geheimhaltung zusagen. Die Augsburger schickten den Straßburger Ratsherren tatsächlich Kopien von zwei für sie ausgestellten einschlägigen königlichen
Privilegien[83] und einer Ratsordnung von 1315[84]. Außerdem berichteten sie über
einige Erfolge gegen den Klerus während des letzten Jahrhunderts[85].

Auch an die Stadt Frankfurt wandte man sich und bat die dortigen Räte, auf
Kosten der Stadt Straßburg Kopien anfertigen zu lassen von Statuten, Ordnungen
oder Privilegien, die es, wie man wisse, in der Stadt am Main schon seit langem
verhinderten, daß *hüser, höfe, gärten, zinß, gulten und andere eigenschafften* des

---

[78] Vgl. oben S. 153.

[79] Im Jahre 1502 wurde ein Einblattdruck herausgebracht mit dem Titel *Burger artickel*:
*Es soll auch ain yeder gaistlichs oder weltlichs stands von hundert fl dienst und ambtgelts
ain halben fl [...] geben. Aber ain yeder diener oder dienstpott, gaistlich oder weltlich,
knecht und magt soll steuern* (AMS X 115).

[80] *Mag es worlich in mir wol der swerst handel geahtet werden, der mir zu handen ye
komen ist und in welchem als sörglich zu rotten und als beträchtlich zu handeln wer* (vgl.
die Transkription des gesamten Gutachtens unten VII, 3 d Nr. 24).

[81] 1493 und 1494 für die Krämerzunft im Rat (J. Hatt: Liste des membres du Grand
Sénat de Strasbourg (1963), S. 526).

[82] Vgl. die Transkription der Weisung vom 9. 12. 1502 unten VII, 3 d Nr. 25.

[83] Privileg Rudolfs von Habsburg (1273-1291) (Augsburg, undat.) und Albrechts I. (1298-
1308) (Ulm, undat.) (AMS II 123, 11 fol. 94 r-95 r).

[84] Vom 3. 7. 1315 (AMS II 123, 12 fol. 96 r).

[85] AMS II 123, 16 fol. 108 r-v und 17 fol. 110 r-111 r.

Stadtgebietes in geistliche oder auswärtige Hände gelangten[86]. Keine acht Tage
später kam die Antwort aus Frankfurt: Man übersandte die einschlägigen Privilegien und Statuten und überdies eine päpstliche Bestätigung darüber; gleichzeitig
bat man um Geheimhaltung[87]. Im Straßburger Stadtarchiv haben sich daneben
Abschriften von einer kaiserlichen und einer königlichen Urkunde für Frankfurt
erhalten[88]. Auch die Stadt Basel wurde entsprechend angegangen und schickte
die Abschrift eines Privilegs Friedrichs III. von 1488 und einer darauf bezogenen
Ordnung, die die Modalitäten für die Ablösung ewiger Zinsen auf Häusern und
Liegenschaften festlegte[89]. Außerdem hat sich im Straßburger Stadtarchiv die
Abschrift eines Basler Rechtsgutachtens erhalten, das man zur Abwehr nicht be-
rechtigter Erbansprüche von Geistlichen hatte anfertigen lassen[90].

Juristisch beraten und mit Beispielen aus anderen Reichsstädten versehen,
wandten sich die Straßburger Räte schließlich selbst an König Maximilian I.,
erläuterten ihm umständlich die Sorgen der Stadt und baten ihn um Fürsprache
beim Papst und Bestätigung ihrer neuen Amortisationsgesetzgebung[91]. Sie sollte
beispielsweise, wie schon das Statut aus dem Jahre 1471, festschreiben, daß ein
Kloster nach dem Tod eines Religiosen nicht mehr als 100 lb seines Vermögens
erben dürfe[92], und auch, daß die Aufgabe des Bürgerrechtes vor Eintritt in ein
Kloster die Gültigkeit dieser Obergrenze nicht anfechten solle[93]. Es sollte ferner
gelten, daß der Klerus und auch seine *familia* in Notzeiten Steuern zahlen müßten. Das hatten sie während der Armagnakengefahr[94] und der Burgunderkriege[95]
im übrigen tatsächlich getan. Als Grund für die neuen Bestimmungen gab man

---

[86] Am 9. 12. 1502 (AMS II 123, 13 fol. 97 r).

[87] Am 16. 12. 1502 (AMS II 123, 14 fol. 99 r; Straßburger Abschrift: ebd., 13 fol. 98 r).

[88] Von Kaiser Karl IV. (1355-1378) und König Sigismund (1410-1433) (AMS II 123,
15 fol. 101 r-104 r).

[89] AMS II 123, 18 fol. 114 r-115 r.

[90] AMS II 123, 21 fol. 142 r-144 r.

[91] AMS II 123, 22 fol. 146 r; vgl. die Transkription der Supplik unten VII, 3 d Nr. 26.

[92] Vgl. oben S. 195.

[93] Vgl. oben S. 196.

[94] Als 1439-1444 eine Invasion von Armagnaken drohte, steuerten fast alle Kapitel
Beihilfen bei (Fr. Rapp: Réformes (1974) S. 411); das außerhalb der Stadtmauer gelegene
Kloster St. Clara auf dem Wörth bspw. allein 300 fl (AMS II 40, 1).

[95] Auf Bitten des Bischofs, des Kapitels und der Stadt steuerten zum Kauf von Ge-
schützen, Pulver und Munition bei: Dominikaner (60 fl); Johanniter (50 fl); Augustiner,
Dominikanerinnen von St. Markus (je 40 fl); St. Stephan, St. Agnes, St. Margarete, St.
Nikolaus in undis, St. Clara auf dem Wörth, St. Clara auf dem Roßmarkt (je 30 fl); Kartäuser, Franziskanerinnen, Dominikanerinnen von St. Katharina (je 20 fl); St. Magdalena,
Karmeliten, St. Johann in undis (je 12 fl); Deutscher Orden, Wilhelmiten (je 10 fl): insgesamt 486 fl (L. Dacheux: Un réformateur, S. 182 Anm. 1 nach Quellen aus dem Stadtarchiv); die drei Stifte St. Thomas, Alt und Jung St. Peter hatten 1453 die Zusage gegeben

die Befürchtung an, daß der Wohlstand der Stadt weiterhin zurückgehe, da der Klerus immer reicher werde, ja die Laien an Kapitalkraft bereits überträfe. Die Ratsherren versuchten dem Reichsoberhaupt, dem häufigen Gast Straßburgs, in drastischen Bildern die Gefahr für die bislang so wohlhabende Stadt deutlich zu machen und entwarfen ein Schreckensszenario, nach welchem *die gantz statt und iro gütere [...] entlich dar durch in der geistlichen hant und gewalt kummen und zu letsten die burger von irem regiment zurrütet und dem heiligen rich abgetrent* würden. Im schlimmsten Falle, sagten sie, könne es zu Aufruhr *der gemeyn* kommen, der *zu zerstörlicheit der geistlichen und grossem kummer sich ußtönen und erstrecken möht*[96]. Um vor allem gegen die Ewigzinsen des Klerus vorgehen zu können, ließ der Rat eine Empfängerausfertigung für ein Privileg schreiben, die sich gleich in mehreren Fassungen im Straßburger Stadtarchiv erhalten hat[97].

Der Rat versuchte erst gar nicht, eine königliche Privilegierung zu erlangen, um weitergehende Statuten gegen die Testierfreiheit der Geistlichen (die ihnen durch Bezahlung des *ferto* oder des *indultum testandi* gewährt wurde) erlassen zu können. Er schätzte seine Chancen, hier weiter zu kommen, nach Geilers wiederholter 'Überzeugungsarbeit', wohl realistisch – und das heißt gering – ein: Der Rat ließ von Sebastian Brant lediglich eine Ordnung formulieren, *wie es in erbfällen und testementen die priesterschafft betreffend [...] gehalten werden solle*[98], die keine neuen Restriktionen brachte, sondern im wesentlichen nur die diesbezüglichen Bestimmungen des Vertrags von Speyer[99] bekräftigte.

Unerwartet bekam der Rat in jener Zeit von seiten des Reformklerus Beistand in seiner Politik gegen den tatsächlichen oder vermeintlichen Reichtum der Geistlichkeit. Allerdings nicht gegen den von Institutionen, sondern gegen den von einzelnen Personen: Jakob Wimpfeling beklagte sich in einem Schreiben an den Rat über die Kumulation von Kanoniker- und Vikarspfründen in der Stadt und gab Anregungen, wie man es mit Unterstützung der weltlichen Obrigkeit erreichen könne, daß hinfort ein Geistlicher nur noch eine dieser Pfründen erlangen dürfe[100]. Wenn die Pfründen der Stadt in den Händen weniger seien, argumentierte er klug und nahm dabei auch die Vorstellungen des Rats mit auf, führe dies neben mangelhafter Versehung der einzelnen Benefizien auch zu negativen ökonomischen Konsequenzen für die Stadt, da beispielsweise weniger Konsumenten vorhanden seien. Auch sei es für Stadtkinder, die mit großen Mühen und Kosten

---

wie zu Zeiten der Armagnakengefahr, wenn *not beschee, die stat Straßburg zu behüten und zu bewaren* helfen, soweit dies mit dem Priesteramt vereinbar sei (AMS II 106 a, 11).

[96] Vgl. unten VII, 3 d Nr. 26.

[97] AMS II 123, 25 fol. 165 r-166 v (erster Entwurf dazu ebd. fol. 167 r-168 r; zweiter Entwurf ebd. fol. 169 r-170 r).

[98] Vgl. vgl. die Transkription der gesamten Ordnung unten VII, 3 d Nr. 27.

[99] Vgl. oben S. 206 f.

[100] Vgl. die Transkription unten VII, 3 d Nr. 28.

auf der Universität für eine geistliche Laufbahn ausgebildet worden seien, immer schwerer, auf eine geeignete Stelle in der Stadt zu kommen, da sie gegen Konkurrenten, die sich die begehrten Benefizien an der Kurie in Rom zu verschaffen verstünden, nicht ankämen. Außerdem würden die meisten Pfründen unter den Verwandten einiger weniger Familien verteilt[101]. Wenn die Stadt eine Ordnung zur Regelung des Pfründenwesens beim Bischof verlangen würde, wäre letzterer sicher bereit, sie zu erlassen. Die notwendige päpstliche Bestätigung könne man mit Unterstützung von Kapitel, Kurfürsten und König in Rom erreichen. Dann hätten man ein taugliches Mittel, sich der 'Kurtisanen' zu erwehren (die ja, wie gezeigt, auch eine Gefahr für den Bestand der Prädikatur darstellten[102]). Den Text einer diesbezüglichen, von Geiler formulierten, Supplik an den Papst fügte er kurzerhand bei[103]. Der Rat griff die Vorschläge dankbar auf und beriet darüber, was alles in einem Bittschreiben an den Papst vorgebracht werden solle – die von Geiler und Wimpfeling vorgeschlagenen Punkte flossen mit ein[104].

Ein paar Jahre später, Anfang des Jahres 1505, startete der Rat unter Verweis auf drohende Kriegsgefahr eine Initiative zur Besteuerung verschiedener geistlicher Institutionen der Stadt, die allgemeines Wehklagen und Protest auslöste[105].

---

[101] Vgl. etwa das Angebot des Domkapitels an Friedrich von Zollern, ihm ein Domkanonikat zu reservieren, wenn er einen Verwandten begaben wolle (oben S. 125).

[102] Vgl. oben S. 104.

[103] Am Rand neben dem Abschnitt mit dem Entwurf des Schreibens an den Papst steht: *Consilium doctor Keyßersbergs* (vgl. die Transkription des Entwurfs unten VII, 3 d Nr. 29).

[104] AMS II 123, 24 fol. 153 r-157 r; Entwurf dazu: ebd. fol. 162 r-163 v.

[105] Am 21. Februar verlangte der Johanniterordensmeister für Deutschland, Rudolf von Werdenberg, vom Rat, auf die Forderung von 600 fl Steuern für das Kloster auf dem Grünenwörth zu verzichten: Der Konvent könne diese Summe nicht ohne schweren Schaden für seinen Bestand aufbringen. Außerdem pochte er auf die Privilegien seines Ordens und erinnerte an das Verbot für die Ordensleute, Steuern zu zahlen wie für die Stadt, Steuern zu erheben. Am 26. Februar wandte sich die Äbtissin des Franziskanerinnenklosters St. Clara auf dem Wörth an die Ratspfleger ihres Konvents der *schweren und grossen burde jezentt der schatzung halb* und bat sie, sich beim Rat für eine Minderung der Steuerlast einzusetzen. Sie berief sich auf die schlechte finanzielle Lage und auf die Baufälligkeit der Kirche und des Klosters, gegen die etwas getan werden müsse. Zur gleichen Zeit und mit ganz ähnlichen Sorgen klagten auch die Priorin und Schaffnerin des Dominikanerinnenklosters St. Katharina darüber, die 400 fl, die als Steuer für den Konvent festgesetzt worden seien, nicht aufbringen zu können, und baten um Aufschub bis der Superior angekommen sei, der in solchen Sachen informiert werden müsse: Die Nonnen könnten mit ihrem Einkommen kaum leben und ihr baufälliges Kloster wegen Geldmangel nicht reparieren. Auch die Nonnen von St. Nikolaus in undis baten ihre Pfleger, beim Rat um Geduld nachzusuchen, da sie wegen *abgang der zinß* und *der gülten* derzeit nicht in der Lage seien, ihre Schuld zu begleichen; außerdem dürften sie ohne ihren Superior in dergleichen Fällen sowieso nicht handeln. Und in ähnlicher Weise ließ auch die Priorin des Dominikanerinnenklosters St. Margarete und Agnes ihre Pfleger beim Rat intervenieren: Sie müsse auf den Provinzial

Und bald darauf unternahm er wieder einen Vorstoß gegen das Erbrecht des Klerus, was sogleich den Münsterprediger auf den Plan rief, wie wir aus seinem Brief an den Ammeister Heinrich Ingold[106] vom Anfang des Jahres 1508 wissen[107]. Geiler schrieb, ihm sei zu Ohren gekommen, man verhandele im Rat wieder einmal über ein Statut, das testamentarische Legate *Ad pias causas* einschränken solle. Geiler verwies zunächst darauf, daß er bereits mehrfach, sowohl öffentlich auf der Kanzel als auch nichtöffentlich vor dem Rat (was er dann auch schriftlich vorgelegt habe), auf die Ungültigkeit solcher Bestimmungen aufmerksam gemacht habe, wie auch darauf, daß alle, die solche aufstellten oder befolgten, schwer sündigten und unter Drohung der Absolutionsverweigerung zur Restitution des den Kirchen Vorenthaltenen verpflichtet seien. Er ermahnte die Räte, keine derartigen Statuten zu erlassen, wenn ihnen ihr Seelenheil lieb sei.

Offenbar gelang es dem Prediger, die Straßburger Gesetzgeber mit diesem Brief einzuschüchtern, kannten sie doch seine Unerbittlichkeit im Kampf für die Rechte der Kirchen. Sie wollten nicht erneut in aller Öffentlichkeit Sünder genannt werden und sorgten sich wohl auch um ihr Seelenheil. Sie hielten es für klüger, Geiler, dessen juristische Autorität sie offenbar respektierten, diesmal in den Gesetzgebungsprozeß mit einzubinden und legten ihm ein Vierteljahr später den Entwurf einer das Erbrecht betreffenden Ordnung (wiederum aus der Feder von Sebastian Brant) zur Begutachtung vor[108]. Mit der neuen Ordnung wollte man verhindern, daß Untaugliche testierten, in erster Linie aber wieder, daß im Sterbebett, womöglich unter Zureden eines anwesenden Geistlichen, Legate zugunsten der Kirchen gemacht würden. Testamente sollten in Zukunft grundsätzlich nur gültig sein, wenn sie in Anwesenheit von mehreren Ratsherren verfaßt wurden, die die Tauglichkeit des Erblassers und die Rechtmäßigkeit seines letzten Willens feststellten; Erbstreitigkeiten sollten grundsätzlich vor dem städtischen Gericht verhandelt werden.

In seinem Gutachten kritisiert Geiler zunächst Punkt für Punkt den Entwurf, indem er auf Widersprüchlichkeiten aufmerksam macht oder nachzuweisen sucht, daß Willkürliches und höherem Recht Widersprechendes beschlossen worden sei,

---

warten (AMS II 7 fol. 3 r, 18 fol. 2 r, 12 fol. 4 r und fol. 6 r); auch der Landkomtur des Deutschen Ordens für die Ballei Elsaß und Burgund, Wolfgang von Klingenberg, wandte sich wegen der Forderung von 300 fl für die Straßburger Komturei an die Stettmeister und den Rat. Er wolle nach Ostern eine Gesandtschaft abfertigen, die mit dem Rat darüber verhandeln werde (Brief vom 21. Feb. 1505; AMS II 51, 12 fol. 5 r).

[106] Gest. 20. 12. 1520; Mitglied in der Krämerzunft 'Zum Spiegel'; im Rat: 1491, 1492, 1501, 1502, 1507, 1508, 1511, 1512; Dreizehner 1491; Ammeister 1508 und 1514. Vgl. zu ihm François Joseph Fuchs in NDBA Bd. 18 (1991) S. 1746 f.

[107] Brief von Geiler an den Ammeister H. Ingold vom 27. 2. 1508 (Transkription unten VII, 3 d Nr. 32).

[108] Vgl. die Transkription des Entwurfs vom 24. 6. 1508 unten VII, 3 d Nr. 33.

holt dann aber, wie auch am Ende seiner 'Artikel'[109], zu einer grundsätzlichen Kritik der Gesetzgebung aus. Er verweist wieder auf die Rechtslage in der Stadt Nürnberg und in deutschen und französischen Territorien: Diese, sagt er, hätten längst entsprechende Statuten erlassen, wäre der Schaden, der aus den unerwünschten, die Kirchen begünstigenden Testamenten für die Stadt erwachse, wirklich so groß, wie die Straßburger Ratsherren glauben machen wollten. Im Gegenteil erwachse durch die geplante Reglementierung großer Schaden für städtische, vor allem soziale Einrichtungen wie das Frauenwerk, die Elendenherberge, das Waisenhaus, das Syphilitikerheim, das Leprosorium, das Spital, die Armenversorgung, ja die städtische Kasse selbst, aus der dann vermehrt die karitativen Aufgaben bezahlt werden müßten.

Es bestehe ferner kaum Grund zur Sorge, daß der Klerus durch die Nichtanwendung der Verordnung zu reich würde[110]. Am Ende weist er noch einmal auf die Kompetenzüberschreitung der Ratsherren hin, die es unternehmen wollten, Reichs- beziehungsweise Kirchenrecht zu ändern: Wie der Rat erwarte, daß eine Zunft die über sie beschlossenen Bestimmungen einhalte, nicht aber modifiziere, so solle auch er die ihm übergeordneten Gesetzgeber respektieren. Das Statut würde in der vorliegenden Form sicher nicht von der Kurie akzeptiert werden; bei höherer Stelle könnten Gegner billig Klage gegen die Norm erheben. Er prophezeit, daß ein solcher Prozeß die Stadt teurer zu stehen kommen würde, als der zu erwartende Gewinn bei Einhaltung des Statuts ausfallen könnte. Weitere Einwände gegen derartige Bestimmungen habe er bereits vor Jahren dem Rat übergeben – womit er ein weiteres Mal an die '21 Artikel' erinnerte.

In diesem Abschnitt wurde darzulegen versucht, daß der Rat nach der mit den '21 Artikeln' vorgebrachten Kritik seine Amortisationsgesetzgebung nicht etwa aufhob, sondern im Gegenteil in vielfältiger Weise darum bemüht war, sie zu vervollkommnen und gegen Einsprüche abzusichern. Dafür ließ er seinen Syndikus Gutachten verfassen, informierte sich auf diplomatischem Wege über die Rechtslage in befreundeten Städten, wandte sich hilfesuchend an den König und bemühte sich schließlich sogar darum, seinen schärfsten Kritiker durch Einbindung zu besänftigen. Der Rat mußte allerdings bald feststellen, daß zwar in diesem oder jenem Punkt Terrain zu gewinnen war, daß aber auf das Ganze gesehen auf dem Rechtswege gegen die geistlichen Privilegien recht wenig zu tun war. Nicht zuletzt Geiler brachte dem Rat jene Erkenntnis nahe. Erst die Reformation sollte auch und gerade für diese Probleme einen grundlegenden Wandel im Sinne der weltlichen Obrigkeit bringen.

---

[109] Vgl. die Transkription des Entwurfs vom 5. 2. 1509 ebd. Nr. 34 und unten IV, 4 d.

[110] Vgl. auch eine Predigt, die er 1499 und in den letzten Jahren seines Lebens hielt: *Wir haltend uns leider also liederlich in unserm leben, das man uns wenig geneigt ist, üt zu vermachen; müssend sich vast mit irem eignem schmaltz betröiffen* (J. Geiler: Postille T. 2 (1522) fol. 36 v).

15*

3. Reformvorschläge zur 'Guten Ordnung'

Eine Vielzahl von Bestimmungen regulierte im Spätmittelalter die innere Ordnung eines Gemeinwesens. Mit Spiel- und Festordnungen oder Luxus- und Kleiderordnungen, die immer wieder erneuert und verschärft wurden, versuchte man das Zusammenleben einem bestimmten Sittenkodex anzugleichen und einer Verwischung der Standesunterschiede Einhalt zu gebieten. Ein besonderes Recht gab es für Spitalinsassen, Arme und Aussätzige – aber ebenso für unehrliche, also wegen Geburt oder ausgeübtem Gewerbe nicht zum Bürgerrecht zugelassene Menschen und für Juden. Die Reglementierung des Bauwesens, des Gewerbes, aber auch der Krankenfürsorge kann man ebenfalls der 'Guten Ordnung' zurechnen.

a) Glücksspiel

Die Artikel 7, 8 und 9 handeln von Spielverboten[1]. Geiler fordert im 7. Artikel, daß die weltlichen Regierenden auf deren scharfe Einhaltung achten und Übertretungen streng bestrafen. Man solle sich nicht damit herausreden, daß etwa Prälaten die Spiele ja auch gestatteten: Diese sündigten schwerer und würden deswegen von Gott auch härter bestraft werden.

Geiler beginnt mit der Forderung, die Henker nicht länger mehr aus dem 'Scholder' zu bezahlen, einer Abgabe, die je nach Gewinn von einem Spieler erwartet wurde[2]. Im Jahre 1493 war in einem Spielverbot das Einnehmen vom Scholder bereits untersagt worden[3]; gleichzeitig aber wurde darüber geklagt, wie wenig die Spielverbote bisher genützt hätten[4]:

Noch dem inn vergangenen joren me dann einst alle lustelins spile verbotten worden sint und doch nit so volliglich habent mögen gehalten und gehanthapt werden, als man gern geton hett.

---

[1] Aus der Zeit, in der Geiler zu Straßburg predigte, hat sich eine ganze Reihe von Spielverboten erhalten: vom Jahr 1484 (AMS R 2, fol. 117 r) und 1489 (vgl. J. Geiler: Die aeltesten Schriften, S. 59-61); 1488 (AMS R 2, fol. 124 v) und 1493 (ebd. fol. 132 v; teilw. gedruckt bei J. Brucker: Zunft- und Polizeiordnungen, S. 476-479); 1500 (AMS R 30, fol. 70 und 77); 1510 (ebd. fol. 100 v).

[2] Das Wort geht auf lat. 'scholar' zurück. In Würzburg, wo der dortige Domprediger Johannes Reyss vergeblich gegen das Spiel kämpfte, ist ein 'Scholder' ein gewerbsmäßiger Spieler; 'scholdern' heißt um Geld spielen (Th. Freudenberger: Johannes Reyss (1954) S. 63); *scholler: also das man dar butet eynen teller, daruff legt ein jeglicher spiler vijl oder wenig noch dem er gewunnen hat* (177, 23-25).

[3] *Das nyeman keinen scholder von keim spiele nemmen sol* (Ordnung vom 18. 3. 1493, erneuert 1. 7. 1499 und 1. 2. 1500; AMS R 2, fol. 132 v-133 r, Zit. 132 v; gedruckt bei J. Brucker: Zunft- und Polizeiordnungen, S. 478).

[4] AMS R 2, fol. 132 v.

Das Amt des Henkers sei an sich, argumentiert Geiler im Jahre 1501, nur weil er die Todesstrafe vollziehe, nicht verwerflich[5], genausowenig wie das des Schultheißen oder Richters, der das dazugehörige Urteil fälle. Daher solle man ihn auch nicht aus einem *turpe lucrum* (178, 14) entlohnen[6]. In München beispielsweise hatte eine Reform der Einkommensstruktur des Henkeramtes schon früher stattgefunden: Vor der Mitte des 15. Jahrhunderts waren zu den Einkünften des 'Nachrichters' aus dem Strafvollzug (die aus einer tariflichen Entlohnung und Festbezügen je nach Art der Handlungen bestanden) wie in Straßburg noch ein Nebenerwerb aus der Aufsicht über die Prostitution[7] und das Glücksspiel getreten, der sich in München ebenfalls 'Scholder' nannte. Nun wurden dem Münchner Scharfrichter diese Einkünfte verwehrt und er erhielt fortan ein festes Gehalt (wozu allerdings später Entgelte für Abdecken und Kloakenreinigen treten konnten)[8].

Geiler scheint diesmal mit seinem Protest zu spät gekommen zu sein, denn bereits kurz zuvor, am 23. November 1500, mußte Hans Schwartz von Konstanz auf eine neue Henkerordnung schwören, in der zu lesen ist, daß die Ratsherren *jetz den nochrichter umb ein wochenlichen sold bestellet habent: nemmlich umb ein fl für alle forderung. So sol er fürter alles spils und des frowen pfennings* [Erträge aus der Prostitutionsaufsicht] *müssig stän und des nützit empfohen oder innemmen inn keinnen wegk*[9]. Es ist denkbar, daß Geiler diese Neuerung, die zwei Monate vor seinem Auftreten vor dem Rat offensichtlich zum ersten Mal zur Anwendung gekommen war, noch nicht bekannt war. Jedenfalls charakterisiert Geiler die vorherige Besoldungspraxis durchaus zutreffend; wie aus der Befragung eines Henkers beim Ausscheiden aus dem Amt im Jahre 1487 hervorgeht, hätten die Einnahmen für das Spiel allein zu Pfingsten 40 fl betragen, wovon aber nach Abzug aller Unkosten nur mehr 10 fl geblieben seien, wovon er sicher wiederum das meiste hatte an die Stadt abführen müssen[10]. Wenn man Geiler Glau-

---

[5] Vgl. allgemein zum Ansehen des Henkers: H. V. Hentig: Der gehängte Henker (1956).

[6] Geiler schließt die indirekte Forderung an, dem 'Nachrichter' die heiligen Sakramente nicht zu verwehren (177, 5-7); vgl. Geilers Engagement gegen die Sakramentsverweigerung für zum Tode Verurteilte unten S. 264-267. Sein Appell scheint das Ansehen des Henkers nicht viel gehoben zu haben und auch dessen Frau nicht vor Stigmatisierung bewahrt zu haben: Zum Jahr 1509 kann man in den Extrakten der Ratsprotokolle, die Wencker gesammelt hat, die Forderung lesen: *des henckers frau [...] soll dem hencker gesagt werden, sin frau sich von andern frauen uff dem gümpelwerck zu sondern, damit ein unterscheid gehalten werde* (J. Wencker: 'Brants Annalen', S. 227 Nr. 3374).

[7] Vgl. dazu allgemein: P. Schuster: Das Frauenhaus. Städtische Bordelle in Deutschland (1350-1600) (1992).

[8] Vgl. J. Nowosadtko: Scharfrichter und Abdecker (1994) S. 53-55 und S. 65.

[9] AMS R 28, fol. 384 r-v, Zit. 384 r (gedruckt bei J. Brucker: Zunft- und Polizeiordnungen, S. 398 f.).

[10] Am 28. 8. 1478: *Item als Niclaus der nochrichter abgestanden und gefroget ist, was das spil zuo pfingsten jors tüge etc., do hat er geseit, es habe im etwan ein 40 fl geton, so*

ben schenken kann, müssen die Summen, die der Scholder eintrug, teilweise recht hoch gewesen sein: Einmal sollen 80 fl und ein anderes Mal 200 fl zusammengekommen sein (177, 30-32).

Für die Ratsherren waren die Einnahmen aus dem Glücksspiel auch im eigenen Interesse von besonderer Bedeutung. Denn mit dem Scholder und dem Gewinn aus Spielkartenverkauf wurde neben der Besoldung des Henkers und der Stubenknechte auch das sogenannte Vorußlin für die Regierenden finanziert, wogegen sich Geiler im 8. Artikel wendet (178, 2-9)[11]. Es handelte sich dabei um ein üppiges Essen während Zusammenkünften, die auch aus Anlaß politischer Beratungen veranstaltet wurden. In einer Praeteritio zählt Geiler die Sünde, den Unnutz und die Schändlichkeit der damit verbundenen Gebräuche auf und meint, daß sie unrecht seien und sich ehrliche Leute – Adlige, Bürger oder Geistliche, die wohlhabend genug seien, selbst ein *voruß* (178, 18) zu bezahlen – eigentlich für zu gut halten sollten, einen unehrlichen Gewinn zu genießen.

Im darauffolgenden 9. Artikel verlangt der Münsterprediger, daß man die meisten Stuben abschaffe[12], da ihr Betrieb teuer sei, die Handwerker dort ihr Geld durch Verzehr und Spiel verschwendeten und häufig Aggressionen entstünden, die entweder direkt in den Stuben zu Gewaltakten führten oder daheim an Frau und Kindern ausgelassen würden[13]. Stuben oder Trinkstuben waren Versammlungsräume mit Wirtshauscharakter, gleichzeitig Orte der politischen Meinungsbildung der Zünfte, Patrizier und Adligen, die sich darin zu Stubengenossenschaften oder -gesellschaften zusammenschlossen[14]. In einer erneuten Praeteritio kommt Geiler auf Streit, Totschlag, die üble Gesellschaft zu sprechen, in die man in den Stuben gerate, und auf die großen Kosten, die ihre Unterhaltung verursache. Er führt

---

habe er do gegen ouch müssen costen haben mit knehten, doch sient im etwann über allen costen, so er deshalb gehept habe, zehen fl vorgestanden (AMS R 28, fol. 383 r; gedruckt bei J. Brucker: Zunft- und Polizeiordnungen, S. 397 f.).

[11] J. Geiler sagte bereits 1498/99 in einer Predigt: *Yn stuben der zünfft, da suocht man schleck, da die obersten sitzen, da muoß man ein tracht me haben, dann mitten im tisch heisset ein vorußle und ist ein schleck, der kumpt vom scholder, den der kneckt uffhebt von dem spil, von dem bösen guot* (Narrenschiff (1520) fol. Riii v; vgl. auch: *Als dann sind die grossen gewaltigen ettlich, die wider und für bey allem brass stecken und auff den stuben von dem scholder, ettwan ainn brass auffrichten oder ain vorußlin, als man es hye nennt* (J. Geiler: Schiff der Pönitenz (1514) fol. 106 r).

[12] 1482 war die Zahl der Zunftstuben bereits auf 20 beschränkt worden; 1492 hatten die Adligen nur noch 2 Stuben (vgl. L. Dacheux in: J. Geiler, Die aeltesten Schriften, S. 62).

[13] *Dannen har kummen so vijll betler, so vijl in den spital* (179, 12 f.); *Verlurt er, so wütet er und wurt ungedultig, in gelangt nit zu thun, wen er heim kumbt, so schlecht er wib und kind darnider* (178, 32-179, 2).

[14] *Zum ersten so habent wir ein gemein stub, hus und hoffe, doruff wir zusammen gon by einander essen und trincken und gut gesellschafft mit einander zu haben* (Zunftordnung zitiert nach L. Dacheux: Un réformateur catholique (1876) S. 84 Anm. 4).

außerdem Klage, daß diese Räume sogar in der Fastenzeit und an Feiertagen betrieben würden, obwohl dies das kanonische Recht klar verbiete (178, 24 - 180, 23)[15]. Er appelliert in diesem Fall nicht, wie im voraufgehenden Artikel, an den Standesstolz seiner Hörer, sondern an ihren Patriotismus: In einer Stadt, die einen Herrn habe, müsse man ein solches Unwesen zwar von ihm ertragen, *aber in eyner frihen stat solt das nit gestattet werden* (180, 22 f.). Außerdem könnte Straßburg die reichste Kommune in Deutschland sein, wenn nur bloß die Stuben, dieses *houbtgifft eins disser stat* (178, 24), abgeschafft und wie zum Beispiel in Nürnberg oder Ulm nur eine Herren- und eine Bürgerstube zugelassen würden (179, 16-20). Aber das sei nicht möglich, solange – und hier greift er die Ratsherren direkt an – *die gewaltigen selbs zerer, prasser und spiler* seien (179, 24 f.).

Als Stadtoberhaupt wurde beispielsweise der Ammeister in seiner Stube von einem besonderen Aufwärter bedient, und es stand ihm das Ratssilber zur Verfügung[16]. Bei abendlichen Zechgelagen hatte er freie Kost, damit er und mit ihm auch andere eher in der Stube blieben[17]. Auch in diesem Artikel kommt Geiler dem Argument zuvor, daß ja auch Geistliche in den Stuben säßen und man daher das Stubenhalten gestatten könne: Deren Sünde sei noch größer.

b) Gewerbeordnung

Der 10. Artikel betrifft das Marktleben der Stadt. Geiler klagt, es sei Usus, daß auswärtige Bäcker gerade am Sonntagmorgen in die Stadt kämen, um ihre Ware feilzubieten. Dadurch versäumten sie den Gottesdienst in ihren Heimatorten: Sie *fursetzend das weltlich dem geistlichen und den seckel der selen* (181, 4 f.). Im Jahre 1480 hatte man den allgemeinen Verkauf an Sonn- und Feiertagen unter-

---

[15] *Es seint die verbottenen spil, unnd das wolleben unnd zeren uff den stuben, man lestret nienen got me dan yn dem spil und in der trunckenheit. Darumb: wan man die stuben beschluß und die zünfft, so hett man die ursach des gotzlesteren hinweg gethon, besunder jetzund in diser heiligen zeit der fasten* (J. Geiler: Narrenschiff (1520) fol. fiii v).

[16] Ordnung vom 22. 11. 1481: *Ammeister als ein houbt der statt Straßburg zu eren [...], mit der gemeinen statt silberin trinck geschirre [...], mit eim sundern kneht versorget, allezit do zu tisch zu dienen* (R 24, fol. 29 a r); Ordnung aus der zweiten Hälfte des 15. Jahrhunderts: Auf der Ammeisterstube soll silbernes Ratsgeschirr sein, *umb das ritter knechten und andern ersamen personen destebaß lieben solt, bey eym ammeister zu essen und zu ime uff sin stube zu gonde* (AMS R 28, fol. 67 r).

[17] Ordnung vom 9. 1. 1476: *Und sol ein ammeister die morgen imbs und nacht imbs bezalen sovil als ein ander. Aber zu oben ürtin* [d. i. Zechgelage] *und slofftrincken sol er nit geben, als das harkommen ist, umb das er zu sollichen ürtin dester ee uff der stuben blibe und ander lüte im zu eren ouch dester ee do blibent*; die Stadt soll jährlich 26 lb für Holz und Kleidung der Stubenknechte zusteuern, damit die Handwerke weniger belastet werden (ebd. fol. 70 r).

sagt, nahm aber Lebensmittel ausdrücklich davon aus[18]. Diejenigen Ratsherren, die zur Zunft der Brotbäcker gehörten, vernahmen Geilers Vorschlag sicher gern: Schon im Jahre 1493 hatten sie nämlich gefordert, *den frömden brotkarrichen abezuostellen, das sie fürtter uff den sontag und ouch den zinstag nit me har zuo merckte faren solten, sonder allein uff den fritag*[19]. Doch der Rat erlaubte den Fremden Bäckern auch weiterhin, nicht nur am Freitag, sondern auch am Sonntag in der Stadt zu verkaufen. Geiler war zurückhaltend und forderte eine Änderung der Ordnung lediglich dahingehend, daß man den Brotverkauf vor der Vesperzeit verbiete: *So mochtent die brotbecker morgens in iren dörfferen meß hören* (181, 14 f.). In diesem Fall hat Geiler einen – allerdings recht späten – Erfolg verbuchen können. Eine Marktordnung von 1509 legte fest[20]:

> *Und als die landtbrotbecker bitzhar alle sontag früge hinder dem münster feyl gehept handt, do sol man sollich brot fürtter von frömden unnd heimschen hinder dem munster nit me feyl haben dan noch dem imbs, und nit ee uff thun, die predige im munster sii dan zuvor usz.*

c) Krankenfürsorge

Im 12. Artikel kommt Geiler auf Kranke zu sprechen, die er die *blotterechten* (182, 27 f.) nennt. Vermutlich wurde ihre Krankheit, die Syphilis, im Frühjahr 1493 auf den heimkehrenden Expeditionsschiffen der Entdecker Amerikas nach

---

[18] In einer mit *Spatzieren im mynster* überschriebenen Ordnung vom September 1480 heißt es: *So soll auch fürbasz uff sontag noch uff die vier hochgezite zu offem merckt nyeman nit me veyl haben weder verkouffen noch koufen deheiner hande dinge, weder grosz noch kleyn [...], ußgenommen eßhafftige dinge und win, den man züm zapfen schencket* (AMS R 2, fol. 107 v–108 v; Zit. fol. 108 r; gedruckt bei J. Brucker: Zunft- und Polizeiordnungen, S. 462); vgl. auch ein Ratsurteil vom 11. 9. 1482, wonach Fischer und Vogler keine Vögel, kein Wildbret, Ferkel o. ä. am Sonntag Morgen vor neun Uhr verkaufen dürfen.

[19] Am 9. 9. 1493 (AMS R 1, fol 207 r); vgl. auch den Ratschlag vom 9. 9. 1493 (AMS R 1, fol. 208 r gedruckt bei J. Brucker: Zunft- und Polizeiordnungen, S. 100 f.). Vgl. zu den Ratsverhandlungen über die Reglementierung des Bäckerhandwerks, die erreichen sollte, daß die ländliche Konkurrenz in die Stadt umzieht, auch U. Dirlmeier: Obrigkeit und Untertan in den oberdeutschen Städten des Spätmittelalters. Zum Problem der Interpretation städtischer Verordnungen und Erlasse (1980) S. 443 f.

[20] Vom 2. 8. 1509 (J. Brucker: Zunft- und Polizeiordnungen, S. 64). Vgl. auch den Brief P. Schotts an E. Kemel (wie oben S. 197 Anm. 12) in welchem ebenfalls der Brotverkauf am Sonntagmorgen angesprochen wird, aber gleichzeitig andere mit dem Markthalten zusammenhängende Feiertagsübertretungen bedauert werden: *Item qualecumque festum in feriam sextam occurrerit, etiam si beate virginis fuerit, tamen forum publicum non interdicitur* (P. Schott: The Works Bd. 1, S. 207; Maria war die Patronin der Stadt); auch für diesen Sachverhalt wurde 1509 die Marktordnung geändert: *das man den frytag, dem feste zu eren, nyemandt er sy frömde oder heimsch gestatten sol noch wil deheinerley offen*

Europa eingeschleppt[21]. Die ersten bekannten Fälle der Krankheit traten Anfang 1495 während der Eroberung Neapels unter den Söldnern Karls VIII. von Frankreich auf[22]. Bald darauf scheinen auch in Straßburg die ersten Menschen davon betroffen worden zu sein[23]. Spätere Chroniken sprechen sogar bereits für das Jahr 1495 vom Bau einer speziellen Unterkunft für die Kranken, die aber, falls die Nachrichten zutreffen, nicht hinreichend gewesen sein kann[24], denn Maternus Berler berichtet zu eben diesem Jahr: *Es lagen diesser armen menschen vol allenhalb alle feld capellen, wan sy nyemantz huszen nach herbergen wolt*[25].

Geiler forderte vom Rat im Spätsommer des Jahres 1496, sich um die Kranken zu kümmern[26]. Doch auch am Ende des Jahres waren sie noch nicht ausreichend versorgt. In einer im Münster am Neujahrstag 1497 gehaltenen Predigt sprach er die erbärmliche Lage der Kranken an, die von allen gemieden würden und denen es in der kalten Jahreszeit an Speise, Kleidung und Unterkunft mangele[27]. Wenig-

---

margkt zu haltten anders dan allein mit milche, vischen und brot, des man nit wol entperen mag (J. Geiler: Die aeltesten Schriften, S. 64).

[21] Die Krankheit wurde Blattern oder auch *morbus Francie, seu Gallicus* genannt (J. Wimpfeling: Cathalogus episcoporum (1508) fol. 65 r); vgl. allgemein R. Voltmer: Geiler und die Syphilis (1996).

[22] Vgl. über das erste Auftreten der Syphilis E. Bäumler: Amors vergifteter Pfeil (1989) S. 35-51; vgl. auch die Chronik von Sebastian Franck aus dem Jahre 1531 (S. Franck: Chronica (1531) fol. 217 r).

[23] Maternus Berler erwähnt bereits für das Jahr 1495 Kranke (Chronik (1510-20) S. 106); Sebastian Brant veröffentlichte 1496 ein Flugblatt über die Krankheit: *De pestilentiali scorra eulogium*, das er Reuchlin widmete (S. Brant: Flugblätter, Nr. 17); Geiler spricht in einer 1505 gehaltenen Predigt *diße plagen der blattern hont nun acht oder neün jar mit uns gewert* (Sünden des Munds (1518) fol. 2 v); vgl. allgmein Die ältesten Schriftsteller über die Lustseuche (1843); vgl. auch die im Straßburger Stadtarchiv befindliche Abschrift einer Verordnung des Rats der Stadt Frankfurt a. M. von 1496 mit einem Bericht über die Seuche und Maßregeln wegen *blaternn geswere und grawesliche ungestalt* (AMS 852, fol. 70 r); vgl. auch R. Burgun: Lèpre et la syphilis à Strasbourg (1976).

[24] *Anno 1495 ward das blatterhaus von herrn Bastian Erben gemacht bey Finckweylerthörlin* (D. Specklin: Collectanea (1587) Nr. 2174; auch J. J. Meyer: Cronica (1587) S. 142 und M. Kleinlawel: Chronik (1625) S. 122); dagegen datiert die Kleine Chronik den Bau ins Jahr 1496 (Kleine Chronik (1615) S. 4) und B. Hertzog ins Jahr 1499 (Chronicon (1592) S. 109). P. Adam zitiert Schilter und spricht von etwa 100 Kranken im Jahr 1495, 200 im Jahr 1496 und 60 im Jahr 1497 (Charité (1982) S. 208).

[25] M. Berler: Chronik (1510-20) S. 106.

[26] 19. 9. 1496 vor dem Rat: *Item er* [sc. Geiler] *redet auch der blotern halben, dieselben zu versehen* (J. Wencker: 'Brants Annalen', S. 221 Nr. 3327).

[27] *Eguerunt illi hactenus cibo, veste et domo, quippe quod ab omnibus erant spreti neque ab aliquo colligebantur sub tectum, sed in frigore et nuditate cogebantur* (J. Geiler: Gemmi spirituales (1518) fol. 35 v); die Archivchronik verzeichnet für das Jahr 1496: *Da kam ein blag in die leüt, die man noch nie hatt gehört, das waren blatren [...] und kundt sie niemandt*

stens hätten 94 Kranke, von denen 50 Fremde seien und der Rest Bedienstete der Bürger, in einem Haus Unterschlupf gefunden und würden vom Spital gespeist[28], was allein aber nicht ausreiche. Zudem gäbe es noch eine Anzahl infizierter Bürger, die zu Hause blieben. Sein Rat sei, die Kranken der Pflege von Ärzten zu übergeben. Da die Medizin aber sehr teuer sei, rufe er die Gemeinde zu Spenden auf[29]. An der Wende 1498/1499 scheint die Seuche besonders schlimm gewütet zu haben, denn auf Initiative des Rats veranstalteten die Stifte, Pfarrgeistlichkeit und Orden gemeinsam mit diesem eine Prozession[30].

Im Jahre 1501, bei seiner Rede vor dem Rat, nahm sich Geiler wieder dieser Bedauernswerten an und forderte, sie im Großen Spital aufzunehmen: *Almusen ist geben worden zu uffenthalt der armen und siechen, und so vijll sie ellender sindt, so vijll ist man in me pflichtig und haben die selben me rechts im spital. Darumb sollen die blotterechten nit ußgeschlossen werden* (182, 24-28). Sie würden aber nicht allein vom Spital abgewiesen: *Sie werdent nit [...] ouch angenomen in die ellend herberg* (183, 3 f.)[31], fuhr Geiler fort und fragte zu Recht: Wenn *ein armer bilger, der blotternn hat, nit ein nacht beherbergt wurd an dissen orten, weller burger will in in sin huß nemen* (183, 10-13)? Aber man ging noch weiter: Im Herbst des Jahres 1502 verbot der Rat den Syphiliskranken auch den Zutritt zu den Stuben; er hoffte, die Ansteckungsgefahr mindern zu können und bewies damit, daß er für die Hygiene in der Stadt Sorge tragen wollte[32].

---

geheylen und man hieß sie Mala Frantzosen und die leüt scheüchten die, wer sie hett (Archivchronik (1564-68) fol. 281 r = S. 216); bereits 1456 verlangte ein Statut vom Ratsboten in bezug auf andere Kranke: *Er sol ouch alle ziit flisselich und ernstlich warnemen in der stat oder in vorstetten, wo ein usz setzig mensch were, daz sol er fürderlich usz der stat triben* (AMS R 13, fol. 37 r; gedruckt bei K. Th. Eheberg: Urkunden, S. 177 Nr. 58).

[28] Vgl. allgemein M.-L. Windemuth: Das Hospital als Träger der Armenfürsorge (1995) v. a. Kap. 7.

[29] *Consilium ergo est, quod cure medicorum et chirurgicorum sint tradendi. Medicine autem ex apothecis emende sunt preciose, indigent ergo vestra ope, quatinus pretium aromatum habere possint, quo emantur. Vestrum ergo erit, fratres carissimi, manus extendere et liberaliter eis elemosynam impendere, non parce* (J. Geiler: Gemmi spirituales (1518) fol. 35 v).

[30] Titel der Ratsordnung vom 10. 1. 1499: *Ein grosser crutzgang für die blotern und borpelnn [...], für die ellende ploge der blotternn, die do lange zit regniert hat und leider noch regnyert und vil mönschen domitt begriffen und bekümbert worden und noch sient* (AMS R 3, fol. 18 r; teilw. gedruckt bei L. Pfleger: Die Stadt- und Rats-Gottesdienste im Münster (1937) S. 37).

[31] Die Elendenherberge, eine Unterkunft vor allem für Pilger und Reisende, ist seit 1349 nachweisbar; 1362 wurde sie mit der Kapelle St. Alexius auf dem Weinmarkt verbunden (S. Reicke: Spital im Mittelalter T. 1 (1932) S. 305); vgl. auch Fr. Rapp und J. Vogt: Gestion raisonnée des biens de mainmorte (1993).

[32] Am 24. 10. 1502 an die Zunft zur Blume (Metzger) gerichtet: *Als sich der preste und*

Geiler macht in seinen 'Artikeln' darauf aufmerksam, daß Obdachlose und Kranke gerade in der kalten Jahreszeit – es war ja Ende Januar, als er vor den Rat trat – besonders zu leiden hätten[33]. Ein Jahr später hatte sich ihre Lage immer noch nicht gebessert: Er schlug in einem Brief wohl vom Anfang 1502[34] dem Ammeister Jakob Wissebach[35] vor, Bedürftige, die *nun zemol uff der brucken lygen*[36], *mit sampt denen, die vormals do selbs gelegen sind, aber jetz vom spital uffgenommen* wurden, in ein Haus im Finkweiler Viertel zu verlegen, *do mit der spital der frömden entladen und statt geben mee heimscher* [...], *auch das volck geneigter würd ze geben.*

Der Rat hatte also Geilers Begehren von 1501 immerhin zum Teil nachgegeben oder allgemein die Notwendigkeit eingesehen, Syphilitiker im Spital aufnehmen zu lassen, was aber die ungewollte Folge hatte, daß man der Institution weniger spendete. Geiler erklärte sich bereit, für einen Monat oder länger aus eigenen Mitteln für die Ernährung eines halben Hunderts Bedürftiger aufzukommen[37] –

---

siechtagen der ploteren ye meren und nit uffhören wil, umb das dann die gesunden mönschen deste mynnder von den ungesunden beflecket werden mögent: so ist unser herren der rete und XXI ernstlich meynunge, das fürter keyner me, der mit sollichem siechtagen bekümmert sy, uff deheiner stuben oder geselschafften gutuldet werden sol, sunder eim jeden durch die meisterschafft oder den houptkannen gütlichen verkündet und geseit werden, die geselschafft zu myden by 30 β, bitz sin dinge besser werde (AMS V 77, 1).

[33] *Das sie nachts uff den gassen zu todt mochten erfrieren, deßhalb das sie nackend hungerig und dar zu todtsiech sind* (182, 28 - 183, 1).

[34] Aus inneren Gründen ist der undatierte Brief nach den '21 Artikeln' geschrieben worden; er wurde an kalten Tagen verfaßt, vermutlich Anfang des Jahres: Geiler schreibt, man könne auf die Versorgung der Bedürftigen nach etwa einem Monat, falls dies dann zu beschwerlich würde, also wohl im Frühling, verzichten; man solle sie aber nicht *jetz in dyser herben zyt usschlahen und zu tod erfrieren lassen* (Der Brief ist zitiert nach J. Geiler: Die aeltesten Schriften (1882) S. 110; unten VII, 6 Nr. 61); P. Adam nimmt an, der Brief sei im Herbst 1502 verfaßt worden (Charité (1982) S. 209); R. Voltmer nimmt mit O. Winckelmann (Fürsorgewesen (1922) S. 52 Anm. 3) an, der Brief sei schon im Winter 1496 verfaßt worden (Geiler und die Syphilis (1996) S. 424; wenige Wochen vor dem 1. 1. 1497, ohne Nachweis S. 426), was sie dazu nötigt, anzunehmen, daß den Kranken der Zugang zum Spital zunächst erlaubt, dann aber wieder verwehrt worden sei.

[35] Wissebach erwarb das Bürgerrecht am 6. 4. 1478; er war für die Metzger 1484, 1485, 1492, 1493, 1498 und 1499 im Großen Rat; 1482, 1496, 1502 und 1508 war er Ammeister. Vgl. zu ihm J. Hatt: Listes.

[36] Wahrscheinlich auf den 'Gedeckten Brücken', die dort, wo sich die Ill gabelt, um die Altstadt zu umfließen, über mehrere Arme des Flusses führen (heute: Ponts Couverts), und ihren Namen daher haben, daß sie durch mehrere Türme 'gedeckt' waren; eine Überdachung ist erst später nachgewiesen (Ad. Seyboth: Geschichtliche Topographie (1890)).

[37] *Item so wil ich mit rott des selben pflegers, wo mich das not dunckt, gelt dar reichen zu narung der dickgenannten vertribnen, ich truw viertzig oder funfftzig und me, ein monat oder noch lenger zu ereneren. Wenn die zyt verschynt, so wurt es, hoff ich, besser* (J. Geiler:

Wimpfeling nannte den Prediger später *pustulatorum praecipua salus*[38]. Ein eigentliches 'Blatterhaus' wurde dann im Jahre 1503 auf Ratsinitiative gestiftet[39]. Auch noch später unterstützte das Große Spital die Kranken. Nach einer Ordnung von 1504 sollen Bürger, die Syphilitiker waren und bislang nicht gebettelt hatten, sich aber wegen ihrer Krankheit nicht mehr ernähren konnten, im Spital gespeist werden; außerdem stellte der Rat ihnen ein Haus zur Verfügung[40]. Fünf Jahre später schickten die Pfleger des Großen Spitals den im 'Blatterhaus' befindlichen Kranken wöchentlich Brot[41]. 1515 schließlich wurde aus dem Krankenhaus eine regelrechte Heilanstalt[42].

In bezug auf das Spital macht Geiler in den 'Artikeln' auf Mißstände bei der Insassenversorgung und beim Verhalten des Personals aufmerksam und verlangt, daß man Beginen oder andere geeignete Leute zur Pflege zulassen solle (186, 9-30)[43]. Der Prediger sorgte sich aber nicht allein um das körperliche Wohlergehen

---

Die aeltesten Schriften (1882) S. 110; unten VII, 6 Nr. 61); R. Voltmer interpretiert die Stelle so, daß Geiler lediglich Spenden beigebracht habe (Geiler und die Syphilis (1996) S. 425).

[38] J. Wimpfeling in: Das Leben Geilers (1510) S. 57 Z. 152.

[39] Eintrag im ältesten erhaltenen Zinsbuch der Stiftung wohl von 1526 (O. Winckelmann: Fürsorgewesen Bd. 2 (1922) S. 64 Nr. 27). Finanzierung bis 1526 durch Almosen; der Rat gab stets Brennholz und Reisig dazu; die Spenden sind ab 1506 verzeichnet (AH Nr. 1184, fol. 1 r), Geiler taucht nicht als Spender auf; sein Anteil am Zustandekommen dieser Stiftung blieb aber in Erinnerung; man gedachte seiner, der *dißen armen leuten trost und hilff und stür zu thun sonderlich geneigt was, daß vil almusens und täglich zurysen kame, also daß man inen ein eigen hauß kauffet mit betten und ander zugehorde* (H. Gebwiler: Chronik (1521-23) S. 65); vgl. zum Blatterhaus P. Adam: Charité (1982) S. 207-210 und Fr. Rapp: La sainteté à la veille de la Réformation (1982); zur Lage auch A. Wolf (Die venerischen Krankheiten (1889) S. 457) und Ad. Seyboth (Geschichtliche Topographie (1890) S. 171).

[40] Ordnung vom 30. 3. 1504; an gleicher Stelle in anderer Schrift zugefügt: *Dysen armen lüten haben unsere herren meyster und radt ein besundere huß zuo geordnet: undern vischern etc.* (AH Nr. 112, fol. 3 v; gedruckt bei J. Gabler: Krankenpfleger- und Gesindeordnung des Großen Spitals (1943) S. 102-104).

[41] Am 27. 1. 1509 beschließen die Pfleger, den *plotzbrüdernn am winmerke* wöchentlich ein Brot zu geben (AH Nr. 584, fol. 129 r).

[42] „Sehen wir auch in der Verordnung von 1504 [vgl. oben Anm. 40] eine Auswirkung des mutigen und entschlossenen Schrittes des berühmten Münsterpredigers, so hat doch erst im Jahre 1515 der Stadtrat den eindringlichen Vorstellungen Geilers in vollem Umfange Rechnung getragen und die Umwandlung des blossen Krankenhauses in eine wirkliche Heilanstalt vollzogen" (J. Gabler: Krankenpfleger- und Gesindeordnung des Großen Spitals (1943) 100).

[43] Vgl. dazu: J. Gabler: Bibliothekskatalog, Schatzverzeichnis und Dienstanweisungen des Großen Spitals (1938), ders.: Ordnungen der Verwaltungsorgane des Großen Spitals (1941/42) und ders.: Krankenpfleger- und Gesindeordnung des Großen Spitals (1943).

der Armen und Kranken, sondern auch um deren geistiges. 1481/82 hatte der Prediger in seinem 'Totenbüchlein' eine Anleitung dafür gegeben, *wie man sich halten sol by eym sterbenden menschen* (5, 1 f.). Nun forderte er vom Rat die Anbringung einer Katechismustafel, da viele Insassen ohne rechten christlichen Beistand stürben[44]:

> *Es solt ein tafel do hangen, daran geschriben stand der christen gloub und stuck, wie man sich halten solt by eynem sterbenden mönschen, gebet und ermanung, die im ouch getruwelich sollen furgehalten werden und gelesen* (185, 26-186, 1).

Falls Geiler solche Tafeln nicht aus eigener Anschauung kannte[45], kann er eine Anregung aus den Schriften Jean Gersons bekommen haben, die er ja im Jahre 1488 zusammen mit Peter Schott d. J. in Straßburg herausgegeben hatte[46].

d) Arme und Bettler

Im 13. Artikel verlangt Geiler vom Rat wirksame Verordnungen in bezug auf Arme und Bettler, damit *das almuß recht uß geteilt wurd und nit wurde den aller*

---

[44] Vgl. allgemein zu Sterben und Sterbehilfe K. Schreiner: Der Tod Marias (1993), der auch auf Geiler bezug nimmt (bes. S. 287 f.). Ein ausführliches Inventar des Spitals aus dem Jahr 1427 verzeichnet keine derartige Tafel (gedruckt bei J. Gabler: Spital (1938) S. 94-104).

[45] Die Zahl der erhaltenen Schrift- bzw. Bild- und Schrifttafeln aus spätmittelalterlichen Kirchen ist gering, wohl weil sie als einfache Gebrauchsgegenstände nicht der Bewahrung wert schienen - gleichwohl kann man aus verschiedenen zeitgenössischen Abbildungen, worauf diese Tafeln zu sehen sind, schließen, daß sie nicht ganz selten waren (vgl. H. Boockmann: Schrifttafeln (1984) S. 215; zur Kunstgattung solcher Lehrtafeln ders.: Belehrung durch Bilder. Ein unbekannter Typus spätmittelalterlicher Tafelbilder (1994); vgl. auch eine Pergament-Handschrift, die man im Nürnberger Spital Anfang des 15. Jh. hatte anfertigen lassen, um Sterbenden aus der Passion vorzulesen (abgebildet und erläutert bei dems.: Die Stadt im späten Mittelalter (1994) S. 248 Nr. 383). In einer im Jahre 1503 gehaltenen Predigt gab Geiler weitere didaktischen Anregungen: Die Laien sollten die Abbildungen in Kirchenräumen als 'Laienbibel' lesen und sich die biblischen Geschichten durch Anschauung beibringen: *Ich sprich weiter die stuck des glouben, die einem menschen offenlichen not seynd zuo wissen, soll das gemein volck auch leren durch an schauwung der bild und geschichten, die an allen orten in den kirchenn gemalet seind: Als da seynd die bild der mönschwerdung, des lebens, leidens Christi, ouch ander der gleichen geschichten. Das sind die geschriften unnd bücher der gemeinen leygen, in denen sy den glouben sollend leeren* (J. Geiler: Seelenparadies (1510) fol. 101 r = Sämtliche Werke Bd. 3, S. 394).

[46] In einem Begleitbrief zu seinem *Opusculum tripertitum* [:] *eiusdem de preceptis decalogi. De confessione et de arte moriendi*, den Geiler in seine Ausgabe aufnahm, schrieb Gerson um 1404 einem Unbekannten: *Agant igitur praenominati, quod doctrina hec libris inscribatur, tabellis affigatur tota vel per partes in locis comunibus, utpote in parrochialibus*

unwurdigesten, die sin aller minst bedorffen (187, 11-12)[47]. In einer Predigt sagte Geiler, was seiner Meinung nach die Folge der großen Einwohnerzahl in einer Stadt wie Straßburg sei[48]: Sie desensibilisiere ihre Bewohner. Auf dem Land, wo weit weniger Menschen wohnten, gehe es den Bettlern dagegen noch verhältnismäßig gut[49].

Hans Scherpner führt an, daß Geiler gerade wegen seiner Ausführungen in diesem Artikel als »ein Vorläufer oder gar als Anfänger des modernen Fürsorgegedankens« gelten könne[50], erkennt dagegen in seinen Predigten, die er allerdings nur aus der ungenügenden Ausgabe von de Lorenzi[51] zu kennen scheint, nur eine den mittelalterlichen Theologen entsprechende, rein ethisch-religiöse Auffassung der Armen- und Bettelfrage[52]. Die 'fortschrittlichen' Gedanken erklärt er aus Geilers Nähe zum Humanismus, seinen naturrechtlichen Vorstellungen[53] und einer Beeinflussung durch die Philosophie der Stoa und Picos della Mirandola[54]. Nach Thomas Fischer, dem in diesem Punkt zuzustimmen ist, stellen die '21 Artikel' aber nur ein typisches Beispiel dar für das Umdenken in der 'Almosentheorie'[55]: Von 1450-1550 habe eine Neuformung der Armenfürsorge auf den drei Ebenen Theorie, Gesetzgebung und Verwaltung stattgefunden[56]. Und zu allen drei Bereichen machte Geiler Vorschläge.

---

ecclesiis, in scolis, in hospitalibus, in locis religiosis (J. Gerson: Opera Bd. 2 (1488) fol. f 2 v; Geiler übersetzte das 'Opus tripartitum' unter dem Titel 'Dreieckiger Spiegel'); zur Gerson-Ausgabe vgl. oben S. 130.

[47] Aufschlußreich für das Armutsverständnis des Predigers: *Arm sein, das ist kein tugend. Aber wöllen arm sein, das ist ein tugend* (J. Geiler: Seelenparadies (1510) fol. 29 r = Sämtliche Werke Bd. 3, S. 124).

[48] J. Wimpfeling nennt Geiler wegen dessen Bemühungen um die Armen *praesidium et pater pauperum* (Das Leben Geilers (1510) S. 57 Z. 152); vgl. auch das Lob dess. in der Apologia ((1506) fol. bvi v); B. Rhenanus erinnert an Geilers diesbezügliche Großzügigkeit: *Neminem unquam sine munere passus est abire; quicquid enim ex sacerdotii censu ultra vitae necessaria superat, id omne in usus pauperum erogabat* (Das Leben Geilers (1510) S. 94 Z. 126-128).

[49] *Ich syh aber nyemans, der inen handreichung thue. [...] Und also verderbent me armer bettler in dißer statt, weder so es wer uff eim hoff oder dorff, do denn lützel lüt wontent. Denn do sehe einer doch an, das der arm verlossen wer, und thäte im handlung um gotts willen, uff das er nit schuldig an im würde* (J. Geiler: Postille T. 3 (1522) fol. 40 v).

[50] H. Scherpner: Theorie der Fürsorge (1962) S. 59.

[51] J. Geiler: Ausgewählte Schriften.

[52] H. Scherpner: Theorie der Fürsorge (1962) S. 55.

[53] Vgl. hierzu unten S. 288 f. Anm. 19.

[54] H. Scherpner: Theorie der Fürsorge (1962) S. 61-63.

[55] Th. Fischer: Städtische Armut und Armenfürsorge im 15. und 16. Jahrhundert. Beispiel der Städte Basel, Freiburg i. Br. und Straßburg (1976) S. 158.

[56] Ebd. S. 13.

Geiler sagte in den 'Artikeln', daß das Betteln eigentlich von Kaiser und Reichstag reguliert werden sollte[57]. Er kam vermutlich zu dieser Einschätzung, weil er erkannte, daß Betteln ein übergreifendes Phänomen war. Er wußte, daß bereits dahingehende Eingaben gemacht worden waren[58]. Diese hätten aber zu keinem spürbaren Ergebnis geführt, weswegen es nötig sei, daß *ein jeglich commun die synen versehe* (187, 18 f.). Da über die Reichsspitze und gemeinsam mit anderen Städten, wie sich gezeigt habe, keine rasche befriedigende Lösung herbeigeführt werden könne, plädierte Geiler für eine dezentrale Regelung[59], wie er sie am Beispiel Nürnbergs gekannt haben konnte, die im Jahre 1478 eine Bettelverordnung erlassen hatte, die sich viele Städte zum Vorbild nahmen[60].

In Straßburg gebe es, sagt er, zwar ausreichend Almosen für die Bedürftigen, aber die Verteilung sei mangelhaft[61]. Er brachte nun einen Vorschlag vor[62], der folgendermaßen verstanden werden kann: Man solle die Stadt in sechs oder sieben Bezirke einteilen, in denen jeweils ein Verantwortlicher vor Ort entscheide,

---

[57] Straßburg gehörte zu den seit 1486 regelmäßig zu den Reichstagen eingeladenen Städten, die dort seit 1489 ein eigenes Kolleg hatten.

[58] Bereits im Reichsabschied von Worms vom 7. 8. 1495 war jede *oberkeit* aufgefordert worden, *erkundiung und betrachtung* in Bezug auf die Bettler zu tun, damit auf der nächsten Versammlung *ein gemein ordnung durch daz reiche mug gemacht werden* (RTA MR Bd. 5, 1, 2 (1981) S. 1143). Der Reichsabschied von Lindau aus dem Jahre 1497 forderte jede *oberkeit* auf, bis zur nächsten Versammlung eine Bettelordnung zu erlassen (RTA MR 6 (1979) S. 344); im Jahr darauf hatte man in § 44 des Abschieds von Freiburg (Reichs-Abschiede T. 2, S. 48 f.) und in Nr. 28 der im Jahre 1500 in Augsburg erlassenen Kammergerichtsordnung (ebd. S. 80) über das Bettelwesen eine Bestimmung getroffen: Die Regimenter sollten keinem Menschen das Betteln gestatten, der nicht wirklich dessen bedürftig war; Kindern sollte darüber hinaus Arbeit vermittelt werden, damit sie nicht länger betteln müßten.

[59] Vgl. das Motto des Quellen- und Literaturberichts (S. 15) und unten S. 283.

[60] R. Jütte: Obrigkeitliche Armenfürsorge in deutschen Reichsstädten der frühen Neuzeit. Städtisches Armenwesen in Frankfurt am Main und Köln (1984) S. 30.

[61] Dieser Vorwurf an die Adresse des Rats, er sei untätig in dieser Frage, taucht bereits in einer der Narrenschiffpredigten von 1498/99 auf: *Es ist ein grosse betlerei und vil betler hie, das ist der gebrest der herren ym rat, das sy es nit ordnen und schicken: Sie achten sein nit, man solt etliche herren darüber setzen. Es ist almuosen gnuog hie, es wirt aber ungleich ußgeteilt. Es nimpt einer sovil almuosen, das 10 gnuog daran hetten* (J. Geiler: Narrenschiff (1520) fol. Yii v).

[62] *Wer not, das dar zu etliche und wenig erwelt wurden, die uber die sach sessen und ein ordenung begriffen, also das die starcken betler oder kinde, die ir brot verdienen mochten, zu der arbeit gerichtet wurden, und allein die armen und zu der arbeit ungeschickt zu dem almusen [...] gelossen. Item sie musten geteilt werden in 6 oder 7 teil, und eim ieglichen teil eyner furgesetzt werden, der ir wesen möcht erkennen, es ist eynem zu vijll, die 6 oder siben mochtend die ding ordnen oder musten erdencken ein andernn weg, da durch disser ungeordneter brudel in ordenung gesetzt wurd* (187, 21-188, 3).

wer seinen Lebensunterhalt durch Arbeit verdienen könne und wer durch Almosen versorgt werden müsse; ein einzelner könne die Aufgabe für die ganze Stadt
nicht bewältigen[63]. Nach Scherpner, dem in seiner Interpretation nicht zuzustimmen ist, habe Geiler hier dagegen eine »Individualisierung« der Armen anregen
wollen, also vorgeschlagen, sie entsprechend ihrer Bedürftigkeit in Gruppen auf-
zuteilen und diesen Gruppen dann jeweils Verantwortliche beizugeben[64].

Ganz ähnlich wie Geiler drückte sich zwei Jahrzehnte später auch Luther in
der Schrift 'An den christlichen Adel deutscher Nation von des christlichen Standes Besserung' aus[65]:

Es ist der grosten not eyne, das alle betteley abthan wurden in aller christeheit, [...]
es were auch ein leychte ordnung drob zumachen, wen wir den mut und ernst datzu
thete. Nemlich das ein yglich stad yhr arm leut vorsorgt und keynen frembden betler
zuliesse, [...] szo kund man auch wissen, wilche warhafftig arm weren odder nit. Szo
muste da sein ein vorweszer odder vormund, der alle die armen kennet und, was yhn
not were, dem rad odder pfarrer ansagt odder wie das auffs beste mocht vorordnet
werden.

Das Bettelwesen wurde 1437 in Frankfurt, 1442 in Wien, 1446 in Köln, 1459
in Augsburg und 1478 in Nürnberg reglementiert[66]. Eine Bettelordnung von etwa
1464, die 1481 und 1500 erneuert wurde, legte für Straßburg fest, daß nur bedürftige Bürger betteln dürften, erwähnte bereits einen zuständigen Obervogt, der
dafür Sorge tragen solle, daß die Knechte Haussuchungen vornähmen, um die
wahre Bedürftigkeit der Bettler festzustellen, und einen *undervogt der armen lüte,*
giler und betteler[67]. Ein Fremder solle in der Stadt nicht länger als drei Tage nach
Almosen heischen. Im Jahre 1506, bei einer abermaligen Erneuerung der Ordnung, beschlossen Meister, Rat und die Einundzwanzig, eine allgemeine Muste-
rung der Bettler durchzuführen und nur den bedürftigen neue Bettlerzeichen zu

---

[63] Schon drei Jahrzehnte zuvor war es schwierig gewesen, einen Freiwilligen für das
Amt des *armen lüt vögt* zu finden. Nachdem Heinrich Bisinger das Amt aufgegeben und
niemand diese anstrengende und unbezahlte Aufgabe hatte übernehmen wollen, setzte der
Rat 1473 einen Jahreslohn von 30 ß fest (AMS R 28, fol. 380 r-v gedruckt bei O.
Winckelmann: Fürsorgewesen Bd. 2, S. 87 f. Nr. 39 und J. Brucker: Zunft- und Polizei-
ordnungen, S. 136 f.; der Anfang der Ordnung auch AMS R 28, fol. 373 r).

[64] H. Scherpner: Theorie der Fürsorge (1962) S. 59 f.

[65] Im 21. Punkt der 'Adelsschrift' von 1520 mit der Forderung an die weltliche Gewalt
oder ein allgemeines Konzil (M. Luther: Studienausgabe Bd. 2., S. 146 Z. 10-22).

[66] Für Frankfurt, Wien, Köln und Nürnberg vgl. J. Schneider: Compétence administrative et judicaire (1954) S. 506; für Augsburg R. Kießling: Bürgerliche Gesellschaft und
Kirche in Augsburg im Spätmittelalter (1971) S. 217.

[67] AMS R 28, fol. 374 r-355 r und fol. 382 r-v; gedruckt bei O. Winckelmann: Fürsorgewesen Bd. 2 (1922) S. 83-87 und teilw. bei J. Brucker: Zunft- und Polizeiordnungen, S. 11-
13 und S. 134-136.

geben[68], womit sie weiter betteln durften, die übrigen aber zur Arbeit anzuhalten und sie, falls sie dem nicht nachkämen, auszuweisen.

Erst im Jahre 1523 trat in Straßburg mit dem *Gemein almüsen* eine detaillierte Ordnung in Kraft, die in der Anlage den Vorschlägen Geilers entsprach, und ähnlich kurz zuvor in Nürnberg aufgestellt worden war[69]. Das Betteln wurde danach grundsätzlich untersagt; Fremde, die in die Stadt wollten und als mutmaßliche Bettler angesehen wurden, mußten unter Eid zusagen, das Almosenheischen in Straßburg zu unterlassen. Es wurden vier Ratsherren zu Oberpflegern und für jeden der neun Pfarrsprengel zusätzlich ein ehrenamtlicher Pfleger ernannt; außerdem wurden vier Knechte berufen, die die Bedürftigkeit feststellen und die Befolgung der Ordnung kontrollieren sollten[70]. Die Stadt wurde nach den vier Stiften in Viertel eingeteilt, womit man sich also ebenfalls an den kirchlichen Institutionen orientierte, und es wurden in allen Kirchen *allmusen stöck*, Sammelbehältnisse für Spenden, aufgestellt. Aus diesem Spendenaufkommen sollten die Armen dann versorgt werden[71]. Für die Verwaltung und die Verteilung wurde ein eigener Schaffner bestallt, der Rechnungsbücher und ein Armenregister anzulegen hatte. Die Almosenvergabe war damit auch in Straßburg aus den Händen der geistlichen Institutionen und der Privatleute in die Zuständigkeit des Rats überführt, was nicht zuletzt Geiler argumentativ vorbereitet hatte[72].

Zusammenfassend kann man sagen, daß sich Geiler an die weltliche Ordnung in Fragen der Moral, des Brauchtums, der Krankenfürsorge und des Bettelwesens wendet – in Feldern also, deren Regulierung zu den traditionellen Aufgaben der

---

[68] Man solle *sant Erhart oder sant Claus daruf stempfen und nit der statt schilt* (O. Winckelmann: Fürsorgewesen Bd. 2 (1922) S. 87 Nr. 38).

[69] Die am 4. 8. 1523 konzipierte Ordnung (AMS R 14, fol. 12 r-18 v; gedruckt bei J. Brucker: Zunft- und Polizeiordnungen, S. 3-11; O. Winckelmann legte die Abschrift des ersten Schaffners Lukas Hackfurt zugrunde und ergänzte aus anderen Fassungen (Fürsorgewesen Bd. 2 (1922) S. 97-104 Nr. 43); eine Abschrift von 1588: AH Nr. 1477 fol. 2 r-12 v) trat am 29. 9. 1523 (J. Wencker: 'Brants Annalen', S. 245 Nr. 3473) in Kraft; sie folgt in allen wesentlichen Punkten einer Nürnberger Regelung von 1522 (vgl. H. Scherpner: Fürsorge (1976) S. 101); vgl. in diesem Zusammenhang auch Th. Fischer: Städtische Armut (1976) und R. Jütte: Obrigkeitliche Armenfürsorge (1984) bes. S. 27-45.

[70] Vgl. eine Knechteordnung (AMS R 14, fol. 20 r-21 v; Abschrift Lukas Hackfurts von 1523: AMS HA. Nr. 1477 fol. 13 r-15 v).

[71] M. Kleinlawel: Chronik (1625) S. 132.

[72] Die Verantwortlichen erreichten *by den styfften clöstern und richen burgern* [...], *das sie verwilliget und zugesagt habent den obbestimpten nün pflegern ire gestyffte almusen unnd spenden jerlichs zu überlyfern und zuhanden zu stellen* (AMS R 14 fol. 17 v; gedruckt bei O. Winckelmann: Fürsorgewesen Bd. 2 (1922) S. 103 Nr. 43); vgl. in diesem Zusammenhang auch das 'Tagebuch' des Lukas Hackfurt, des ersten Schaffners, das ab 1523 über Entstehung und Verlauf der städtischen Armenverwaltung berichtet und das von seinen Nachfolgern bis 1588 weitergeführt wurde (AH Nr. 1477).

Kirchen gehörten. Er, ein Kleriker, sieht den Rat als den Hüter, Garanten und Organisator jener Felder an. Er wirft dem Rat keinesfalls die Anmaßung kirchlicher Kompetenzen vor. Der Prediger fordert ihn auf, den sozialen Frieden mit Restriktionen und Sanktionen zu gewährleisten und zu regulieren und die Initiative zur Versorgung der Armen und Kranken zu ergreifen. Er erkennt also an, daß dem Magistrat, der das städtische Gewaltmonopol, die Finanzhoheit im Spitalwesen und das Aufsichtsrecht über Randgruppen innehatte, inzwischen manche Kompetenzen der Kirchen zugewachsen waren, welche diese nun nicht mehr hinreichend wahrzunehmen in der Lage waren.

Auch hier erfährt man aus Geilers Forderungen und Normenkritik Wichtiges zu virulenten Problemen der spätmittelalterlichen Stadtgesellschaft. Er zeigt sich als scharfer Beobachter seiner Zeitgenossen, schont auch Ratsherren und Kleriker nicht vor Kritik und macht für seine Zeit typische Vorschläge zur menschenwürdigeren Versorgung benachteiligter Menschen, die sich – rückwirkend betrachtet – als realistisch, ja zukunftsweisend ausnehmen.

e) Sonstige Reformfelder

Um Kirche und weltliches Regiment in einem sehr konkreten Sinne geht es auch im 15. Artikel. Geiler stellt hier die Frage, ob es angemessen sei, daß man Buden direkt an die Münstermauern baue und daß der Magistrat von diesen *hußlin* (189, 22) Steuern erhebe[73]. Sie gehörten aufgrund ihres Standorts zur Domimmunität und waren daher eigentlich von städtischer Besteuerung befreit. Noch auf einem präzisen Stich vom Anfang des 17. Jahrhunderts kann man an der West- und Südwand des Münsters gut ein Dutzend verschiedene Buden mit Auslagen zum Hochziehen und sogar zweistöckige Häuschen mit Hof und Bäumen im Vorgarten sehen[74]. Der Prediger hatte sich in diesem Falle also offenbar nicht durchsetzen können.

Im 16. Artikel greift Geiler eine Kuriosität des Straßburger Münsters auf; er spricht eine *gottes schmoch* (190, 20) an, die er schon früher zu verhindern verlangt hatte[75]:

---

[73] Die in Geilers Augen unrechtmäßig erhobenen Abgaben vom Klerus sind ausführlicher der Gegenstand des 17. Artikels (vgl. unten S. 250-253).

[74] Stich von Isaak Brun (O. Schad: Münster (1617) Stich Nr. 1 vor S. 1); Abb. vom Zustand 1770 und 1772 mit Angabe der Gewerbe, denen in den Häuschen damals nachgegangen wurde, in: H. Reinhardt: Cathédrale de Strasbourg (1972) S. 35 und S. 220.

[75] Vgl. den Brief Schotts an Kemel von 1484/85 (wie oben S. 197 Anm. 12): *Sed et ipsis clericis divina psallentibus, sit impedimento, immo divinis missarum solenniis (quas non longe inde celebrare contingit) ecclesiastici immo divini cultus celatori longe abominandam et execrandam afferat perturbationem* (P. Schott: The Works Bd. 1, S. 206); vgl. dazu J.

Das singen und schrihen weltlicher ouch etwan schandbarer und spotlicher lieder durch den roraffenn zu den ziten der heiligen pfinxsten in der houbtkilchen, [...] *besonders die wil der bisschoff firmet, dem volck prediget* (190, 3-18).

Mit dem 'Roraffen'[76] ist von den geschnitzten, bemalten und teils bekleideten Holzfiguren, die an der Nordseite des Hauptschiffs im Münster unterhalb des Orgelgehäuses ('Schwalbennest') von 1489 angebracht sind[77], die linke, 175 cm große und schwarzbärtige gemeint[78]. Die schon früher, wohl 1384/85, hergestellte Automatenfigur[79] sollte vielleicht einen jüdischen Brezelverkäufer darstellen. Von der Orgelbühne aus konnte man mit einem Mechanismus den Mund und den rechten Arm bewegen; im hohlen, begehbaren Orgelfuß, der noch von 1385 stammt, ist ein Rost zum Hauptschiff hin zu finden, wodurch, verstärkt durch ein Schallrohr, gesprochen werden konnte[80]. Aus der ersten Hälfte des 15. Jahrhunderts hat sich eine Rechnung über die Bezahlung eines Münsterknechts erhalten, *der in den roraffen ruft*[81]; zu Geilers Zeit hatte man, was ihn natürlich besonders empörte, einen Priester dazu engagiert (190, 27 f.).

Am Ende des Artikels bringt Geiler, der ja in seinen Predigten durchaus Sinn für Humor bezeugt[82], Verständnis für das Bedürfnis der Menschen nach Unterhal-

---

Geiler: Sämtliche Werke Bd. 1, S. 190 Z. 21-23. Am 19. 9. 1496 hatte Geiler gefordert: *Item der doctor zum münster seit des roraffen halb, begert den hindenan zu lossen* (J. Wencker: 'Brants Annalen', S. 221 Nr. 3327).

[76] Es gab 14 Hauptfeste, an denen der Bischof die Messe zelebrierte (L. Dacheux: Un réformateur (1876) S. 60 Anm. 1). Die Bürger hatten offenbar einen besonderen Spaß daran, ihren einstigen Stadtherrn, der ja gerade um 1500 wiedererstarkte, zu verspotten.

[77] *Anno 1489* [...] *da wardt die orgel im münster abgebrochen biss auff den fuss undt durch Friderich Krebsen* [d. i. Friedrich Krebs von Ansbach] [...] *wieder gemacht* (Kleine Chronik (1615) S. 3).

[78] Vgl. Th. Rieger: Münster (1985) S. 26 und P. Schott: The Works Bd. 2, S. 604 f. Gute Abb. in: O. Winckelmann: Münster (1907) Taf. II nach S. 260, V. Beyer: La sculpture strasbourgeoise (1955) Abb. XXVII b und Th. Rieger: Münster (1985) Taf. 15; bei dem Farbfoto bei H. Reinhardt ist auch das Gestänge, das vom Orgelfuß kommt, zu erkennen (Cathédrale de Strasbourg (1972) S. 435); die anderen Figuren sind links ein Herold, bei dem die Trompete an den Mund gehoben werden konnte und unter dem Orgelfuß Samson und ein Löwe, der den Rachen aufreißen konnte.

[79] Wenn Geiler sagt: *Ist nit von alter har, sunder erst vor etlichen jaren durch unfursichtigkeit des bildhauwers oder malers uff gericht* (191, 27 f.) bedeutet dies wahrscheinlich, daß die alten Figuren erst 1489 mit dem neuen Gehäuse wieder unter der Orgel angebracht wurden; vgl. D. Specklin zum Jahr 1489: *ward die jetzig neu orgel im münster gemacht und den alten zeug widerum darzu braucht* (Collectanea (1587) Nr. 2162).

[80] Gegen Ende des Artikels sagt Geiler, man könne den Roraffen ja sogar in der Kirche belassen, wenn man bloß *das ror abtet das man nit dardurch schrihen möcht* (192, 5 f.).

[81] O. Winckelmann: Münster (1907) S. 264.

[82] *Und da das volck davon lachet, da lechlet der doctor auch* (Brosamen T. 2 (1517) fol.

tung auf – oder gar für ihren Aberglauben, denn man befürchtete, daß Unheil über die Stadt hereinbräche, wenn man die Figur beseitigte[83]: Er gesteht zu, daß man den 'Roraffen' an einem anderen Ort, etwa am Rathaus anbringen und rufen lassen könne, ohne daß dadurch Gott entehrt würde (192, 2-4), und er ist sogar einverstanden damit, ihn im Münster hängenzulassen, sofern nur nicht mehr mit seiner Hilfe gelästert werde[84]. Die Figur wurde eventuell 1531 entfernt[85], wird aber 1576[86], 1580[87] und 1617[88] wieder erwähnt und ist auf einem Stich von Isaak Brun aus dem Jahre 1630 gut zu erkennen[89].

Geiler fordert weiter, daß ein anderer das heilige Pfingstfest in seinen Augen entehrender Mummenschanz gar nicht erst wieder aufkomme. Er habe erfahren, daß einige Ratsherren den Dekan des Domkapitels gebeten hätten, zu gestatten, daß *das wild wijp von Geißpoltzheim widerumb lüff* (191, 13 f.). Diesen, wie Geiler an anderer Stelle bemerkte, heidnischen Brauch[90], bei dem an Pfingsten wohl eine als 'Wildes Weib' und eine als Hirsch verkleidete Person aus dem Nachbarort Geispolsheim auftraten und eventuell auch ins Münster kamen, hatte er mit Hilfe des Straßburger Domdekans Friedrich von Zollern im Jahre 1479 unterbinden können. Offenbar hatte Geiler auch nun mit seinem Protest Erfolg: Die Rechnungen, aus denen hervorgeht, daß das 'Weib' früher mit Mitteln des Frauenwerks bezahlt wurde, weisen auch im ersten Jahrzehnt des 16. Jahrhunderts keinen gesonderten Betrag mehr dafür aus[91]. Ob aber auch der 'Unfug' mit dem 'Roraffen' aufgegeben wurde, erfahren wir nicht.

---

78 v); vgl. das Fazit bei E. Freiin Roeder von Diersburg: »der Münsterprediger w i l l scherzen, er ist b e w u ß t e r Humorist« (Komik und Humor bei Geiler (1921) S. 114); vgl. auch A. Schmitt: Geiler und Till Eulenspiegel (1992).

[83] *Man darff nit forchten, wenn man es abtet, das man dem die schuld geben wurt, was uns widerwertigs zu handen gieng* (192, 6-8).

[84] Vgl. zu Geilers und Brants Einfluß auf Statuten, die zur moralischen Disziplinierung dienen sollten, die synchronische Synopse von J. Rott (Les reglements disciplinaires municipaux (1981) S. 537).

[85] M. A./M. L. Cowie: Geiler and abuses (1961) S. 490.

[86] M. Vogeleis: Geschichte der Musik und des Theaters im Elsass (1911) S. 344.

[87] E. Wendling: Roraffe (1873/74) S. 113.

[88] O. Schad: Münster (1617) S. 76.

[89] H. Reinhardt: Cathédrale de Strasbourg (1972) S. 131.

[90] In einer der Narrenschiffpredigten von 1498/99: *Die andere schel ist butzen antlitter tragen, das sein ursprung hatt von den heiden, als man zuo Straßburg brucht zepfingsten, da sovil crützen darkummen: der hirtz und das unsinnig weib von Geistpitzen* (J. Geiler: Narrenschiff (1520) fol. c r); H. Koepcke irrt, wenn er vermutet, dieser Umzug hätte am Aschermittwoch oder an Fastnacht stattgefunden (Geiler. Ein Beitrag zur religiösen Volkskunde (1926) S. 23).

[91] Nach erhaltenen Rechnungen hat der Schaffner des Frauenwerks 1441, 1459, 1462 je 3 ß und 1475 4 ß an das 'Weib', einen Knecht und die Fahnenträger von Geispolsheim

Einen Teilerfolg gegen einen anderen im Münster stattfindenden Brauch, der in seinen Augen verwerflich war und abgeschafft werden sollte, hatte Geiler schon vor 1501 erreichen gekonnt. Am Vorabend des Tages der Unschuldigen Kinder (28. Dezember) wählten die Chorknaben traditionellerweise einen Kinderbischof, der dann am Festtag selbst in einem dem bischöflichen Ornat nachempfundenen Kostüm die Kathedra bestieg, Gebete sprach und den Segen erteilte, während seine als Kanoniker verkleideten Kameraden im Chorgestühl Platz nahmen[92]. Danach zog der Kinderbischof an der Spitze einer übermütigen Maskenprozession, der sich weitere lärmende Kinder anschlossen, durch die Straßen, Kirchen und Klöster. Geiler erreichte es, daß man den *episcopus puerorum* nicht mehr die Gebete sprechen und den Altar beweihräuchern ließ[93].

Ein anderer Festbrauch, der das Münster zu entweihen drohte, war weniger unschuldig als der an Innocentum und endete, angeregt durch Wein, der aus einem in der Katharinenkapelle untergestellten Faß floß, offenbar regelmäßig in großer Ausgelassenheit. Gegen dieses Treiben von Frauen und Männern aus der ganzen Diözese in der Nacht vor der Kirchweihe, die am St. Adolphstag gefeiert wurde, war Geiler gemeinsam mit Peter Schott d. Ä. erfolgreich vorgegangen: Es war Anfang der 1480er Jahre untersagt worden[94].

---

ausgegeben (O. Winckelmann: Münster (1907) S. 267 Anm. 5). *Item den edelnn und den geburen zu Geispoltzheim, als sü mit krützen har inn sint gangen, nach alter gewonheit für win und gelt geben 12 ß d. Item dem wilden wibe und sinen knechten und den pfanen tregernn do selbs geben 4 ß d* (ŒND 43 (1475/76) fol. 55 r); bei der nächsten erhaltenen Rechnung von 1492 und weiterhin ist von dem Weib keine Rede mehr: *Item edelen den gesworen der gemeinde und den phanen tragernn zu Geißpoltzheim, als sie mit crutzen harin gangen sint in den pfiengsten, noch alter gewonheit gebenn 16 ß d* ((1492) fol. 93 v); dito ((1500/01) fol. 70 r); dito ((1501/02) fol. 65 r); dito ((1506/07) fol. 88 r); dito ((1508/09) fol. 78 r); dito ((1512/13) fol. 99 v).

[92] Das wohl auf die Narrenfeste zurückgehende *Ludus episcopus puerorum* wurde auch in andern Städten und meist ebenfalls an Innocentum gefeiert; belegt ist der Brauch vom 10. bis ins 18. Jh. (J. Knepper: Das Schul- und Unterrichtswesen im Elsaß (1905) S. 434 f.).

[93] Vgl. L. Dacheux: Un réformateur catholique (1876) S. 59 und S. 72. Während er in dem 1484/85 von P. Schott in seinem Namen geschriebenen Brief an E. Kemel noch auf den Brauch zu sprechen kam (*Item specialiter a festo Sancti Nycholai* [6. Dezember] *usque ad octavas Innocentum* [4. Januar] *puer induitur ornamentis episcopalibus et collectas in ecclesia canit, dat benedictiones publicas et larvati quamplures in ecclesiis, omne ius et equum pertubant* (gedruckt bei P. Schott: The Works Bd. 1, Nr. 187 S. 207; vgl. ebd. Bd. 2, S. 607 f. Nr. 1337)), wird er in den Artikeln nicht mehr erwähnt; vermutlich wurde der Brauch bald vor 1488 geändert, falls Schott in einem Brief aus jenem Jahr darauf anspielte, als er neben der Aufzählung anderen Reformerfolgen auch sagte: *nuper sacrilegia illa larvarum a te castigata* (vgl. unten S. 293 f. Anm. 38).

[94] Vgl. J. Wimpfeling: Cathalogus episcoporum (1508) fol. 65 v: M. Berler: Chronik (1510-20) S. 119; D. Specklin: Collectanea (1587) Nr. 2153 (im Jahr 1482 abgeschafft); O. Schad: Münster (1617) S. 85 (1481 abgeschafft); L. Dacheux: Un réformateur catholique

Am Schluß des 21. Artikels kommt Geiler noch kurz auf Kleider- und Luxus-ordnungen zu sprechen. Er verlangt Statuten *mit messiger und zymlicher cleydung und cleynoter der wiber, des kostens uff hochzitenn und anderer geselschafft oder wirtschafft* (197, 15-17). Bestimmungen dieser Art finden sich vielfach in spät-mittelalterlichen Städten und auch an Universitäten: Geiler selbst war ja in jun-gen Jahren während seiner Studienzeit in Freiburg als Baccalaureus unliebsam mit ihnen in Berührung gekommen[95].

Zusammenfassend läßt sich sagen, daß der Rat in den zu Beginn dieses Kapi-tels angesprochenen Artikeln kurz ermahnt wird, seiner baupolizeilichen Auf-sichtspflicht zu genügen und es zu untersagen, daß profane Gebäude sich auf einem Raum breitmachten, der der Kirche reserviert war. Als Pfleger des Frauen-werks und Hüter der öffentlichen Ordnung wird er aber auch aufgerufen, durch Festbräuche verursachte Profanierungen der Kathedrale zu unterbinden. Bei sei-nem Eifern gegen diese alten, in seinen Augen unchristlichen Traditionen hatte Geiler schon vor dem Vortrag der '21 Artikel' Erfolge verbuchen können und durfte hoffen, auch nun mit seinem Anliegen durchzudringen. Die Moral sieht er auch durch unziemliche und zu teure Kleidung gefährdet, weshalb er eine Ver-schärfung der Luxusordnungen verlangt.

4. Reformvorschläge zur städtischen Verfassung und Verwaltung

Die vom König bestätigten Privilegien waren Ausgangspunkt der Bestimmun-gen zur städtischen Verfassung. In diesen war die Organisation der kommunalen Selbstverwaltung und städtischen Gerichtsbarkeit niedergelegt[1], wurden bestimmte Rechte und Pflichten der Bürger fixiert: beispielsweise die Modalitäten bei der Ableistung des Bürgereides, die Wehr- und die Steuerpflicht. Städtische Verord-nungen regulierten die Verwaltung der unter kommunaler Träger- oder Pflegschaft stehenden Institutionen und die Aufgaben der dafür Verantwortlichen.

a) Kommunale Einrichtungen

Mit dem 11. Artikel wendet sich Geiler dagegen, daß Mittel des Frauenwerks[2], das seit dem Ende des 13. Jahrhunderts in der Hand der Stadt war[3], unrechtmäßig für städtische Belange benützt würden:

(1876) S. 62 f. und S. 72 (Brauch 1482 abgeschafft); Ch. Schmidt: Histoire littéraire Bd. 1 (1879) S. 351 (1481 dagegen gepredigt, 1482 nach der Diözesansynode abgeschafft).

[95] Vgl. oben S. 52.

[1] Es gab in Straßburg das weltliche Burggrafen-, Schultheißen- und Stadtgericht.

[2] Vgl. oben S. 80.

[3] P. Wiek gibt einen Terminus post quem 26. 8. 1282 und ante quem 6. 11. 1286, für den

Es ist etlicher meynung unser frouwen werck und die stat sig ein ding. Also das sich zym unser frouwen gut zu verbruchen zu der stat (181, 25-27).

Die Rechnungen des Frauenwerks weisen um 1500 tatsächlich Ausgaben für Ehrengeschenke etwa an den Stadtschreiber aus (ein seidenes Säckchen und gestickte Handschuhe im Wert von 1 fl) oder für eine traditionelle Gabe von 2 ß an den Ratsboten am St. Martinsabend, der diese auch noch zehn Jahre nach Geilers Protest erhielt[4]. Geiler berief sich in seiner Klage zu Recht auf den Vertrag von Speyer (181, 27 f.)[5], der im Jahre 1422 den Mißbrauch von Mitteln der *fabrica* ausdrücklich verboten hatte[6]. Befände sich die Stadt in einer Notlage, argumentiert er, dann könne man geistliche Personen und Institutionen zur Unterstützung heranziehen – jedoch gemäß dem zivilen und kanonischen Recht und nicht nach eigenem Gutdünken (182, 13-18)[7].

Der sich in Finanznot befindenden Stadt müssen die Überschüsse des Frauenwerks, die gerade in den Jahren 1500-1501 mit 4315 lb besonders hoch waren, sehr gelegen gekommen sein[8]. Bei der von Geiler monierten Praxis wird es sich aber lediglich um einen Mißbrauch von *fabrica*-Geldern gehandelt haben, denn »daß Fabrikgut in größerem Umfang auf dem Weg einer (vom Standpunkt des Rats) legitimen Pfändung in den Besitz der Stadt gelangt sei, ist quellenmäßig

---

Übergang des Frauenwerks an die Stadt (Münster (1959) S. 50); H. Reinhardt dagegen schreibt: »En réalité, elle a dû être le résultat d'une longue et constante évolution. [...] ce ne fut pas que vers la fin du XIVe siècle que la ville obtint gain de cause. [...] Guillaume de Diest (1393-1439) se décida, en 1395, à céder au magistrat toutes les compétences et charges de l'Œuvre de la cathédrale et lui légua une dernière indulgence« (Cathédrale (1972) S. 23 f.); vgl. auch W. Schöller: Rechtliche Organisation des Kirchenbaues (1989) S. 210-213.

[4] *Item dem stattschriber fur ein syden seckel unnd gestickte hantschuch inn ein gut jar gebenn 1 fl* (ŒND 43 (1500/01) fol. 66 r); dito ((1501/02) fol. 61 v); *Item den ratsbotten noch alter gewonheytt uff sannt Martins nacht geben 2 ß d* ((1500/01) fol. 68 v); dito ((1501/02) fol. 63 v); dito ((1512/13) fol. 97 v).

[5] Vgl. oben S. 206 f. Anm. 58; der Vertrag wurde »zur maßgebenden vertraglichen Norm für alle späteren Verhandlungen um die Münsterfabrik« P. Wiek: Münster (1959) S. 79.

[6] *Item von der fabricen wegen: die soll gehalten werden als das bitzher kommen ist. Och sol solliche gefelle, das darzu gehoret oder furbasz darzu gehoren wirdet, nirgent anderswo hien bewendet werden dann an unser lieben frouwen nutz* (Ch. Schmidt: Chapitre Saint-Thomas (1860) S. 425 Nr. 103; auch bei F. Blumstein/Ad. Seyboth: Urkunden, S. 4 Nr. 3 und Ph. A. Grandidier: Œuvres historique inédites Bd. 4, S. 575); Geiler: *das sollich fell, die zu der fabrick horend, niergand anders wo hin gewant sollen werden dan in unser frouwen nutz* (181, 28-182, 2). Einige Jahre nach dem Vertrag von Speyer hatte der Bischof auch gefordert, keine Steuer für den Weinausschank des Frauenwerks zu nehmen: Am 8. 3. 1428: *Wir vorderent und begerent ouch an uch, den helbeling zoll von unser frouwen huse nit ze nemende* (F. Blumstein/Ad. Seyboth: Urkunden, S. 13 Nr. 8).

[7] Vgl. oben S. 213 f. Anm. 94 f.

[8] Vgl. Fr. Rapp: Réformes (1974) S. 454 und oben Anm. 4.

nicht bezeugt«[9]. Darüber hatte jedoch der Bischof eine andere Meinung; er beschwerte sich bereits im Jahre 1393, als der Münsterbau noch nicht abgeschlossen war, beim Rat, daß Gelder veruntreut würden und daß das Gerücht ginge, der Rat lasse es sich auf Kosten der Fabrik für 3000 fl im Jahr gut schmecken[10]. Geiler erwähnt, der Rat lasse von *fabrica*-Geldern *mist oder sant* (182, 9) auf den Roßmarkt[11] fahren, um den Platz für Turniere vorzubereiten[12]. Dafür aber hätten die Förderer nicht *ire sture und almüsen* gegeben, *sunder zu hanthabung des tempels und uffgang und merung der er und dienst vor ab gots und Marie, siner wurdigen mutter* (182, 4-9).

Im 12. Artikel stellt Geiler Forderungen bezüglich des Großen Spitals, der ältesten und bedeutendsten wohltätigen Stiftung in Straßburg, deren Verwaltung der Rat 1263 vom Bischof in Form einer Pflegschaft übernommen hatte[13]. Sogar die Spitalskapläne wurden später von der Stadtverwaltung angestellt, deren Aufgaben sie durch eine eigene Ordnung festlegte[14]. Geiler verlangt, wie schon *mutatis*

---

[9] P. Wiek: Münster (1959) S. 74 f.

[10] *Ansprach und vorderung meines herren von Straßpurg an den meister und den rat und dy burger der stat zu Straßpurg:* [...] *waß zu derselben fabricken gevellet oder gehöret, ez sey von buzze, beyhte, beschickung, von antheißen, von almusen, widerkerunge unrehtes gutes oder wy dheynerley gut an dieselben fabricken geben wirt: domit schaffent sy ir selbs nutz und machent unredliche kosten noch irem willen, und ist auch ein gemeiner lewmunde und rede, daz sy davon yegleiches jares vertzerent in ire küchen bey dreytawsent fl, und wenne sy süst in dem jare und in der wochen etwie dicke ir heimlich gespräch habent, und an ir selbs koste zeren wollen, daz tun sy in der fabricke haws und aws derselben fabricken und des pawes gut* (F. Blumstein/Ad. Seyboth: Urkunden, S. 2 Nr. 2).

[11] Heute 'Place Broglie'.

[12] Eine Ordnung aus der ersten Hälfte des 15. Jh. verbietet den Pflegern des Frauenwerks, Pferde zum Turnier zu verleihen, da sie dabei Schaden nähmen (AMS R 21, fol. 55 r-57 v; gedruckt bei J. Brucker: Zunft- und Polizeiordnungen, S. 233). Noch 1533 sorgte der Rat für die Voraussetzungen der Turniere für Adlige – aus der Quelle geht allerdings nicht hervor, woher die Mittel stammten: *Zeigt herr Ammeister an, die von der Ritterschaft und dem Adel bitten ihnen zu erlauben bis montag nächstkünftig ein stechen oder turnieren zu halten. Desgleichen, ihnen die bahn zu beschütten etc. Erkannt: Ihnen die Bahn lassen beschütten und schranken zu machen* (J. Wencker: 'Brants Annalen', S. 217 Nr. 5010). Der Rat hatte ein Interesse, die Ausrichtung eines Turniers unter eigener Kontrolle zu haben, da an solchen Tagen in der Stadt, anders als sonst, Waffen in vielen Händen waren und so beispielsweise leichter ein 'Geschölle', ein Bürgerkampf, entstehen konnte.

[13] 'St. Leonhard-Spital', 'Hospitale majus' oder 'Mehrere Spital'; Gründung zwischen 1100 und 1116, erste Nachricht 1143 (vgl. O. Winckelmann: Fürsorgewesen Bd. 1 (1922) S. 5 f.). Vgl. allgemein zur Kommunalisierung des Spitals M.-L. Windemuth: Das Hospital als Träger der Armenfürsorge (1995) S. 90-95. Vgl. auch oben S. 198 Anm. 19.

[14] Vgl. eine Ordnung für die Spitalskapläne wohl vom Anfang des 16. Jh., jedenfalls von vor 1521 (AH Nr. 112 fol. 176 r-180 v; gedruckt bei O. Winckelmann: Fürsorgewesen Bd. 2 (1922) S. 7-10).

mutandis für das Frauenwerk, daß die dem Großen Spital geschenkten Vermögen dem Stiftungszweck, hier also in erster Linie den Insassen, zugute kommen sollen. Man solle nicht, wie es drei oder vier Jahre zuvor während einer Teuerung geschehen sei[15], Getreide aus den Vorräten des Großen Spitals verbilligt abgeben, *wie wol den armen und gemeynen burgernn librung beschach* (183, 26 f.), weil dem Spital dadurch Gewinn entgehe, der den Ärmsten und Kranken zugute kommen müsse[16].

Im Jahre 1483 hatte sich der Prediger durch Peter Schott d. J., der ja ein Getreidehändlersohn war, insbesondere über Preistreiberei durch Getreide- und Münzverschlechterung und durch Geldspekulation informieren lassen[17]. Schott hatte sich seinerseits, wie er schreibt, bei seinem Schwager Florenz Müg, der als Händler eine Niederlassung in Antwerpen hatte[18], und bei dessen Bruder[19] über unbillige Handelspraktiken kundig gemacht. Man kann erfahren, daß Geilers Freunde Peter Schott, Johannes Rot und Hans Simmler, die ihn alle drei bei seinen Reformbemühungen unterstützten, schon zu Beginn jenes Jahres über Getreidespekulationen diskutiert hatten[20]. Aus dem Schreiben Schotts geht hervor, daß der Prediger zuvor bereits unlautere Machenschaften der Straßburger Kaufleute zutreffend kritisiert hatte[21].

---

[15] Für das Jahr 1498 findet sich eine Nachricht über eine *stumpffe thürung*, allerdings auf Wein bezogen (vgl. J. Wencker: 'Brants Annalen', S. 221 Nr. 3328 bis); für das Elsaß kann man in den Jahren 1490-92 und 1500-1503 eine erhebliche Preissteigerung für Getreide feststellen (Fr. Rapp: L'Alsace à la fin du Moyen âge (1977) S. 74); 1490 war der Anfang einer Serie von mittelmäßigen Ernten (ebd. S. 436). Vgl. oben S. 70.

[16] Auch andernorts intervenierte der Magistrat auf dem Markt mit den Kornvorräten des Spitals, um Preissenkungen zu erreichen; er gebrauchte das Kapital des Spitals aber auch als Bank (E. Isenmann: Die deutsche Stadt im Mittelalter (1988) S. 186): in Würzburg klagte Sigismund Meisterlin in einer Predigt, die Pfleger betrieben Kaufmannschaft mit Spitalgeldern, im Spital stünden Betten leer und es würden nur Reiche aufgenommen; auch nachdem ihn der Rat zur Rede gestellt hatte, war er nicht bereit, von der Kanzel herab zu widerrufen – er entbot sich allerdings mit den Ratsherren vor dem Kapitel zu diskutieren (K. Trüdinger: Stadt und Kirche im spätmittelalterlichen Würzburg (1978) S. 71).

[17] Vgl. den Brief von P. Schott d. J. an Geiler vom Anfang 1483 (siehe unten VII, 6 Nr. 11; vgl. P. Schott: The Works Bd. 1, Nr. 213-215 S. 226-235). Vgl. auch eine Kornkaufordnung von 1446, durch die versucht wurde, das Aufkaufen von Getreide zum Zweck des Preistreibens zu verhindern, was darauf deuten könnte, daß dies zuvor geschehen war (J. Brucker: Zunft- und Polizeiordnungen, S. 304-307).

[18] Gest. 1511; verheiratet mit Maria Schott; 1488 im Straßburger Rat. Vgl. zu ihm P. Schott: The Works Bd. 2, S. 741 f.

[19] Vermutlich ist Ludwig Müg gemeint (vgl. ebd. S. 582 Nr. 1195 und S. 742).

[20] Vgl. P. Schott: The Works Bd. 1, Nr. 213-215 S. 226-235.

[21] *Verum enim vero in quibus delinquerent nostri* [sc. mercatores], *ut ei* [sc. Florenz Müg] *videbatur, per te tacta esse fere omnia* (P. Schott: The Works Bd. 1, Nr. 168 S. 188; unten VII, 6 Nr. 11).

Geiler wandte sich auch gegen andere das Spital betreffende Ungerechtigkeiten. Er zitierte in den 'Artikeln' ein in der Stadt kursierendes Gerücht, nach welchem die *familia* der Ratsherren im Spital bevorzugt behandelt würde: Ihr Gesinde würde im Krankheitsfall anstandslos aufgenommen, dagegen lasse man das
eines einfachen Bürgers auf dessen Kosten zurückkarren. Er richtete aber nicht
nur Forderungen an den Rat, sondern handelte selbst karitativ für das Spital: *Ich
hab hin in geschickt gelt, das man den armen solte umb teilen* (185, 15 f.). Um
sein Begehren zu veranschaulichen, malt er das Lukaswort *Gebent und so wurt
uch geben* (185, 5)[22] mit einer Geschichte aus einer Exempelsammlung aus[23].

Wie aus Protokollen des Rats hervorgeht, hatte sich Geiler bereits im Jahre
1481 vehement für die Versorgung der Armen eingesetzt. Er hatte in diesem Jahr
mit Mißernte, dem eine Reihe von Teuerungsjahren vorausgegangen waren[24], den
Armen von der Kanzel aus *der dürunge deß korns halp* zugerufen[25]:

> *Louffent den richen lüten in ir hüser die korn hant: Ist es beslossen, slahent es mit
> einer ax uff und nement korn an ein kerwe holtz. Verlieren ir das kerweholtz, kummen
> zu mir, so wil ich üch sagen wie ir es verantwurten söllen.*

Zuletzt hatte er die Aufforderung zur Selbsthilfe aber eingeschränkt: *Doch es
ist noch nit zit. Wann es aber zit ist, das wil ich üch wol sagen.* Die damit befaßten
Ratsausschüsse, die Dreizehner und Fünfzehner, waren sowohl vom Ernst der
Lage als auch der Macht der Worte Geilers überzeugt[26]. Sie beschlossen, gütlich

---

[22] Luc. 6, 38.

[23] Speculum exemplorum (1495) fol. [166 v] (Dist. 6, ex. 43).

[24] Die Roggenpreisentwicklung zeigt für Straßburg seit Mitte der 1470er Jahre bis zu
einem Höhepunkt Mitte der 1480er Jahre steil nach oben (vgl. die Graphik bei Ph. Dollinger:
Documents de l'histoire de l'Alsace (1972) S. 144); vgl. unten bei Anm. 28.

[25] Dies und die weiteren Zit. AMS R 29 fol. 59 r (gedruckt bei J. Lebeau: Textes, S. 46,
L. Dacheux: Un réformateur catholique (1876) S. 528 Anm. 2 und Ch. Schmidt: Histoire
littéraire Bd. 1 (1879) S. 347 Anm. 30); vgl. Th. Fischer: Städtische Armut (1976) S. 291 f.
Nach U. Dirlmeier gab es 1444, als ein Armagnakeneinfall drohte, in Straßburg einen
Vorrat von 680 l Getreide für jeden Anwesenden in der Stadt, eine Menge, die den Bedarf
von mehr als einem Jahr decken konnte; 1475/76, während der Burgunderkriege, soll der
Kornvorrat nach chronikalischen Nachrichten sogar für 10 Jahre ausreichend gewesen sein;
von 16000 Einwohnern innerhalb der Mauern waren aber Mitte des 15. Jahrhunderts 44 %
(7000) ohne eigenen Vorrat (Untersuchungen zu Einkommensverhältnissen und Lebenshaltungskosten (1978) S. 48 f.) – 1481 dürfte es kaum weniger gewesen sein.

[26] *Sie bedunckt ouch geroten sin, daß jeglicher ameister oder rotherre mit den schöffeln
uff siner stuben fruntlich und in geheim rede, obe ir stube gesellen einer oder me sich des
doctors rede an neme, das sü in gütlich davon wisen uff gütlich wege, die zu friden dienen*
(AMS R 29 fol. 59 r; gedr. bei J. Lebeau: Textes, S. 46, L. Dacheux: Un réformateur
catholique (1876) S. 528 Anm. 2 und Ch. Schmidt: Histoire littéraire Bd. 1 (1879) S. 347
Anm. 30). Vgl. die Forderung Geilers in einer Predigt, die Räte abzusetzen, wenn sie nicht
bereit wären, wirksame Gesetze gegen Gotteslästerung zu erlassen (vgl. unten S. 262).

mit Geiler zu reden, daß *im solicher swerer rede in siner bredigen nit not gewesen sy, und in zu bitten fruntlich davon zu ston*[27]. Es scheint nicht zu Ausschreitungen gekommen zu sein. Das Zurückhalten von Getreide zur Preistreibung kam immer wieder vor in spätmittelalterlichen Städten – auch die kirchlichen Institutionen schreckten davor nicht zurück. So machten die Straßburger Klarissen in den Mangeljahren nach den Mißernten von 1481, 1492/93 und 1502 durch Getreideverkäufe aus ihren Lagern erheblichen Profit[28].

b) Verwaltungsakte im Münster

Im 14. Artikel wendet sich der Prediger gegen unmittelbare städtische Eingriffe in die Sakralsphäre. Er beschwert sich darüber, daß das Münster durch Verwaltungsakte profaniert werde, daß der Ammeister dort Verhandlungen führe, *ouch so man by synem stul aller nest die heiligen messen macht* (188, 6 f.), wodurch die Priester schon oft beim Zelebrieren gestört worden seien[29]. Es konnte vorkommen, daß, wie wir aus den Straßburger Akten wissen, ein Überfallener blutend ins Münster zum Ammeister stürzte, um bei ihm Klage zu führen, was sicherlich allerhand Aufsehen erregte[30]. Bereits Ende des 14. Jahrhunderts gab es im Straßburger Münster neben zwölf Kapellen mehr als 50 verschiedene Altäre mit jeweils mindestens einem Altaristen; man kann davon ausgehen, daß mehr als 150 Geistliche am Münster eine Präbende innehatten[31], von denen wohl die meisten auch ihren Dienst verrichteten, so daß, zumindest tagsüber, ständig irgendwo in der Kathedrale eine Messe gelesen wurde.

Geiler erinnert erneut an den Vertrag von Speyer, in dem der Rat bereits 1422 erklärt hatte, Statuten im Münster nur noch zu Zeiten auszurufen, an denen es *nit*

---

[27] Bereits vor Geilers Predigt hatte der Rat die auf dem städtischen Getreidespeicher vorhandenen 1300 Viertel Mehl auf 2000 aufgestocken lassen und davon jede Woche 50 Viertel für Bedürftige verbacken lassen; er hatte beschlossen, wenn es nötig sei, auch neue Backöfen bauen zu lassen (AMS R 29 fol. 59 r).

[28] Fr. Rapp: Mendikanten und Straßburger Gesellschaft (1981) S. 95.

[29] *Wir geistlichen stont im chor zuo schwatzen, und ir weltlichen (vorab die regenten, ammeister, drytzehener, fünfftzeherner) stond in den stülen und thuont das selb ouch und lond gott dem herren do vor eüch handlen und wandlen und kerent eüch nitt doran* (J. Geiler: Postille T. 2 (1522) fol. 17 v); vgl. auch den Brief P. Schotts an E. Kemel von 1484/85, in welchem das Verhalten des Ammeisters entsprechend beschrieben wird (P. Schott: The Works Bd. 1, S. 206).

[30] Am 12. 2. 1483: *Als ich Lienhart Mere von her Jörge Drizehen überloffen und gewundet worden, bin ich slehtes ganges als blutende gangen in das münster zu myme herren dem ammeister, habe ime sollichs geclaget. Der hat mich gewisen für den vicaryen als sinen oberen* (AMS II 107, 1 fol. 149).

[31] Vgl. G. Livet/Fr. Rapp: Strasbourg Bd. 2 (1981) S. 61.

hinderlichen sige an gesang und an gottesdiensten; zudem hatte man konstatiert: *Von des weltlichen gesprechs wegen in dem munster, das habent die von Stroszburg von inen selbs abgelassen*[32]. Aber schon ein Jahrzehnt später hatte der Rat zwar allen Anwälten untersagt, dort Verhandlungen und sonstige Unterredungen zu führen[33], doch sollte dies *den stettmeister*[34] *und den ammeister nit beruren* – die könnten *lute verhören und ussrichten, als von alter harkomen ist*[35]. Am 20. Oktober 1501, also mehr als ein halbes Jahr nach der schriftlichen Eingabe Geilers, erneuerte der Rat ein bereits mehrfach wiederholtes Statut von 1470 mit den Worten[36]:

Der stettmeister und der ammeister mögent inn irem gewönlichen stande oder in dem nuwen stüle im münster verhören und ußrichten, was sie ye zü ziten notturfftig bedunckt, und die andernn herren oder wenn sie wellent zü ziten besenden, es sy inn das münster oder uff die steyn hütte oder anderswohin, nochdemm sich dann je zü ziten gebürt ordenung halben.

Die obersten Organe der Stadt nahmen also weiterhin für sich in Anspruch, Amtsgeschäfte, wie zum Beispiel Verhöre, in einem Sakralraum zu tätigen; das erklärt sich nicht allein daraus, daß sie das Münster als Bürgerkirche verstanden: Sie wollten zudem ihre Handlungen in der Nähe von Reliquien und anderen Heilsvermittlern verrichten und ihnen dadurch erhöhte Geltung verleihen[37].

---

[32] Ch. Schmidt: Chapitre Saint-Thomas (1860) S. 427 f. Nr. 103.

[33] In einer Predigt der Jahre 1498/99 berichtet Geiler in ironischer Weise über die Wirkung dieses Verbots: *sagen oder leßen guot nützlich ding als die advocaten thun und die sigler, die besiglen brieff, dieweil man in dem chor singt* (Narrenschiff (1520) fol. giii v); mit einer Ordnung vom 20. 10. 1501 versuchte der Rat, Abhilfe zu schaffen: *Desglichen söllent alle fürsprechen, vögte, richters boten nochander gerihtzlüte im münster ouch nit haben dehein gespreche oder rede, die an die gericht und nit in das münster gehörent* (AMS R 3, fol. 7 r-v).

[34] Ein Stettmeister wurde jeweils für ein Vierteljahr aus den Constofeln gewählt; die Stettmeister hatten einen Sitz im Großen Rat und nahmen höhere Verwaltungsaufgaben wahr.

[35] Statut von ca. 1431 (J. Geiler: Die aeltesten Schriften, S. 69). Bereits 1386 hatte es geheißen: *Es sol nieman keine stunde noch tage machen im münster, noch kein gespreche do haben [...], doch sol dis unseren rath und so, wie von unserre stette wegen zu schaffende hant, nützit ane gon* (J. Wencker: 'Brants Annalen' S. 212 Nr. 3240).

[36] Am 20. 10. 1501 (AMS R 3, fol. 7 r-v); die Ordnung vom 25. 8. 1470 (erneuert am 22. 3. 1474; im Münster promulgiert am 25. 3. 1474) trägt den Titel *Münster* (AMS R 2, fol. 75 v-76 r und AMS R 28, fol. 357 r-358 r; teilw. gedruckt bei O. Winckelmann: Münster (1907) S. 282 Anm. 1); eine ähnliche Ordnung wurde am 8. 8. 1480 erlassen, die am 3. 8. 1485 erneuert wurde (AMS R 2, fol. 107 v-108 v; am 27. 2. 1514 wiederum erneuert und zusammen mit anderen die Sitten betreffenden Statuten als Einblattdruck veröffentlicht (AMS R 3, fol. 47 v)).

[37] Vgl. allgemein H. Boockmann: Bürgerkirchen im späten Mittelalter (1994).

Ein paar Jahre vor dem Vortrag der 'Artikel' hatte Geiler einen deutlichen Unterschied zwischen profanen und kirchlichen Angelegenheiten gemacht, die in Gotteshäusern zur Verhandlung anstanden[38]:

Das ist woll war, was die kirch antrifft und der kirchen personen, mag man da handlen, als sinodus da halten, magistros und doctores mag man darin machen[39]. *[...] kein weltliche urteil und über sündlich lasterliche sünd sol man nit fellen. Geistlich urtel mag man da handlen. Da sol man kein contragt machen.*

Er verlangte auch von Geistlichen, alles zu unterlassen, was der Achtung von *gots ere* (188, 25) abträglich sei. In erster Linie kam es Geiler darauf an, Beeinträchtigungen der Messe und Entweihungen zu verhindern[40]. Er beschwerte sich beispielsweise darüber, daß man ein *geschir durch den tempel* (188, 15 f.) trage. Was er damit gemeint haben könnte, erfährt man aus dem Brief Peter Schotts d. J. an Emerich Kemel, wo von Käufen und Verkäufen an heiligen Orten die Rede ist und davon, daß Schweine und Fässer sogar während des Hochamts durch die Kirche getragen würden und überhaupt ein gotteslästerliches Herumlaufen stattfinde[41]. Man muß dazu wissen, daß man ein gutes Stück Wegs sparen konnte, wenn man von der Südseite, wo regelmäßig Markt gehalten wurde, nicht um die Westfront des Münsters herum, sondern durch das Querhaus hindurch in die nördliche Stadt ging. Geilers Protest scheint in diesem Falle etwas bewirkt zu haben. Noch im Herbst des Jahres 1501 verbot man in einem erneuerten Statut von 1470 das *uff und abe gen* [...], *spatzieren oder schöwelieren, so mann messe darinne machet zü den ziten, so mann darinn gottes dienst tüt, singet, liset oder brediget.* Wozu der Sakralraum neben dem *spatzieren* und *schöwelieren* im schlimmsten Falle sonst noch dienen konnte, erfährt man in der gleichen Ordnung: *lihtvertige fröwen* hätten es sich zur Gewohnheit gemacht, mit dem Rücken zum Altar die Aufmerksamkeit der männlichen Gottesdienstbesucher auf sich zu ziehen[42].

---

[38] In einer 1498/99 gehaltenen Predigt (J. Geiler: Narrenschiff (1520) fol. [Qv] v und fol. [Qvi] r).

[39] Nach A. Erler gibt es viele Belege für Justizakte des Bischofs und Domkapitels im Münster, auch bereits aus dem 11., 12. und 13. Jh. im Vorgängerbau (Straßburger Münster (1954) S. 27 f.).

[40] Vgl. auch J. Wimpfeling in der Germania: *Ad religionem quoque pertinet, murmur, deambulationes, officium curiae* [...] *in sacratissimo templo vestro (sub re praecipue divina) nequaquam sustinere* (nach E. v. Borries: Wimpfeling und Murner, S. 132/134).

[41] *Irreverencias locis sacris faciunt: ementes et vendentes in porticu templi, cum et ille locus sit consecratus. Et pullos, porcos et vasa per ecclesiam etiam sub divinis ferentes, ea deambulacione plus diabolo quam deo obtemperant* (P. Schott: The Works Bd. 1, S. 207; vgl. oben S. 197 Anm. 12); vgl. eine Ordnung von 1469: *Und sol ouch nyemand in dem münster koufen noch verkoufen* (AMS R 2, f. 69 v-70 r; vgl. auch J. Brucker: Zunft- und Polizeiordnungen, S. 368).

[42] *Ouch als ettlich lihtvertige fröwen bitzhar inn dem münster uff die staffelnn für die altar gesessen sint, dem altar und dem gots dienst den rücken gekert und die lüte angeschowet*

Noch andere Profanierungen prangerte Geiler in einer der 1498/99 gehaltenen Narrenschiffpredigten an[43]:

Es seint ettlich, wan sie in die kirchen wöllen gon, so rüsten sie sich, als wolten sie gon beißen oder jagen und nemmen die vögel mitt den schellen uff die hend und ein huffen hünd, so klingeln da die schellen unnd beissen die hünd einander unnd würt der predicant geirret unnd hört man nitt, was man im chor singt, und künnen die lüt nit betten[44].

Aus all dem kann man ersehen, daß das Münster von Straßburg im ausgehenden Mittelalter sehr viel mehr war als ein bloßer Ort zum Gottesdienst. Bald nach dem Brand seines Vorgängerbaus im Jahre 1176 hatte man mit dem Bau des gotischen Doms begonnen. Mit wachsendem Selbstbewußtsein der Städter lag es nahe, die Bischofskirche als Kult- und Repräsentationsbau ihres Stadtherren, einer stadtfremden Macht, zu verstehen, zumal die Domfreiheit als geistliche Immunität ein Fremdkörper im Herzen der Stadt war. Im Verlaufe des 13. Jahrhunderts kam es jedoch zu einer Schwerpunktverlagerung im Kräfteverhältnis zwischen Stadtherr und Stadt: Während der Bischof in Finanznöte geriet, gelang es der Stadt mehr und mehr, herrschaftliche Rechte an sich zu bringen und schließlich die bischöfliche Herrschaft abzuschütteln[45].

---

haben, als obe sie gots dienst nit ahtetent, sonder uff dem gümppelmerckt sehssent, umb sich zü sehenn, wellicher kouff innen der liebste were, das doch inn dem löbelichen münster an den gewyhten enden unbillich und nit zü liden ist. Darumb so ist ouch geordent, wellich sollich lihtvertige frowe semmlichs me tete, uff die sol mann warten, so sie uß dem münster gät, sie fragen, wie sie heiße, und iren namen geschriben gebenn den sübenenn, besserung uff sie zü erkennen (AMS R 3, fol. 7 r-v; vgl. oben Anm. 36); und in der in der vorigen Anm. genannten Ordnung von 1469 heißt es: *Zu glicher wise so sol dhein man geistlich oder weltlich mit dheiner frowen, noch dhein frowe mit dheinem man gesprehe oder gestende in spuntzierens oder kuppelns wise oder in so getoner wise in dem münster und dem vorgenanten begriffe halten.*

[43] J. Geiler: Narrenschiff (1520) fol. [Qv] r; er verlangt auch, daß keine *kauffmanschatz* in der Kirche betrieben werde (ebd. fol. [Qvi] r); dies war bereits 1469 verboten worden. Unruhe ist im Münster auch durch spielende Kinder entstanden: es wurde durch Ratserlaß Schneeballwerfen verboten (ders.: Die aeltesten Schriften, S. 69 f.: Verbote in Statuten aus dem letzten Drittel des 15. Jh.). Vgl. auch einen Ende des 15. Jh. wohl in Straßburg entstandenen Einblattdruck, der gegen die Kirche als öffentlichen Ort polemisiert; es sind u. a. ein unpassend gekleideter Adliger mit Greifvogel und Hund zu sehen (Abb. bei H. Boockmann: Die Stadt im späten Mittelalter (1994) S. 203).

[44] Vgl. auch die sozialkritischen Verse von S. Brant in der Vorlage zu den Narrenschiffpredigten: *Ich gtar von thuomherren nüt sagen | Die in den chor ir vögel tragen | Alls wollten sie beim alter jagen | Und meinen, es soll schaden nüt, | Die will sie sint geboren lüt* (Das nüv schiff Narragonia (1494) fol. hvv r).

[45] Im Jahre 1283 mußte er beispielsweise die Münze an den Rat verpfänden, die im Jahre 1319 dauerhaft in dessen Hände gelangte; vgl. zu dem Verhältnis Bischof/Stadt oben S. 68.

Die nach wie vor bestehenden politischen und sozialen Gegensätze zwischen Bistum und Stadt[46] wirkten sich auch nach dem 1262 über den Bischof errungenen Sieg und der damit erlangten Unabhängigkeit nicht negativ auf den Bau des Münsters aus[47]. Im Gegenteil, denn es fand eine Umbewertung statt: Noch im selben Jahrhundert wurde das Münster »mehr Stadtkirche als Bischofskirche«[48]. Das beweist nicht zuletzt das Donatorenbuch, in welchem Wohltäter und deren Jahrtagsgedächtnisse festgehalten wurden.

Vom Ende des 13. Jahrhunderts an findet man den Domklerus kaum mehr unter den Spendern: Das Bauvermögen wurde zum allergrößten Teil von den Straßburger Bürgern aufgebracht. Das hatte zur Konsequenz, daß die Stadt auch die Mittelverwaltung der Kirchenfabrik unter ihre Kontrolle bringen wollte, was ihr mit der Ratspflegschaft über das Frauenwerk gelang[49]. Nach einer Bauzeit von zweieinhalb Jahrhunderten war die Kirche im Jahre 1439 mit dem Helm des Nordturms fertiggestellt, der mit 142 m für lange Zeit der höchste in Deutschland blieb. »Keine deutsche Kathedralkirche verdankt ihre Entstehung in solchem Maße der Finanzkraft, dem Bauwillen und der organisatorischen Leitung des Stadtbürgertums wie der gotische Neubau des Straßburger Münsters«[50].

In Straßburg wurde nicht, wie etwa in Ulm, eine Pfarrkirche, sondern der Dom das Objekt des stadtbürgerlichen Repräsentationswillens. Aber dies erklärt allein noch nicht das Engagement der Straßburger Bürger. Auch die aus den Beschwerden Geilers und den angeführten Quellen zu ersehende profane Nutzung der Kirche als Verhandlungsort des Magistrats, als Verkündigungsort für Rechtsnormen[51] (oder auch als Publikationsort eines Achtbriefs[52]), überhaupt als Raum mitten in der Stadt, wo man sich traf und austauschte, erklärt, woher das Interesse an der Bischofskirche kam.

---

[46] Man mußte beispielsweise mindestens freiherrlichem Adel entstammen, um ins Straßburger Domkapitel aufgenommen zu werden (P. Wiek: Münster (1959) S. 41); vgl. oben S. 75.

[47] Vgl. P. Wiek: Münster (1959) S. 112.

[48] L. Pfleger: Die Stadt- und Rats-Gottesdienste im Münster (1937) S. 8.

[49] Vgl. oben S. 80.

[50] P. Wiek: Münster (1959) S. 43; vgl. zum folgenden ebd. S. 41-85; nur beim Bau des Stephansdoms in Wien gab es eine vergleichbare Beteiligung der Bürger an einer Kathedralkirche (B. Schock-Werner: Münster (1983) S. 14); vgl. allgemein J. Zahlten: Sakralbauten der südwestdeutschen Stadt als Zeugnis bürgerlicher Repräsentation (1995) bes. S. 82 f.

[51] Am 21. 9. 1479: *Ordnung, gebott des bischofes ersten in ritens halp* [geplant für den 27. 9. 1479]: *Dis gebot ist geschenn im münster uff dem lettener glich noch der bredige noch imbs [...], in beywesen her Philipps von Mülnheim ritters des stettmeisters und Peter Wachenheymer des räts* (AMS R 2, fol. 101 v-102 r).

[52] Vgl. unten Anm. 103.

Es endeten im Münster Prozessionen, die der Rat wegen Unwetterkatastrophen, der Pest, der 'Blattern', der Gefangennahme Maximilians in Brügge oder anderer politischer Ereignisse begehen ließ, so beispielsweise anläßlich der Siege der Stadt während der Burgunderkriege[53]. Damals ließ der Rat auch mehrere spezielle Messen lesen[54]. Aber er glaubte im übrigen nicht nur, Gottesdienste veranlassen zu sollen, er glaubte im Jahre 1472 auch, die Kompetenz zu besitzen, die Organisationsform einer Laienbruderschaft bestimmen zu können, und verpflichtete diese, eine bestimmte Franziskanerregel zu übernehmen[55]; und Anfang des Jahres 1493 bat beispielsweise die Priorin des St. Katharina-Klosters *als uwer burgerin* die Ratsherren, die sie ihre *obere und schirmeren* nennt, um Beistand, als es bei der Reform des Dominikanerinnenklosters zu Schwierigkeiten kam[56]. Ein anderes Mal leistete der Rat über einige Jahre dem ehemaligen Wilhelmitenkonvent, der die Regel gewechselt hatte, gegen dessen Orden Beistand[57]. Einmal wandte sich die Priorin eines Frauenklosters hilfesuchend an Meister und Rat, da *frevel und unngehorsamkeit* bei ihnen grassiere. Weil die Nonnen *nut also genzliche under demen ordene sint, also es not dette,* baten sie, daß man ihnen helfe, da ihnen *nieman hie von gehelfen mag,* außer den Ratsherren. Die Stadt solle Strafen und Bußen aussetzen, damit es die *phaphen und legen* (Laien) in Zukunft unterließen, *früege und spete* zu Unehre der Nonnen ins Kloster zu kommen[58].

»Wir erfahren einen Wesenszug der spätmittelalterlichen Stadtgemeinde, wenn wir sie als eine *sakrale Gemeinschaft* bezeichnen« – Bürgergemeinde und Kirchen-

---

[53] Bspw. AMS R 2, fol. 104 r und fol. 119 v; vgl. allgemein L. Pfleger: Die Stadt- und Rats-Gottesdienste im Münster (1937) S. 26-42; auch wegen der Einigkeit im Schisma (1408), der Uneinigkeit auf dem Basler Konzil (1438) gab es Ratsprozessionen, von denen man für die Zeit von 1438 bis 1523 in Straßburg mehr als 110 gezählt hat (J. Rott: Les reglements discipilinaires municipaux (1981) S. 539 Anm. 10). Vgl. die Abb. einer Prozession anläßlich des Siegs über Burgunder im Jahre 1477 mit dem Titel: *Diser krütz gang ist zuo stroßburg geschechen,* gleichzeitig die älteste Darstellung des Münsters (L'imaginaire strasbourgeois (1989) Kat. Nr. 77 (= C. Pfettisheim, Peter Hagenbach und der Burgundische Krieg 1477. Heinrich Knoblochtzer. BNU Strasbourg R 10809, Abb. S. 16 [b])).

[54] L. Pfleger: Die Stadt- und Rats-Gottesdienste im Münster (1937) S. 14; bis 1513 gab es Meßstiftungen des Rats (B. Moeller: Kleriker als Bürger (1972) S. 207).

[55] Verordnung für die Bruderschaften 'Zum Rebstock' und 'Im Rosengarten' vom 20. 1. 1472, womit sie zu einer vereinigt wurden (AMS R 28, fol. 330 r-v; gedr. bei Fr. Keutgen: Urkunden, S. 468-471 und J. Brucker: Zunft- und Polizeiordnungen, S. 325-328).

[56] Am 27. 2. 1493 (AMS II 80, 51); vgl. auch AMS II 80, 53, AMS II 80, 54, AMS R 28, fol. 268 a und Ch. Wittmer: Reformversuche in St. Katharina (1943).

[57] In den Jahren nach 1478 (AMS II 87, 1-9: Johannes von Säckingen und Ratsherren an Papst Innozenz VIII. am 20. 9. 1489; AMS II 87, 9 fol. 12 r: lateinische Fassung; fol. 13 r: deutsche Übersetzung; fol. 15 r: lateinischer Entwurf; fol. 19 r und v: zwei abweichende deutsche Fassungen ohne Datum; meine Folio-Zählung).

[58] Aus dem 15. Jh. (AMS X 380).

gemeinde fielen gleichsam in eins[59]. Allerdings schloß diese Gemeinschaft Unterschiede und Konflikte zwischen weltlichem und geistlichem Stand nicht aus, wie wir aus Äußerungen Geilers und seines Freundes Wimpfeling von den ersten Jahren des 16. Jahrhunderts anschaulich erfahren, die gar von Haß gegen die Geistlichen sprechen, der zu einem gut Teil von diesen selbst verschuldet sei. Im Jahre 1506 überschrieb Jakob Wimpfeling das erste Kapitel seiner 'Apologia' mit *Odium laicorum et turpe proverbium in clericos unde ortum sit*[60] und zählte darin das Ungenügen und die Laster der Geistlichkeit auf. Zwei Jahre später glaubte Geiler in einer Predigt die fortgesetzten Versuche der Bürgerschaft, den Besitzstand der Geistlichkeit einzuschränken, mit Neid und Haß der Laien auf die Kleriker erklären zu müssen[61]:

Ir leyen hassen uns pfaffen, und ist auch ein alter haß zwischen euch und uns. Waher kumpt der selb haß, daß ir uns feind seind. Ich hab darfür, das es daher kum von unserm thorechten leben, das wir so ubel leben und euch ergerniß geben, ich weiß sunst kein ursach. Das kan aber nit die gantz ursach sein, wann warumb wann ein versamlung by einander wer erberer priester, die kein ergerniß nie hetten geben, so hasseten ir sie dannocht auch. Es spricht mancher die pfaffen hond zuovil, und du wilt inen das ir nemen und dem bischoff und andern abziehen ir guot. Das sol nüt, wann warumb, es sol niemans gon schneiden mit seiner sicheln in eim frembden acker, solt es ein baur dem andern thuon, so wer es unrecht, warumb nemen die leyen etwann den priestern ir guot und der kirchen und geben inen nit das, ir inen schuldig sein von recht und von recht geben sollen. Du sprichst, was sol man in geben, die pfaffen hond ondas zevil. Wiltu sie damit bezalen, so hastu ein guote sach. [...] Es ist leider war, wir geben euch böße exempel, noch soltu darumb uns das unser nit nemen.

c) Privilegien der Kirchen und der Kleriker

Mit dieser Klage Geilers sind wir bei einem zentralen Konfliktstoff im Verhältnis der beiden Stände zueinander angelangt: Den aus dem *character indelebilis* des Priestertums abgeleiteten besonderen Rechten der Geistlichen und Kirchen, die aus früheren Zeiten überdauert hatten. In einigen Artikeln beschäftigt sich Geiler unter anderem mit diesen Standesprivilegien[62]. Der Streit zwischen Stadtre-

---

[59] B. Moeller: Reichsstadt (1987) S. 12.

[60] J. Wimpfeling: Apologia (1506) fol. bii r.

[61] Am 16. 3. 1508 im Münster gepredigt (Ameise (1516) fol. 27 v-28 r); vgl. Th. A. Brady, jr.: „You hate us priests": Anticlericalism at Strasbourg (1994) bes. S. 174-185; vgl. allgemein zu diesem Phänomen H.-J. Goertz, Antiklerikalismus (1995) bes. S. 42 f., Anticlericalism in Late Medieval and Early Modern Europe (1994) und die Rezension dazu von Thomas Kaufmann in: GGA Bd. 247 (1995) S. 112-130.

[62] J. Wimpfeling nennt Geiler in der Vita *constantissimus ecclesiasticae libertatis propugnator* (ebd. S. 57 Z. 152 f.); der Ausdruck *libertas ecclesiae* hat für Wimpfeling

giment und Klerus um diese Privilegien kann geradezu ein Kennzeichen des Spätmittelalters genannt werden[63]. Die Magistrate, vor allem die der Reichs- und Frei-
en Städte, glaubten, zum Nutz und Frommen der Gemeinschaft in immer mehr
Bereichen des städtischen Lebens regulierend eingreifen zu müssen, womit sie
immer mehr in die Rolle einer Obrigkeit hineinwuchsen[64]. Es läßt sich auch allgemein im 15. Jahrhundert eine Tendenz zur Verrechtlichung beobachten. Zur
Effektivierung der Statuten in einer Stadt durch intensivere Nutzung des Römischen Rechts[65] trug in erster Linie der juristisch graduierte Syndikus bei, der an
der Spitze der städtischen Bediensteten stand[66]. In Straßburg nahm diese Position
ab dem Jahre 1500 der Doktor beider Rechte Sebastian Brant ein[67].

Dem Bemühen, das städtische Regelnetz immer enger zu flechten, standen die
Privilegien der Geistlichen im Weg. Besonders in zwei Bereichen waren sie den
Regierenden ein Dorn im Auge. Zum einen stellten die geistlichen Sondergerich-
te, vor denen auch viele Laien ihr Recht suchten, eine Konkurrenz zur städtischen
Jurisdiktion dar, die am Ende des Mittelalters ein einträgliches Geschäft war, und
ein Hebel im machtpolitischen Ringen. Die geistlichen Gerichte sollten daher in
ihren Befugnissen beschränkt werden. Zum anderen waren die Kleriker, obwohl
darunter auch viele Wohlhabende waren, von den meisten Lasten zur Gewährlei-
stung der städtischen Lebensqualität befreit, von der sie jedoch wie die übrigen
Bewohner profitierten. Sie sollten daher ebenfalls zur Steuer herangezogen werden[68]. Weniger ein Streitpunkt, und von Geiler auch nicht als Beschwerde vorgebracht, waren das *privilegium canonis*, das erhöhten Schutz gegen Realinjurien
versicherte, und das *privilegium competentiae*, das vor Zwangsvollstreckung in
Vermögen und Einkommen sowie Personalarrest schützen sollte.

Im 3. Artikel spricht Geiler das *privilegium fori* an, das Klerikern einen Gerichtsstand ausschließlich vor ihrem geistlichen Richter zusicherte. Diesbezügliche
Übertretungen des Rats wurden bereits im Abschnitt zu den 'bürgerlichen Sachen' besprochen, da sie von Geiler im Zusammenhang mit den Schwierigkeiten
bei der Vollstreckung des Simmlerschen Testaments und der Anfechtung der Erb-
schaft des Reuerinnenklosters erwähnt werden[69].

---

einen offiziösen Charakter (vgl. ebd. S. 157 Anm. zu Z. 152 f.); vgl. oben S. 18 Anm. 25
und S. 74 Anm. 41.

[63] B. Moeller: Kleriker als Bürger (1978) S. 201.

[64] U. Dirlmeier: Obrigkeit und Untertan in den oberdeutschen Städten des Spätmittelalters. Zum Problem der Interpretation städtischer Verordnungen und Erlasse (1980).

[65] Vgl. Wimpfelings Einschätzung vom Verhältnis Geilers zum Römischen Recht oben
S. 139.

[66] Vgl. W. Herborn in: Deutsche Verwaltungsgeschichte Bd. 1 (1983) S. 665 f.

[67] Vgl. oben S. 150.

[68] Vgl. oben S. 213 f. Anm. 95.

[69] Vgl. oben S. 201-205 und S. 206.

Das *privilegium fori* wurde beispielsweise tangiert, als der Stadt im Jahre 1314 die Befugnis eingeräumt wurde, straffällig gewordene Geistliche festzunehmen, um sie anschließend dem Offizialat zu überstellen[70]. Im Jahre 1355 erließ der Rat eine Verordnung, nach der Kleriker Klagen in zivilrechtlichen Angelegenheiten nur noch vor dem städtischen Gericht vorbringen durften. Im Jahre 1362 mischte sich der Rat in Streitigkeiten um gestiftete Pfründen, Seelmessen und allgemein um letztwillige Verfügungen der Geistlichen ein. In den Jahren zwischen 1460 und 1466 und dann vor allem zwischen 1481 und 1490 kam es zu ernsten Auseinandersetzungen um das geistliche Gericht[71]: Der Rat nahm für sich in Anspruch, daß in allen Fällen, die nicht eindeutig spirituellen Charakter hätten, das städtische Gericht zuständig sei. Das Offizialat Bischof Albrechts von Bayern sah sich jedoch in weitaus mehr als den ihm von der weltlichen Gerichtsbarkeit belassenen Fällen durch das kanonische Recht und frühere Übereinkünfte autorisiert, über Bürger zu Gericht zu sitzen, was fortwährend zu Konflikten führte[72].

Im Jahre 1489 berief sich der Rat auf das seinem Gericht verliehene *privilegium de non evocando* und setzte fest, daß alle Streitigkeiten um den Besitz von Grundstücken, Häusern oder Renten, gleich welchem Stand die eine oder die andere Partei angehörte, vor dem städtischen Richter zu verhandeln seien. Nach vergeblichen Protesten des Bischofs baute der Rat seine diesbezüglichen Befugnisse noch aus: 1505 erreichte er von Maximilian I. ein Dekret, wonach der Ammeister zustimmen mußte, bevor in Straßburg eine Gefängnisstrafe vollstreckt werden konnte – die Entscheidungen des geistlichen Gerichts waren demnach vom Wohlwollen eines Laien abhängig[73].

Im Jahre 1509 schließlich untersagte der Rat unter Berufung auf die kaiserlichen und königlichen Privilegien sowie eine päpstliche Bestätigung jedem, er sei geistlichen oder weltlichen Standes, einen Bürger oder Einwohner der Stadt vor ein geistliches Gericht zu ziehen, und betonte dazu ausdrücklich, daß keine weltlichen Streitsachen vor dem geistlichen Richter verhandelt werden dürften[74]. Zu-

---

[70] Vgl. zu diesem und dem folgenden: Fr. Rapp: Réformes (1974) S. 109 und S. 417.

[71] AMS II 107, 1; vgl. allg. K. Stenzel: Geistliche Gerichte zu Straßburg (1914/15).

[72] V. a. Schulden, Zinsen, Gülten, Kauf und Tausch wurden vor dem geistlichen Gericht verrechtigt, was für dieses recht einträglich war; seit Mitte des 15. Jh. fand ein zunehmender Verfall des geistlichen Gerichts statt, und der Rat versuchte, wo er konnte, den geistlichen Gerichten, die ihren Sitz mitten in der Stadt hatten, das *privilium fori* streitig zu machen; die Stadt nahm für sich in Anspruch, auch die Dienerschaft der geistlichen Körperschaften, wenn sie gegen das Stadtrecht verstoßen hatten, zu richten (ebd. S. 378-384).

[73] Vgl. G. Livet/Fr. Rapp: Strasbourg Bd. 2 (1981) S. 251.

[74] Am 22. 12. 1509 unter dem Titel: *Das kein burger den andernn mit geistlichenn geircht fürnemenn manen oder bannen sol* wurde festgelegt: *das niemans, er sy wer der wölt, geistlich oder weltlich, einichenn burger oder inwoner der stat Straßburg anders für näm, dann vor meister und rat [...] und besonder, das kein burger oder inwoner diser stat*

dem machte sich der Rat anheischig, auch Klerikern als Gerichtsstand offenzu-
stehen[75].

Auf eine andere Kompetenzübertretung der weltlichen Obrigkeit macht Geiler
im 15. Artikel aufmerksam: Er ermahnt die Ratsherren, das Asylrecht geistlicher
Institutionen zu achten, das ihnen durch *friheit der kilchen* (189, 4 f.)[76], das heißt
durch ihre Privilegien, zugesprochen sei. Er gibt den räumlichen Erstreckungs-
bereich des Refugiums präzise an (189, 8-10)[77]. Man war im Vertrag von Speyer
übereingekommen, das Asylrecht anzuerkennen. Um eines Schutzsuchenden hab-
haft zu werden, ohne den Zufluchtsort zu betreten, konnte man aber versuchen,
ihn auszuhungern. Geiler erinnert daran, daß auch diese Taktik eine Verletzung
des Rechts darstelle[78]. Der Rat glaubte aber auch weiterhin, daß es, wenn es sich
bei Asylsuchenden um Totschläger und Mörder handele, angemessen sei, das in
weniger gravierenden Fällen anerkannte kirchliche Asylrecht zu übertreten und
die Täter auch in Kirchen oder Klöstern dingfest zu machen[79].

Ein ganz besonderer Dorn im Auge des Rats war ein weiteres geistliches Privileg, das *privilegium immunitatis*, auf das Geiler im 17. Artikel zu sprechen kommt.
Aufgrund dieses Privilegs wurden kirchliche Personen sowie ihr Laiengesinde
und Menschen, die zu den Klerikern keine andere Verbindung hatten, als daß sie
auf deren Grund oder in deren Häusern wohnten, weiterhin kirchliche Liegenschaften und Sachen von Dienstleistungen, Abgaben und Steuern jeglicher Art befreit.
Durch das *privilegium immunitatis* hatten Geistliche noch mehr besondere Rechte: man durfte von ihnen etwa auch kein Brückengeld oder die Ableistung von
Wachdienst an den Toren verlangen[80]. Für besondere Anlässe, wie Kriege oder

---

*einen andern burger oder inwoner nuon hinfüro in weltlichenn sachen und händeln vor
keinen geistlichen richter oder gericht fürnämen, citieren, manbrief oder bannbrief noch
sunst ander geislich proceß uber oder wider in erlange oder ußgon loß* (AMS R 3, fol. 27
v; gesamtes Statut gedruckt bei J. Knape: Studien zu Leben und Werk Sebastian Brants
(1992) S. 192 f.).

[75] Für die Jahre 1392-1480: *Dise sachen hant presterschafften und geistlich personen
vor dem cleinen rate verhandelt* (AMS II 118 a fol. 43 r-52 r). Vgl. unten S. 258.

[76] Vgl. zum Begriff 'Libertas ecclesiae' B. Szabó-Bechstein in: LexMA Bd. 5 (1991)
Sp. 1950-1952.

[77] Geiler führt Corpus iuris canonici an: C. 17, q. 4, c. 6, c. 8 und c. 35.

[78] *Sie sollen ouch in sollicher fryen stat ungeirret bliben an irer ruwe und weder spijß
noch kleidung abgeschlagenn* (189, 14-16).

[79] *Item der todt sleger halb, die zu beschirmung irs mißhandels in die kirchen oder
klöster an die fryheit flichen und dar durch dem rechten entzogen werden, ouch zu mannig-
faltiken vil mercklicher dotsleg und mördern bißhar gedient, das die selben noch grösse irs
mißhandels unangesehen geistlicher friheiten dar uß genomen und berehtiget werden mögen* (AMS IV 1, 8, Anf. 16. Jh.).

[80] Geiler spricht das *brucken gelt und hüten an den thorenn* an (192, 20 f.). Der Dekan
und das Kapitel des Hochstifts wiederholen im August 1473 eine bereits vorgebrachte

Kreuzzüge, gelang es dem Rat, wie gezeigt, immer wieder einmal, die Geistlichen dazu zu bringen, freiwillig oder gezwungen einmalige Sonderabgaben zu leisten[81]. Soweit es sich dabei um im kanonischen Recht vorgesehene Ausnahmefälle handelte, billigte Geiler dies[82], jedoch war er nicht bereit, hinzunehmen, daß der Klerus in das gewöhnliche städtische Steuersystem miteinbezogen wurde.

Er nennt speziell die Abgabenfreiheit für den Bezug der Grundnahrungsmittel Wein und Korn aus den Pfründen (192, 16-18)[83]. Bereits im Jahre 1377, nachdem der Rat schon 50 Jahre zuvor dazu übergegangen war, die Wirtschaftsverwaltung der Klöster durch Pfleger zu kontrollieren, war es dem Straßburger Rat gelungen, die Konvente soweit zu bringen, daß sie drei indirekte Steuern (für Kauf von Holz, Getreideverkauf und Mahlgeld) entrichteten[84]. Im 15. Jahrhundert wurde der Gemeine Pfennig, eine Kopfsteuer, nach einem Statut auch auf regulierte Kleriker und die Bewohner der Klosterimmunitäten ausgeweitet[85]. Im Jahre 1464 schlossen die Stifte Alt und Jung St. Peter und der Hochchor mit dem Rat einen Vertrag (der jedes Jahr bis 1524 erneuert wurde), wonach sie sich zu einer jährlichen festen Abgabe an die Stadt verpflichteten; von jeder sonstigen Steuer sollten sie aber befreit sein[86].

Im Jahre 1462 hatte der Rat das Stift Alt St. Peter dazugebracht, auf neun Jahre jährlich 24 fl Schirmgeld zu zahlen sowie dem Rat und der Stadt eine Messe zu singen und ihn in ihre Gebete einzuschließen; im Gegenzug verpflichtete sich der Rat, das Stift für jene Zeit in seinen Schutz zu nehmen[87]. Das St. Thomasstift verpflichtete sich unter den gleichen Bedingungen zu 36 fl, das Stift Jung St.

Forderung, sie, ihre Diener und ihre *gemeinen schaffner im bruderhoff* von dem Brückenzoll vor allem auf der Brücke nach Graffenstaden auszunehmen, was auch schon öfter zugesagt worden sei (AMS AA 1524 fol. 25 r).

[81] So während der Armagnaken- und Burgundergefahr um 1444 und 1475 (vgl. oben S. 213 f. Anm. 94 f.) oder für einen Türkenkreuzzug im Jahre 1502 und bei Kriegsgefahr im Jahre 1505 (vgl. oben S. 212 und S. 215 Anm. 105).

[82] Vgl. oben S. 237.

[83] Entsprechend in dem Brief von P. Schott an E. Kemel von 1484/85: *Item talias, pedagia et teolonia exigunt a clericis passim, etiam de rebus victui necessariis, ut vino et frumento* (P. Schott: The Works Bd. 1, S. 206).

[84] Fr. Rapp: Réformes (1974) S. 111.

[85] *Do sol das houpt in yedem closter geben 1 fl und sust ein yede persone darinne, die 15 iore alters erlangt hat, ein 24 teil eins fl* (AMS R 13, fol. 268 r; gedruckt bei K. Th. Eheberg: Urkunden, S. 496 Nr. 250).

[86] Fr. Rapp: Réformes (1974) S. 412.

[87] Am 14. 2. 1462 heißt es: *Das sie uns und das unser sampt und yeglichen besunder getruwelich schirmen und versprechen und uns zu unserm rechten beroten und beholffen sin sollent und wöllent und uns ouch gewaltes vorsin als allen andern der statt Strasburg ingesessen burgern ungeverlich* (AMS R 28, fol. 238 r).

Peter zu 40 fl im Jahr[88]. 14 Jahre später erlitten die Fünfzehner, als sie den zweijährigen Rückstand des Schirmgelds für das Hochstift einfordern wollten, allerdings eine Abfuhr. Die Vikare, zu denen sich damals seit einem Vierteljahr auch Geiler rechnen durfte, beantworteten die magistrale Forderung wie folgt: *Die jore irs schirms syent uß, doby lossent sie das bliben*[89].

Ein 'Ratschlag', der wohl von kurz nach 1422 stammt, geht auf die Abgabepflicht für das Gesinde von Geistlichen ein: *Pfaffen huren, knechte, kellerin und gesinde, so sie by inen habent* sollten Ungeld für ihren Weinkonsum zahlen[90]. Aber auch von den *pfaffen* selbst wollte man unter Androhung des Stadtverweises das Ungeld und andere Abgaben fordern[91] – die Ratsherren beriefen sich auf ihr Gesetzgebungsprivileg[92], auf welches man auch zu Geilers Zeit rekurrierte. Der Prediger hält dem entgegen:

> *Item die frijheit so eyner stat geben wurt, statut zu machen: oder der babst die ouch confirmiert und bestetiget, gibt inen nit gewalt, zu ordenen wider das gesatz und gebot der obren, als das clorlich die juristen sagen* (199, 3-7).

Geiler akzeptiert vor allem nicht die Anmaßung des Rats, sich über kaiserliches und päpstliches Recht hinwegzusetzen. Man solle die Interessen der Stadtgemeinde den Privilegien des Klerus wägend gegenüberstellen: Falls man zu dem Ergebnis komme, daß die Kommune durch letztere unverhältnismäßig belastet sei, könne man sich ja an die zuständige Instanz, die Kurie, wenden und Modifikation der Rechte verlangen[93]. Wieder zieht er die Übereinkunft von Speyer von 1422 heran – diesmal allerdings will er sie entkräften, denn dort war festgelegt worden, daß *die pfaffheit in der stat solliche gewonliche billiche zol geben sollent, als sie die von alter her gegeben habent*[94]. Es mutet eigentümlich an, daß er den Vertrag in diesem Falle nicht mehr gelten lassen will: Er behauptet nun, daß *disse rachtung schint, als ob sie nit witer sich streckt weder uff den lebtagen des selben*

---

[88] AST 506 (1478/79) fol. 66 r-v.

[89] Am 27. 7. 1478 (AMS R 1, fol. 145 r).

[90] AMS R 21, fol. 160 r-161 v, Zit. fol. 160 r; gedruckt bei K. Th. Eheberg: Urkunden, S. 427 f. Nr. 194.

[91] Am 10. 12. 1476 teilte der Ammeister dem Straßburger Weihbischof Josef Ortwin mit, daß er, wie schon sein Vorgänger, Zoll und Ungeld für Kauf und Verkauf zu bezahlen habe (AMS R 29, fol. 51 r).

[92] *Nach dem und wir von kunigen und keisern gefriet sient, das wir in unser stat setzen und entsetzen mögent, alsdann unser friheiten das wisent* (AMS R 21, fol. 160 v).

[93] *Ist not, das dar uber mit flijß gesessen werd und gewegen der stat not, gewonheit diser stat, und dar gegen gehalten frijheit der priesterschaft und was do geschetzt wurt als unlidlich und beschwerung der stat, sol uff gezeichnet werden und erlangt vom stul zu Rome* (192, 22-27); vgl. hierzu das Ergebnis zu dem S. Brant wenig später in seinem Gutachten kam (oben S. 212).

[94] Ch. Schmidt: Chapitre Saint-Thomas (1860) S. 426.

busschofs Wilhelmi[95] (193, 4 f.); außerdem hätten diejenigen, die diesen Vertrag schlossen, nicht die Macht gehabt, ohne Dispens des Papstes die kirchlichen Privilegien auszusetzen, das *privilegium immunitatis* unterliege insbesondere nicht der Verfügungsgewalt des Rats.

Geiler erinnert daran, daß diejenigen Regierenden gebannt würden, die *iren underthonen verbietenn, das sie den geistlichen ir korn nit malen sollend, nit bachend oder andere dienst bewisen* (192, 31-193, 1). Ein solches Verbot war während der Konflikte zwischen Rat und Klerus, die dem Vertrag von Speyer voraufgegangen waren, ausgesprochen worden: Nachdem die Stadt in Interdikt und Acht und Bann geraten war, weil der Rat 1415 Bischof Wilhelm von Diest gefangen genommen hatte und nicht wieder freilassen wollte, weigerten sich neben anderen Klerikern auch die *teutschen herren*[96], Zoll oder Stallgeld zu zahlen, zumal der Rat in der Vergangenheit bereits ihr Erbrecht eingeschränkt hatte; *darauf aber verbot die Stadt den burgern noch härter, dass ihnen niemand weder malen, noch backen, noch sonst einig werk thun sollte*[97].

Die Ordensbrüder verließen die Stadt, die sich 1416 vor dem Konstanzer Konzil verantworten mußte. Die Sache ging so aus, daß der Rat die grundsätzliche Abgaben- und Erbfreiheit der Kleriker anerkennen mußte und die Deutschordenskommende im Gegenzug ein jährliches Schirmgeld bezahlte.

d) Allgemeine Kritik der Gesetzgebung und der Besteuerung

Nachdem Geiler mit den Privilegien des Klerus spezielle Fragen der städtischen Verfassung angesprochen hat, behandelt er im 19. Artikel grundsätzlich den Charakter der Statuten und Gewohnheiten. Sie seien zum *nutz und frummen* (194, 29), also zum Vorteil der Stadt erlassen, und dementsprechend solle man auch auf ihnen beharren oder nicht – im Gegensatz zu den Geboten Gottes, die man *umb keynes nutz willen ubergehen* (195, 1) dürfe[98]. Dagegen wollten einige starrsinnig auf ihrem Vorsatz und vermeintlichen Recht beharren und eher keinen Stein auf dem anderen lassen, als in einen Konflikt einzulenken (194, 12 f.). Gei-

---

[95] Bischof Wilhelm von Diest, gest. 6. 10. 1439.

[96] Die Zitate aus D. Specklin: Collectanea (1587) Nr. 1999.

[97] In der Regel versuchte man in den Städten aber anderes: Der Rat bemühte sich darum, es zu unterbinden, daß ein Bürger städtische Monopole umging, die aus seinen Bannrechten, vor allem die für Mühlen, Bier- und Weinausschank resultierten, um bei den von Abgaben befreiten Immunitäten billiger Mehl oder Getränke zu beziehen.

[98] *Spricht der her im ewangelio: was wurt es nutz sin eynem mönschen, wen er die gantz welt gewun und aber sin sel schaden und verderpniß litt* [Mt. 16, 26, Mark. 8, 36 und Luk. 9, 25]. *Und darumb sol kein zijtlicher schad angesehen werden in haltung der gebot gots, sunder sollich statut, die do wider sint, ab gethon werden on allen verzug* (197, 30-198, 3).

ler fügt zur Unterstreichung des Gesagten (wie auch an anderen Stellen[99]) ein Sprichwort ein: *Es verbrent kein witziger ein pfenning lieht, das er eynen heller such und finde* (194, 16 f.)[100]. Der Prediger dachte bei seinem Verlangen nach Frieden besonders an die Händler. Gerade eine exportierende Stadt wie Straßburg könne es sich nicht leisten, in Fehde mit den Adligen der Umgegend zu geraten (was, wie er sagte, von einigen Reichen vorgeschlagen werde) und damit die Sicherheit der Wege zu gefährden[101].

Um die schlimmen Folgen zu veranschaulichen, die entstehen könnten, wenn man halsstarrig auf seinem vermeintlichen Recht beharre, gibt er ein Beispiel aus der jüngsten Geschichte Nürnbergs. Geiler sagt, die fränkische Stadt habe einen enormen Schaden erlitten, als sie in einer Fehde mit einem Adligen nicht bereit gewesen sei, Gnade vor Recht ergehen zu lassen und diesen aus ihrem *blut buoch* zu *dilcken* (194, 23), wozu sie am Ende doch gezwungen worden sei. Der fränkische Ritter Cunz Schott[102] hatte 1478 trotz Einspruchs des Rats von Nürnberg die Rothenburg bei Schnaittach in Besitz genommen. Schott und einige Helfer sagten der Stadt 1498 die Fehde an und verwüsteten ihr Umland. Nachdem ein Nürnberger Patrizier mißhandelt worden war, setzte die Stadt ein hohes Kopfgeld auf den Ritter aus. Obwohl über Schott 1499 die Reichsacht verhängt worden war (1503 war auch an den Rat von Straßburg der Wunsch herangetragen worden, den königlichen Achtbrief an die Münstertür zu heften[103]), konnte die Fehde erst auf Vermittlung der Bischöfe von Bamberg und Würzburg beigelegt werden[104].

Geiler nimmt eine größere und bedeutendere Stadt zum Vergleich, die um 1500 um 50000 Einwohner, also etwa doppelt so viele wie Straßburg, gezählt haben dürfte[105], in der auch das Verhältnis von Geistlichen zu Bürgern ein anderes war, da sie keine Bischofsstadt war, es also z. B. auch kein Domstift gab. Geiler führt übrigens Nürnberg an manchen Stellen der 'Artikel' zum Vergleich an. Kenntnisse des dortigen Stadtrechts konnte er aus der 'Reformacion der statut und gesetze'

---

[99] J. Geiler: Sämtliche Werke Bd. 1, S. 170 Z. 2 f.; S. 177 Z. 29 f.; S. 194 Z. 26-28; S. 198 Z. 17 f. (Tob. 4, 16).

[100] Bei E. Wander: Sprichwörterbuch Bd. 3, s. v. 'Licht' Nr. 79, findet sich ein ähnlich lautendes Sprichwort. Vgl. A. Stöber: Sprichwörter Geilers (1862-67); vgl. zu Stöbers Auswahl von Sprichwörtern Ch. Schmidt: Histoire littéraire Bd. 1 (1879) S. 403 A. 79; vgl. auch oben S. 8.

[101] *Der gemeyn man muß land und strossen nahe und wijt bruchen, er mag sich nit in der stat erneren als die richen, die in der stat blyben mögen und solliche unbescheidne wort und rat bruchen* (195, 4-7).

[102] Gest. 1524.

[103] Der Unterlandvogt Jacob von Fleckenstein teilte am 17. 9. 1503 dem Rat mit, daß ihm vom Pfalzgrafen bei Rhein ein königliches Mandat, ein Achtbrief über Schott, zugesandt worden war *mit befelch, an ewrer monster thür an slagen zu lassen* (AMS V 1, 50).

[104] Vgl. Fritz Schnelbögl in: G. Pfeiffer: Nürnberg (1971) S. 122.

[105] Ebd. S. 194.

genannten Nürnberger Rechtsaufzeichnung von 1479 haben, die seit dem Jahre 1484 auch gedruckt vorlag[106]. Die mittelfränkische Reichsstadt nennt er sonst nur als Vorbild. Nürnberg zeichne sich durch Offenlegung ihrer Statuten aus (196, 31); man lasse dort nur eine Herren- und Bürgerstube zu, wodurch die mit den Stuben verbundenen Mißbräuche, die man in Straßburg nicht unterbinden zu können glaube, verhindert würden (179, 19); dort schränke man weder das Erbrecht der Kleriker (160, 29; 161, 11; 163, 4) noch das der Laien (169, 12; 172, 10) ein, und die Stadt blühe dennoch[107]. »Tatsächlich erstrebte der Rat für Nürnberg die *Befreiung vom geistlichen Gericht*, die Beseitigung der Sonderrechte des Klerus, die Ämterbesetzung und Einfluß auf die kirchliche Organisation und auf das Abgabewesen, die Kontrolle der monastischen Gemeinschaften und der Stiftungen«[108]. In Nürnberg fanden also ganz ähnliche Bemühungen wie in Straßburg statt, die *friheit der kilchen* (189, 4 f.) einzuschränken, und Geiler wählte mit der Stadt ein schlechtes Beispiel. Aber es stellt sich die Frage, wieviel man in Straßburg von den dortigen Verhältnissen wußte.

In seinen Predigten wie auch in seinem dem Rat erteilten Gutachten zum Erbrecht[109] warnt Geiler in seiner konkreten, aus dem Handwerker- und Marktleben gegriffenen Sprache vor zunehmender Verrechtlichung. Er zeigt sich als Traditionalist, dem die gegebenen Statuten ausreichend scheinen. Den immer spezielleren Bestimmungen würden häufig falsche Sachverhalte subsumiert; der Wunsch, alles mit Statuten zu erfassen, habe am Ende weniger statt, wie erhofft, mehr Gerechtigkeit zur Folge: Die menschliche Welt sei zu komplex, als daß es für jeden Einzelfall eine angemessene Bestimmung geben könnte. Betrug und Mißbrauch komme überall vor und könne nie ganz aus dem Leben verbannt werden[110].

---

[106] Vgl. R. Schulze in: HRG Bd. 4 (1990) Sp. 469 f.

[107] Daneben findet noch Ulm als nachahmenswertes Beispiel Erwähnung: ebenfalls nur eine Stube (179, 19) und keine Obergrenze des zu versteuernden Vermögens (196, 4).

[108] Irmgard Höss in: G. Pfeiffer: Nürnberg (1971) S. 137.

[109] Vgl. oben S. 216 f.

[110] Vgl. unten VII, 3 d Nr. 34; *Merck, wie sy zerrissen haben das gsatz gotes durch die weltlichen recht oder gsatz. [...] Item durch die weltlichen keyserlichen recht und geistliche uffsatzungen oder rechten. Item durch die statuten und artickeln der stet, land und bistumb. [...] O wann der* [sc. Augustin] *yetzo lebet und sehe das decret, decretal, sext, clementin, und sovil lecturen und glosen darüber gemachet etc. Item codicem, digestum, infortiatum und ander der glychen untzalich bücher, geystlicher und weltlicher rechten. Ah got was würde sant Augustyn darzuo sagen oder sprechen* (gehalten am 27. 3. 1508; J. Geiler: Pater-Noster-Auslegung (1515) fol. Giiii r; lat. ders.: Oratio dominica (1509) fol. [Dvi] r-v); *Christus der herr hatt die christen beladen mit einer schlechten bürden der lieby und zehen gebott. Und seine nochkummen hond sye noch me beladen und belestiget mit gebotten, welcher last grösser und schwerer ist, weder der last der gesatz der juden gesin ist. Wer wil erlesen das decret und decretal, sextum, clementin und so vil repetitiones. Ich wil geschwigen der buocher in keyserlichen rechten, das do weltlich sachen antrifft. Sovil statuten synodalia,*

Im 20. Artikel kommt Geiler auf die Besteuerung zu sprechen und kritisiert die Ungleichbehandlung der Bürger bei der *schatzung* (195, 19), der Vermögenssteuer. Er gibt ein Beispiel, nach welchem (bei gleichbleibendem Steuersatz von 0, 4 % bis maximal 16000 fl; was darüber lag, wurde nicht versteuert) ein einzelner Reicher für sein Vermögen von 32000 fl nur 64 fl (2 fl für 1000 fl), 32 Bürger mit je 1000 fl Vermögen zusammen aber 128 fl (das doppelte, nämlich jeder 4 fl für 1000 fl) zu zahlen hätten. Dies sei ungerecht und bringe Unfrieden. Man solle im ganzen Reich gleiche und gerechte Steuersätze festlegen, damit niemand Anlaß habe, wegen günstigerer Besteuerung umzuziehen, also – modern gesprochen – 'Steuerflucht' zu begehen (196, 4-8).

Resümierend läßt sich sagen, daß Geiler mit den in diesem Kapitel besprochenen Rechtsnormen die Verhaltensweisen der in der Administration Tätigen selbst berührt. Er spricht heikle Fragen an, wie die nach Zweckentfremdung von Stiftungsmitteln oder Begünstigung von in der Stadtverwaltung beschäftigten Personen. Es wurde in sehr vielen Ordnungen städtischen Bediensteten strengstens untersagt, sich durch die Funktion, die sie innehatten, Vorteile zu verschaffen oder sich zu bereichern, womit man Amtsmißbrauch begegnen wollte[111]. Sonderrechte, die sich die höheren Amtsträger vorbehielten und durch die kultische Handlungen beeinträchtigt wurden, will Geiler nicht zulassen. Am Ende macht er die städtische Verwaltung noch auf Ungleichmäßigkeiten aufmerksam, die durch ihre Steuerpolitik für Laien entstünden. Durch die ganze Reformschrift von 1501 hindurch bezieht sich Geiler immer wieder auf die *friheit der kilchen* (189, 4 f.), auf die ihr verliehenen Privilegien, deren Respektierung durch die weltliche Obrigkeit ihm besonders wichtig war, die der Rat aber immer wieder verletzte, indem er auch Kleriker in seinen Gerichtszwang zog oder von ihnen Leistungen für die Stadtkasse verlangte. Damit spricht der Prediger einen zentralen Punkt an, um den zwischen Bürgerschaft und Geistlichkeit im Spätmittelalter häufig gestritten wurde.

5. Exkurs: Klerus und Bürgerrecht in Straßburg

Der Sonderstatus des Klerus stieß im ausgehenden Mittelalter zunehmend auf Unverständnis, dem auch der sogenannte Oberrheinische Revolutionär um 1500 prägnant Ausdruck verlieh[1]:

---

provincialia, ein gantzen plunder und so vil glosen und verglasen, ein gloß uber die ander, einer hett all sein lebtag doran zuolesen (ders.: Postille T. 2 (1522) fol. 36 v).

[111] Vgl. zu den methodischen Problemen, die es zu berücksichtigen gilt, wenn von der Häufigkeit von Statuten auf existierende Gegebenheiten geschlossen werden soll U. Dirlmeier: Obrigkeit und Untertan in den oberdeutschen Städten des Spätmittelalters. Zum Problem der Interpretation städtischer Verordnungen und Erlasse (1980).

[1] A. Franke: Das Buch der hundert Kapitel und der vierzig Statuten des sogenannten

Ouch so ergern sich die priester, wass sy sond stur und hilf thuon eim keisser, und wend weldlich guotter han und des schirms geniessen und nit helfen die burde tragen, domit man den schirmlutten lonet – glich gezelt eim frevelen gewalt.

In Straßburg hatte man frühzeitig erkannt, daß in den Wall der geistlichen Vorrechte eine Bresche geschlagen werden konnte, wenn man die Kleriker dazu brächte, den Bürgereid abzulegen – wenn sie Stadtbürger würden[2]. In diesem Fall müßten sie nicht nur Steuern und Abgaben zahlen, sondern könnten auch zu Gemeinschaftsdiensten herangezogen werden. Für die Pflicht des Wehrdienstes, den sie nach wie vor nicht zu leisten hätten, müßten sie durch Ersatzzahlung aufkommen. Auch ihre *familia* käme dann nicht mehr in den Genuß der Privilegien. »Wohl in keiner anderen Stadt ist im Spätmittelalter um das Problem des Bürgerrechts der Geistlichen leidenschaftlicher gerungen worden als in der R e i c h s s t a d t S t r a ß b u r g, keine andere Stadt verfolgte eine derart entschlossene, geradlinige und beharrliche Politik in dieser Sache, und nirgends wurde denn auch die Einbeziehung des Klerus in die Stadtgemeinde so weit vorangetrieben wie hier«[3].

Alljährlich versammelte sich die Straßburger Bürgerschaft vor dem Münster und schwor auf die Stadtverfassung. Mit diesem feierlich Akt erneuerte sich regelmäßig der Gemeinschaftsgedanke der Bürger, die nach abgestuften Privilegien ständisch gegliedert und damit weniger einheitlich waren, als es von außerhalb des Mauerkranzes erscheinen mochte; in der Spannung zwischen genossenschaftlich empfundener Gleichheit und rechtlich-politischer Ungleichheit sowie zwischen Bürgerfreiheit und Stadtregiment lag Zündstoff für soziale Konflikte, dem man mit dem gemeinsamen Schwur begegnen wollte[4]. In den meisten Städten war das Bürgerbuch identisch mit der Steuerliste, stellten Bürgerrecht, Grundsässigkeit und Steuerpflicht eine Einheit dar[5]. Der Sonderstatus des Klerus, der ja eine beträchtliche Gruppe der Bevölkerung ausmachte, weckte den Neid der Bürger und anderer Einwohner, die zu Leistungen herangezogen wurden, und mußte störend für ein Regiment wirken, das sich allmählich zu einer immer mehr Bereiche umfassenden Obrigkeit mit einem absoluten Gehorsamsanspruch wandelte[6].

Oberrheinischen Revolutionärs (1967) S. 513. Das *buchli* wurde 1490-1510 erarbeitet; vgl. K. H. Lauterbach in: LexMA Bd. 6 (1993) Sp. 1333 f.

[2] Vgl. zum folgenden allgemein B. Moeller: Kleriker als Bürger (1972).

[3] Ebd. S. 205 f.

[4] Programmatisch zu 'Stadtregiment und Bürgerfreiheit' und einem Konzept 'konsensgestützter Herrschaft' zur Untersuchung dieser beiden Abstrakta: U. Meier/K. Schreiner: Regimen civitatis. Zum Spannungsverhältnis von Freiheit und Ordnung in alteuropäischen Stadtgesellschaften (1994).

[5] A. Erler: Bürgerrecht (1963) S. 35; der Steuereid stellt geradezu eine Unterform der Bürgereide dar (ebd. S. 101).

[6] Vgl. U. Dirlmeier: Obrigkeit und Untertan in den oberdeutschen Städten des Spätmittelalters (1980) S. 447 und S. 449.

Bereits in der 2. Hälfte des 13. Jahrhunderts wurden in Straßburg auch Kleriker zu Bürgern[7], im 14. Jahrhundert forderte der Rat sie förmlich dazu auf[8]. Im Jahre 1451 schließlich versuchte der Rat mit einem Mandat, die Kleriker ins Bürgerrecht zu zwingen[9], aber Bischof Ruprecht befahl im Jahr darauf den Priesterbürgern unter Androhung des Banns und Verlusts ihrer Pfründe, innerhalb von zwei Wochen das Bürgerrecht wieder abzulegen[10]. Im Jahre 1460 beschwerte sich Ruprecht beim Rat über dessen fortgesetzte Praxis, Kleriker ins Bürgerrecht aufzunehmen, sie den Eid schwören zu lassen und ihnen Beistand gegen ihren Oberhirten zuzusagen[11]. Doch war dem Protest kein großer Erfolg beschieden: Auch noch neun Jahre später kaufte beispielsweise der Pfarrer Johannes Kappler[12] das Bürgerrecht, gelobte dem Rat bei seinem priesterlichen Amt Gehorsam und verpflichtete sich, im Falle von Rechtsstreitigkeiten mit anderen Bürgern keine andere Gerichtsstatt als den Rat anzuerkennen[13].

Es finden sich von 1440 bis 1520 im Bürgerbuch etwa 130 Kleriker, die das Bürgerrecht annahmen[14]; meist lagen sie im Streit mit ihrem Bischof und suchten daher den Schutz der Stadt[15]. 130 Bürgerrechtsaufnahmen von Geistlichen sind zwar nicht sehr viele (man kommt im Mittel auf keine zwei im Jahr), und diese

---

[7] F.-J. Fuchs: Droit de bourgeoisie (1962) S. 26.

[8] B. Moeller: Reichsstadt (1987) S. 14.

[9] E. Isenmann: Die deutsche Stadt im Mittelalter (1988) S. 99; vgl. auch die Ordnung, die ein Jahrzehnt später verabschiedet wurde und den Titel trägt: *Das yederman burger sin sol.* [...] *Wer in der statt Strasburg sin huß, ere und wonunge haben wil, das der das burgreht untz sant Martins tag nehstkünfftig empfohen und tün sol als ander der statt Strasburg ingesessen burger* (vom 5. 9. 1461, erneuert am 9. 10. 1482; AMS R 2, fol. 51 r).

[10] F.-J. Fuchs: Droit de bourgeoisie (1962) S. 26.

[11] 1460 vor dem 14. 11. im Jahr: *Item die stat hat ettwie manigen pfaffen zu burger entpfangen und genommen und die habent ine müssen sweren, ine und iren gebotten gehorsam zu sin, und were ir burger wurt, dem sint sie beholffen wider iren bischoff und in allen andern sachen als iren burgeren* (AMS II 107, 1 fol. 20 r-21 v).

[12] Vgl. zu ihm oben S. 104 Anm. 219.

[13] 20. 3. 1469: *Item her Johans Kappeler, lutpriester zum munster, hat daz burgrecht koufft und glopt by sinem priesterlichen ampt, meister und rat und iren gebotten gehorsam zuo sin, und was spenne er mit den burgern gwynne, solichs mit recht usszutragen vor meister und rat oder dohin sie daz wisent* (Ch. Wittmer: Livre de bourgeoisie de Strasbourg 1440-1530 Bd. 1 (1948) S. 249 Nr. 2281).

[14] F.-J. Fuchs: Droit de bourgeoisie (1962) S. 26; Bürgerlisten wurden zwar seit 1292 geführt, haben sich aber erst ab 1440 erhalten (ebd. S. 19).

[15] Am 6. 2. 1466 übergab der Bischof der Stadt eine Schrift, worin er sich darüber beschwert, daß *die stat Straspurg uffnymmet uß und in der stat die geistlichen, closter stifft und anderer geistlich pershonen zu burgern, und den schyrme, hilff, rate und bystant thut widder unsern gnedigen herren* (AMS II 107, 1 fol. 115 v); vgl. auch Fr. Rapp: Réformes (1974) S. 452.

Zahl stellt nur einen Bruchteil aller Geistlichen dar, aber sie ist doch so hoch wie nirgendwo sonst in dieser Zeit[16]. Erklärt werden kann dies aus der besonderen kirchengeschichtlichen Situation: Wie gezeigt, gelang es der Bischofsstadt früh, die Unabhängigkeit von ihrem Stadtherrn zu erlangen. Sie war ungewöhnlich zielbewußt in Verteidigung und Ausbau ihrer Freiheiten. Die städtische Politik spielte immer wieder verschiedene Gruppen von Geistlichen gegeneinander und gegen den Bischof aus. Aber selbst zu Anfang des 16. Jahrhunderts kann man noch von keinem prinzipiellen Umdenken über den geistlichen und weltlichen Stand sprechen[17]. Dies sollte sich erst mit Luther und der Reformation, speziell mit der Vorstellung vom Priestertum aller Gläubigen, ändern[18]. Durchschlagenden Erfolg hatte der Straßburger Rat 1525: Nach einem Mandat vom 16. Januar dieses Jahres mußten alle Bewohner der Stadt (außer den adligen Domherren) bis zum 2. Februar das Bürgergelübde leisten[19].

Straßburg stellt also ein frühes und markantes Beispiel dar für den in der Zeit vor und während der Reformation allgemein zu beobachtenden Prozeß, den Klerus durch Verleihung des Bürgerrechts enger in die Stadtgemeinschaft einzubinden. Wenn der Rat versuchte, aus Klerikern Bürger zu machen, ging es ihm aber nicht allein darum, möglichst jeden Bewohner in seinen Gerichts- oder Steuerzwang zu ziehen. Man muß hinzufügen, daß er sich als christliche Herrschaft sah, die den Wunsch hatte, dadurch auch die Tauglichkeit der Geistlichen besser zu kontrollieren und damit die priesterliche Heilsvermittlung zu garantieren[20]. Wie etwa auch in Augsburg wollten »die Bürger den Sakralcharakter der Stadt erhöhen, aber auch selbst verwalten«[21]. Der Rat wollte auch in der Stadt am Lech für

---

[16] B. Moeller: Kleriker als Bürger (1972) S. 208.

[17] »Es scheint, daß in Deutschland vor der Reformation trotz aller politischen Interessen der Städte, und obwohl diese durch ihre Maßnahmen das Prinzip so vielfach durchbrochen hatten, im Denken die Überzeugung, daß Klerus und Laien zwei voneinander geschiedene Menschenklassen seien, nirgends ernstlich in Frage gestellt worden ist, daß also das Problem „Kleriker als Bürger" eine offene Frage blieb« (ebd. S. 223).

[18] Martin Luther in der Schrift 'An den christlichen Adel deutscher Nation von des christlichen Standes Besserung' von 1520: *Alle christen sein warhafftig geystlichs stands, unnd ist unter yhn kein unterscheyd denn des ampts halben allein* (Studienausgabe Bd. 2, S. 99 Z. 19-21).

[19] AMS R 29, fol. 93 r; »So ist also in Straßburg allem Anschein nach erstmals die gesamte Geistlichkeit einer Stadt rechtlich in die Bürgergemeinde eingegliedert worden« (B. Moeller: Kleriker als Bürger (1972) S. 214); vgl. auch S. Büheler: *Darauf ist von einem ehrsamen rath anno 1525 uff S. S. Fabiani und Sebastiani* [20. 1.] *ein mandat ausgegangen, dass alle geistliche inwohner der statt Strassburg, ausgenommen den hohen stifft, solten hie zwischen Liechtmess* [2. 2.] *burger werden bey poen fünff pfund pfennige* (Chronik (1595) S. 74 Nr. 217).

[20] B. Moeller: Reichsstadt (1987) S. 14.

[21] R. Kießling: Bürgerliche Gesellschaft und Kirche in Augsburg (1971) S. 359.

das religiöse Wohl seiner Bürger ebenso Sorge tragen wie für das wirtschaftliche und politische. Bürgerschaft und Geistlichkeit schieden sich zwar in Stände und waren häufig im Konflikt miteinander, aber sie stellten keine separat voneinander zu denkenden Gruppen dar – zuviel verband sie, zu oft waren sie aufeinander angewiesen, so daß man geradezu von »einer symbiotischen Gemeinschaft von Laien und Klerus im Zeichen christlichen Heilsverlangens«[22] sprechen kann und von der Neigung der deutschen Stadt des Spätmittelalters, »sich als corpus christianum im kleinen zu verstehen«[23].

An Hand einer gedruckten Straßburger Gesetzessammlung aus dem Jahre 1501[24] kann veranschaulicht werden, was unter der Stadt als 'Sakralgemeinschaft' zu verstehen ist[25]: Das Frontispiz zeigt zwar das Stadtwappen, die zweite, dem Text vorgeschaltete Abbildung aber Maria mit dem Kind auf dem Schoß, die ihre Arme ausbreitet. Die Überschrift lautet: *Reine junckfrow bit din kint, das statt und volck behüt sint*[26]. Das große Stadtsiegel zeigt ebenfalls die Schutzpatronin, der das Münster geweiht war[27], mit dem Jesusknaben und der Umschrift *Virgo roga prolem, quod plebem servet et urbem*[28]. Auf eine Goldmünze aus dem Jahre 1508 ist gleichfalls ein Marienbild geprägt mit dem Text *Urbem virgo tuam serva*. Auch das Hauptbanner der Stadt schmückte eine Madonna, die ihre Arme schützend ausbreitet. Schließlich werden fast alle Verordnungen, die die Sitten der Stadt Straßburg betreffen, mit dem Satz eingeleitet: *Dem almehtigen got, siner würdigen muter Marien und allen lieben heiligen zu lobe und zu eren*[29]. Das weltliche Regiment berief sich also in vielen Fällen von Repräsentation wie auch häufig bei seiner administrativen Tätigkeit auf die wichtigste Heilsvermittlerin der Stadt: Maria. Viele seiner Handlungen scheinen geradezu von ihr geleitet zu sein und auch zu ihr hinzuführen.

---

[22] E. Isenmann: Die deutsche Stadt im Mittelalter (1988) S. 211.

[23] B. Moeller: Reichsstadt (1987) S. 15.

[24] Vgl. oben S. 191.

[25] B. Moeller spricht das »sakralgenossenschaftliche Selbstverständnis der spätmittelalterlichen Stadt« an (B. Moeller: Reichsstadt (1987) S. 15).

[26] Dito auf Lateinisch auf dem Spruchband in der Abb. (Gesatz und ordenunge (1501) fol. [Aj v]; Abb. auch bei J. Knape: Studien zu Leben und Werk Sebastian Brants (1992) S. 443 Abb. 55 und bei K. Schreiner: Maria. Jungfrau, Mutter, Herrscherin (1994) S. 351.

[27] Zum Marienaltar vgl. G. Signori: Stadtheilige im Wandel (1993) S. 42 f.

[28] Bereits das erste Siegel von 1220 zeigte Maria, auch der Bürgeraltar im Münster war ihr geweiht; wenn auch die Reformation einen Traditionsbruch darstellte, blieb die Gottesmutter bis ins späte 17. Jh. stadtbürgerliches Symbol, so beispielsweise auf dem Stadtbanner (vgl. das Kapitel 'Die Schutzherrin von Straßburg' ebd. S. 350-354); vgl. auch J. Knape: Studien zu Leben und Werk Sebastian Brants (1992) S. 460.

[29] Vgl. L. Pfleger: Die Stadt- und Rats-Gottesdienste im Münster (1937) S. 2.

6. Reformvorschläge zu 'peinlichen Sachen'

Rechtsnormen, die man dem Bereich des Strafrechts zuordnen könnte, sollten wichtige Gemeinschaftsgüter schützen und ein gedeihliches Zusammenleben in der Stadt sichern[1]. Der Strafvollzug durch Freiheitsentzug wurde im Mittelalter nur eingeschränkt angewandt. Man verhängte kaum längere Gefängnisstrafen, da man die teure Unterbringung und Versorgung der Gefangenen scheute. Oberstes Ziel der mittelalterlichen Strafe wie des Strafrechts war weniger eine gerechte Bestrafung oder Vergeltung als die Beseitigung einer Störung, das heißt die Wiederherstellung des Friedens. Es wurden oft sehr harte (allerdings zumeist ablösbare) Leibesstrafen verhängt, die zum einen dem Wunsch nach Sühne nachkamen und zum anderen abschreckend wirken sollten. Abschreckung war besonders wichtig in einer Zeit, in der sich ein Täter durch Verlassen des jeweiligen Rechtsraumes (hier des städtischen Territoriums) leicht der Verfolgung entziehen konnte. Bei geringen Delikten verhängte man eine Geldstrafe oder verwies den Täter der Stadt.

Im 18. Artikel äußert sich Geiler über das in seinen Augen unverhältnismäßige Strafmaß für bestimmte Vergehen und Verbrechen. Für den Totschlag an einem Fremden käme man mit einer Geldstrafe von 30 ß davon[2] – für seine Beraubung dagegen würde man gehängt[3]. Nach seiner Meinung würden die Menschen zu Kapitalverbrechen und *anderem ubel* (193, 22 f.) verleitet, wenn ihnen dafür nicht der Strang oder das Schwert drohe, da Geldstrafen nicht genügend abschreckten. Geiler fordert auch, Gotteslästerung härter zu bestrafen, für die man, wie er sagt, geringere Strafen zu erwarten hätte als für *lesterung oder schmoch eynes zijtlichen hernn und mönschen* (194, 1 f.)[4]. Bereits einige Jahre vor den 'Artikeln' hatte er

---

[1] Vgl. zum folgenden E. Kaufmann: 'Strafe, Strafrecht' in HRG Bd. 4 (1990).

[2] Bei der Nennung dieser Summe, die auch in Statuten zu finden ist, dachten sicher viele Zuhörer an die 30 Silberlinge, um deretwillen Jesus verraten wurde (Mt. 27, 3-10).

[3] In dem Brief von Schott an Kemel wird dem noch der Fall von Tötung eines Bürgers in Notwehr hinzugefügt: *Quod si vero quispiam etiam ciuis civem occiderit, quamvis vim vi repellat, cum moderamine inculpate tutele occidetur* (P. Schott: The Works Bd. 1, S. 206; vgl. oben S. 197 Anm. 12).

[4] In seiner Predigt über die vier Evangelien, die er 1499 und 1506-1509 hielt, führt er diesen Gedanken weiter aus: *So bald einer eim rars* [!] *herren, eim ammeister, drytzehener oder fürnfftzehener übel redt, stracks würfft man in in ein turn und fellet das urteil wider in, das man in under die schindbrucken sol werffen, er muoßß wasser trincken. Und beschicht im gnod, so verbüet man im das land. Aber wenn man gott den herren schmächt, so richtent wirs mit eim 'eh' uß. Eh, was sol man doruß machen* (J. Geiler: Postille T. 2 (1522) fol. 15 r); ähnlich in einer 1505 gehaltenen Predigt: *Du lesterest gott den herren von der scheitteln biß in die versen. Was hatt dyr sein haubt, das hertz, das bluot Christi gethon, das du ym das auffhebest. Und die das lond hingon, seind auch wider got den herren. Solt man aber*

von der Kanzel herab in scharfer Form verlangt, etwas zu unternehmen, ja er war sogar soweit gegangen, dazu aufzurufen, die Regierenden abzusetzen, falls sie nicht willens wären, das Gotteslästern zu unterbinden: *Wolten sie es aber nit thuon, so sol man von allem volck andere erwelen, die got lieb hetten*[5].

Im Mittelalter wurde immer wieder nachdrücklich verlangt, das Fluchen und Gotteslästern zu unterlassen, da man dadurch das Heil der Gemeinschaft in Gefahr sah[6]. Doch kann man dem Straßburger Rat nicht Untätigkeit vorwerfen, denn beispielsweise verbot er im Jahre 1488 bestimmte Spiele bei einer Strafe von 30 ß (oder, im Wiederholungsfall, bei zwei Wochen im Turm bei Wasser und Brot), um die dabei vorkommenden Gotteslästerungen zu verhindern. Er richtete aber, wie überhaupt mit derartigen Verboten, wenig aus. Zwei Jahre später wurde das Verbot erneut promulgiert[7]. Im Jahre 1497 wurde auf der Lindauer Reichsversammlung eine Verordnung gegen Gotteslästerung erlassen, in welcher man diese für das Auftreten der Syphilis wie auch für andere Plagen verantwortlich machte[8]. In einer im Jahre 1505 gehaltenen Predigt faßte Geiler das Fluchen, die *sünden des munds*, unter den Begriff *die blatern an dem mund*[9]. Er scheint mit seiner Aufforderung, die Statuten bezüglich der Gotteslästerung zu verschärfen, Erfolg gehabt zu haben: Noch im Jahre 1501 bekräftigte der Straßburger Rat in einer gedruckten Statutensammlung das Verbot, *frevelich by gotts glidderen und den wunden Cristi zu schwören* oder *ander uncristenliche schwür zu tun*[10].

---

ein ammeister schmehen und also verachten, den ließ man nicht hingon, er müst die Brüsch [d. i. die Breusch, der Hauptarm der Ill, die Straßburg duchfließt] *ußtrincken oder an galgen gehenckt werden* (ders.: Sünden des Munds (1518) fol. 20 r).

[5] Ders.: Narrenschiff (1520) fol. fiii v (gepredigt 1498/99).

[6] Das erklärt auch die drakonischen Strafen, die 1511 bei Ulrich Tengler für dieses Vergehen vorgesehen sind: *Umb gotzlösterung: bevelhen sein lasterliche zungen hynden am genick auß dem hals schneiden, vel offentlich auff den galgen, vel den pranger heften, vel mit dem schwert sein haubt ab nemen etc.* (Layenspiegel (1511) fol. 217 v).

[7] Am 26. 6. 1488, erneuert am 14. 7. 1490: Spielverbot *umb das große übele swuore, domitte gott und die heiligen swerlich enteret werdent, vermitten blibent* (AMS R 2, fol. 124 v). Vgl. zu erneuerten Verordnungen U. Dirlmeier: Obrigkeit und Untertan (1980).

[8] *Yetzo bey unsern zeiten, als offenbar ist, dergleich vil und menigerley plagen und strafen gevolgt haben und sunderlich in disen tagen swer krankheiten und plagen der menschen, genant die pösen plattern, die vormals bey menschengedechtnüss nye gewesen noch gehört sein. Aus dem wir die strafe gottes billich gedenken* (RTA MR Bd. 5, 1, 1 (1981) S. 576); es handelt sich hierbei um ein auf dem Wormser Reichstag, 7. 8. 1495, rückdatiertes Mandat (vgl. hierzu H. Haustein: Frühgeschichte der Syphilis (1930) S. 290-366 und RTA MR Bd. 6 (1979) S. 302); vgl. die Stellungnahme der Reichsstädte vom 26. 7. 1495 (RTA MR Bd. 5, 2 (1981) S. 1574). Vgl. allgemein K. Härter: Policeygesetzgebung auf dem Wormser Reichstag (1995).

[9] J. Geiler: Sünden des Munds (1518) fol. 2 r.

[10] Gesatz und ordenunge (1501) fol. Aiii r; am 4. Mai 1510 wiederholt (AMS X 118).

Auch die *schendung der jungkfrouwen* (194, 5), sagt der Prediger, sei bei lächerlichem Strafmaß verboten[11]. Sebastian Brant formulierte im Jahre 1500 die Strafen für ein solches Delikt folgendermaßen[12]:

> *Und das ist die peen stupri: Ist der erber, der also gesündet hat, so soll der halbteyl seiner hab gemein geteylt werden. Ist er aber nit erber, so soll er am leyb gestrafft und etlich jar im die stat verboten werden. [...] wo aber einer unzeytige junckfrawen zerstöret: Ist er erber, so soll er in ein ertzgruoben verdampt werden [...]. Ist er nit erber, so soll er mit dem schwert getödt werden.*

Abgesehen von der Ungleichbehandlung ehrlicher und unehrlicher Menschen fällt auf, daß die Vergewaltigung einer bereits verheirateten Frau weitaus geringer bestraft wurde als die einer Jungfrau. Einem heutigen Betrachter mag das Strafmaß für die *schendung* einer Jungfrau vielleicht gar nicht so gering vorkommen; man muß aber dagegenhalten, daß zu Geilers Zeit zahlreiche Delikte wesentlich härter als heute geahndet und oft mit der Todesstrafe bestraft wurden – vor allem, wenn sie heimlich geschahen. Die Todesstrafe war häufig ein entehrender oder langwieriger Vorgang wie Hängen, Ertränken oder Rädern. Wie in Straßburg nun im Falle einer Vergewaltigung um 1500 konkret verfahren wurde, war den herangezogenen Quellen nicht zu entnehmen, was die Angaben Geilers um so wertvoller macht. Man darf nicht erwarten, zu jedem in den 'Artikeln' kritisierten Punkt entsprechende Statuten zu finden; die Stadtrechtsaufzeichnungen enthielten niemals alle gültigen Rechtsnormen[13]. Vieles wurde nach nicht fixiertem Gewohnheitsrecht, manches wohl *ad hoc* entschieden. Die Ratsprotokolle, die über die aufgezeichneten Rechtsnormen hinaus Auskunft geben könnten, sind ja in Straßburg, wie gesagt, für Geilers Zeit nicht erhalten.

Auch der 21. Artikel handelt von 'peinlichen Sachen'. In der Stadt habe man Angeklagte gefoltert und somit ihren Leib und Ruf versehrt, ohne hinreichende

---

[11] Von früheren und späteren Zeiten gibt es vereinzelte Nachrichten über das Strafmaß: Ein Stadtrecht von 1270 schrieb für Vergewaltigung einer verheirateten oder unverheirateten Frau ein Jahr Verbannung aus der Stadt und eine Geldstrafe vor, was ein mildes Urteil bedeutete (C. F. Meyer: Stadtrechte, Sp. 26 § 5); in den Stadtordnungen taucht am 27. 8. 1524 eine einschlägige Bestimmung auf: unternimmt es ein Lediger, eine Jungfrau zu *schwechen* (d. i. sie durch Überreden etc. dazu zu bringen, daß sie Geschlechtsverkehr mit ihm hat und damit ihrer Jungfräulichkeit beraubt und entehrt wird), soll er sie heiraten oder der Stadt 10 lb zahlen und der *tochter nach unser erkanntnüß ein abtrag tuon* (AMS R 3, fol. 163 r, Einblattdruck); ein Verheirateter wird dazu noch wegen Ehebruch bestraft; vgl. einen Druck von 1529: *Nodtzog. Wann ein junckfraw oder fraw nodtzogt, wirdt das bewisen, der es gethan hat, soll an seim leben gestrafft werden, innhalt der artickel in unserm rathsbuoch vergriffen* (AMS R 3, fol. 164 r-172 r; Zit. fol. 170 r-v); 1567 sollten zwei Gärtner, die versuchten, eine Frau zu *notzüchtigen*, mit dem Schwert hingerichtet werden; sie wurden aber begnadigt (J. G. Saladin: Chronica (1610-23) S. 394).

[12] S. Brant: Clag antwurt (1500) fol. 170 v.

[13] H. K. Schulze: Verfassung Bd. 2 (1986) S. 157.

Verdachtsmomente zu besitzen, was ungesetzlich sei. Noch dazu habe man von den Gefolterten verlangt, Urfehde zu schwören und zu beeiden, daß sie nicht rechtswidrig behandelt worden seien.

Geiler fordert, man solle sich – besonders was Leibesstrafen anbetrifft – streng an die Bestimmungen halten; wünschenswert sei auch, diese Statuten der Öffentlichkeit bekanntzumachen, woraus der Stadt *nit klein glori und rum* (196, 31 f.) erwachsen könne. Ferner besäße die Stadt Straßburg großes Ansehen und Vorbildcharakter im Elsaß (was für die Zeit um 1500 sicherlich zutrifft[14]): Die umliegenden Orte wendeten ihr Recht an[15], weshalb es um so wichtiger sei, daß man *erbere ordenung und gewonheiten hab hie weder in andernn myndernn stetten* (197, 7 f.). Jedermann spreche: *Man thut es zu Straßburg, sind wiser wan wir* (197, 10).

Der Prediger sieht also im 18. beziehungsweise 21. Artikel einerseits bestimmte Rechtsgüter als nicht ausreichend durch Sanktionen geschützt und verlangt ihre Verschärfung. Andererseits erkennt er Inkonsequenzen in der Strafverhängung und fordert Änderung. Erneut kann er auf in seinen Augen unrechte Verhaltensweisen der Ratsherren aufmerksam machen. Er weiß die Bedeutung der Kommune als Maßstab für die umliegende Region richtig einzuschätzen und dringt auf mehr Transparenz des Stadtrechts.

Bereits eineinhalb Jahrzehnte vor den 'Artikeln' war es Geiler gelungen, den Rat soweit zu bringen, den peinlichen Strafvollzug menschlicher zu gestalten. Er hatte gefordert, die in Straßburg übliche Praxis abzuschaffen, nach der den zum Tode Verurteilten die Beichte, die letzte Kommunion und ein christliches Begräbnis verwehrt wurden. Gegen die Todesstrafe an sich hatte er ja nichts einzuwenden[16]. Der Prediger mußte über zwei Jahre lang mehrere Eingaben an den Rat machen, sogar den Bischof einschalten – welcher seinerseits Rechtsgelehrte befragen und ein Universitätsgutachten einholen ließ –, bevor man im Rat ein Einsehen hatte und ein neues Statut verkündete.

Die vormalige Rechtslage wird in einem Ratsprotokoll aus dem Jahre 1461 deutlich[17]. Damals klagte man im Rat darüber, daß es seit wenigen Jahren üblich

---

[14] Vgl. M. Alioth, der von der politischen Vorbildrolle spricht: »Die ausserordentliche Bedeutung Strassburgs am Ausgang des Spätmittelalters und zu Beginn der Neuzeit ist unbestritten. Die politische Entwicklung der Stadt wurde in einem weiten Umkreis aufmerksam verfolgt und führte beispielsweise in Basel, Freiburg und Zürich zu direkten Konsequenzen bzw. gar Nachahmungen« (Gruppen an der Macht. Zünfte und Patriziat in Straßburg (1988) S. 491).

[15] Straßburg sei für andere Gemeinden *exempel oder nochfolg* (197, 9).

[16] *Ich hab ein leyen gekant, der warff ein chorock an und saß nider und hort beicht.* [...] *Da ward ich gefragt, wie man einen solichen thuon solt. Ich sprach: Wan ich ein her wer, so welt ich in ertrencken lassen, so höret er keinen me beicht. Und ich hett im auch nit anderst gethon dem schalck* (J. Geiler: Sünden des Munds (1518) fol. 71 v-72 r).

[17] Vom 9. 7. 1461 (AMS R 24, fol. 4 r; gedruckt bei J. Brucker: Zunft- und Polizeiord-

geworden sei, den Angeklagten ihr Todesurteil bereits am Abend vor der Hinrichtung[18] mitzuteilen und sie die Beichte im Anschluß daran oder am nächsten Morgen im Gefängnis ablegen zu lassen. Das habe dazu geführt, daß so mancher sein Geständnis widerrufen oder gar behauptet hätte, er sei durch Folter zu einer falschen Aussage gezwungen worden, was die Ratsherren in einem schlechten Licht habe erscheinen lassen. Auch hätten sich einige noch im Gefängnis das Leben genommen und ihre Seele damit verdammt. Daher habe nun die Mehrheit der Ratsherren beschlossen, die Urteilsverkündung erst am Hinrichtungstag vorzunehmen und eine Beichte nur mehr unmittelbar vor der Exekution zuzulassen und zwar in der eigens beim Galgen vor der Stadt errichteten Kapelle[19] oder – bei Ertränkungen – in dem an der Schindbrücke gebauten Gotteshaus[20]. Zudem sollten die Priester zur Eile angehalten werden. Diese Bestimmung stellte einen Kompromiß mit der Minderheit der Ratsherren dar, die es lieber beim Herkommen belassen wollten – nicht etwa, damit ein Verurteilter in größerer Ruhe beichten könnte, sondern weil sie befürchteten, daß die Pferde der Stettmeister und Ratsherren winters durch die Kälte Schaden nehmen könnten, wenn man die Hinzurichtenden am Richttag in aller Ausführlichkeit ihre Sünden bekennen ließe. Wie im weiteren Verlauf der Kontroverse deutlich wird, wurde den Delinquenten, auch wenn sie bereuten und gebeichtet hatten, auf dem Weg zum Richtplatz die Hostie nur gezeigt[21], ihnen jedoch verwehrt, sie einzunehmen. Nach der Exekution durften sie nicht christlich begraben werden. Die Gehängten wurden zur Abschrekkung solange hängen gelassen, bis sie von selbst herunterfielen[22].

Die nächsten zwei Jahrzehnte blieb es bei der beschlossenen Ordnung. Im Jahre 1482[23] ergriff Geiler die Initiative[24] und verlangte in Predigten ebenso wie vor

---

nungen, S. 20-22 und bei J. Wencker: Collecta archivi, S. 435 f.); vgl. zu dem ganzen Vorgang L. Dacheux: Geiler et la législation civile de Strasbourg (1864) S. 240-242.

[18] Richttag war gewöhnlich Freitag.

[19] St. Michaelskapelle auf dem Henkersbühl; vgl. M. Barth: Handbuch der elsässischen Kirchen im Mittelalter (1960) Sp. 1412-1414.

[20] Die Ertränkungen fanden im allgemeinen von der Rabenbrücke aus statt (heute: 'Pont du Corbeau'); es existierte damals direkt dabei eine teilweise auf Pfählen stehende Kapelle (vgl. L. Dacheux: Geiler et la législation civile de Strasbourg (1864) S. 239 Anm. 4).

[21] Bei Erhängen in der vor den Toren der Stadt gelegenen Kapelle zum Elenden Kreuz im Grünenwörth (zu der Kapelle vgl. M. Barth: Handbuch der elsässischen Kirchen im Mittelalter (1960) Sp. 1414), bei Ertränken in der Pfarrkirche St. Martin (abgebrochen 1529; zu der Kirche ebd. Sp. 1425-1428).

[22] Vgl. die Ordnung von 1461 bei J. Wencker: Collecta archivi, S. 436; Ausnahme: wenn es sich um einen Bürger handelte, dessen Verwandten darum baten und die Abnahme selbst bezahlten.

[23] Vgl. D. Specklin: Collectanea (1587) Nr. 2153.

[24] In einigen älteren Bibliographien wird ein spezielles diesbezügliches Werk aufge-

einer Diözesansynode[25] eine Änderung, weil er davon überzeugt war, die Praxis widerspreche der Heiligen Schrift[26]. Auch dem Ammeister Jacob Wissebach[27] schrieb er und forderte ihn auf, die Gefängniswärter anzuweisen, es nicht länger mehr zu hindern, wenn die zum Tode Verurteilten beichten und kommunizieren wollten[28]. Die Bettelorden, die gegen die Installation einer mit einem Weltgeistlichen zu besetzenden Prädikatur opponiert hatten, insbesondere die Dominikaner und Franziskaner, versuchten Geilers Initiative zu sabotieren und den Rat davon zu überzeugen, daß die gängige Praxis tolerabel sei[29]. Am 28. November 1482 wurde zwar im Rat die Frage erörtert, ob die Abgeurteilten die Hostie empfangen dürften, doch blieb vorerst alles beim alten[30]. Aber Geiler gab nicht auf: Zwölf Monate später wandte er sich erneut an den Ammeister, der nun Maternus Drachenfels hieß[31], und bat erneut um die Gewährung jener Gnade und auch um ein christliches Begräbnis für die Hingerichteten. Am 15. Dezember 1483 beriet man über diesen weitergehenden Antrag, fünf Tage später beschloß man jedoch, es bei der alten Regelung zu belassen, also die Hostie nur zu zeigen[32] und keine Friedhofsbestattung zuzulassen.

Geiler appellierte nun an Bischof Albrecht, in dieser Sache die Stimme zu erheben. Der ließ die Meinung von Rechtsgelehrten der Diözese einholen, unter anderem die von Peter Schott d. J.[33]. Da die Experten zu unterschiedlichen Ergebnissen kamen, ließ der Bischof Peter Schott in seinem Namen die theologische und juristische Fakultät der Universität Heidelberg und anderer Hochschulen um eine Stellungnahme bitten[34]. In Heidelberg ließ man sich mit einer Antwort zu-

---

führt, das sich offenbar nicht erhalten hat (J. Geiler: De communicandis his, qui ultimo supplicio plectuntur, lib.); vgl. VII, 4 c Nr. 7.

[25] Am 18. 4. 1482; vgl. J. Geiler: Oratio habita in sinodo (1482) und Ch. Schmidt: Histoire littéraire Bd. 1 (1879) S. 351.

[26] Vgl. P. Schott: The Works Bd. 1, Nr. 210 S. 219.

[27] Vgl. zu ihm oben S. 225 Anm. 35.

[28] Brief Geilers an J. Wissebach aus dem Jahr 1482 (vgl. unten VII, 6 Nr. 10).

[29] Von Wimpfeling gerühmte Ausnahme: der Prior der Karmeliten, Johannes Freitag von Düsseldorf; vgl. J. Wimpfeling: Cathalogus episcoporum (1508) S. 633-639; vgl. auch O. Schad, der Wimpfeling referiert und zitiert (Münster (1617) S. 85 f.).

[30] Vgl. Protokollzitat bei J. Wencker: Collecta archivi, S. 433 (ND in: P. Schott: The Works Bd. 2, S. 806).

[31] Vgl. ebd. Bd. 1, Nr. 210 S. 219.

[32] Die Elevation, die *communicatio per visum*, wurde im Spätmittelalter oft als ausreichend betrachtet; das Einnehmen der Hostie fand seltener statt als die bloße Betrachtung.

[33] Vgl. P. Schott: The Works Bd. 1, Nr. 210 S. 219; auch mit dem in Straßburg weilenden päpstlichen Nuntius Emerich Kemel wurde darüber gesprochen (vgl. unten VII, 6 Nr. 16); vgl. auch P. Schott: The Works Bd. 1, Nr. 212 S. 220-225.

[34] Ebd. Nr. 210 S. 218 f. J. Wimpfeling spricht von mehreren Universitäten: *Consilium*

nächst einmal Zeit, entschied aber schließlich, daß den Verurteilten das 'Letzte Sakrament' nicht verwehrt werden dürfe[35]. Nun forderte der Bischof vom Rat, die Praxis zu ändern und die Kommunion zu gewähren. Am 21. Februar 1485 wurde dann tatsächlich in diesem Sinne ein neues Statut erlassen, welches das folgende festschrieb[36]: Die Beichte dürfe fortan im Anschluß an die Urteilsverkündung (nun regelmäßig dienstags) gehört werden. Gewinne der Geistliche dabei die Überzeugung, daß der Übeltäter die Eucharistie verdient habe, dürfe er mittwochs die Kommunion empfangen, worauf er wie gewöhnlich freitags hingerichtet werde. Dabei blieb es bis zur Reformation[37]. Die Kosten für den Geistlichen, der den Verurteilten bis zu ihrem Tod Beistand leistete, wurden vom Frauenwerk getragen, wie dessen Rechnungen aus den 1490er Jahren und den ersten Jahren des 16. Jahrhunderts ausweisen[38]. Geiler war es also in dieser für ihn so wichtigen Frage, bei der es um das Seelenheil von Straftätern ging, im Verbund mit dem Bischof und seinem Freund Peter Schott d. J. gelungen, den Rat zum Nachgeben und zur Änderung seiner Statuten zu bewegen. Sein Erfolg wurde allerdings dadurch etwas geschmälert, daß es dem Rat gelungen war, die zusätzlichen Kosten auf das Frauenwerk abzuwälzen.

---

petitur a praeclaris universitatibus, a theologis et iureconsultis (Cathalogus episcoporum (1508) S. 639); *hohe schulen* (M. Berler: Chronik (1510-20) S. 120); D. Specklin spricht von drei Universitäten (Collectanea (1587) Nr. 2153); ebenso O. Schad (Münster (1617) S. 85).

[35] Vgl. den nach einigen Monaten von P. Schott an die Univerität Heidelberg geschickten Brief, in dem er die Antwort anmahnt (ebd. Nr. 211 S. 219 f.; vgl. unten VII, 6 Nr. 16).

[36] Statut vom 21. 2. 1485: *Unser gnediger herre von Strasb[urg] durch siner gnaden rete an meister und rat der statt Strasburg hat lossen bringen, w[ie das] sin gnade sich an den gelerten in den hohen schülen erfaren habe und erfunden, das [die] cristenliche ordenunge der selben deheinn, der das heilige sacrament begert und dotzuo [geschickt] ist, sollicte zuversagen sy* (AMS R 29, fol. 254 r; Druck, woraus die Ergänzungen, in: J. Wencker: Collecta archivi, S. 434 (ND in: P. Schott: The Works Bd. 2 (1971) S. 807); Abschrift von J. Wencker: AST 176 fol. 544 v-545 r (1130-1131)).

[37] L. Dacheux: Un réformateur catholique (1876) S. 49.

[38] *Ußgobe von den verurteilten lütten den priesternn: Item einn priester, der by vier verurtteillten menschen ab denen gericht unn bitz an ire endt by inen gewesen ist, geben 5 ß d* (ŒND 43 (1492) fol. 88 v (Rechnung 1. Quartal 1492)); 1 weitere Hinrichtung (1. Quartal) 5 ß d, 4 weitere (2. Quartal) 5 ß d; im Rechnungsbuch 1500/01 für eine Hinrichtung 5 ß d (fol. 67 r); 1501/02 dito (fol. 62 r); 1502/03 dito (fol. 54 v); 1504/05 für 3 Hinrichtungen 10 ß d (fol. 54 r); 1505/06 für 2 Hinrichtungen 10 ß d (fol. 56 v); 1506/07 für 2 Hinrichtungen 5 ß d, dito 5 ß d, dito 5 ß d, für 1 Hinrichtung 5 ß d (fol. 82 r); 1508/09 kein Eintrag in der Rubrik *Ußgobe von den verurteilten luoten den priestern* (fol. 74 r); 1512/13 für 1 Hinrichtung 5 ß d, für 2 Hinrichtungen 5 ß d, dito 5 ß d, für 1 Hinrichtung 5 ß d (fol. 95 r).

V. Ausblick: Der Bildungs- und Kirchenreformer

Während Passagen aus den '21 Artikeln' wie beispielsweise zum 'Roraffen', zum Fluchen, zum Spielen oder zum Kleiderluxus Gelegenheit boten, näher auch auf Geilers Verständnis einer Sittenreform einzugehen, kam sein Einsatz für eine Bildungs- und Kirchenreform bislang nur am Rande zur Sprache[1]. Einige Worte zu diesen beiden Reformfeldern sollen die Vielschichtigkeit seines Reformwillens belegen, der nicht bei der Besserung von Rechtsnormen stehen blieb.

Die in den 'Artikeln' vorgetragenen Versuche, Profanierungen und Blasphemien zu unterbinden, sind nur Teil seines Eintretens für eine strenge christliche Moral, für die geistliche Reform des *homo interior*, die für ihn, und hierin folgte er Gerson, die Wurzel aller anderen Reformen war[2]. Der Prediger hatte einen geläuterten, Gott zugewandten und also besseren Menschen vor Augen. Er war, wie viele seiner humanistisch gesonnenen Zeitgenossen, als Pädagoge optimistisch genug, zu glauben, daß man Menschen auch moralisch verändern könne. Eine der Voraussetzungen dafür sah er in einer Hebung der Bildung, und zwar gerade der Geistlichen, die die Reformen zu den Weltlichen tragen sollten[3]. Er setzte es sich daher zum Ziel, auch das Schulwesen zu reformieren. In Straßburg hatte er dazu Anlaß genug, da man hier außer in der städtischen und der Kathedralschule lediglich noch in einigen Klöstern lernen konnte – eine höhere Lateinschule oder gar eine Universität gab es nicht.

Nach dem Tod der Äbtissin des adligen Damenstifts St. Stephan waren in Geilers Anwesenheit ein Kanoniker und zwei Kanonissen zum Domdekan gekommen und hatten gebeten, dafür zu sorgen, daß der Konvent visitiert werde[4]. Sie hofften

---

[1] Vgl. die Ausführungen zu anderen Reformfeldern bei L. Dacheux: Un réformateur catholique (1876), E. J. Dempsey Douglass: Justification in late Medieval preaching. A study of John Geiler of Keisersberg (1966) und B. Williams: La Réforme dans l'enseignement de Jean Geiler (1989).

[2] Vgl. unten S. 283.

[3] Auch in Wimpfelings Reformideen spielte der gebildete und integre Weltpriester die entscheidende Rolle, was er in seiner Schrift 'De integritate' (1505) zum Ausdruck brachte (vgl. D. Mertens, Jakob Wimpfeling in: Humanismus im deutschen Südwesten. Biographische Profile (1993) S. 51).

[4] Gestorben war wohl die 21. Äbtissin Margarete von Rosenberg (1484-gest. 1486); die Kanonissen waren Dorothea von Ratsamhausen (gest. 1511) und Kunigunde von Dormentz; der Kanoniker hieß Maternus Pforzheimer. Vgl. den Brief von Geiler an Bischof Albrecht

dadurch zu erreichen, daß keine fremde, sondern eine von den Religiosen selbst gewählte neue Äbtissin eingesetzt würde. Falls der Bischof ihrem Vorschlag nicht zustimme, betonten sie, seien sie sogar damit einverstanden, daß das Stift – bei Bewahrung ihrer Einkommen – in ein reguliertes Kollegiatstift umgewandelt werde. Geiler, der den 'lockeren Lebenswandel' in jenem Konvent gut zu kennen glaubte, trat nun an den Bischof heran und eröffnete ihm mit drastischen Worten, daß der Charakter der übrigen, nicht beim Dekan erschienenen Kanonissen verdorben sei[5], und schlug ihm vor, das Stift überhaupt aufzulösen und in eine Klerikerschule unter Leitung universitär gebildeter Weltgeistlicher zu verwandeln[6].

Daß die reformorientierten Kleriker der Stadt Bedarf für eine solche Institution empfanden, ist an einer traurigen Statistik über den Ausbildungsstand von Säkularklerikern zu ermessen, die der Pfarrer im Münster, Johannes Rot, im Jahre 1493 dem Prediger mitteilte: Lediglich einen einzigen promovierten Theologen, also Geiler, und gerade einmal drei Baccalaurei der Theologie gebe es angeblich in der gesamten Diözese Straßburg[7]. Diese Einschätzung dürfte, jedenfalls was die Graduierten am Straßburger Münster anging, nicht falsch gewesen sein, wurde doch die Bezeichnung *doctor zum münster* als hinreichend spezifisch für die Benennung Geilers erachtet[8]. Der Bischof aber war nicht zu der von dem Prediger vorgeschlagenen radikalen Lösung zu bewegen. Er scheute wohl den zu erwartenden Widerstand der adligen Kanonissen und mehr noch den ihrer mächtigen Angehörigen. Immerhin wurde eine Kommission, der auch Geiler angehörte,

---

von 1486 (unten VII, 6 Nr. 18). Die letzte kath. Äbtissin dankte 1545 ab; am 14. 10. 1861 kam es zur Einrichtung eines Priesterseminars, das allerdings schon am 24. 6. 1874 wieder geschlossen wurde; heute ist das kath. Gymnasium St. Étienne auf dem Gelände untergebracht. Zur Geschichte der Abtei vgl. M. Barth: Handbuch der elsässischen Kirchen im Mittelalter (1960) Sp. 1485-1502.

[5] Er nennt die adligen Damen in dem Brief von 1486 *meretrices, nebulones* und *meretriculae*, die Abtei *prostibulum hoc depopulatum* und *lupanar* (ebd. nach E. Martin in: J. Wimpfeling: Germania (1885) S. 102-104 Anm. 17).

[6] Er sprach davon, ein Kollegium für zwei bis vier Doktoren der Theologie, ebensoviele Baccalaurei formati und einige Lehrer des Kirchenrechts einzurichten; vgl. allgemein J. Wimpfeling in: Das Leben Geilers (1510) S. 75-77, A. Schindling: Gymnasium und Akademie in Strassburg 1538-1621 (1977) bes. S. 23-26, ders.: Die Humanistische Bildungsreform in den Reichsstädten Straßburg, Nürnberg und Augsburg (1984) und Fr. Rapp: Le projet de fondation d'un collège universitaire à St.-Etienne (1485) (1968).

[7] Brief von J. Rot an Geiler vom 13. 6. 1493: *Item quod in tanta multitudine clericorum secularium non esset aliquis magister in theologia nisi unus in tota diocesi Argentinensi et baccalaurei non essent tres* (L. Dacheux: Un réformateur catholique (1876) Nr. VIII S. LXXIV f.; unten VII, 6 Nr. 45). Vgl. die von Geiler Bischof Albrecht vorgetragene Klage, daß es ganz im Gegensatz zur Lage bei den konkurrierenden Mendikanten in der Diözese an gebildeten Weltgeistlichen gebreche (unten VII, 6 Nr. 18).

[8] Vgl. oben S. 40 Anm. 15.

damit beauftragt, den Konvent zu visitieren[9]. Nach anfänglichem Widerstand akzeptierten die Frauen zwar im Jahre 1493 die sieben Jahre zuvor vom Bischof erlassenen Statuten[10], doch kehrte auch weiterhin keine Ruhe ein.

Neue Hoffnung auf ein besseres Schulwesen keimte in Geiler auf, als Sebastian Brant in seine Vaterstadt zurückkehrte. In seinem Empfehlungsschreiben für den Doktor beider Rechte aus dem Jahre 1500 hatte der Prediger nicht hinzuzufügen vergessen, Brant könne *auch alle tag ein stund lesen den burgers sünen und sie leren, das sie in frömden landen mit grossen kosten erholen müsten*[11]. Er spielte darauf an, daß in Straßburg noch immer keine höhere Bildungsanstalt ansässig war, daß man also, um mehr als Lesen und Schreiben und etwas Latein zu lernen, nach wie vor die Stadt verlassen müsse. Ein Jahr später griff Wimpfeling die Forderung nach einer höheren Schule wieder auf und forderte vom Rat, ein Gymnasium zu gründen[12]; das bedeutete nun aber eine Bürgerschule und nicht mehr, wie noch Geiler vom Bischof verlangt hatte, eine Klerikerschule. Doch auch dieser Vorstoß brachte kein Ergebnis.

Geilers Frustration über den gescheiterten Plan einer Umwandlung von St. Stephan entlud sich in einer im Jahre 1506 im Münster gehaltenen Predigt, in der er das in seinen Augen fortwährend unsittliche Verhalten der weiblichen Religiosen mit scharfen Worten geißelte. Er nannte das Stift ein Bordell und eine Mördergrube, die Kanonissen schlimmer als Prostituierte und verlangte nun auch von der städtischen Obrigkeit, einzugreifen[13]. Aber auch dieser scharfe Angriff führte

---

[9] Hans Simmler, Andreas Becker und Christoph von Utenheim; Einsetzungsurkunde in Übersetzung bei J. Huber: Christliche Dank- und Denkpredigt (1657) S. 144 f.

[10] Am 13. 9. 1486 erlassen (Auszüge bei L. Dacheux: Un réformateur catholique (1876) S. 179 Anm. 1).

[11] Brief von Geiler an Bechtold von Offenburg [Straßburg, Anfang Januar 1500] (gedruckt bei J. Geiler: Die aeltesten Schriften (1882) S. 109; vgl. unten VII, 6 Nr. 53); oder Offenburger; für die Zunft der Metzger im Großen Rat: 1470, 1471, 1474, 1475, 1478, 1481, 1490, 1491, 1494, 1495, 1502 und 1503; vgl. J. Hatt: Liste des membres du Grand Sénat de Strasbourg (1963).

[12] J. Wimpfeling: Germania (1501) Vorwort vom 14. 10. 1501.

[13] *Die nunnen und klosterfrauwen, die haben auch die blatter, von deren ir gehört haben, der unküscheit, und nicht allein haben sie es, auch ir vatter und muoter und alle, die ire kind an semliche ort und stet thunt, die haben die blater und teil an der sünd, die sehen nicht die eer gottes an, aber ir eigen entladung, das sie iren abkummen. Ich weiß nicht, welches schier das best wer, ein tochter in ein semlich closter thun, oder in ein frauwenhauß. Wann warumb ym closter ist sie ein hur, so ist sie dennoch ein gnadfrauw darzu, aber wer sie in dem frawenhauß, so schlüg man sie um den grind und müst übel essen und trinken, man würff sie ein steg auff die ander ab, denn so gedechte sie, wer sie wer, und schlüg in sich selber, das sie in dem closter nit thut. Gebest du deiner tochter ein man, du hettest interrogatoria, du fragtest, was er für ein man wer, was er hette etc. Also wilt du deine tochter in ein closter thun, so frag auch, was man für ein wesen füre. Du sihest wol, wo die*

weder dazu, daß der Konvent aufgelöst, noch daß eine Klerikerschule oder ein Gymnasium gegründet wurde. Immerhin konnte Geiler es aber noch erleben, daß im Jahr vor seinem Tod der von ihm vorgeschlagene Hieronymus Gebwiler[14] zum Leiter der Kathedralschule berufen wurde, der dort 15 Jahre lang erfolgreich wirken sollte. Nach Geilers Tod erfüllte Jakob Wimpfeling ein seinem Freund gegebenes Versprechen und kämpfte weiter für eine höhere Schule in Straßburg[15]. Doch auch er sollte es nicht mehr erleben, daß im Jahre 1538 mit Unterstützung seines Schülers Jakob Sturm[16] das *gymnasium illustre* ins Leben gerufen wurde. Die Stadt hatte inzwischen die Reformation angenommen, und die Schule fand im aufgelösten Dominikanerkloster ihre Unterkunft[17].

Von anderen Formen der Bildungsförderung erfahren wir aus dem Testament Hans Simmlers, für dessen Vollzug Geiler, wie gezeigt, unter Einsatz seines Lebens gefochten hatte[18]. Simmler hatte im Jahre 1492 zwei Stipendien von je 20 fl im Jahr für Straßburger Theologiestudenten gestiftet, deren Vergabe dem Prediger oblag[19]. Eine weitere Möglichkeit für arme Schüler, ihren Lebensunterhalt zu fristen, war der Erhalt der Erträge von Kaplaneien, die ursprünglich einmal für Weltgeistliche gestiftet worden waren. Geiler leistete vehementen Widerstand dagegen, daß diese Pfründen in Klöster inkorporiert wurden und damit als Stipendien verloren gingen[20].

---

thüren mit einem hanffstengel beschlossen seind und wo da ist ein uß und yngon als in einer badstuben. In andern clöstern, da man went, es sei beschlossen, aber sie leben sunst inwandig übel, sie habent nicht ein gemein gwandhuß, noch ein hafen. Werent ir alle nunnen, so wolt ich euch sagen, wie die mit in lebten, die zu in gond. Auch die regenten haben teil an iren sünden, die, die semliche statt und mördergruben und verderbungen der seelen dulden und sie beschirmen, wann sie achten nicht der seelen heil, aber des seckels heil (J. Geiler: Brosamen T. 2 (1517) fol. 10 v, Predigt gehalten im Münster Ende März 1506, nach L. Pfleger: Der Franziskaner Johannes Pauli und seine Ausgaben Geilerscher Predigten (1928) S. 87; ebd. S. 87 f. überzeugend nachgewiesen, daß die Äußerung als authentisch anzusehen ist, was etwa auch die Stellen in dem oben in Anm. 5 zit. Brief nahelegen).

[14] Geb. Kaysersberg 1473, gest. Hagenau (Haguenau) 21. 6. 1545. Vgl. zu ihm André-Marcel Burg in: NDBA 12 (1988) S. 1132 f.

[15] *Potuissem ego certe nunc senex (cum iuventutis delicta mihi potius plangenda sunt) hoc labore abstinuisse, nisi me professio, nisi conscientia, nisi thologie dignitas, nisi contumelie sacris literis exhibite magnitudo, nisi maiorum iussa, nisi promissum Keysersbergio nostro factum impulissent* (J. Wimpfeling: Contra turpem libellum Philomusi (1510) fol. Aii v).

[16] Geb. Straßburg 10. 8. 1489, gest. 30. 10. 1553; bekennt sich öffentlich zum Protestantismus 1523. Vgl. zu ihm R. Stupperich in RGG 6 (1962) Sp. 438.

[17] Gründung des Gymnasiums 1538, Eröffnung 1539 durch Johann Sturm (1509-1589), woraus 1566 die Akademie und schließlich die Universität hervorging.

[18] Vgl. oben S. 204.

[19] Vgl. die Urkunde unten VII, 3 d Nr. 15.

[20] J. Wimpfeling in: Das Leben Geilers (1510) S. 71 Z. 507-510. Auf eine andere Form

In seinem eigenen Testament hatte der Prediger zur Unterstützung bedürftiger Scholaren Mittel für je zwei *comites sacramentarii* ausgesetzt, die in den Städten Kaysersberg, Türkheim und Ammerschweier singend den Priester begleiten sollten, wenn er zu Menschen ins Haus ging, die die Kommunion wegen ihrer Gebrechlichkeit nicht in der Kirche feiern konnten[21]. So verband er Bildungsförderung mit einer Verbesserung der Sakramentsversorgung. Nicht lange vor Abfassung des Kodizills vom 16. August 1507, in welchem jene Stiftungen konkretisiert wurden, war in Straßburg für die Pfarrei St. Lorenz eine ähnliche, ebenfalls auf Geilers Initiative zurückgehende[22] Stiftung zur Unterstützung von vier armen Schülern beurkundet worden[23], denen sogar ein eigenes Haus angewiesen wur-

---

von Bildungsförderung, die in der Stadt gestiftet worden war, spielte Geiler in einer am 22. 3. 1507 im Münster gehaltenen Predigt an: *So glorificieren wir gott mit usserlichen dingen* [...]: *Deßglychen so ir ettwas soldes stifften den schuolmeistern, die die knaben leren, das sy die schuoler treülichen mit inen füren an die predigten, das auch hye gescheen ist zuo Straßburg, gott wöll, das es lanng also verleybe* (J. Geiler: Pater-Noster-Auslegung (1515) fol. Fiii r-v); *instituentes stipendia pro scolasticis, magistris et scolarum rectoribus, ut secum fideliter ducant scolares ad sermones, quod et hic factum est* (ders.: Oratio dominica (1509) fol. D r).

[21] Vgl. oben S. 46.

[22] Geiler hatte nicht nur in Predigten zu Spenden aufgerufen, sondern auch selbst dazu beigesteuert: *Diesser doctor verordnet, das mitt dem sacrament desz lieps Jesu Christi, den krancken ze bringen, mitt gon solten vier schuler und zu belonnung ward gesamlet ettdlichs geld, daran er ouch ein gutt teil gab* (M. Berler: Chronik (1510-20) S. 115); *Collecta est pecunia et redditus annui empti pueris illis in perpetuum distribuendi. Hanc eandem institutionem et comitivam scholarium sacerdoti faciendam Guilielmus probavit, confirmavit et in perpetuum superadditis indulgentiis duraturam esse decrevit* (J. Wimpfeling: Cathalogus episcoporum (1508) S. 122); *So glofficieren wir gott mit usserlichen dingen* [...], *als so wir kirchen bauwen oder betheuser und stifften gottes lobe und besolden oder begaben die diener gottes.* [...] *Deßglychen mit disem ampt der predigung und verkündigung des worts gottes* [...]. *Uber das auch die stiffter der knaben, die das sacrament helffen umbtragen mit hohem lobgesang zuo allen krancken menschen, die umb ere willen des heiligstenn lychnams Christi dem priester nachvolgen, wie dann yetzo neüwlich durch eüch alle gestifft ist* (J. Geiler: Pater-Noster-Auslegung (1515) fol. Fiii r-v; Predigt vom 22. 3. 1507 im Münster; dito ders.: Oratio dominica (1509) fol. D r); Kodizill vom 16. 8. 1507 über die Stiftung: *quemadmodum Argentinae de novo institutum est* (T. W. Röhrich: Testament Geilers (1848) S. 586).

[23] *Item ingenommen von mynen herrn graff Heinrich vonn Hennenberg, doctor Keiserspergunnd Hern Peter Sarburger als verseher der stifftung vor Sant Laurentzen, antreffend des heilig sacrament und uff dem werck koufft 16 fl gelts gefallent uff Assumptionis Marie* [15. August] *und dorumb von inen enpfangen 400 fl* (ŒND 43 (1505/06) fol. 37 v); *Item an die stifftung der ordenung vor dem sacramet ze gene mit vier knabenn zu zins gebenn 16 fl* ((1506/07) fol. 59 r); *Item an die stifftung des heiligenn sacraments vor sant Lorentzen zu zins gebenn 16 fl* ((1508/09) fol. 57 r); dito ((1512/13) fol. 76 v); kein Eintrag im nächsten erhaltenen Rechnungsbuch (1531/32); vgl. auch Jacob Wencker AST 176, 100 fol. 240 r

de[24]. Auch ein anderes Haus, das Predigerhaus, stand während der vielen Jahre, in denen Geiler es bewohnte, für Schüler offen, die als *famuli* dort lernten und lebten[25].

Versucht man eine Bilanz von Geilers Bildungsreformbemühungen zu ziehen, muß man sagen, daß das Bemühen für eine höhere Schule, das er im Verbund mit seinen Freunden an den Tag legte, zwar vergeblich blieb, daß er aber immerhin die Einrichtung verschiedener Stipendienstiftungen für bedürftige Scholaren erreichte und gelehrten Geist in die Stadt zog: Humanisten wie Brant, Wimpfeling und später Gebwiler ließen sich an der Ill nieder, weil Geiler dort weilte, weil er sie empfahl oder weil er ihnen zuredete.

Energisch setzte sich Geiler auch für eine Reform der Kirchen ein, die für ihn sinnvollerweise an der Basis ansetzen mußte. Durch Predigt und Visitation in vielen Klöstern und Kirchen nicht nur Straßburgs, durch offen und mutig ausgesprochene persönliche Ermahnungen und Lebenslehren erhoffte er sich innere Umkehr und ein christlicheres Leben der Geistlichen.

Besonderes Verdienst erwarb sich der Prediger auf dem Felde der Klosterreform[26]. Eine enge Verbundenheit zeigte er – wie schon öfter angesprochen – mit dem Kloster St. Magdalena. Bereits im Jahre 1478, also in seinem ersten Jahr in Straßburg, war er bei der Grundsteinlegung für den Neubau der Reuerinnen zugegen gewesen[27], später hatte er das Grab ihrer Patronin in Südfrankreich aufgesucht[28]. Er las den Nonnen beinahe täglich die Messe[29], predigte ihnen häufig[30] und stand ihnen überdies zwölf Jahre lang als Prior zur Seite[31]. Daß seine Bemühungen in diesem Konvent nicht vergeblich blieben, mag man daran erkennen, daß

(S. 495); die Einrichtung hatte zwar in Straßburg Tradition (1325 für Pfarrei St. Stephan), war aber eingeschlafen (J. Knepper: Das Schul- und Unterrichtswesen im Elsaß (1905) S. 431 Anm. 1); vgl. über die positive Entwicklung der Stiftung O. Herding in: J. Wimpfeling: Briefwechsel Bd. 2, S. 755 f. Anm. 7; eine ähnliche Stiftung wurde am 16. 2. 1490 in Rouffach für 4 Bettelschüler errichtet (P. Adam: Charité (1982) 260).

[24] Im Jahre 1533 heißt es zu dem Haus Domplatz 11 (ehm. 22, heute Place de la Cathédrale): *Das Sacramentsschülerhaus, domus quam olim sacramentales inhabitant* (Ad. Seyboth: Strasbourg historique et pittoresque (1894) S. 549).

[25] Vgl. oben S. 134.

[26] Vgl. J. Wimpfeling in: Das Leben Geilers (1510) S. 57 f.

[27] Vgl. oben S. 65.

[28] Vgl. oben S. 128 f.

[29] *Er hielt allezitt mesz bey den Ruwerin, welcher closter frowen unordenlich leben ausz uberflussigem gutt durch syn leer reformiert ward* (M. Berler: Chronik (1510-20) S. 114); *Peragebat sacrificium in aede virginum vestalium, quas poenitentes vocant* (B. Rhenanus in: Das Leben Geilers (1510) S. 92 Z. 103 f.).

[30] Vgl. das Predigtverzeichnis (VII, 5).

[31] Vgl. oben S. 206.

das um 1225 gegründete Kloster mit der Einführung der Reformation nicht wie viele andere in der Stadt zugrunde ging, sondern erst mit der Französischen Revolution aufgelöst wurde[32]. Aber nicht allein im Magdalenenkloster predigte Geiler regelmäßig: Auch bei den Johannitern[33], den Wilhelmiten, den Dominikanerinnen von St. Margarete und St. Agnes, in St. Nikolaus in undis[34], in St. Katharina und am Anfang seiner Zeit in Straßburg auch bei den Beginen[35] wirkte er durch sein Wort[36]. Wegen ihrer Regelstrenge schätzte er auch die Kartäuser[37], bei denen allerdings keine datierten Predigten nachgewiesen sind.

Immer wieder erhob Geiler seine Stimme gegen Pfründenkumulation oder gegen die Unsitte, ein Benefizium nicht nach Eignung, sondern nach Standeskriterien zu besetzen[38]. Wenn er an die Ergebnisse der Konzilien von Konstanz und Basel dachte, glaubte er allerdings weniger an eine Reform am Haupt als an den Gliedern[39]. Immer wieder verlangte er unmittelbar von Klerikern eine Wende in ihrem

---

[32] Vgl. L. Pfleger: Geschichte des Reuerinnenklosters St. Magdalena (1937) und R. Walter: L'affaire des penitentes de Sainte Marie-Madeleine (1981) v. a. S. 67.

[33] *Das sind gar fromm andechtig geistlich herren und wol reformieret, guotter observatz und regel, als mengklich wissen ist, und geistlichen priestern zympt und zuogehört* (J. Geiler über die Johanniter in: Pater-Noster-Auslegung (1515) fol. Oiii r).

[34] Vgl. A. Rüther/H.-J. Schiewer: Die Predigthandschriften des Straßburger Dominikanerinnenklosters St. Nikolaus in undis (1992).

[35] *Die begynen [...] seind zuo mir auch kummen etwann vor zweintzig jaren, jetzund nit, und hon mich an etlicher predig geladen* (J. Geiler: Evangelienbuch (1515) fol. 105 r, gepredigt 1504 und die letzten vier Jahre seines Lebens).

[36] Vgl. das Predigtverzeichnis (VII, 5); zu den einzelnen Klöstern vgl. M. Barth: Handbuch der elsässischen Kirchen im Mittelalter (1960).

[37] *Cartusios atque eos coenobitas qui de familia sunt divi Ioannis Hierosolymitani religionis observantissimi frequenter visitavit* (B. Rhenanus: Das Leben Geilers (1510) S. 94 Z. 138 f.).

[38] Vgl. L. Dacheux: Un réformateur, S. 148-154 und Ch. Schmidt: Histoire littéraire Bd. 1 (1879) S. 440-449.

[39] *Es ward in dem concilum zuo Costentz erkant, das nit müglich wer, das man die gantz cristenheit möcht reformiren. Aber ein bischoff, der möcht wol sein bistum, ein pfarer sein pfar unnd ein apt sein closter reformieren; und die selben thuont es auch nit und hindern ander leut daran und lassent huorey und leckerey nach, das man inen gelt gibt, das sie auch leckerey mögen verbringen* (J. Geiler: Evangelienbuch (1515) fol. 210 v); *Im consilium zuo Basel, da ist man sechß gantzer jar allein ob dem stück gesessen, wie man kund ein gantze reformation machen in der cristenheit; und ward dennacht nichts daruß, wiewol sust vil guots da gemacht ward, als grosse kriege und bluot vergiessen wider die Hussen ward abgestelt. [...] Deßgleichen im consilium zuo Costentz ret man auch von einer gemeinen reformation der cristenheit, ob man ir nit möchte zehilff kumen, das sy doch nit so ellendglich zerhudlet und zerrissen wer. Der weg moch aber nit funden werden. Es ist sunst auch vil guots da beschehen und besunder der file der bäpst ward abgethon. [...] Du sprichst: Mag man nit ein gemein reformation machen? Ich sprich nein. Es ist auch kein hoffnung,*

Verhalten – doch war er klug genug, zu wissen, daß die Laien nur die Geistlichen hatten, die sie verdienten[40].

Im Jahre 1482 hatte Geiler seinen Appell zur Reform des Klerus auf der von Albrecht von Bayern[41] einberufenen Diözesansynode gerade auch an seinen Bischof gerichtet[42]. Sowohl die Synode, deren Institution er an sich für nützlich hielt[43], als insbesondere auch der in Geilers Augen zu weltlich gesonnene Bischof, dessen größtes Interesse seiner Meinung nach darin bestand, seine Finanzen zu sanieren, erfüllten seine Erwartungen nicht. Im Gegensatz zu seinem Vorgänger Ruprecht verfolgte Albrecht eine friedlichere Politik gegenüber der Stadt und

---

das es besser werd umb die cristenheit. [...] nit mag ein gemein reformation werden in der gantzen cristenheit. Aber in der sunderhait möcht yeglicher wol sein stat und jeglicher oberer sein underthon reformieren. Ein bischoff in seim bistumb, ein apt in seinem closter, ein rat sein stat, ein burger sein hauß, das wer leicht. [...] Darumb so es so hart ist, die gantz cristenheit und die sundern stend zereformieren, darumb so stoß ein yeglicher sein haubt in ein winckel in ein loch und sehe, das er gottes gebot halte und thü das recht sei, damit das er selig werde (ders.: Ameise (1516) fol. 20 v-21 v).

[40] *Ey sprechent sye, er kan wol predigen und die sacramenten dar reichen, was darff es wytters. So doch ein sollicher baß kan im brett spylen und den habich bereiten und birßen und beitzen: Diße pfaffen dingt man. Also gots yetz in der welt. Man darff aber den pfaffen die schuld nitt geben, dann ir leigen wellen sollich pfaffen haben* (ders.: Postille T. 1 (1522) fol. 30 v).

[41] Geb. 6. 9. 1440, gest. Zabern 20. 8. 1506; gewählt zum Bischof von Straßburg am 15. 11. 1478. Vgl. zu ihm Francis Rapp in: NDBA 1, S. 26..

[42] Geiler sagte am 18. 4. 1482 an den Bischof gewandt, der nach ihm vor der Versammlung zu spechen hatte: *Mein hauß ist ein hauß des gebetes, ir haben aber darauß ein mörder und rauber hülin oder gruob gemacht* [Mt 21, 13; Mk 11, 17 und Luc 19, 46]. *In dem hat er* [sc. Christus] *angezeugt, das ein reformation sol an den geistlichen angefangen werden. Und du* [sc. Bischof Albrecht] *bist auch als ein guoter artzt jetzunt in deine krancke stat Straßburg gegangen, die gesunt zuo machen [...]. Ich wurde für das stillschweigen und wil etliche ding, die da not weren zuosagen, abschneiden als von den ellenden und erbermklichen versumnissen und ubertrertung [!] in disem deinem thuomstifft, an deinem gerichte und in der stat Straßburg, von dem geschwetz under den götlichen emptern nit mynder dan der weiber uff dem marcke zuoweilen durch die vycarien, meine mitbrüder im kor, zuoweilen durch mein herren, die thuomherren oben uff dem lettener, die da etwann dick in dem so vast ubertretten, das die priester, die dy heilige meß lesen, geirt unnd gehindert werdent, das fürwar irem hoch und wol gebornen adel nit zimpt. Dise stat heyschet und erfordert andere sitten und geberd, den zuohadern und zuokriegen. Ich wil geschweigen der verachtung und verwarlessigkeit der liberei und der kostlichen bücher. [...] Sag etwas zuo reformierung der geistlichkeit* (ders.: Heilsame Predigt (1513) fol. 5 r und fol. 11 r-v, deutsche Übersetzung durch Wimpfeling von J. Geiler: Oratio habita in sinodo (1482)); vgl. auch J. Wimpfeling in: Das Leben Geilers (1510) S. 59 Z. 217-227. Über die Synode haben sich in den Archiven keine Dokumente erhalten (Fr. Rapp: Réforme (1974) S. 348).

[43] *Wir geistlichen haben nit gern, das man uns unser bresten sagt. Ey was, soll er es uff der cantzel usrichten! Nun muß man es inen auch sagen. Wo sol man es inen sagen denn an*

erreichte durch eine erfolgreiche weltliche Reformpolitik eine geschlossene, einheitlich verwaltete Diözese; aufgrund seines guten Verhältnisses zum Domkapitel, der von ihm einberufenen Diözesansynode und seines Lebenswandels gilt er heute als vorbildlicher Bischof für seine Zeit[44]. Albrecht hatte zwar Geiler im Jahre 1491 beauftragt, gemeinsam mit dem Dekan, Hans Simmler, dem Propst, Christoph von Utenheim, und einem Kanoniker des einflußreichen Thomasstifts, Melchior Pfister von Königsbach[45], die Diözese zu visitieren, doch ließ der Bischof nach ersten Schwierigkeiten die begonnene Visitation abbrechen[46].

Ähnlich wie vor der Synode drückte Geiler seine Kirchenreformvorstellungen auch bei anderen Gelegenheiten vor der versammelten Straßburger Geistlichkeit aus. Bald nach seiner Niederlassung an der Ill hielt er im Jahre 1478 eine Gedächtnisrede auf den verstorbenen Bischof Ruprecht[47] und einige Jahre später auf den Dompropst Johannes von Bayern (gest. 1486)[48]. Im Jahre 1506 schließlich war auch Albrecht von Bayern, der Bruder des genannten Johannes, verstorben. Der inzwischen 61jährige Prediger war in seinen Hoffnungen, die er auf den Metropoliten gesetzt hatte, offenbar derart enttäuscht worden, daß er sich nicht dazu durchringen konnte, dessen Verdienste zu erwähnen, wie es für eine Totenrede schicklich gewesen wäre: Er sprach vielmehr eine Stunde lang allgemein über gute Eigenschaften eines Bischofs und brach ab, als er zum angekündigten Vergleich mit Albrecht kommen wollte, da, wie er sagte, seine Zeit um sei[49]. In der

---

der cantzel? In sinodo solt man es thun. Jo, wo nemen sinodum? Die räte des bischoffs lossent nit sinodum haben; sie sprechen: Gnediger herr, was wellen ir damit zu schaffen han? Es ist fantasei, was leit daran? Es ligt daran, solt man es inen sagen in sinodo, so würden sie hören, das sie schelck und buben sind, das mögen sie nit hören (J. Geiler: Brosamen T. 1 (1517) fol. 95 nach L. Pfleger: Der Franziskaner Johannes Pauli und seine Ausgaben Geilerscher Predigten (1928) S. 90).

[44] Vgl. Fr. Rapp: Réforme (1974) S. 175-179.

[45] Vgl. zu ihm oben S. 147 Anm. 111.

[46] J. Wimpfeling in: Das Leben Geilers (1510) S. 81 Z. 767-770; vgl. L. Pfleger: Kirchengeschichte der Stadt Straßburg im Mittelalter (1941) S. 220; zu Geilers Auffassung von der Wirksamkeit von Visiten und Synoden vgl. ebd. S. 157 f.

[47] J. Geiler: Oratio funebris Roberti (1518), gehalten am 17. 11. 1478.

[48] Ders.: Oratio funebris Johanni (1518), gehalten 1486. Johannes war seit 1478 Domprobst gewesen. Vgl. zu ihm P. Schott: The Works Bd. 2 (1971) S. 705.

[49] Ders.: Oratio funebris Alberti (1518), gehalten am 14. 10. 1506; vgl. J. Wimpfeling in: Das Leben Geilers (1510) S. 59 Z. 224-227 und I. Weithase: Zur Geschichte der gesprochenen deutschen Sprache (1961) S. 49; offenbar führte sein Verhalten zu übler Nachrede: Ich hab ein mal von den obern geprediget und sol von dem forigen bischoff [sc. Albrecht von Bayern] etwas gesagt haben, das verkert man mir. Ich weiß wol wer es thuot, es ist auch guot zemercken, wer es thuot. [...] Man solt nit also machen, wann einer etwas wider mich hette, so solt er mir schreiben, das und das solt du gesaget haben, und mein antwurt hören (J. Geiler: Ameise (1516) fol. 20 r, gepredigt 1508).

Woche zuvor hatte er den Bischofswählern eine eindringliche Moralpredigt gehalten, in der Hoffnung, daß sie einen tauglicheren Nachfolger kürten[50]; offenbar mit Wirkung: Sie einigten sich zu Geilers großer Freude auf Wilhelm von Hohnstein[51].

Mehr als einmal ergriff der Prediger auch das Wort, um anderen Geistlichen oder Freunden persönlich ins Gewissen zu reden, damit sie weiter ein gottgefälliges Leben führten oder auf den Pfad der Tugend zurückkehrten. An seine Standesgenossen legte er besonders strenge Maßstäbe an, weil er sie in Vorbildfunktion sah[52]. Im Jahre 1480 sandte er etwa seinem Schüler Peter Schott d. J. praktische Lebenslehren an dessen Studienort nach Italien, deren Nützlichkeit ihm der Empfänger umgehend bestätigte[53]. Friedrich von Zollern erteilte er im Jahre 1486, kurz nach dessen Ernennung zum Bischof von Augsburg, in einem längeren Brief Ratschläge für eine gottgewollte Amtsführung[54].

Ebenfalls bald nach seiner Ernennung ermahnte Geiler auch den neuen Dekan des Straßburger Domkapitels, Hoyer von Barby und Mülingen[55], nicht darüber zu klagen, aus Furcht vor dem Kapitel und dem Vizedekan (der hieß damals Heinrich von Henneberg), der ihn ja schließlich protegiert habe, sein Amt nicht verrichten zu können, sondern vielmehr in Gottesfurcht seine Pflicht zu erfüllen und das Kapitel zu reformieren[56]. Mit päpstlicher Provision ausgestattet, hatte Hoyer diejenige Stellung eingenommen, auf die das Domkapitel drei Jahre zuvor Johann von Brandis[57] gewählt hatte[58]. Geiler, der dafür gesorgt hatte, daß für den neuen Dekan eine Kanonikerpfründe vakant wurde[59], nahm seinem direkten 'Vorgesetzten'[60] gegenüber kein Blatt vor den Mund und sagte ihm offen, was er von

---

[50] Ders.: Oratio de electione episcopi (1518), gehalten am 9. 10. 1506.

[51] Gewählt am 7. 10. 1506, gest. 29. 6. 1541; Bischofsweihe am 14. 3. 1507 im Straßburger Münster (zum ersten Mal wieder an diesem Ort seit der Weihe Walthers von Geroldseck von 1260). Vgl. zu ihm L. Pfleger: Kirchengeschichte der Stadt Straßburg im Mittelalter (1941) S. 161 und Francis Rapp in: Dictionnaire d'histoire et de géographie ecclésiastique Fasz. 142 (1992) Sp. 1062 f.

[52] Vgl. Geilers Kommentar zu den Geistlichen, die in Stuben spielten oben S. 218 und S. 221.

[53] Brief von P. Schott an Geiler vom 30. 1. 1480 (unten VII, 6 Nr. 3).

[54] Brief an Friedrich von Zollern zw. 21. 7. und 25. 8. 1486 (unten VII, 6 Nr. 21).

[55] Vgl. zu ihm oben 147 Anm. 110.

[56] Brief von Geiler an Hoyer von 1491, nach dem 28. 4.; vgl. unten VII, 6 Nr. 42.

[57] Erwähnt 1468, gest. 10. 10. 1512; Dompropst in Chur 1482; zum Dekan gewählt am 5. 7. 1488. Vgl. zu ihm P. Schott: The Works Bd. 2 (1971) S. 708.

[58] Vgl. zu dem gesamten Vorgang K. Stenzel: Geiler und Friedrich von Zollern (1927) S. 83-100 und 113.

[59] Vgl. oben S. 125.

[60] Vgl. oben S. 90.

ihm hielt[61]. Er warf ihm vor, ein schlechtes Beispiel abzugeben, da er im Konku-
binat lebe und spiele, forderte ihn nachdrücklich dazu auf, sein Leben zu ändern,
und bot ihm gleichzeitig seine Hilfe an. Als neuer Dekan habe er ihn enttäuscht,
wie schon sein Vorgänger, Friedrich von Zollern. Der hatte ja die mit Geiler begonnenen Reformen in Straßburg aufgeben müssen, als er nach Augsburg ging.

Dort stieg Geiler im übrigen häufig auf die Kanzel, und Anfang des Jahres
1489 visitierte er gemeinsam mit Friedrich Kirchen, Klöster, Priesterschaft und
Spitäler in Dillingen[62]. Doch wirkte Geiler nicht nur in Straßburg, Augsburg und
Dillingen für eine Reform der Kirchen. Im Jahre 1499 sandte er den Reuerinnen
von Freiburg i. Br. einen Brief samt Predigtschriften[63], zwei Jahre zuvor hatte er
auch dem Mainzer Erzbischof Berthold von Henneberg ein Schreiben mit Vorschlägen zur kirchlichen Reform geschickt[64], und wahrscheinlich besprach er im Jahre
1503 in Füssen mit dem König auch allgemeine Kirchenreformfragen[65].

Geiler, der ein mehr als vier Jahre währendes Theologiestudium mit der Promotion abgeschlossen und danach noch länger als einenhalb Jahre als Professor
in jener Wissenschaft gelehrt hatte[66], widmete sich nach Aufgabe seiner Universitätslaufbahn für den Rest seines Lebens als Prediger der praktischen Seelsorge.
Gleichwohl hatte er unter Zeitgenossen einen ausgezeichneten Ruf als Theologe[67]. Aus seinem Werdegang und in seinen Predigten kann man erkennen, daß er
in der Heilslehre weniger der augustinisch-thomistischen als der scotistisch-

---

[61] *Ego solus sum (timeo) qui veritatem tibi patefacit* (J. Geiler: Die aeltesten Schriften
(1882) S. 95; unten VII, 6 Nr. 42).

[62] Vom 7. 1. bis 17. 1. 1489; vgl. Fr. Zoepfl: Das Bistum Augsburg im Mittelalter (1955)
S. 523; Geiler half bei Abfassung eines einheitlichen Breviers für die Diözese durch Übernahme der Revision des Psalters (vgl. Brief von Geiler an Friedrich von Zollern vom 25. 8.
1486 und I. Schairer: Das religiöse Volksleben am Ausgang des Mittelalters. Nach Augsburger Quellen (1914) S. 12).

[63] J. Geiler: Sendbrief an die Reuerinnen zu Freiburg (1499).

[64] Hinweis in dem Begleitbrief von Wimpfeling vom 22. 5. 1497 (J. Wimpfeling: Briefwechsel Bd. 1, Nr. 72 S. 268 f.); vgl. L. Pfleger: Die rechtlichen Beziehungen der Diözese
Straßburg zur Mainzer Metropolitankirche (1935) S. 56.

[65] Vgl. oben S. 157.

[66] Für seine Zeit als Ordinarius kann man feststellen, daß er sich »in dogmatischer Hinsicht [...] wenig über seine Vorgänger« erhob (H. Schreiber: Universität zu Freiburg T. 1
(1868) S. 127); »[...] on a tort de prétendre que Geiler s'était formé un système théologique
particulier; en général il n'est que l'écho de la tradition et de la superstition de son époque.
Aucune doctrine n'était devenue l'objet de sa réflexion plus approfondie [...]« (Ch. Schmidt:
Histoire littéraire Bd. 1 (1879) S. 427; vgl. auch ebd. S. 379).

[67] Vgl. zu Geiler als Theologe G. J. Herzog: Mystical Theology in Late Medieval
Preaching: Geiler (1985); diese unveröffentl. Bostoner Dissertation (bei Prof. Carter Lind-
berg) stand mir nicht zur Verfügung (vgl. Dissertation Abstracts International A, 46, 11, S.
3382).

okkhamistischen Tradition folgte[68]. Noch zu Lebzeiten wurde er von Jakob Wimpfeling, der selbst Theologie studiert hatte, in einem Brief an den Juristen und Korrespondenzpartner Geilers, Ulrich Zasius[69] *illuminatissimus theologus* genannt; in seiner Bischofsgeschichte apostrophierte er seinen Freund als *theologus profundissimus*. Thomas Wolf d. J. bezeichnete den Prediger als *theologus clarissimus* und Johannes Eck, der den Prediger im Jahre 1508 in Straßburg persönlich kennengelernt hatte, hieß ihn in einer Replik an Martin Bucer gar *theologus incomparabilis*[70].

Auch über seinen Tod hinaus behielt Geiler einen hervorragenden Namen als Theologe: Willibald Pirckheimer zählte ihn in einem Brief aus dem Jahr der Lutherschen Thesenveröffentlichung zu den Männern, die man genau kennen müsse, wenn man theologische Lorbeeren ernten, sich zum wahren Theologen ausbilden wolle[71]. Geilers theologische Reflexionen sind offenbar fast ganz im Bereich des Mündlichen und Privaten verblieben: Neben seinen Predigten, Gesprächen und Briefen[72] hat er seine theologischen Gedanken jedenfalls weder als Ordinarius noch in der Zeit danach schriftlich niedergelegt, er beteiligte sich nach seiner Universitätszeit auch nicht mehr an gelehrten Disputationen, doch verfaßte er gelegentlich Gutachten[73], die auch theologische Fragen berührten. Im Jahre

---

[68] Zu Geilers Rechtfertigungslehre vgl. E. J. Dempsey Douglass: Justification in late Medieval preaching. A study of John Geiler of Keisersberg (1966); zu Geilers Verständnis von Reformation und seiner Theologie die wenig weiterführende Dissertation von B. Williams: La Réforme dans l'enseignement de Jean Geiler (1989).

[69] Oder Zäsi; geb. Konstanz 1461, gest. Freiburg i. Br. 24. 11. 1535; Univ. Tübingen 1481; Stadtschreiber in Baden im Aargau 1489; Stadtschreiber in Freiburg i. Br. 1494, Leitung der dortigen Lateinschule 1496; dr. iur. 1501, prof. iur. 1506. Vgl. zu ihm Karl Heinz Burmeister in: Humanismus im deutschen Südwesten. Biographische Profile (1993) S. 105-123.

[70] Brief von J. Wimpfeling an U. Zasius von 1505 (gedruckt bei J. Wimpfeling: Briefwechsel Bd. 1, Nr. 184 S. 493); *Magister Eggeling de Brunsvica et Ioannes Keysersbergius, theologi profundissimi* (J. Wimpfeling: Cathalogus episcoporum (1508) S. 111); Dedikationsepistel von Th. Wolf d. J. an Geiler vom 14. 7. 1506 (vgl. die Transkription unten VII, 3 d Nr. 31); J. Eck: Replica aduersus scripta secunda Buceri (1543) S. 54. Vgl. die Anrede in der Dedikationsepistel von S. Brant an Geiler vom 17. 9. 1501 (VII, 3 d Nr. 19); Jakob Sturm schrieb im Jahre 1510 an Wimpfeling über den toten Geiler: *consummatissimus integerrimusque theologus, cuius aetas nostra vix similem, vix sequens visura est* (in: Das Leben Geilers (1510) S. 84 Z. 838 f.).

[71] Brief von W. Pirckheimer an Lorenz Beheim ('*apologetica* für Reuchlin') vom 30. 8. 1517 (W. Pirckheimer: Briefwechsel Bd. 3, Nr. 464 S. 162).

[72] Vgl. etwa den Brief von Geiler an Conrad von Bondorf von 1482 oder 1483 (Transkription unten VII, 3 d Nr. 4) und die Hinweise auf die verlorene Korrespondenz zwischen den beiden (unten VII, 7 Nr. 12).

[73] Ein Gutachten gab Geiler auf Bitten Wimpfelings über die Befähigung von Jodocus Gallus (1459-21. 3. 1517) zum Predigeramt ab; der Aspirant auf eine Prädikantenstelle am

1479 baten beispielsweise die Richter des Mainzer Erzbischofs und Gründers der dortigen Universität, Dieters von Isenburg (1459-1461 und 1475-1482), neben Kölner und Heidelberger auch die Straßburger Theologen Eggelin Becker und Geiler um Stellungnahme zu dem Häresievorwurf gegen den Mainzer Domprediger Johannes Rucherath von Wesel[74]. Über den Verlauf des in Mainz unter Vorsitz der Inquisitoren und Dominikaner Gerhard von Elten (gest. 1484) und Jakob Sprenger (um 1436-1495) abgehaltenen Prozesses sind wir durch einen wohl auf Jakob Wimpfeling zurückgehenden Bericht informiert[75]. Das Urteil führte zur Revokation und Verbrennung der Werke Rucheraths und seiner lebenslänglichen Klausur, was den Straßburger Gutachtern, wie es in dem Bericht heißt, sehr mißfallen habe[76].

Von seinen Werken beförderte Geiler die wenigsten zum Druck, und keines ist im Autograph erhalten. Seine Kanzelreden gefielen allerdings derart, daß sein Publikum auch schon vor dem Jahre 1510, teilweise vom Autor toleriert oder gar

---

Speyrer Dom wurde 1. 2. 1498 tatsächlich berufen (vgl. den Brief von Geiler an Wimpfeling, der zugleich Ratschäge für einen guten Prediger enthielt, vom 24. 12. 1497; unten VII, 6 Nr. 48). Im Jahre 1498 antwortete Geiler auf Anfrage Bischof Albrechts, ob Jakob Hunt (Canis) aus Offenburg, Kleriker der Diözese Straßburg, zum Zelebrieren der Messe zugelassen werden könne, obwohl er auch in Kriminalfällen Recht gesprochen habe. Geilers Antwort: Wenn auch *notorii concubinarii* zugelassen würden, dann könne man es auch Hunt gestatten (J. Wimpfeling: Das Leben Geilers (1510) S. 59 Z. 207 f.). Im Jahre 1499 bat Wimpfeling Geiler um Stellungnahme im Streit mit Daniel Zanckenried in der Frage, ob Jesus nackt am Kreuz gehangen habe (vgl. Wimpfelings Brief vom 10. 4. 1499 und Geilers Antwort darauf; unten VII, 6 Nr. 49 und Nr. 51).

[74] Geb. Oberwesel bei St. Goar/Rhein um 1400, gest. Mainz 1481; Studium Univ. Erfurt, mag. art. 1445, dr. theol. 1456; prof. Univ. Basel 1461-63; Domprediger in Worms 1463, wegen Ketzerei und Kritik an der Kirche abgesetzt 1477; Dompfarrer in Mainz; Widerruf am 21. 2. 1479; nach dem Inquisitionsverfahren bis zu seinem Tod im Mainzer Augustinereremitenkloster in Haft. Vgl. zu ihm E. Barnikol in RGG Bd. 5 (1961) Sp. 1207.

[75] Prozeßdauer vom 5. 2. bis 12. 2. 1479; der Bericht ist gedruckt bei Ch. Du Plessis: Collectio Judiciorum de vovis erroribus Bd. 1, 2 (1778) S. 292-298; vgl. zur Sache N. Paulus: Wimpfeling als Verfasser eines Berichts über den Prozeß gegen Johann von Wessel (1929) und G. Ritter: Neue Quellenstücke zur Theologie des Johann von Wesel (1927); vgl. auch die unsicher überlieferte Stelle bei D. Specklin (Collectanea (1587) Nr. 2147), dem man wohl auch in diesem Falle nicht Glauben schenken darf (vgl. zu seiner Glaubwürdigkeit oben S. 22).

[76] Viris [...] *vehmenter displicuisse* (Ch. Du Plessis: Collectio Judiciorum de vovis erroribus Bd. 1, 2 (1778) S. 298); vgl. einen Brief von J. Wimpfeling an Peter Eberbach vom 21. 1. 1506, wo Wesel in einer Reihe sogar mit Christus und den Aposteln aufgezählt wird, die Schweres erlitten hätten (J. Wimpfeling: Briefwechsel Bd. 2, Nr. 205 S. 542 f.); Vergleich mit Gerson in einem Brief von dems. an Johannes Prüss d. J. von 1513 (ebd. Nr. 307 S. 754).

autorisiert, für die Verbreitung sorgte[77]. Zählt man die gedruckten Bücher, dann war Geilers literarische Wirkung im Jahrzehnt nach seinem Tod weitaus am größten. Dreiviertel der in der Bibliographie von Dacheux angeführten Titel sind zum erstenmal in den Jahren von 1510 bis 1520 erschienen: Von den insgesamt 37 Werken Geilers, die vom Ende des 15. bis zum Ende des 16. Jahrhunderts in 82 verschiedenen Drucken herauskamen, verließen nämlich allein 28 in 44 separaten Drucken in diesen Jahren die Pressen[78]. Neben die gedruckten treten allerdings noch eine Vielzahl von nur handschriftlich überlieferte Predigten, die vor allem in Frauenklöstern angefertigt wurden[79]. Dennoch dürften die meisten seiner Kanzelreden verloren sein[80].

Bei der homiletischen Literatur sind, wie ja auch sonst bei mittelalterlicher Literatur, Abstriche an der Originalität zu machen[81]. In ihren Werken findet man selten ein vom Autor selbst formuliertes Textstück oder einen originellen Gedanken: Man kann ihre Opera, wie Berndt Hamm es ausdrückt, als »geschickt geknüpfte Netzwerke von Zitaten und verbindenden Textpassagen ihrer Kompilatoren beschreiben«[82]. Diese zutreffende Charakterisierung diskreditiert die Autoren aber nicht, die den Graben zwischen scholastischer Wissenschaft und frommer

---

[77] Vgl. G. Bauer in: J. Geiler: Sämtliche Werke Bd. 1, S. XXXVI-XXXIX; *Suarum lucubrationum nihil vivus ederet; cum tamen id per alios fieri sciret non approbare sed acquiescere videbatur* (B. Rhenanus: Das Leben Geilers (1510) S. 93 Z. 113 f.); *Er wolt nitt, das syne predige bey synem lebtag getruckt wurden, jedoch wurden deren vil getruckt* (M. Berler: Chronik (1510-20) S. 114).

[78] Das sind 54 % der separaten Drucke (nach der Bibliographie in: J. Geiler: Die aeltesten Schriften (1882) S. XXV-CXIV).

[79] Vgl. L. Pfleger: Zur handschriftlichen Überlieferung Geilerscher Predigttexte (1931); G. Fussenegger: Die Augsburger Predigten Geilers (1964); A. Rüther/H.-J. Schiewer: Die Predigthandschriften des Straßburger Dominikanerinnenklosters St. Nikolaus in undis (1992).

[80] Vgl. oben S. 88.

[81] »Selbst bei so berühmten Kirchenmännern und Schriftstellern der Zeit wie dem Dominikaner Johann Nider (gest. 1438) und dem Straßburger Münsterprediger Johann Geiler von Kaisersberg (1445-1510) besteht die Selbständigkeit weithin nur in der Vereinfachung, Verharmlosung und Popularisierung der von ihnen übernommenen Systeme und Gedanken« (B. Moeller: Frömmigkeit in Deutschland um 1500 (1965) S. 18). Vgl. oben S. 10.

[82] »Man kann Schriften wie beispielsweise die des Benediktiners Johann von Kastl, des Dominikaners Johannes Nider, des Franziskaners Dietrich Coelde, der Karthäuser Dionysius von Roermond, Jakob von Jüterbog und Johannes Hagen, eines Thomas von Kempen oder Johannes Mauburnus, eines Nikolaus von Dinkelsbühl oder Geiler von Kaysersberg und schließlich der Augustiner Johannes von Dorsten und Johannes von Paltz als geschickt geknüpfte Netzwerke von Zitaten und verbindenden Textpassagen ihrer Kompilatoren beschreiben« (B. Hamm: Frömmigkeitstheologie am Anfang des 16. Jahrhunderts (1982) S. 182).

Lebensgestaltung überbrücken wollten und mit einem treffenden Wort 'Frömmig-keitstheologen' genannt werden können[83] – vielmehr verbürgte das beschriebene Verfahren in ihrer Zeit Qualität. Die praktisch-seelsorgerische Reformtheologie Geilers, die sich in seinen Predigten niederschlug, war in ihrem Eklektizismus und Traditionalismus nach Form und Inhalt der scholastischen Methode verpflich-tet, deren Fundament die Bindung an die tradierte *auctoritas* war[84].

Für den Straßburger Münsterprediger stellte nach der Bibel ohne Zweifel Jean Charlier de Gerson[85] die größte Autorität dar[86]. Der Konziliarist, Ekklesiologe, Mystiker und Prediger hatte nicht allein Geiler, sondern das ganze Jahrhundert in seinen Bann geschlagen; von Bernd Moeller wird er gar »Kirchenvater der deut-schen geistlichen Schriftsteller des 15. Jahrhunderts« genannt[87]. Geiler stellte sich ganz in den Dienst der Verkündigung von Gersons Worten und erlangte dadurch entscheidende Bedeutung für die deutschsprachige Rezeption des ehemaligen Kanzlers der Sorbonne[88]. Nicht als Editor seiner eigenen, sondern als Übersetzer und Herausgeber der Werke seines großen Vorbilds hat sich der Münsterprediger bleibenden Ruhm erworben. Viele der unter Geilers Namen bekannten Predigten sind überdies übersetzte oder bearbeitete Texte Gersons[89], weshalb ihn denn Wimp-feling auch als *Ioannis Gerson illustrator* apostrophieren konnte[90]. Als der Predi-ger im Jahre 1483 zu einer Reise nach Südfrankreich aufbrach, zog es ihn, wie gezeigt, auch nach Lyon, wo die Gebeine Gersons ruhten[91]. Doch war er nicht nur gekommen, um des verehrten Toten zu gedenken, sondern auch um an dessen letzter Wirkungsstätte Handschriften seiner Werke aufzufinden und zu kopieren.

Der Reformer Geiler ist nicht ohne den Reformer Gerson zu verstehen. Der Einfluß, den Gerson im Jahrhundert vor der Reformation bei Mönchen, Weltgeist-lichen und Laien ausübte, liegt in der allem Extremen abholden Ausgewogenheit

---

[83] Ebd.

[84] Vgl. ebd. S. 183-214.

[85] Genannt Doctor Christianissimus; geb. in Gerson bei Rethel (Ardennen) 14. 12. 1363, gest. Lyon 12. 7. 1429; Studium in Paris ab 1377, Kanzler der Univ. 1395; einer der bedeu-tendsten Sprecher auf dem Konstanzer Konzil; in Lyon von 1419 bis zu seinem Tod. Vgl. zu ihm Ch. Burger: Johannes Gerson als Professor der Universität Paris (1986).

[86] *Ioannem Gerson peculiariter amabat* (J. Wimpfeling: Das Leben Geilers (1510) S. 66 Z. 394 f.).

[87] B. Moeller: Frömmigkeit in Deutschland um 1500 (1965) S. 19.

[88] Vgl. H. Kraume: Die Gerson-Übersetzungen Geilers von Kaysersberg (1980).

[89] »Jamais il ne fit mettre sous presse d'autre ambitions que d'imiter son modèle et le faire connaître« (Fr. Rapp: Réforme (1974) S. 154); vgl. das Kapitel 'Geiler und Gerson' bei H. Kraume: Die Gerson-Übersetzungen Geilers von Kaysersberg (1980) S. 91-96 und bspw. die 7 Gerson-Predigten, die in J. Geiler: Irrendes Schaf (1510) übersetzt sind.

[90] J. Wimpfeling: Das Leben Geilers (1510) S. 57 Z. 154.

[91] Vgl. oben S. 129.

und Vielschichtigkeit seines Reformstrebens begründet, die von der Reform der Universalkirche über die Reform des Lehrbetriebs an den Universitäten bis zur Reform des *homo interior* reicht, die für ihn die Wurzel aller anderen Reformen war[92]. Reformen erwartete er vor allem vom Episkopat und Pfarrklerus, und in seinem Gefolge hielt ja auch Geiler eine Reform *in membris* eher für möglich als die *in capite*[93]. Ein jeder, sagte der Münsterprediger, müsse bei sich und in seinem Umfeld beginnen und dürfe nicht auf die große Reform von 'oben' warten[94]. Geiler handelte stets nach dieser Maxime und strebte nach Verbesserungen auf den verschiedensten ihn umgebenden Feldern.

Daß Geilers Reformvorstellungen breitgefächert waren und gelegentlich über das Rechtliche, das Pädagogische und das Moralisch-Religiöse hinausgingen, erfahren wir aus seinen Überlegungen zu den Defiziten in der Reichsstruktur[95], die er in einer 1499 und dann wieder in den letzten vier Jahren seines Lebens im Münster gehaltenen Kanzelrede zum Ausdruck brachte[96]:

Wann zuo den zeyten was kein künig im jüdischen land, sunder die Römer hattend das rych der Juden erobert und es in fyer stuck zerhowen und zerteylt in tetrarchias quatuor. Worend wyß lüt, lyessent nit groß klotzen werden zuosammen, sunder zerhacktents in stucken, uff das sye sich nitt köndent strussen wider die Römer. Wenn das behaltet auch land und lüt und das künigrych in Franckenrych, deßhalben das es geteylt und gespalten ist, also das kein grösser herr, weder hertzog noch grave, darinnen ist, der allein mechtig ist, sich zuowiderstrussen gegen einen künig von Franckenrych. Hieltend wir Tütschen allein das einig stuck, so stünd es wol umb uns. Was verderbt das gantz tüsch land: Nüt anders, weder das es nit gestückt und zerhowen ist. Das thuot allein die groß macht, so die fürsten habend; das thuot auch der groß klotz der stett, als der Schwebisch Bunt und der klotz der Schwitzer, die sich zuosammen halten. Und wenn der Römisch künig ettwas wil anfohen, so muoß er sich an sye hencken und sye sich nit widerumm här an den künig. Das thuot auch nyemer guott in tütschen landen. Wytter dovon zuo reden, hört nitt hyehär.

---

[92] Vgl. B. Hamm: Frömmigkeitstheologie am Anfang des 16. Jahrhunderts (1982) S. 206 und S. 229-233.

[93] Zur Wirkung von Gersons praktischen Reformvorstellungen in Straßburg vgl. Fr. Rapp: Réformes (1974) S. 157-160, S. 162-165 und passim.

[94] Vgl. zu Geilers Verständnis von Reform und Reformation das Zitat oben S. 16 und oben Anm. 39; Th. A. Brady deutet Geilers Kirchen- und Gesellschaftsmodell als 'Kommunalismus' („You hate us priests": Anticlericalism and Communalism at Strasbourg (1994) S. 174-185); vgl. in diesem Zusammenhang P. Blickle: Gemeindereformation (1985).

[95] Vgl. 'Über den Zusammenhang von Reichsreform und Kirchenreform' H. Boockmann (1996) und H. Angermeier: Reichsreform (1984).

[96] J. Geiler: Postille T. 3 (1522) fol. 97 v; vgl. unten VII, 5.

VI. Zusammenfassung

Veritatis preco imperterritus, virututis amator, hostis viciorum qui scelera improborum sepe usque ad invidiam libera voce persequutus est

> Johannes Trithemius in seinem Cathalogus illustrium virorum von 1495 (fol. 60 r)

Nulli blandus adulator, non peccata nimium attenuans nec plus aequo exaggerans, in dicenda veritate nullius timens potentiam

> Jakob Wimpfeling in seinem bald nach Geilers Tod geschriebenen Nekrolog (Das Leben Geilers, S. 57)

»Zwei Haupttypen von Reformbewegungen lassen sich für das Spätmittelalter voneinander trennen. Einmal diejenige, die die rechtsetzende Obrigkeit, d. h. das *alt herkomen und gewonheit* wiederherstellen will. Zum anderen die utopisch-schwärmerische Reformbewegung, die als allgemeine Erneuerungsbewegung die gesamte Gesellschaft erfassen will.«[1] Geiler ist als Reformer gewiß der ersten Bewegung zuzurechnen.

Ihm, der sich, soweit festzustellen ist, selbst nie *reformator* nannte, der sich als Prediger mit einem feuermeldenden Türmer oder einem Arzt verglich[2], ging es darum, erkannte Übel abzustellen und einen Zustand zu erreichen, den er für näher an der gottgesetzten Weltordnung hielt. Rechtsreform, wie er sie verstand, sollte die Rechtsfortbildung in einzelnen Lebensbereichen in Einklang bringen mit dauerhaften, grundsätzlich nicht auswechselbaren Richtigkeitsmaßstäben[3]. Der

---

[1] P.-J. Schuler: „Reformation des geistlichen Gerichts zu Straßburg" (1981) S. 177.

[2] *Also ein prediger sol sich nit lassen erschrecken, die weil man sündet, sol er darwider schreyen mitt dem wechter uff dem turn, die weil es brent, so stürmt er unnd schlecht an die glocken, da er das füer und den flammen sicht, es sei eins reichen oder eins armen huß* (J. Geiler: Narrenschiff (1520) fol. lii r); *Der ist unser doctor und artzet* [sc. der Prediger] (ebd. fol. liii v).

[3] Vgl. zum Begriff 'Reform' die Artikel 'Reform, Reformation' von Jürgen Miethke (LexMA Bd. 7 (1995) Sp. 543-550) und von Eike Wolgast (Geschichtliche Grundbegriffe.

von ihm konstatierte mangelhafte Zustand sollte in religiös-transzendentaler Ausrichtung auf Gottes Gebote durch Beseitigung von 'Mißständen' und 'Abirrungen' auf ein außerhalb der eigenen Zeit vorgefundenes Ordnungsmuster zurückgeführt werden.

Dafür tat er, was er konnte, sei es von seiner Kanzel herab, sei es in einem Kloster, sei es vor einer Synode und – wenn er die Möglichkeit dazu bekam – auch vor dem Rat oder dem König. Sein Ziel war nicht eine universale Reform im Sinne etwa der im Umfeld des Basler Konzils verfaßten 'Reform Kaiser Siegmunds'[4] oder gar eine noch radikalere Umgestaltung aller Lebensbereiche, wie sie der sogenannte Oberrheinische Revolutionär an der Wende vom 15. zum 16. Jahrhundert formulierte[5]. Geilers Ziel war zunächst die Besserung der ihn unmittelbar umgebenden Welt, also der Ordnung der Stadt Straßburg. So wie er nach Beurteilung der Ergebnisse der Konzilien von Basel und Konstanz zu dem Schluß gekommen war, daß eine Kirchenreform *in membris* sinnvoller sei als eine *in capite*, und es besser wäre jeden Bischof und jeden Geistlichen persönlich zur Umkehr aufzufordern[6], so glaubte er auch, daß die von ihm als besorgniserregend erfahrene Lage der Bettler nach den, wie er meinte, vergeblichen Bemühungen von Kaiser und Reichstag am ehesten von den einzelnen Kommunen verbessert werden könne[7].

Neben dem zentralen Feld der Rechtsreform konnte im Rahmen dieser Arbeit auf sein Engagement für eine Kirchen-, Sitten- und Bildungsreform nur am Rande eingegangen werden. All diese Reformbemühungen sind, wie wir gesehen haben, im Grunde religiös-moralisch oder pädagogisch motiviert. Geilers fortgesetztes Reformstreben entsprang aber nicht allein seinem Glauben, seinem Gewissen oder einer pädagogischen Ader. Laut der Gründungsurkunde war es die vornehmste Aufgabe des Straßburger Münsterpredigers, die Laster auszurotten, zu denen die menschliche Natur von Jugend an neige, Frevel zu berichtigen (*corrigere*) und tadelnswerte Sitten der Menschen zu bessern (*reformare*)[8]. Gleich-

---

Historisches Lexikon zur politisch-sozialen Sprache Bd. 4 (1984) S. 313-360) sowie 'Reformation (Rechtsquelle)' von Reiner Schulze in: HRG Bd. 4 (1990) Sp. 468-472.

[4] Vgl. L. Graf zu Dohna: Reformatio Sigismundi (1960), H. Boockmann: Zu den Wirkungen der „Reform Kaiser Siegmunds" (1979) und H. Koller: 'Reformatio Sigismundi' in: LexMA Bd. 7 (1995) Sp. 550 f.

[5] Vgl. A. Franke: Das Buch der hundert Kapitel und der vierzig Statuten des sogenannten Oberrheinischen Revolutionärs; vgl. zu dieser kommentierten Ausgabe auch H. Boockmann: Bemerkungen zur Reformschrift des sog. Oberrheinischen Revolutionärs (1969) und K. Arnold: „Oberrheinischer Revolutionär" oder „Elsässischer Anonymus"? Zur Frage nach dem Verfasser einer Reformschrift (1976).

[6] Vgl. oben S. 283.

[7] Vgl. oben S. 229.

[8] *Vitia, ad que humana natura ab adolescentia prona est, extirpet, corrigat excessus, ac*

zeitig sollte er seine Aufgabe ehrenhaft und dezent erfüllen, das heißt allen Kleri-kern, vor allem denen der Straßburger Kirche, nach ihrem Stand begegnen, Skan-dale vermeiden und keine 'Verwirrung' stiften[9].

Ein ähnliche Balance wurde auch dem Kanzelredner von Würzburg abverlangt, der im Jahre 1477, wäre es nach dem dortigen Rat gegangen, Johannes Geiler von Kaysersberg gehießen hätte. Daß der Straßburger Münsterprediger eine typische Aufgabe wahrnahm, erfahren wir nicht zuletzt aus einem Vergleich mit dem Würz-burger Domprediger Johann Reyß, der bis zu seinem Tod im Jahre 1517 einundein-halb Jahrzehnte lang die Prädikatur an der Hauptkirche der Stadt am Main inne-hatte, von dessen Predigten aber keine überliefert ist[10].

Bei der dortigen moralisch-theologischen Disziplinierungsarbeit waren die Gegenspieler allerdings nicht allein, wie vielleicht in Straßburg, die Hörer, die in Trägheit oder Geichgültigkeit verharrten, oder die Ratsherren, die administratori-sche und ökonomische Interessen vorschieben mochten, sondern zusätzlich noch der Bischof, der Herr der Stadt. Reyß war in seiner Vaterstadt sehr beliebt und engagierte sich auf ähnlichen Reformfeldern wie sein Straßburger Kollege. Im Jahre 1508 beispielsweise konnte er ebenfalls einen Erfolg im Kampf gegen ei-nen unziemlichen Festbrauch, die sogenannte *eynung*, verbuchen. Das Gelage, das anläßlich der Neuaufnahme von Bürgersöhnen ins Bürgerrecht stattfand, wurde damals auf Befehl des Bürgermeisters abgeschafft[11].

Weniger Erfolg hatte Reyß allerdings mit seinem langjährigen Bemühen, die Spielbänke verbieten zu lassen, die der Magistrat im Ratskeller zum 'Grünbaum' betrieb[12]. Einem Verbot standen zunächst einmal finanzielle Gesichtspunkte ent-gegen, da die Überschüsse aus dem Spiel der Stadtsteuer zuflossen. Nachdem der Prediger die Ratsherren mit harten Worten dazu gebracht hatte, die Öffnungszei-ten einzuschränken, und diese schließlich sogar dazu bereit waren, das Spiel ganz

---

reprehensibiles hominum mores in melius reformet, in quo quidem angelorum supreme ierarchie, quorum interest inferiores angelos purgare ac de secretis summi dei illuminare, officium exerceat (vgl. die Transkription der gesamten Urkunde unten VII, 3 d Nr. 2).

[9] *Item predicator etiam modo supra assumptus in omnibus factis, moribus et gestis et presertim in predicationis actu, honeste et decenter clareat, omnesque clericos et sacerdotes et presertim nostre ecclesie Argentinensis, in genere ac in specie, singulasque personas iuxta ipsorum statum honoret, scandala vitet et errores non seminet* (ebd.).

[10] Geb. Würzburg um 1457, gest. Sommer, nach 11. 7. 1517; Immatr. Univ. Erfurt 1476/77, mag. art. 1482 (via moderna), 1505 dr. theol. bei Johann von Paltz; 1481 Pfarrer von Gemünden a. M.; Prediger und Lehrer in Würzburg 1503-17. Vgl. zu ihm Th. Freudenberger: Johannes Reyss (1954) bes. S. 37-52 und 71 und K. Trüdinger: Stadt und Kirche in Würz-burg (1978) S. 70 f. und S. 121.

[11] Th. Freudenberger: Johannes Reyss (1954) S. 61.

[12] Ebd. S. 65-77. Schon sein Vorgänger, Benedikt Ellwanger, hatte vergeblich dagegen protestiert.

zu untersagen, griff der Bischof ein, dem ein Viertel der Stadtsteuer zustand. Er machte den Ratsbeschluß rückgängig. Daraufhin erschien Reyß am 13. März 1504 in einer öffentlichen Stadtratssitzung, forderte erneut das Verbot des Geldspiels und drohte, andernfalls öffentlich dagegen zu predigen. Der Rat untersagte nun tatsächlich das Glücksspiel – jedenfalls für die folgende Passionszeit. Als Reyß aber zu Ohren kam, daß die Spielhalle danach wiedereröffnet werden solle, rief er am Pfingstfest von der Kanzel, die Vorsteher einer Stadt, die solches erlaubten, seien *auß dem vater des teufels, wann sie ubten die wergk des teufels*[13]. Der Bischof, der ja mit diesem Angriff ebenfalls gemeint war, rügte seinen Domprediger, der in dieser Frage nun leisere Töne anschlagen mußte. Er predigte noch im Jahre 1510, wenn auch vergeblich, gegen die Spielhalle, die drei Jahre zuvor wegen finanzieller Erwägungen und auf Anordnung des Bischofs wiedereröffnet worden war.

Reyß hatte also in Würzburg mit ganz ähnlichen Problemen zu kämpfen wie Geiler in Straßburg, der die Ratsherren ja ebenfalls als Nachkommen des Teufels bezeichnet hatte. Dem Straßburger Münsterprediger hatte man daraufhin die Gelegenheit gegeben, sich vor dem Rat zu erklären. Dort schloß er seine Kritik der Rechtsordnung der Stadt mit dem Anfang des letzten Satzes im Prediger Salomo: *Time deum et mandata eius observa, hoc est omnis homo, id est ad hoc factus est omnis homo* (200, 1 f.). Einige seiner Zuhörer oder Leser werden sicherlich diesen Halbsatz zu Ende gedacht haben: *et cuncta, quae fiunt, adducet deus in judicium pro omni errato, sive bonum sive malum illud sit*[14]. Mit seinen letzten Worten, die an das Jüngste Gericht gemahnen, sprach Geiler den Adressaten noch einmal streng ins Gewissen und appellierte an ihr Christsein.

Im Jahre 1502, im Jahr nach seinem Auftritt vor den Ratsherren, fand der Münsterprediger auf den Stufen, die zu seiner Kanzel emporführten, einen Zettel, auf dem stand: *Würdiger herr doctor, sagen unsern herren, das sie der gemein nit so hart sigen mit zöllen und der schatzung und den ablossen, oder sie komen in grosz liden und in not, dass sie ir hend möchten darumb winden*[15]. Die Städter trauten also ihrem Prediger, von dem sie ja wußten, daß er persönlichen Umgang selbst mit Kirchenfürsten, dem Herzog von Württemberg[16] und sogar dem König

---

[13] Ebd. S. 71; nach K. Trüdinger predigte am Pfingstfest des Jahres 1508 der Lesemeister der Karmeliten in Vertretung von Reyß Ähnliches auf der Kanzel; nach Klage des Rats beim Bischof mußte dieser öffentlich widerrufen (Stadt und Kirche in Würzburg (1978) S. 121).

[14] Eccl. 12, 14.

[15] Ch. Schmidt: Histoire littéraire Bd. 1 (1879) S. 366 Anm. 80 aus J. Wencker: „Brants Annalen", fol. 134.

[16] Mit Eberhard I. im Bart (1445-1496); vgl. D. Mertens: Eberhard im Bart und der Humanismus (1994) bes. S. 35-41. J. Geiler sagte in einer der Narrenschiffpredigten 1498/99: *Also thet auch der vatter graff Eberhartz, der dar nach der erst hertzog ward zuo*

pflegte[17], gerade auch nach seinem selbstbewußten Auftreten vor dem Rat durchaus Einfluß auf das Stadtregiment zu. Umgekehrt schätzten die Räte die Wirkung des charismatischen Kanzelredners auf die Gemeinde nicht gering ein, was ihre besorgte Reaktion auf Geilers – im Hungerjahr 1481 allerdings wieder zurückgenommene – Aufforderung zur Selbsthilfe der Bedürftigen eindringlich belegt[18]. Damals war der Münsterprediger sehr weit gegangen und hatte beinahe einen Aufruhr heraufbeschworen.

Wir erfahren aus den späteren Narrenschiffpredigten, daß es Geiler ebensowenig duldete, daß eine menschengesetzte Ordnung göttlichem Recht widerspreche, wie er es zulassen wollte, daß sie dem Naturrecht entgegenstand. Bestimmungen, die diesen Rechten widersprachen, so Geiler, brauchten nicht eingehalten zu werden[19]. Die beiden übergeordneten Rechte schlossen also für ihn ein Verweigerungs- und vielleicht auch ein Widerstands- bzw. Notwehrrecht ein. Doch hätte ein Aufruf zur Selbsthilfe gleichwohl im Widerspruch zu seinen Pflichten als Kleriker und auch als Münsterprediger gestanden. Denn als Geistlicher sollte er sich zwar aufgerufen fühlen, für die Beladenen zu handeln, das heißt alles in seinen Kräften Stehende für deren Wohlfahrt zu tun – doch durfte er dabei nicht eine Gefährdung des inneren Friedens in Kauf nehmen. In seiner Funktion als

---

Wirtenberg. Da sein vater sterben wolt, da beruofft er sein redt und amptlüt und verbot innen bei iren eiden und schwüren auch das, daß sie sein sun Eberharden kein latin solten lassen lernen, als auch geschahe. Wan ich auff ein mal für in kam und latin mit im ret, da sprach er, er verstünd kein latin, aber es ist mir von hertzen leid, das ich es nicht gelert hab (Narrenschiff (1520) fol. XXIII r); in der Postille kann man lesen: *Sant Katherin, sant Barbara, sant Agnes oder sant Margred molen sye yetz nit anders weder wie die edel wyber gond und die gemeynen dirnen. Denn zwüschen edlen wybren [!] und huoren, do ist kein underscheid der kleyder halb, hort ich einest von groff Eberharten von Würtemberg. Entweders unßer frawen (sprach er) habend es gelert von den huoren, oder aber die huoren haben es gelert von unßeren frawen, denn sye gond gleich* (Postille T. 4 (1522) fol. 22 v). Das Zusammentreffen könnte im Jahre 1489 stattgefunden haben, als Geiler zusammen mit Peter Schott d. J. vielleicht einige Tage in Tübingen weilte, wozu sie vom Rektor Gabriel Biel eingeladen worden waren (vgl. den Brief von P. Schott an G. Biel vom 13. 8. 1489; gedruckt bei P. Schott: The Works Bd. 1, Nr. 136 S. 153 f. und ders. an Johann Widmann vom 3. 10. 1489; gedruckt ebd. Nr. 138 S. 154 f.; vgl. die Kommentare dazu Bd. 2, S. 554 f.).

[17] *Fuit praeterea Christophoro Basiliensi antistiti carus, Friderico Augustensi carior, Maximiliano caesari carissimus* (J. Wimpfeling: Das Leben Geilers (1510) S. 74 Z. 604 f.).

[18] Vgl. oben S. 240.

[19] *Zu dem dritten sprich ich, das weder gewonheit noch satzung und menschliche ordenung mag hinnemmen das gesatz der natur, darum was satzung gemacht würt wider das natürlich gesatz, das ist falsch un irrig, noch kein fürst noch regenten, die semliche falsche gesatz machen, die da beschweren das volck und sie an irem nutz hinderen, wider das götlich und naturlich und geschryben recht machen, die sünden schwerlich, sie binden auch das volck nit, zehalten ir gesatz* (J. Geiler: Narrenschiff (1520) fol. b r). Vgl. allge-

Stadtprediger war es ihm ja explizit untersagt, 'Verwirrung' zu stiften[20]. Und doch sprach er in den Narrenschiffpredigten eine Drohung aus, die sich direkt gegen das bestehende Regiment richtete. Falls die Regierenden nichts gegen das Gotteslästern unternähmen[21], solle man andere wählen, *die got lieb hetten*. Aber dazu kam es genausowenig wie zu einem Aufruhr im Jahre 1481, als Geiler seine Worte gezügelt und es bei einer Drohung belassen hatte, die ihre vermutlich einkalkulierte Wirkung allerdings nicht verfehlte.

Daß der Rat damals wie auch 20 Jahre später auf die Vorwürfe des Predigers eingegangen war und das Gespräch mit ihm suchte, zeigt, daß sowohl Geiler wie auch seine Aufgabe sehr wohl ernst genommen wurden. Seine Position verdankte der Straßburger Stadtprediger ja nicht zuletzt einflußreichen Bürgern, die mit seiner Hilfe wohl nicht allein die Frömmigkeit steigern oder für Unterhaltung sorgen wollten, sondern die vielleicht auch die Hoffnung hegten, ein wortgewaltiger, zur moralischen Unterweisung verpflichteter Redner könne zur Disziplinierung seiner Hörer beitragen. Geiler war zwar dem Rat gegenüber nicht weisungsgebunden und kritisierte manches Mal das Stadtregiment, doch rief er gleichzeitig auch immer wieder dazu auf, die göttlichen und auch die weltlichen Gesetze zu respektieren. Der Rechtsfriede war ihm ein wichtiges Gut, was sich beispielsweise auch an seinem in den 'Artikeln' ausgesprochenen Appell gegen die Fehde und für eine Versöhnung der Streitenden zeigte[22].

Der hellsichtige Geistliche hatte zudem einen sensiblen Sinn für die Sorgen und Nöte der Städter. Er nahm geradezu seismographisch anstehende Erschütterungen wahr. Die Virulenz der von ihm angesprochenen Probleme belegt dies. Seine Klagen zu registrieren, zu bewerten und gegebenenfalls ihre Ursachen zu beseitigen war für das Stadtregiment der vernünftigste Weg. Ignorierte es aber den populären Kanzelredner, konnte die Macht seiner Worte gefährlich werden. Der Dialog mit ihm war gleichsam eine Art Schadensbegrenzung. Am Ende ging man noch weiter: Wie wir sahen, war es dem Rat in den Jahren 1508/09 sogar gelungen, den Prediger in den Gesetzgebungsprozeß einzubinden, und zwar in einem für beide Seiten so heiklen Bereich wie dem Testierrecht.

Ein kluger Stadtprediger war also dazu in der Lage, eine Vermittlerrolle zwischen dem obrigkeitliche Züge annehmenden Rat auf der einen und Bürgern sowie sonstigen Stadtbewohnern (die Kleriker eingeschlossen) als 'Untertanen' auf der anderen Seite einzunehmen[23]. Geiler rechnete sich wohl die größten Chancen

---

mein P. Bierbrauer: Das Göttliche Recht und die naturrechtliche Tradition (1982) bes. S. 217-225.

[20] Vgl. oben S. 286.

[21] Vgl. oben S. 262.

[22] Vgl. oben S. 254.

[23] B. Moeller spricht von einem Auseinandertreten von Rat und Gemeinde als 'Obrigkeit' einerseits und 'Untertanen' andererseits seit dem späteren 15. Jh. (Kleriker als Bür-

auf Veränderung aus, wenn er unmittelbar mit dem Regiment verhandelte. Als er im Verlaufe des Streits um das Simmlersche Erbe vor dem Rat erschien, tat er dies nicht etwa deshalb, weil er sich dazu gezwungen sah, sondern, wie er betonte, um dem Rat seine Reverenz zu erweisen – wohl aber auch, weil er eine Klärung in seinem Sinne am ehesten auf direktem Weg zu erreichen hoffte[24]. Im Jahre 1501 brachte er den Mut auf, sich persönlich vor den Honoratioren der Stadt zu rechtfertigen, und zwar im Rathaus. Er kam dem weltlichen Regiment damit ein gutes Stück entgegen und konnte auf ein gewisses Wohlwollen rechnen, da er sich zu ihnen begeben hatte, so wie ja drei Jahre darauf auch der Würzburger Domprediger Johann Reyß zunächst diesen Weg für den klügsten hielt, um gegen die Spielbänke im Rathaus vorzugehen – allerdings ohne Erfolg[25].

Geiler nahm, wie an mehr als einer Stelle gezeigt, auch die Schwierigkeiten eines sich in Finanznöten befindenden Stadtregiments wahr und erkannte an, daß es das Allgemeinwohl[26] in bestimmten Fällen nötig machen könne, sogar das Immunitätsprivileg des Klerus anzutasten – doch nur nach vorheriger Legitimierung durch die zuständigen Stellen; ansonsten müsse es vorbehaltlos respektiert werden. Der Rat als Wahrer des Stadtfriedens und des Gemeinwohls hatte in Geilers Zeit zunehmend den Wunsch, die Lebensführung aller Stadtbewohner umfassend zu regeln, wobei ihm besonders die Vorrechte des Klerus ein Dorn im Auge waren. Er versuchte diese, wo immer es ging, abzuschaffen oder zu umgehen: Auch Kleriker sollten vor städtische Gerichte zu ziehen sein können – wofür die Verfahrensweise im Streit um das Erbe Hans Simmlers zeugt[27]. Auch der Klerus sollte die Bürgerlasten mittragen, zumal er häufig finanzkräftig war und umfangreiche Güter sein eigen nannte. Wenn man seine Unterstützung nicht erzwingen konnte, wollte man zumindest versuchen, die Zunahme seines der Besteuerung entzogenen Vermögens einzudämmen[28]. Auf diese Praxis verweisen Geilers Proteste gegen die Einschränkung der Testierfreiheit[29].

---

ger (1972) S. 223); vgl. U. Dirlmeier: Obrigkeit und Untertan in den oberdeutschen Städten des Spätmittelalters (1980) S. 438.

[24] Vgl. oben S. 203.

[25] Sigismund Meisterlin hatte sich Vierteljahrhundert zuvor allerdings lediglich dazu entboten, den Ratsherren vor dem Domkapitel Rede und Antwort zu stehen, nachdem er sie von der Kanzel herab angegriffen hatte (vgl. oben S. 239 Anm. 16).

[26] Er spricht von der öffentlichen Wohlfahrt als *gemeynem nutz* (161, 10), dem der Egoismus in Gestalt *eygenen nutzes* (175, 30) gegenüberstehe: *Aber jeder, den ein sach berurt, gibt sie dar, als ob sie eynen gemeynen nutz berurt, und bringt sin eygene sach da mit hin durch* (176, 3-5).

[27] Vgl. oben S. 201-205.

[28] In Würzburg hatte der Rat beispielsweise an der Wende vom 15. zum 16. Jh. immerhin vom Bischof eine Bestandsgarantie für das steuerpflichtige Vermögen erhalten (K. Trüdinger: Stadt und Kirche in Würzburg (1978) S. 145).

[29] Vgl. oben IV, 2 a.

Die Normierungsbestrebungen des Rats führten zu einer Kommunalisierung ehemalig geistlicher Zuständigkeiten. Die städtische Verwaltung und Justiz traten in Konkurrenz zu den Kirchen in der Sozialfürsorge und Sittenaufsicht, was in den an die weltliche Ordnung herangetragenen Forderungen beispielsweise nach einer besseren Administration des Spitals und des Almosenaufkommens[30] sowie nach Abschaffung des 'Roraffen' oder härterer Bestrafung von Gotteslästerern zum Ausdruck kommt[31]. Mit dieser vom Münsterprediger stillschweigend akzeptierten Ausweitung der Kompetenzen strebte die städtische Verwaltung keine Verweltlichung an: »Mehr als um eine Säkularisierung der sakralen Sphäre geht es um eine Sakralisierung der säkularen.«[32]

Es ist zu konstatieren, daß das Beispiel der Rechtsreformen des Straßburger Münsterpredigers Geiler von Kaysersberg weit über seine Person, die Stadt und das Elsaß hinausweist auf allgemeine historische Phänomene der Zeit vor der Reformation. Brigide Schwarz sieht in der Tendenz zur Patriarchalisierung, Verobrigkeitlichung und Sakralisierung der Ratsherrschaft eine Voraussetzung für den Sieg der Reformation, die das Kirchenregiment des Rats rechtlich etablierte[33]. Indem Geiler die historischen Gegebenheiten akzeptierte und mit dem Rat diejenige Macht in der Stadt um Reformen anging, die auf vielen Gebieten zuständig war und von der man deshalb am ehesten Abhilfe erwarten konnte, förderte er womöglich eine Tendenz, die auf die Reformation zugeführt haben könnte.

Deswegen darf man einen frommen und kirchentreuen Mann wie ihn aber keinesfalls für die absurde Rolle eines 'Reformators vor der Reformation' in Anspruch nehmen – auch nicht im Hinblick auf seine Kirchenkritik, die nicht das Maß des in seiner Zeit üblichen überschritt. Nur war Geiler bedeutender als viele seiner Zeitgenossen, und er konnte auch treffender formulieren, was sich zudem in vielfacher Weise überliefert hat, weswegen er denn in der retrospektiven Sichtweise der nachreformatorischen Zeit wohl leichter als andere in ein schiefes Licht geraten konnte. Die Betrachtung unterschiedlicher Konterfeis von Geiler mag vor Augen geführt haben, daß auch in die bildnerische Darstellung einer markanten Persönlichkeit die Gegenwartsvorstellungen mit einfließen, wovon spätere Zuschreibungen genausowenig ausgenommen sind. Zweifel an den Leistungen einer 'Physiognomik' verbieten es, die vorgestellten Typen zu Charakterbildern auszumalen oder umgekehrt aus anderen Quellen vermeintlich erkannte Charakterzüge darin sehen zu wollen.

Im systematischen Teil der Arbeit wurde gezeigt, daß Charles Schmidts Fazit seiner Darstellung der Klagepunkte falsch ist: »[...] il serait facile de prouver que

---

[30] Vgl. oben S. 239 und S. 228-231.

[31] Vgl. oben S. 233 und S. 261 f. Anm. 4.

[32] B. Schwarz: Stadt und Kirche im Spätmittelalter (1985) S. 70.

[33] Ebd. S. 71; vgl. oben S. 246.

quelques-unes des [...] plaintes de Geiler étaient des exagérations; il en est dont il convenait lui-même qu'il ne les formulait que d'après des ouï-dire et dont, faute de documents, il n'est pas possible de dire jusqu'à quel point elles étaient fondées«[34]. Man kann im Gegenteil sagen, daß Geiler seine Forderungen wohlbegründet und überzeugend vorbrachte und daß es möglich ist, dies an Hand der Straßburger Überlieferung auch zu belegen.

Man kann resümierend sagen, daß kaum eine Frage, die sich bei der Lektüre der '21 Artikel' hinsichtlich der erwähnten Sachverhalte, Traditionen und Rechtsnormen stellte, unbeantwortet bleiben mußte. Das ist einerseits darauf zurückzuführen, daß die Quellenlage für Straßburg – abgesehen von den zu Beginn der Arbeit genannten Einschränkungen – im großen und ganzen befriedigend ist, das spricht andererseits aber auch für die Relevanz der von Geiler angesprochenen Punkte, zu denen sich häufig gleich eine Fülle gleichzeitiger Zeugen fand, die seine Beschreibung und Einschätzung in aller Regel bestätigen. Umgekehrt gewinnen durch seine Ausführungen die Statuten an Plastizität, deren unmittelbarer Verweisungscharakter auf die Rechtswirklichkeit problematisch ist, wie Ulf Dirlmeier mit überzeugenden Beispielen betont[35].

Die Exempel, mit denen Geiler seine Kritik veranschaulicht, sind zwar oft extrem, doch kennzeichnet er die damalige Rechtslage und -praxis in aller Regel zutreffend, wobei seine Detailkenntnis Bewunderung verdient. Er hat sich gut informiert, denn er verweist präzise auf die für die einzelnen Rechtsfragen einschlägige Literatur und erweist sich dabei als Kenner der Rechtsmaterie, der kompetent mit kanonischem und zivilem Recht zu argumentieren versteht; darüber hinaus führt er häufig weitere seine Argumentation unterstützende Autoritäten an. Seine Zitierweise ist durchweg korrekt. In beinahe allen Fällen konnten die Zitate auch nachgewiesen werden.

Den wohldurchdachten Konstruktionsplan seiner Beschwerdeschrift erkennt man nicht zuletzt daran, daß sich die einzelnen Artikel in die rechtssystematische Gliederung des zweiten Teils dieser Arbeit einfügen lassen, ohne ihnen oder dem Gedankenfluß der Schrift Gewalt anzutun. Wiederholungen seiner Klagen an unpassender Stelle vermeidet Geiler klug. Seine Kritik der einzelnen Rechtsbefunde folgt einem überzeugenden logischen Schema, das an einem Beispiel zu Beginn der Besprechung der verschiedenen Rechtsbereiche exemplifiziert wurde. Seine zupackende Art zu sprechen und zu argumentieren, sein Talent, auch abstraktkomplexe Materien leichtverständlich mit aus dem Leben gegriffenen Beispielen zu veranschaulichen, lieferte eine Vielzahl von Einblicken in seine Lebenswelt, die weit über das hinausreichen, was eine Normenkritik erwarten ließe. Die von

---

[34] Ch. Schmidt: Histoire littéraire Bd. 1 (1979) S. 364.
[35] U. Dirlmeier: Obrigkeit und Untertan in den oberdeutschen Städten des Spätmittelalters. Zum Problem der Interpretation städtischer Verordnungen und Erlasse (1980)

ihm kritisierten Bestimmungen selbst regelten darüber hinaus keine abwegige Randfragen, sondern häufig zentrale, damals in der öffentlichen Diskussion stehende Probleme. Nach vorweggenommener Widerlegung möglicher Einwände der Ratsherren, die es gar nicht erst versuchen sollten, mit einem 'Aber' auf angeblich höhere Interessen zu verweisen, hatten diese dem Redner wohl kaum mehr etwas entgegenzuhalten. Gemäß der um 1500 gültigen Rechtsordnung war Geiler mit dem, was er sagte, im Recht. Die Freistadt Straßburg hatte zwar in bestimmten Fällen die Kompetenz, eigenes Recht zu schaffen, überschritt diese aber oft.

Einige Male änderte der Rat die von Geiler angesprochenen Statuten in dessen Sinne – aber nur selten konnte nachgewiesen werden, daß dies auf unmittelbaren Einfluß der Klageschrift oder sonstiger Kritik des Predigers hin geschah. Geiler selbst hatte allerdings bereits im Jahre 1482 vor der Diözesansynode auf die Resultate, die er mit seiner Predigt und seinem Reformverlangen der weltlichen Obrigkeit gegenüber gehabt habe, hingewiesen, aber auch darauf, was es noch zu reformieren gelte[36]. Seinem eindringlichen Bemühen um Respektierung der Privilegien der Geistlichen jedoch war wenig Erfolg beschieden, ja es löste womöglich eine seinen Forderungen entgegengesetzte Gesetzgebungsinitiative aus. Anderthalb Jahrzehnte nach Geilers Tod schließlich beseitigte der Rat die Vorrechte der Kleriker mit einem Schlag, indem er sie zwang, den Bürgereid zu leisten.

Lakonisch faßte der im Jahrzehnt nach dem Tod des Predigers schreibende Chronist Maternus Berler die Leistung von Geilers Reformwerk zusammen: *Er hatt vil mieszbruch zu Straszburg durch syn prediung* [!] *ab geton*[37]. Schon ein Vierteljahrhundert früher, als Geiler bereits zehn Jahre vergeblich auf eine rechtmäßige Gründung der Prädikatur gewartet hatte und die Gefahr wohl am größten war, ihn an eine andere Stadt zu verlieren, hatte auch Peter Schott d. J. auf die Erfolge seines Ratgebers und Freundes verwiesen[38]. Er wollte Geiler sicherlich

---

[36] *Dan ich wil nutz sagen von den bösen misbruchung diser statt und von den statuten und ordenung der leien wider geistliche und der kirchen freiheit, auch wider die ere gottes zuo weilen durch verbrechung der gebanten tag mit kauffen und verkauffen und dienstbarliche knechtliche arbeit, zuo weilen durch abergleubige und heidnische gewonheiten innen und ußwendig diser kirchen, die ich in meinen predigen zuo dem volck offt und dick gescholten und verworffen hab, deren etlich von gottes gnaden abgethon sein, noch seind aber etliche vor handen. Auch von dem statut und satzung, das niemants macht hat, ein testament und letsten willen uffzuorichten. Niemants der in ein orden will gon, gedar dem closter etwas dan ein genante summ seiner güter geben* (J. Geiler: Heilsame Predigt (1513) fol. 11 r-v; lat. ders.: Oratio habita in śinodo (1482) fol. [5] r; am 18. 4. 1482 gehaltene Rede); vgl. oben S. 182 f. Anm. 21.

[37] M. Berler: Chronik (1510-20) S. 115.

[38] *An te vel auditorum poenitet? qui copiosiores sunt, quam unquam hic sint visi; an obedicionis? cum tibi (ne de secretis dicam, quae solus deus novit) in publicis consuetudinibus, quas legi divine contrarias esse docuisti, plus optemperarint vel urbis magistratus, resistentibus etiam nonnumquam potentibus et malivolis, quam vel unquam auditum esset,*

schmeicheln und ihn ermuntern, in Straßburg auszuharren. Zum einen, schrieb er
in einem Brief, habe Geiler mehr Zuhörer, als man es hier je für möglich gehalten
habe. Zum anderen habe ihm, trotz Widerstands einiger Mächtiger und Übelwollen-
der, sogar der Rat mit der Änderung der öffentlichen Gewohnheiten, die nach
seiner Lehre dem göttlichen Gesetz widersprächen, mehr Folge geleistet, als man
es je vernommen oder irgendwie hoffen gedurft habe. Zahlreiche Prophanierungen
von geheiligten Orten habe er beispielsweise unterbinden können, nach hartem
Ringen auch die Letztkommunion für zum Tode Verurteilte durchgesetzt; so vieles andere könne er aufzählen: Zuletzt habe er einen gottlosen Mummenschanz
'geläutert' (vermutlich sind die Änderungen im Brauch des *episcopus puerorum*
gemeint[39]). Großes Heil erwachse den Straßburgern aus seiner Predigt, und größeres als er glauben könne, werde Gott ihnen noch bescheren. Ohne Geiler allerdings werde alles wieder so werden, wie es war – das Predigeramt (und mit ihm
das Reformwerk, darf man ergänzen) werde zugrunde gehen.

Geiler verließ, wie wir wissen, die Stadt nicht und harrte auf seinem Posten
weitere zwei Jahrzehnte aus, in denen ihm trotz vieler Schwierigkeiten tatsächlich noch so mancher Erfolg beschieden war. Als er schließlich mit 64 Jahren
starb, begleiteten die feierliche Prozession zum Münster, in der sein Leichnam
zur letzten Ruhestätte vor die Kanzel getragen wurde, wie wir gesehen haben,
nicht nur zahllose trauernde Straßburger, sondern auch die Ratsherren[40]. Der gesamte Rat gab ihm die letzte Ehre und opferte für den Toten. Das oberste städtische Organ, mit dem der Prediger häufig in Konflikt geraten war, deren Repräsentanten er mehr als einmal öffentlich und mit starken Worten von der Kanzel herab
attackiert hatte, die ihn einmal gar händeringend hatten besänftigen müssen, weil
zu befürchten stand, daß er zum Aufstand der Hungernden in der Stadt aufrufen
würde, unternahm es nun gemeinschaftlich, für das Seelenheil des toten Münsterpredigers Sorge zu tragen.

Sei es, daß der Rat mit seiner Beteiligung an den Exequien dem Amt des
Münsterpredigers, das ja auf Initiative eines ihrer prominentesten Vorsteher errichtet worden war, seine Reverenz erweisen wollte. Der erste Inhaber dieses Amtes

---

[39] Vgl. oben S. 235.

[40] *Praesente et offerente senatu Argentinensi* (Brief von J. Sturm in: Das Leben Geilers
(1510) S. 84 Z. 845); vgl. oben S. 163.

vel quisquam fieri posse speraret. Nam quid ego enumerem, tot templorum dei et locorum
consecratorum dehonestationes a te pessundatas? Quid communionem sacrosanctam
supplicio afficiendis, non sine magno certamine obtentam? Quid innumera alia et nuper
sacrilegia illa larvarum a te castigata recenseam? Plura sunt, plura dabit dominus quam
credere possis, que hic salutaria nobis a tua praedicatione proveniant. [...] ad pistrinum
statum redeat, tam salutiferum toti populo verbum, negligenter perire permittatur (Brief
von P. Schott d. J. an Geiler von 1488; gedruckt bei P. Schott: The Works Bd. 1, Nr. 125 S.
145; unten VII, 6 Nr. 27); vgl. oben S. 97.

hatte es ja mit seinem 32jährigen Wirken, während dessen er so etwas wie das Gewissen seiner Stadt geworden war, gleichsam zu einer städtischen Institution gemacht, die ihre Anerkennung und Repräsentation auch in der monumentalen Steinkanzel gefunden hatte. Oder sei es, daß Ehre, Tradition und Glaube es geboten, einen Toten von Geilers Rang und Namen, der vom König zum Hofkaplan ernannt worden war, dergestalt zu ehren, – bei allem bleibt doch die symbolische Anerkennung des vielfältigen Wirkens des Münsterpredigers Johannes Geiler von Kaysersberg für das Heil der Stadt, für das rechtlich-materielle wie das religiös-moralische.

Wenn auch einige der 'Mißstände' am Ende so gar nicht in seinem Sinne beseitigt wurden, so ist doch das unbeugsame und mutige Ringen um eine Reform der inneren Ordnung der Stadt Straßburg eine der großen Leistungen des Predigers, die auch nach seinem Tode Anerkennung fand. Wir können uns am Ende den Worten des Straßburger Topographen und protestantischen Theologen Oseas Schad[41] aus dem Jahre 1617 nur anschließen[42]:

So viel aber Doctorem Iohannem Geiler von Keysersberg betrifft, hat derselbige auch mit grossem ernst unnd dapfferem Gemüth Geistlichen und Weltlichen, Hohes unnd Niderstands personen, ohn angesehen gunst oder ungunst, dermassen die meynung gesagt, daß wir, die wir seine Schrifften und predigen jetz lesen, zum höchsten darüber uns verwundern müssen.

---

[41] Geb. Straßburg 12. 4. 1586, gest. 28. 12. 1626. Diakon an Alt St. Peter in Straßburg; Pastor in Düttlenheim (Duttlenheim) 1612. Vgl. zu ihm E. Sitzmann: Dictionnaire de Biographie d'Alsace Bd. 2 (1910) S. 657 f.

[42] O. Schad: Münster (1617) S. 82.

VII. Anhang

1. Zeittafel zum Lebenslauf

1445	16. März (Tagesheiliger: St. Cyriacus): Geburt in der Reichsstadt Schaffhausen. Eltern: Der Stadtschreibergehilfe Johannes Geiler aus Ammerschweier (Ammerschwihr, Oberelsaß) und Anna, geb. Zuber, vermutlich aus Schaffhausen
1446	Umzug der Familie in die Reichsstadt Ammerschweier
1448	Tödlicher Jagdunfall des Vaters
um 1452	Zieht (wahrscheinlich mit seinem Onkel Peter Geiler, bei dem er aufwächst) in die nahegelegene Reichsstadt Kaysersberg
1460	28. Juni: Immatrikulation an der Universität Freiburg i. Br. in den Artes liberales
1462	20. März: Baccalaureus artium
1463	Ende Dezember: Licentiatus
1464	3. Februar: Magister artium
1469	31. Oktober: Dekan der Artisten-Fakultät
1471	1. Mai Immatrikulation an der Universität Basel in Theologie; wird Professor an der artistischen Fakultät (*via antiqua*); wird wohl noch in Basel zum Priester geweiht
1471/72	WS: Baccalaureus biblicus
1472/73	WS: Baccalaureus sententiarus
1473	SS: Baccalaureus formatus
1474	Dekan der artistischen Fakultät
1475	7. März: Licentiatus der Theologie 12. September: Doktor der Theologie 30. September: Professor der Theologie
1476	7. Mai: Professor der Theologie in Freiburg i. Br. 31. Oktober: Rektor der Universität
1477	Nach dem 30. Mai: sagt in Würzburg zu, die Dompredigerstelle anzutreten, wozu es aber nicht kommt
1478	20. Januar: erste schriftlich nachgewiesene Anwesenheit in Straßburg 1. April: Versuch der Gründung einer Prädikatur am Münster; wird Vikar des Hochchors und predigt bis zu seinem Todesjahr regelmäßig im Münster und in anderen Kirchen der Stadt

1482	18. April: Geiler spricht vor einer Diözesansynode
1483	Wahrscheinlich Reise nach Südfrankreich
1486	Predigt ab diesem Jahr von der von Hans Hammerer für ihn geschaffenen Kanzel im Hauptschiff des Münsters
	Sommer: Besuch bei seinem Freund Friedrich von Zollern, dem neugewählten Bischof von Augsburg
1487	Vermutlich für einige Monate als Prediger und Berater Friedrichs in Augsburg
1488	Gibt zusammen mit Peter Schott d. J. die ersten drei Bände der Werke von Jean Charlier de Gerson heraus
	Vom Spätsommer bis zum 17. Januar des nächsten Jahres erneut in Dillingen und Augsburg (dort erste Predigt am 28. 9. 1488)
1489	7. Juli: ordentliche Bestallung als Münsterprediger von Straßburg
	Sommer: für einige Zeit in Augsburg
1490	Ab Ende des Jahres in Augsburg, wo er von Hans Burgkmair d. Ä. porträtiert wird; er bleibt bis zum Januar des folgenden Jahres
1491	Frühjahr: bei Friedrich in Augsburg
1492	Gerät in diesem und im nächsten Jahr als Testamentsvollstrecker seines Freundes Hans Simmler (gest. 2. 8. 1492) mit dessen Verwandten und dem Rat in Konflikt und muß um sein Leben fürchten
1498/99	Predigten über das 'Narrenschiff' Sebastian Brants, den er aus Basel kennt (vgl. zu den Daten weiterer Predigten unten VII, 5)
1500	6. Februar: Geiler unterbreitet seinem Freund Jakob Wimpfeling den Vorschlag, sich gemeinsam in die Eremus zurückzuziehen
1501	27. Januar: Vortrag der Beschwerdeschrift die '21 Artikel' vor dem Rat der Stadt Straßburg
	Maximilian I. ernennt Geiler zum königlichen Hofkaplan
1502	Der vierte und letzte Band der Gerson-Ausgabe wird von Jakob Wimpfeling herausgegeben
	24. Mai: Maximilian I. nimmt seinen Hofkaplan, der einen Rechtsstreit im Namen des Straßburger Reuerinnenklosters St. Magdalena führt, in Schutz
1503	Sommer: als Berater bei Maximilian I. in Füssen; im Anschluß wahrscheinlich bei Bischof Friedrich in Dillingen oder Augsburg
1505	Geiler führt erneut einen Rechtsstreit im Namen des Magdalenenklosters
1508	Geiler wird in ein das Erbrecht des Klerus betreffendes Gesetzgebungsverfahren miteinbezogen und verfaßt am 5. Februar des folgenden Jahres ein Gutachten dazu
1510	10. März: Tod in Straßburg, am Tag darauf Begräbnis im Münster, am Fuße der Kanzel

2. Abkürzungs- und Siglenverzeichnis

Neben den Siglen für wissenschaftliche Zeitschriften nach Friedrich Chr. Dahlmann und Georg Waitz (Quellenkunde zur deutschen Geschichte, 10. Auflage Hrsg. v. Hermann Heimpel und Herbert Geuss. Bd. 1 Stuttgart 1965, S. 38-79) und allgemein gebräuchlichen Abkürzungen und Siglen werden die folgenden gebraucht:

ADBRh = Archives départementales du Bas-Rhin

AH   = Archives Hospitalières in den AMS

Alsatia = Alsatia. Neue Beiträge zur elsässischen Landes, Rechts und Sittengeschichte, Sage, Sprache und Literatur, Colmar

AMS   = Archives Municipales de Strasbourg

AphF   = Akten der Philosophischen Fakultät

AST   = Archives du chapitre de Saint Thomas in den AMS

AthF   = Akten der Theologischen Fakultät

BNU   = Bibliothèque Nationale et Universitaire de Strasbourg

d   = denarius/Pfennig

ff   = Pandectae, Digesta

FGrCh = Fonds du Grand Chapitre in den AMS

fl   = florenus (rheinischer Gulden)

lb   = libra (Pfund)

m   = Mark

m. Z. = meine Zählung

ND   = Nachdruck

NDBA   = Nouveau dictionnaire de biographie alsacienne. Hg. Fédération des Sociétés d'Histoire et d'Archéologie d'Alsace. Bd. 1 [Strasbourg um 1982], Bd. 2 ff. Strasbourg 1983 ff.

neg.   = negativ, keine Bestände zu Geiler nachgewiesen

o   = Ortel

ŒND   = Archives de l'Œuvre Notre Dame in den AMS

SPr   = Senatsprotokolle

SS   = Sommersemester

ß   = Schilling

UA   = Universitätsarchiv

WS   = Wintersemester

[...] = Zusätze oder Auslassungen

{...} = in der Quelle getilgter Text

<...> = Ergänzung von verderbtem Quellentext

3. Textcorpus

a) Archiv- und Bibliotheksliste

Folgende Archive und Bibliotheken wurden im Zusammenhang mit der vorliegenden Arbeit besucht:

Augsburg: Archiv des Bistums (BO 385, 691, 827 und 872), Stadtarchiv (Literaliensammlung)

Berlin: Staatsbibliothek Preußischer Kulturbesitz, Universitätsbibliothek der Humboldt-Universität

Colmar: Archives de la Ville (Serie B), Archives départementales du Haut-Rhin (BB 9), Bibliothèque de la Ville

Göttingen: Staats- und Universitätsbibliothek

Schlettstadt (Sélestat): Bibliothèque Humaniste

Straßburg (Strasbourg): Archives Muicipales de la Ville (Serie R 1-30; AMS 847, 852; AA 318, 1524, 1527; AST 165, 176, 308 b, 323, 506; II 7, 18, 12, 40, 46, 51, 63 (73), 80, 87, 106 a, 107, 118 a, 123; IV 1, 105 b; V 1, 77; X 115, 118, 380; Domstift 91; Chartes Kartause und St. Nikolas 6; FGrCh IV, 2; AH 112, 584, 585, 1184, 1477, 10819, 10820; ŒND 10, 43, 43 k), Archives départementales du Bas-Rhin (Chartes G 2715, 7, 8, 9, 10, 11, 12, 13, 14, 15), Bibliothèque du Grand Séminaire, Bibliothèque Nationale et Universitaire (MS 286 = latin 237), Bibliothèque Saint-Thomas

Wittenberg: Lutherhalle (III 1, 160, 616)

An folgende Archive und Bibliotheken wurde im Zusammenhang mit dieser Arbeit Anfragen gerichtet:

Augsburg: Staatsarchiv (neg.), Staats- und Stadtbibliothek (8° Cod. Aug. 18), Universitätsbibliothek (neg.)

Avignon: Archives départementales de Vaucluse (neg.)

Basel: Staatsarchiv des Kantons Basel-Stadt (keine Antwort), Universitätsbibliothek (neg.)

Dillingen/Donau: Studienbibliothek (neg.)

Draguignan: Archives départementales du Var (keine Antwort)

Einsiedeln: Stiftsbibliothek und -archiv der Benediktinerabtei (neg.)

Freiburg i. Br.: Archiv der Universität (Senatsprot. Bd. 1 (1460-1509); AphF Bd. 1 (1460-1531); AthF Bd. 1), Erzbischöfliches Archiv (neg.), Stadtarchiv (Stadtarchiv B5XI Bd. IV, 9)

Heidelberg: Universitätsbibliothek (Heid. Hs. 1257)

Ingolstadt: Stadtarchiv (neg.)

Innsbruck: Tiroler Landesarchiv (neg.), Universitätsbibliothek (neg.)

Karlsruhe: Generallandesarchiv (neg.)

Köln: Historisches Archiv der Stadt (neg.), Historisches Archiv des Erzbistums (neg.)

Lyon: Archives départementales du Rhône (neg.), Archives municipales (neg.), Bibliothèque municipale (neg.)

Mainz: Dom- und Diözesanarchiv (neg.), Stadtarchiv (keine Antwort)

Marseille: Archives départementales des Bouches-du-Rhône (neg.), Archives municipales (neg.)

München: Archiv der Ludwig-Maximilians-Universität (neg.), Bayerisches Hauptstaatsarchiv (neg.)

Schaffhausen: Staatsarchiv (neg.), Stadtarchiv (neg.), Stadtbibliothek (neg.)

Uppsala:Universitetsbibliotek (neg.)

Wien: Österreichische Nationalbibliothek, Österreichisches Staatsarchiv (neg.)

Winterthur: Stadtarchiv (Urk. 1366)

Würzburg: Diözesanarchiv (neg.), Staatsarchiv (neg.), Stadtarchiv (neg.)

Zürich: Zentralbibliothek ($\underline{Z}$ 18.277$_7$)

b) Zitierhinweise

Die äußere Textgestalt lehnt sich an die von Johannes Schultze vorgegebenen Grundsätze an[1]; im einzelnen wird wie folgt verfahren:

Zitate aus Quellen erscheinen im Text und in den Anmerkungen stets in Kursivschrift; Ergänzungen werden durch eckige Klammern, Auslassungen durch drei Punkte darin angedeutet; Abkürzungen und Ligaturen werden ohne Vermerk aufgelöst, es sei denn, sie können nicht eindeutig ergänzt werden: dann steht die Lesart in eckigen Klammern; wird bei einer Gemination durch ein Abkürzungszeichen ein dritter gleicher Konsonant angezeigt, fällt dieser stillschweigend weg; Verworfenes bleibt grundsätzlich unberücksichtigt; auch offensichtliche Verschreibungen der Vorlagen wurden übernommen, wobei gegebenenfalls durch [!] auf die korrekte Wiedergabe des Fehlers hingewiesen wird; Zeilenlänge und Absätze in längeren Zitaten oder im Textcorpus orientieren sich nicht am Original.

Wörter werden bei Texten, die aus der Zeit von vor 1600 stammen, grundsätzlich klein geschrieben, abgesehen vom Satzanfang und von Personen- und Ortsnamen; bei Personen- und Ortsnamen wird darüber hinaus ebenso wie bei Titeln von Schriften auf eine Normalisierung verzichtet; römische Ziffern werden in arabischen wiedergegeben, es sei denn, sie bezeichnen einen Titel (wie bspw. die 'XXI'); 'e'- und 'c'-caudata werden normalisiert, also wie 'e' und 'c' geschrieben; 'æ' wird 'ae' geschrieben; litterae columnatae werden wie folgt behandelt: Der Umlaut mit einem 'e' über dem Vokal wird in heute gebräuchlicher Weise geschrieben; ein 'i' oder ein Punkt über 'u' werden weggelassen ebenso wie zwei Punkte oder Striche über Vokalen und 'y', es sei denn, man kann sie bei 'a', 'o' und 'u' als Umlautzeichen interpretieren:dann wird 'ä', 'ö' und 'ü' geschrieben; 'o' über 'u' wird als 'uo' ausgeschrieben; ein Bogen oder überschriebenes 'v' über 'u' bleiben unberücksichtigt, es sei denn, daß lautlich der Umlaut zu erwarten ist, wofür dann 'ü' gesetzt wird; ein Unterschied zwischen rundem und langem 's' wird nicht gemacht; 'i'

---

[1] J. Schultze: Richtlinien für die äußere Textgestaltung (1966).

und 'j' bzw. 'u' und 'v' werden nach ihrer vokalischen oder konsonantischen Qualität vereinheitlicht; 'c', 't' und 'y' werden in lateinischen Texten normalisiert.

Die Zeichensetzung wird ebenfalls normalisiert; ausgelassene Trennungsstriche werden als gegeben angenommen, ansonsten wird die Getrennt- oder Zusammenschreibung des Originals berücksichtigt.

c) Liste der transkribierten Quellen

d) Transkriptionen

in chronologischer Reihenfolge

1. Schutzbrief des Rats der Stadt Freiburg i. Br. für Geiler. Freiburg i. Br., 22. (?) April 1476[2]

Wir b[ürgermeister] und r[at] zu Fr[eiburg] im Bryßgow tunt kunt menniglich mit dem brieff und bekennenn: Als der erwirdig hehgelert herr Johanns Geiler von Keyserßberg, priester, in fryen künsten meister, der heiligen göttlichen schrifft lerer, von den erwirdigen rector und räten der hohen schul by unnß umb sin verdienenn und arbeit, die er beide vor jaren in der universitet und ouch zu diser zydt an der canczel unns und ganczer gemeind zu frucht, nucz und heil mercklich anteilt hat, besonder uff unnser pitt und das wir sin begirig sind, by uns zubehalten, in vertruwen, wir sollen siner ler durch gnad des allmechtigen geistlich und liplich erfrewt werden, uffgenommen ist in der gemelten facultet, zu lesen und zu regieren nach ordnung der statuten, wie sin brief von der universitet das ußwyset p etc. Solhs ist mit unnserem willenn, wissen und gunst beschehen, gereden im ouch in crafft diß brieffs, in daby bliben zu lasßen und uff solh gut vertruwen, so er zu unns geseczt hat, des zu handhaben und zeschirmen, aller erberberkeit rugkenn zu haltenn und bystennd ze thund, sovil unns als der weltlicheit zimpt und gepurt, alles ungeverlich und geben im des zu urkund den brief uff sin beger unnder unnser stett secret versigelt für uns und unser nachkommen, erkennt vor offnen rat an.

2. Bischof Ruprecht von Bayern, der Dekan und das Kapitel des Straßburger Münsters wollen eine Prädikatur gründen. Straßburg, 1. April 1478[3]

In nomine sancte et individue trinitatis. Amen. Cum inter cetera que ad salutem populi spectant cristiani, pabulum verbi dei quammaxime noscatur necessarium, quoniam sicut corpus humanum naturali, sic anima inmortalis spirituali cibo nutritur, eo quod non in solo pane vivit homo, sed in omni verbo, quod procedit de ore dei, et ob id felicis recordationis Jnnocencius papa tertius in generali constitutione sanxiverit, ut episcopi viros ydoneos ad sancte predicationis officium salubriter exequendum assumant potentes in opere et sermone, qui plebes sibi commissas verbo edificent et exemplo, quibus ipsi vite necessaria, quo expeditius hinc officio intendere possint, subministrent, unde nos Rupertus dei et apostolice sedis gratia episcopus Argentinensis Alsacieque lanntgravius, illius sacrosancti generalis concilii saluberrima ordinatione moti, nostre subditorumque nostrorum saluti cum summa providentia invigilare cupientes, de consilio et consensu venerabilium et generosorum fratrum nostrorum decani et capituli insignis nostre ecclesie Argentinensis, habito super hoc diligenti et solenni tractatu maturaque deliberatione, volumus, statuimus et ordinamus,

---

[2] Standort: Freiburg i. Br. Stadtarchiv B5XI Bd. IV, 9 fol. 18 v. Aus einem Kopialbuch. Zum Datum: Auf dem Original wurde von einem Archivar »1476 Apr. (22 ?)« eingetragen; der Brief ist wohl bald nach der Aufnahme in die theologische Fakultät (19. 4. 1476) ausgestellt worden.

[3] Standort: ADBRh Chartes G 2715 (13) = 1 Mi CH 99, 13; größeres Siegel des Domkapitels und Siegel des Bischofs.

quod deinceps in ecclesia nostra Argentinensis sit, ac in perpetuum esse debeat officium predicationis ad laudem omnipotentis dei, gloriose ac intemerate eius matris virginis marie, nostre dicteque ecclesie nostre Argentinensis protectricis ac patrone, quod nedum in honorem eiusdem ecclesie, quem summopere affectamus, sed etiam in totius katholice et ortodoxe fidei incrementum et decus universalis ecclesie redundabit. Ad quod quidem officium volumus et ordinamus, ut assumatur vir, non solum bonorum morum et probate conversationis, sed etiam scientia prefulgens ac doctrina, qui quasi stella in firmamento radiet et ad virtutem honestatemque plurimos erudire possit, ac vitia, ad que humana natura ab adolescentia prona est, extirpet, corrigat excessus, ac reprehensibiles hominum mores in melius reformet, in quo quidem angelorum supreme ierarchie, quorum interest inferiores angelos purgare ac de secretis summi dei illuminare, officium exerceat. Eique ob id competens salarium, stipendium ac alimonium merito subministrare debemus atque deputare, prout ordinamus et deputamus in modum qui sequitur.

Item volumus et mandamus primo, quod titulus beneficialis prebende, quam pronunc dominus Schimpherus Ole in choro ecclesie nostre Argentinensis habet et possidet, capellania episcopi nuncupate, exti[n]guatur, et fructus, redditus, proventus et obventiones, quos dictus Schimpherus ex eadem prebenda percepit, quottidianeque distributiones dumtaxat in choro presentibus dari consuete, cuilibet predicatori, sive absens sive presens fuerit, officioque predicationis, deinceps et perpetuis futuris temporibus adaptentur, tradantur ac administrentur, cum non inmerito semper iudicari debeat pro presenti, is, qui suo sudore salutarem in ecclesia dei affert fructum, katholicam fidem exaltat, et fidelium animarum querit profectum.

Item distributionem, quam facere habet et debet cellerarius, item portionem quam portarius ex feodis dare tenetur, que omnia predicta, modo et temporibus, quibus prefato domino Schimphero Ole, ultimo dicte prebende possessori, hactenus per portarium et cellerarium distributa et data sunt, illis etiam modis et temporibus dari et distribui predicatori pro tempore existenti volumus.

Item debet eidem predicatori honesta domus per decanum et capitulum conduci, non longe ab ecclesia nostra Argentinensis pretacta distans, quam comode inhabitare valeat, et tamdiu de consensu eiusdem singulis annis absque preiudicio et dampno predicatoris satisfieri, quousque officio predicationis habitatio pro predicatore apta perpetue permansura deputetur et ordinetur.

Item cum oporteat eum, qui docet ac animos adhuc rudes instruit, esse talem, ut pro discentium ingenio semetipsum possit optare et verbi ordinem pro audientium capacitate dirigere, volumus et ordinamus, quod decanus et capitulum ecclesie nostre Argentinensis supradicte, quotienscumque sepedictum officium vacare ceperit, soliciti sint et summopere laborent, quod honestiorem et doctiorem, cui merito evangelice veritatis verba credenda sint, quem explorare possint, ad predicationis officium assumant, absque ullo gravamine, qui sacre theologie doctor sit aut licentiatus, et eundem antea per duos menses predicare audiant et probent, et si idem doctor aut licentiatus per eosdem decanum et capitulum approbatus fuerit, debet absque denegatione ac ulla contradictione, per nos aut successores nostros confirmari pure propter deum, libere et sine quovis gravamine.

Item predicatori modo supradicto ad predicationis officium assumpto, quolibet anno libertatem absentandi se, quo voluerit, per spatium quatuor hebdomadarum, extra tamen quadragesimam, et non amplius, concedimus. Aliis vero temporibus et diebus, a civitate Argentinensi per noctem abesse non debet, sine decani aut vices eius gerentis licentia.

Nichilominus tamen, absentie sue tempore predicationis actus diebus dominicis et festivis si que de infrascriptis festis, absentia sua durante, inciderint, per alium suppleatur, qui sit de numero sacerdotum secularium, et nullius religionis professus.

Item cum omnes homines, quemadmodum cetera queque creata, in manu dei omnipotentis existant et predicationes verbi dei in ecclesia nostra pretacta deinceps fieri et nullatenus pretermitti debeant, ordinamus et volumus, quod si predicatorem adversa aliqua valitudine, morbo aut infirmitate, detineri contigerit, quod tunc predicator, alium secularem sacerdotem nullius ordinis professum sive monachum, quem abiliorem et promptiorem ad huiusmodi officium exequendum verisimiliter comperire poterit substituat, ut huiusmodi officium predicationis integre perficiatur et adimpleatur, nec aliis quovis alio modo sine decani aut eius vicem tenentis licentia speciali se a personali predicatione subtrahat, aut subtrahere attemptet, dempta sola infirmitatis causa, sed per se ipsum officium predicationis sibi commissum cum diligentia exequatur.

Item debet predicator astrictus et obligatus esse ad predicandum in sepedicta ecclesia nostra Argentinensis omnibus et singulis diebus tempore quadragesimali, necnon aliis diebus et temporibus subscriptis, ita tamen, quod divinum officium in choro dicte nostre ecclesie nullatenus impediatur, item omnibus festivitatibus totis duplicibus videlicet in die nativitatis Christi, item in die epiphanie domini, item in die pasce, item in die ascensionis domini, item in die penthecostes, item in die profesto dedicationis de sero et in die post prandium, item in die omnium sanctorum, item in singulis profestis de sero et festivitatibus post prandium beatissime virginis Marie, item in die circumcisionis domini, item in singulis diebus festivis apostolorum subscriptorum post prandium, videlicet Sanctorum Petri et Pauli, Sancti Jacobi, Sancti Mathei, Sancti Andree, item in festo corporis Christi, item in festo Sancti Johannis Baptiste, item in festo Sancte Anne, item singulis diebus dominicis post prandium, ac etiam, si in magnarum et solemnium processionum congregationibus sive contra epidimiam, tempestates, incongruentem auram, sive lites et guerras, adversitates, ac pro pace et unitate institutis, tempore quoque adventus a sede apostolica legatorum aut quorumcumque aliorum principum et dominorum magnificorum vel similibus modis decano ecclesie nostre Argentinensis expediens visum fuerit, quodque ad omnes sermones seu predicationes, de quibus prefertur, semper fiat pulsus campane.

Ut autem huic officio predicator liberius vacare possit, eum ad chorum obligari nolumus.

Item predicator etiam modo supra assumptus in omnibus factis, moribus et gestis et presertim in predicationis actu, honeste et decenter clareat, omnesque clericos et sacerdotes et presertim nostre ecclesie Argentinensis, in genere ac in specie, singulasque personas iuxta ipsorum statum honoret, scandala vitet et errores non seminet.

Ac etiam parrochiam Sancti Laurentii atque ipsius plebanum nullis viis ac mediis impedire, nec quicquam eis abstrahere, seu quovismodo huiusmodi fieri procurare presumat.

Item nec bullas nec processus quoscumque insinuet publicet aut exequatur, ex quorum insinuatione scandala seu errores aut pericula verisimiliter suboriri timeatur, sine speciali situ et consensu decani aut eius vices gerentis ac capituli ecclesie nostre supradicte.

Item obligabit se etiam erga supradicte ecclesie nostre decanum et capitulum ad obedientiam et fidelitatem, ipsorum damna precavere et revelare et comodum ipsorum promonere, ac etiam ipsis fideliter iuxta suam intelligentiam consulere, secreta quoque ipsorum per dies vite sue usque in mortem celare et nulli pandere, absque dolo et fraude.

Item si in premissis aut aliquo eorum dissensiones sive differentie, quevis, seu altercationes pro ipso predicatore vel adversus ipsum qualitercumque suboriri contingeret, nichilo penitus excluso, huiusmodi dissensiones seu causas nullibi aliis, quam coram dicte ecclesie nostre Argentinensis decano et capitulo amice deferat, et eorundem decani et capituli decretum iuxta dictamen secundum ordinem iuris desuper receptum sine contradictione ac omnibus aliis seclusis exequatur.

Item volumus et ordinamus, omnia et singula suprascripta ecclesie nostre statutis iuratis specialiter inseri, et ea preter omnem diminutionem perpetuo observari.

Item pariter volumus hiuismodi iuramentum inseri, quod quilibet predicatorum tempore receptionis sue prestare debet, ut autem premissa omnia et singula robur obtineant firmitatis, nec per nos aut nostros successores umqam immitentur renocentur aut retractentur, quacumque causa vel occasione, sed perpetuis futuris temporibus inviolabiliter observentur et manuteneantur.

Nos Rupertus episcopus antedictus, sigillum nostrum pontificale pro nobis et successoribus nostris appendi fecimus ad presentes, et nos Johannes comes in Helffenstein decanus et capitulum ecclesie Argentinensis, quia omnia et singula prout superius narrantur, de nostro consilio, pluribus tractatibus capitularibus prehabitis processerunt, idcirco ordinationi, officiique predicationis institutioni et erectioni, ceterisque superius descriptis, nostros consensum et voluntatem capitulariter adhibuimus, et presentibus adhibemus, ac in horum et aliorum premissorum evidens testimonium et robur perpetuum, sigillum maius capituli nostri sigillo prefati domini nostri episcopi capitulariter decrevimus atque fecimus presentibus coappendi.

Datum et actum in civitate nostra Argentinensis, die mercurii prima mensis aprilis, sub anno domini millesimo quadringentesimo septuagesimo octavo.

[v]

Instituto officii predicationis in ecclesia Argentinensis, cum ordinationem et presertim unione prebende capellania episcopi nuncupate, facta per Ruperthum episcopum de consensu Johannis de Helffenstein decani et capituli ecclesie Argentinensis. 1478.

3. *Papst Sixtus IV. bestätigt die Gründung der Prädikatur in Straßburg. Rom, 22. Mai 1479*[4]

Darin inseriert: Gründungsurkunde Bischof Ruprechts vom 1. April 1478[5]

Sixtus episcopus servus servorum dei. Ad perpetuam rei memoriam. In eminentis apostolice dignitatis specula meritis licet insufficientibus divina dispositione constituti ad ea nostre solicitudinis studia sedulo convertimus, que orthodoxe fidei exaltationem et fidelium populorum instructionem ac animarum salutem conspiciunt, et hiis que propterea provide facta fuisse comperimus, ut firma perpetuo et illibata permaneant, libenter, cum a nobis petitur, apostolici muniminis adicimus firmitatem.

Sane pro parte dilectorum filiorum Alberti electi Argentinensis necnon decani et capituli ecclesie Argentinensis nobis nuper exhibita petitio continebat, quod olim bone memorie Rupertus episcopus Argentinensis, proinde attendens quod inter cetera, que ad populi christiani salutem spectabant, pabulum verbi dei quammaxime necessarium erat, quodque

---

[4] Standort: ADBRh Chartes G 2715 (12) = 1 Mi CH 99, 12; kein Siegel, nur Schnur.
[5] Wie oben Nr. 2.

iuxta canonicas sanctiones episcopi viros idoneos ad predicationis officium assumere debebantur potentes opere et sermone, qui plebes sibi commissas verbo edificarent et exemplo, et quibus vite necessaria subministrare tenerentur, ac cupiens, ut in ecclesia sua Argentinensis perpetuo esset eiusdem verbi idoneus predicator, de consilio et assensu decani tunc existentis et capituli eiusdem ecclesie statuit et ordinavit, quod extunc deinceps in eadem ecclesia perpetuo vigere deberet officium predicationis huiusmodi, ad quod voluit virum idoneum non solum bonis moribus et probata conversatione, sed etiam scientia et doctrina prefulgentem assumi.

Et pro eius salario et alimento etiam voluit et ordinavit fructus certe tunc expresse prebende et nonnulla alia iura etiam tunc expressa applicari, cum certis aliis honestis et salutiferis statutis et ordinationibus prout, in litteris eiusdem episcopi ex quodam transumpto auctentico sigillo iudicis curie Argentinensis munito, quod in cancellaria apostolica diligenter inspici et examinari fecimus extractis et presentibus de verbo ad verbum insertis plenius continetur.

Quare pro parte Alberti electi ac decani et capituli predictorum asserentium, quod fructus, redditus et proventus prebende huiusmodi quatuor marcharum argenti puri, secundum communem extimationem, valorem annuum non excedunt, nobis fuit humiliter supplicatum, ut statutis et ordinationibus predictis pro illorum subsistentia firmiori robur apostolice confirmationis adicere ac alias in premissis oportune providere de benignitate apostolica dignaremur.

Nos igitur, qui fidei predicte exaltationem ac fidelium animarum salutem sinceris desideriis exoptamus, huiusmodi supplicationibus inclinati, statuta et ordinationes predicta, ac prout illa concernunt omnia et singula in litteris Ruperti episcopi huiusmodi contenta apostolica auctoritate tenore presentium ex certa scientia approbamus et confirmamus ac presentis scripti patrocinio communimus supplentes omnes et singulos defectus, si qui forsan intervenerint in eisdem non obstantibus constitutionibus, et ordinationibus apostolicis ac statutis et consuetudinibus dicte ecclesie, iuramento, confirmatione apostolica vel quavis firmitate alia roboratis ceterisque contrariis quibuscunque.

Tenor vero dictarum litterarum talis est:

Im Original hier der Insert der Gründungsurkunde Bischof Ruprechts vom 1. April 1478, wie oben Nr. 2

Nulli ergo omnino hominum liceat hanc paginam sine approbationis confirmatione communitionis et suppletionis infringere, vel ei ausu temerario contraire. Siquis autem hoc attemptare presumpserit, indignationem omnipotentis dei et beatorum Petri et Pauli apostolorum eius se noverit incursurum.

Datum Rome apud Sanctum Petrum anno incarnationis dominice millesimo quadrigentesimo septuagesimonono undecimo kalendis iunii, pontificatus nostri anno octavo.

[v]

Confirmatio facta per Sixtum papam IIII^m, ordinationis per Rupertum episcopum dudum de consilio decani et capituli edite: de et super erectionem predicationis officii in ecclesia Argentinensis et unione prebende, capellania episcopi nuncupate, cum tituli eiusdem extinctionis. 1479.

4. Brief von Geiler an Conrad von Bondorf. [Straßburg, 1482 oder 1483][6]

Docto et egregio sacrarum literarum interpreti, religioso patri magistro Conrado de Bondorff, lectori conventus fratrum minorum Argentine, in Christo fratri sibi dilecto.

Recordor ego, doctor eximie, quomodo cum de sacramentis superiori predicationem quadragesima caracterem baptismalem necessario presupponi dixerim, ita quod sine eo ordinis sacramentum conferri non possit. At non sic sensi de caractare confirmationis, quin potius eum, qui non confirmatus in caracterem etiam sacerdotalem, si ordinatus fuerit, haud dubitaverim suscipere, quod nullum doctorem aliter dicentem me legisse meminerim. Contrarium tamen huius te infra octavam corporis Christi plures affirmant predicasse. Oro rationem, si quam ad hoc habes vel doctorem cristianum[7], ipsam mihi ostendere digneris et ego errorem, si quem edixi, retractare curabo. Ceterum expecto etiam responsionem tuam, quam super priori meo, apologetico te dudum pollicitus es missuram. Vale.

Johannes Keyßersberg, predicator Argentinensis.

	in fieri omnia: anima accedit summarum
Patientia	
	in facto esse: eucharistia
	practica
de voluntate	invadente
	transeunte
	permanentibus
de cogitationibus	transeuntibus animos
	extensive[8]

5. Edelknecht Claus Bock von Gerstheim übereignet dem Frauenwerk ein Kapital von 100 fl, woraus dem Straßburger Prediger eine Jahresrente von 4 fl zufließen soll. Straßburg, 18. Oktober 1486[9]

Wir wise nachgenannten, mit nammen Hanns Rudolff von Endingen, Ritter, Peter Schott, altammeister der statt Straßburgk, Andres Happmacher, pflegere unnd fürseher, ouch Conradus Hammelburger, schaffener des wercks unnser lieben frouwen der merern stifft zu Straßburg, verichen unnd bekennen unns offenlich mit disem briefe, noch dem unnd gott dem allmechtigen, siner kunglichen muoter Marien unnd allen lieben gotts heyligen zu lobe und zu eren ein bredigerambacht in der gemelten stifft löbelichen uffgericht unnd

---

[6] Standort: Wien, Österreichische Nationalbibliothek, Cod. 3275 fol. 21 r; zum Datum: Bondorf war 1482 Magister in Padua, spätestens 1483 dr. theol. (P. Schott: The Works Bd. 2, S. 707).

[7] D. i. Nikolaus von Kues.

[8] Im Original stehen die Absätze ab Patientia nebeneinander.

[9] Standort: ADBRh Chartes G 2715, 14 (= 12 Mi CH 99, 14); ursprünglich 6 Siegel; davon erhalten: das 2. v. l. (Hans Rudolf von Endingen) und das 3. v. l. (Peter Schott d. Ä.).

geordenet ist, das do der veste Claus Bocke von Gerßheim, edelknecht zu Stroßburg, umb sundere anmütikeit unnd liebe, so er darzu hatt, frye unnd lediglichen usßerhanden unnd gewalt gegeben hatt dem vorgenanten werck unser lieben frouwen hundert fl, darumb wir unnd alle unsere nochkommende pflegere unnd schaffenere des gemelten wercks eym jeden brediger des obbedachten brediger ambachts, so zu zyten sin würt, jors geben unnd antwurten sollen vier guter fl gelts.

Dieselben vier fl gelts geredent wir, die pflegere unnd der schaffener vorgenant, für unns unnd alle unnsere nochkommende pflegere unnd schaffenere, ouch für das obgemelt werck, eim yeden brediger des bedachten brediger ambachts, so zu zyten sin würt, alle jore uff sant Lux des heyligen ewangelisten tag one sinen costen unnd schaden unvertzoglichen zu geben unnd von allen und yeglichen des gemelten wercks zinßen, gulten, gütternn, nutzungen unnd gefellen nützt ußgescheiden zu antwurten, welliche zinße, gulten, güter, nutzungen unnd gefelle wir in nammen des obgeschribenen wercks unnd für dasselbe wercke eim brediger des egerürten bredigerambachts, so zu zytten sin wirt, zu rechtem underpfande gegeben unnd gesetzt haben in crafft diß briefs.

Doch so hatt der gemelte Claus Bock gewölt unnd inn sunderheit bedinget: Sittmals das vorgeschriben bredigerambacht einer vicarien der obgemelten stifft, die nünzemale der wirdige unnd hochgelerte meister Johannes Keyserßberg, doctor der heyligen geschrifft, besitzet, angehenckt unnd annecktiert ist, wirde da jemer, unnd so dick unnd vil das beschehe, dieselbe vicarie durch wen das were, von unnsermm heyligen vatter dem babest oder andernn, inn wellicher gestalt dann sollichs fürgang hette, erworben unnd impetriert, do mit das genant bredigerambacht von sollicher vicarien widder gescheyden unnd nit versehen wurde, das dann die vorgeschribenen vier fl gelts dem gemelten werck jors bliben unnd an den buwe fallen sollen, so lang untz sollich bredigerambacht widder versehen wurt, alß dann sollen aber die genanten vier fl gelts wie obestot jors gegeben werden alles ungeverlichen.

Sollicher verschribungen sollent drye sin, deren ein by dem werck unnser lieben frouwen ist, die ander by den herren der obgenanten stifft unnd die dirte [!] by dem vorgenanten Claus Bock oder sinen erben. Des alles zu urkunde unnd meren sicherheit, so haben wir pflegere unnd schaffener obgemelt unnsere ingesigele gehenckt zu des wercks grossen ingesigel, unns unsere nochkommende pflegere unnd schaffener sollicher obgeschribener dinge zu besagende.

Geben uff sant Lux des heyligen ewangelisten tag inn dem jore, als man zalt noch der geburt Cristi unnsers herren tusent vierhundert achtzig unnd sehs jore.

[v]

4 fl gelts uff sant Lux tag, gent pfleger unnd schaffner unnser frowen werck der hohennstifft Straßburg dem prediger ampt derselben stifft. Für die 100 fl, so Clauß Bock von Gerßheim dem gemelten werck fry lediclichen übergeben hatt. 1486.

6. Brief von Geiler an Friedrich von Zollern. Straßburg, [zw. 21. März und 17. September 1486][10]

Observantiam reverentialem. Bajulus literarum harum frater meus uterinus est, ex eadem matre geniti, qui studio artium et geniture dedicatus parum profecit, neque sibi animus est

---

[10] Vgl. die Abb. 5 in dieser Arbeit Standort: Wittenberg, Lutherhalle, III 1, 160, 616;

tranquillam et quietam et pacificam agere vitam, quinpotius preelegit cum appensa sibi mola azinaria in profundum maris huius seculi proiici et sub sentibus esse reputat stultus delicias et, ut absinthio inebrietur, anhelat. Rogat et matrem, ut me rogat, interpellat, quo eum ad aliquem, cui serviat (dico ego preter deum), dominum promoneam. Respondi et respondi et crebrius responsionem iteravi, mei officii non esse ad hec sibi fore auxilio, a quibus consilio meo et ope abstrahi debeat. At si religiosam et christianam ducere statuisset vitam, ad illam me paratum esse, ut declinaret, presidia prestare. Obiecit etiam eos, qui talibus famulantur, salvos fieri posse. Quod ut saltem ad aliquem ex ecclesiasticis prelatis verbum pro eo facerem. Dixi idem periculum et quinque maius in curiis talium quam secularium principum imminere. Tua mihi a matre obiiciebatur dignitas. Quod apud te tuti sint familiares, repugnare nolui, neque quod tacitus cogitabam edicere. Quomodo multa et plurima per conservos aguntur, quorum dominus qualiscumque sit, conscius esse non potest. Itaque matris mee et sue precibus flebilibus devictus, ut te precarer, contravenire non audens, timens deum, si maternas contemnerem rugas, sic supplicans rogo, si ad famulatum necessarius est tibi eiuscemodi hoc, neque alius, qui panem manducet, digne, christiani episcopi locum occupat, et quomodolibet sua persona aut servitus tue generose donationi non displicuerit. Sic supplicius, inquam, rogo, eum suscipias, tentaturus, si aptus fieri velit ad serviendum episcopo christiano. Quod si non, neque rogo neque volo ad monitum eum retineri, quin potius obnixe deprecans ut enunciatur, ne porcus margaritas et canis panem filiorum dei devoret et conculcet, utque ad qualiacumque vilia et graviora laboribus opera deputetur, ut saltem sic aculeos illic ubi mel puris tuum esse stolidus putat, maturius experiatur. Vix victus fui, ut pro eo rogarem, sciens te adhuc fluctuantem et continuo turbari, qualiter autem circuli ne circumgirare queant in aque tempestate repercutiantur, non usque quoque ignotum habeo. Exprecassem denique tuum adventum nisi super eo desperassem. Importuniter igitur devictus, importune etiam interpello. Timeo, ne pereat, si eum plene tradi permisero huic seculo. Quod si aliter fieri non poterit, fiat domini iustissima in omnibus voluntas. De hoc satis.

Det tibi dominus pacis, ut sis pace dives et secundum nominem tuum sit et benedictio tua, ita pace dives, ut ne dum in te pacificus, sed et alios pacifices non tam in ea pace, quam dominus discipulis reliquit, sed et ea, quam eis dedit, ut pacifices corda tuum et tuoris cum eo domino, qui potest perdere in gehennam. Cave ne lucrari velis totum nidum immo etiam omnes animas et tue anime paciaris detrimentum. Sed crebro respira et tui ipsius curam saltem unius hore, quotidie aliis posthabitis, in silentio habe o beata pax hec. Audies beati pacifici, quoniam filii dei vocabuntur, suprema promissio hec est. Non est aliud quod nunc habeo ut scribam, nisi quod te, dominum et patrem, quem colo et veneror, salvum esse inutilioque homine cupiam, in Christo Jesu domino nostro. Amen.

Ex Argentina scriptum. 1486.

Tuus Johannes predicator Argeninensis.

[v]

Secundum carnem et sanguinem generoso comiti dignius, reverendo in Christo Iesu patri et domino, domino Friderico, electo Augustensi, domino suo generoso et inprimis observando.

---

zum Datum: nach der Wahl Friedrichs zum Bischof von Augsburg am 21. 3. 1486, vor dessen Weihe am 17. 9. 1486.

7. Der Generalvikar Andreas Becker hebt im Namen des Straßburger Bischofs, Albrechts von Bayern, die Bischofskaplanei auf und inkorporiert der Prädikatur die dazugehörige Pfründe, die Geiler erhalten soll. Straßburg, 10. April 1489[11]

Darin inseriert: Bischof Albrecht von Bayern erteilt seinem Generalvikar den Auftrag, die Prädikatur zu errichten, was sein Vorgänger Ruprecht von Bayern bereits vergeblich versucht habe. Zabern, 17. März 1489

Andreas Hartmanni de Eppingen[12] utriusque iuris licentiatus, reverendi in Christo patris et domini, domini Alberthi dei et apostolice sedis gratia episcopi Argentinensis, comitis palatini Rheni, ducis Bauarie Alsatieque lantgravii in spiritualibus vicarius generalis conmissariusque et exequutor ad infrascripta per eundem reverendum in Christo patrem et dominum, dominum Albertum episcopum Argentinensem, specialiter deputatus, universis et singulis tam presentibus quam posteris has literas inspecturis salutem in domino cum notitia subscriptorum.

Literas conmissionis supradicti reverendi in Christo patris et domini, domini Alberti dei gratia episcopi Argentinensis, eius sigillo appenso munitas, sanas, integras et illesas nobis per providum virum magistrum Bernhardum Regenspurger causarum curiarum ecclesiasticarum Argentinensis ac venerabilium illustriumque et generosorum virorum dominorum decani et capituli ecclesie maioris Argentinensium procuratorem, et eo nomine procurio, prout nobis de huiusmodi sue procurationis mandato legitime extitit facta fides, nobis in notarii et testium subscriptorum presentia presentatas nos cum ea, qua decuit, reverentia noveritis recepisse huiusmodi, ut sequitur sub tenore.

Albertus, dei et apostolice sedis gratia episcopus Argentinensis Alsatieque lantgravius, venerabili et fideli in Christo nobis dilecto magistro Anndree Hartmanni, canonico Sancti Petri iunioris Argentinensis utriusque iuris licentiato, in spiritualibus vicario nostro generali, in salvatore domino nostro Jhesu Cristo salutem et confisam adhibere in nostris subscriptis vobis conmissi diligentiam.

Sane pro parte venerabilium et generosorum dominorum decani et capituli nostre Argentinensis ecclesie nobis fuit expositum, quod licet iampridem felicis memorie quondam Rupertus dumvixit Argentinensis ecclesie episcopus ad omnipotentis dei laudem, ad quoque gloriosissime virginis Marie matris unigeniti filii sui, domini nostri Jhesu Cristi, Argentinensis ecclesie patrone honorem orthodoxeque fidei exaltationem cunctorumque christifidelium presertim in nostra Argentinensis civitate et diocesi degentium, presentium et futurorum, animarum salutem procurandam de eorundem venerabilium dominorum assensu et consilio prehabitis de anno domini millesimo quadringentesimo septuagesimo octavo, die prima mensi aprilis eiusdem anni, quondam Schimpfero Ole prebendam chori nostre Argentinensis ecclesie, capellaniam episcopi nuncupatam, tunc tenente, inter alia voluerit et ordinaverit ac statuerit, quod extunc deinceps in predicta nostra ecclesia debeat esse in perpetuum predicationis officium.

Illud tamen ex eo, quia idem Schimpferus dictam adhuc possidebat prebendam, tunc non fuit erectum, etiam omnes et singuli fructus, redditus, distributiones chori et omnia antedicte prebende emolimenta non fuerunt officio huiusmodi adhuc non erecto applicati,

---

[11] Standort: ADBRh Chartes G 2715 (7) (= 1 Mi CH 99, 7); Notariatsinstrument mit Signet, Notar: Degenhard Buchow; Siegel des Generalvikars.

[12] Oder Becker (vgl. oben S. 101 Anm. 202).

uniti, annexi, unita, applicata seu annexa, ut etiam applicari, uniri et annecti minime tunc potuerunt, prout hec et alia in dicti Ruperti predecessoris nostri Argentinensis ecclesie dum vixerat episcopi litteris autenticis sigillis eiusdem ac decani [et] capituli predictorum appendentibus communitis plenius et expressius continentur, fuitque propterea pro parte eorundem venerabilium dominorum decani et capituli a nobis ulterius petitum, ut nos huiusmodi officium predicationis perpetuo in dicta nostra Argentinensis ecclesia duraturum et inviolabiliter observandum nostra ordinaria auctoritate erigere, prebendamque antedictam capellaniam episcopi prius generaliter nuncupatam, quam modo possidet venerabilis dominus sacre theologie doctor Johannes de Keysersperg, cum omnibus suis fructibus, reddituibus, proventibus, quotidianis distributionibus atque emolimentis, iuribus, privilegiis et pertinentiis universis eidem officio predicationis, postquam fuerit erectum, annectere, appendere, unire, incorporare et applicare, ita quod dicto officio per nos vel auctoritate nostra, ut prefertur, erecto decano et capitulo nostro predictis aut illi, cui de eodem officio iuxta ordinationem prius desuper factam provisum fuerit, prefatam prebendam, capellaniam episcopi conmuniter nuncupatam, eo tamen nomine prebende penitus extincto, cum omnibus et singulis suis fructibus, reddituibus, censibus, quotidianis distributionibus ceterisque emolimentis, pertinentiis [et] iuribus universis, dum et quando per cessum vel decessum moderni possessoris eiusdem prebende, domini venerabilis Johannis de Keysersperg doctoris, vacaverit ratione et nomine prefati officii predicationis, ad quod et cui tanquam principali fiet annexio dicte prebende et eiusdem reddituum, fructuum, censuum, quotidianarum distributionum, emolimentorum, obventionum, pertinentium iurium et privilegiorum universorum ad eandem prebendam ac illius ab antea prebendarium quomodolibet pertinebant atque spectabant, possessionem vel quasi nancisci, adquirere, obtinere statutaque prius facta et ordinationem aut aliqua ex eisdem qualitatibus rerum et temporum in hoc pensatis mutare, corrigere declarare sive etiam aliud vel alia laudabilia et honesta tamen statuta, iuri et rationi conformia, dum et quotiens fuerit oportunum, predicationis officio ac unione et annexione predictis intactis semper et inmutatis remanentibus secundum deum de novo etiam edere et alia quecumque in predictis et circa eadem quomodolibet necessaria facere et expedire valeant et possint licentiam et potestatem eisdem dare et concedere auctoritate nostra ordinaria dignaremur.

Nos igitur Albertus episcopus predictus provide adtenendens prefatam petitionem fore iustam et rationi congruere, predictorum venerabilium dominorum decani et capituli nostri predictis petitionibus inclinati ex quo pluribus nostris et ecclesie nostre negotiis alias impediti nosmetipsi predictis intendere non valemus, idcirca ut tam salubre et deo et toti curie celesti pergratum negotium et cunctis christifidelibus nobis subiectis admodum necessarium absque mora expediatur et ad optatum finem perducatur, vobis venerabilis domino Andree Hartmanni, vicario nostro predicto, tenore presentium conmittimus et mandamus, mandandoque precipimus districte iniungentes, ut vice et auctoritate nostra ordinaria ad omnium et singulorum pro parte dominorum venerabilium dominorum decani et capituli nostri rationabiliter a nobis petitorum exequutionem procedendum primo officium predicature in ecclesia nostra Argentinensis perpetuo duraturum constituatis et erigatis eidemque per vos constituto officio prebendam antedictam, capellaniam episcopi nuncupatam, eiusdem tamen prebende nomine huiusmodi antiquo extincto, cum omnibus et singulis dicte prebende fructibus, redditibus, obventionibus, quotidianis distributionibus, privilegiis, pertinentiis et iuribus suis universis eidem perpetuo predicature officio auctoritate nostra erigendo, per vos erecto, pleno iure incorporatis, applicatis, uniatis taliter et ita quod dicto domino Johanne de Keisersperg moderno antedicte prebende possessore cedente vel decedente antedictis dominis decano et capitulo aut alteri pro eisdem vel etiam illi, cui de prefato officio predicature erecto tamquam principali ad quod predicte prebende et omnium emolimentorum et quomodolibet pertinentium eiusdem fiet annexio et applicatio iuxta antiquorum desuper statutorum tenorem provisum fuerit, antedicte prebende et cunctorum et singulorum eiusdem emolimentorum privilegiorum et iurium possessionum vel quasi nostra (et aliorum quorumcumque super hoc licentia minime requisita neque obtenta) nomine tamen et rationis prefati officii et pro tempore predicatoris possessoris eiusdem comodum et usum apprehendere, acquirere nancisci ac in perpetuum sic retinere, dictumque officium predicationis ac ad illud assumptus huiusmodi eximitur in perpetuum in choro nostre Argentinensis ecclesie inter alias vicarias eiusdem chori et earundem prebendarios in eodem saltem ordine et loco ad minus quem prius prebenda capellania episcopi nuncupata et prebendarius eiusdem ante annectionem eiusdem obtinuatur intitulari, poni, locari et remanere ac ad predictum predicature officium assumptus omnes et singulos fructus, redditus, obventiones, quotidianas distributiones, emolimenta, privilegia, iura et pertinentias antedicte prebende annexe et incorporate secundum tenorem statuorum desuper factorum, percipere levare in usus suos et dicti sui officii utiles convertere, ita tamen que ipse sic assumptus debitam reverentiam, obedientiam et honerem venerabili domino decano pro tempore existenti aut eius locumtenentem prestare teneatur prout ceteri vicarii facere tenentur, quoque statuta priora iamdudum occasionem antedicti officii facta perventur aliud vel alia statuta de novo etiam edi, condi et fieri valeant licentiam impartiri eisdem, ac insuper omnia et singula in premissi et circa ea quomodolibet necessaria et oportuna efficere, disponere et expedire respective auctoritate nostra ordinaria prout iustiam iuris denique et rationem ordo suadebit possitis et valeatis pleniam nostram et omnimodam vobis domino vicario nostro predicto tenore presentium damus, concedimus et tradimus potestatem et facultatem ita quecumque etiam concesseritis ac in permissi facietis per censuram ecclesiasticam omni semoto obstaculo aliaque coercitioni remedia inviolabiliter observari demanditis ac rebelles quoscumque ad observationem eorundem compelletur studeatis cum effectu, et in permissorum testimonium sigillum nostrum presentibus scripturis fuit et est appensum.

Actum et datum in oppido nostro Zabern, die martis decimaseptima mensi martii anno domini millesimo quadringentesimo octuagesimo nono.

Post quarum quidem conmissionem litterarum, presentationem et receptionem, nobis et per nos, ut premittitur, factas, fuimus per supradictum magistrum Bernhardum Regenspurger procuratorem nomine quo supra procurio coram nobis personaliter constitum, debita cum instantia requisiti, quatenus ad exequutionem dictarum litterarum et contentorum in eisdem iuxta vim, formam et tenorem procedere dignaremur.

Nos igitur Andreas vicarius et exequtor prefatus attendentes requisitionem huiusmodi fore iustam et consonam rationi, volentesque mandatum huiusmodi nobis in hac parte conmissum reverenter exequi ut tenemur, consideratis per nos diligenter forma et tenore litterarum earundem eisque diligenter recensitis ad earundem exequutionem procedendum duximus et processimus in hunc qui sequitur modum.

Primo auctoritate nobis a reverendissimo domino nostro Alberto episcopo Argentinensis conmissa officium predicature in ecclesia Argentinensis perpetuo duraturum et observandum erigimus et constituimus ac eidem officio sic per nos constituto et erecto prebendam, capellaniam episcopi nuncupatam, eius tamen prebende nomine antiquo extincto, cum omnibus et singulis dicte prebende fructibus, redditibus, obventionibus, distributionis quotidianis, privilegiis, pertinentium et iuribus suis universis eidem perpetuo predicature officio auctoritate supradicta per nos erecto pleno iure incorporamus et unimus taliter et ita, quod dicto venerabili domino Johanne de Keysersperg moderno antedicte prebende possessori cedente vel decedente antedictis dominis decano et capitulo aut aliter pro eisdem vel etiam illi cui de prefato officio predicature erecto tamquam principali ad quod predicte prebende et omnium emolimentorum et quomodolibet pertinentiis facta est annexio et applicatio iuxta antiquorum desuper statuorum factorum tenorem provisum fuerit, ut antedicte prebende et cunctorum et singulorum eiusdem emolimentorum privilegiorum et iurium possessionum vel quasi prefati domini nostri reverendissimi episcopi Argentinensis et aliorum quorumcumque super hoc licentia minime requisita neque obtenta, nomine tamen et rationis prefati officii et pro tempore predicatorum possessorum eiusdem comodum et usum apprehendere, acquirere, nancisti et in perpetuum sic retinere dictumque officium predicature ac ad illud assumptus huiusmodi extunc in perpetuum in choro ecclesie Argentinensis inter alios vicarios eiusdem chori et eorundem prebendarios in eodem saltem ordine et loco adminus quem prius prebenda capellania episcopi nuncupata et prebendarius eiusdem ante annectationem eiusdem obtinuatur intitulari, poni, locari et remanere ac ad predictum predicature officium assumptus omnes et singulos fructus, redditus, obventiones, quotidianas distributiones, emolimenta, privilegia, iura, pertinentias antedicte prebende annexe et incorporate secundum tenorem statuorum desuper factorum, ita tamen que ipse sit assumptus debitam reverentiam, obediam et honorem venerabili domino decano pro tempore existenti seu eius locumtenenti prestare teneatur ut ceteri dicte ecclesie vicarii, quodque statuta priora iamdudum occasionis iamdicti officii facta presertim autem in illo statuto inter alia in litteris statuorum huiusmodi contento incipiendo item predicatori modo supradicto ad etc. eodem etiam incluso dumtaxat cum sequentibus statutis et ordinationibus in supradicti quondam recolende memorie domini Ruperti episcopi dumvixit Argentinensis litteris de quibus in preinsertis litteris sit mentio contentis et descriptis quas et que nos hic pro insertis et expressi habere volumus per venerabiles et generosos dominos decanum et capitulum dicte ecclesie Argentinensis quotiens opus fuerit mutari, interpretari, corrigi et in melius, sive officii tamen ac annexionis prefate et emolimentorum eius diminutionem, reformari, et si eisdem secundum deum quomodocumque videbitur aliud vel alia statuta de novo edi, condi et fieri valeant, licentiam impartimur omnibus melioribus modo via iure et causa quibus possumus et debemus iuxta et secundum tenorem conmissionem a reverendissimo domino nostro episcopo Argentinensis facte.

In quorum omnium et singulorum fidem et testimonium premissorum presentes nostras litteras exinde fieri et per notarium publicum infrascriptum subscribi et publicari mandamus nostrique vicariatus officii sigillo iussimus et fecimus appensione communiri.

Datum et actum Argentine in curia nostre solite residentie sub anno domini millesimo quadringentesimo octuagesimo nono, indictionis septima, die vero veneris, decima mensi aprilis, hora completorii vel quasi, pontificatus sanctissimi in Christo patris et domini nostri, domini Jnnocentij divina providentia pape octavi anno eius quinto, presentibus ibidem honorabilibus viris dominis Johanne Marggrofe de Herlißhem et Johanne Morß de Eppingen prebendario Argentinensis et Spirensis diocesi testibus ad premissa vocatis pariter et rogatis.

[v]

Erectio officii predicationis in ecclesia Argentinensis et unio prebende, capellania episcopi nuncupate, cum tituli eiusdem extinctione. Facta per Andream Hartmann vicarium generalem commissariumque ab Alberto episcopo specialiter deputatum. 1489.

8. Geiler resigniert die Bischofskaplanei. Straßburg, 30. Juni 1489[13]

In nomine domini amen. Anno a nativitate eiusdem millesimo quadringentesimo octuagesimo nono indictione septima pontificatus sanctissimi in Christo patris et domini, domini nostri Innocencij divina providentia pape octavi, anno eius quinto, die vero martis, que fuit ultima mensis iunii, hora quarta post meridiem vel quasi Argentine in stuba capitulari maiore curie fratrum comuniter nuncupata venerabilium et generosorum dominorum decani et capituli ecclesie Argentinensis.

Coram spectabilibus, illustribus et generosis dominis Friderico comite palatino, Bavarie duce, camerario, Heinrico de Hennenberg, scolastico, protunc vicedecano, necnon Heinrico de Werdenberg, canonico prebendato dicte ecclesie Argentinensis, ad actum subscriptum ac alia dicti capituli negotia pertractandum tunc vocatis et capitulariter congregatis, capitulum etiam eiusdem ecclesie representantibus constitutus venerabilis et eximius vir magister Johannes Geyler de Keysersperg, sacre theologie doctor, prebendarius, sive vicarius chori ecclesie Argentinensis ac in eiusdem sue prebende, capellania episcopi in choro comuniter nuncupate, et omnium et singulorum fructuum, reddituum, emolimentorum atque iurium eiusdem possessione vel quasi existens quieta et pacifica, exposuit, quod superioribus quidem diebus fide dignorum relatu didicerit, qualiter reverendus in Christo pater et dominus dominus Albertus episcopus Argentinensis etc., consensu et assensu predictorum spectabilium dominorum decani et capituli expresso concurrente, officium predicature perpetuum in Argentinensi ecclesia permansurum, pridem erexerit, sive de mandato eiusdem episcopi per alium ad hoc auctoritate ipsius potestatem habentem fuerit erectum, quodque etiam auctoritate eiusdem episcopi prebenda chori ecclesie Argentinensis predicta capellania episcopi nuncupata, cum omnibus et singulis fructibus, redditibus, introitibus, privilegiis, distributionibus ceterisque emolimentis et iuribus suis universis, quam dudum ante in titulum beneficii et modo teneret et possideret quiete et pacifice, eiusdem predicature officio ut prefertur erecto annexa, applicata, unita et incorporata fuerit, ut cedente vel decedente dicte prebende possessore ex tunc venerabiles domini decanus et capitulum nomine tamen predicti officii et pro eodem, ad eiusdem officii usum perpetuum, aut etiam pro tempore de eodem officio provisus per se vel alium aut alios, in vim unionis, annectionis et incorporationis prebende antedicte modo predicto facte, omniumque et singulorum reddituum, introitium, privilegiorum, emolimentorum atque iurium predictorum eiusdem prebende possessionem vel quasi propria auctoritate, contradictione quorumcumque non obstante, apprehendere, recipere et acquirere possint et valeant, prout hec et alia in litteris desuper confectis, sigillis auctenticis appendentibus, roboratis plenius ut dicebatur continetur.

Unde predictus magister Johannes, doctor, in possessione vel quasi predicte prebende et iurium eiusdem omnium et singulorum pacifica, magnopere affectans et cupiens incorporationem, unionem, annectionem prebende predicte et universorum iurium suorum ut prefertur factam suum debitum et indubitatum sortiri effectum, ad laudem dei, et gloriosissime virginis Marie, predicte Argentinensis ecclesie patrone honorem, ad christiane fidei exaltationem adque Christi fidelium omnium precipue in Argentinensis civitate et diocesi presentium et futurorum profectum, quem idem magister Johannes ex intimis sui cordis medullis provenire plurimum exoptabat sive sive [!], ideoque solum tenens pre oculis suis deum illiusque contemplatione et intuitu, ut in Argentinensis ecclesia perpetuis futuris

---

[13] Standort: ADBRh Chartes G 2715 (8) (= Microfilm 1 Mi CH 99, 8); Notariatsinstrument mit Signet, Notar: Johannes Anspach.

temporibus officium predicationis permaneat et ad idem officium promovendum iuxta
institutionis desuper facte tenorem etiam predicator in eiundem habeatur, omnibus melioribus et efficatioribus modo, via, causa, stilo et iure, quibus melius et efficatius potuit et
debuit, potest et debet, prefatam prebendam ac omne ius sibi, magistro Johanni, quomodolibet in eiusdem sive ad eandem competebat et competere poterat, in et ad manus atque
potestatem illius sive eorum, qui huiusmodi prebende renunciationem sive cessionem de
iure vel consuetudine possit et valeat possint atque valeant, admittere, recipere et acceptare,
non coactus neque compulsus, sed sponte, libere, non illectus nec circumventus, sed ex
certa scientia, renunciandum duxit et renuntiat per traditionem calami in manus mei notarii
factam, omni denique iuri in et ad eandem sive quovismodo competenti cessit, et a se
abdicavit penitus et in totum.

Promisit etiam idem magister Johannes renuncians per fidem nomine iuramenti in manus
mei notarii predicti, vice et nomine omnium et singulorum quorum interest, stipulantis,
quod in huiusmodi resignatione, cessione et renunciatione dolus, fraus, simonie pravitas
aut quevis alia pactio sive corruptela non intercesserit nec intervenerit.

Qua cessione et renunciatione, sicut prefertur, facta mox et incontinenti de et super
omnibus et singulis supradictis venerabilis dominus Heinricus de Hennenberg tunc vicedecanus suo et capituli predicti nominibus a me notario subscripto unum vel plura tot quot
fuerint necessaria postulavit meque propterea requisivit fieri et edi instrumentum sive
instrumenta.

Acta sunt hec Argentine sub anno domini, indictione, pontificatu, die, loco et aliis quibus
supra, presentibus ibidem venerabilibus et honorabilibus viris dominis magistro Heinrico
de Egher Coloniensis et Petro Bühel de Landow primissario in Berße Argentinensis diocesi
testibus ad premissa vocatis pariter atque rogatis.

[v]

Renunciatio et cessio prebende, capellania episcopi nuncupate, officio predicationis
per Albertum episcopum unite, facta per Johannem Keysersperg illius prebende possessorem. 1489.

*9. Vizedekan Heinrich von Henneberg nimmt für das Domkapitel von der mit der Prädikatur
unierten Pfründe Besitz. Straßburg, 1. Juli 1489*[14]

In nomine domini amen. Anno a nativitate eiusdem millesimo quadringentesimo octuagesimo nono indictione septima, die vero mercurii, que fuit prima mensis iulii, hora nona
ante meridiem vel quasi, pontificatus sanctissimi in Christo patris et domini nostri domini
Jnnocencij divina providentia pape octavi, anno eius quinto, venerabilis et illustris vir
dominus Heinricus de Hennenberg, canonicus, scolasticus et protunc vicedecanus ecclesie
Argentinensis, in ecclesia eadem et super ambone eiusdem prope altare, ad quod prebenda,
capellania episcopi comuniter nuncupata, in choro predicte ecclesie iamdudum fundata et
dotata fuit, inter alias pro missarum pro defunctis in choro predicte ecclesie cantari consuetarum celebratione, quo et capituli sui nominibus coram me notario publico et testibus

---

[14] Standort: ADBRh Chartes G 2715 (9) (= Microfilm 1 Mi CH 99, 9); Notariats-
instrument mit Signet, Notar: Johannes Anspach; Entwurf der Urkunde: AMS FGrCh IV, 2
fol. 241 r.

infrascriptis, adhoc pro testimonio specialiter vocatis et rogatis, presentibus et audientibus, constitutus, proposuit in effectu, qualiter hisce paucis iam elapsis diebus ad certam et indubitatam ipsius pervenisset notitiam, prebendam predictam, quam venerabilis et egregius dominus magister Johannes Geyler de Keysersperg, sacre theologie doctor, cum omnibus introitibus, proventibus, emolimentis et iuribus suis universis pacifice in titulum ultimo possedit, per liberam eiusdem domini doctoris Johannis de Keysersperg renunciationem, novissime factam, vacasse, et in presentiarum vacare.

Unde prefatus generosus dominus Heinricus de Hennenberg quorum supra nominibus, ad comodum tamen utilitatem et usum et profectum novi officii predicature, ecclesia in eadem Argentinensi dudum erecti applicationis, annectionis et incorporationis predicte prebende in choro ecclesie predicte ante incorporationem eiusdem capellania, episcopi comuniter nuncupate, cum omnibus et singulis redditibus, fructibus, emolimentis, iuribus et privilegiis suis universis, per habentem potestatem ad predictum officium predicature iam pridem facte ac litterarum desuper confectarum auctenticarum, quas predictus generosus dominus Heinricus vicedecanus suis tenebat in manibus, vigore, me notarium publicum subscriptum, sibi, suo et quorum supra nominibus, ad comodum tamen utilitatem et profectum predicti predicature officii, cui predicta prebenda cum singulis emolimentis, privilegiis et iuribus suis universis fuit incorporata, nomine etiam officii iamdicti ac pro eodem officio iamdicte incorporate prebende et fructuum, reddituum, proventuum, emolimentorum, privilegiorum et iurium suorum universorum, secundum vim formam et tenorem litterarum incorporationis, applicationis et annectionis eorundem predictorum, et non aliis neque alio modo, possessionem vel quasi in subscriptorum testium adhoc vocatorum presentia traderem et assignarem instantius requisivit.

Unde ego notarius antedictus litteras auctenticas incorporationis prebende predicte emolimentorumque, privilegiorum et iurium eiusdem universorum ac contentarum in eisdem tenorem diligenter percunctatus, requisitionem modo premisso factam fore iustam et rationi consentaneam perpendens, cum iusta petentibus non sit denegandus consensus, dictum generosum et venerabilem dominum Heinricum de Hennenberg, per manum eiusdem apprehendens, primo contactum cornu predicti altaris, secundo ad hostium kathedre sive sedis lapidee in Argentinensem ecclesiam solempniter, preciose et sumptuose erecte sive edificate, in qua quilibet Argentinensis ecclesie predicator, antedictum predicature officium pro tempore possidens, predicare suis temporibus astringitur, per contactum hostii et manus habene, qua aperitur et clauditur idem hostium, ac tertio in curia fratrum dicte ecclesie et in pistrino, ac domo procuratoris pro dictorum dominorum venerabilium et generosorum dominorum decani et capituli, in signum vere et indubitare possessionis, iuxta tamen vim formam et tenorem litterarum applicationis et annectionis predictarum auctenticarum, in nomine patris et filii et spiritus sancti, successive ut premittitur, realiter et cum effectu per actus reales, in talibus fieri solitos et consuetos successive peractos, possessionem vel quasi omnium predictorum, iuxta et secundum requisitionis predicte tenorem, tradidi et assignavi in dei nomine.

Super quibus omnibus et singulis supradictus generosus dominus Heinricus quorum supra nominibus unum vel plura, tot quot fuerint necessaria, sibi suo et omniumque et singulorum quorum interest sive quomodolibet in futurum interesse poterit, petiit fieri et in publicam formam redigi et confici instrumentum sive instrumenta ad futuram rei memoriam.

Acta sunt hec Argentine in ecclesia Argentinensi sub anno domini indictione et ponti-ficatu, locis, die et hora quibus supra, presentibus ibidem venerabili et egregio vero magistro Nicolao Sachs legum doctore officiali venerabilium et generosorum dominorum archidiaconorum ecclesie Argentinensis et Zacharia Beck de Dinckelspül Augustinensis diocesis testibus ad premissa vocatis pariter atque rogatis.

[v]

Possessio prebende capellania episcopi nuncupate, officio predicationis unite et per liberam resignationem Johannis Geyler de Keysersperg vacante, tradita Heinrico de Hennenberg scholastico viceque decano. 1489.

10. Bischof Albrecht konfirmiert die Besetzung der Prädikatur mit Geiler, der vom Straß-burger Domkapitel präsentiert wurde. Zabern, 3. Juli 1489[15]

In nomine domini amen. Anno a nativitate eiusdem millesimo quadringentesimo octuagesimo nono, indictione septima, pontificatus sanctissimi in Christo patris et domini nostri domini Innocencij divina providentia pape octavi, anno eius quinto, die vero veneris, que fuit tertia mensis iulii, hora sexta ante meridiem vel quasi, coram reverendissimo in Christo patre et domino, domino Alberto dei et apostolice sedis gracia episcopo Argentinensis, comite palatino Rheni, duce Bavarie Alsacieque lantgravio, in oppido Zabernia Argentinensis diocesis et curia episcopali ac in capella in eadem curia sita personaliter constituto, ego Johannes Spul publicus sacra imperiali auctoritate notarius, in subscriptorum testium adhoc specialiter vocatorum presentia comparui, ac primo litteras venerabilium et generosorum dominorum decani et capituli predicte Argentinensis ecclesie sigillo capituli signatas eidem reverendissimo domino episcopo cum ea, qua decuit, reverentia presentandas duxi atque presentavi, in quibus quidem litteris et eorundem tenore inter alia in effectu continebatur, qualiter predicti generosi et venerabiles domini decanus et capitulum venerabilem et egregium virum magistrum Johannem Geyler de Keysersperg sacre theologie doctorem, iam decem annorum spacio et ultra in doctrinis suis et vita satis probatum, bonis denique moribus et conversationibus vadum, sed etiam in scientia, opere et sermone admodum efficacem et prefulgentem, iuxta potestatem et facultatem eisdem dominis decano et capitulo alias traditam et attributam, ad officium predicature in Argentinensi ecclesia noviter erectum, cui prebenda capellania episcopi in choro dicte ecclesie Argentinensis cum omnibus et singulis redditibus, emolimentis, privilegiis et iuribus suis universis iam pridem per habentem potestatem applicata et annexa fuit cum effectu, predicto reverendissimo domino Alberto episcopo tamquam abilem et idoneum ad illud perpetuum officium habendum, tenendum, possedendum, exercendum et regendum in dei nomine duxerunt presentandum ac revera presentarunt.

Unacum eodem venerabili domino magistro Johanne de Keysersperg doctore ad predictum officium predicature, ut premittitur, per eosdem presentato, prefatum reverendissimum dominum episcopum, ad quem confirmatio presentationis predicte ac etiam prefati domini Johannis de Keysersperg doctoris ad idem officium predicature modo premisso presentati pertineret de iure, quatenus huiusmodi presentationem de persona sepedicti magistri Johannis factam, eundemque dominum Johannem doctorem ad idem predicature officium, ut prefertur, presentatum confirmare dignaretur, debita cum instantia petiverunt et obnoxius supplicaverunt.

---

[15] Standort: ADBRh Chartes G 2715 (10) (= Microfilm 1 Mi CH 99, 10); Notariats-instrument mit Signet, Notar: Johannes Anspach.

Unde prefatus reverendissimus dominus Albertus episcopus, certam de persona predicti domini Johannis Geyler doctoris, ut premittitur, presentati, ac vite, morum, scientiarum, doctrinarum eiusdem et quam sit in opere et sermone potens, ex conversatione familiari iamdudum contraxerat notitiam habens indubitatam, hinc est quod presentationem predictam de persona eius, ut prefertur, ad predictum predicature officium factam non solum, sed etiam prefatum venerablilem dominum doctorem Johannem de Keysersperg ad officium predictum cum omnibus suis pertinentiis et iuribus universis eiusdem ad antedictum officium perpetuum presentatis possidendum, regendum et laudabiliter gubernandum, auctoritate sua ordinaria approbavit, laudavit et confirmavit.

De et super quibus prefatus dominus magister Johannes Keysersperger me notarium publicum prefatum rogavit, ut hec in notam ad perpetuum rei memoriam uti notarius publicus coram testibus infrascriptis caperem, quod ita feci.

Acta sunt hec in oppido Zabernia sub anno domini indictione, pontificatu, die, loco, hora et aliis quibus supra, presentibus ibidem honorabilibus viris dominis Jeorio Eberstein Sancti Florencii Haselacensis et Marcello Seue beatissime virginis Marie in dicto oppido Zabernia Argentinensis diocesis collegiatarum ecclesiarum canonicis testibus ad premissa vocatis pariter atque rogatis.

[v]

Confirmatio Alberti episcopi presentationis Johannis Geyler de Keysersperg ad predicationis officium in Argentinense ecclesia per decanum et capitulum eiusdem ecclesie. 1489.

11. Vizedekan Graf Heinrich von Henneberg führt Geiler in das Predigeramt ein. Straß-burg, 7. Juli 1489[16]

In nomine domini amen. Anno a nativitate eiusdem millesimo quadringentesimo octuagesimo nono, indictione septima, pontificatus sanctissimi in Christo patris et domini nostri domini Jnnocencij divina providentia pape octam anno eius quinto, die vero martis, que fuit septima mensis iulii, hora nona ante meridiem vel quasi, venerabilis et illustris dominus Heinricus comes de Hennenberg, vicedecanus ecclesie Argentinensis, suo et capituli sui nominibus, iuxta mentem et tenorem confirmationis a reverendissimo domino, domino Alberto episcopo Argentinensi etc., predictis, pro parte venerabilis viri domini Johannis Geyler de Keysersperg, sacre theologie doctoris, humiliter requisitus et interpellatus, re-verendissimi domini Alberti episcopi mandatis tamque obedientie filius obedire volens, ac mandatis eiusdem reverendissimi domini episcopi debite satagens demandare executioni, prenominatum dominum doctorem Johannem ad officium predicature perpetuum et legiti-me confirmatum in mei notarii publici et testium subscriptorum ad hoc pro testimonio vocatorum et rogatorum presentia, per manum eiusdem apprehendens in choro Argentinensis ecclesie ad stallum in dextero latere non longe a stallo prepositi eiusdem ecclesie, huiusmodi officiali predicature debitum, adduxit eidemque primo in eodem possessionem vel quasi huiusmodi perpetui officii tradidit, deinde ad hostium kathedre sive sedis, in qua quilibet predicator ecclesie Argentinensis, antedictum officium predicature pro tempore possidens,

---

[16] Standort: ADBRh Chartes G 2715 (11) (= Microfilm 1 Mi CH 99, 11); Notariats-instrument mit Signet, Notar: Johannes Anspach.

predicare tenetur, per contactum hostii et manus habene, qua aperitur et clauditur idem hostium, ac demum in curia fratrum dicte ecclesie et in pistrino venerabilium et generosorum dominorum decani et capituli ecclesie in signum vere et indubitate possessionis, iuxta vim, formam et tenorem litterarum applicationis et annectionis predictarum, in nomine patris et filii et spiritus sancti successive, ut premittitur, per actus reales in talibus fieri consuetos, possessionem vel quasi omniumque predictorum dedit, tradidit et assignavit.

De et super quibus omnibus et singulis premissis dictus magister Johannes Geyler, doctor, sibi a me notario publico unum vel plura publicum seu publica fieri et confici petiit instrumentum et instrumenta, tot quot fuerint necessaria.

Acta sunt hec Argentine sub anno domini indictione, pontificatu, die, hora et locis quibus supra, presentibus ibidem venerabilibus viris dominis Adam Carnificis et Sebastiano Büchow, vicariis chori ecclesie Argentinensis, testibus ad premissa vocatis pariter atque rogatis.

[v]

Possessio officii predicationis in Argentinensi ecclesia tradita Johanni Geylerus de Keysersperg per Heinricum comitem de Hennberg, scholasticum vicequedecanum. 1489.

12. Ratsprotokoll im Streitfall um das Erbe von Hans Simmler. Straßburg, 15. Juni 1493[17]

Magister Johanns Symmelers testament und erb vor rhat verrechtiget: Nachdem magister Johanns Symmeler mit tode abgegangen, so sient Conrat von Eych und Heinrich Hußeler vor rät erschinen und begert sie von irer hußfröwen, des egenannten magister Hanns Symmelers liblicher Schwestern und nechsten erben, wegen in sin verlossen erbe zu setzen noch der statt Straßburg recht und gewonheit. Sollichs sey inen den testamentarien (doctor Keysersberg, doctor Melchior [Königsbach], magister Diebolt Schenckbecher) verkündet, syent sie für rät kommen und sich als gehorsam erzögt, aber nit in der meynunge umb den handel antwort zu geben, dann kein weltliches gebott gänge über sie uch. Uff sollichs habent die räte sich genommen zu bedenken.

Nu sient sie sithar von Conrat von Eyche und Heinrich Huseler wider angestrenget, deshalb sey ir begerunge, das indult und testament zu hören und donoch ir früntlich rede darzu.

Daruff doctor Keysersberg gerett hat, magister Johans Symmeler habe sine güter halb, sie sient darrüren von der kirchen oder sinem vetterlichen erbe, ein ordenung gemaht und verschufft armen lüten, ouch an gottsdienst und an dehein ander ende, dann do es lobelich und bestentlich sy, und siner schwestern nit vergessen, sunder inen gemacht 20 fl gelts lipgedings etc. Nach dessen todt haben die testamentarien inne gehalten das lipgeding, so ir bruder innen besetzt hatte, doch so verre, daß sie sich des erbes verzigen. Daruff habent bede swestern sich des verzigen, deßhalb kein forderunge nyemer me zu tun, und inen die slüssel übergeben. Demnach haben sie das gelt angeleit und einen brieff darüber lossen machen und inen den wollen geben, habent die swestern nit wollen nemmen. Do habent sie noch rät den brieff hinder den richter geleit. Donoch habent sie sich underwunden, witer zu suchen. Habent sie als testamentarien gerett, künnen die swestern sie underrichten, daß

---

[17] Standort der Abschrift Wenkers vom Anfang des 18. Jahrhunderts: AST 176 fol. 323 r-v (= S. 671 f.).

sollichs inen zugehöre, so wollent sie es gern tun, aber inen zu geben das andern zugehört, gebüre inen nit zu tun, und sich deshalb erbotten, für den richter darinne erkentniße zu tun, und daß sollichs uff das kürtzste zuginge one libell. Donoch habe nun herre von Straßburg selber mit ime gerett, obe ützit noch vorhandes wäre, daß inen das gevolget würde, habe er sinen gnaden geantwortet, er habe des nit macht, dann wä er das, so den armen zughörte, yemans anders gebe, täte er das öffenlich, so were er ein röuber, täte er es heymlich, so were er ein diep und solte sin gnade ine darumb stroffen, und begerte das testament zu hören. So habe sin gnade ime bevolhen, dem testament nochzugonde wie das innhielte. Donoch sy er citiert uff die pfaltz etc.

13. Brief des Dekans des Straßburger Domkapitels, Hoyer von Barby und Mülingen, an seinen Onkel Wilhelm von Rappoltstein. [Straßburg], 17. August 1493[18]

Unnßern fründliche dienst zuovore wollgeborener lieber oheim. Unns berichtet unnser lieber, besunder würdiger und hochgelerter doctor Johannes Keysersperg, vicarie unnd predicant unnsers stiffts, wie ir ime in nochsverschinen tagen geschriben habenn von eins uwers zuogewanndtten wegen in sachen meister Hansen Symlers seligen verlassen guot unnd testament betreffendt etc., mit vermeinenn, sitmals und doch söllich guot erblich zuo Straßburg gefallen sige, werde das billich vor meister unnd radt daselbß berechtigt, daß doch inn semlichen falle testament unnd vorab gegen geistlichen personen in anesehung der rechten weder grunt nach bestant hat oder haben mag, unnd mit fliß angerufft, inen by geburlichem rechten zehanthaben. So wir ime dan zuo sollichem als ein glide unnsers stiffts zuosampt der billicheit sunderlich geneigt sint, bitten wir üch mit gar ernstlichem fliß, der ding unnd bemelter fürnemes uß egerürten ursachen rüwig zusteen, wie unns dan nit zwifelt, ir eigner verstentniß zuoermessen haben billichen so verre. Aber deßen uwere meinung nit sin wolt, so wollent wir uch unnd uwerem zuogehörigen des obgenanten doctor Johansen Keyserspergs vor unnserm gnedigen herenn von Straßburgk siner gnaden oder unnserm officiall zuo recht mechtig sin und erkennen lassen, was sich gebürt, guotter zuversiht, ir das benügig sin und doctor Johannsen verrers anzuogs erlassen werden. Das wöllent wir mit zemoll gneygtem willenn gegen uch in aller fruontschafft unnd gernn beschuolden.

Geben samßtags nach assumptionis Marie, anno etc. 1493

Hoyerus etc. dechann und capittel etc.

Dem wollgebornen Wilhelmenn, herenn zuo Rappoltzstein, zuo Hohenack unnd zuo Geroltzeck am Wassichm, unserm fruntlichen oheim.

14. Dedikationsepistel von Sebastian Brant an Geiler von Kaysersberg. Basel, 15. Juli 1496[19]

Eruditissimo magistro Ioanni Geyler ex Keisersperg sacrae paginae doctori, divinarum humanarumque rerum interpreti atque insignis ecclesiae Argentinensis contionatori praestantissimo, domino ac praeceptori sibi maximopere observando, Sebastianus Brant salutem.

---

[18] Standort: AMS Domstift 91 (Liber missivarum 1491-1520) S. 79.

[19] Druck: Conradus de Alemannia: Concordantie maiores biblie (1496) fol. [a1] v; vgl. zum Hrsg. Brant J. Knape: Studien zu Leben und Werk S. Brants (1992) S. 121-123.

Platonem[20] Soloniden (sive illum solum philosophum, ut quidam, sive totius philosophiae longe principem, ut multi, certe humani generis delicias iure appalavero) eum, inquam, de academia cupidinis cygnum, qui non solum heroum virtutibus praestitit, verum etiam divum potestates adaequavit, in eo, cui Phaedro cognomentum est libello, scriptum reliquisse comperio, celeberrime magister, nihil verae virtuti et sapientiae tam contrarium quam voluptatem ignavam existere. Voluptatem autem appellat suavem in sensibus motionem, quae a sensibili indigentiae repletione proficiscitur. Eo quod indigentia et repletio repugnant, ex illa quidem cupiditas et dolor, ex hac vero voluptas scaturit. Inest enim sensibus voluptas, gaudium vero et laetitia menti. Et quam gaudium ex boni contemplatione aut aliquo virtutum usu principitur, iure suo ob id laudem meretur. Laetitiam vero vocat mentis elationem in boni alicuius possessionem, quae modestiam pariter et excedere et servare potuit. Solum itaque gaudium mentis alimoniam appellat. Quapropter (ut idem dicere solet Plato) agro similis est virtus, frugibus, virtutis contemplatio, alimoniae que ex his duobus caperit gaudium. Redeuntibus itaque animis in caelum, duo sunt praemia, contemplatio scilicet quam ambrosiam nominat et gaudium, quod nectar dicerit. Unde ait: Aurigam id est rationem, equos id est sensus, ad praesepe sistere, hoc est in contemplationem ducere, atque illis ambrosiam nectare sparsam obiicere. Ex quibus lucide apparet, voluptatem in bonis non esse numerandam, quia bonos illam possidentes non facit. Inest enim et bestiis et stultis, et ob id magis improbis quam probis accidit, cum quod bonum est contra soleat. Commiscerit idem voluptas cum malo, accidit enim eodem tempore eundem dolore afici et voluptate, ut cum sitiens bibit. Unde praeclare Flaccus[21] ait: Nocet empta dolore voluptas. Et praeterea voluptates multas impediunt virtutes. Afferunt enim (ut ad Dionisium idem Plato[22] scribit) huiusmodi detrimentum, inscitiam, inquietudinem ac petulantem stultitiam. Hinc nobilissimus apud graecos vates Homerus[23] (qui quid sit pulchrum, quid turpe, quid utile, quid non, planius ac melius Crysippo et Cantore dicit) cum in sua Iliade, varia humana expressisset vicia, a voluptate emergentia. Tandem in Odyssea utile proposuit nobis exemplar Vlyssem, virum sapientem, et qui mores huiusmodum multorum vidit et urbes, quem a Troia, id est voluptate, per varios errores in patriam, id est ad originem animi sui, rediisse asperaque multa pertulisse, Sirenum voces, et Circes pocula scribens[24]: Quae si cum sociis stultus cupidusque bibisset sub domina meretrice (hoc est voluptate imperante) fuisset turpis et excors. Vixisset canis immundus vel amica lutosus. Prudenter itaque maronius ille Aeneas suos solando comites: O socii (inquit[25]) neque enim ignari sumus animae malorum. Per varios casus, per tot discrimina rerum tendimus in Latium (hoc est optatam patriam) sedes ubi fata quietas ostendunt. Quasi diceret nefas esse extra veram patriam quaerere voluptatem (quippe cuius finis mors est, ut Anneus inquit[26]) sed in regno dumtaxat beato, verum gaudium et mentis tranquillitatem expectandam fore. Quo magis, miror, praestantissime praeceptor, cunctos pene tempestate nostra mortales usque a deo tam foede

---

[20] Am Rand: Plato.
[21] Am Rand: Horatius.
[22] Am Rand: Plato.
[23] Am Rand: Homerus.
[24] Am Rand: Horatius.
[25] Am Rand: Uirgilius.
[26] Am Rand: Seneca.

tanquam passim in ipsam spurcidicam voluptatem Sybariticosque[27] ludos ruere, quos non pudet ad morem discincti vivere Nactae[28], quibus pulchrum videtur in medios dormire dies, et ad strepitum Cytharae cessantum (hoc est ignavorum) ducere curam. Interim, ut divina afflatus spuma Maro[29] noster dixisse mihi videatur superasque evadere ad auras hic opus hoc labor est pauci, quos aequus amavit Iuppiter, atque ardens evexit ad aethera virtus. Pauci, inquam, et vix numero quot Thebanorum portae. Sed quorsum haec, iucundissime magister[30], nisi ut intelligas me una cum Democrito perpetuo risu pulmonem agitare solere, cum videam curas, nec non et gaudia vulgi. Id quod et alioquin te contionantem plerumque detestari audivi, magnum quidem huiusmodum esse numerum, paucos vero homines, hoc est ratione, viventes, quos sola parte a bestiis distamus. Quod et Horatius testatur: Nos numerus (inquit[31]) sumus, et fruges consumere nati sponsi Penolopes, nebulones alcinoique. Somno enim luxuque et inertia perdite defluimus adeo, ut nisi Socraticis praeceptis bonisque institutis (qualia tu declamare soles) ad bene beateque vivendum impellamur, actum sit et de nobis et salute nostra, perimus cogemurque mox tristes sine luce domos, et opaca subire Tartara[32]. Et ni poscemus citius librum cum lumine, si non intendemus animum studiis et rebus honestis, et viciis et amore mali torquebimur, inquit Flaccus. Poscamus inquam librum divinae legis, super cuius corruptione sanctissimus ille Esdras scriba[33] cum universa multitudine flevisse legitur. Librum, inquam, cum lumine, hoc est explanatione et quadranti concordantia[34], que non omnibus demonstrata est (ut ille ait) sed tibi, et tibi similibus paucis. Lumine, inquam, sapientiae et intellectus, de quo scriptum est: Et in lumine tuo videbimus lumen[35]. Id quod animadvertentes viri praestantes Ioannes Petri de Langendorff una cum Ioanne Froben de Hammelburg impressoriae artis primarii opifices, librum scilicet concordantiarum legis divinae corruptum fuisse et absque decenti lumine, tanquam alter Helchias repertum in domum domini inferre conati[36], emendationi elimationique condignae operam navantes, quaecumque antea ab impressoribus corrupta, transposita, variata et minus integra fuere, in luculentam erexere consonantiam, librorum quotas capitulumque numerum, ac litterarum transpositionem in antiquis exemplaribus compertam depravatamque, ad amussim reformarunt restauraruntque. Textum etiam bibliae integrumque constructum, ad plena usque comata, haud facile alibi aeque comperies. Sunt etenim hic singula verba in originalibus ipsis magno cum labore et impensa denuo revisa et iustificata. Addo praeterea circa secundum Esdrae librum condignam immutationem in hoc nostro opere factam, quippe qui sub Neemiae vocabulo, suum iure postliminii recuperavit quotam. Tu igitur mi suavissime praeceptor, hoc nostro communi opere plurimum oblectatus diu valeas, foelicique aevo fruaris oro. Ex Basilea idibus Iuliis, anno M. cccc. xcvi.

---

[27] Am Rand: Iuuenalis.

[28] Am Rand: Horatius.

[29] Am Rand: Uirgilius.

[30] Am Rand: Iuuenalis.

[31] Am Rand: Horatius.

[32] Am Rand: Horatius.

[33] Am Rand: 3. Esdras 8.

[34] Am Rand: 4. Esdras 8.

[35] Am Rand: Psalm 35.

[36] Am Rand: 2. Paralipo 34.

15. Vertrag zwischen dem Straßburger Domkapitel, den Kartäusern und Geiler über einen Jahreszins von 48 fl. [Straßburg], 17. Oktober 1496[37]

Noverint universi has litteras inspecturi, quod cum ad dei omnipotentis gloriam, ecclesie sue edificationem animarumque salutem procurandam venerabilis et egregius vir magister Johannes Symeler, in decretis licentiatus, ecclesie Sancti Petri minoris Argentinensis canonicus, dum viveret, venerabilibus ac religiosis fratribus priori et conventui ordinis carthusiensis, domus montis Beate Marie virginis prope Argentinam site, censum quadraginta octo florenorum rhenenum hac condicione donasset, ut videlicet ipsi fratres carthusienses de prefata summa per eosdem annuatim sublevanda quatuor florenos in suos usus recipere et convertere ac quatuor florenos ad officium predicature maioris ecclesie Argentinensis per venerabiles, illustres et generosos dominos decanum et capitulum eiusdem ecclesie erectum, necnon reliquos quadraginta florenos actu studentibus in theologia in subsidium studii ipsorum, iuxta ipsius quondam magistri Johannis Symeler, si superviverit, dispositionem, sin autem venerabilis ac eximii viri magistri Johannis Geyler de Keyserßberg, professoris sacre theologie, pronunc predicatoris predicte ecclesie Argentinensis, cui idem quondam magister Johannes Symeler ea in re secundum certi publici instrumenti desuper confecti tenorem plenariam dedit disponendi facultatem eandemque donationem prenominati fratres carthusienses secundum tenorem publicorum instrumentorum desuper confectorum acceptassent et prefatus magister Johannes Symeler morte proventus nullam fecisset ordinationem, volens ipse magister Johannes de Keyserßberg commissionem sibi factam fideliter exequi, cum predicatorum fratrum carthusiensum scitu et consensu disposuit et ordinavit in hunc qui sequitur modum.

Inprimis videlicet quod procurator domus carthusiensis pro tempore existens singulis annis colligat memoratum censum quadraginta octo florenorum, de quibus prior eiusdem domus pro tempore annis singulis infra quindenam post sublevationem seu imbursationem dicte pecunie totalis porrigat, domino predicatori ecclesie Argentinensis pro tempore ex officio predicanti quatuor florenos sibi reservandos et quadraginta florenos distribuat duobus actu studentibus in theologia secundum modum statim inferius contentum, reliquos vero quatuor florenos retineat sibi prior pro domo sua in recompensam laboris ac sollicitudinis, quam in hoc pio negocio habebit aut habuerit, deinde quod prior dicte domus carthusiensis et predicator ecclesie Argentinensis pro tempore existentes simul habeant facultatem eligendi tales studentes quotienscumque opertunum fuerit, quod si eos in electione huiusmodi discrepatum ire contingerit, tunc cui ex hiis dominus decanus maioris ecclesie Argentinensis aut vices eius gerens assenserit, eidem stipendium prestetur.

Item quod eligendus sit et esse debeat honeste vite, non male fame, boni ingenii, bene doctus in artibus liberalibus et actu in eisdem magister, ad latine et theutonice loquendum aptus ac facundus, de quo spes sit, eum opere et doctrina reipublice Christiane profuturum. Hiis autem conditionibus carentem vel aliunde locupletem nullatenus eligant, hiiusmodi electo studenti assignent stipendium viginti florenorum, quod habebit ad spatium decem annorum et non ultra. In quo ipse continuet studium in theologia formaliter procedendo usque ad licentiam. Retineant tamen dicti electores plenam facultatem revocandi talem assignationem, quando et quotienscumque eis visum fuerit oportunum, precipue autem si

---

[37] Standort: ADBRh Chartes G 2715 (15) (= 1 Mi CH 99, 15); Exemplar des Hochstifts; drei Siegel, v. li. n. re.: Größeres Siegel des Domkapitels, gewöhnliches Siegel der Kartäuser von Straßburg und Geilers Siegel (vgl. die Abb. 1 in dieser Arbeit).

electus studens segnius, quam par esset, studio theologie incumberet aut reprehensibiliter viverit, vel in predicto ipse ex alia subventione quacumque habundare inciperet. In hoc autem discernendo et iudicando, quemadmodum prius in eligendo, prioris et predicatoris pro tempore iudicio omnino standum erit et nullius alterius expectetur iudicium, sed confestim ad eorum sententiam studens talis sit stipendio privatus. Debet autem studens electus operam dare theologie in universitate aliqua, ubi theologica facultas fuerit in vigore. Quod etiam in quinto anno vel circa, vel cum factus fuerit baccalaureus formatus, si requisitus fuerit a predicatore pro tempore, teneatur in propria persona in Argentinam venire et actum publicum facere, positionem theologicam per se tenendo vel ad questionem theologicam respondendo, si predicator pro tempore vel alius de eiusdem predicatoris consensu sibi presidere voluerit, aut saltem sermonem latinum facere in monasterio fratrum carthusiensium supradictorum, hoc ipsum faciat anno decimo completo vel alio quovis ipse requisitus.

Item iuxta desiderium institutoris, videlicet magistri Johannis Symeler, si aliquis talium studentium in talem pervenerit statum domino concedente, quod sororibus monasterii Penitentium in Argentina prodesse valeat, consilio vel auxilio hoc faciat propter deum fideliter. Item si census huiusmodi quadraginta octo florenorum decresceret (quod dominus avertat) vel propter luitionem aut aliam quamvis causam solutio aliquo anno non plenarie fieret, tunc secundum proportionem remanentis summe subveniatur uni vel duobus iuxta arbitrium prioris et predicatoris pro tempore existentium. Quod si prefatus census omnino deficeret, non sint obligati prior et conventus nominati, nec eorum successores sicuti etiam ipsa equitas docet. Quod etiam in omnem eventum sepedictus census in alium usum quam prescriptum est non convertatur.

Et si eundem censum in futurum in toto vel in parte a venditore vel venditoribus redimi contingeret, alius pro illo precio ematur census, si et quando et quantocius commodo se fieri poterit.

Item si officium predicature in ecclesia Argentinensis quacumque ex causa extingui contingeret (quod dominus avertat) tunc census quatuor florenorum predicatori assignatus cum facultate eligendi studentes pleno iure devolvatur ad priorem et conventum domus pretacte, qui tunc poterunt per se eligere vel alium coelectorem instituere, prout eis videbitur pro gloria dei expedire.

Item quod in omnibus hiis fratres carthusienses nullas sustinere habeant expensas vel dampna. Et ipsorum consciencie similiter et domini predicatoris pro tempore existentium gravari non debent, si casu aliquo forma talis omnino non servaretur. In quantum tamen valuerint, studeant hanc formam observare et faciant fideliter prout ipsis dominus donaverit.

Specificatio vero census, de quo supra sit mentio, sequitur et est: Primo redditus triginta duorum florenorum quos generosus et nobilis vir dominus Philippus comes in Hanowe et dominus in Liechtenberg singulis annis in festo Sancti Urbani pape ac martiris[38] de castro et opido Buohßwiler et villa Hatten et aliis villis in das Hattgow spectantibus et ipsorum attinentiis universis solvere et dare dicitur iuxta tenorem instrumenti desuper confecti, qui sunt revendibiles cum octingentis florenis.

Item redditus sedecim florenorum, quos procurator fabrice ecclesie Argentinensis singulis annis in festo Sancti Urbani pape et martiris de certis eiusdem fabrice redditibus in instrumento venditionis specificatis solvere et dare dicitur, qui sunt revendibiles cum quadringentis florenis.

---

[38] 25. Mai.

In quorum omnium et singulorum permissorum fidem et evidens testimonium prioris et fratrum carthusiensium supradictorum commune sigillum insuper et domini predicatoris similiter prescripti sigillum presentibus publice fuerit apprehensa.

Nos vero Hoyerus comes in Mülingen, dominus in Barbj, decanus[39], et capitulum ecclesie maioris Argentinensis, collatores officii predicature dicte ecclesie nostre, videntes hanc ordinationem et sperantes eam ad gloriam dei et multorum saluti profuturam, idcirco ordinationi eidem plenum damus consensum, approbantes, quantum in nobis est, hoc tam pium opus cum appensione maioris sigilli capituli nostri pro nobis successoribusque nostris universis.

Datum in profesto Sancti Luce ewangeliste. Anno domini millesimo quadringentesimo nonagesimo sexto. Huius tenoris tria sunt instrumenta, quorum unum apud venerabiles, illustres et generosos dominos decanum et capitulum maioris ecclesie Argentinensis[40], aliud apud priorem et conventum, tertium vero apud dominum predicatorem remanent antedictos.

[v]

Ordinatio magistri Johannis Geyler de Keysersperg predicatoris ecclesie Argentinensis ad subscripta constituti, per quondam Johannem Symler, canonicum ecclesie S. Petri iunioris, de consensu fratrum domus carthusiensis apud Argentinam, auctoritate quoque decani et capituli ecclesie Argentinensis factam, quod 8 [florenos] reddituris, 48 florenos eisdem fratribus per prefatum Johannem Symler donatis, reddititus 4 florenos officio predicature, item redditus 4 florenos domo carthusiensis residuique redditus 40 florenos duobus per priorem domus antedicte unacum predicatore clericis, in theologia studentibus, cedant. 1496.

16. Dedikationsepistel von Johannes Winkel an Geiler. Straßburg, 7. März 1500[41]

Eruditissimo magistro Johanni Geiler de Keyserßberg, sacre theologie doctori, divinarum humanarumque rerum interpreti atque insignis ecclesie Argentinensi concionatori fructuosissimo, domino ac praeceptori sibi maximopere observando, frater Johannes Winckel de Hallis, ordinis praedicatorum praefate facultatis professorum minimus. S[alutem] P[lurimam] D[icit].

Miraris forsan, doctissime vir, me (etiam ineptum, ut ingenue fatear) tantos assumpsisse labores: quasi non sit, qui vel huic muneri obeundo par sit vel qui tantos voluisset subire labores. Equidem plures scio viros sane doctissimos, qui huic labori pares forent, immo plus quam satis est, sed quis nolentem cogetur, an quis doctissimus quousque laborem refugit: mihi protinus, quantuluscumque sum, dormitandum est. Dent, oro, superi, ut et illi ad laborem iam tandem exurgant. Ego interea lateribus meis non parcebo, neque oculis indulgebo somnum. Excitavit autem ad hunc laborem ingenium meum tum amor, quem in doctorem illum Sanctum Thomam Aquinatem habeo, tum horum librorum, quorum haud omnibus copia fuit, hactenus mendositas. Quid hic attinet et clarissime virtuosi scriptores excandescere, immo (ut aptius dixerim) in transscribentes, cum et hoc vicio (quod tamen nefas puto) etiam sacri codices scatent, et ut multa transeam, hoc unum adduxisse sat erit,

---

[39] Vgl. zu ihm S. 147 Anm. 110.

[40] Exemplar, das der vorliegenden Transkription zugrundeliegt.

[41] Druck: Thomas von Aquin: Questiones disputate (1500) fol. arab. 2 r.

ex canone biblie in libro Geneseos de vita Mathusalem, ubi si verum est, quod de annis Mathusalem, antequem genuisset filium, quem vocavit Lamech, in latinis reperitur codicibus, quattuordecim annis post diluvium Mathusalem vexisse computabitur. Cum tamen scriptura ex omnibus, qui in terra tunc fuerant, dumtaxat octo homines in archa exitium commemorat evasisse diluvii, in quibus Mathusalem non fuit. Hanc inter latinos, grecos hebreosque codices diversitatem sunt, qui vicio dant scriptorum, sunt qui assignent studio interpretum, utrum horum sit acceptandum, diligens lector animadvertat. Quod si tam magna diversitas in codicibus, qui fere in manibus sunt, admitti potuit, quid fieri de his credendum, qui rarissime perleguntur, immo nec leguntur quidem. Castigavi ergo, ut vel iam quinque legantur. Fecimus (si tamen nacti sumus, quod cupimus) obscura clara et quod lateruerunt prodire in lucem. Non nova cudimus, sed deformata reformavimus. Volui autem hunc meum laborem tibi potissimum dicare, cum vidissem hic fidem orthodoxam firmari, vicia reprehendi, virtutes plantari. Hec sunt que fructuosissime a multis iam retroactis annis et hodie concionaris, que tanquam fidelissimus domini praeco publice proclamas. Habes hic, humanissime vir, quam tersissime castigatas divi Aquinatis questiones (quos disputatas appellant) De potentia dei, De unione verbi, De spiritualibus creaturis, De anima, De virtutibus et De malo: munus benivolentie quam maxime in te mee. Apposui autem indicem materiarum notabiliumque dictorum in his praenominatis questionibus disputatis contentorum secundum ordinem literarum alphabeti, ita ut primus numerus opusculum ostendat, secundus vero materiam vel quaestionem, tercius autem articulos et argumentorum solutiones demonstrat. Sed tu iam tandem, mi suavissime praeceptor, hoc nostro communi opere quamplurimum oblectatus diu valeas, felicique evo fruaris, oro.

Ex Argentina anno quingentesimo super millesimum, nonis marcii, que erat celebritas divi doctoris.

17. Brief von Geiler an den Straßburger Ammeister Florenz Rummler. [Straßburg, zw. 7. und 25. Januar 1501][42]

Gar fürsichtiger ersamer wyser lieber herr, ich bitt üwer wyßheit, so ferr üch das nitt mißvallet, uff zinstag oder mittwoch ze berüffen die ret und xxi und hören min anlygen, ouch antwürt uff das anbringen, so an mich im nammen eines ersamen rats gelanget hatt. Wellend by dysem mynem diener einen üch gefelligen tag mir bestimmen.

Üwer williger Johannes. Prediger zum münster.

[v]
Doctor zum münster.

18. Brief von Geiler an den Straßburger Altammeister Obrecht Armbruster und den Fünfzehnermeister Peter Arg. [Straßburg], 27. März 1501[43]

Fürsichtigen wysen lieben herren, noch demm nechsten und letsten abscheid, das ich (sitten mol ich mich des erbotten hab) überantwurten mög die artikel, so ich denn in gegen-

---

[42] Vgl. die Abb. 9 in dieser Arbeit. Standort: AMS R 30, fol. 190 r-v; zum Datum vgl. oben S. 183.

[43] Standort: AMS IV 105 b; Siegelabdruck, ohne Wachs.

wirtikeit eines ersamen rats verlesen hab in hoffenung, es werd guot, hab ich dyse artikel myner mancherleyg anlygen halb nitt er mögen lossen abschriben und die also abgeschribnen rechtvertigen, wie ir sy denn also sehen, und also bißhar verzogen, schick ich üch nunzemal zuo in grosser hoffenung, ein ersamer rot werd handlen, das die er gottes sy vor allen dingen, der selen heil, der statt er und nutz mitt sampt aller irer inwoner und nitt lassen erligen. Was ich dor zuo geroten und hellfen mag, wil ich willig sin. Datum 27 marcii, 1501.

Joannes Keisersperg.

[v]

Den fürsihtigen und wysen herr Obrecht Armbroster und herr Peter Argen, alt ammeister und funffzehner meister zu Strasburg.

19. Dedikationsepistel von Sebastian Brant an Geiler. Straßburg, 17. September 1501[44]

Eruditissimo magninonis et fame theologo magistro Iohanni Geiler ex Keysersperg, Argentinensis ecclesie concionatori praestantissimo, Sebastianus Brant salutem.

[A]ristippum socraticum philosophum, cum e naufragio eiectus Rhodum applicuisset, cum paucis quibusdam comitibus ibique in gymnasio de philosophia disputans, grandi ere donatus fuisset, quo non tantum se, sed quoque, qui una fuerant, vestitum et cetera, quod opus essent ad victum, habunde prestaret, cum eius comites in patriam reverti voluissent, interrogarentque eum, quidnam vellet domum renuntiari, ita respondisse ferunt. Eos videlicet dicere debere suis concivibus, eiuscemodi possessiones et viatica liberis oportere parari, qui etiam e naufragio una possent enarare. Ego vero, prestantissime magister rerumque mearum unice praeceptor, cum pridem oratiunculam quandam Wimpfelingij viri unde-cumque doctissimi, in gymnasio Heydelbergensis nuper pro contione habitam praelegissem, in qua non modo de virginali annunciatione theologice differint, sed et de bonis litteris et studiis deque reformandis in adolescentia iuvenum moribus virtutibusque inserendis ac postremo de pace et concordia invicem in loco studii universalis fovenda. Non minus philosophice quam christiane peroravit, incredibile dictu est, quanta profusus fuerim letitia, nam profecto talem sese ea in oratione ostendit, qualem et diuturna illius conversatio et studiorum suorum professio. Vitam illum hactenus vixisse honestam et intaminatam, cunctis notitia sui habentibus in propatulo claret. Nec facile aliter quam de virtutibus rebusque bonis bonus vir loqui poterit. Nam quemadmodum gentilicie quedam familiarum note feruntur ut Seleucidarum ancora, Pelopidarum eboreus humerus, Aenobarborum rutila barba, sic philosophi omnes habere hoc in primis veluti insigne debent, ut sint mendacii osores, veritatis amatores. Quamquam aliquid quoque mendacium philosopho congruit, cum seipse et sua extenuat, quali Socrates ironia fertur eleganti usu adversus inflatos sophistas, cum diceret hoc solum scire, quod nihil. Talem plane et seipsum exhibet hic noster Iacobus, qui cum omnium bonarum artium per quem anxie eruditus existat, habitu tamen vitaque et incessu, omnium humilimut apparet, ur pene indocto, doctissimus ipse assimilis esse puterit. Tradidit autem ea in oratiuncula eiusmodi documenta, qualia tu, suavissime magister, ad populum declamare soles, qui sunt vera vitae praesidia, quibus neque fortune tempestas

---

[44] Druck: J. Wimpfeling: De annuntiatione angelica (1501) fol. giii v-giiii r.

inique, neque publicarum rerum mutatio neque belli vastatio potest nocere. Id quid et Theophrastus docet, hortando bonos doctosque potius esse quam pecuniae confidentes. Dum ait: Doctum ex omnibus solum neque in alienis locis peregrinum neque amissis familiaribus et necessariis inopum amicorum, sed in omni civitate esse, difficilesque fortune sine timore posse despicere casus. Sed vel longior hoc epistolio sim quam negotii qualitas expostulet, fac amabo sui preceptor, et cum quod otii nactus fueris hanc oratiunculam legito, me ama.

Argentinae ex edibus nostris. XV. kal. octobris, anno millesimo quingentesimo primo.

20. *Protokoll einer Einlassung Geilers vor dem Straßburger Rat im Rechtsstreit der Reuerinnen. [Straßburg, 12. Mai 1502][45]*

Doctor Keysersberg seyt, es hette ein sache an die rete gelanget antreffen die fröwen zun ruwerin, anders dann die an ir selbs sy. Dann wä die rete der sachen reht underrihtet werent, meynte er nit, das sie in der sache gehandelt hettent, als er beriht werde, gehandelt sy. Und habe die sache die gestalt: Es sy ein person kommen zu den fröwen zu den ruwerin, sy ir wol vier byeinander gewesen, und habe ine zu verstende geben, sie hette willen gon Rome. Und habe inen geben ein summe geltz mit bevelhe, obe sie underwegen von tode abeginge, so soltent sie iren erben geben 30 fl und das überige anleigen an gots dienst. Nu sy ein person, ir swestertohter, harwider kommen und habe geseit, ir besel sy dot und habe ir an irem ende bevolhen, das gelt widerumb by inen zu erfordern, und des zu urkunde ein slüssel und einen zedel broht und doch deheyn urkunde vom bihtvatter oder jemans anders, das sie das testament, so sie vormols gemaht widerruft hette. Und habe die fröwen vor dem official, ir ein ordelicher rihter, furgenommen. Und so ir doselbs ir wille nit gelanget ist, so habe sie die fröwen für uns furgenommen und das gelt für ein erbe angelanget. Und wiewol ir schaffener von iren wegen erschynnen sy und usserthalb rehts, des er sich protestiert, geret habe, er wolte sollichs an die fröwen bringen, so habent die rete darüber erkant, sie sollent uff hüt antwort geben, oder sie wöllent die person in das erbe setzen. Nu habent die rete nit über sie zu gebieten, dann sie sient geistlich und gefryet und exempt. Und als

---

[45] Konzept zu dem Protokoll: Ich wil gen Rome – gibe üch erben 30 fl, das überige anleigen an gots dienst; sie harwider, besel dot – habe gelt bevolhen ir wider – wortzeichen, slüssel, zedel – erbotten zwen man, sie ouch 2 – was die; nit urkunde widerrüffet vor bihtvatter oder jeman – fürnemmen mit geistlichen – hie fürgenommen genant für erben; mit guter consciencie nit lossen, die nit nemmen, doch mit gehelle eins bischof; sie für erbe angelanget – er gerett, nit antwort in reht – ir erkant, sol anwort geben oder insetzen; sie geret, nit me dann 30 fl, die ir zugehörent; ir merckent – üch verahtent – geistlich rihter angerüffet – wann ein weltlicher einem geistlichen mit weltlichem gericht im banne – ime bevolhen als öbern; sie sint gefryet – habent nit über sie gebieten – sint under schirm, solt also sin ellender schirm – begerent gütlich oder wisen – sie nit burgerin – über sie nit zu rihten – geistlich vor ordelich rihter – sie under üch nit gehörent; [am Rand:] bedanck 8 tage; 2 yederteil 2 oder für geistlich gericht oder bedanck 8 tage (Abschrift mit kleineren gekennzeichneten Auslassungen von Jacob (II.) Wencker mit dem Titel »Die frawen zu den Ruwerin, erbhalben«, wohl 1. Hälfte 18. Jh. (AST (Varia ecclesiastica 11) 176 fol. 323 v-324 r (= S. 672 f.)).

ungern die rete woltent, das inen yemans in ir friheyt trüge, als unbillich sy es, das die rete mit sinen zwange den fröwen in ir friheyt tragent. Ouch so gebent die reht, wann ein weltlicher rihter einen geistlichen mit weltlichem geriht understande zu zwyngen, so sy er im banne. So sient sie in der stat schirm: Wann es also solt sin, so wer es ein ellender schirm. Und die rete habent über sie nit zu rihten, und gehörent nit under die weltlich gebiet. Nochdemm habent sie sich erbotten für 4 manne, und was die mit guter consciencie erkennent doch mit gehelle eins bischofs, das das doby blibe, dann das testament zu andern habent sie nit zu tun one einen bischoff. Begerte daruff, die sache in der gütlicheit zu wisen für die vier oder rehtlich für geistlich gericht oder inen einen bedanck zuzelossen 8 tage. Ouch hat er gerett, er sy der fröwen zu den ruwerin oberer und sy schuldig, sie zu hanthaben, und ime bevolhen von irem öbersten. Ouch hat er gerett die persone, die das testament gemaht habe, sy nit burgerin, so sy die, so das gelt forder, ouch nit burgerin oder noch derhant erst burgerin worden, so sy das erbe hie nit gefallen sunder zu Gumpestelle[46].

21. Mandat von König Maximilian I. an den Rat der Stadt Straßburg. Augsburg, 21. Mai 1502[47]

Maximilian von gots gnaden römischer kunig zu allenn zeiten merer des reichs etc.

Ersamen lieben getrewen, uns hat angelanngt, wie vor nechsverschinem jar ain ewr mitbürgerin, als sy gen Rom ziehen wellen, etlich gelt unnd silber hinder priorin unnd convennt der rewerin gotzhaus bey euch gelegt mit sölhem bevelh unnd abschid, ob sy unnder wegen mit tod abgen wurd, daz sölh guet dem gotzhaus bleiben, an gotsdiennst gelegt. Unnd davon ainer frawen, genannt Adelhaiten, so sy zu irer mitgefertin genomen hab, dreissig fl remisch volgen solten. Da nu ain jars zeit verruockt, sölle die Adelhait kumen sein, der gedachten frawen tod geöffnet und gesagt, wie sy ir das guet alles zu iren hannden zunemmen, davon etlihe ding auszurichten, unnd daz übrig zubehalten bevolhen. Unnd darumb priorin unnd convennt, als sy ir das auf ire wort nit antworten wellen, anfenngklich für den official fürgenommen, daselbs von der beruerten maynnung des geschäfts gelassen, sich für ain erbe des guets unnd daz ir das von den rechten erben übergeben wär, dargeben. Darnach ewr burger recht angenommen, inen vor ewr stat recht fürgepoten unnd da gebeten haben, sy als den erben in das guet einzusetzen, wo dann priorin unnd convennt etwas zu ir zusprechen hetten. Darumb wolt sy vor dem ammaister gerecht werden mit weiter erlossner hanndlunng etc. Des sich priorin unnd convennt beswären, unns auch, wo dem also wäre, befrembdet. Demmnach solcher dem als obangezaigt ist, emphelhen wir euch mit ernnst unnd wellen, daz ir die sach vor dem official, dahin sy gehört und angefanngen ist, pleiben unnd priorin unnd convennt auch menigelich von iren wegen mit dem fürpot ewr stat recht unbesuecht unnd unbeswärt lasset. Sy auch nit dringet, das guet heraus zugeben, sölhes auch den erben nit gestatet, sonnder das guet priorin unnd convennt bis zu austrags rechten ynnelasset unnd hiewider nit tuet. Ob ir aber in dem allem ainicherlay beswärung unnd einred zuhaben vermaynnet, unns desselben fürderlich berichtet. Daran tuet ir unnser ernstliche maynung.

Geben zu Augspurg an sambstag nach phingsten, anno etc. 1502, unnsers richs des römischen im sibenzehennden jaren.

---

[46] Santiago di Compostella (das meint auf Pilgerschaft, hier nach Rom).
[47] Standort: AMS II, 63 (73), 1 (1502).

[v]

Den ersamen unnsern unnd des reichs lieben getrewen etc. maister unnd rate der stat Straspurg.

22. *Mandat von König Maximilian I. an den Rat der Stadt Straßburg, Geiler betreffend. Augsburg, 17. Juni 1502*[48]

Maximilian, von gotts gnaden romischer künig etc.

Ersamen lieben getrewen, wir zweyffeln nit, ir mügt wissen, das wir den ersamen unnsern lieben andechtigen Johannsen Keysersperger, doctor, verschiner jar aus sondern gnaden, so wir zw ime tragen, zu unnserm capplan aufgenomen unnd ime darmit alle freyhait, eer vortayl unnd recht, so annder unnser caplän haben gegeben. Unnd dieweil er nü an stat der ersamen unnserer lieben andechtigen enim abbtissin unnd convent sannd Maria Magdalena gozhawss bey ewch in ainem hanndl gegen ainer frawen genant Adelhait enim vor ewr steet, in dem er sich gewallts besorgt unnd beswärt, so emphelhen wir ewch mit ernst, ir wollet unns in solichem hanndl gehorsamlich ansehen, den genantten doctor Keysersperger alls unnsern caplän unnserer gnad eeren unnd freyhaitten geprauchen lassen und ine, auch die benanten abbtissin und convent, in der unnd andern sachen umb unnsern willen wol bevolhen haben, inen obgedacht gewalt und kain unpillichait noch beswärd zufiegen. Solhes auch niemands der ewren gestatten, sonnder sy vor ewr unnd manigklichs gewalt vertragen und schirmen, alls ir zuthun schuldig seit unnd wir unns zw ewch versehen. Daran thut ir unnser ernstliche maynung.

Geben zw Augspurg an freyttag nach sant Veitts tag, anno domini 1502, unnsers reichs im 17. jaren.

[v]

Dem ersamen unnsern unnd des reichs lieben getrewen etc. maister unnd rete der stat Straspurg.

[In anderer Schrift:] Kaisersperc.

23. *Ein Straßburger Ratsausschuß berät über Amortisationsgesetze (vgl. das dazugehörige Gutachten von Sebastian Brant, Nr. 24). Straßburg, [zw. 27. Januar 1501 und 9. Dezember 1502]*[49]

Die Herren, die geordent sint zu ratslahen der beswerunge halb, so der gemeynen stat anligen ist gegen der pfaffheit, habent sich dovon underrett des ersten betrahtet, was die puncten sollicher beswerunge sient, und daruff gedoht an dise nochgeschriben artickel:

Item das sie kouffent hüsere, höfe und eigenschafft in stat und burgbanne und ouch ewige zinse. Und was sie also an sich bringent, das ist den burgern entzogen und kumberlich uß irer hant yemer me zu bringen, noch dem sie ein ordenunge under inen gemaht haben sollen, semlichs nyemer me an die leyesche hant lossen zu kommen.

---

[48] Standort: AMS 314, 14 r-v; aufgedrücktes Wachssiegel fehlt zum größten Teil.

[49] Standort: AMS II 123, 8 fol. 89 r-v; zum Datum vgl. oben S. 212.

Wie do zu ordenen wer, das dehein burger deheiner stifft oder priesterschaft in gemeyn oder in sunders dehein hüser, höfe, ewige zinse oder eigenschafft zu kouffen geben solt in der stat oder burgbanne.

Der ander welher pfaff stürbet one einen fertonem, den erbet ein bischoff, das lot man by altem harkommen bliben.

Aber als die pfaffheit yetz inen nuwerunge für nymmpt, das nye me gewesen ist, die fertones abetunt und indulten von eym bischoff erlangent und daruff testament machent und testamentarios setzent und alles ir gut hinweg machent und ire nehsten erben enterbent, domit dann ouch geverlich umbgangen wurt. Wie do sollichs wer zu versehen, das die nehsten erben nit also gar enterbet wurdent und woltent die priesterschafft ye nit, das die weltlichen sie erbetent, das dann sie die weltlichen ouch nit erbetent. Dann sich begebe ouch, das vatter und muter uff einen sun legent zu schulen, domitt ander kinde destermynner von inen erbent sollent, do die selben kinde donoch, so sie des wider ergötzet werden, soltent des also entsetzett werden, sy unbillich.

Item als die pfaffheit sich vermessent vil ewiger zinse in diser statt uff husern und gütern zu haben, darüber sie weder briefe noch sigel hant oder zoigen wöllent. Wie do zu erlangen wer, das sie solliche zinse müstent geben abe zu lösen, als geseit wurt, das ettliche stette semlichs erlanget haben sollent als Augesburg, Basel, Bern, Spire, Franckfort, Nüremberg, Ulme.

Item an den selben stetten zu erfaren, wie sie sollichs zu wege broht habent und in wellicher forme oder wä sie sollichs erlanget habent.

Item als in den grossen kriegen und gescheffden, die ein stat in vergangener zit gehept hat, besunder in dem burgundischen kriege, grossen costen gelitten hat mit ußgeben vil gelts und die pfaffheit hie sitze die richsten und mehtigsten sient und genyessent der stat friheit und irs schirms und der stat an sollichem nützit zu stüre komment; desglichen die advocaten, notaryen und schribere an den geistlichen gerichten: Wie do zu ordenen were, das sie der stat in sollichen gescheffden, so es inen ir libe und gut als wol gültet als den burgernn, mitliden an sollichem costen hettent und den hülffent tragen noch zymmlicheit. Desglichen ouch die statt costen hat wie unfride und uffrure im lande verschen werde, do die geistlichen vil im lande habent und das ir als wol beschirmet wurt als der burger gut, das sie ouch daran ettwas zu stüre kement.

Item zu ordenen, wa yemans wer, der do sin selgerete oder jorgezyt wolte machen, das der sollichs mit barem gelt ußrihtete und nit mit eigenschafft oder ewigen zinsen.

Item der notaryen und schriber halb, als die wöllent fry sin und der stat nit dienen innhalt der rahtunge zu Spire[50] und ettlich ander sich ouch darin flehtent und fry sin wöllent witer und me, dann von alter harkommen ist.

---

24. Gutachten von Sebastian Brant zur Amortisationsgesetzgebung (vgl. den vorigen Text). Straßburg, [zw. 27. Januar 1501 und 9. Dezember 1502][51]

Strengen vesten etc., den handel berierend die beswärung der geistlicheit hab ich so vil ich der zitt und ander uwer wißheit gescheffte halb mir möglich gewesen ist, besiehtiget

---

[50] Vgl. oben S. 206 Anm. 58.

[51] Standort: AMS II 123, 9 fol. 90 r-91 v (Hand von Sebastian Brant); zum Datum vgl.

und noch dem der selb wittlöuffig und ettwas vil irrung uff im tragen, mag es worlich in mir wol der swerst handel geahtet werden, der mir zu handen ye komen ist und in welchem als sörglich zu rotten und als beträchtlich zu handeln wer. Dann so ich ersuch vermög und innhalt beyder geistlichen und keiserlichen rechten, fynd ich allenthalben, daß dehein leyesch oder weltlicher gewalt oder oberkeit soll noch mög setzen, statuieren ordenen oder gebietten noch verbietten, daß do sig zu abbruch oder mynderung der hab und güter oder verhynderung eins vorzustanden oder kunfftigen nutzs der kirchen, gottshuser oder geistlicheit in der gemeyn oder insunders irer vorgegebner oder erlangten fryheiten. Dann also spricht das keiserlich reht [...]: Unnutz und verniehtet sint alle gesatz und gewohnheiten, so wider der kirchen fryheiten oder geistliche persona durch die stett oder weltliche gewalt, rattsherren oder all andere personen witter dann geistlich und keiserliche gesatz zu lossen, ingefiert, uffgesetzt oder gebrucht werden. Sollen ouch solch ordenung und gesatzde als untöglich geschehen, krafftloß im rehten geahtet werden und die, solch ordnung machen oder uffsetzen, die swäre pen do selbst vergriffen ingefallen sint: nemlich entsetzung alls irs gewalts und regiments, mit sampt infall keiserlich aht der statt oder land, do solchs geschicht, und verlierung tusent marck silber aller deren, so solchs uff setzen, ratten, helffen, diehten, schriben und welche dar noch urteiln, sint von rehten verlymbt personen, und was sie handlen oder urteiln ist krafftloß etc. [...].

Zu dem setzt uff das geistlich recht den bäbstlichen bann wider alle die, so in weltlichen gewalt iren underthonen verbietten daß sie den geistlichen nit sollen ettwas verkouffen oder von inen kouffen oder inen malen oder bachen oder ander dienstbarlicheit verbietten. [...]

Spricht ouch witter das geistlich reht, daß die commun der land und stett uber die kirchen nüt haben zu gebietten, noch ir gerehtikeit an ze rieren. [...]

Und so vil mer, ob glich wol ein gesatzd der leyen zu gunst und nutz der kirchen dienen mag, so ist es nochdann undöglich, dann die leyen mögen nutzet, es sig zu nutz oder schad der kirchen oder geistlichen personen oder ihr güter setzen oder machen. [...]

[am Rand zu folgendem:] Nota

Es wer dann, daß der babst bewärt und confirmiert solch statuten oder ordnungen der leyen, so uber der kirchen oder geistlichen gut gesatzt oder gemaht weren.

Dann noch mols, wer solch statut zu ahten und in krefften, als ob der babst das selbst gesetzt hett, soll also vermerckt werden, wann in des babstes confirmation nämblich und mit ußgedruckten wortten bestymung geschehen der kirchen, geistlichen oder irer güter, sunst in eyner gemeynen red der confirmation des babstes, wurden sie nit vergriffen, die wile solchs ir fryheit berieren mag, und wurt dar für geahtet, als ob der babst wider sie nutzet hett gewölt nochlossen, die wile er sie nit in sunders bestimbt hat. [...]

Und nämlich die wile solch gesatz macher oder uffsetzer ettwas pen der rehten wartten sint, wie vor angezeigt, ist nott, daß ein sundere bestymung oder meldung des halben durch ein babst geschähe. [...] Dann ein gemeyn red nymbt nit hin gesunderte fryheiten. [...]

Wie nun zu ordnen wer, daß kein burger dheiner stifft oder priesterschafft in gemeyn oder in sunders huser, höf, ewig zinß oder eigenschafft ze kouffen geben solt, etc.

---

oben S. 212. Es werden jeweils die in dem Text abgekürzt angeführten Nachweise weggelassen.

Fynd ich ein frog im rehten also geschehen, ob ein ordenung oder statut eins volcks oder gemeyn mög gebietten, daß die leyen das ir nit sollen noch mögen verändern in die geistlichen, vor uß, wann der gemeyn nutz deshalb geswächert wurt.

Har uff spricht Bali[52] [...] also, das die leyen mögen irer oberkeit, gewaltsamen und gemeynen nutz beschirmen, in denen dingen, die der geistlicheit erst sollen zu fallen oder ubergeben werden. Aber nit in den dingen, so den geistlichen vor heimgefallen oder erobert worden sint, das bewert er uß vil scharfer und subtiler ursachen, so lang weren zu erzelen.

Dann wir finden ouch, daß ein statut oder gesatz verbietten mög, daß ein lehenman sin lehen nit soll verendern oder ubergeben einer kirchen. Dann solch verenderung geschäh in ein mehtigeren, von dem das lehen nit liht möcht lihtlich wider erobert werden. [...] Als ist es ouch mit andern gütern so in der geistlichen hant kumbt. Dar umb ein gesatzd oder statut, daß do verbitt, ettwas verandert werden in die geistlichen, daß ist wol kröfftig, es geschäh dann oder wurd uffgesetzt nämlich und fürstentlich zu haß oder widerdrieß der geistlichen. Aber wann es geschieht zu gunst und uffenthalt des gemeynen nutzs, do mit ein gantz commun oder gemeyn wesen nit werde entsetzet oder entwert irer gult und offenbaren fellen und nutzen, in solchem val, hallten vil hoch und wit beriembt lerer, daß wol mög ein statut oder ordenung durch die leyen wider der geistlichen uff satz gemaht werden, dann es wurt gemaht uber ir eigene güter und landtschafft, des sie in einer gemeyn wol maht haben, als wir sahen, daß die leyen an solchen iren orten in hanttierungen händeln und straff der mißhändel by inen geschehen, oberkeit und gerichts zwangniß haben [...] und wurt solch statut oder ordenung nit bloß oder on ursach geahtet, dann wann solch güter der geistlicheit zu und dem gemeynen nutz abgetrent werden sollen, wurt ein gemeyn regiment dar durch geswechert und mag sich nit also wol gegen sinen synder und widersachen beschirmen, noch in sym bestandt bliben.

Des halb die rehten, die do sprechen, daß der leyen ordenung oder statut nit mögen verbynden die kirchen oder ir gütter etc. ist wor der güter halb so die kirchen oder geistlicheit yetz erobert oder uberkumen haben. Dann der güter halb, so noch nit der kirchen oder geistlichen sint, sunder noch in handen und gewalt der leyen, mag wol ettwas ordenung oder statut gemaht werden, an wen die selben söllen mögen kumen oder nit, und mag nit gesprochen werden, daß ein solch statut ordene oder verschaffe uber geistlich güter, sunder so schafft und ordnet es me uber die gerehtikeit der personen, so den leyen underworffen sint. [...]

Dann das ist wißlich im rehten, daß durch ein gesatzt ordnung oder statut einer statt wol mag die verenderung oder verwandlung der eigenschafft der güter verbotten werden. [...]

Doch wer es in allen weg besser und bestentlicher, es geschich mit gunst und bewerung eins babstes.

Uff den andern artickel des fertons halb und indult, wie der bischof die pfaffen erbe etc. und die nächsten erben beroubt werden, ob do zu ordenen wer, daß des glichen die geistlichen ouch nit die weltlichen erben sollten etc.: Mag gar nit gesin noch mym beduncken on erloubung oder bestätigung eins babsts, doch ist es der artickel einer so zu Wurms, des glichen zu Lindow durch hertzog Eberhart von Wurtemberg in der versamlung anbraht wor<d>en.

---

[52] Enricus Balia, Glossator des Ius civile.

Der ewigen zins halb ab zu lösen etc.: Will ich glouben, wo nit brief und sigel vorhanden, daß die zinß ewig weren, soltt wol ettwas erlangt werden von Rom. Aber wo brief und sigel der ewikeit halb vorhanden sint, sorg ich, daß solchs nit lihtliht erworben werden mög, in ansehen, daß der geistlichen substantz und weßlich habung dar durch größlich geswächert und in abgang käm, doch möht man solchs ouch versuchen. Dann die stett, die solchs bißhar understanden, wer durch weltlich bezwangniß und trowen von ettlichen solchs ußbraht, die andern haben sich nit wollen dar an keren, ist noch uff disen tag zu Basel deßhalb entlich nit noher braht, des hab ich ein wissen.

Zum vierden des reiß kosten uff die geistlichen advocaten, notarien und schriber in kriegslöuffen und gescheffden oder uffrur einer gemeynen statt zu legen oder verordenen: Wer wol zu gedencken in ansehung, das gar noh der grosser teil in stat und landschafft in iren handen statt und sie on alle beswärd den grösten genieß haben, sie ouch hulffen zu heben, und stür däten. Aber uß ursachen anfänglich angezogen und dar by ouch, die wile der bischoff siner advocaten und schriber halb villiht ettlich verstant gegen der statt hatt, must der artickel witter betraht werden, wol der geistlichen halb, will ich glouben, durch den babst ettwas erlangt werden soltt.

Zum funften der selgerät und jorgezit halb: Will mich beduncken wol verordnet werden mögen uß anzeig in dem ersten artickel vergriffen.

Der letst artickel: Will mich beduncken an dem vierden hangen und doch die wile es den bischof beriert oder sine verwanten, das dann der rahtung oder ußspruch, des halb geschehen, mir ein witter beriert würd, do mit ich verston möht, wie die rahtung uß wise, wie es von alter gehaltten und wie es uff dise zit gebrucht wurd.

25. Weisung des Straßburger Rats an Hans Wilhelm Rotwil, der nach Augsburg gehen soll, um sich über die dortige Amortisationsgesetzgebung zu erkundigen. Straßburg, [um den 9. Dezember 1502][53]

Hanswilhelm von[54] Rotwil, ir sollent üch fügen gon Augsburg und des ersten gän zu dem burgermeister und ime sagen, wie ir ußgevertiget syent an einen rat zu Augesburg zu bringen ettwas, so der stat Straßburg eben mercklich anligen sy antreffen die geistlichen in der statt, die dann inkouffen hüser höfe und ander eygenschaft in der stat und umb die stat und triben, das ye lenger ye strenger sovil, wa das solt fürer gestattet werden, so würde die stat Straßburg in mercklichen abegang kommen, dann die geistlichen uner inne ordenunge und satzunge gemaht habent, was sie eigenschaft also an sich bringen, das sollichs uß irer hant in leyesche hant nyemer me sol komen. Ouch so nemment sie beswerunge für, zinse halb so sie habent, wann inne ettlich jore gezinset wurt, so wöllent sie, die für ewig halten und nit zöygen briefe, obe sie ewig oder abelösig sient, domitt die mennige eben hart beswert wurt und daruff begerunge zu tun etc. Und ine do frogen rats, obe ine besser bedunckt, sollichs vor gemeynem rat zu fordernn und zu hanndeln oder zu begeren, ime ettliche herren des rats zu zeordenen, vor denen sin werbunge zu entdecken und irs rats zu pflegen.

Ist es do, das der burgermeister üch rotet für einen rat zukommen, so sagent inne voran, üch sy bevolhen, inne von meister und rats zu Straßburg wegen zu sagen iren früntlichen

---

[53] Standort: AMS II 123, 10 fol. 92 r; zum Datum vgl. oben S. 212.

[54] Keine Adelsbezeichnung.

willigen dienst, und tünt uwer begerunge, wie vor gelutet ist mit eym sollichen besluß meister und rat habent verstanden, wie das ein rat zu Augesburg ouch ettwas beswerunge von den geistlichen in ir stat gehept und das sie aber ettwas dowider erlanget, domitt sie sich des erlidiget habent. Do sy der rete der stat Strasburg gar flissige bitte, inne sollichs, so sie also dowider erlanget oder wie sie des ordenunge gemaht oder sich des erlidiget habent, in einer geheyme zu eroffenen, so sol semmlichs ouch in einer geheyme hie bliben und gehalten werden, und sich darinne zu bewisen, als sie woltent, ein stat Straßburg gegen inen tun solt, des sie ouch one zwifel gutwillig werent und verhörent daruff ir antwurt. Obe aber der burgermeister üch ryet, vor rät alleyn zu begeren, üch ettliche des rats zu zeordenen, so tunt es oder obe der burgermeister üch ettlich des rats zuordente vor denen erzalen uwer sache wie vor gemeldet ist.

Item obe es sich also begebe, das füglich fürter zu frogen were, wie sie es hielten mit selegereten.

Item obe ein burger sin eigenschaft wolt verkouffen: Wie sie es domitt hielten, das es nit in der geistlichen hant keme.

Item der priester halb, das die ir fertones abetunt und indult habent und vermachent ir gut, das es nit in leyesche hant kommen sol.

Item das sie in kriegen und gescheffden, darinne ir lib und gut so wol geschirmet wurt als der burger lib und gut, der stat nützit zu stüre komment.

Item hettent sie ützit geschrifften, die sie erlanget hettent, des begerent copien.

Desglich obe sie üch sust ützit wurdent rat geben, do begerent ouch üch das in geßt uffgezeuchnet zu geben.

26. Kopie einer Supplik des Rats der Stadt Straßburg an König Maximilian I. mit der Bitte um Privilegierung der Stadt in Sachen Amortisation. Straßburg, [1502][55]

An König

Großmächtigster kunig, aller gnädigster herr, uwer königlichen majestät ist unverborgen, wie ein stat Straßburg, als ein glyd und nit das mynnst dem heiligen rich ingelibt und bißhar in herr zugen, reysen, gebotten und verbotten gewärtig und anhängig gewesen in massen sie und ir burger sich allzit guttwillig und dem heiligen rich, ouch uwer, königlichen majestät undertänig und gehorsam erzeigt und mit swären kosten befunden worden ist.

Nun ist die gemeltte stat Straßburg mit geistlichen personen, ouch weltlicher priesterschafft so größlich und swärlich beladen, das dar durch die burger zu merglicher verderpniß, armut und abgang brocht werden. Dann, noch dem die gemelten geistlichen personen an zittlicher narung bißhar so größlich zugenomenn, in mossen das sie mitt barschafft,

---

[55] Standort: AMS II 123, 20 fol. 117 r-126 r (Entwurf zu diesem ebd. fol. 127 r-132 v; über den Text hinausgehend fol. 132 r: Item zu gedencken der lütpriester halb, welche all incorporiert den stifften und durch die selben als genow beschnitten und beschrotten, daß kein rehter gesell bliben sunder ungeschickt, ungelert dar zu uffgenomen werden dar umb, daß sie wenig nemen ouch des halb den pfarrluten vil abbruchs und versumniß geschiht mit versuniß heil der selen. [Am Rand:] Sol man suchen die alt fryheit. Item die wile die priester bißhar lang zit von win und korn ungelt geben, daß doch solchs uß erloubung des babsts zu wegen broht würd. [Am Rand:] Placet); zum Datum: vgl. oben S. 212.

eruberigtem und erspartem gelt die leyen gar witt ubertreffen, so kouffen und bringen, als sie ouch bißhar bracht haben, an sich den merenteil aller eigenschafft der hüser, höf, gärten und andere güter, inn und ußwendig der stat gelegen, und vor uß, die wile ettlich pfaffen und thumherren vier, fünf, oder sechs pfründen oder mer in der stat Straßburg haben und dar neben in yeder kirchen ir stöck, dar in die presentz und quotidian der abwesenden und absenten gestossen und von tag zu tag mit mergklichem huffen gesamelet werden, so mögen durch völle und uberflusß irs swären seckels die burger der stat weder zu zymlichen köuffen solcher obgemelter oder ander ligenden güter kumen, noch ouch by iren eigenen gütern wol bliben und bestan. Und was ouch also die gemeltten geistlichen an sich bringen, es sig mit zins oder gült und sie ein jor, 10, 20, 30 entpfohen und nutzen, werden ettwann die brief verleit oder verloren, ettwann mit uffsatz verhaltten, unnd behelffen sie sich irs besitzs und gewör, als ob alle ir köuff zinß und güldt ewig und nit widerlösig sin soltten.

Sie haben ouch (als von inen under der gemeyn öfflich geredt wurt) eigene statuten satzung und ordenungen, daß alles das, so von solchen ligenden gütern an sie in koufs oder andere wis kumbt oder braht wurt, sol also ewiklich in iren handen bliben und den leyen oder weltlichen personen nit mer verkoufft oder uff sie verwant werden, dar uß dann bißhar erwachsen, das das merer und grösserteil der huser, höf, gärten, zins und güldt, in der stat Straßburg und dar umb gelegen, in der geistlichen handt kommen oder inen mit ewigen zinsen (als sie fürgeben) verhafft, do mit ein stat Straßburg und iro burgere an gütern, zinsen und gulten vast geswächert und gemyndert, des glichen ouch an burgern nit wenig abgenomen und abgangen, in mossen die noch inwonenden burgere in so mergklich armut und unvermöglicheit kommen, daß sie der stat notwendige und gebürliche reysen, wachen, hüten, stüren und andere gewönliche und uffgeleite beswärd nit wol me allein ertragen oder erlyden mögen, dann ouch die gemeltten geistlichen und priesterschafft, des glichen ouch advocaten, schriber, procuratores und ir wiber, kind, und gesind in nit kleiner zal und andere der geistlicheit verwamten personen den gemelten burgern, so doch sie und ir lib und gut bißhar beschyrmt und behiett haben und täglich behietten, weder in reysen, wachen, hütten, oder andern uffgeleitten und einer statt anligenden bürden, noch ouch mit iren liben oder gütern zu statten und hilf bißhar kummen sint, noch ze hilf kumen vermeynen. Welches alles den gemelten burgern und gemeynem wäsen und regiment der stat Straß-burg zuo merglicher beswärde, verdörplichem schad und unlidlicher belestigung bißhar gedient und gloupplich zu vermuotend ist, wo durch die geistlichen also fürgefaren oder die leng also bestande und verharren soltt, die gantz statt und iro gütere würden entlich dar durch in der geistlichen hant und gewalt kummen und zu letsten die burger von irem regiment zurrütet und dem heiligen rich abgetrent. Es würd ouch die gemeyne der burgerschafft durch ein solchs in die lenge also gemyndert und geswächert, daß sie gemelte bürden mit stüren, reysen wachen, hietten, etc. nit mer ertragen möchten oder woltten, dar durch dann die gemelte stat Straßburg (das got lang wende) ir loblich und erliche bißhar braht wäßlicheit verlür, ir regiment nit mer behaltten, sunder durch swärlich vernühtigung in unwider-bringlichen abgang kommen und villiht zu letst (do got vor syg) zu einer unversächlichen uffrur und widerwärtikeit der gemeyn, und als wol zu besorgen ist, wo nit beträchtlich fürkommen wurd, zu zerstörlicheit der geistlichen und grossem kummer sich ußtönen und erstrecken möht.

Dann ouch gemelte geistlichen und priesterschafft aller ir gesipten fründ und verwantten erbteil und verlossen gut glich wie ander leyen entpfahen und uffsatz, anders dann von alter har kumen und gebrucht ist, har wider umb die leyen und burger nützet oder gar wenig von inen warttend sint.

Solchs und nit unbillich ein ratt der stat Straßburg zu hertzen genomen, betraht und angesehen und dar umb uß notturfft obangerierter ursachen mit wolbetrahtem ratt pflag, zu verordnen, statuieren uffsetzen und verschaffen geursacht, in massen har noch volgt.

Zum ersten ordnen, setzen, wöllen und erkennen meyster und ratt der statt Straßburg durch eins gemeynen nutz willen, und zu wöslichem uffenthaltt des regiments und hanthabung der gantzen gemeyn, das nun füro ewigklichen kein burger, rich oder arm frow oder man oder sunst inwoner der stat noch ander personen, zu welchen handen solchs ston oder kumen möht, dhein ewig güldt oder zinß, noch selgerädt uff husern, höfen gärten, acker oder matten, in der stat Straßburg oder irem zwing und ban gelegen, in die geistliche handt, weder pfaffen, mynchen klosterfrowen, kirchen, kappeln, klöstern oder klusen, noch dheinen andern, die geistlichen schin antragen oder an in haben, verkouffen, zu lehen machen, verordnen, verschaffen, besetzen, verlossen oder dar uff ettwaß slagen sollen noch mögen, wenig oder vil, von dheinerley sachen wegen, in dhein wise. Wer das uberfüre und har wider däte, der soll meyster und ratt verfallen sin 20 fl, so offt und dick er hie wider dät, unabläßlich ze bezalen und sollen destmynder nit solche köuff, gemächtniß, verordnung oder veränderungen weder krafft noch maht haben in dhein wise.

Item und ob yemands geistlichen oder gewihten stetten oder personen ettwas in sym leben oder durch ein testament in letsten willens wise vergaben, verordnen, besetzen vermachen oder noch tod verlassen will, soll er das mit barem gelt oder anderem, so geltswert ist farender hab, belegen, ußrichten oder verschaffen, gewärd und argenlist harinn gentzlich vermitten. Doch das durch meyster und ratt erkennt werden mög, das der so solch vergabung oder gemächniß verordnet oder gemaht by guten synnen und vernunfft gewesen sig.

Item und ob aber ein burger oder burgerin bargelt nit hett oder ander farende hab, do mit der oder die ettwas ligender gütter, es sig eygen, zinß, rendt oder guldt, gärtten, acker oder matten etc. durch eins selgeräts oder ander mylter oder geistlicher gaben willen gemeltten stetten oder personen ze machen, verordnen oder vergaben angriffen must, soll er solch ligend gut, zinß oder anders obgemeldt uff zymlichen kouff kumen lossen und geben in leyen hant, do mit es by der burger handen blib und nit anders noch in andere weg, by pen har noch gemeldt.

Item und ob yemans sich selbs mit lib und gut oder sin gut on den lib, dar under ligende hab were, kirchen, klöstern, stifften, örden oder anderer geistlicheit obgemelt ergäb, oppfert, uberantwurtet oder durch siner selen willen verordnet oder verschüff, soll solch ligend gut, so vil des ist, in der stat Straßburg in jares frist, von dem tag solcher ubergabung ze rechen, feyl gebotten und eym burger zu Straßburg verkoufft werden. Und ob die geistlicheit vorgemelt solchs in obbestymbter zit nit dätten, sunder es ubersässen, soll ein ratt der stat Straßburg sich solcher güter underziehen und behaben als der stat eigentlich gut, menglichs inred und intrag unverhindert.

Item in ansehung und uß bewöglicheit obgemelter ursachen und ouch die wile von alttem har in der statt Straßburg also harbraht und unverdähtlich gehaltten, so haben geordnet und gesetzet meyster und ratt: Wer es, das ein jungfrow oder wittwe oder mans person begert, in ein kloster zu kommen und dem allmähtigen got in eym geistlichen leben zu dienen, das soll man (als billich ist) lossen geschehen und uff beger der personen ir gut ligendes und farendes, so vil sie vermeint ir notturft sin, in das kloster volgen lossen zu nyessen iren lebtagen, doch daß die brief uber eigen und erb sagend bliben ligen in gemeyner handt und das von irem gut der stat {hengst und pferd gezogen} gedient werde, noch besag der stat ordenung als ander burger. Und wann ein sollich person von tod abgat, so soll von irem gut dem kloster werden so vil als noch irem alttem harkumen gewönlich umb ein pfründ geben worden ist, doch nit uber hundert lb d und soll das uberzug nut alles, es sig ligendes oder farendes, iren erben har uß her werden und fallen, und dar uff soll ouch ein vogte, wann ein sollich person in ein kloster kumbt, verschriben alles das, das ein solch person in das kloster bringt ligendes und farendes, daß man har noch, so das zu fall kumbt, wissen mög, was des alles gewesen sig, daß den erben werd, das inen zu gehört.

Item und die wile in solchem ettwas geværd und list by zitten gesucht und erfunden worden, nämlich daß ein solche person durch die geistlicheit uber redt, sin burgreht uffzegeben, uß der stat ein zittlang zu ziehen und nochmols in kurtzem in der klöster eins in der stat wider kumen etc.: So wöllen und ordnen meyster und ratt, ob es wer, das ein jungfrow oder wittwe oder mans person ir burgreht uffgäbe und hin weg züg und do noch uber kurtz oder uber lang in der klöster eins in der stat Straßburg und burgbann gelägen käm, so soll es gehaltten werden mit irem gut, dem kloster zu werden und den erben ze fallen, wie do vor statt, zu glicher wise, als ob sie in der stat burger oder burgerin oder säßhafft gewesen sig, und soll sie das uffgeben irs burgrechten dar an nit schirmen.

Item als dann biß har in krieglöuffen und andern anligenden merglichen geschäfften die stat Straßburg grossen swären kosten gelitten und deshalben die burgeres der stat ir reißgelt des glichen andere schatzungen langzit bißhar geben und noch thundt, des glichen ouch die stat tuglichen kosten anleit wie unfrid und uffrur im land versehen werd und das land und stat unbeschädigt blib und dar neben aber die geistlichen an zittlichen gütern nit vil mynder dann die weltlichen und leyen besitzen und vil güter eigenthum, zinß, und guldt so in der stat so uff dem land haben, do mit das ir als wol beschirmt wurt als der burger gut, sie ouch der stat fryheit und irs schirms an lib und gut geniessen und bißhar genossen haben, des glichen ouch die advocaten, notarien, schriber, procuratores, pedellen, die wib und kind hant und hußhäblich in der stat sitzen und doch an solchem kosten einer stat byßhar nit noch zimlicher mutmoß zu stür kumen sint, hatt gesetzt geordnet und erkant meyster und ratt, daß nun hinfüro alle die personen, so solchs irs schirms und behüttung teilhafft sin und geniessen wöllen, zu zitten kriegslöuff, geschäffden oder uffrur der stat oder gemeynen lands uff ansehung und mutmaß meyster und ratts ein zymliche stür wie ander burgere der stat noch margzal[56] zu uffenthalt des gemeynen nutzes geben und contribuieren sollen. Und wer solchs zu thun nit vermeinen, sunder sich har wider sperren und setzen understunde, daß der selb als dann inderthalb eins monats frist, noch dem er also zu stüren ervordert, mit husweßen sich usserthalb der stat Straßburg thun und in jor und tag dar in nit mer kummen, anders dann mit willen und gehäll meister und rats, wer solchs bräch oder uberfür, soll der stat so dick und vil hie wider geschäch verfallen sin 20 fl unabläßlich zu bezalen.

Item und noch dem uber und wider innhalt der rahtung zu Spir[57] schriber, notarien, procuratores und pedellen ir ämpter andern personen verlichen und arrendieren und ettwann solch entpfaher noch witer eim dritten uff järlich pension sin arrendiert ampt ouch verluht etc., do mit eins ampts halben zwo, dryg oder ettwann mer personen der vermeynten fryheiten zu geniessen vermeynen, dar durch der stat und einer gantzen gemeyn ettwas nit klein nochteil an wachen, hietten, reisen etc. bißhar zugefügt, haben erkant meister und ratt und wellen, daß alle andere personen, so nit für sich selbs die empter der notarien, schriber,

---

[56] Nach Wert des Vermögens.
[57] Vgl. oben S. 206 f. Anm. 58.

procuratoren oder pedellen sunder von andern arrendiert haben, der stat mit wachen, hüten, reysen, schatzungen und ander bürgerlicher bürd dienen sollen hoch und noch als
ander burger oder hindersassen der stat Straßburg by pen nähst hie vorgemelt.

Frömmgen:

Item und die wile bißhar vil irrungen, merglicher kost, und verderplicher schaden den
gemeynen burgern der stat Straßburg uß den mannigfaltigen mißbruchten frömmggen,
arresten, gebotten und verbotten von den geistlichen und weltlichen gerichten uff ir gut
geschehen, erwachsen und sich begäben hat und deshalb mit recht vertigung der selben
frömmgen, das einer vermeynt, vorman am verbott gewesen, der ander ettwas sunder fryheit
ze haben, gar dick mer dar uff zu kosten gangen dann die vorderung der houbtschuld oder
ettwann des gefrönten guts gewesen, ouch das selb biß har nit zu dem nutzlichsten verkoufft
worden, deßhalb vil frummer burger by irem leben und noch irem tod verderbt, vertriben,
geuneeret und geswächt und ir kind dar durch enterbt, verdorben und zu bättler worden
sint, so wöllent ordenen und satzend meyster und ratt. Die wile doch die burgere der stat
Straßburg, uß sundern bäbstlichen und kaiserlichen fryheiten, ouch alttem gebruch und
harkumen by irem leben in weltlichen händeln und sachen nyendert anders dann vor meyster
und ratt der stat Straßburg und iren weltlichen gerichten fürgenomen werden sollen. Das
dann ouch desglichen in irem leben und noch irem tod kein ander gebott, verbott, arrest
oder frömmgg uff der burger gut oder hab nun hinfür durch geistliche oder welttlich
personen, frömbde oder heimsche geschehen oder zugelossen werden sollen anders dann
mit erloubung eins ammeysters zu zitten. Soll ouch nochmols solch gebott und frömmgg
vor meyster und ratt, oder wo hyn sie das wisen, gerehtvertigt und des gefrönten gut durch
einen inventarien uff verzeicht, bewart und wie reht sin wurt, durch einen geswornen der
stat köuffler öfflich verganttet[58] und noch dem besten verkoufft und vertriben werden und
nochmols eym yeden schuldherren, er sig vor oder nochman am verbott oder frömmgg,
noch anteil siner schuld und margzal bezalung widerfaren und zugelossen werden, doch
mit vorbehalt sunst ander gesunderter fryheit des vorgands an der bezalung, noch ordenung
und alttem gebruch und gewonheit der stat Straßburg.

Item und die wile etlich personen ewige zins in der stat Straßburg und irem burgban uff
husern, höfen, hoffstetten, gartten und gütern ze haben vermeynen, dar uber sie weder
brief noch sygel haben oder zeigen wollen, so hat erkant meyster und ratt und do mit
geordnet und gesetzt, daß die stat Straßburg und ire burgere und die iren alle und yegliche
ewige gültten und zinß, so geistlich oder weltlich personen oder stett, edel oder unedel,
pfaffen, mynch, klosterfowen, kirchen, klöster, capellen oder versamelungen heymisch
oder frombde, niemans ußgescheiden, uff gemeyner stat Straßburg iren burgern, oder
sundern hüsern, höfen, hofstetten, gärtten, äckern, matten oder andern iren ligenden gütern
in der stat oder irem burgbann, nützet ußgenomen, versetzt, verkoufft, verschriben oder uff
die selben gütere zu jargezitten, sälgerätten oder sunst geslagen sint oder künfftlich erkoufft
oder geslagen werden, ob glich wol die gnad widerkoufs der ablosung sunst nit bybraht
werden mag, und doch der ewikeit halb kein brief und sigel vor handen sint, umb ein
zymmlich summ gelts abzekouffen und abzelösen maht und gewalt haben söllen in form
und gestaltt har noch volgt.

Nämlich ist brief und sigel vorhanden, sie sygen ewig oder widerlösig, soll dem selben
gelebt und nochkommen werden. Ist aber kein brief vorhanden und doch so lang für ewig

---

[58] D. i. versteigert.

geahtet, daß man nit wissen, ob es ablösig oder ewig syg, mag ein yeglicher gulden gelts mit 25 fl houbtgut, ein schilling gelts mit 25 ß, ein pfundt mit 25 lb abgeloßet werden. Ist es aber vormols so lang nit für ewig geahtet und doch des widerkoufs halb kein schyn vorhanden, soll die losung gegundt und gestattet werden noch gemeynem landsgebruch und gewonheit, nämlich für 1 ß gelts ein lb d, für ein gülden gelts 20 fl, und für ein lb gelts zwentzig lb gemeyner landswärung und also für und für, mynder oder mer, doch mit versässenen zinsen noch margzal so offt und dick inen das füglich ist, deren sich ouch ein yeglich person, ob angeriert uff ir begeren statt ze thund, nit weygern noch widern soll in dhein wise. Ob aber sich yemans, wer der wer, solchs zugestatten wideren und die losung wie obstat nit verwilligen understünd, soll, noch dem das houbtgut an der stat Straßburg myntz geleit ist, dem selben nochmols so lang nit gezinset werden, biß er an gesuntter losung stat dut und verwilliget.

Bis lectum et semper approbatum.

Indulten:

Item als dann ouch von alter har gehaltten und der gebruch nit allein in Straßburger, sunder ouch in gar nach allen andern bistumen tutsches landes gewesen, wann ein priester gestorben, der einen fertonem von eym bischof gehebt hat, das des selben noch tod verlossen gut an sin nächsten gesipten erben kumen. Und aber in kurtzen joren ein nuwerung har inn gesucht, nämlich daß die fertones abgethon und indult brief, alles daß ir hin weg ze machen und ir nächsten gesippten zu enterben uffgerieht werden, do mit gar offt sich begibt, daß vatter und mutter, die uff einen sun zu schulen oder zu pfrunden, so vil gelert und ettwann me dann sie wol vermögen, dar durch andern kinden irs vätterlichen und müterlichen erbs dest mynder werden mag, in hoffnung sie oder die selben kind, solchs kostens nochmols von disem, so er priester wurd, ergetzung zu entpfahen, werden doch durch solch indult die selben kind und ettwann vatter und muter selbs nochmols irer verhofften ergetzlicheit entsetzt und beroubt, do mit dann ouch geverlich umbgangen und die gemeyn größlich beswärt wurt etc. So ist meynung und beger meister und rats, daß es by dem alten gebruch der fertonen blib, und ob yemans ein indult in mossen obstat ußbräht oder erlangt, daß solchs untöglich geahtet werd.

Dem noch großmächtigster kunig aller gnädigster herr, ist an uwer königliche majestät eins rats der stat Straßburg demütige flissige bitt und beger, uwer königliche majestät wöll geruchen uß volkummeheit römischer königlicher maht, rechter wissene und eigener bewöglicheit, die obbestymbten der stat Straßburg nottwendige ordenunge, statuten erkantnissen und satzungen gnädiklich zu bevestigen, bestätigen und confirmieren, do mit sie uß römischem königlichen gewalt, oberkeit und gewarsamen vollkummentlicher und beständiger maht und krafft habende befunden werden mögen. Wöll ouch verschaffend und ernstlich gebietten uwer königliche majestät eym ratt der stat Straßburg als des heiligen richs gehorsamen und getruwen und des halben inen selber solchs ze thun schuldig sich selbs und die stat Straßburg und iro burgere und verwantten by solchen obgemeltten gesatzden odenungen, statuten, kuniglichen fryungen und gnaden wider menglichem, was wesens oder states der syg zu hanthaben, schutzen und schyrmen uß römischer königlicher bevelhde, ernstlicher meynung maht und gewaltsamen wider alle und yede, so sich har wider nun ze zitten oder har noch zesetzen oder ettwas zu handeln oder thund understünden, und das die selben von Straßburg an solchem weder gefrävelt, uberfaren noch mißhandelt haben, noch ouch königlicher majestät oder des heiligen richs ungenaden ingefallen oder verschuldet haben geahtet werden. Mit angehengten penen und ungenaden königlicher majestät und des heiligen richs, wo durch yemans geistlich oder weltlich personen, wie die genant oder in was wesen stats oder eren die oder der weren, ob glich wol ouch mit fürstlicher oder bischöflicher wurd und titel sie gezierett, so har wider gantz oder zum teil durch sich selbs oder yemans anders von sinen wegen ettwas gehandelt, fürgenomen oder sich gesetzt haben befunden wurden etc.

Her Fridrich Bock, ritter, herr Jacob Wisebach, her Florentz Rumeler, herr Peter Arg, Hans Wilhelm von Rotwil, Peter Museler haben gerottslagt.

Unser herr meister und rat und die 21 habent mit willen und gehäll schöffel und amman erkant, das noch dem die stat Straßburg von römischen kunigen und keisern hoch gefryet und begabt ist, ouch solchs durch vil heilige vätter die bäbst confirmiert und bestetigt worden und ouch also harkommen, nemlich das die burgere der stat Straßburg in weltlichen händeln und sachen niendert anders, dann vor meister und rat der stat Straßburg und iren weltlichen gerichten fürgenommen werden sollen etc.: Das dann man allen burgern und hindersossen der stat Straßburg jors, so man den brief uff der stuben litt ouch disen artickel vor lesen soll, daß ir dheiner einen andern burger oder hindersossen frowe oder man mit geistlichen ladungen, citation, manungen, gebotten, bannbriefen oder andern geistlichen beswärung citieren, manen, bannen oder aggravieren soll, wie das nammen haben möht, anders dann in solchen sachen, so von ir eigenschafft und natur an das geistlich gericht gehörig sint und die von meister und rat do hin gewisen werden. Welcher burger oder hyndersaß das verbreche und solch geistliche brief dar uber wider andere burger oder hindersäß ußbreht oder ußgan ließ, der soll der stat zu besserung verfallen sin 5 lb d und destmynder, wer solch proceß als untöglich und wider disen artickel ußbroht, von dem und in synem costen abgestelt werden, der den selben ußbroht und getriben hett. Dem noch wiss sich menglich zu haltten.

27. Statut zur Regelung des Erbrechts von Geistlichen in Straßburg. Straßburg, [1502][59]

Ordnung wie es in erbfällen und testementen die priesterschafft betreffend mit denen fertonen und indulten, so den priestern von dem bischoff zuweilen gegeben worden, gehalten werden solle. Datum anno 150.. ii [wohl für 1502].

[Am Rand:] Doctor Sebastian Brandt.

Noch dem die priesterschafft in erbfällen und testementen vom rechten höher dann leyesch personen gefryet und besonders in dem bistum Straßburg von altem har in gewonheit also inbrocht, wie es mit den fertonen und indulten, so inen zu zitten von eim bischoff gegeben werden, gehalten. Do mit dann die priesterschafft by solchem irem gebruch und harkomen beliben und der stat Straßburg mercklich geburlich reht, es sy in erbfällen, testementen, legaten, gemächnis und verordnung, bekommen mög, der letst will des menschen und der selen heil gefürdert und gehanthabet, ouch mutwillige verswendung der güter verhütet werden mög. So wöllent wir, daß es in künfftigen erbfällen der priester gehalten werden soll in mossen hernach folgt.

---

[59] Standort der Abschrift Jakob (II.) Wenckers vom Anfang des 18. Jahrhunderts, dem eine Handschrift Sebastian Brants vorlag: AST 165 fol. 26 b r-v (= S. 55 f.); zum Datum: vgl. oben S. 212.

Nemlich zum ersten: Stirbt ein priester in der stat Straßburg oder irer oberkeit, der von einem bischof einen fertonen hat, den sin frund oder schuldforderer für eim bischof erlösent, das dann desselben nechsten sipps verwanten frund oder, wo die nit sint, sin schuldforderer zu desselben erb und gut unverhindert menglichs zugelossen, der folgt und die ingesetzt werden sollen, wie die Spirisch rachtung[60] das vermog und in gutem gebruch harkommen ist.

Zum andern: Wo aber ein priester sich eins solchen fertons verzihet, abbegibt und von eim Bischof ein indult oder verwilligung sin gut witers zu verordnen erlangt und macht nachfolgend daruff sinen letsten willen in vergobung, legieren, testaments, codicill oder ander gestallt noch ußwisung des indults, das es dann doby ouch bliben und beston und solich testament und letster will, ouch die testamentarien, legatarii und verordneten erben doby gehanthabet. Doch daß lidlöner und wissenthafte schuldvorderer, die das ir solichen pristergüter ir meinung vertruwt und geborgt haben, zu vor ußgericht werden sollen.

Zum dritten: Wo aber weder ferton noch indult von eim bischof erlangt oder vorhanden oder ein priester sich mit verordnung des sinen, eins erlangten indults nit gebrucht hett, daß dann ein bischof alten harkommen noch by solchem erbgut bliben. Doch diewile wissenthaffte schuld von unserm gnädigen herren von solchem erbgut bißhar zuvor ußgericht und bezalt worden sient, das es ouch do by blib.

Und daß ein bischof noch vermög der Spirisch rachtung die priesterschafft an solchen fertonen oder indulten unverhindert lossen, ouch die erlangten ferton oder indulten mit geverden nit hinderhalten oder undergetrückt werden sollen.

Würd aber ein solch erb, testament, ordenung oder letster will ansprächig, do mit dann sich niemans mit eygenem fürnemen oder gewalt selbs on recht insetzen understand, sollent zuvor beide theil rehtlich verhört werden. Und ob als dann einichenteil der insatz zuerkant, soll als dann der selbig teil, zu vor und ee daß er eingesetzt werd, einen rechtmessigen inventarien in bysin der geordneten des gerichts der stat Straßburg und der gegen parthy uffrichten, beschriben und dem gegenteil in gloubwürdigem schin werden lassen. Dorzu soll der also ingesetzt zu werden erkant würt, zu vor gebürliche sicherheit oder bürgschafft dem erbgut glichmässig und gnugsam geben oder, wo er die mit gut oder lüt nit zu geben hett, sich mit sinem eid und verhafftung sins libs verpflichten, ye nach gestalt der sachen und personen und noch erkantnis meister und rats dergestalt, wo er im rechten verlustig, das erb und gut oder der werdt des selbigen widerlegt und überantwortet werd.

Wo aber die sach in rechtvertigung des insatzs sich verlängern wolt, sollen meister und rat dem ligenden erbgut einen fürweser, tutoren oder verantworter verordnen und geben, doch daß den executoren, testamentarien oder im testament bestimpten erben in alle weg zugelossen und von dem verlossen gut so vil verfolgt werd, als zu nottürftiger verwarung des erbgutes und ußfürung des rechtens not sin würt, und nit witer, dwile doch die selben als unverwanten personen den krieg[61] uß dem iren zu verlegen nit schuldig sint.

28. An den Rat gerichtete Klage von Jakob Wimpfeling über Pfründenkumulation in Straßburger Stiftern und im Domkapitel. [Straßburg, 1502 (?)][62]

Mich bedunckt, eß wer mit fuog zu fürkumen, daß nit in kurzer zitt die 52 thuomherren pfrunden, so in den 3 neben stifften sinnd, durch wenig personenn wurden besessenn, uff

---

[60] Vgl. oben S. 206 f. Anm. 58.

[61] D. i. Rechtsstreit.

den 52 personen sich wol möchtenn betragen, wan sie preisterlichenn leben wolten. Dann etliche subtilenn sich durch bebstliche bullenn können richtenn in die domherrenn pfründen in des babsts monat, wurt dan ein domherrnn pfrund ledig in dem geradenn monat, so wurt sie in geluchenn durch die capitel herrenn, darumb daß die presentz erspart und in den trunken geleit wurt. Also jetzunt sint etliche vicarien im münster, die habent domherrenn pfrund in andernn stiften, und sint etlich, die in allen drienn stiftenn domherrenn pfrunden habent, kan doch einer nit me dann an einem ort sitzenn, zu kor gon und presentz verdienenn. Do mit do zwen oder 3 priester hie in der stat hus halten, do werent 5 oder 7 priester, deren die tuochlüt und alle hantwerckslüt: vischer und metzler geniessen solten. Dan ye 3 me bedürffen dan einer alleinn, es sig in kleidung oder andere notturft. (Dadurch ouch die stöck mercklich zuonemmen.) Es ist möglich, das von einer person, die do 20 jor zu Sant Peter dem Jungen zu kor gangen ist, die stöck zu Sant Dommann[63] und zuo dem Altenn Sant Peter me dan 2000 fl habenn zuogenommenn zu beschwerung eines gemeinenn nutz disser statt.

Werdent ouch mancher frommer burger kynd, die sie in hohen schuolenn oder anderswo mit grossemm kostenn zu der lere gehalten habent verhindert, daß sie nit zu vicarien im münster oder domherrenn pfründen in anderenn stiften kommen mögen, dan sie sint nit in der geselschafft und ketten derenn, die all ir tag mit den behendikeitenn, die man zuo Rom lert. Wer ye der stat erlicher und den frommen bürger nützlicher, daß uff den 62 vicarienn on geverd in dem münster und 52 domherrenn pfründen der 3 nebenn-stifften 114 personenn vorab stat kynder sessenn dan villicht kum 70 oder 80, deren vil frund sint. Und uff daß daß die pfründen under den selben und iren verwandtenn blibent, so wurt e ein gebur uß dem pfluog uff ein domherren pfrund und dechanius gezogen und zuwilenn ouch kinder von 8 oder 9 jorenn.

Als ich bericht binn, so hat die münst domherrenn pfrund als vil, daß sich ein frommer priester wol daruf betragen mag, so er sich erberlich und priesterlich halten wolt, als mancher burger mit wib kinnd und gesindt erlich ußkompt, der kum so vil hat jerlichs als der münst domherr oder vil vicarienn uff dem domstift. Der doctor im münster, dem me zugehort, die wil er ein doctor in der heiligen geschrift ist, hat jors nit über 120 fl. Behilft sich domit, halt erlich huß, dick und vil selb vierdest, thuot vil gesten er an, gibt groß almuosenn, koufft vil kostlicher biecher, daß etliche domherrenn nit thuonn.

Ob villicht etliche doctores und edeln vermeintent, sie werent merer gült wirdig dann ein vicaire oder domherrenn pfrund vermag, so sint vil capellanienn in der stat, vil pfarrenn im land, in die selbenn ongezvivelt wyrdent sie sich wol richten, do mit daß sie viler domher-

---

[62] Standort: AMS II 123, 23 fol. 149 r-152 r (Hand von Wimpfeling); Druck: teilw. in: Fr. Rapp: Réformes (1974) S. 521; Abschrift Jakob (II.) Wenckers vom Anfang des 18. Jahrhundert: AST 176 fol. 28 r-29 v (= S. 59-62) (am Rand neben dem Abschnitt mit dem Entwurf des Schreibens an den Papst: *Consilium doctor Keyßersbergs*); zum Datum vgl. den Entwurf zu der Supplik an Maximilian I. (oben Nr. 26) von 1502, in dessen Zusammenhang die Klage zu sehen ist: *Item zu gedencken, ob einer stat gegen dem babst anzebringen und zu erlangen sig, daß kein pfaf in der stat Straßburg mer dann ein pfründ haben solt, als dann zu Basel, Spir, Wurtzburg, Bobenberg und andernn ortten gehaltten wurt, das die gantz statt ein tach geahtet würd* (AMS II 123, 20, fol. 132 r). Vgl. auch die folgende Transkription Nr. 29.

[63] D. i. St. Thomas.

renn pfrunden in der stat wol miessig gingen. Den, die ietzundt so vil habent, künd man daß ir nit nemmenn, aber in zukünftiger zit wer es fürzukommenn, und villicht, so sie wüstenn, daß in nit nochteil brecht, möchten sie villicht ouch dorin verwilligen, wan sie nit verhert worenn. Ist ouch zu hoffen, daß min gnediger herr von Strasburg und min gnedige herrenn vom dom capitel ouch zuo der erberenn götlichen sach weren zubewegen.

Wust kum ein nützlicher sach mit der zit, die dem gemeinenn nutz, denn hantwerkslüten, den statkynderenn, der er gottes, der selenn heill möcht so wol erschießenn, so uff einer yedenn vicarienn und domherrnn pfrund ein vicari und domherr sess, würd die presentz usgeteilt, als sie von frommen lüten gegebenn und gestift ist. Daß ist zu hanthabung des gottes diensts zuo heil der selenn, derenn wil ist gewesenn, daß man für sie sing und les, nit daß daß gelt in stöck komm und me gült dorumb kouft werd. Die zitlicher gietter sint gegebenn umb der geistlichenn gobenn und genoden willenn, nit soll daß geistlich undertruckt werden umb des zitlichenn willenn. Werdent dennocht die presentzenn gemert zu ziten, so ein pfrund ledig ist und lüt im krieg oder der besitzer hat urloub gon Rom oder in hohenn schuolenn geht oder in ander weg: Mag etwas gespart werden zuo hanthabung der stifft und irer presentz.

So umb anbringung und ernstlicher meinung der stadt einn solche ordenung und satzung durch minen gnädigen herrenn von Strasburg mit verwilligung des doms capitels und anderer capitel, ob sie so erber sinn wolten, würd ufgericht, ungezwivelt unser heiliger vatter der babst würd solchs bestetigenn confirmierenn, bevestigenn und zu hanthabung geneigt. Bin ungezwivelt (ob es not würd) mit sampt eins bischoffs und der capitel und der stat würdennt die churfürsten, vorab unser aller gnedigster herr der römische könig ouch gernn solchs zuerlangen, dem babst schribenn. So solchs der babst bestetiget hett, kem dan ein curtisann oder yergent einer, der kein sel hatt, der nit halt ein lebenn, noch dißemm leben sig, der keiner heiligenn geschrift geloubt, möcht sich des ein bischoff die priesterschaft und die stat eins solchenn woll mit gottes hilff erwerenn, daß er in die heilige ordenung nit rubruch machenn möcht. Möcht die bittung, zu latin supplicatio genant, an unsrenn heiligen vatter denn babst in formm und wiß noch volgender begriffen werden.

29. Geilers deutscher Entwurf einer Supplik an den Papst, mit welcher die Bestätigung einer vom Bischof zu erlassenden Ordnung zur Regelung des Pfründenwesens in der Diözese erlangt werden sollte. [Straßburg, 1502 (?)][64]

Aller heiligster vatter, wiewol in unserer stat vil vicarienn des domstifts und vil canonicat in den collegienn mit gültenn, corpora und presentz wol begobt sint, das uff einer yedenn sich ein priester wol ernerenn mocht, so ist doch durch varlesikeit ein böser uncristlicher mißbruch ingewachsenn, das dick und vil 3 oder 4 der selbenn pfrunden von einem allein besessenn worden und kompt teglich für und für me in ein yebung, do mit der gottes dienst geschwecht dem lestenn willenn derenn, die vorziten an die pfrunden daß ir gebenn habenn, gehindert, die arme selenn an der furbit gegen got beroupt, vil unser bürgere kynder zuo den pfrunden nit kommen mögen, bittent wir unsere heilikeit, wol ein satzung und ordenung unsers herrenn des bischoffs und capitel, wider die unerbere yebung ufgericht, confirmiernn unn bestetigen, do mit got dester volkomlicher mit singen und lesen uff einer yeden pfrund

---

[64] Standort: AMS II 123, 23 fol. 152 r-v; Geilers Entwurf lag dem Schreiben Wimpfelings bei (vgl. den vorigen Text Nr. 28).

von yremm eigent besitzer gelobt, den selenn dester me zu hilff kommenn und merer unser kynder, die wir mit grossemm kosten zu wilenn in schuolenn gehalten habenn und fürter halten werden, mit pfründen mogen versorgt werden, das nuo hinfürbaß keiner, er sig was stands er wol, me dann ein vicarienn oder me dann einenn canonicat in unsrer stat, es sig durch gracien oder sust erlangen mög, als ouch in den nechsten stettenn, do ouch bistumb sint, on alle inred gehalten wurt, nemlich Basel und Spier, in welchenn keines fürsten suon uß lobelicher alter guotter gewonheit und harbringung mecht in zweienn stiften uff vicarien und domherrenn pfrunden verpfründt sinn, darzuo ouch solchs in anderenn stetten Wirtzberg und Babembergen loblichenn gehalten wurt.

[v]

[...] Wider die lüd esser und pfrunne kremer.

30. Protokoll einer Anhörung vor dem Rat im Rechtsstreit der Reuerinnen[65]. Plädoyer Geilers. Straßburg, 24. Mai 1505[66]

Uff zinstag noch trinitatis 1502[67] so hat Mathias Pauli vor den reten die rede fürgewandt, in namenn unsers gnedigen herren von Strasburg so erschine siner gnaden insigeler und in namenn dechan und cappitels der hohenstifft so erschine myn herre etc. der dechan selbs, so dann in namenn der frowen zu den ruwerin so erschine doctor Keysersperg als ein vicarie irs ordens und habent ime bevelhe getan die meynung fürzutragen: Nehstmals sy ein forderung bescheen von dem widerteil an die frowen zu den ruwerinn. Die loß er stän noch irem worde und welle die nit vor antworten, sonder dartun und antzeigen ursach, warumb die frowen zu den ruwerin nit schuldig syent, dem widerteil antwort zu gebenn, sonder billichen gewisen werden für iren ordenlichen richter. Und sage daruff, myn gnediger herre von Strasburg und sinner gnaden cappittel nemen sich der frowen zu den ruwerin billichen an, noch dem sie geistlich geordente personenn und irer gnaden underworffen sient und in keinen fügen an weltlich gericht getzogen werden mögent, dann alle recht vermögent und gebent zu, das der cläger dem antworter nochfolgen solle für sinnen ordenlichenn richter. Desglichenn werde am geistlichen gericht ouch also gehalten in krafft der rachtung zu Spire[68] und dem lesten vertrag zwüschenn unserm gnedigen herren dem bischoff und der statt Strasburg. Dartzu so habe das widerteil erstmals ir sach vor geistlichem gericht fürgenommen und sie ir doselbs antwurt begegent und domit die sach in reht verfasset, do sich erfundenn, das sie nit die rechten erben sient. Jetz, so nemme das widerteil die sache für hie vor rat, do es doch nit hingehöre, darumb so begerent sie von der frowen wegen zu den ruwerin das wider teil für geistlich gericht zu wisenn als der frowen ördenlich richter mit ablegung costens und schadens.

Do wider Jacob Murner, des widerteils fürsprech, fürwandte und rett, vormals were derglihen rede ouch bescheen, das werent zwo urteilen ußgangen die begerte er zuverlesen.

---

[65] Vgl. oben Nrr. 20, 21 und 22.

[66] Standort: AMS II, 63 (73), 1 (1502); eine Abschrift mit größeren, einmal nicht gekennzeichneten Auslassungen von Jacob (II.) Wencker, erste Hälfte 18. Jh. (AST (Varia ecclesiastica 11) 176 fol. 324 r-324 v (= S. 673 f.)).

[67] 24. 5. 1502.

[68] Vgl. oben S. 206 f. Anm. 58.

Und als die gelesen wurden, hat er witer geret, die urteilen werent in ir kreffte gangen. Jetzmals geschee ein rede von wegen unsers gnedigen herren von Strasburg und sinner gnaden cappitel etc. Wie die gelutet hett, ließ er stann: Mit denenn hette sin parte nützit zu schaffenn, dann es treffe nit an dehein geistliche güttere sonder ein erbfalle. Und möge ouch nyemer bybraht werdenn, das durch die abgestorben persone eynich testamennt, geffte, gobe oder gemechnisß uffgericht oder verschriben worden sy, wie recht ist. Und ob schone sollichs bescheen, des sie in deheinen weg gestendig, so sy doch ein statt von Strasburg des gefryet und also harkommen, das mann ein jeglichen rechten erben vor allen dingen in sin erbe setzen solle uff sicherheit der mossen, wolt sie jemanns anlangen umb selngeret gefft, gobe oder gemechnisß, dem sollen darumb gerecht werden vor meister und rat. Darumb sy one not, inen ir erbe und gut vorzuhalten und sie umb ir gut für geistlich gericht zu wisen, dann das gut sy weltlich und von eim burger, der ein smydt und in diser statt geses-sen gewesen, erplich kommen uff sin swester; die habe das in getruwes handt hinnder die frowen zu den ruwerinn oder iren bichtvatter geleit, also sie sant Jacob gangen sy[69]. Und des irer swester tochter ein zedel gebenn, wie es umb sie ginge, das sie wuste, sollich gut zu fordernn. Were do ir meynung gewesen, das sollich gut dem closter bliben oder armenn lüten geben sin solt, was hette dann not getan, irer swester tochter den zedel zu geben. Sie hett ine doch wol zerrissen, irrung zuvermyden. Und wann mann es doch armen lüten geben solt, möcht keime basß angebott werden dann an den rechten erben, den es anders von recht zu gehort, noch dem es fromme und arme lüte sient und clein kinde zu ziehen habent, darumb mann es inen billich ließ werdenn. Das dann die sache vormals am geistli-chen gericht angefangt und in recht verfangen sin solle, das sy nit, sonder habe die gestalt: Sie habent ir erbe und gelt an die frowen erfordert, und so inen das nit habe mögen gedichen, so habent sie die frowen mit geistlichem rechten fürgenommen. Do habent die frowen inen nit wollen antworten und gerett, sie sient nit die rehten und nehsten erbenn, dartzu habent sie keinnen gewalt von denn nechsten erben, deshalben habent sie umgetann vom rechten müssen scheiden. So sie aber noch dar handt gewalt und schin brocht und erlangt habent und jetz geschicket sient, ir recht zu fordernn, so habent sie noch rat ir erbe angesprochen vor weltlichem gericht und an den enden, do es von billicheit und recht hingehort. Und die rachtung zu Spire vermöge nit, das mann die sach umb erbgut fur geistlich gericht wisen sölle. Das sie dann ir sach und erprecht uff fünff doctores bekommen solten, das syent sie nit schuldig, sonder es syent vor zwo urteilen gangen, das die fröwen inen antwort geben sollent, hoffent sie, das es noch bescheen und mann sin parte in ir erbe setzen solt uff sicherheit noch der statt recht und gewonheit und hoffent, das sie nit also gepfandt zutage kommen oder für geistlich gericht gewisen werden sollent.

Noch verhörunge byderteil rede und widerrede: Die wile wir dann nit anders verstän konnent, dann das die sache ein erbefalle und erbgut berüren sy und dann ouch lentlich und harkommen ist, desglichen der vertrag zu Spire luter ußwiset, wa ein erbe gefellet, werde das ansprochig, so solle mann das verrehtigen an den enden, do das erbe gefallen ist etc. So habent wir erkant, das die sache niergenthin gewisen, sonder die frowen zu den ruwerinn nochhütbytage inn krafft der vorgenden urteilen den clegernn antwort geben und fürter gescheen soll, was recht ist.

---

[69] Das meint hier nach Rom pilgern.

31. Dedikationsepistel von Thomas Wolf d. J. an Geiler von Kaysersberg. Straßburg 14.
   Juli 1506[70]

Thomas Vuolphivs iunior, decretorum doctor, Ioanni Keysersbergio, theologo clarissimo, salutem.

Dum proxima hyeme, doctissime vir, graviter aegrotarem ac veluti quibusdam acervis infortuniorum pene opprimerer, quae tua humanitas est, me saepe consolatus es ac speciosissimis munusculis prosequutus. Nihil plane eorum omisisti, quae vel presentem levarent aegritudinem, vel tuum erga me amorem testarentur. Cum vero nulli homines, sicut receptissimi auctores prodiderunt, a bene beateque vivendi studio sint remotiores quam qui a graecis, ingrati a nostris appellantur, nos beneficii collati memores, gratiam rependere cupientes, quas in psalmum tertium et trigesimum lucubraciunculas subcisivis horis excudimus, tuo nomini nuncupatim dedicamus. Quod, si haec qualiacunque sunt, tibi placuisse cognovero, mox ad alia fortasse maiora haud invitus accingar. Credo non defuturos, qui hunc laborem, si labor dici meretur, inclementi sanna ac petulanti cachinno excipient. At nos huiusmodi fecem hominum et semper contempsimus et deinceps quoque contemnemus magnifice. Quod enim potest esse acutum eorum iudicium, qui, tametsi sacris operantur, nihilominus pro libris liberos, pro psalterio psaltriam habent, divitias prorsus omni philosophiae praeferentes, merito digni, qui ab optimo quoque damnentur. Adiuvarunt studia nostra Herebordus Margaritus Leoburgius non tam genere quam scientia insignis, et Petrus Eberbachus Erphordiensis puer supra veri fidem eruditus, qui multas doctissimorum hominum nostrae aetatis epistolas ad me datas perinde ac quaedam secretiora mysteria collegerunt et has ipsas enarratiunculas ac alia quaepiam me dictante diligentissime exceperunt. Mirum est, ut me recreat tantus studiorum ardor, qui in Germanica iuventute nunc flagrantissimus esse dinoscitur. Spero fore ut brevi lacialis ille candor Romanique nitores ita in nostratium ingeniis florere conspiciantur, quam solet in his, qui vel ex ipso Italiae meditullio foelicissime prosilierunt.

Vale, celeberrime doctor, et quicquid id est litterarii muneris grato animo suscipe.

Argentoraci cursim ex aedibus nostris pridie idus Iulii, anno MDVI.

32. Brief Geilers an den Straßburger Ammeister Heinrich Ingold. [Straßburg], 27. Febru-
   ar 1508[71]

Fürsichtiger wisser lieber herr, der allmechtig gott well üch syn gnod verlyhen, das ir in dem stat, zu dem ir jetz erwelt sind, synen göttlichen willen volbringen mögen, üwer und anderer selen heil, einer statt er und nutz schaffen. Nitt grössers und nöters weiss ich üch in diser zyt zu wünschen.

Mich kummt für, das ein red dise tag geschehen syg vor einem ersammen rot anrüren die testament, in deren unverscheidenlich alle statuten diser statt hochgelobt sind worden, alle testament verworffen, ouch in gottlichen sachen, die man im latin nennt ad pias causas, und das us dem grund, das niemans mög geben und behalten. Weiss üwer wysheit wol, mit

---

[70] Druck: Th. Wolf d. J: In psalmum tercium et trigesimum expositio (1507) fol. Aiii v-
[Aiiii] r.

[71] Standort der Abschrift von Jakob Wenker vom Anfang des 18. Jahrhunderts: AST
176 fol. 21 v-22 r (= S. 44 f.).

waß flys und ernst ich offenlich uff der cantzlen, heimlich vor rot, gehandlet hab in der sach und ouch das in geschrifft übergeben und luter an den tag geleit, das die statut diser und aller statt gantz kein krafft haben in dem stück der testamenten in göttlichen sachen, sünder ouch das alle die, so sollich statut uffgerichtet haben oder darnoch urteilen oder sich der urteil gebruchend, sündent schwerlich, dorzu das by bäbstlichem bann verbotten ist, und schuldig sind, sollich schaden abzulegen mit widerkerung alles, so durch ire urteil entfürt wurd, denen das vermacht und im testament verordnet ist.

Und wo sy das nit tund, so mag man sy nitt absolvieren, noch das heilige sacrament darreichen und sind also in dem stat der ewigen verdamniss. Bitt uch, wellend daran syn, das der ungerechtikeit und unworheit nitt statt geben werd, sunder e[inen] e[hrsamen] rot gewarnet, das er sich nitt verwatt und vertieff in absprechung der ding, so armen lüten und der er gottes verschafft ist, do durch sy in fallen würden in grossen schaden irer selen, nammlich des halb (als ich vorgeseit hab), das sy schuldig würden zu widerkeren den armen lüten und gott, was inen durch ir urteil entfürt wer worden, wenn in dem stück ist nitt gnug ruw und bycht, der wyderker mus do syn, sol die sünd verzygen werden.

Und ob sach wer, das ettwas dowyder uß eignem gesuch oder andrer unbillicher meynung geredt wer oder würd, byn ich in vertruwen, das ein erbrer rot sich nitt lassen werd irren, sunder fürfaren und gott zusprechen, das gott zugehört, und den armen, das den armen zugehört.

Gott der allmechtig halt üch in sinem schirm. Amen allzyt.

Datum am sonentag IIII kal. Martii 1508.

Joannes Keisersberger.

33. Entwurf einer Ordnung zum Testierrech von Sebastian Brant. [Straßburg, 24. Juni 1508][72]

[Am Rand:] Manu domini dr. Brands. p[aragraphus]

1. Nochdem bißar des geben und behabens halb ein artickel in der stat buch vergriffen, welcher uff ein moß und somm gesetzet, wie vyl einer geben mög oder nit etc., und aber unser herrn meister und rat und die XXI. bedaht hat, das solcher artickel aberkant und anstat des selben gesatzt in mossen harnoch stat.

2. Nemlich will yemans sin gut gar oder zum teil by gesundem standem und gandem lib von der hant fry hinweg geben oder vergaben, soll er das öffnlich thun vor meister und rat und mitt irer erkantnis lut des artickels in der XV[r] buch vergriffen.

3. Des glichen will einer ettwas verordnen, vermachen oder verschaffen, das noch sin tod erst ußgeriht und vollstreckt werden soll, soll er des gut maht und fryen willen haben. Die wile aber solche gemächnis zum dickern mol befunden mit vorteil und uffsatz in winckeln und mit ungeschickten personen, unbescheidener wise uffgericht worden sin, daruß dann vil irrungen erwachsen, haben unser herrn verordnet ein zimlich form und moß, wie hernoch volget. Nemlich:

---

[72] Standort der Abschrift Jakob Wenkers vom Anfang des 18. Jahrhunderts: AST 176 fol. 22 r-23 r (= S. 45-47); zum Datum vgl. unten S. 251.

4. Ist einer by gesundem standem und gondem lib, der sinen letsten willen machen oder ordenen will, der mag kommen zu dem ammeister und in bitten, das er vier oder funf des rats oder regiments zu im sambt einem schreiber verordnen wöll, die sin meynung und fürhatten vernemen wöllen. Solchs ouch ein ammeister uff anzeigen des begerenden thun und verordnen soll.

5. Will nachmols der verschaffer, das solchs öffentlich und by sim leben bestätiget werd, sollen die verordneten personen solchs an meyster und ratt, ouch wie sie in befunden haben, bringen, und alldo beschehen lossen, was gut sin würt.

6. Will aber der verschaffer solche sin gemächnis nit geöffenet haben, sonder verslossen halten biß noch sym tode, sollen die verordneten herren solch sin meynung getruwelich uffzeichen, besigeln und in der cantzley verworen lossen. Ob als dann noch des verschaffers abgang von sinen nehsten erben solcher gemächnis halb ettwas inred infallen würd, soll brecht werden für meister und rat und alldo noch gestalt der sachen gehandelt werden, wie sich gebüren würt.

7. Ist aber der, der solche gemächnis ordenen will, also mit kranckheit sins libs beladen, das er für meister und rat oder für den ammeister nit kommen kan, der mag schicken zu dem ammeister und in ersuchen lossen, im solch vier oder fünff personen des rats oder regiments zu zeordenen, welche dann zu zitten der kranck erfordert oder erbetten mag.

8. Mag er aber keinen des rats oder regiments erbitten, der das thun wöll, soll ein ammeister (einer mach sin verschäffnis in gesuntheit oder siner kranckheit) macht haben, solche personen des rats oder regiments zu verordnen, die selben sollen ouch schuldig sin by iren eiden, an dem ort gehorsam zu sin, es wer dann, das ein solcher verordenter von dem ammeister es libs halb nit gethun möcht, oder aber einen andern des rats oder regiments, der solchs an siner statt thät, erbetten möcht. Desglichen will ein solcher sinen lutpriester oder ander sin guten frund ouch by solcher siner gemechnis haben, soll im ouch zugelossen werden.

9. Dise verordente personen sollen mit sambt eym schriber uß der cantzely zu dem krancken gon und siner geschicklicheit der vernunfft und synnen eigentlichen war nemen, ouch sin anligen verhören und das getruwlich uffschriben, versiglen und in der cantzley wol verwaren und behalten lossen, biß abgang des verschaffers. Wo alsdann durch die nehsten erben spenn dar in fielen oder sich irrung begebe, soll brocht werden für meister und rat und alsdann nach gestalt der sachen bescheen, was sich gebüren würt, do mit niemans versumbt oder sins letsten willens und selen heiles verhindert, ouch kind oder andere nehst erben wider vernunfft und billicheit nit beschädiget werden.

10. Es sollent ouch die verordenten personen und der schriber by iren eiden verswigen und heimlich halten, was also vor inen verschafft verordnet oder gehandelt sy, wie vil oder wem einer vermacht oder verschafft hab, biß noch abgang des verschaffers, wittern unwillen und unfruntschafft, so dar uß erwachsen möcht, zu vermyden.

11. Doch soll eim yeden vorbehalten sin und zugelossen, solch sin verordenung und gemächnis, es sy vor meister und rat bescheen und doselbst bestätiget oder vor den verordenten personen uffverzeicht und versigelt, by guter vernunfft und synnen zu widerruffen, ändern, abzuthun gar oder zum theil, noch sim willen und gefallen. Doch das solchs beschee innhalt diser ordenung, als ob stat.

34. Gutachten Geilers zum Testierrecht. [Straßburg], 5. Februar 1509[73]

[Am Rand:] Doctor Keysersperg. p[aragraphus]

Uff den ersten artickel lutend des gebens und behabens halb: Bedunckt mich, das er wyßlich und cristenlich ab erkannt syg des halb, das er on gründ alles rechten uffgerichtet ist und hargangen, als mich bedunckt, us unwissenheit des underscheids zwüschen vergobung under den lebendigen und vergobung des tods halb. Der vergobung halb, so do geschicht under den lebendigen, ist es on felen war, das niemans geben mag und behalten, als wenig es sin mag, das einer einsmols stand und sitz, als wenig mag es sin, das er geb und behalt. Anders ist es mit der gob des tods halb: Do behaltet einer die gob sin leben lang und erst noch synem tod fallet sy zu dem, dem sy vermacht ist. Desglichen geschicht ouch in den widemen: Der man behaltet den nutz und bruch des guts, so er verwidmet hatt sinem gemachel, sinen lebtagen und erst noch synem tod, und nitt vor, fallt sollich nutzung und bruch heim sinem gemahel, und also gibt der man und behaltet. Schynt wie dise zwen artickel wider ein ander sygen und einer in disem fal den andern umbstoß. Ouch sind alle recht, bäbstlich und keiserlich, sollicher gemechde, die do geschehen von tods wegen, voll und trückent klorlich us, wie sy gehalten sollen werden, das man fürkommen mog (so vil als muglich ist) allen betrügk, der dorinn entston möcht. Ist nit ein wunder, das die uffsetzer sollicher artickel geirret haben, wenn sy worend, als mich bedunckt, unberichtet göttlicher und Christlicher recht und haben sich underwunden, deß sy weder wissen noch macht hatten. Das man aber spricht, die alten sind nitt narren gesin, ist wor von ein teil alten, aber nit von allen unser vorfaren. Sind nit all witzig gesin, sind ouch nitt all narren gesin. Ouch sind nit all alten wys, noch all jungen unwyß, es ist jewelten durch ein ander vermuschlet gesyn, in dem gericht, do verurteilt ward Susanna zum tod, warend die alten unwyß und was der jung Daniel wys[74]. Herwider umb underm rot Jeroboams worend die jungen rät unwys und die alten wys[75]. Hattend sich die artickel setzer zu sant Johanns[76] des sprichworts gehalten, das die alten oder unser vorfaren nitt nären weren gesin, so hetten sie es lossen bliben by den alten gesetzden und hetten nit sollich nuw artickel dem rechten unglich erdocht. Dorumb mus man sich sollicher sprichwort nit gantz halten, sy haben etwann nit gründs, sunder ein jeclich sach in ir selbs anschauen und sy halten gegen dem liecht göttlicher natürlicher und cristenlicher recht und dem noch urteilen und erkennen.

Uff den andern artickel, der do anfocht Nemlich etc.: Lutet (als ich in verstand) von vergobung under den lebendigen, bedunckt mich, das dor inn anzusehen sygen die geschribnen recht, gut gewonheiten und fryheiten, so villicht geben sind einer statt Straßburg, in sollichen dingen zu ordnen und statut ze machen noch er und nutz einer statt, doch on unbillichen schaden und letzung der fryheiten, besunder durch bäbst und keiser der kirchen verlüchen, oder wider natürlich recht oder abbruch der er gotts und hilff armer elender mönschen. Dorwider wurt kein fryheit geben, auch hat sy kein krafft, ob sy

---

[73] Standort der Abschrift Jakob Wenkers vom Anfang des 18. Jahrhunderts mit der Überschrift: »Doctor Keysersbergs der Testamenten halb eröffnetes Bedencken. An Herrn Heinrichen Ingold, der stadt Straßburg ammeister, geschickt in einem brieff«: AST 176 fol. 23 r-26 a v (= S. 47-54).

[74] Dan. 13.

[75] 2. Reg. 12, 28.

[76] 24. Juni.

mutwillich geben wurt. Und dorumb diser artickel, wenn er also unverscheidenlich verstanden würd, wer er krafftlos.

Uff den dritten artickel anfahend Des glichen etc., mit sambt den nochgonden artickeln, in denen understanden würt, zu fürkomen vorteil und uffsatz, do durch das solliche ding geschehen, gerechtvertiget und verrechtiget sollen werden vor meister und rat unverscheidenlich etc.: Doruff sprich ich zum ersten, das man in fellen diser sach als ouch in vyl andren sachen nit allen betrugk, vorteil oder uffsatz fürkomen mag, und wer das understund, träsch ein lär strow, ist nitt not, sich daruff zu bedencken, ist on zwifel nit unbedocht in die rechtbücher gesezt, sunder vorgebuwt und getöwet worden durch fil wyser erfarner, ouch liebhaber eines gemeinen nutzes und warnemer nitt allein der weltlichen eren, libs und gutes, sunder auch der eren gottes und selen heil, und habend es doch also lassen bliben, wie es gesezt ist. Man kan solliche monschliche geschefft und ordenungen nitt also genow verstopfen, das sy gar nienen rinnen, genug ist es, das man zu jetlicher sachen so fyl tut und sy verwaret, als sy von art erlyden mag: Das man einen schöiben[77] hut understot, also fest und starck ze machen als einen ysenhut, ist vergebens. Ouch kan man nitt alle ding mit glicher moß ußmessen und verkouffen. Saltz pfumpfet man mit füsten in den sester, nit also misset man teig, byren oder pflumen, man wigt das fleisch, tuch misset man mit der ellen, win mit der moß, eyer by der zal. Also wil jeclich ding mit siner besundern füglichen moss gemessen syn. Und wer do wolt eyer, win und brot mit der ellen ußmessen und tuch als fleisch by dem pfund und strow by dem quint verkouffen, wird billich verlachet. Also ist es auch in mönschlichen hendlen, mögend nit also versichert werden, man mus ein benügen haben mit bescheidner und füglicher bewarung. Sollichs ist in bäbstlicher und keiserlicher fürsehung wol vorbedacht habend gemerckt, das dise ding nit mögen also glich in ein winckelmess gerichtet und versorgt werden, und dorumb habend sy das in einer gemein lassen hangen und gewüsset, das solliche betrügk, in obgenanten artiklen geforchtet, nit also gantz fürkomen mögen werden. Es ist wol wor, das keiserliche recht das haben understanden, und dorumb erfordern sy syben oder 5 gezugen. Aber bäbstliches recht, besunder in gotts sachen, haltend sich des göttlichen rechten, uffsatzungen der heiligen vetter und gewonheit der gemeine christenheit und setzend, das uff dry oder zwen gezugen, als im evangelio stot, und hatt domit ein benügen und haltet sich also nit des weltlichen, sunder des gottlichen rechten. Man spricht (und ist wor), gescheh all tag ein mort, so müst man dennacht den lüten getruwen. Wir sehen und entpfinden, das die hußvätter verundruwt und teglich betrogen werden durch ir gesind, noch mus man gesind haben. Herren und städt werden betrogen durch ire amptlüt und schwerlich ettwann beschediget mit diebstal und abtrag, noch dennocht mus man amptlüt haben. Es würt manch eemönsch durch sinen gemahel veruntruwt, noch kan man eelichen stat dorumb nit abtun, jo man würt etwenn in der bicht verfüret und betrogen, noch mus man bichten. Also ist es wor und bekäms, das ettwen in sollicher vergabung betrug geschicht, aber das man dorumb abstellen well, das von cristenlichen rechten geordnet ist zu der er gotts und aller heiligen, zu trost und hilff der armen mönschen, ist wörlich on grund. Sunder ist der nechst weg, die cristenliche ordenung schlechtlich annemen, unbehenckt mit geding und puncten, die wider ordenung des rechten sind, durch welche geding man fallt in das, das man entpfliehen wil und in keinem rechten beston mag.

Der schad, den man förchtet, ist nitt also gros, als er schient oder fürgeben würt; wer sollicher schad dorhinder, andre cristenliche commun als Nürenberg und ander des rychs

---

[77] D. i. Schaubenhut = Strohhut.

und herren städt, des glichen fürsten und herren in tütschen und welschen landen, hettend das nitt übersehen und mit stillschwigen lassen hingon. Ich habs vor langen joren gehört von wisen und erfarnen der gelegenheit diser statt und ouch gönner warent des gemeinen nutzes, das sie sprechen, diser statt nutz und schad lyt worlich nitt an dem stück der testament, es lyt uff eim andren etc. Redten witer, dient uff dise sach nitt, dorumb sprich ich, das der schad nitt also gros ist, wie er ettwann fürgeben wurt, sunder groß und grösser ist der schad, der uß haltung des artickels uffwachset und bißhar uffgewachsen ist, wenn do durch ist und wurt niedergeleit der nutz unser lieben frowen werck, der ellenden herberg, der armen weislin, der blotrer, der ussetzigen feltsiechen oder maltzen[78], des pfennigturnes des widerkeres[79] halb, des spitals, ist nit ein wunder, das er not lidet und abnimmet, hat nit jederman gnod, ettwas von hand zu geben armen lüten in siner gesuntheit, würt aber getroffen durch sin kranckheit, das er dor zu geneigt würt, solt im nitt entwert werden durch sollich artickel, und kurtz aller armen lüt hilff, hußarmen, bettler, wittwen und weisen ist bisshar durch den artikel mercklich geirret worden.

Man darff ouch nitt sorg haben, das durch abtilkung des artikels den pfaffen zu vyl werd: Wir haltend uns leider also liederlich in unserm leben, das man uns wenig geneigt ist, üt zu vermachen, müssend sich vast mit irem eignem schmaltz beträiffen. Ouch vertunt sy das untürlich, und ob ettlich hinder sich halten durch kargkheit, blybt nitt so by, mus doch hinden noch mit huffen under die gemein kummen. Und ob jemans sprech, die pfaffen hand on das zu fyl: Ist wor von ettlichen, doch so sol man niemans (er syg pfaff oder ley) dorumb, das er zu fyl hatt oder rych ist, das sin nemmen oder entweren. Und obschon das nitt wer, scheint es doch unbillich, das die armen lüt und gottshüser, als der spital ist, das weysen hus, unser frawen werck und andre, die obgenant sind, solten also unschuldeklich der pfaffheit entgelten, nun geschicht es, wenn der artickel haltet inn unverscheidenlich jederman. Wenn ich syben brüder hett, die arm weren, und hett dorzu einen nochgeburen, dem ich nitt vast günstig wer, und ein rycher man vermacht unverscheidenlich minen siben brüdren und dem nochgeburen achzig fl, das wer minen brüdern sibentzig und dem nochburen 10. Wenn ich nun also ungeschickt wer, das ich gern wolt der 70 fl entberen, uff das minem ungünstigen nochburen die 10 fl entgiengen, dunckt mich, es wer kein wysheit an mir und wer kein liebhaber miner brüder, so mir nit lieber wär, ir grosser nutz, der 70 fl, weder leid wer der klein nutz meines ungünstigen nochburens. Wo solliche meinung gesin wer (als ich nitt weis) in den artikel setzeren zu sant Johans, wenn sy denn hettend das bedocht, so hettend sy nit also umb eines kleinen nutzes willen zu weren der pfaffheit, einen sollichen grossen schaden zu gefüget den syben armen orten diser stadt, iren brüdern. Wenn jederman ist mer geneigt, an die armen ort der statt zu vermachen 10 fl weder der pfaffheit ein fl, nun gern wellen manglen 10 fl, so armen lüten würd in den obgenanten orten, uff das entwert würd der pfaffheit zu uffung[80] der er gotts ein fl, schint nit fast füglich oder formlich.

Wenn ein rot der statt Straßburg ein ordenung ordenlich macht, berüren ein zunfft, stot der selben zunfft nit anders zu, weder das sy sollich ordenung schlecht ungerechtfertiget uffnem und getruwelich halt. Solt die zunfft erst über die ordenung sitzen und sy hin und har wegen und noch irem bedunk zu und von tun, würt einem rot nitt gefallen, sunder

---

[78] Beides für Aussätzige, Leprakranke.

[79] D. i. Rückerstattung, Schadensersatz.

[80] D. i. Wachstum, Zunahme.

dorzu halten, das sy irer ordenung und gebott gehorsam weren. Also zimmt sich nitt, von den göttlichen, natürlichen, bäbstlichen und keiserlichen gebotten sich bedencken und rotschlagen, ob man sy halten well schlecht oder nit geding, und dorzu sy erst urteilen, ob sy recht oder unrecht sygen, sonder sol sy einfalteklich annemmen und inen gehorsam syn.

Ich versich mich, das dise mir überanwurten artikel also unverscheidenlich gesetzt, nitt werden noch gelossen vom stul zu rom, deßhalb das sy gantz hin nemmen die oberkeit und gerichtszwang dem geistlichen stab, so im von allen rechten zugeben ist.

Item diese artikel, wie wol sy nitt offenlich ußgetrückt verbieten sollich gemechde, so sind sy doch also verstrickt behenckt und beladen mit geding, das sy (als zu besorgen ist) kümmerlich oder selten, on langen verzug in bruch und volstreckung kommen möchti, deshalb das vyl irrung inred und zwyffels täglichs dor us erwachsen zu verhindrung des letsten willens testatoren, ouch verlengrung der erlösung irer selen, ergetzung der armen oder er gottes, dorzu sollich geschefft verordent sind. Darumb schwerlich gott dem herren rechnung pflichtig würden sin alle die, deß uffschlags ursach geben hetten.

Aber deren halb, die vor uns gesyn sind, die solliche artikel uffgericht und darnoch geurteilt haben, wie sy hinnen gescheiden sygend, wellen wir gott dem herren entpfelhen, vor dem sy stond und von imm entpfangen haben iren lon. Wer do von vyl zu reden und mit grossem underscheid, sind (als vorsehenlich ist) nit all glicher sinn gewesen, wer wüsset, ob ettliche entschuldiget hatt ir einfalt und unschuldige unwüssenheit oder die andern nitt entschuldiget, deshalb das sy nitt wolten wüssen, die andren, die do habend wellen nitt wüssen, und wider inen geoffnete worheit heffteklich gesperrt, wer kan wüssen von irem rüwen und bicht an irem letsten und, die lerer berürend, solliche underscheid luter und eigentlich wer lang (ist aber nitt not) zu erzalen, wellend das gott heim setzen. Das sind wir gewiss, das wir, als wie jetz sind, uns schicken sollend zu halten die gebott gottes und der christenheit, und sich nitt abwenden von dem, das ander herlich commun stett und herren mit nutz, er und lob, on inred menglichs, in sollihen gemechden halten, deren urteil an allen orten gut und recht erkannt werden.

Noch disen allen vyl reden dünckt mich, diser statt er und nutz sin, wie sy den artickel vernunfftiklich aberkannt haben, das sy in ouch also on zusatz und unbehenckt lassen bliben. Oder darzu setzen, das es hinfür gehalten sol werden noch christenlicher ordenung, das mag niemans missfallen, sunder würt in aller mönschen oren wol lüten. Und nit desteminder, wenn sich ein misshandel begeb, mag man dennoch dem falsch widerston, ist nit meynung des rechten, dem falsch wellen ursach geben. Andre inreden, so wider dise ding geschehen mögen, hab ich noch minem vermögen verantwurtet und vor ettlichen joren einem ersamen rot überlüffert.

[Am Rand:] Sub: anno 1501 Chrysostomi[81].

1509 Agathe[82].

[Zum folgenden Absatz am Rand:] NB. ist wider durchstrichen p[aragraphus]

Mir ist wenn mich bobst und keiser entbunden und mich frygeten und mir macht geben ein herr zu syn über min gut, so wolt ich mir selbs die fryheit ouch gönnen und nitt mich selbs binden und zu einem knecht machen, so ich wol fry wer. Wenn man einen zwingen

---

[81] 27. Januar 1501, der Tag, an welchem Geiler seine 21 Artikel dem Rat vortrug.
[82] 5. Februar.

wollt, das er müst ettwas tun, wer nitt ein wunder, das man sich dorab wurd aber einen fry ledig zalen, und er die fryheit nitt mag erlyden, ist frömer In auribus ingenui hominis.

[Am Rand:] Alia manu iterum ut ab initio.

Man bedenck ouch darneben, wann man glich vil ordenung wider die göttlichen, natürlichen, geistlichen und weltlichen gesatzt zu machen und halten understatt und wider soliche ordenung einer an die oberkeit sich berüfft als beswärter (das man doch niemans wören mag), ob nit solich ordenung aberkant und man dardurch in gespött vallet und die bürger in grosser beswärd und costen fürt, wann inen haltung diser nuwen ordenung yemere zu geben mag.

Es sprechen aber ettlich: Jo wir haben in unser stat zu setzen und entsetzen alles, das uns beduncken will unser stat und bürgern nutz oder gut sin etc. Es ist wor, die keiserliche frihet gibt solichs zu in fällen, die nit wider gottes gebot, wider der cristlichen kirchen ordenung und gesatzt, wider der selen heil oder die oberkeit syent. Darumb bedarf man in solchen ordnungen eben für sich zu sehen, das man nit wän nutz schaffen in dingen, do man grossern schaden und nochteil wartend ist.

4. Werkverzeichnis

a) Moderne Ausgaben

in umgekehrt chronologischer Reihenfolge

1. *Sämtliche Werke*] Johannes Geiler von Kaysersberg. Sämtliche Werke. Hrsg. v. Gerhard Bauer. Teil 1: Die deutschen Schriften. Abt. 1: Die zu Geilers Lebzeiten erschienen Schriften. Bd. 1, 2 und 3. Berlin/New York 1989, 1991 und 1995 (= Ausgaben deutscher Literatur des XV. bis XVIII. Jahrhunderts 129, 139 und [147]).

2. *Sprichwörtliche Redensarten* aus der Emeis Geilers von Kaysersberg. Hrsg. v. Eugen Breitenstein. In: ArchElsKg 15 (1941/42) S. 147 f.

3. *Alte Weisheit ... neu!* Eine Auswahl von Geschichten, Bildern und Gleichnissen aus den Predigten Geilers von Kaisersberg. Hrsg. v. Eugen Süss. Heidelberg 1939 (= Handreichungen für die praktische Arbeit 1).

4. *Predigtmärlein aus Geilers Predigten.* Hrsg. v. L[uzian] Pfleger. In: Elsassland 11 (1931) S. 35-39.

5. *Altelsässische Spruchweisheit.* Aus Geilers Predigten zusammengestellt von Joseph Lefftz. In: Elsassland 5 (1925) S. 333-337.

6. *Altelsässische Sprichwörter.* Aus den Predigten Geilers von Kaysersberg († 1510). In: Mein Elsassland 2 (1922) S. 27.

7. *Der Leib unterwegs, das Herz daheim!* Gedanken und Worte von Geiler von Kaysersberg ausgew. und bearb. v. A[lbert] Bruckner-Bremgarten. Hamburg 1907 (= Ewigkeitsfragen im Lichte großer Denker 6).

8. *Die helltönenden Wörtlein* unseres Altvaters Geiler von Kaysersberg. Was wir, seine

Landsleute, von ihm wissen sollten aus Heimatstolz. Hrsg. v. Peter Lang. Straßburg 1906 (= Elsässische Volksschriften 62).

9. *Ausgewählte Schriften*] Philipp de Lorenzi, Geilers von Kaisersberg ausgewählte Schriften nebst einer Abhandlung über Geilers Leben und echte Schriften. 4 Bde. Trier 1881-1883.

10. *Goldkörner aus Geiler von Kaisersberg*. Hrsg. v. A[nton] Berlinger. In: Alemannia 3 (1875) S. 13-15 und 10 (1882) S. 72-76.

11. *Die aeltesten Schriften* (1882)] Die aeltesten Schriften Geilers von Kaysersberg. XXI Artikel. Briefe. Todtenbüchlein. Beichtspiegel. Seelenheil. Sendtbrieff. Bilger. Hrsg. v. L[éon] Dacheux. Freiburg i. Br. 1882 (ND Amsterdam 1965).

12. *Les plus anciens écrits* (1882)] Les plus anciens écrits de Geiler de Kaysersberg. Todtenbüchlein. Beichtspiegel. Seelenheil. Sendtbrieff. Bilger. Précédés d'une étude bibliographique. Hrsg. v. L[éon] Dacheux. Colmar 1882.

13. *Weisheit aus Geiler von K.[aysersberg] und Anderen*. Hrsg. v. A[nton] Berlinger. In: Alemannia 8 (1880) S. 81 f.

14. *Erinnerungen an Geiler von Kaisersberg*. Hrsg. v. A[nton] Berlinger. In: Alemannia 3 (1875) S. 129-132 und 8 (1880) S. 25-27.

15. *XXI Artikel und Briefe* (1877)] Dr. J. Geilers von Kaysersberg XXI Artikel und Briefe. [Hrsg. v. Léon Dacheux]. Freiburg i. Br. 1877 (= Die aeltesten Schriften Geilers von Kaysersberg. 1. Abt.).

16. *Paedagogisches aus Geiler von Kaisersberg*. Hrsg. v. A[nton] Berlinger. In: Alemannia 3 (1875) S. 1-13.

17. *Alte gute Sprüche aus Geiler und Anderen*. Hrsg. v. A[nton] Berlinger. In: Alemannia 1 (1873) S. 303 f.

18. *496 Sprichwörter und sprichwörtliche Redensarten* aus den Schriften Geilers von Kaisersberg. In: Alsatia 8 (1868) S. 131-362.

19. *Geiler's von Kaisersperg Ausgewählte Schriften*. 1. Heft. Der höllische Löwe, Predigten gehalten im Jahre 1507 im hohen Münster zu Straßburg. Neu hrsg. v. J. W. Braun. Trier 1858 (ND Tübingen 1983).

b) Einzel- und Sammelwerke in Erstdrucken

Es werden die Erstdrucke und Einzelpredigten in alphabetischer Reihenfolge aufgelistet. Die Kurztitel greifen die von G. Bauer resp. L. Dacheux in ihren Ausgaben gewählten auf; auf andere Bezeichnungen wird hingewiesen; Ausgaben und Übersetzungen werden genannt, auch wenn sie nur Teile einer Predigt bieten; am Ende der eigenständigen Titel stehen in Klammern die Ordnungsnummern des bibliographischen Verzeichnisses der Schriften Geilers von L. Dacheux in: Die aeltesten Schriften (1882) S. XXV-CXXXVII.

1. *Achtzehn Eigenschaften eines guten Christenpilgers* (1508)] Hyenach volgend Achtzehen aigenschafften / Die ain guotter Christenbilger / an sich nemen soll / Will er

acht sicher wandlen hye in disem ellend / Vnd also kömmen in sein rechtes vatterland
/ Daß da ist öwige säligkait.
In: Deutsche Predigten (1508).
Ausgabe: Sämtliche Werke Bd. 2 (1991) S. 137-160.

2. *Alphabet* (1518)] Des hoch gelehrten doctor Keiserspergs Alphabet in XXIII. Predigen [...].
   In: Sünden des Munds (1518).
   Übersetzung: Alphabetus (1518).

3. *Alphabetus* (1518)] Sequuntur sermones vigintiquattuor fructuosissimi / de Uita Christiana inscripti: iuxta ordinem et numerum litterarum Alphabeti: quas litteras in arborem
   redegit Doctor / et in ramos mutauit. In quibus homo fidelis / vitam suam secundum
   earum litterarum doctrinam regens / ascendere potest in eternam gloriam.
   In: Sermones et tractatus (1518) fol. 138 r-143 v.
   Übersetzung: Alphabet (1518).

4. *Ameise* (1516)] Die Emeis. Dis ist das buch von der Omeissen. vnnd auch. Her der
   künnig ich diente gern.
   Straßburg (Johannes Grüninger) 1516.
   Herausgeber: Johannes Pauli.
   Benutztes Exemplar: BNU: R 10100.
   Literatur: E. Breitenstein: Die Quellen der Emeis (1938).
   (70)

5. *Arbore humana*] Siehe: Menschenbaum (1521).

6. *Ars moriendi*] Siehe: Sterbe ABC (1497).

7. *Art der Kinder* (1883)] „Von der artt der kind". Eine unedierte Predigt Geilers von
   Kaysersberg.
   Herausgeber: Luzian Pfleger. In: ArchElsKg 15 (1941/42) S. 129-147.

8. *Auszug der Kinder aus Ägypten* (1510)] Ain gaistliche bedeutung des aussgangs der
   kinder Jsrahel von Egipto.
   In: Granatapfel (1510).

9. *Baum der Seligkeit*] Siehe: Alphabet (1518).

10. *Baum des Zacheus* (1508)] Diße nachuolgend predig / sagt von dem baum sicomorum
    genant / ain touber feygbaum. ZAcheus stayg auff ainen touben feygbaum [...].
    In: Deutsche Predigten (1508).
    Ausgabe: Sämtliche Werke Bd. 2 (1991) S. 519-545.

11. *Baum des Zacheus*] Siehe: Heilsame Lehre und Predigt (1489).

12. *Beichtgedicht* (1497)] Dis buochlin wyset. wie sich ein jecklicher christen mönsch
    schicken soll zuo einer gantzen volkomenen vnd gemeyner bycht.
    O. O. (o. D.) 1497.
    Ausgabe: Sämtliche Werke Bd. 1 (1989) S. 111-139.
    (3)

13. *Berg der Betrachtung* (1490)] Von dem berg des schauwens / Wie ain mensch kom-
    men mög zu volkomner liebe gotes / Nach der mainung des christenlichen leerers
    Johannes von Gerson / etwann Cantzler zu Pariß Geprediget durch den hochgeleerten

herren / herr Johannes gayler von Kaisersperg / Doctor der hailigen geschrifft / prediger in vnser frauwen münster tzu dem hohen / styft der stat Stroßburg / doch mit anderen worten / vnd etwann zugelegten außlegungen / die doch nicht weiters oder anders verstanden söllent werden weder sy dienen vff die maynung des vorgenanten leerers vnd dise materi / hat der obgenant würdig hochgeleert herr doctor gepredigt zu Augspurg / in vnser frawen Stifft nach christi vnsers herren geburt Tausent vierhundert vnd achtundachtzig jar.
In: Deutsche Predigten (1508).
Ausgabe: Sämtliche Werke Bd. 2 (1991) S. 7-135.
Übersetzung: Contemplatio (1518).
Literatur: G. Fussenegger: Die Augsburger Predigten Geilers (1964).

14. *Brosamen* (1517)] Die brösamlin doct. Keiserspergs vffgelesen von Frater Johann Paulin barfuoser ordens. [...].
Straßburg (Johannes Grüninger) 1517.
Herausgeber: Johannes Pauli.
Ausgabe: Die brösamlin. Reprint der Ausg. v. 1517 (angekündigt für 1997 bei Danowski Zürich u. Bialogard)
Benutztes Exemplar: BNU: R 10099.
Sammlung bestehend aus: Fünfzehn Staffeln, Vier Löwengeschrei, Wannenkrämer.
(74)

15. *Christliche Königin* (1510)] Die Christenlich Künigin Von vnderscheid tödtlicher vnd täglicher sünd.
In: Irrendes Schaf (Sammlung 1510).

16. *Christliche Pilgerschaft* (1512)] Christenliche bilgerschafft zum ewigen vatterland / fruchtbarlich angezeigt [...].
Basel (Adam Petri von Langendorf) 1512.
Herausgeber: Jakob Otther.
Übersetzung: Peregrinus (1513).
Benutztes Exemplar: BNU: R 10782.
(55)

17. *De Ascensionibus in contemplationem* (1518)] Sequuntur nunc sermones vigintiunus: de Ascensionibus in contemplationem.
In: Sermones et tractatus (1518) fol. 77 r-92 v.
Übersetzung: Berg der Betrachtung (1490).

18. *De coelibatu monastico*] Siehe: Lepusculus (1518).

19. *Deutsche Predigten* (1508)] Predigen Teütsch: vnd vil gütter leeren Des hochgeleerten herrn Johann von Kaisersperg. in der götliche geschrifft doctor vnd prediger zu dem hohen stifft. vnser lieben frauwen mynster. der stat Stroßburg.
Augsburg (Hans Othmar) 1508.
Benutztes Exemplar: BNU: R 10124.
Ausgabe: Sämtliche Werke Bd. 2 (1991) S. 1-572.
Literatur: Otto von Heesen, Norm und Variation in der Relativkonstruktion des Frühneuhochdeutschen. Syntaktische Studien am Beispiel von Geilers von Kaysersberg <Predigen Teütsch> (Augsburg 1508). Microfiche-Ausg. Mannheim, Univ. Diss. 1994.
Sammlung bestehend aus: Achtzehn Eigenschaften eines guten Christenpilgers, Baum

des Zacheus, Berg der Betrachtung, Drei Vorbilder der Nächstenliebe, Erklärung des Bildes vom Baum des Zacheus, Fünf Akte des Heils am Menschen, Neun Früchte eines rechten Klosterlebens, Reuerinnenpredigten, Sieben Eselhalfter, Sieben geistliche Märkte, Sieben Qualen der geistlichen Hölle auf Erden, Sieben Zeichen des sterbenden Menschen, Übungen der Tugend, Warum Johannes Chrisostomos Goldmund heißt, Wie der Mensch sich selbst erkennt.
(36)

20. *Dispositio ad felicem mortem*] Sermones praestantissimi (1514).

21. *Dreieckiger Spiegel* (1510)] Der dreieckecht Spiegel. Von den gebotten. Von der beicht Vnd von der kunst des wolsterbens.
In: Irrendes Schaf (Sammlung 1510).

22. *Dreier Marien Salbung*] Siehe: Mariensalbung (1520).

23. *Dreierlei Wesen des Menschen*] In: Granatapfel (1510).

24. *Drei Vorbilder der Nächstenliebe* (1508)] Diß sagt von dreyerlay bildner / die vns von got fürgesetzt sind / nach denen wir ain form sollen nemen / vnsern nästen lieb zu haben.
In: Deutsche Predigten (1508).
Ausgabe: Sämtliche Werke Bd. 2 (1991) S. 394-443.

25. *Eigenschaften des Kindes* (nisi efficiamini sicut parvuli)] Schwaz (Tirol) Bibliothek des Franziskanerklosters (MS Q I/18 fol. 202 v. 211 r).
In Augsburg 1488 gehaltene Predigt (vgl. A. Steichele: Friedrich Graf von Zollern (1856) S. 153).
Literatur: G. Fussenegger: Die Augsburger Predigten Geilers (1964).

26. *21 Artikel* (1501)] Diß sindt die artickel der gewonheiten statutenn und bruchs der stat Straßburg in denen not ist das man behutsamlich wandle und rats pflege der gotzförchtigenn / erfarnen / wisen und gelerten in keyserlichen / bebstlichen und götlichen rechten / zu erkennen / ob die selben gewonheit / bruch und statuten nit sihen wider christeliche gäsatz und gottes gebotte / Do durch die regierer der selben stat und ander ire inwoner / durch haltung sollicher statut und gewonheiten und gebruchs / fallenn in ungenoden gottes / und ewige irer selen verdamniß.
Ausgabe: Sämtliche Werke Bd. 1, S. 153-199
Literatur: Der zweite Teil der vorliegenden Arbeit.
(13)

27. *Epistola elegantissima* (1505)] Epistola elegantissima Johannis keysersbergij de modo predicandi dominicam passionem et de nuditate Crucifixi. Argumentum epistole.
Herausgeber: Thomas Wolf d. J.
In: J. Wimpfeling: Appologetica (1505).
Benutztes Exemplar: BNU: R 101065.
(25)

28. *Erklärung des Bildes vom Baum des Zachesus* (1508)] Die wurtzel des baumes in der nachgeenden figur / ist. [...] nach dem alss da seind syben buochstaben in dem namen Zacheus.
In: Deutsche Predigten (1508).
Ausgabe: Sämtliche Werke Bd. 2 (1991) S. 496 f.

29. *Eschengrüdel* (1510)] Der Eschen Grüdel. Von den anfahenden mönschen in dem gots dienst.
   In: Irrendes Schaf (Sammlung 1510).

30. *Evangelia des Plenarium*] Siehe: Evangelienbuch (1515).

31. *Evangelienbuch* (1515)] Das Euangelibuoch DAs büoch der Ewangelien durch das gantz iar / Mitt Predig vnd vßlegungen durch den wirdigen hochgelerten Doctor Johannes geiler von Keisersperg der Zeit Predicant in dem hohen stifft der Keiserlichen freien stat Straßburg / die er in seinen fier letsten Jaren gepredigt hat. Vnd daz vß seinnem mund von wort zuo wort geschriben. Anno etc. M. d. vnd fier iar. Fast nutzlich vnd guot nit allein dem leyen etc. Vnd ist vor nie getruckt. Cum Priuilegio.
   Straßburg (Johannes Grüninger) 1515.
   Herausgeber: Johannes Pauli.
   Benutztes Exemplar: BNU: R 10103.
   (67)

32. *Fragmenta passionis* (1508)] Fragmenta passionis domini nostri Jesu Christi [...] sub typo placente mellee praedicate Per Jacobum Ottherum familiarem eius in hunc modum collecta.
   [Straßburg] (Matthias Schürer) 1508.
   Herausgeber: Jakob Otther.
   Übersetzung: Passion in Lebkuchenform (1514).
   Benutztes Exemplar: BNU: R 100482.
   (38)

33. *Fructes et utilitates vitae monasticae* (1518)] Sequuntur nouem sermones de fructibus et vtilitatibus vite Monastice.
   In: Sermones et tractatus (1518) fol. 51 v-61 v.
   Übersetzung: Neun Früchte eines rechten Klosterlebens (1508).

34. *Früchte des Wohlsterbens*] siehe Mariensalbung (1520).

35. *Fünf Akte des Heils am Menschen* (1508)] An dem sontag nach der auffart jm tausent / vierhundert / vnd neüntzigsten vnd drü jar. was vnser kirchweiche. Von fünf stucken die sich verlofen so ainem menschen hail widerfart / Als Zacheo. Thema Heüt ist hail beschehen disem hauß.
   In: Deutsche Predigten (1508).
   Ausgabe: Sämtliche Werke Bd. 2 (1991) S. 510-515.

36. *Fünfzehn Äste*] „Von den XV Aest". Eine unbekannte Predigt Geilers von Kaysersberg.
   Herausgeber: L[uzian] Pfleger. In: ArchElsKg 10 (1935) S. 139-151.

37. *Fünfzehn Staffeln*. In: Brosamen (1517).
   Übersetzung: Contemplatio (1518).

38. *Geistliche Spinnerin* (1510)] Die gaistlich spinnerin. nach dem Exemplel der hailigen wittib Elizabeth / wie sy an ainer gaistlichen gunckel, flachs vnd woll gespunnen hat Gepredigt durch den wirdigen Doctor Johannem Gayler von Kaiserßberg etc.
   In: Granatapfel (1510).

39. *Gemmi spirituales* (1518)] Sequuntur sermones tredecim de Gemmis spiritualibus duodecim in Kalendis Januarij per Eximium Doctorum Joannem Keyserspergium

Argentinae in Ecclesia Cathedrali ad populum habiti.
In: Sermones et tractatus (1518) fol. 33 v-51 r.

40. *Granatapfel* (1510)] Das buch granatapfel. im latin genant Malogranatus [...].
Augsburg (Hans Othmar/Jörg Diemar) 1510.
Benutztes Exemplar: BNU: R 10105.
Sammlung bestehend aus: Auszug der Kinder aus Ägypten, Dreierlei Wesen des Menschen, Geistliche Spinnerin, Hase im Pfeffer, Sieben Schwerter und sieben Scheiden, Trostspiegel.
(44)

41. *Hase im Pfeffer* (1510)] Ain gaistliche bedeütung des heßlins. wie man das in den pfeffer berayten soll [...].
In: Granatapfel (1510).
Literatur: P. Ramatschi: „Der Has im Pfeffer" (1934); H. Schüppert: Allegorie und Alltag (1992) S. 664 f.

42. *Heilsame Lehre und Predigt* (1489)] Dise nachgeschriben predig hat gelert vnd gepredigt eyn hochgelerter andechtiger doctor mit namen Johannes von keyserssperg [...]
[Ulm] (wahrsch. Conrad Dinkmut) 1489.
Ausgabe: Sämtliche Werke Bd. 1 (1989) S. 15-25.
(6)

43. *Heilsame Predigt* (1513)] Ein heilsam trostliche. Predig Doctor iohans geiler von Keisersperg predicanten der loblichen stat Straßburg. Die er zuo bischoff Albrechten von Straßburg vnd andern erwirdigen prelaten / vnd seiner gantzen Ersamen priesterschafft vor zeiten gethon hat / ir vnd ires gesinds regiment vnd reformation antreffen vß wolgeziertem latein durch iacobum wimpflingen darzuo durch grosse bit bwegt in tütsche sprach verandert vnd transferiert.
Straßburg [Johannes Grüninger] 1513.
Herausgeber: Jakob Wimpfeling.
Benutztes Exemplar: BNU: R 10127.
(58)

44. *Herr der König* (1516)] Her der küng ich diente gern.
In: Ameise (1516).

45. *Himmelfahrt Mariens* (1512)] Predig der himmelfart Ma.[riens] Dis seind fier predig von vnser lieben Frawen [...].
Straßburg (Johannes Grüninger) 1512.
Benutztes Exemplar: BNU: R 10122.
(56)

46. *Höllischer Löwe* (1510)] Der hellisch Low Von böser anfechtung.
In: Irrendes Schaf (Sammlung 1510).
Ausgabe: Der höllische Löwe. Hrsg. v. J[ohann] W. Braun. Trier 1858 (ND Tübingen 1983).
Literatur: R. L. Cole: La Bête Allégorique (1991).

47. *Irrendes Schaf* (Sammlung 1510)] Das irrig Schaf. Sagt von kleinmütikeit vnd verzweiflung. Gebrediget / vnd gedeütscht / durch den würdigen vnd hochgelerten

doctorem Johannem Geiler von Keiserßperg / mit sampt den nachvolgenden tractaten.
[Straßburg] (Mathias Schürer) [1507 (?), 1510 (?)]
Benutztes Exemplar: BNU: 100487.
Sammlung bestehend aus: Dreieckiger Spiegel, Christliche Königin, Eschengrüdel,
Höllischer Löwe, Irrig Schaf, Klappermaul, Trostspiegel.
(47)

48. *Irrig Schaf*] Das irrig Schaf.
    In: Irrendes Schaf (Sammlung 1510).

49. *Klappermaul*] Das Klappermaul. Von hinderred.
    In: Irrendes Schaf (Sammlung 1510).

50. *Kunst des Sterbens*] Siehe: Mariensalbung (1520).

51. *Lebkuchen machen* (1514)] Eyn letzelten machen. So der Titel in: A. Steichele: Fried-
    rich Graf von Zollern (1856) S. 153.
    In: Passion in Lebkuchenform (1514).

52. *Lepusculus* (1518)] Sermones per modum Tractatus de vero Celebatu monastico sub
    typo lepusculi: prius Auguste in vulgari teutonico impressio.
    In: Sermones et tractatus (1518) fol. 62 r-72 v.
    Übersetzung: Hase im Pfeffer (1510).

53. *Mariensalbung* (1520)] An dem Ostertag hat der hochgelert Doctor keisersperg ge-
    predigt von den dry marien wie sie vnsern heren iesum cristum wolten salben [...]
    Angeschrieben von einer ersamen iunckfrawen [...].
    Straßburg (Johannes Grüninger) 1520.
    Benutztes Exemplar: BNU: R 10126.
    (79)

54. *Menschenbaum* (1521)] Das buoch Arbore humana. Von dem menschlichen baum /
    Geprediget von dem hochgelerten Doctor Johannes Keysersperg / Darin geschicklich
    vnd in gottes lob zuo lernen ist / [...].
    Straßburg (Johannes Grüninger) 1521.
    Übersetzung: Sermones praestantissimi (1514).
    Benutztes Exemplar: BNU: R 10102.
    (81)

55. *Mors virtualis sive gratia*] Siehe: Sermones praestantissimi (1514).

56. *Narrenschiff* (1520)] Des hochwirdigen doctor Keiserspergs narrenschiff so er gepre-
    digt hat zuo straßburg in der hohen stifft daselbst Predicant der zeit. i498. dis gepredigt.
    Vnd vß latin in tütsch bracht / Darin vil weißheit ist zuo lernen / vnd leert auch die
    narrenschel hinweck werffen. ist nütz vnd guot alen menschen. Cum Priuilegio.
    Straßburg (Johannes Grüninger) 1520.
    Herausgeber und Übersetzer: Johannes Pauli.
    Benutztes Exemplar: BNU: R 10113.
    Literatur: G. Bauer: Die Predigten Geilers über Brants Narrenschiff (1995); Th. Maus:
    Brant, Geiler und Murner. Studien zum Narrenschiff (1914).
    (80)

57. *Navicula fatuorum* (1510)] Nauicula siue speculum fatuorum Prestantissimi sacrarum

literarum Doctoris Joannis Geyler Keysersbergij Concionatoris Argentinen. a Jacobo Othero collecta. Compendiosa vitae eiusdem descriptio / per Beatum Rhenanum Selestatinum. Ad Narragoniam.
Straßburg (Mathias Schürer) 1510.
Herausgeber und Übersetzer: Jakob Otther
Benutztes Exemplar: BNU: R 100483.
Literatur: G. Bauer: Die Predigten Geilers über Brants Narrenschiff (1995).
(49)

58. *Navicula poenitentie* (1511)] Nauicula penitentie. Per excellentissimum sacre Pagine doctorem Joannem Keyserspergium Argentinensium Concionatorem Predicata. A Jacobo Otthero Collecta. Ecce ascendimus hierosolimam.
Augusta Vindelicorum (Hans Othmar/Georg Diemar) 1511.
Herausgeber und Übersetzer: Jakob Otther.
Benutztes Exemplar: BNU: R 10111.
Übersetzung: Schiff der Pönitenz (1514).
(52)

59. *Neun Früchte eines rechten Klosterlebens* (1508)] Von den neün früchten oder nützen aines rechten kloster lebens.
In: Deutsche Predigten (1508).
Übersetzung: Fructes et utilitates vitae monasticae (1518).
Ausgabe: Sämtliche Werke Bd. 2 (1991) S. 223-314.
Literatur: R. Fillinger: Die Predigten „Von den neün früchten" (1991).

60. *Neunzehn Zeichen eines harten Herzens* (1508)] Dise predig haltet in .xix. zaichen bey denen sanctus bernhardus den babst Eugenium leerett erkennen. was ain hert hertz seye.
In: Reuerinnenpredigten (1508).
Ausgabe: Sämtliche Werke Bd. 2 (1991) S. 196-208.

61. *Oratio de electione episcopi* (1518)] Feria sexta ipsa die Sancti Dionisij mane hora octava post Missam sancti Spiritus in loco Capitulari / ad electores Episcopi in vulgari theutonico presentibus ibidem. xvi Canonicis. Anno. i506.
In: Sermones et tractatus (1518) fol. 21 v-33 r.

62. *Oratio dominica* (1509)] Celeberrimi sacrarum litterarum Doctoris Joannis Geiler Keisersbergij: Argentinensium Concionatoris bene meriti. De oratione dominica Sermones. Per Jacobum Ottherum Nemetensum hac forma. Collecti.
Argentorati (Mathias Schürer) 1509.
Herausgeber: Jakob Otther.
Benutztes Exemplar: BNU: R 101355.
Übersetzung: Pater-Noster-Auslegung (1515).
(40)

63. *Oratio funebris Alberti* (1518)] Quarta feria ipsa die. s. Calixti martiris. Oratio funebris in exequijs domini Alberti quondam Episcopi Argentinensis in ecclesia Argentinensi habita circa horam octauam anno i506. presente electo domino Guilhelmo Comite de Honstein.
In: Sermones et tractatus (1518) fol. 17 v-21 v.

64. *Oratio funebris Johanni* (1518)] Oratio funebris habita in ecclesia Argentinensi / presente episcopo Alberto in exequijs fratris sui germani: ducis Joannis de Bauaria Prepositi eiusdem ecclesie / mortui Jerosolimis / doctissimi et eloquentissimi principis. In: Sermones et tractatus (1518) fol. 10 r-13 v.

65. *Oratio funebris Roberti* (1518)] Oratio funebris in exequijs Roberti ducis Bauarie / Episcopi Argentinensis coram duce Alberto Episcopo electo / et pluribus princibus: episcopis: comitibus: abbatibus: prepositis: decanis: alijsque prelatis. In Ecclesia Argentinensi. xv. kal. decembris. Anni M. cccc. lxxviij.
In: Sermones et tractatus (1518) fol. 7 r-10 r.

66. *Oratio habita in sinodo* (1482)] Oratio habita in Sinodo argentinensis. jn praesentia Episcopi et cleri Anno millesimo .ccc. lxxxij. feria quinta post dominicam quasi modo. per doctorem johannem geiler de Keisersperg.
[Straßburg (Heinrich Knoblochtzer) 1482]
Benutztes Exemplar: BNU: K 1681.
Übersetzung: Heilsame Predigt (1513).
(4)

67. *Passio* (1506)] PASSIONIS CHRISTI VNVM ex quattuor euangelistis textum [...].
Argentinae (Johannes Knobloch) [1506]
Herausgeber und Übersetzer: Matthias Ringmann (Philesius)
Benutztes Exemplar: BNU: R 10114.
Übersetzung: Passion (1506).
(26)

68. *Passion* (1506)] Der text des passions. oder lidens christi / vß den vier euangelisten züsammen inn eyn syn bracht mit schönen figüren.
Straßburg (Johannes Knobloch) 1506.
Herausgeber: Matthias Ringmann (Philesius).
Benutztes Exemplar: BNU: 10115.
Ausgabe: Sämtliche Werke Bd. 1 (1989) S. 237-317.
Literatur: M. Spatz-Koller: Die Sprache der Passion (1988).
(31)

69. *Passion in Lebkuchenform* (1514)] Doctor Keiserspegrs Passion Des Heren Jesu. [...] geteilt in stückes weiß eins süßen Lebkuochen [...] Neulich vß dem latyn in tütsche sprach Tranßueriert / durch Johannem Adelphum Physicum Von Straßburg Cum Priuilegio.
Straßburg (Johannes Grüninger) 1514.
Herausgeber und Übersetzer: Johann Adelphus Muling.
Benutztes Exemplar: BNU: R 10118.
Übersetzung: Fragmenta passionis (1508).
(65)

70. *Pater-Noster-Auslegung* (1515)] Doctor keiserspergs paternoster. Des hochgelerten wurdigen Predicanten der loblichen statt Straßburg. Vßlegung / über das gebette des herren / so wir täglich sprechen. Vatter vnser der du bist in den hymeln etc.
Straßburg (Mathias Hupfuff) 1515.
Herausgeber und Übersetzer: Johann Adelphus Muling.
Benutztes Exemplar: BNU: R 10120.

Übersetzung: Oratio dominica (1509).
(66)

71. *Peregrinus* (1513)] Peregrinus Doctissimi sacre theologie doctoris Joannis Geiler Keyserspergij Concionatoris Argentinensis. Celebratissimia Jacobo otthero discipulo suo congestus.
    Argentine (Mathias Schürer) 1513.
    Herausgeber: Jakob Otther.
    Benutztes Exemplar: BNU: R 101361 (3).
    Übersetzung: Christliche Pilgerschaft (1512).
    (57)

72. *Pilger* (1494)] Der bilger mit seinen eygenschafften auch figuren.
    O. O. (o. D.) [14]94.
    Ausgabe: Sämtliche Werke Bd. 1 (1989) S. 27-95.
    (10)

73. *Pilgerschaft*] Siehe: Achtzehn Eigenschaften eines guten Christenpilgers (1508).

74. *Pomorum aureum*] Sermones de vita monastica sub Typo trium pomorum aureorum beati Nicolai.
    In: Sermones et tractatus (1518) fol. 73 r-77 r.

75. *Postille* (1522)] Doctor keiserßbergs Postill: Vber die fyer Euangelia durchs jor / sampt dem Quadragesimal / vnd von ettlichen Heyligen / newlich vßgangen. Mit keyßerlicher gnaden freyheit vff sechs jor.
    Straßburg (Johannes Schott) 1522.
    Herausgeber: Johannes Weßmer.
    Benutztes Exemplar: BNU: R 10121.
    (82)

76. *Pusillanimitas* (1518)] Sermones de Pusillanimitate: Prius sub typo Ouis errantis. In vulgari teuthonico impressi.
    In: Sermones et tractatus (1518) fol. 121 v-132 v.
    Übersetzung: Irriges Schaf (1510).

77. *Reuerinnenpredigten* (1508)] Johannes von kaisersperg den andächtigen schwestern Reüweren tzu Stroßburg den willenn gottes / lautter suochen / hye vnd in öwigkait.
    In: Deutsche Predigten (1508).
    Ausgabe: Sämtliche Werke Bd. 2 (1991) S. 176-222.
    Sammlung bestehend aus: Neunzehn Zeichen eines harten Herzens, Sieben Zeichen des sterbenden Menschen, Vom Verhärten und Erweichen des Menschenherzens, Wie der Mensch zwischen Natur und Gnade erkennen kann.

78. *Romfahrt* (1500)] Eyn geistlich romfart jübel jor so ein christner mönsch mag thon. Der do vrsachen halben nit gon Rom kummen kan volget / clarlich harnoch.
    Straßburg (o. D.) 1500.
    Ausgabe: Sämtliche Werke Bd. 1 (1989) S. 141-151.

79. *Schiff der Pönitenz* (1514)] Das Schiff der penitentz vnd buoßwürckung / gepredigt in dem hohen stifft / in vnser lieben frauwen münster zuo Stroßburg / von dem Wirdigen hochgelerten herren doctor Johann Gayler von Kaysersperg / in Teütsch gewendt vom latin / auß seiner aygnen handt geschrifft etc. [...].

Augsburg (Hans Othmar/Jörg Diemar) 1514.
Benutztes Exemplar: BNU: R 10096.
Übersetzung: Navicula poenitentie (1511).
(59)

80. *Seelenparadies* (1510)] Dis schön buoch genant der seelen Paradiß, von waren volkummen tugenden sagend. Hatt geprediget / vnd zuoletst corrigiert / der gottförchtig / hochberümt doctor vnd predicant. Johannes Geiler von Keyßersperg zuo den Reüwren in Straßburg. Als man zalt nach der geburt Christi vnßers herren Tausent Fünffhundert vnd dreii Jar.
    Straßburg (Mathias Schürer) 1510.
    Herausgeber: Jakob Otther.
    Ausgabe: Sämtliche Werke Bd. 3 (1995) S. 1-878 .
    Benutztes Exemplar: BNU: R 10132.
    Literatur: A. Vonlanthen: Geilers Seelenparadies im Verhältnis zur Vorlage (1931).
    (43)

81. *Sendbrief an die Reuerinnen zu Freiburg* (1499)]
    Ausgabe: J. Geiler: Die aeltesten Schriften (1882) S. 209-224.
    (12)

82. *Senfkörnlein*] Siehe: Mariensalbung (1520).

83. *Septem peccates mortales*] Siehe: Sieben Schwerter und Scheiden (1510).

84. *Sermones et tractatus* (1518)] Sermones et varij Tractatus Keiserspergii iam recens excusi: quorum Indicem versa pagella videbis Endecasyllabum Ottomari Luscinij Iurispontificij Doctoris / In laudem operum doctissimi Keiserspergij primi Argenti. concionatoris. [...] Cum Priuilegio Imperiali.
    [Straßburg] (Johannes Grüninger) 1518.
    Benutztes Exemplar: BNU: R 102217.
    Herausgeber: Peter Wickgram.
    Sammlung bestehend aus: Avisamentum de concubinariis (nicht von Geiler), Contemplatio, Alphabetus, Contra petulantiam sacerdotum (von Peter Wickgram), Fructes et utilitates vitae monasticae, Gemmi spirituales, Lepusculus, Pomorum aureorum, Oratio de electione episcopi, Oratio funebris Alberti, Oratio funebris Johannis, Oratio funebris Roberti, Oratio habita in sinodo, Pusillanimitas, Sermo divi Bernhardi (nicht von Geiler), Tractatus optimus, Uncines asinarii, Vita Geileri (von Beatus Rhenanus), Vita Geileri (von Jakob Wimpfeling).
    (77)

85. *Sermones fructuosissimi*] Siehe: Sermones Praestantissimi (1514).

86. *Sermones praestantissimi* (1514)] Sermones prestantissimi sacrarum litterarum doctoris Joannis Geileri keyserspergij [...] cum Priuilegio.
    O. O. (o. D.) [1514]
    Herausgeber und Übersetzer: Jakob Biethen.
    Benutztes Exemplar: BNU: R 10134.
    Übersetzung: Menschenbaum (1521).
    (60)

87. *Sieben Äste*] Siehe: Erklärung des Bildes vom Baum des Zacheus (1508).

88. *Sieben Eselhalfter* (1508)] Wie die seel des menschen / durch die verlurst der vr-
springklichen gerechtikait / gleych worden ist ainem esel / vnd also gefallen in den
gewalt des bösen gaistes / der sy gebunden hat mitt syben halffteren / oder an syben
eselhefften.
In: Deutsche Predigten (1508).
Ausgabe: Sämtliche Werke Bd. 2 (1991) S. 315-393.
Übersetzung: Uncines asinarii (1518).

89. *Sieben geistliche Märkte* (1508)] Von siben gaistlichen märckten auff denen sich ain
guotter christen mensch werben mag / vnnd grossen gewyn seiner seelen überkom-
men. der ymmer öwig ist.
In: Deutsche Predigten (1508).
Ausgabe: Sämtliche Werke Bd. 2 (1991) S. 161-173.

90. *Sieben Hauptsünden*] Siehe: Sieben Schwerter und Scheiden (1510).

91. *Sieben Qualen der geistlichen Hölle auf Erden* (1508)] An dem sambstag nach der
auffart vnsers herren. was vnser kirchweich abent. Anno domini / Taussennt vierhundert vnd dreüundneüntzigisten jar. Von syben peynen der gaistlichen hell auff disem
ertrich. Thema Er ist auff gestigen. Luce an dem neünzehenden capitel.
In: Deutsche Predigten (1508).
Ausgabe: Sämtliche Werke Bd. 2 (1991) S. 498-509.

92. *Sieben Schwerter und Scheiden* (1510)] Die siben hauptsünd die da bedeüt seind bey
den siben gaistlichen schwertern [...] vnder die siben schayden [...].
In: Granatapfel (1510).

93. *Sieben Todsünden*] Siehe: Sieben Schwerter und Scheiden (1510).

94. *Sieben Zeichen des sterbenden Menschen* (1508)] Die erst predig haltet ynn syben
zaichen / die ain sterbender mensch an jm hat die auch ain yeder guoter clostermensch
gaistlich an ym haben muoß.
In: Deutsche Predigten (1508).
Ausgabe: Sämtliche Werke Bd. 2 (1991) S. 176-186.

95. *Sterbe-ABC* (1497)] Ein ABC. wie man sich schicken sol / zuo einem kostlichen seli-
gen tod.
O. O (o. D.) 1497.
Faksimile: Hrsg. v. L[uzian] Pfleger. Hagenau 1930 (= VeröffMusHagenau i. Els.).
Ausgabe: Sämtliche Werke Bd. 1 (1989) S. 97-109.

96. *Sünden des Munds* (1518)] Das buch der sünden des munds. Uon dem hochgelerten
Doctor Keisersperg / die er nent die blatren am mund dauon er .xxix. predigen vnd
leeren gethon hat / Auch darby Doctor Keiserspergs Alphabet in .xxiii. predigen
geordiniert [...].
Straßburg (Johannes Grüninger) 1518
Herausgeber: [Johannes Pauli].
Benutztes Exemplar: BNU R 10101.
(75)

97. *Totenbüchlein* (1480/81)] Wie man sich halten sol by eym sterbenden menschen.
O. O. (o. D.) [1480/81].
Ausgabe: Sämtliche Werke Bd. 1 (1989) S. 1-13.

Benutztes Exemplar: BNU: K 1711 a.
(2)

98. *Tractatus optimus* (1518)] Tractatus optimus ad Episcopum electum / et confirmatum de vita et regimine suo feliciter instituendo. (Titel nur im Register fol. 4 r).
In: Sermones et tractatus (1518) fol. 22 v-33 r; Teil der Oratio de electione episcopi.

99. *Trostspiegel* (1503)] DOctor keyserspergs Trostspiegel so dir Uatter / muoter / kynd / oder freünd gestorben synt.
Straßburg (o. D.) 1503.
Ausgabe: Sämtliche Werke Bd. 1 (1989) S. 201-235.
(14)

100. *Trostspiegel* (Irrendes Schaf (Sammlung) 1510)] Der Trostspiegel. Wider vnuernünfftigs trauren vmb die abgestorbnen fründ.
In: Irrendes Schaf (1510).

101. *Trostspiegel*] In: Granatapfel 1510.

102. *Übungen der Tugend* (1508)] Ain gaistliche leer / auf sant Johannes des ewangelisten tag / nach cristi vnsers herren geburt. tausend vierhundert / vnd in dem xcviij iar. Vnd sagt von übungen der tugenden.
In: Deutsche Predigten (1508).
Ausgabe: Sämtliche Werke Bd. 2 (1991) S. 444-461.

103. *Uncines asinarii* (1518)] Sequuntur septem sermones de Uncinis asinariis prius in vulgari teuthonico Auguste impressi. Anno domini 1497.
In: Sermones et tractatus (1518).
Übersetzung: Sieben Eselhalfter (1508).

104. *Venite ascendamus ad montem dei*] Titel nach: A. Steichele: Friedrich Graf von Zollern (1856) S. 153). Siehe: Berg der Betrachtung (1490).

105. *Vier Löwengeschrei*] In: Brosamen (1517).

106. *Vom Verhärten und Erweichen des Menschenherzens* (1508)] Diße nachgeende predig sagett. wauon ainem menschenn sein hertz verherttet wirt / vnnd leeret durch was übunge es wider mag erwaychet werden.
In: Reuerinnenpredigten (1508).
Ausgabe: Sämtliche Werke Bd. 2 (1991) S. 208-222.

107. *Wannenkrämer*] Siehe: Brosamen (1517).

108. *Warum Johannes Chrisostomos Goldmund heißt* (1508)] Diß ist ain nutzliche vnderweisung aim menschen der da wil lernen seinen mund in maisterschafft halten. böß vnd vnuernünfftig rede zuuermeiden. Warumb sant Johannes Crisostomus / genant wirt der guldin mund.
In: Deutsche Predigten (1508).
Ausgabe: Sämtliche Werke Bd. 2 (1991) S. 462-477.

109. *Wie der Mensch sich selbst erkennt* (1508)] Ain predig an sant Agathen tag vderweyset ainen menschen / wa durch er mag leernen sich selbs erkennen.
In: Deutsche Predigten (1508).
Ausgabe: Sämtliche Werke Bd. 2 (1991) S. 478-495.

110. *Wie der Mensch zwischen Natur und Gnade erkennen kann* (1508)] Diße predig lert wie ain mensch müg erkennen vnderschaid zwischen der natur / vnd gnaden got des herren.
In: Reuerinnenpredigten (1508).
Ausgabe: Sämtliche Werke Bd. 2 (1991) S. 186-196.

111. *Wochengebet* (1991)] Wie ein monsch sin gebet mack / ordenen in die wuch gedeilt / an zuo ruffen sin lieben engel vnd heiligen / geprediget durch doctor keissersperg.
Ausgabe und Übersetzung ins Französische: Christel Matheis-Rebaud, „Die Predigt mit dem Gebet für die sieben Tage der Woche" von Johannes Geiler von Kaysersberg (1445-1510): Ein Beispiel für die religiöse und spirituelle Unterweisung von Klosterfrauen am Ende des Mittelalters. Erstmals veröffentlicht mit Übersetzung ins Französische. In: Revue Mabillon. Revue internationale d'histoire et de littérature religieuses NF 1 (1990) S. 207-239.

112. *Zwölf Schäflein* (1931)] „Von den zwölf schefflin". Eine unbekannte Predigt Geilers von Kaysersberg. Erstmalig hrsg. v. L[uzian] Pfleger. In: ArchElsKg 6 (1931) S. 206-216.

c) Einige verlorene und nur zugeschriebene Werke

1. *Absterben der schedlichen Gelüste*] Verlorene Predigt von 1494. Manuskript bis 1870 in der Straßburger Stadtbibliothek (L. Pfleger: Zur Überlieferung Geilerscher Predigttexte (1931) S. 195).

2. *Ackermann*] Verlorene Predigt von vor 1498 (vgl. *im vergangnen iaren da ich prediget ein gedicht eins buren* (Narrenschiff (1520) fol. [Cv] r); *quod superioribus annis, quia predicavissem dictamen rustici cuiusdam* (Navicula fatuorum (1510) fol. Biii r); vgl. Kl. Manger: Literarisches Leben während der Prädikatur Geilers (1983) S. 29 und L. Dacheux: Un réformateur catholique (1876) S. 569).

3. *Avisamentum de concubinariis* (1518)] Nicht von Geiler. Auisamentum de Concubinarijs non absoluendis quibuscunque. ac eorum periculus quamplurimus. A Theologis Coloniensibus approbatum / cum additionibus sacratissimorum Canonum. [...]. In: Sermones et tractatus (1518) fol. 138 r-143 v.

4. *Beichtbüchlein*] Geiler zugeschrieben. Straßburg (Johannes Grüninger) 1516. (2*)

5. *Contra statutum quo testamentum facere cives prohibentur*] So als Werk Geilers angeführt (J. Trithemius: Cathalogus illustrium virorum (1495) fol. 60 r-v; vgl. auch J. Simler: Bibliotheca (1574) S. 371 und Nachrichten von Geiler (1783) S. 211 Nr. 30). Vgl. oben S. 192 Anm. 80.

6. *De amovendis concubinis etiamsi uterque continere decreverit*] So als Werk Geilers angeführt (J. Simler: Bibliotheca (1574) S. 371; vgl. auch A. Possevin: Apparatus sacer Bd. 1 (1608) S. 880, O. Schad: Münster (1617) S. 87 und Nachrichten von Geiler (1783) S. 210 Nr. 25); wenn ein Werk von Geiler, dann wohl verloren (vgl. L. Dacheux: Un réformateur catholique (1876) S. 569).

7. *De communicandis his qui ultimo supplicio plectuntur*, lib.] So als Werk Geilers angeführt (J. Trithemius: Cathalogus illustrium virorum (1495) fol. 60 r; vgl. auch J. Simler:

Bibliotheca (1574) S. 371, A. Possevin: Apparatus sacer Bd. 1 (1608) S. 879, O. Schad: Münster (1617) S. 87 und Nachrichten von Geiler (1783) S. 210 Nr. 28). Es handelt sich um die Beschwerdeschrift Geilers, die er im Zusammenhang mit seiner Forderung um Gewährung des letzten Sakraments für die zum Tode Verurteilten an den Rat richtete (vgl. oben S. 265).

8. *De decem praeceptis*] So als Werk Geilers angeführt (J. Simler: Bibliotheca (1574) S. 371; vgl. auch O. Schad: Münster (1617) S. 87 und Nachrichten von Geiler (1783) S. 211 Nr. 33). Wenn ein Werk von Geiler, dann wohl verloren.

9. *De gula*] 1488 in Augsburg gehaltene (A. Steichele: Friedrich Graf von Zollern (1856) S. 153), vielleicht unter anderem Titel veröffentlichte Predigt.

10. *Frag und Antwurt*] Siehe: Zehn Gebote (1516).

11. *Geistliche Vastnatsküchlin*] Manuskript nachgewiesen bei G. Haenel: Catalogi librorum manuscriptorum (1830) S. 466. Verloren, bis 1870 in der Straßburger Stadtbibliothek (L. Pfleger: Zur Überlieferung Geilerscher Predigttexte (1931) S. 195).

12. *Güldene Regel geistlicher Menschen*] 1492 gehaltene Predigt. Manuskript nachgewiesen bei G. Haenel: Catalogi librorum manuscriptorum (1830) S. 467. Verloren (vgl. L. Pfleger: Zur Überlieferung Geilerscher Predigttexte (1931) S. 196 f.).

13. *Hochzeitsmal*] Wenn nicht unter anderem Titel veröffentlicht, wohl verloren (Titel in: Nachrichten von Geiler (1783) S. 210 Nr. 26).

14. *Imitiaciuncule morales similitudinum et sentenciarum Petri Schotti*: quas ex Doctore Iohanne keisersbergio Concionatore Argentinensi in lingua vernacula: et deinde in latinum traduxit.
In: P. Schott: The Works Bd. 1, Nr. 233 S. 262-266.
Literatur: Zur Echtheitsfrage vgl. E. J. Dempsey Douglass: Justification (1966) S. 24 Nr. 2.
(9*)

15. *Lebendiges Holz*] Predigen vom lebendigen Holz. Manuskript nachgewiesen bei G. Haenel: Catalogi librorum manuscriptorum (1830) S. 466 f. Verloren, bis 1870 in der Straßburger Stadtbibliothek (L. Pfleger: Zur Überlieferung Geilerscher Predigttexte (1931) S. 195).

16. *Margarita facetiarum*] Siehe: Scommata (1508).

17. *Passion in Form eines Gerichtshandels* (1514)] Geiler zugeschrieben.
(6*)

18. *Predigten der Jahre 1490, 1495, 1499 und 1502* waren bis 1870 als Manuskript in der Straßburger Stadtbibliothek und sind verloren (vgl. L. Pfleger: Zur Überlieferung Geilerscher Predigttexte (1931) S. 195).

19. *Predigten wider die üppige Ehre ingleichen wider die Unkeuschheit*] Wenn nicht unter anderem Titel veröffentlicht, wohl verloren (Titel in: Nachrichten von Geiler (1783) S. 210 Nr. 24).

20. *Pueri non sunt instigandi*] De hoc quod pueri non sunt instigandi ad religiones in quibus regula non servatur (J. Simler: Bibliotheca (1574) S. 371; vgl. A. Possevin: Apparatus sacer Bd. 1 (1608) S. 880; O. Schad: Münster (1617) S. 87 und Nachrich-

ten von Geiler (1783) S. 210 Nr. 26 [sc. 29]); wohl verloren (vgl. L. Dacheux: Un réformateur catholique (1876) S. 568).

21. *Schiff des Heils* (1512)] Das schiff des Heils Auff das aller kürtzest vß gelegt Nach der figur die doctor Johannes von Eck gemacht hat zuo Ingoltstat. bewegt auß den predigen des wirdigen Herren doctor Johannes geiler von Keisersperg etwan Predicant zuo Straßburg in dem Elsas. M. d. xii.
Straßburg (Johann Grüninger) 1512.
Geiler zugeschrieben.
Benutztes Exemplar: BNU: R 10130.
(5*)

22. *Scommata* (1508)] MARGARITA FACETIARVM Alfonsi Aragonum Regis Valfredicta Prouerbia Sigismundi et Friderici tertij Ro. Imperatorum. Scomata Ioannis Keisersberg concionatoris Argentinensis Marsilij Ficini Florentini de Sole opusculum. Hermolai Barbari Orationes. Facetie Adelphine.
Argentinae (Joahnnes Grüninger) 1508.
Benutztes Exemplar: BNU: R 100850.
Literatur: Zur Echtheitsfrage vgl. E. J. Dempsey Douglass: Justification (1966) S. 24 Nr. 2.
(4*)

23. *Sieben Steine der geistlichen Höllen*] Verloren, Manuskript bis 1870 in der Straßburger Stadtbibliothek (L. Pfleger: Zur Überlieferung Geilerscher Predigttexte (1931) S. 195).

24. *Sieben teutsche Tractat*] Wohl unter anderem Titel veröffentlicht (Titel in: Nachrichten von Geiler (1783) S. 210 Nr. 27).

25. *Tropi sive sales*] Siehe: Scommata (1508).

26. *Underweisung der andächtigen Menschen*] Nachgewiesen bei G. Haenel: Catalogi librorum manuscriptorum (1830) S. 467. Verloren, Manuskript bis 1870 in der Straßburger Stadtbibliothek (L. Pfleger: Zur Überlieferung Geilerscher Predigttexte (1931) S. 195).

27. *Von dem Beichtweh*] Wohl verloren (vgl. L. Dacheux: Un réformateur catholique (1876) S. 569 u. Anm. 1).

28. *Zehn Gebote* (1516)] Die zehe gebot [...].
Straßburg (Johannes Grüninger) 1516.
Von Hans von Wildeck gen. Warmont, Geiler zugeschrieben.
Benutztes Exemplar: Berlin, Staatsbibliothek Preußischer Kulturbesitz, Haus 1: Db 8224.
(12*)

29. *Zehn gradus qu[os Maria ascendit]*] Titel nach: A. Steichele: Friedrich Graf von Zollern (1856) S. 134. Wohl verloren (vgl. L. Pfleger: Zur Überlieferung Geilerscher Predigttexte (1931) S. 200).

30. *Zwölf Patriarchen*] Wohl verloren (vgl. Ch. Schmidt: Histoire littéraire Bd. 1 (1879) S. 382).

5. Predigtverzeichnis

Abgesehen von vier Wochen Urlaub, die Geiler außerhalb der Fastenzeit nehmen durfte, war er laut Gründungsurkunde der Prädikatur (vgl. VII, 3 d Nr. 2) verpflichtet zu predigen:
- an allen Sonntagen (nach dem Essen)
- in der sechswöchigen Fastenzeit vor Ostern täglich ab Aschermittwoch
- an Ostersonntag
- an Christi Himmelfahrt
- an Pfingsten
- an Fronleichnam
- zu allen großen Prozessionen
- und in folgenden Monaten an den angegebenen Tagen:

Januar *1* (Beschneidung Christi, nach dem Essen), *6* (Epiphanias)

Februar *1* (Vigilie der Reinigung Mariens), *2* (Reinigung Mariens, nach dem Essen)

Juni *24* (Johannes der Täufer), *29* (Peter und Paul, nach dem Essen)

Juli *1* (Vigilie der Heimsuchung Mariens), *2* (Heimsuchung Mariens, nach dem Essen), *25* (St. Jakob, nach dem Essen), *26* (St. Anna)

August *14* (Vigilie der Himmelfahrt Mariens), *15* (Himmelfahrt Mariens, nach dem Essen), *28* (Vigilie der Kirchweihe), *29* (Kirchweihe, St. Adolph nach dem Essen)

September *7* (Vigilie der Geburt Mariens), *8* (Geburt Mariens, nach dem Essen), *21* (St. Matthäus, nach dem Essen)

November *1* (Aller Heiligen), *30* (St. Andreas, nach dem Essen)

Dezember *7* (Vigilie der Empfängnis Mariens), *8* (Empfängnis Mariens, nach dem Essen), *25* (Christi Geburt), *31* (Vigilie der Beschneidung Christi)

Abgesehen von wenigen Daten, die sich in der Forschungsliteratur finden, wurden die Datumsangaben ausgewertet, die gelegentlich den einzelnen Predigten beigegeben sind. Datierungen, die nicht eindeutig aufzulösen sind, da beispielsweise eine Jahresangabe fehlt oder widersprüchliche Angaben vorliegen, wurden nicht aufgenommen. In Klammern folgen gegebenenfalls abgekürzt die Predigtorte (ohne nähere Angabe ist immer das Hauptschiff des Straßburger Münsters gemeint – für die Jahre von 1478 bis 1485 die Unterkirche bzw. der nördliche Arm des Querschiffes). Die Zahlen, die den Daten in Klammern folgen, verweisen auf die Nummern der jeweiligen Predigten im Werkeverzeichnis (III, 4 b).

Abkürzungen:

J	=	St. Johann im Grünenwörth
K	=	St. Katharina
M	=	St. Magdalena
M/A	=	St. Margarete und St. Agnes
MK	=	Münsterkreuzgang
N	=	St. Nikolaus in undis
W	=	St. Wilhelm

Erhaltene datierbare Predigten für die Jahre, Monate und Tage

1478 November 17 (65)

1482 April 18 (43, 66)

1484 Ohne nähere Angabe (64)

1488 Dezember 25-27 Augsburg, St. Johannes (51), *28* Augsburg, Dom (25)

    Advent Augsburg, St. Johannes (1, 13, 104)

    September 28-1489 Januar 17 Augsburg (72, 92)

1489 Ohne nähere Angabe M (38)

1490 Ohne nähere Angabe M/A (2)

1493 Mai 18 M (91), *19* (35)

1495 März 1 (54, 86)*, 4* (54), *5* (54), *6* (54), *7* (54, 86), *8* (54, 86), *9* (54), *10* (54), *11* (54), *12* (54), *13* (54), *14* (54), *15* (54), *16* (54, 86), *17* (54), *18* (54, 86), *19* (54, 86), *20* (54), *21* (54), *22* (54), *23* (54, 86), *24* (54), *25* (54, 86), *26* (54, 86), *27* (54, 86), *28* (54, 86), *29* (54, 86), *30* (54, 86), *31* (54, 86)

    April 1 (54, 86), *2* (54), *3* (54, 86), *4* (54, 86), *5* (54, 86), *6* (54, 86), *7* (54, 86), *8* (54), *9* (54, 86), *10* (54, 86), *11* (54, 86), *12* (54, 86), *13* (54, 86), *14* (54, 86), *15* (54, 86), *16* (54, 86), *17* zweimal (54, 86), *18* (54, 86), *19* (54, 86), *24* (54, 86 M), *26* (54, 86)

    Mai 3 (54, 86), *10* (54, 86), *17* (54, 86), *24* (54, 86), *28* (54, 86), *30* M (54, 86), *31* M (54)

    Juni 3 M (54), *7* (54, 86), *8* K (54, 86), *14* (54, 86), *21* (54), *24* (54, 86), *28* (54, 86), *29* (54, 86)

    April 19-Juni 7 (53)

    Juli 1 MK (54, 86), *2* (54, 86), *5* (54, 86), *12* (54, 86), *13* M (86), *19* (54, 86), *21* M (54, 86), *22* M und im Münster (54, 86), *25* (54, 86), *26* (54, 86)

    August 2 (54, 86), *9* (54, 86), *10* (54, 86), *16* (54, 86), *17* M (86), *21* MK (54), (86), *22* (54, 86), *23* (54, 86), *24* M (54), *28* MK (54), M (86), *29* (54), *30* (54)

    September 6 (54), *8* MK und Münster (54), *20* (54), *21* (54), *27* (54), *29* M (54)

    Oktober 4 (54), *11* (54), *18* (54), *21* N (54), *25* (54)

    November 1 (54), *8* (54), *29* (54), *30* (54)

    Dezember 6 (54), *13* (54), *20* (54)

    Advent M (60, 77, 94, 106, 110)

1496 Januar 31 (54)

    Februar 7 (54), *14* (54), *19* (54), *21* (54), *22* (54), *23* (54), *24* (54), *25* (54), *26* (54), *27* (54), *28* (54), *29* (54)

    März 1 (54), *2* (54)

    Oktober 6 K (33), *18* M (33), *19* M (33), *20* M (33), *21* M (33)

    Advent (54, 59)

    Dezember N (74)

    Ohne nähere Angabe (95)

1497 Januar 1 (39), *6* (39)

   März 30 (33), *31* M (33)

   April 1 M (33)

   Advent M (88)

   Ohne nähere Angabe (103)

1498 Januar 1 (39), *20* (56, 57)

   Februar 1 (56, 57), *11* (56, 57), *18* (56), *25* (56, 57), *28* (56, 57)

   März 1 (56, 57), *2* (56, 57), *3* (56, 57), *4* (56, 57), *5* (56, 57), *6* (56, 57), *7* (56, 57), *8* (56, 57), *9* (56, 57), *10* (57), *11* (56, 57), *12* (56, 57), *13* (56, 57), *14* (56, 57), *15* (56, 57), *16* (56, 57), *17* (56, 57), *18* (56, 57), *19* (56, 57), *20* (56, 57), *21* (56, 57), *22* (56, 57), *23* (56, 57), *24* (56, 57), *25* (56, 57), *26* (56, 57), *27* (56, 57), *28* (56, 57), *29* (56, 57), *30* (56, 57), *31* (56, 57)

   April 1 (56, 57), *2* (56, 57), *3* (56), *4* (56, 57), *5* (56, 57), *6* (56, 57), *7* (56, 57), *8* (56, 57), *9* (56, 57), *10* (56, 57), *11* (56, 57), *12* (56, 57), *13* zweimal (56, 57), *14* (56, 57), *15* (56, 57), *19* M (56, 57), *20* (56, 57), *22* (57), *29* (56, 57)

   Mai 6 (56, 57), *13* (56, 57), *20* (56, 57), *24* (56, 57), *26* M (56, 57), *27* (56, 57)

   Juni 3 (56, 57), *10* (56, 57), *11* M (57), *14* (56, 57), *17* (56, 57), *24* (56, 57), *29* (56, 57)

   Juli 1 (56, 57), *2* (56, 57), *8* (56), *15* (56, 57), *22* (56)

   August 5 (56, 57), *12* (56, 57)

   September 16 (56, 57), *21* (57), *23* (56, 57), *30* (56, 57)

   Oktober 7 (56, 57), *14* (56, 57), *21* (56, 57), *28* (56, 57)

   November 4 (56), *11* (56, 57), *18* (57)

   Dezember 6 N (74), *27* M (102)

   Advent M (24)

   Ohne nähere Angabe (108) M

1499 Januar 1 (39)

   Februar 13 (56, 57), *14* (56, 57) *15* (56, 57), *16* (57), *17* (56, 57), *18* (56, 57), *19* (56, 57), *20* (56, 57), *21* (56, 57), *22* (56, 57), *23* (56), *24* (56), *25* (56), *26* (56), *27* (56), *28* (56)

   März 1 (56), *2* (56, 57), *3* (56, 57), *4* (56, 57), *5* (56, 57), *6* (56, 57), *7* (56), *8* (56, 57), *9* (56, 57), *10* (56, 57), *11* (56, 57), *12* (56, 57), *13* (56, 57), *14* (56, 57), *15* (56, 57), *16* (56), *17* (56, 57), *18* (56, 57), *19* (56, 57), *20* (56, 57), *21* (57), *22* (56, 57), *23* (56, 57), *24* (56, 57), *25* (56, 57), *26* (56, 57), *28* (56), *29* zweimal (56, 57), *30* (56, 57), *31* (56, 57)

   April 2 W (56, 57, 75), *4* M (56, 57), *7* (57), *14* (56, 57), *21* Maximilian anwesend (56), (57)

   Dezember 6 N (74)

   Ohne nähere Angabe M, K (92)

1500 Januar 1 (39)

März 1 (71), *5* (71), *6* (71), *7* (71), *8* (71), *9* (71), *10* (71), *11* (71), *12* (71), *13* (71), *14* (71), *15* (71), *16* (71), *18* (71), *19* (71), *20* (71), *22* (71), *23* (71), *24* (71), *25* (71), *26* (71), *28* (71), *29* (71), *30* (71), *31* (71)

April 1 (71), *2* (71), *3* (71), *4* (71), *5* (71), *6* (71), *7* (71), *8* (71), *9* (71), *10* (71), *11* (71), *12* (71), *13* (71), *14* (71), *15* (71), *16* (71), *17* (71), *18* (71), *19* (71)

Mai 1 J (10), *3* (71), *10* (71), *17* (71, 78)

Juli 19 M/A (36)

1501 Januar 1 (39)

Mai 26 (45)

November 25 K (7)

1502 Januar 1 (39)

Ohne nähere Angabe K (41)

1503 Januar 8 (39)

Ohne nähere Angabe M (80)

1504 Januar 1 (39)

Juli 20 M (80), *24* M (80), *25* M (80)

August 9 M (80)

Oktober 18 M (80)

Dezember 3 M (48)

Ohne nähere Angabe (31)

1505 Januar 1 (39), *8* (80)

Februar 5 (96), *6* (96), *7* (96), *8* (96), *9* (96), *10* (96), *11* (96), *12* (96), *13* (96), *14* (96), *15* (96), *16* (96), *17* (96), *18* (96), *19* (96), *20* (96), *21* (96), *22* (96), *25* (96), *26* (96), *27* (96), *28* (96)

März 1 (96), *2* (96), *3* (96), *4* (96), *5* (96), *6* (96), *7* (96), *8* (96), *9* (96), *10* (96), *11* (96), *12* (96), *13* (96), *14* (96), *15* (96), *16* (96), *17* (96), *18* (96), *19* (96), *30* (96), *31* (96)

April 5 (96), *6* (96), *13* (96), *20* (96), *27* (96)

Dezember 2 (76), *8* M (80)

1506 Januar 1 (39), *15* M (80)

Februar 8 (14), *25* (14)

März 16 (14), *18* (14), *26* (14), *28* (14), *29* (14), *30* (14)

Mai 20 M (14), *24* (14)

Oktober 4 (14), *9* (61), *14* (63)

1507 Januar 1 (39), *17* (44), *24* (44), *31* (44)

Februar 7 (44), *14* (69), *17* (69), *18* (69), *19* (69), *20* (69), *21* (69), *22* (69), *23* (69), *24* (69), *25* (69), *26* (69), *27* (69), *28* (69)

März 1 (69), *2* (69), *3* (69), *4* (69), *5* (69), *6* (69), *7* (69), *8* (69), *9* (69), *10* (69), *11*

(69), *12* (69), *13* (69), *14* (69), *15* (69), *16* (69), *17* (69), *18* (69), *19* (69), *21* (69), *22* (69), *23* (69), *25* (69), *26* (69), *28* (69), *29* (69), *30* (69), *31* (69)

April 1 (69), *2* zweimal (69), *3* (69), *8* M (75), *9* J (75), *16* Maximilian anwesend J (75)

Mai 15 M (14), *23* (75)

Juni 2 (14), *3* (75), *24* (14), *27* (14), *29* (14)

Juli 4 (14), *11* (14), *18* (14), *22* zweimal M (14), *23* M (14), *24* M (14), *25* (14), *26* (14), *29* M (14), *30* M (14)

Juli (46)

August 1 (75), *29* (44)

September 5 (44), *12* (44), *19* (44), *26* (44)

Oktober 3 (44), *10* (44)

Ohne nähere Angabe (31, 105)

1508 Januar 1 (39)

Februar 27 (4)

März 5 (4), *8* (4, 62, 70), *9* (4, 62, 70), *10* (4, 62, 70), *11* (4, 62, 70), *12* (4, 62, 70), *13* (4, 62, 70), *14* (4, 62, 70), *15* (4, 62, 70), *16* (4, 62, 70), *17* (4, 62, 70), *18* (4, 62, 70), *19* (4, 62, 70), *20* (4, 62, 70), *21* (4, 62, 70), *22* (4, 62, 70), *23* (4, 62, 70), *24* (4, 62, 70), *25* (4, 62, 70), *26* (4, 62, 70), *27* (4, 62, 70), *28* (4, 62, 70), *29* (4, 62, 70), *30* (4, 62, 70), *31* (4, 62, 70)

April 1 (4, 62, 70), *2* (4, 62, 70), *3* (4, 62, 70), *4* (4, 62, 70), *5* (4, 62, 70), *6* (4, 62, 70), *7* (4, 62, 70), *8* (4, 62, 70), *9* (4, 62, 70), *10* (4, 62, 70), *11* (4, 62, 70), *12* (4, 62, 70), *13* (4, 62, 70), *14* (4, 62, 70), *15* (4, 62, 70), *16* (62, 70), *17* (62, 70), *18* (62, 70), *19* (62, 70), *20* (62, 70), *21* (62, 70), *22* (62, 70), *23* (62, 70), *27* M (62, 70), *28* J (62, 70), *30* (62, 70)

Mai 7 (62, 70), *21* (62, 70), *28* (62, 70)

Juni 1 (62, 70), *4* (62, 70), *11* (62, 70), *18* (62, 70), *22* (62, 70)

Juli 15 (62, 70), *20* M (62, 70), *21* zweimal M (62), *23* (62, 70), *25* (62, 70), *26* (62, 70), *30* (62, 70)

August 6 (62, 70), *13* (14, 62, 70), *15* (14)

November 25 K (14), *30* (14)

Dezember 3 (14), *7* (14), *8* (14), *10* (14), *17* (14), *24* (14), *25* (14), *27* J (14), *31* (14)

Ohne nähere Angabe (31)

1509 Januar 1 (14), *6* (14), *13* (14), *20* (14), *27* (14)

Februar 1 (14), *2* (14), *4* (14)

März 25 (75)

August 15 (45)

Oktober 3 (75)

Dezember 8 (45), *9* (45), *16* (45)

Ohne nähere Angabe (31)

1510 Ohne nähere Angabe (31)

6. Briefverzeichnis

1. *An Friedrich von Zollern.* [Straßburg, 1478 (?)][1].
   Incipit: Animo et sanguine [...].
   Original: Augsburg, Archiv des Bistums (BO 385).
   Abbildung: fol. 1 r in: Aus zwölf Jahrhunderten (1993) Nr. 21 S. 32.
   Druck: A. Steichele: Friedrich Graf von Zollern (1856) S. 154-158; Abdruck danach:
   J. Geiler: Die aeltesten Schriften (1882) S. 79-83, ders.: XXI Artikel und Briefe (1877)
   S. 79-83; L. Dacheux: Un réformateur catholique (1876) S. LIV-LVIII (ND in: P.
   Schott: The Works Bd. 2 (1971) S. 791-795).
   Übersetzung: teilw.: P. Braun: Geschichte der Bischöfe von Augsburg Bd. 3 (1814) S.
   92-98; ins Französische: L. Dacheux: Un réformateur catholique (1876) S. 363-368.

2. *Von Peter Schott d. J.* Bologna, [November oder Dezember] 1479.
   Incipit: Que ad me praecepta misisti [...].
   Abbildung: fol. 6 v in: P. Schott: The Works Bd. 1 (1963) S. 19.
   Druck: P. Schott: Lucubraciunculae (1498) fol. 6 v-7 r; ders.: The Works Bd. 1, Nr. 11
   S. 18 und S. 20; M. T. Lurwig: Studies in the Lucubratiunculae (1946) S. 12; L.
   Dacheux: Un réformateur catholique (1876) S. 289 Anm. 1.
   Übersetzung: Th. Vulpinus: Briefe Peter Schotts an Geiler (1894) Nr. 1 S. 38; ins
   Amerikanische: M. T. Lurwig: Studies in the Lucubratiunculae (1946) S. 13.

3. *Von Peter Schott d. J.* Bologna, 30. Januar 1480.
   Incipit: Quod sciebam has [...].
   Druck: P. Schott: Lucubraciunculae (1498) fol. 8 r-v; ders.: The Works Bd. 1, Nr. 14 S.
   22-23; M. T. Lurwig: Studies in the Lucubratiunculae (1946) S. 16 und S. 18; L.
   Dacheux: Un réformateur catholique (1876) S. 290 f. Anm. 1.
   Übersetzung: Th. Vulpinus: Briefe Peter Schotts an Geiler (1894) Nr. 3 S. 39-41; ins
   Amerikanische: M. T. Lurwig: Studies in the Lucubratiunculae (1946) S. 17 und S. 19.

4. *Von Peter Schott d. J.* [Bologna (?), Sommer 1480].
   Incipit: Animadvertens praeclarissime doctor [...].
   Original: Uppsala, Universitätsbibliothek (Wimpfeling Codex (C 687) fol. 170 v).
   Abschrift: Uppsala, Universitätsbibliothek (Wimpfeling Codex (C 687) fol. 176 v).
   Druck: P. Schott: Lucubraciunculae (1498) fol. 158 v-159 r; ders.: The Works Bd. 1,
   Nr. 240 S. 273 f.; M. T. Lurwig: Studies in the Lucubratiunculae (1946) S. 66.
   Übersetzung: Th. Vulpinus: Briefe Peter Schotts an Geiler (1894) Nr. 16 S. 56 f.; ins
   Amerikanische: M. T. Lurwig: Studies in the Lucubratiunculae (1946) S. 67.

5. *Von Peter Schott d. J.* Ferrara, 20. Dezember 1480.
   Incipit: Ago tibi gracias vir [...].
   Druck: P. Schott: Lucubraciunculae (1498) fol. 7 v-8 r; ders.: The Works Bd. 1, Nr. 13
   S. 21; M. T. Lurwig: Studies in the Lucubratiunculae (1946) S. 14; L. Dacheux: Un
   réformateur catholique (1876) S. 292 Anm. 1.
   Übersetzung: Th. Vulpinus: Briefe Peter Schotts an Geiler (1894) Nr. 2 S. 38 f.; ins
   Amerikanische: M. T. Lurwig: Studies in the Lucubratiunculae (1946) S. 15.

---

[1] Bei undatierten Briefen wird, wenn nichts anderes angegeben ist, den Datumsvor-
schlägen der Herausgeber gefolgt.

6. *Von Peter Schott d. J.* Ferrara, 6. März 1481.
   Incipit: Si te auctorem earum rerum [...].
   Original: Uppsala, Universitätsbibliothek (Wimpfeling Codex (C 687) fol. 169 r).
   Druck: P. Schott: Lucubraciunculae (1498) fol. 10 v-11 r; ders.: The Works Bd. 1, Nr.
   18 S. 26 f.; M. T. Lurwig: Studies in the Lucubratiunculae (1946) S. 20 und S. 22; L.
   Dacheux: Un réformateur catholique (1876) S. 293 f. Anm. 1.
   Übersetzung: teilw. Th. Vulpinus: Briefe Peter Schotts an Geiler (1894) Nr. 4 S. 41 f.; ins
   Amerikanische: M. T. Lurwig: Studies in the Lucubratiunculae (1946) S. 21 und S. 23.

7. *Von Peter Schott d. J.* Straßburg, 22. Juli 1481.
   Incipit: Quod tibi cetera ex sententia suppetant [...].
   Druck: P. Schott: Lucubraciunculae (1498) fol. 11 v-12 v; ders.: The Works Bd. 1, Nr.
   20 S. 28 f.; M. T. Lurwig: Studies in the Lucubratiunculae (1946) S. 24 und S. 26; L.
   Dacheux: Un réformateur catholique (1876) S. 296 f. Anm. 2.
   Übersetzung: Th. Vulpinus: Briefe Peter Schotts an Geiler (1894) Nr. 5 S. 42 f.; ins
   Amerikanische: M. T. Lurwig: Studies in the Lucubratiunculae (1946) S. 25 und
   S. 27.

8. *Von Peter Schott d. J.* Wildbad, 7. August 1481.
   Incipit: Consultius forsitan fuisset [...].
   Druck: P. Schott: Lucubraciunculae (1498) fol. 12 v-13 r; ders.: The Works Bd. 1, Nr.
   21 S. 30; M. T. Lurwig: Studies in the Lucubratiunculae (1946) S. 28; L. Dacheux: Un
   réformateur catholique (1876) S. 297 f. Anm. 1.
   Übersetzung: Th. Vulpinus: Briefe Peter Schotts an Geiler (1894) Nr. 6 S. 43 f.; ins
   Amerikanische: M. T. Lurwig: Studies in the Lucubratiunculae (1946) S. 29.

9. *Von Peter Schott d. J.* Straßburg, 1. August 1482.
   Incipit: Sive tedio torpueris [...].
   Druck: P. Schott: Lucubraciunculae (1498) fol. 18 v-19 r; P. Schott: The Works Bd. 1,
   Nr. 34 S. 41; M. T. Lurwig: Studies in the Lucubratiunculae (1946) S. 30; L. Dacheux:
   Un réformateur catholique (1876) S. 303 Anm. 1.
   Übersetzung: ins Amerikanische: M. T. Lurwig: Studies in the Lucubratiunculae (1946)
   S. 31 und S. 33.

10. *An den Straßburger Ammeister Jacob Wissebach.* [Straßburg 1482, vor dem 28. No-
    vember[2]].
    Incipit: Ich wurd bericht durch ettlich frumme lüt [...].
    Druck: T. W. Röhrich: Testament Geilers (1848) S. 577 Anm. 13 nach Wencker, Excerpta
    MS Arch. Arg. fol. p. 214; Abdruck danach: J. Geiler: Die aeltesten Schriften (1882)
    S. 108 f.; ders.: XXI Artikel und Briefe (1877) S. 108 f.; L. Dacheux: Un réformateur
    catholique (1876) S. 521 f. Anm. 3.

11. *Von Peter Schott d. J.* [Straßburg, Anfang 1483].
    Incipit: Venit ad me hodie Florencius Mug [...].
    Druck: P. Schott: Lucubraciunculae (1498) fol. 106 r-v; P. Schott: The Works Bd. 1,
    Nr. 168 S. 188; M. T. Lurwig: Studies in the Lucubratiunculae (1946) S. 64.
    Übersetzung: Th. Vulpinus: Briefe Peter Schotts an Geiler (1894) Nr. 15 S. 55 f.; ins
    Amerikanische: M. T. Lurwig: Studies in the Lucubratiunculae (1946) S. 65.

---

[2] Vgl. oben S. 266.

12. *An den Straßburger Ammeister Maternus Drachenfels.* [Straßburg, 1483, vor dem 15. Dezember³].
   Incipit: Ich bitt üch mit ernstlichem flys [...].
   Original: Straßburg, Archives Municipales (IV 122).
   Abbildung: J. Ficker/O. Winckelmann: Handschriftenproben Bd. 2 (1905) Taf. 49 B.
   Abschrift: durch Jakob Wencker vom Anfang des 18. Jh. Straßburg, Archives Municipales (AST 176 fol. 545 v).
   Druck: J. Ficker/O. Winckelmann: Handschriftenproben Bd. 2 (1905) Taf. 49 B; J. Geiler: Die aeltesten Schriften (1882) S. 108; ders.: XXI Artikel und Briefe (1877) S. 108; L. Dacheux: Un réformateur catholique (1876) S. 48 Anm. 2; ders.: Geiler et la législation civile (1864) S. 241 Anm. 2; J. Wencker: Collecta archivi (1715) S. 433 (ND in: P. Schott: The Works Bd. 2 (1971) S. 806).

13. *An Conrad von Bondorf.* [Straßburg, 1482 oder 1483⁴].
   Incipit: Recordor ego doctor eximie [...].
   Original: Wien, Österreichische Nationalbibliothek (Cod. 3275 (Philol. 417) fol. 21 r).
   Druck: Transkription oben VII, 3 d Nr. 4

14. *Von Peter Schott d. J.* Straßburg, 3. Februar 1484.
   Incipit: Iniuriam illatam Vdalrico Stromeiger iuniori [...].
   Druck: P. Schott: Lucubraciunculae (1498) fol. 25 r-v; ders.: The Works Bd. 1, Nr. 48, S. 52; M. T. Lurwig: Studies in the Lucubratiunculae (1946) S. 32; teilw. T. W. Röhrich: Testament Geilers (1848) S. 579 Anm. 17.
   Übersetzung: ins Amerikanische: M. T. Lurwig: Studies in the Lucubratiunculae (1946) S. 33.

15. *Von Peter Schott d. J.* Straßburg, 8. November 1484.
   Incipit: Ubi sis, et ut tu et tui valeant [...].
   Druck: P. Schott: Lucubraciunculae (1498) fol. 34 v; ders.: The Works Bd. 1, Nr. 61 S. 67; M. T. Lurwig: Studies in the Lucubratiunculae (1946) S. 34; teilw. L. Dacheux: Un réformateur catholique (1876) S. 397 f. Anm. 1; teilw. T. W. Röhrich: Testament Geilers (1848) S. 579 Anm. 17.
   Übersetzung: Th. Vulpinus: Briefe Peter Schotts an Geiler (1894) Nr. 7 S. 44 f.; teilw. ins Französische: L. Dacheux: Un réformateur catholique (1876) S. 397 f.; ins Amerikanische: M. T. Lurwig: Studies in the Lucubratiunculae (1946) S. 36.

16. *An Emerich Kemel*, geschrieben von Peter Schott d. J. im Namen Geilers. [Straßburg, zw. Ende 1484 und 21. Februar 1485].
   Incipit: Quoniam perspexi pater venerabilis [...].
   P. Schott: The Works Bd. 1, Nr. 187 S. 205-207.

17. *An Friedrich von Zollern.* Straßburg, 28. Februar 1486.
   Incipit: Nescio si pastor percussus sit [...].
   Original: Straßburg, Archives Municipales (IV 105 b, Geiler 2).
   Druck: J. Geiler: Die aeltesten Schriften (1882) S. 84 f.; ders.: XXI Artikel und Briefe (1877) S. 84; L. Dacheux: Un réformateur catholique (1876) S. XXXXIV f.; A. Steichele: Friedrich Graf von Zollern (1856) S. 158-160.

---

³ Vgl. J. Wencker: Collecta archivi (1715) S. 433 und oben S. 266.

⁴ Vgl. oben S. 308 Anm. 6.

Übersetzung: teilw. P. Braun: Geschichte der Bischöfe von Augsburg Bd. 3 (1814) S. 99 f.; ins Französische: L. Dacheux: Un réformateur catholique (1876) S. 368-370.

18. *An den Bischof von Straßburg Albrecht von Bayern.* [Straßburg, 1486, früh im Jahr[5]].
Incipit: Venit superiore hebdomada [...].
Abschrift: zeitgen.: Straßburg, Bibliothèque Nationale et Universitaire (MS 286 (latin 238) fol. 11 r-12 v).
Druck: E. V. Borries: Wimpfeling und Murner (1926) S. 55-57; J. Wimpfeling: Germania (1885) S. 102-104 Anm. 17; J. Huber: Christliche Dank- und Denkpredigt (1657) S. 144; teilweise in J. Wimpfeling: Das Leben Geilers (1510) S. 75 Z. 629-S. 76 Z. 643.

19. *An Friedrich von Zollern.* [Straßburg, zw. 27. März und 12. Juni 1486].
Incipit: Visus es mihi [...].
Original: Straßburg, Archives Municipales (IV 105 b, Geiler 4).
Druck: J. Geiler: Die aeltesten Schriften (1882) S. 85-87; J. Geiler: XXI Artikel und Briefe (1877) S. 85-87; L. Dacheux: Un réformateur catholique (1876) S. XXXXVI f.; A. Steichele: Friedrich Graf von Zollern (1856) S. 160 f.
Übersetzung: ins Französische: L. Dacheux: Un réformateur catholique (1876) S. 370 f.

20. *An Friedrich von Zollern.* Straßburg, 14. Juni 1486.
Incipit: Scripta tua, reverende [...].
Original: Straßburg, Archives Municipales (IV 105 b, Geiler 1).
Druck: J. Geiler: Die aeltesten Schriften (1882) S. 87-90; J. Geiler: XXI Artikel und Briefe (1877) S. 87-90; L. Dacheux: Un réformateur catholique (1876) S. XXXXVII-L; A. Steichele: Friedrich Graf von Zollern (1856) S. 162-164.
Übersetzung: teilw. ins Französische: L. Dacheux: Un réformateur catholique (1876) S. 372 und S. 376-378.

21. *An Friedrich von Zollern.* Straßburg, [zw. 21. Juli und 25. August] 1486.
Incipit: Interim ignem qui in te est [...].
Original: Straßburg, Archives Municipales (IV 105 b, Geiler 5).
Druck: J. Geiler: Die aeltesten Schriften (1882) S. 91-92; J. Geiler: XXI Artikel und Briefe (1877) S. 91-93; L. Dacheux: Un réformateur catholique (1876) S. L-LII; A. Steichele: Friedrich Graf von Zollern (1856) S. 164-166.
Übersetzung: teilw. ins Französische: L. Dacheux: Un réformateur catholique (1876) S. 378-380.

22. *An Friedrich von Zollern.* Straßburg, 25. August 1486.
Incipit: Non habeo quod [...].
Original: Straßburg, Archives Municipales (IV 105 b, Geiler 3).
Abbildung: J. Geiler: XXI Artikel und Briefe (1877) vor S. 79; L. Dacheux: Un réformateur catholique (1876) vor S. III.
Druck: J. Geiler: Die aeltesten Schriften (1882) S. 93 f.; ders.: XXI Artikel und Briefe (1877) S. 93 f.; L. Dacheux: Un réformateur catholique (1876) S. LII f.; A. Steichele: Friedrich Graf von Zollern (1856) S. 166 f.
Übersetzung: ins Franz.: L. Dacheux: Un réformateur catholique (1876) S. 380-382.

---

[5] Der Brief muß vor dem Weggang des Straßburger Domdekans und gewählten Augsburger Bischofs Friedrich geschrieben worden sein.

23. *An Friedrich von Zollern.* Straßburg, [1486, zw. 21. März und 17. September[6]].
    Incipit: Bajulus literarum harum [...].
    Abbildung: vgl. Abb. 5 in dieser Arbeit.
    Original: Wittenberg, Lutherhalle (III 1, 160, 616).
    Druck: Transkription oben VII, 3 d Nr. 6.

24. *Von Friedrich von Zollern.* Nürnberg, 23. Mai 1487.
    Incipit: Praeceptor mi singularissime [...].
    Abschrift: aus dem 17. Jh. (mit falschem Jahr 1485): Augsburg, Archiv des Bistums
    (BO 827); aus dem 18. Jh. (mit falschem Jahr 1408): Heidelberg, Universitätsbiblio-
    thek (Heid. Hs. 1257 [frühere Signatur: Cod. Heid. 369, 164], S. 38-47).
    Druck: J. Geiler: Sermones et tractatus (1518) fol. [5] v-[6] r (mit falschem Jahr 1485);
    Abdruck danach: L. Dacheux: Un réformateur catholique (1876) S. 384-387 Anm. 1
    und A. Steichele: Friedrich Graf von Zollern (1856) S. 170-172; J. A. Steiner: Acta
    selecta ecclesiae Augustanae (1785) S. 43-45.
    Übersetzung: teilw. ins Französische: L. Dacheux: Un réformateur catholique (1876)
    S. 384-388.

25. *Von Peter Schott d. J.* Straßburg, 27. Mai 1487.
    Incipit: Omnia favente deo sunt nobis prospera [...].
    Druck: P. Schott: Lucubraciunculae (1498) fol. 59 v-60 r; ders.: The Works Bd. 1, Nr.
    99 S. 109 f.; M. T. Lurwig: Studies in the Lucubratiunculae (1946) S. 36 und S. 38;
    teilw. L. Dacheux: Un réformateur catholique (1876) S. 398 f. Anm. 1 und S. 406 f.
    Anm. 1.
    Übersetzung: Th. Vulpinus: Briefe Peter Schotts an Geiler (1894) Nr. 8 S. 45 f.; teilw.
    ins Französische: L. Dacheux: Un réformateur catholique (1876) S. 406; ins Ameri-
    kanische: M. T. Lurwig: Studies in the Lucubratiunculae (1946) S. 37 und S. 39.

26. *Von Peter Schott d. J.* Straßburg, 31. Juli 1487.
    Incipit: Mirabilis mihi ut ceteris [...].
    Druck: P. Schott: Lucubraciunculae (1498) fol. 62 r-v; ders.: The Works Bd. 1, Nr. 104
    S. 113 f.; M. T. Lurwig: Studies in the Lucubratiunculae (1946) S. 40; teilw. L. Dacheux:
    Un réformateur catholique (1876) S. 409 Anm. 3.
    Übersetzung: Th. Vulpinus: Briefe Peter Schotts an Geiler (1894) Nr. 9 S. 46 f.; ins
    Amerikanische: M. T. Lurwig: Studies in the Lucubratiunculae (1946) S. 41 und S. 43.

27. *Von Peter Schott d. J.* [Straßburg, früh im Jahr] 1488.
    Incipit: Audivi praestantissime doctor [...].
    Druck: P. Schott: Lucubraciunculae (1498) fol. 80 r-81 v; ders.: The Works Bd. 1, Nr.
    125 S. 143-146; M. T. Lurwig: Studies in the Lucubratiunculae (1946) S. 52, S. 54
    und S. 56; L. Dacheux: Un réformateur catholique (1876) S. 399-401 Anm. 1.
    Übersetzung: Th. Vulpinus: Briefe Peter Schotts an Geiler (1894) Nr. 13 S. 51-55;
    teilw. ins Französische: L. Dacheux: Un réformateur catholique (1876) S. 400-404;
    ins Amerikanische: M. T. Lurwig: Studies in the Lucubratiunculae (1946) S. 53, S. 55,
    S. 57 und S. 59.

28. *Von Peter Schott d. J.* [Straßburg, vor dem 5. April 1488].
    Incipit: Obsecro propter deum [...].

---

[6] Vgl. oben S. 309 f. Anm. 10.

Druck: P. Schott: Lucubraciunculae (1498) fol. 121 r-121 v; ders.: The Works Bd. 1, Nr. 199 S. 213 f.

29. *Von Peter Schott d. J. Straßburg, 19. Juni 1488.*
Incipit: Ne sine donario viderer [...].
Druck: P. Schott: Lucubraciunculae (1498) fol. 77 r; ders.: The Works Bd. 1, Nr. 119 S. 138 f.; M. T. Lurwig: Studies in the Lucubratiunculae (1946) S. 46.
Übersetzung: Th. Vulpinus: Briefe Peter Schotts an Geiler (1894) Nr. 10 S. 47 f.; ins Amerikanische: M. T. Lurwig: Studies in the Lucubratiunculae (1946) S. 47.

30. *Von Peter Schott d. J. Straßburg, 20. Oktober 1488.*
Incipit: Quamvis littere et domini [...].
Druck: P. Schott: Lucubraciunculae (1498) fol. 79 r-80 r; ders.: The Works Bd. 1, Nr. 124 S. 142 f.; M. T. Lurwig: Studies in the Lucubratiunculae (1946) S. 48 und S. 50; teilw. L. Dacheux: Un réformateur catholique (1876) S. 390 f. Anm. 2, S. 405 Anm. 2, S. 407 Anm. 2 und S. 408 Anm. 1.
Übersetzung: Th. Vulpinus: Briefe Peter Schotts an Geiler (1894) Nr. 12 S. 50 f.; teilw. ins Französische: L. Dacheux: Un réformateur catholique (1876) S. 390-392; ins Amerikanische: M. T. Lurwig: Studies in the Lucubratiunculae (1946) S. 49 und S. 51.

31. *Von Peter Schott d. J. Straßburg, 21. November 1488.*
Incipit: Petitioni tue vel potius [...].
Druck: P. Schott: Lucubraciunculae (1498) fol. 74 r-v; ders.: The Works Bd. 1, Nr. 114 S. 134 f.; M. T. Lurwig: Studies in the Lucubratiunculae (1946) S. 42 und S. 44; teilw. L. Dacheux: Un réformateur catholique (1876) S. 392 Anm. 1, S. 407 Anm. 2 und S. 408 Anm. 1.
Übersetzung: teilw. Th. Vulpinus: Briefe Peter Schotts an Geiler (1894) Nr. 11 S. 48 f.; teilw. ins Französische: L. Dacheux: Un réformateur catholique (1876) S. 392; ins Amerikanische: M. T. Lurwig: Studies in the Lucubratiunculae (1946) S. 43 und S. 45.

32. *Von Peter Schott d. J. Baden, 27. Mai 1489.*
Incipit: Si quod spero bene vales [...].
Druckl: P. Schott: Lucubraciunculae (1498) fol. 84 v-85 r; ders.: The Works Bd. 1, Nr. 133 S. 152; M. T. Lurwig: Studies in the Lucubratiunculae (1946) S. 58.
Übersetzung: Th. Vulpinus: Briefe Peter Schotts an Geiler (1894) Nr. 14 S. 55; ins Amerikanische: M. T. Lurwig: Studies in the Lucubratiunculae (1946) S. 59.

33. *Von Peter Schott d. J. Baden, 28. Mai 1489.*
Incipit: Quod nuper scripsi [...].
Druck: P. Schott: Lucubraciunculae (1498) fol. 84 r-v; ders.: The Works Bd. 1, Nr. 135 S. 153; M. T. Lurwig: Studies in the Lucubratiunculae (1946) S. 60.
Übersetzung: ins Amerikanische: M. T. Lurwig: Studies in the Lucubratiunculae (1946) S. 61.

34. *Von Peter Schott d. J. Straßburg, 25. August 1489.*
Incipit: Cum has ad te sriberem [...].
Druck: P. Schott: Lucubraciunculae (1498) fol. 85 v-86 r; ders.: The Works Bd. 1, Nr. 137 S. 154; M. T. Lurwig: Studies in the Lucubratiunculae (1946) S. 62.
Übersetzung: ins Amerikanische: M. T. Lurwig: Studies in the Lucubratiunculae (1946) S. 63.

35. *Von Peter Schott d. J.* [Straßburg, vor 12. September 1490].
    Incipit: Rogatus a matrona quadam [...].
    Druck P. Schott: Lucubraciunculae (1498) fol. 121 v; ders.: The Works Bd. 1, Nr. 200
    S. 214.

36. *Von Peter Schott d. J.* Vermutlich an Geiler[7] [Straßburg, zw. 1481 und 12. September
    1490].
    Incipit: Dubitat corrector huius loci [...].
    Druck: P. Schott: Lucubraciunculae (1498) fol. 122 r; ders.: The Works Bd. 1, Nr. 203
    S. 215.

37. *Von Peter Schott d. J.* [Straßburg, zw. 1486 und 12. September 1490].
    Incipit: Has litteras trade domono [...].
    Druck: P. Schott: Lucubraciunculae (1498) fol. 122 r; ders.: The Works Bd. 1, Nr. 206
    S. 215.

38. *Von Heinrich von Henneberg.* [Straßburg, Ende Januar] 1491.
    Incipit: Besunder nachdem das ziele der erlaubnisß [...].
    Original: Straßburg, Archives Municipales (Domstift 91 (Liber missivarum 1491-1520)
    S. 6 Nr. 6).
    Druck: K. Stenzel: Geiler und Friedrich von Zollern (1927) S. 108 Nr. 1.

39. *Von Heinrich von Henneberg.* [Straßburg], 14. Februar 1491.
    Incipit: Nach unßerm nehst gethanem schriben [...].
    Original: Straßburg, Archives Municipales (Domstift 91 (Liber missivarum 1491-1520)
    S. 7 f. Nr. 8).
    Druck: K. Stenzel: Geiler und Friedrich von Zollern (1927) S. 109 f. Nr. 3.

40. *Von Heinrich von Henneberg.* [Straßburg], 28. April 1491.
    Incipit: Uff unnsern bevelhe uch gethan [...].
    Original: Straßburg, Archives Municipales (Domstift 91 (Liber missivarum 1491-1520)
    S. 20 f. Nr. 22).
    Druck: K. Stenzel: Geiler und Friedrich von Zollern (1927) S. 111 f. Nr. 5.

41. *Von Bohuslaw von Hassenstein.* [Böhmen, später August oder September 1491].
    Incipit: Posteaquam Asia Africaque peragrata [...].
    Druck: P. Schott: Lucubraciunculae (1498) fol. 179 r-v; P. Schott: The Works Bd. 1,
    Nr. 292 S. 312; B. Hassenstein: Epistolae, Nr. 21 S. 19; ders.: Briefwechsel, Nr. 29 S.
    34; ders.: Lucubrationes (1563) fol. 67 r-v.
    Übersetzung: teilw. ins Französische: L. Dacheux: Un réformateur catholique (1876)
    S. 422.

42. *An Hoyer von Barby und Mülingen.* [Straßburg, vermutlich 1491, nach dem 28. April[8]].
    Incipit: Querelebaris pridie, magnifice et generose comes [...].
    Original: Schlettstadt, Bibliothèque Humaniste (Ms. 116 Ende).
    Druck: J. Geiler: Die aeltesten Schriften (1882) S. 94-100; ders.: XXI Artikel und
    Briefe (1877) S. 94-100; L. Dacheux: Un réformateur catholique (1876) S. LXIII-
    LXIX.

---

[7] Vgl. P. Schott: The Works Bd. 2 (1971) S. 617 Nr. 1395.
[8] Installation Hoyers zum Straßburger Domdekan.

Übersetzung: teilw. ins Französische: Ch. Schmidt: Histoire littéraire Bd. 1 (1879) S. 356.

43. *Von Bohuslaw von Hassenstein.* [Hassenstein], 11. September 1492.
Incipit: Acerbum nuntium ad te affero [...].
Druck: P. Schott: Lucubraciunculae (1498) fol. 179 v-180 r; B. Hassenstein: Lucubrationes (1563) fol. 67 v-68 r; P. Schott: The Works Bd. 1, Nr. 293 S. 312 f.; B. Hassenstein: Epistolae, Nr. 24 S. 20 f.; ders.: Briefwechsel, Nr. 33 S. 36 f.
Übersetzung: teilw. ins Französische: L. Dacheux: Un réformateur catholique (1876) S. 423.

44. *Von Martin Prenninger (Uranius).* Tübingen, 27. Dezember 1492.
Incipit: Gravissime moris mei [...].
Abschrift: aus dem 18. Jahrhundert: Karlsruhe, Generallandesarchiv (Nachlaß Grandidiers, Carton XIV, Fasz. 17 = GLA Abt. 69 v. Türckheim Nr. 17).
Druck: K. Stenzel: Geiler und Friedrich von Zollern (1927) Nr. 6 S. 112 f.

45. *Von Johannes Rot.* [Straßburg], 13. Juni 1493.
Incipit: Scio, dilectissime doctor [...].
Original: Straßburg, Archives Municipales (IV 105 b).
Abschrift: durch Jakob Wencker vom Anfang des 18. Jahrhunderts: Straßburg, Archives Municipales (AST 323, 2 fol. 606 r-v).
Druck: L. Dacheux: Un réformateur catholique (1876) S. LXXIV-LXXV; teilw. Ch. Schmidt: Livres et bibliothèques à Strasbourg au moyen-age (1876) S. 440 Anm. 4 (mit falschem Tag: 22. Juni).
Übersetzung: teilw. ins Französische: Ch. Schmidt: Histoire littéraire Bd. 1 (1879) S. 360 (mit falschem Tag: 22. Juni) und ders.: Livres et bibliothèques à Strasbourg au moyen-age (1876) S. 440 Anm. 4.

46. *An Johannes Reuchlin.* Straßburg, 31. Januar 1494.
Incipit: Eximie doctor, si quas apud te [...].
Druck: J. Reuchlin: Clarorum virorum epistolae (1514) fol. e r; Reuchlin: Briefwechsel (1875) S. 38 f. (mit falschem Tag: 27. Januar); J. Geiler: Die aeltesten Schriften (1882) S. 100; ders.: XXI Artikel und Briefe (1877) S. 100; L. Dacheux: Un réformateur catholique (1876) S. 424 Anm. 1.
Übersetzung: J. Geiler: Die helltönenden Wörtlein (1906) S. 105 f.

47. *Von Sebastina Brant.* Basel, 15. Juli 1496.
Incipit: Platonem Solonidem [...].
Druck: Transkription oben VII, 3 d Nr. 14 nach: Conradus de Alemannia: Concordantie maiores biblie (1496) fol. [a1] v.

48. *An Jakob Wimpfeling.* Straßburg, 24. Dezember 1497.
Incipit: Titulum quem commemoras [...].
Abschrift: zeitgen.: Straßburg, Bibliothèque Nationale et Universitaire (MS 176 fol. 8 v-9 r).
Druck: J. Wimpfeling: Briefwechsel Bd. 1, Nr. 79 S. 277-280.

49. *Von Jakob Wimpfeling.* Heidelberg, 10. April 1499.
Incipit: Contionator quidam inter cetera [...].
Abschrift: zeitgen.: Straßburg, Bibliothèque Nationale et Universitaire (MS 176 fol. 1 r-2 r).

Druck: J. Wimpfeling: Neun Briefe, Nr. 1 S. 3-5; Abdruck danach: ders.: Briefwechsel Bd. 1, Nr. 90 S. 297-301.

50. *An die Nonnen des Klosters St. Magdalena zu Freiburg.* Straßburg, 11. Juni 1499.
Incipit: Ich schicke eüch hie ein predig [...].
Abschrift: zunächst im Johanniterkloster auf dem Grünenwörth in Straßburg: „Joh. Geiler von Keisersperg Brief an das Convent der Rüwern in Friburg 1499" (J. J. Witter: Catalogus codicum manuscriptus (1746) S. 17 B. 112. 8.); später bis 1870 in der Stadtbibliothek Straßburg (Ch. Schmidt: Histoire littéraire Bd. 1 (1879) S. 344 Anm. 21); verloren.
Druck: Sendbrief an die Reuerinnen zu Freiburg (vgl. oben VII, 4 b Nr. 82) S. 213.

51. *An Jakob Wimpfeling.* [Straßburg, vor dem 28. November 1499].
Incipit: Accepi Marsilii tuam et aliorum defensionem [...].
Druck: J. Wimpfeling: Adolescentia, S. 339-341 Nr. 102; J. Geiler: Die aeltesten Schriften (1882) S. 101-102; ders.: XXI Artikel und Briefe (1877) S. 101-102; dazu J. Wimpfeling: Briefwechsel Bd. 1 (1990) S. 332 f.

52. *An Jakob Wimpfeling.* Straßburg, [wohl noch 1499, nach dem 10. April[9]].
Incipit: Ambrosium allegat, maneat ergo [...].
Abschrift: zeitgen.: Straßburg, Bibliothèque Nationale et Universitaire (MS 176 fol. 2 v-3 r).
Druck: J. Wimpfeling: Briefwechsel Bd. 1, Nr. 91 S. 301-307 (beachte zeitgenöss. Zusammenfassung S. 303 Anm. a, gedruckt auch in: J. Geiler: Die aeltesten Schriften (1882) S. XXI); J. Wimpfeling: Appologetica (1505) fol. [Biiii] v-Cii r; teilweise inseriert in ders.: Das Leben Geilers (1510) S. 79 Z. 718-727.

53. *An Bechtold von Offenburg.* [Straßburg, Anfang Januar 1500].
Incipit: Ich wurd bericht, daß man willen syg [...].
Abschrift: durch Jakob Wencker vom Anfang des 18. Jahrhunderts. Straßburg, Archives Municipales (AST 323, 2 fol. 605 v).
Druck: O. Lauffer: Geiler und das Deutschtum (1927) S. 42; J. Geiler: Die helltönenden Wörtlein (1906) S. 105; ders.: Die aeltesten Schriften (1882) S. 109; ders.: XXI Artikel und Briefe (1877) S. 109; L. Dacheux: Un réformateur catholique (1876) S. 451 Anm. 3; A. W. Strobel: Beiträge zur deutschen Übersetzung (1827) S. 9 f.; Abdruck danach mit Übersetzung ins Amerikanische: E. H. Zeydel: Sebastian Brant (1967) S. 143 Anm. 25 und S. 52; J. Wencker: Apparatus (1713) S. 22.

54. *An Jakob Wimpfeling.* Straßburg, 6. Februar 1500.
Incipit: Tempus est, mi Jacobe [...].
Abschrift: zeitgen.: Straßburg, Bibliothèque Nationale et Universitaire (MS 176 fol. 9 v).
Druck: J. Wimpfeling: Briefwechsel Bd. 1, Nr. 105 S. 334-336; ders.: Germania (1885) S. 98 f. Anm. 7.

55. *Von Johannes Winkel.* Straßburg, 7. März 1500.
Incipit: Miraris forsan doctissime vir [...].
Druck: Transkription oben VII, 3 d Nr. 16 nach: Thomas von Aquin: Questiones disputate (1500) fol. arab. 2 r.

---

[9] Antwort auf Brief Nr. 49.

56. *Von Jakob Wimpfeling.* Sulz (Soultz-les-Bains), 12. Januar 1501.
Incipit: Quidam, cuius nomen honoris [...].
Druck: J. Wimpfeling: Briefwechsel Bd. 1 (1990) S. 346-348.

57. *An den Straßburger Ammeister Florenz Rummler.* [Straßburg, zw. 7. und 25. Januar 1501[10]].
Incipit: Ich bitt üwer wyßheit [...].
Original: Straßburg, Archives Municipales (R 30, fol. 190 r-v).
Abbildung: Abb. 9 in dieser Arbeit
Druck: Transkription oben VII, 3 d Nr. 17.

58. *An den Altammeister Obrecht Armbruster und den Fünfzehnermeister Peter Arg.* [Straßburg], 27. März 1501.
Incipit: Noch demm nechsten und letsten [...].
Original: Straßburg, Archives Municipales (IV 105 b, Geiler 6).
Abbildung: J. Ficker/O. Winckelmann: Handschriftenproben Bd. 2 (1905) Taf. 49 A.
Druck: Transkription oben VII, 3 d Nr. 18. J. Geiler: Sämtliche Werke Bd. 1 (1989) S. 518 f.; J. Ficker/O. Winckelmann: Handschriftenproben Bd. 2 (1905) Taf. 49 A; J. Geiler: Die aeltesten Schriften (1882) S. 42.

59. *An die Nonnen des Klosters St. Magdalena zu Straßburg.* [Straßburg], 23. Mai 1501.
Incipit: Als ir wüssend [...].
Druck: J. Geiler: Deutsche Predigten (1508) fol. 1; ders.: Sämtliche Werke Bd. 2 (1991) S. 516 f.; ders.: Die aeltesten Schriften (1882) S. 110 f.; ders.: XXI Artikel und Briefe (1877) S. 110 f.; L. Dacheux: Un réformateur catholique (1876) S. 537 Anm. 1.

60. *Von Sebastian Brant.* Straßburg, 17. September 1501.
Incipit: [A]ristippum Socraticum philosophum [...]
Druck: Transkription oben VII, 3 d Nr. 19 nach: J. Wimpfeling: De annuntiatione angelica (1501) fol. giii v-giiii r.

61. *An den Straßburger Ammeister Jacob Wissebach.* [Straßburg, Anfang 1502[11]].
Incipit: Mich dunkt, doch uff uwer wysheit [...].
Druck: J. Geiler: Die aeltesten Schriften (1882) S. 109 f.; ders.: XXI Artikel und Briefe (1877) S. 109 f.; L. Dacheux: Un réformateur catholique (1876) S. 522 f. Anm. 4; Abdruck danach: L. Pfleger: Syphilis (1918) S. 164; T. W. Röhrich: Testament Geilers (1848) S. 577 f. Anm. 13.

62. *Von Thomas Murner.* [Straßburg, wohl nicht lange vor dem 26. Juli[12]] 1502.
Incipit: Non possum non mirari vehementer [...].
Abschrift: zeitgen.: Straßburg, Bibliothèque Nationale et Universitaire (MS 286 (latin 238) fol. 15 r-16 r).
Druck: J. Wimpfeling: Germania, S. 109 Anm. 41 Nr. 2 a; Th. Murner: Ulenspiegel (Hrsg. v. J. M. Lappenberg) S. 421.

63. *An Thomas Murner.* Geschrieben von Jakob Wimpfeling im Auftrag Geilers. Straßburg, 26. Juli 1502.

---

[10] Vgl. oben S. 183.
[11] Vgl. oben S. 225.
[12] Vgl. Nr. 63, die Antwort auf diesen Brief.

Incipit: Lectis hesterno versperi litteris tuis [...]
Abschrift: zeitgen.: Straßburg, Bibliothèque Nationale et Universitaire (MS 286 (lat. 238) fol. 16 r-17 v).
Druck: J. Wimpfeling: Briefwechsel Bd. 1, Nr. 124 S. 384-387; J. Wimpfeling: Defensio Germaniae (1502) fol. [biii] r-v; ders.: Germania (Hrsg. v. Ernst Martin) S. 110-112 Anm. 41 Nr. 2; Th. Murner: Ulenspiegel (Hrsg. v. J. M. Lappenberg) S. 422-424.

64. *Von Jakob Wimpfeling.* Straßburg, [Juli 1503].
Incipit: Gaude et letare, charissime preceptor [...].
Druck: J. Wimpfeling: Neun Briefe, Nr. 8 S. 240 f.; Abdruck danach: ders.: Briefwechsel Bd. 1, Nr. 140 S. 423-425.

65. *An Jakob Wimpfeling.* Füssen, 2. August 1503.
Incipit: In Constantia dies XI mansi [...].
Abschrift: durch Jakob Wencker vom Anfang des 18. Jahrhunderts: Straßburg, Archives Municipales (AST 165, 8 fol. 162 r-v); weitere Abschriften ebd. (AST 165, 28 fol. 231 v und AST 323, 4 fol. 43 r-v).
Druck: J. Wimpfeling: Briefwechsel Bd. 1, Nr. 141 a S. 426-429; A. Steichele: Bistum Augsburg Bd. 4 (1883) S. 324 f. Anm. 22; J. Geiler: Die aeltesten Schriften (1882) S. 102-104; ders.: XXI Artikel und Briefe (1877) S. 102-104; L. Dacheux: Un réformateur catholique (1876) S. 496 f. Anm. 2; J. A. Riegger: Amoenitates Fasz. 3 (1776) S. 475 f.; Geilers Bild und Leben (1721), S. 8; M. Freher: Rerum germanicarum scriptores Bd. 2 (1717) S. 766; P. Aegidius: Threnodia seu lamentatio in obitum Maximiliani (1519) fol. Bbiii v-[Bbiv] r.
Original der Übersetzung von Sebastian Brant: Straßburg, Archives Municipales (IV 105 b).
Abschrift der Übersetzung Brants: durch Jakob Wencker vom Anfang des 18. Jahrhunderts. Straßburg, Archives Municipales (AST 323, 2 fol. 605 v-606 r).
Druck der Übersetzung Brants: J. Wimpfeling: Briefwechsel Bd. 1, Nr. 141b S. 429 f.; J. Geiler: Die aeltesten Schriften (1882) S. 102-104; J. Wencker: Apparatus (1713) S. 24 f.

66. *An Ulrich Zasius.* [Straßburg, erste Jahreshälfte 1505[13]].
Incipit: Quas mihi Iacobus Wimpfeling [...].
Druck: J. A. Riegger: Amoenitates Fasz. 1 (1775) S. 97 f.

67. *Von Thomas Wolf d. J.* Straßburg, 14. Juli 1506.
Incipit: Dum proxima hyeme [...].
Druck: Transkription oben VII, 3 d Nr. 31 nach: Th. Wolf d. J.: In psalmum tercium et trigesimum expositio (1507) fol. Aiii v-[Aiiii] r.

68. *Von Bohuslaw von Hassenstein.* Hassenstein, 16. März [1507].
Incipit: Literae, quas ad me dedisti [...].
Druck: B. Hassenstein: Epistolae, Nr. 119 S. 97 f. (ND P. Schott: The Works Bd. 2 (1971) S. 802); B. Hassenstein: Briefwechsel, Nr. 137 S. 167; ders.: Lucubrationes (1563) fol. 100 r-101 r.

69. *Von Johannes Adelphus Muling (Mülich).* Auch an Jakob Wimpfeling gerichtet. Straßburg, 15. Oktober 1507.

---

[13] Vgl. J. Wimpfeling: Briefwechsel Bd. 1 (1990) S. 493 Anm. 1 a.

Incipit: Divum Hieronymum optavisse legimus [...].
Druck: J. Wimpfeling: Briefwechsel Bd. 2, Nr. 235 S. 610 f.; M. Ficinus: De religione
christiana (1507) Titelblatt verso.

70. *An den Ammeister von Straßburg Heinrich Ingold.* [Straßburg], 27. Februar 1508.
Incipit: Mich kummt für, das ein red [...].
Abschrift: durch Jakob Wencker vom Anfang des 18. Jahrhunderts: Straßburg, Archives Municipales (AST 176, fol. 21 v-22 r (= S. 44 f.)).
Druck: Transkription oben VII, 3 d Nr. 32.

7. Verzeichnis weiterer Schreiben und verlorener Briefwechsel

1. *Geiler* gibt als Dekan der Artistenfakultät der Universität Freiburg i. Br. Johann Metzger, Pfarrer zu Westhausen, die Vollmacht, in seinem Namen die der Fakultät von Johannes Graff aus Andlau vermachten Bücher zu empfangen. [Freiburg i. Br.], 26. Dezember 1469.
Incipit: Als der wolgelert meister Iohannes Graff [...].
Druck: J. A. Riegger: Amoenitates Bd. 1 (1775) S. 96.

2. *Geiler* sagt als Dekan der Artistenfakultät der Universität Freiburg i. Br. den Erben des Johannes Graf aus Andlau zu, im Falle der Auflösung der Fakultät die ihr von demselben vermachten Bücher herauszugeben. [Freiburg i. Br.], 1. Januar 1470.
Incipit: Als der wol gelert meister Iohannes Graf [...].
Druck: J. A. Riegger: Amoenitates Bd. 1 (1775) S. 95.

3. *Gedicht Peter Schotts d. J.,* auf Wunsch Geilers verfaßt und ihm zusammen mit dem Brief III, 6 Nr. 4 zur Beurteilung zugesandt. [Bologna, früh im Jahr 1480].
Incipit: Summe opifex rerum, lapisque redemtio mundi [...].
Original: Uppsala, Universitätsbibliothek (Wimpfeling Codex (C 687) fol. 171 v-173 r).
Abschrift: Uppsala, Universitätsbibliothek (Wimpfeling Codex (C 687) fol. 177 r-179 r).
Druck: P. Schott: Lucubraciunculae (1498) fol. 159 r-161 v; ders.: The Works Bd. 1, Nr. 241 S. 274-278.
Übersetzung: Th. Vulpinus: Briefe Peter Schotts an Geiler (1894) S. 57-61.

4. *Von Gabriel Biel.* Dem Brief Peter Schotts d. J. vom 20. Oktober 1488 (Nr. 30) ist zu entnehmen, daß ein heute verlorenes Blättchen oder Briefchen an Geiler beilag, welches Biel kurz zuvor in Straßburg geschrieben hatte[1].

5. *Bericht Geilers über seinen Tagesablauf während der Fastenzeit.* [Straßburg, veilleicht zw. 1479 und 1489[2]].
Incipit: De mane surgo [...].
Druck: K. Fischer: Das Verhältnis zweier lateinischer Texte Geilers zu ihren deutschen Bearbeitungen (1908) S. 6 f.; L. Dacheux: Un réformateur catholique (1876) S. LXIX.

---

[1] Vgl. oben S. 100 Anm. 197.
[2] Vgl. oben S. 123 Anm. 63.

6. *An Johannes Goetz.* Peter Schott d. J. erwähnt in einem Brief am 6. September 1490 an Johannes Goetz, daß Geiler diesem einen Brief geschrieben habe (P. Schott: The Works Bd. 1, Nr. 157 S. 172).

7. *Briefwechsel mit Johannes Trithemius.* Für die Zeit von vor 1495 bezeugt, aber verloren (vgl. K. Arnold: Johannes Trithemius (1991) S. 85 f.).

8. *An den Erzbischof von Köln Berthold von Henneberg.* Jakob Wimpfeling übersandte dem Erzbischof zusammen mit einem Brief vom 22. Mai 1497 ein Schreiben Geilers zur Kirchenreform[3].

9. *Testament Geilers.* Straßburg, 30. April 1505. Ergänzt durch ein Kodizill (vgl. VII, 7 Nr. 10).
   Incipit: Testamentum mei Joannis Geiler de Keisersperg [...].
   Original verloren: bis 1870 in Bd. 1 der Briefesammlung von Gelehrten des 16. und 17. Jahrhunderts in der Stadtbibliothek[4].
   Abschrift: durch Jakob Wencker vom Anfang des 18. Jahrhunderts. Straßburg, Archives Municipales (AST 165, 8 fol. 161 r-161 v).
   Druck: T. W. Röhrich: Testament Geilers (1848) S. 583-585; Abdruck danach: J. Geiler: Die aeltesten Schriften (1882) S. 104-107; J. Geiler: XXI Artikel und Briefe (1877) S. 104-107; L. Dacheux: Un réformateur catholique (1876) S. LXX-LXXII.

10. *Kodizill zum Testament Geilers.* 16. August 1507.
    Incipit: Declaratio testamenti mei Jo. Keisersperg [...].
    Original verloren: bis 1870 in Bd. 1 der Briefesammlung von Gelehrten des 16. und 17. Jahrhunderts in der Stadtbibliothek.
    Abschrift: durch Jakob Wencker vom Anfang des 18. Jahrhunderts. Straßburg, Archives Municipales (AST 165, 8 fol. 161 v-162 r).
    Druck: T. W. Röhrich: Testament Geilers (1848) S. 586; J. Geiler: Die aeltesten Schriften (1882) S. 106 f.; L. Dacheux: Un réformateur catholique (1876) S. LXXII f.

11. *Gutachten für den Rat der Stadt Straßburg, Testamente betreffend.* [Straßburg], 5. Februar 1509.
    Incipit: Uff den ersten Artickel [...].
    Abschrift: durch Jakob Wencker vom Anfang des 18. Jahrhunderts. Straßburg, Archives Municipales (AST 176, fol. 23 r-26 a r (= S. 47-53)).
    Druck: Transkription oben VII, 3 d Nr. 34.

12. *An und von Conrad von Bondorf.* Briefwechsel bis auf Brief III, 6 Nr. 13 verloren. Briefe zunächst im Johanniterkloster auf dem Grünenwörth in Straßburg: „Johannis de Kaisersberg et Conradi de Bondorff epistolae mutuae" (J. J. Witter: Catalogus codicum manuscriptus (1746) S. 14 Nr. B. 71. 5); später bis 1870 in der Stadtbibliothek Straßburg (Ch. Schmidt: Histoire littéraire Bd. 1 (1879) S. 345 und Anm. 25); verloren.

---

[3] Vgl. J. Wimpfeling: Briefwechsel Bd. 1 (1990) S. 268 Nr. 72.

[4] Vgl. T. W. Röhrich: Testament Geilers (1848) S. 572 f.; Ch. Schmidt: Histoire littéraire Bd. 1 (1879) S. 373 Anm. 106.

8. Verzeichnis der Lamentationen auf Geilers Tod

1. *Anonym* Epitaph im Münster. [Nach dem 10. März 1510].
   Incipit: Joanni Geiler Keisersbergio theologo integerrimo [...].
   Original: zunächst in der Kirche des Klosters St. Johannes auf dem Grünenwörth, seit
   deren Abriß 1633 im Straßburger Münster, erster Pfeiler im südlichen Hauptschiff,
   gegenüber dem 'Engelspfeiler'.
   Druck: oben S. 165 Anm. 48; J. M. B. Clauß: Münster als Begräbnisstätte (1905) S. 21
   Nr. 13; Ch. Schmidt: Histoire littéraire Bd. 1 (1879) S. 374 Anm. 109; L. Dacheux:
   Un réformateur catholique (1876) S. 507 Anm. 1; J. A. Riegger: Amoenitates Fasz. 1
   (1775) S. 69 f. Anm. *; J. N. Weislinger: Armamentarium catholicum (1749) S. 284;
   O. Schad: Münster (1617) S. 83.

2. *Anton Bleger* (?)[1]. Als Autor wird Senior Helvetensis angegeben.
   Incipit: Que Thomam aut Scotum mordaet turpissima lingua [...].
   Druck: J. Wimpfeling: Planctus et lamentatio (1510) fol. 15 r; Sermones et tractatus
   (1518) fol. 15 [sc. 16] r; Das Leben Geilers (1510) S. 17.

3. *Johannes Botzheim*
   Incipit: Keisersperge cubent tua molliter ossa Ioannes [...].
   Druck: S. Hoest: Modus Predicandi (1513), fol. Bv v; J. A. Riegger: Amoenitates
   Fasz. 1 (1775) S. 70 Anm. *.

4. *Sebastian Brant*
   Incipit: Cum tua tangat opus praesens studia atque laborem [...].
   Druck: S. Brant: Narrenschiff, S. 184 Nr. 35.

5. *Sebastian Brant*
   Incipit: Quem merito deflet urbs Argentina, Ioannes [...]
   Druck: L. Dacheux: Un réformateur catholique (1876) S. 506 Anm. 1; N. Reusner:
   Icones (1587) fol. Biiii r; Abdruck danach: S. Brant: Narrenschiff, S. 195; O. Schad:
   Münster (1617) S. 83.
   Übersetzung: Den alles Stroßburg weint billich [...]: J. Geiler: Ameise (1516) fol. 61
   [sc. 66] r; Abdruck danach: S. Brant: Narrenschiff, S. 154; Nachrichten von Geiler
   (1783) S. 122-124.

6. *Sebastian Brant*. Epitaph im Münster, gebildet aus den ersten beiden Distichen des
   lateinischen Gedichts (VII, 8 Nr. 5).
   Incipit: Quem merito defles urbs Argentina Ioannes [...].
   Original: Straßburger Münster, erster Pfeiler im südlichen Hauptschiff gegenüber dem
   'Engelspfeiler', auf Kosten der Johanniter angebracht.
   Abbildung: J. M. B. Clauß: Münster als Begräbnisstätte (1905) S. 21.
   Druck: oben S. 165 Anm. 45; J. Wimpfeling: Planctus et lamentatio (1510) fol. 12 v;
   Ch. Schmidt: Histoire littéraire Bd. 1 (1879) S. 374 Anm. 109; M. Kerker: Geiler sein
   Verhältnis zur Kirche (1862) S. 748 Anm. **; J. A. Riegger: Amoenitates Fasz. 1
   (1775) S. 70 Anm. *; J. N. Weislinger: Armamentarium catholicum (1749) S. 284.

---

[1] Vgl. zu der Autorschaft J. Wimpfeling in: Das Leben Geilers (1510) S. 17; vgl. zu den
Autoren der weiteren Lamentationen allgemein ebd. S. 86-87 Anm. zu Z. 877 ff.

7. *Georg Glockensnabel*
   Incipit: Annos terdenos populo qui sacra dedisti [...].
   Druck: J. Wimpfeling: Planctus et lamentatio (1510) fol. 15 r.

8. *Peter Günther*
   Incipit: Quod Romae Cicero fuit eloquio, pietate [...].
   Druck: J. Wimpfeling: Planctus et lamentatio (1510) fol. 14 r; N. Reusner: Icones (1587) fol. Biiii v.

9. *Martin Habsburg*
   Incipit: Candida ut in viridi ceduntur lilia campo [...].
   Druck: J. Wimpfeling: Planctus et lamentatio (1510) fol. 14 v-Ciii r.

10. *Martin Habsburg*
    Incipit: Pallida mors mesto devicit funere vultus [...].
    Druck: J. Wimpfeling: Planctus et lamentatio (1510) fol. Ciii r.

11. *Franz Heckmann*
    Incipit: Quam tribuit merito multum Germana iuventus [...].
    Druck: J. Wimpfeling: Planctus et lamentatio (1510) fol. 13 r.

12. *Johannes Hiber*
    Incipit: Religione nitens, omnis virtutis amator [...].
    Druck: J. Wimpfeling: Planctus et lamentatio (1510) fol. Ciii v.

13. *Philipp Kessel*
    Incipit: Fatali excessit fautor virtutis et artis [...].
    Druck: J. Wimpfeling: Planctus et lamentatio (1510) fol. Ciii r.

14. *Johannes Lachmann*
    Incipit: Vescitur ambrosia, cui vix manet orbe secundus [...].
    Druck: J. Wimpfeling: Planctus et lamentatio (1510) fol. 14 r; N. Reusner: Icones (1587) fol. Biiii v.

15. *Ottmar Luscinius (Nachtigall)*
    Incipit: Monte e cesareo genus trahentem [...]
    Druck: Sermones et tractatus (1518) Titelblatt recto; Das Leben Geilers (1510) S. 14 f.

16. *Johannes Maler*
    Incipit: Auram mortalem dum Keyserspurgus habebat [...].
    Druck: J. Wimpfeling: Planctus et lamentatio (1510) fol. 13 r-v.

17. *Johannes Maler*
    Incipit: Gratia si qua piis animis, suspiria luctus [...].
    Druck: J. Wimpfeling: Planctus et lamentatio (1510) Titelblatt recto; J. Wimpfeling: Das Leben Geilers (1510) S. 53; F. W. E. Roth: Die Buchdruckerei des Jakob Köbel (1889) S. 6 f.; J. A. Riegger: Amoenitates Fasz. 1 (1775) S. 54 f.

18. *Philipp Melanchthon*
    Incipit: Quod quondam vasta clamarant voce beati [...].
    Druck: J. Wimpfeling: Planctus et lamentatio (1510) fol. 15 r.

19. *Heinrich Mümprott*
    Incipit: Doctor Ioannes iustus contemtor iniqui [...].

Druck: J. Wimpfeling: Planctus et lamentatio (1510) fol. Ciii v.

20. *Heinrich Mümprott*
Incipit: Magnifice ac mitis, sollers ac ingeniose [...].
Druck: J. Wimpfeling: Planctus et lamentatio (1510) fol. Ciii r.

21. *Johannes Adelphus Muling* (?)
Incipit: Straßburg nun sag lob und danck [...].
Druck: J. Geiler: Passion in Lebkuchenform (1514) fol. 112 r.

22. *Johannes Adelphus Muling* (?)
Incipit: So niemant hie aller welt [...].
Druck: J. Geiler: Passion in Lebkuchenform (1514) fol. 112 r.

23. *Johannes Reuchlin*
Druck: J. Reuchlin: Carmen theologicum in J.[ohannem] K.[aysersbergem].

24. *Beatus Rhenanus*
Incipit: Deo trino et uni [...].
Druck: B. Rhenanus: Das Leben Geilers (1510) S. 95 Z. 168-177; Abdruck danach: L.
Dacheux: Un réformateur catholique (1876) S. 507 f. Anm. 2; J. A. Riegger: Amoenitates Fasz. 1 (1775) S. 68 f.; J. N. Weislinger: Armamentarium catholicum (1749) S.
283 f.; Geilers Bild und Leben (1721) S. 8; M. Adam: Vitae Germanorum Theologorum (1620) S. 9.

25. *Urban Philiranus Rieger*
Incipit: Sincere capitur qui religionis amore [...].
Druck: J. Geiler: Navicula poenitentie (1511) Titelblatt verso (fol. [i] v); Abdruck
danach: J. A. Riegger: Amoenitates Fasz. 1 (1775) S. 81 f.

26. *Urban Philiranus Rieger*
Incipit: Huc properet miseris terre peregrinus in oris [...].
Druck: J. Geiler: Peregrinus (1513) fol. 2 v-3 r.

27. *Jacob Sagittarius*
Incipit: Proch dolor astra colens superum celissime princeps [...].
Druck: J. Wimpfeling: Planctus et lamentatio (1510) fol. Ciii v-15 r.

28. *Johannes Schnitzer*
Incipit: Heu decus hesperidum, clarus splendorque parentis [...].
Druck: J. Wimpfeling: Planctus et lamentatio (1510) fol. Ciii r-v.

29. *Johannes Sorbillo*
Incipit: Aurea dactoli cur cessat vena, vel unde [...].
Druck: J. Wimpfeling: Planctus et lamentatio (1510) fol. 14 r-v.

30. *Johannes Sorbillo*
Incipit: Leditur ut lubrico gradiens serpente viator [...].
Druck: J. Wimpfeling: Planctus et lamentatio (1510) fol. 14 v.

31. *Johannes Sorbillo*
Incipit: Omnia pretereunt, samii periere Tyranni [...].
Druck: J. Wimpfeling: Planctus et lamentatio (1510) fol. 14 v.

32. *Franz Wiler*
    Incipit: Vita tibi et doctrina fuit preclare Ioannes [...].
    Druck: J. Wimpfeling: Planctus et lamentatio (1510) fol. 13 v².

33. *Jakob Wimpfeling*
    Incipit: Argentina deo grates age, plaude, triumpha [...].
    Druck: J. Wimpfeling: Planctus et lamentatio (1510) fol. 13 v; J. N. Weislinger: Arma-
    mentarium catholicum (1749) S. 285; N. Reusner: Icones (1587) fol. Biiii v; M. Adam:
    Vitae Germanorum Theologorum (1620) S. 9.

Jakob Wimpfeling auf Georg Northofer (im Druck Horthofer). In der Ausgbabe Wimpfelings
    in die Epitaphien auf Geiler eingereiht.
    Incipit: Non me clara dies, non muri, et foedera pacis [...].
    Druck: J. Wimpfeling: Planctus et lamentatio (1510) fol. Ciii v.

---

² Vgl. J. Knepper: Jakob Wimpfeling (1902) S. 105.

Quellen- und Literaturverzeichnis

1. Quellen

Es werden die gedruckten Quellen aufgelistet (Ausnahme: *Obituarium S. Magdalena*). Die ungedruckten sind in den Anmerkungen und summarisch oben VII, 3 a[1] nachgewiesen. Geilers Werke sind im Werkverzeichnis (VII, 4 a, b und c[2]) zu suchen. Briefe von ihm und an ihn sind im Briefverzeichnis[3] aufgelistet; weitere Schreiben von und an Geiler und Hinweise auf verlorene Briefwechsel finden sich im Anschluß daran (VII, 4 d[4]). Eine Zahl bislang zumeist unedierter Quellen sind im Textcorpus (VII, 3 d[5]) transkribiert

Im folgenden steht vor dem Lemma ggf. die Kurzform der Titel, wie sie in den Anmerkungen verwendet werden; die Jahreszahl in Klammern gibt dabei den Erstdruck oder das Abfassungsjahr wieder. Chroniken sind am linken Rand mit einem Asterisk gekennzeichnet; zu einer quellenkritischen Einordnung folgen in eckigen Klammern a) ihr Abfassungsdatum, b) ihr Berichtzeitraum und c) knappe biographische Angaben zu ihrem Autor.

Petrus *Aegidius*, Threnodia seu lamentatio in obitum Maximiliani. Augsburg (Sigmund Grimm) 1519.

Die Amerbachkorrespondenz. Hrsg. v. Alfred Hartmann. Bd. 1 Die Briefe aus der Zeit Johann Amerbachs. 1481-1513. Basel 1942.

* *Archivchronik.* Manuskript: AMS 847; Auszüge gedruckt in: Code historique Bd. 1 S. 131-220 [a] kurz nach der Mitte des 16. Jh., wahrscheinlich 1564-68, Nachträge bis 1607; b) Anschluß an die Chronik Jakob Twingers von Königshoven; c) Theodosius Gerbel (geb. Straßburg, gest. 1575) Advokat, Notar, Sekretär des Großen Senats].

* Maternus *Berler*, Chronik. In: Code historique Bd. 2, S. 1-130 [a] zw. 1510 und 1520, Nachträge bis 1533; c) geb. 1487, gest. 9. 4. 1555].

* —Fragmente der Chronik (1510-20)] Fragments de la Chronique de Berler. Hrsg. v. L[éon] Dacheux in: BullSocConsMonHistAls 2. F. 17 (1895) S. 124-157.

Bernhard von Parma (Parmensis), Casus longi Bernardi super decretales [Glossa ordinaria zum Liber Extra]. Argentine 1493.

* Michael *Beuther*, Chronica das ist Eyn Außerlesen Zeitbuch DarInn allerley nammhaffte vnd märckliche Händel / so sich von Erschaffung der Welte an [...] verlauffen vnd

---

[1] Vgl. oben S. 299 f.

[2] Vgl. oben S. 355 f., S. 356-369 und S. 369-371

[3] Vgl. oben S. 377-388.

[4] Vgl. oben S. 388 f.

[5] Vgl. oben S. 299-355.

zugetragen. Auß etlichen / zum theyle vor langer / zum theyle in newlicher zeite / durch Conraden von Liechenaw / Probsten zu Vrsperg / Johannsen von Trittenheym / Abbaten zu Spanheym / vnd Michael Beuthern von Carlstatt / der Rechten Doctorn beschribenen / vnd in Teutscher Sprache außgegangenen Chronicken / zusammen geordnet [...]. Straßburg (Theodosius Rihel) 1566.

F[elix] *Blumstein*/Ad[olph] *Seyboth* (Hg.), Urkunden des Stifts genannt Unser-Lieben-Frauen-Werk. Auszüge betreffend der Stadt Strassburg zukommende Rechte in der Verwaltung des Werkes. Straßburg 1900.

Emil *v. Borries*, Wimpfeling und Murner im Kampf um die ältere Geschichte des Elsasses. Ein Beitrag zur Charakteristik des deutschen Frühhumanismus. Heidelberg 1926 (= Schriften des wissenschaftlichen Instituts der Elsaß-Lothringer im Reich [8]). Darin: Jakob Wimpfeling, Germania S. 90-151; Ders., Declaratio S. 178-185; Thomas Murner, Germania Nova S. 198-233 (jeweils mit dt. Übs.).

Sebastian *Brant*, Clag antwurt vnnd außgesprochene urteyl gezogen auß geistlichen vnd weltlichen rechten [...]. [Augsburg (Hans Schönsperger) 1500].

— Flugblätter. Hrsg. v. Paul Heitz. Straßburg 1915 (= Jahresgaben der Gesellschaft für elsässische Literatur 3).

— Narrenschiff. Hrsg. v. Friedrich Zarncke. Leipzig 1854.

— Das Narrenschyff. Basel (Johann Bergmann von Olpe) 1494.

— Das nüv schiff Narragonia (1494)] Das neue Narrenschiff. Hrsg. v. Loek Geeraedts. Dortmund 1981 (= Deutsche Wiegendrucke) [Faksimile von: Das nüv schiff von Narragonia. Straßburg [(Johann Grüninger)] 1494 [Fastnacht (11. 2.); tatsächlich vor dem 23. Mai 1495: wohl Ende 1494; vgl. ebd. S. 16].

Briefe und Akten zum Leben Oekolampads. Hrsg. v. Ernst Staehelin. Bd. 1 (1499-1526). Leipzig 1927 (ND New York/London 1971) (= Quellen und Forschungen zur Reformationsgeschichte 10).

Briefmappe. Erstes Stück. Münster 1912 (= Reformationsgeschichtliche Studien und Texte 21 f.).

J[ohann Carl] *Brucker*, Straßburger Zunft- und Polizei-Verordnungen des 14. und 15. Jahrhunderts. Straßburg 1889.

Martin *Bucer*: Deutsche Schriften] Confessio Tetrapolitana und die Schriften des Jahres 1531. Hrsg. v. Robert Stupperich Gütersloh/Paris 1969 (= Martini Buceri Opera Omnia Series I: Martin Bucers deutsche Schriften 3).

* Sebald *Büheler* (Sohn), Straßburger Chronik. Hrsg. v. L[éon] Dacheux, La chronique de Sébald Büheler. In: BullSocConsMonHistAls, 2. F. 13 (1887/1888) S. 22-150 [Fragmente. c) geb. Straßburg 29. 8. 1529, gest. 1595].

Angelus *Carleti*, Summa Angelica de casibus consciencie. per fratrum Angelum de clauasio. Argentine (Martin Flach) 1498.

* *Die Chroniken der fränkischen Städte. Nürnberg* Bd. 3. Leipzig 1864 (= Die Chroniken der deutschen Städte vom 14. bis in's 16. Jahrhundert 3).

* *Die Chroniken der oberrheinischen Städte. Straßburg.* Hrsg. v. Carl Hegel. 2 Bde. Leip-

zig 1870 und 1871 (ND Stuttgart 1961) (= Die Chroniken der deutschen Städte vom 14. bis ins 16. Jahrhundert 8 und 9).

* *Die Chroniken der schwäbischen Städte. Augsburg* Bd. 2 Leipzig 1866, Bd. 4. Leipzig 1894 (ND Stuttgart 1966) (= Die Chroniken der deutschen Städte vom 14. bis ins 16. Jahrhundert 5 und 23).

Code historique et diplomatique de la ville de Strasbourg. Hrsg. v. A. G. Strobel und Louis Schneegans. 2 Bde. Strasbourg 1843 und 1848.

Conradus de Alemannia (de Halberstadt), Concordantie maiores biblie tam dictionum declinabilium quam indeclinabilium diligenter vise cum textu ac secundum veram orthographiam emendate. Hrsg. v. Sebastian Brant. Basel (Johannes Froben und Johannes Petri) 1496.

Corpus iuris canonici. Hrsg. v. Aemilius Friedberg. Leipzig 1879 (ND Graz 1955).

Corpus iuris civilis. Hrsg. v. Paul Krüger und Theodor Mommsen. Bd. 1 Institutiones, Digesta. Berlin 1877; Bd. 2 Codex Iustinianus. Ebd. 1877; Bd. 3 Novellae. Ebd. 1895.

Charles *Du Plessis d'Argentré,* Collectio Judiciorum de vovis erroribus, qui ab initio duodecimi seculi [...] usque ad annum 1632. in Ecclesia proscripti sunt [...]. Bd. 1, 2 (1100-1542) Lutetiae Parisiorum 1778.

Johann *Eberlin* von Günzburg: Der erste Bundesgenosse (1521)] EIn klägliche klag an den christlichen Römischen kayser Carolum, von wegen Doctor Luthers vnd Vlrich von Hutten. Auch von wegen der Curtisanen Vnd bättelmünch. Das Kayserlich Miestat sich sit nit laß sollich leüt verfüren. Der erst bundtsgenosz. (Fünfzehn Bundesgenossen. Basel 1521). In: Ausgewählte Schriften. Hrsg. v. Ludwig Enders. Bd. 1 Halle a. S. 1896 (= Flugschriften der Reformationszeit 11; = Neudrucke deutscher Litteraturwerke des XVI. und XVII. Jahrhunderts 139-141).

Johannes *Eck,* Replica Io. Eckii aduersus scripta secunda Buceri apostatae super actis Ratisponae. [...]. Ingolstadij (Alexander Weissenhorn) 1543.

K[arl] Th[eodor] *Eheberg:* Urkunden] Verfassungs-, Verwaltungs- und Wirtschaftsgeschichte der Stadt Straßburg bis 1681. Bd. 1 Urkunden und Akten [m. n. ersch.]. Straßburg 1899.

Die „Elsässische Legenda Aurea". Bd. 1 Das Normalcorpus. Hrsg. v. Ulla Williams/Werner Williams-Krapp. Tübingen 1980 (= Texte und Textgeschichte 3).

* *Familienchronik* (1591)] Auszug aus der Imlin'schen Familienchronik. Hrsg. v. Rudolf Reuß. In: Alsatia 1875, S. 363-476 [Teiledition; b) Sintflut bis 1591; c) Autor nicht bekannt, mehrere Schreiber; 1823 im Familienbesitz v. E. F. Imlin].

Marsilius *Ficinus:* De religione christiana (1507)] Marsilii Ficini Florentini. De religione christiana et fidei pietate opusculum Xenocrates de morte. eodem interprete. Hrsg. v. Johannes Adelphus Muling. Argentine (Johannes Knobloch) 1507.

Johannes *Ficker*/Otto *Winckelmann,* Handschriftenproben des sechzehnten Jahrhunderts nach Straßburger Originalen, Bd. 2 Zur Geistigen Geschichte. Straßburg 1905.

— Handschriftenproben des sechzehnten Jahrhunderts nach Straßburger Originalen. Kleine Ausgabe. Straßburg 1906.

* *Fragments de diverses vieilles chroniques*. Hrsg. v. L[éon] Dacheux. In: BullSocCons-MonHistAls, 2. F. 18 (1896) S. 1-181.

* Sebastian *Franck*, Chronica, Zeytbuoch vnd geschychtbibel von anbegyn biß inn diß gegenwertig M. D. xxxj. iar. [...]. Straßburg (Balthasar Beck) 1531.

Annelore *Franke*, Das Buch der hundert Kapitel und der vierzig Statuten des sogenannten Oberrheinischen Revolutionärs. Berlin (Ost) 1967 (= Leipziger Übersetzungen und Abhandlungen zum Mittelalter A 4).

Marquard *Freher*, Rerum germanicarum scriptores, Qui res in Germania et Imperio sub Friderico III. Maximiliano I. Impp. memorabiliter gestas illo euo litteris prodiderunt. Bd. 2 Argentorati 1717.

Achilles Pirminius *Gasser*, Annales Augstburgensis. In: Jo[hannes] Burchard Mencken (Hg.), Scriptores rerum germanicum praecipue saxonicarum. Bd. 1 Lipsiae 1728.

* Hieronymus *Gebwiler*, Straßburger Chronik. Hrsg. v. Karl Stenzel, Die Straßburger Chronik des elsässischen Humanisten Hieronymus Gebwiler. Berlin/Leipzig 1926 (= Schriften des wissenschaftlichen Instituts der Elsaß-Lothringer im Reich [11]) [Fragmente; a) wohl 1521-1523 entstanden; b) legendäre Gründung Straßburgs bis 1523; c) geb. Kaysersberg um 1473, gest. Hagenau 21. 6. 1545; Leiter der Straßburger Lateinschule 1509-1525].

Johannes *Gerson*, Opera. Bd. 1-3 [Hrsg. v. Johannes Geiler von Kaysersberg und Peter Schott d. J.] Straßburg (Johann Prüss) 1488, Bd. 4 [Hrsg. v. Jakob Wimpfeling] Straßburg (Martin Flach d. J.) 1502.

— Christianissimi doctoris Joannis de Gerson: sermo de passione domini: nuper e Gallico in latinum traducus. Hrsg. v. Jakob Otther. Argentine 1509.

Gesatz vnd ordenunge der loblichen vnd hochberümpten Freyen statt Straßburg Als man zalt nach Cristus vnsers herren geburt Tusent fünff hundert vnd ein Jar. Argentina (Mathias Hupfuff) 1501. (Faksimile = VeröffElsBibliophGes. Elsässische Frühdrucke 1. Straßburg 1928); vgl. eine Abschrift des Originalmanuskripts (actum 17. 11. 1501) in AMS R 29, f. 154 a r-e v vom 2. 10. 1601.

Alfred *Götze*/Hans *Volz*, Frühneuhochdeutsches Lesebuch. 6. Aufl. Göttingen 1976.

* Andreas *Goldmeyer*, Straßburgische Chronica. Astrologisch beschrieben [...] sampt angehengter Beschreibung Deß kostbahren vnd in aller Welt berümbten Münsters daselbsten. Straßburg (Eberhard Welper) 1636 [b) von der legendären Gründung bis 1635 mit Vorhersagen für die Zukunft; c) geb. Gunzenhausen (Niederfranken) 11. 10. 1602, gest. Nürnberg 1664; studierte in Straßburg, lebte etwa 20 Jahre dort].

Joseph *Hartzheim*, Concilia Germaniae. Bd. 5 Coloniae Augustae Agrippinensium 1763 (ND Aalen 1970).

Bohuslaus *Hassenstein*: Epistolae] Bohuslaus Hassenstenius Baro a Lobkowicz, Epistolae. Accedunt epistolae ad Bohuslaum scriptae. Hrsg. v. A[ugustinus] Potuček. Budapest 1946 (= Bibliotheca scriptorum medii recentisque aevorum, saecula XV-XVI [13]).

— Listář] Bohuslaus von Lobkowitz zu Hassenstein, Listář Bohuslava Hasišteinského z Lobkovic. Hrsg. v. Josef Truhlář. V Praze 1893 (= Sbírka Pramenův Skupina II Korrespondence cizojazyčné prameny 1).

— Lucubrationes] Bohuslaus Hassenstein von Lobkowitz, Viri incomparabilis, ac D. D. Bohvslai Hassensteynii lvcvbrationes oratoriae [...]. Pragae (Thomas Mitis/Johannes Caper) 1563.

* Kaspar *Hedion*, EIn Außerleßne Chronick von anfang der Welt bis auff das iar nach Christi unsers eynigen Heylands gepurt M. D. xxxix. [...] Durch Caspar Hedio Doctor auß dem Latin ins Teutsch gebracht / zusammen tragen / vnd beschriben. Straßburg (Crafft Myller) 1539 [c) geb. Ettlingen (Baden) 1494, gest. Straßburg 17. 10. 1552; Münsterprediger in Straßburg, reformiert].

* Bernhard *Hertzog*, Chronicon Alsatiae. Edelsasser Cronick vnnd aüßfürliche beschreibung des vntern Elsasses am Rheinstrom / auch desselben fürnemmer Stätt / als Straßburg [...]. Straßburg (Bernhard Jobin) 1592 [b) von den Anfängen bis 1592; c) geb. Weißenburg 26. 1. 1526, gest. Wörth 1596/97, evangelisch].

Stephan *Hoest*, Modus Predicandi subtilis. Argentorati (Johann Prüss) 1513.

Friedrich *Keutgen*, Urkunden zur städtischen Verfassungsgeschichte. Berlin 1901 (ND Aalen 1965) (= Ausgewählte Urkunden zur deutschen Verfassungs- und Wirtschaftsgeschichte).

* *Kleine Strassburger Chronik*. Denckwürdige Sachen allhier in Strassburg vorgeloffen und begeben 1424-1615. Hrsg. v. Rudolf Reuss. Straßburg 1889 [Exzerpte].

* *Die kleine Münsterchronik*. Hrsg. v. L[éon] Dacheux, La petite Chronique de la Cathédrale. In: BullSocConsMonHistAls 2. F. 13 (1888) S. 5-20 [Fragmente; b) 1507-1530].

* [Michael *Kleinlawel*], Straßburgische Chronick [...], Mit fleiß zusammen gebracht Durch einen Liebhaber der Teutschen Poeterey. Straßburg (Johann Carolo) 1625 [c) geb. Straßburg 30. 7. 1568, gest. ebd. Anfang 1635].

Jean *Lebeau*/Jean-Marie *Valentin*, L'Alsace au siècle de la Réforme 1482-1621. Textes et Documents. Nancy 1985.

Das Leben Geilers (1510)] Siehe J. Wimpfeling/B. Rhenanus: Das Leben Geilers (1510).

Martin *Luther*, Studienausgabe Bd. 2. Hrsg. v. Hans-Ulrich Delius. Berlin 1982.

Hermann *Mayer* (Hg.), Die Matrikel der Universität Freiburg i. Br. von 1460 - 1656. 2 Bde. Freiburg i. Br. 1907.

Al[ois] *Meister*, Auszüge aus den Rechnungsbüchern der Camera Apostolica zur Geschichte der Kirchen des Bistums Straßburg, 1415-1513. In: ZGORh NF 7 (1892) S. 104-151.

C. F. *Meyer*, Stadtrechte von Straßburg. 1249. 1270. In: Anzeiger für Kunde der teutschen Vorzeit 6 (1837) Sp. 23-28.

* Johann Jakob *Meyer*, Straßburgische Cronica. Von der statt Straßburg und wohaer dieselb unnd dise lannt ihren Ursprüng habent. Hrsg. v. Rudolf Reuss, La Chronique strasbourgeoise de Jean-Jacques Meyer l'un des continuateurs de Jacques de Koenigshoven. In: BullSocConsMonHistAls 2. F. 8 (1872) S. 131-299 [a) nach 1587; b) legendäre Gründung von Trier und Straßburg bis 1587].

Thomas *Murner*, Ad rempublicam argentinam Germania noua [o. O. 1502]. (Faksimile, Genevae 1874).

— Ulenspiegel. Hrsg. v. J. M. Lappenberg. Leipzig 1854 (ND Leipzig 1975).

Otmar *Nachtigall* (Luscinius), Die gantz Euangelisch hystori [...]. Augsburg (Simprecht Ruff) 1525.

Nicolaus de Tudeschis (Panormitanus), Lectura super quinque libros decretalium. Bd. 2 und 3 Venetijs (Nicolaus Jenson) 1477.

Obituarium St. Magdalena. Bibliothèque du Grand Séminaire de Strasbourg Nr. 30 (bis 1518 wohl von der Hand von Ursula Stingel; vgl. G. Bauer in J. Geiler: Sämtliche Werke Bd. 3, S. VII Anm. 9).

H[ugo] *Ott* und J[ohn] M. *Fletcher*, The Medieval Statutes of the Faculty of Arts of the University of Freiburg im Breisgau. Notre Dame, Indiana 1964 (= Texts and Studies in the History of Medieval Education 10).

Quellen zur Geschichte des Bauernkrieges in Oberschwaben. Hrsg. v. Franz Ludwig Baumann. Tübingen 1876 (= Bibliothek des litterarischen Vereins in Stuttgart 129).

Johannes *Pauli*, Schimpff vnnd Ernst würth das Büch genant: [...]. Straßburg (Bartholomäus Grüninger) 1535.

Willibald *Pirckheimer*, Briefwechsel. Hrsg. v. Dieter Wuttke, Bearb. Helga Scheible. Bd. 3 München 1989.

Reichs-Abschiede] Neue vollständige Sammlung der Reichs-Abschiede [...]. T. 2 Reichs-Abschiede von dem Jahr. 1495 bis auf das Jahr 1551. inclusive. Francfurt am Main 1747 (ND Osnabrück 1967).

Johannes *Reuchlin*: Briefwechsel] Johann Reuchlins Briefwechsel. Hrsg. v. Ludwig Geiger. Tübingen 1875 (= Bibliothek des litterarischen Vereins in Stuttgart 126).

— Carmen theologicum in J.[ohannem] K.[aysersbergem]. O. O., o. D., o. J. [wohl 1510] 2 Bll. 4°.

— Clarorvm virorvm epistolae latinae graecae et hebraicae uariis temporibus missae ad Ioannem Reuchlin Phorcensem LL. doctorem. Tubingae (Thomas Anshelm) 1514.

Beatus *Rhenanus*, Ioannis Geileri Caesaremontani, primi concionatoris in aede sacrae maioris ecclesiae Argentoratiensis vita / per Beatvm Rhenanvm Selestatinvm. In: J. Geiler: Navicula fatuorum (1510).

— Das Leben Geilers (1510)] Siehe: J. Wimpfeling/B. Rhenanus: Das Leben Geilers (1510).

Timotheus Wilhelm *Röhrich*, Testament Doctor Johann Geiler's von Kaisersberg. Zum ersten Mal herausgegeben. In: ZHistTheol (1848) S. 572-586.

* J[ohann] J[akob] *Rüeger*, Schaffhusen. Historische Beschribung der loblichen und wit Verrüembten Stat Schaffhusen, an dem Rhin gelegen, ouch irem geistlichen und weltlichen Regiment biss uf unsere ziten 1606 (= Chronik der Stadt und Landschaft Schaffhausen). Hrsg. v. Historisch-antiquarischer Verein des Kantons Schaffhausen. 2 Bde und Reg.-Bd. (bearb. v. Georg Wanner) Schaffhausen 1884, 1892 und 1910 [a) 1602 od. 1603-1606; c) geb. Schaffhausen 14. od. 15. 7. 1548, gest. ebd. 19. 8. 1606].

* Johann Georg *Saladin*, Straßburgische Chronica. Hrsg. v. Aloys Meister/Aloys Ruppel, Die Strassburger Chronik des Johann Georg Saladin. In: BullSocConsMonHistAls 2. F. 22 (1908) S. 127-206 und 23 (1911) S. 182-281 und S. 283-435 [Teiledition; a)

1610-1623; b) legendäre Gründung Straßburgs bis 1621; c) geb. Heilbronn 1581, gest. Straßburg 7. 2. 1656 Apotheker und Chronist, protestantisch. Zweiter Autor und Schreiber nicht identifiziert].

Oseas *Schad*, Summvm Argentoratensivm Templum: Das ist: Außführliche vnd Eigendtliche Beschreibung deß viel Künstlichen / sehr Kostbaren / vnd in aller Welt berühmten Münsters zu Straßburg: Auch alles dessen / so An vnd In demselben Denckwürdigs zu sehen: Mit schönen Figuren vnd beygefügten vnderschiedlichen Kupfferstücken gezieret [...]. Straßburg (Lazarus Zeßner Erben) 1617.

* Diebold *Schilling* (1468-1484), Die Berner-Chronik. Hrsg. v. Gustav Tobler. 2 Bde. Bern 1897 und 1901.

* Johann *Schilter*: Jacob Twingers von Königshofen Chronik (1698)] Die Alteste Teutsche so wol Allgemeine Als insonderheit Elsassische und Straßburgische Chronicke / Von Jacob von Königshoven / Priestern in Straßburg [...]. Hrsg. v. Johann Schilter. Straßburg 1698 [zu Jacob von Königshofen: a) von den Anfängen bis 1386; b) 1382-1420; c) geb. Straßburg 1346, gest. 27. 12. 1420; Kanoniker im Thomasstift]. Vgl. auch die Edition der Chronik in C. Hegel: Chroniken, Bd. 1 S. 230-498 und Bd. 2 S. 499-910.

Johann Daniel *Schöpflin*, Bd. 2 Alsatia periodi regum et imperatorum habsburgicae luzelburgicae austriacae tandemque gallicae diplomatica. Mannhemii 1775.

Peter *Schott*: Lucubraciunculae (1498)] Petri Schotti Argentinsis Patricii: Juris vtriusque Doctoris consultissimi: Oratoris et Poetae elegantissimi: graeceque linguae probe aeruditi: Lucubraciunculae ornatissimae. [Hrsg. v. Jakob Wimpfeling. Straßburg (Martin Schott) (1498)].

— The Works of Peter Schott (1460-1490). Hrsg. v. Murray A./Marian L. Cowie Bd. 1 Introduction and Text. Assen (Niederlande) [1963] und Bd. 2 Commentary [Assen (Niederlande)] 1971 (= University of North Carolina Studies in the German Languages and Literatures 41).

* Daniel *Specklin*, Collectanea in usum chronici argentinensis. Hrsg. v. Rodolphe Reuss, Les Collectanées de Daniel Specklin. In: BullSocConsMonHistAls 2. F. 13 (1887/ 1888) S. 157-360, 2. F. 14 (1889) S. 1-178 und 201-405, 2. F. 15 (1890) und 2. F. 17 (1895) S. 57-80 (Supplément) [a) 1587 mit Nachträgen; b) legendäre Gründung von Trier bis 1589; c) geb. Straßburg 1536, gest. ebd. 1589; Architekt; Chronik des Protestanten konfessionell teils sehr parteiisch und wenig zuverlässig].

Speculum exemplorum omnibus christicolis salubriter inspiciendum ut exemplis discant disciplinam. [Straßburg 1495].

Joseph Anton *Steiner*, Acta selecta ecclesiae Augustanae [...]. Augustae Vindelicorum 1785.

[Ulrich *Tenngler*,] Der neu Layenspiegel Uon rechtmässigen ordnungen in Burgerlichen vnd peinlichen Regimenten. Mitt Addition. Auch der guldin Bulla / köniklich reformation landfriden. auch bewärung gemeiner recht vnd anderm antzaigen. Augsburg (Hans Othmar) 1511.

Thomas von Aquin, Questiones disputate sancti Thome de aquino ordinis predicatorum De Potentia dei. De Unione verbi De Spiritualibus creaturis De Anima De Virtutibus De Malo. Hrsg. v. Johannes Winkel. Argentinae (Martin Flach d. Ä.) 1500.

* Jacob *Trausch*, Strassburgische Chronik. Hrsg. v. L[éon] Dacheux, Les chroniques de Jacques Trausch et de Jean Wencker. In: BullSocConsMonHistAls 2. F. 15 (1892) S. 3-73 [c) geb. Straßburg nach 1575 (?), gest. ebd. 8. 4. 1610].

Johannes *Trithemius*, Cathalogus illustrium virorum germaniam suis ingenijs et lucubrationibus omnifaciam exornantium: domini iohannis tritemij abbatis spanhemensis ordinis sancti benedicti: ad Jacobum Uimpfelingum sletstatinum theologum. [Mainz (Peter v. Friedberg) 1495].

— Liber de Scriptoribus Ecclesiasticis. Basileae [Johann Amerbach] 1494.

Urkundenbuch Straßburg] Urkunden und Akten der Stadt Straßburg. Hrsg. v. Wilhelm Wiegand, Aloys Schulte, Georg Wolfram, Hans Witte u. a. Abt. 1 Urkundenbuch der Stadt Straßburg. 7 Bde. Straßburg 1879-1900.

Urkundenregister für den Kanton Schaffhausen. Bd. 1 (987-1469) Schaffhausen 1906.

Th. *Vulpinus*, Sechzehn Briefe Peter Schotts an Geiler von Kaysersberg. In: Jahrbuch für Elsaß-Lothringen 9 (1894) S. 37-61.

Hans Georg *Wackernagel*, Die Matrikel der Universität Basel Bd. 1 1460-1529. Basel 1951.

Jacob *Wencker*, Apparatus et instructus archivorum Ex usu nostri Temporis, vulgò Von Registratur und renovatur: novis observationibus nec non Rerum Germanicarum Praesidiis [adornatus, auctus et illustratus ex Archivis et Bibliothecis, Collectore Jacobo Wenckero, Argent.]. Argentorati 1713.

* — 'Brants Annalen'] Jac[ob] Wencker extractus ex protocollis Dom. XXI vulgo Sebastian Brants Annalen. Hrsg. v. L[éon] Dacheux in: BullSocConsMonHistAls 2. F. 15 (1892) S. 211-279 und 2. F. 19 (1899) S. 35 ff. [vgl. zur Überlieferungsgeschichte J. Knape: Studien zu Leben und Werk Sebastian Brants (1992) S. 200-202].

— Collecta archivi et cancellariae jura [...]. Argentorati 1715.

* — Summarische Chronik und Zeitregister der Statt Strassburg [...] Auszüge aus Wencker's Manuscr. Chronik von 1637. Hrsg. v. L[éon] Dacheux, Les chroniques de Jacques Trausch et de Jean Wencker. In: BullSocConsMonHistAls 2. F. 15 (1892) S. 77-190 und Suppl. S. 193-207 [b) 1300-1659; c) geb. Straßburg 14. 7. 1590, gest. ebd. 16. 10. 1659; Ammeister 1644, 1650 und 1656].

Jos. *Wils* (Hg.), Matricule de l'université de Louvain (31. 8. 1453-31. 8. 1485). Bd. 2, 1 und 2 Bruxelles 1946 und 1954.

Jakob *Wimpfeling*: Adolescentia] Jakob Wimpfelings Adolescentia. Hrsg. v. Otto Herding unter Mitarb. v. Franz Josef Worstbrock. München 1965 (= Jacobi Wimpfelingi opera selecta 1).

— Apologia] Jacobi Wimpfelingij Apologia pro Republica Christiana. M. Ringmanni Philesij Tetrastichon ad Lectores. Excipiant equa [...]. Phorce (Thomas Anshelm) 1506.

— Briefwechsel. Eingel., komm. und hrsg. v. Otto Herding und Dieter Mertens. 2 Bde. München 1990 (= Jacobi Wimpfelingi opera selecta 3, 1 und 2).

— Castigationes locorum in canticis ecclesiasticis et diuinis officijs deprauatorum Iacobi Vuimpfelingij Sletstattensis. Argentinae (Johannes Schott) 1513.

— Cathalogus episcoporum (1508)] Argentinensium Episcoporum Cathalogus: cum eorundem vita atque certis historijs: rebusque gestis: et illustratione totius fere Episcopatus Argentinensis. Argentine (Johannes Grüninger) 1508.

— Contra turpem libellum Philomusi Defensio theologie scholastice et neotericorum. [...] [Straßburg (J. Prüss oder R. Beck) 1510].

— De annuntiatione angelica (1501)] [Declamatio Philippi Beroaldi de tribus fratribus. ebrioso. scorbatore et lusore. - Germania Jacobi Wimpfelingii ad Rempublicam Argentinensem. - Ad Universitatem heydelbergensem oratio Ja. Wimpfe. S. de annuntiatione angelica]. Argentine (Johannes Prüß) 1501.

— De integritate (1505)] Jakob Wimpfeling, Appologetica declaratio wymphelingij in libellum suum de integritate: de eo. An Sanctus Augustinus fuerit monachus. Cum epistolio Thome Volphij iunioris. Keyserspergij epistola elegantissima de modo predicandi passionem domini. Dro [oratio] wymphelingij metrica. [Hrsg. v. Thomas Wolf d. J. O. O., o. D., 1505].

— Defensio Germaniae Jacobi Wympfelingii quam frater Thomas Murner impugnauit. [...]. Freiburg i. Br. [sc. Straßburg (Johannes Grüninger)] 1502.

— Diatriba iacobi wimphelingij selestattini: sacre pagine licentiati [...]. Hagenau (Heinrich Gran und Conrad Hist) 1514.

— Germania ad rempvblicam argentinensem [Straßburg (Johannes Prüß) 1501]. (Faksimile, Genevae 1874).

— Germania von Jakob Wimpfeling. Mit ungedruckten Briefen von Geiler und Wimpfeling. Ein Beitrag zur Frage nach der Nationalität des Elsasses und zur Vorgeschichte der Strassburger Universität. Hrsg. v. Ernst Martin. Straßburg 1885.

— Neun Briefe von und an Jakob Wimpfeling. Hrsg. v. Gustav Knod. In: Vierteljahrsschrift für Kultur und Litteratur der Renaissance 1 (1886) S. 229-243.

— Planctus et lamentatio (1510)] [Jakob Wimpfeling], In Ioannis Keiserspergij theologi: doctrina: vitaque probatissimi: primi Argentinensis ecclesie predicatoris mortem: planctus et lamentatio cum aliquali vite descriptione et quorundam epitaphijs. [...] Oppenheim (Jakob Köbel) 1510.

Jakob *Wimpfeling*/Beatus *Rhenanus*, Das Leben des Johannes Geiler von Kaysersberg. Hrsg. v. Otto Herding. München 1970 (= Jacobi Wimpfelingi opera selecta 2, 1).

Thomas *Wolf* d. J.: In psalmum tercium et trigesimum expositio (1507)] Thomae Vuolphii ivnioris in psalmvm tercivm et trigesimvm expositio [...]. Erphordiae (o. D.) 1507.

* Martin *Zeiller*, Chronicon Parvum sueviae Oder Kleines Schwäbisches Zeitbuch [...]. Ulm (Balthasar Kühn) 1653 [b] 503-1653].

Friedrich *von Zollern*: „Tagebuch"] Das Tagebuch über Friedrich von Hohenzollern, Bischof von Augsburg (1486-1505). Hrsg. v. Theodor Dreher. In: Mittheilungen des Vereins für Geschichte und Alterthumskunde in Hohenzollern 18 (1884/85) S. 1-64; 19 (1885/86) S. 1-96; 20 (1886/87) S. 1-48; 21 (1887/88) S. 49-92 [Verfasser wohl Friedrichs Hofkaplan].

2. Literatur

Literatur zu Geiler, zum Elsaß und zu Straßburg findet sich auch in der Einleitung, im Quellen- und Literaturbericht zu Geiler und im Kapitel I, 5 a. Beachte im übrigen die Literaturbesprechungen von Norbert Ohler: Alsatica in: ZGORh Bd. 133 (1985) S. 361-380, Bd. 135 (1987) S. 432-436, Bd. 140 (1992) S. 437-442, Bd. 143 (1995) S. 495-507 und die fortlaufende Bibliographie Alsacienne.

Paul *Adam*, Charité et assistence en Alsace au moyen age. Strasbourg 1982 (= Société savante d'Alsace et des régions de l'Est. Grandes publications 22).

Martin *Alioth*, Gruppen an der Macht. Zünfte und Patriziat in Strassburg im 14. und 15. Jahrhundert. Untersuchungen zu Verfassung, Wirtschaftsgefüge und Sozialstruktur. 2 Bde. Basel/Frankfurt a. M. 1988 (= Basler Beitr. zur Geschichtswiss. 156 und 156 a).

Altdeutsche Gemälde. Katalog der Staatsgalerie Augsburg/Städtische Kunstsammlungen. Bd. 1 3. Aufl. München 1988.

Alte Pinakothek München. Erläuterungen zu den ausgestellten Gemälden. Hrsg. v. der Bayerische Staatsgemäldesammlungen. München 1983.

— Kurzes Verzeichnis der Bilder. Amtliche Ausgabe 1957. München 1957.

Friedrich Wilhelm Philipp *von Ammon*, Geiler von Kaisersbergs Leben, Lehren und Predigen. Erlangen 1826.

Heinz *Angermeier*, Reichsreform 1410-1555. Die Staatsproblematik in Deutschland zwischen Mittelalter und Gegenwart. München 1984.

Anticlericalism in Late Medieval and Early Modern Europe. Hrsg. v. Peter A. Dykema und Heiko A. Oberman. Leiden usw. 1994 (= Studies in Medieval and Reformation Thought 51).

Klaus *Arnold*, Johannes Trithemius (1462-1516). 2. Aufl. Würzburg 1991 (= Quellen und Forschungen zur Geschichte des Bistums und Hochstifts Würzburg 23).

— „Oberrheinischer Revolutionär" oder „Elsässischer Anonymus"? Zur Frage nach dem Verfasser einer Reformschrift vom Vorabend des deutschen Bauernkrieges. In: Arch-KultG 58 (1976) S. 410-431.

Athenae Raurica. Sive catalogus professorum Academiae Basiliensis [...] (1460-1778). Basiliae 1778.

Augsburger Stadtlexikon. Geschichte, Gesellschaft, Kultur, Recht, Wirtschaft. Hrsg. v. Wolfram Baer u. a. Augsburg 1985.

Aus zwölf Jahrhunderten. Augsburger Bistumsgeschichte. Katalog zur Ausstellung des Bistumsarchivs Augsburg anläßlich des 64. deutschen Archivtags vom 27.-30. September 1993 in Augsburg. Hrsg. v. Stefan Miedamer. Augsburg 1993.

Ernst *Bäumler*, Amors vergifteter Pfeil. Kulturgeschichte einer verschwiegenen Krankheit. München 1976.

Medard *Barth*, Der Heilige [Florentius] in der Predigt und geistlichen Unterweisung. In: ArchEglAls NS 4 (1951/52) S. 213-236.

— Handbuch der elsässischen Kirchen im Mittelalter. Straßburg 1960 (= Études Générales. Forschungen zur Kirchengeschichte des Mittelalters NS 4); zugl. ArchEglAls 11 (1960), 12 (1961) und 13 (1962/63).

— Die Heilige Odilia. Schutzherrin des Elsaß. Ihr Kult in Volk und Kirche. Bd. 1 Straßburg 1938 (= Forschungen zur Kirchengeschichte des Elsaß 4, 1).

Clemens *Bauer*, Die wirtschaftliche Ausstattung der Freiburger Universität in ihrer Gründungsperiode. Eine Studie zur kirchlichen Rechts- und Wirtschaftsgeschichte des 15. Jahrhunderts. In: Aufsätze zur Freiburger Wissenschafts- und Universitätsgeschichte. Hrsg. v. Clemens Bauer u. a. Freiburg i. Br. 1960 (= Beiträge zur Freiburger Wissenschafts- und Universitätsgeschichte 22).

Gerhard *Bauer*, Johannes Geiler von Kaysersberg. Ein Problemfall für Drucker, Herausgeber, Verleger, Wissenschaft und Wissenschaftsförderung. In: Daphnis Bd. 23 (1994) S. 559-589.

— Johann Geiler von Kaysersberg als Objekt und Grundlage der Erforschung der Straßburger Stadtsprache. In: Gerhard Bauer (Hg.), Stadtsprachenforschung unter besonderer Berücksichtigung der Verhältnisse der Stadt Straßburg in Spätmittelalter und früher Neuzeit. Göppingen 1988, S. 439-470 (= Göppinger Arbeiten zur Germanistik 488).

— Wandel und Bestand um 1500. Die Predigten des Johannes Geiler von Kaysersberg über Sebastian Brants „Narrenschiff". In: Wandel und Bestand. Denkanstöße zum 21. Jahrhundert. FS Bernd Jaspert. Hrsg. v. Helmut Gehrke u. a. Paderborn 1995, S. 61-85.

Johannes Josef *Bauer*, Zur Frühgeschichte der theologischen Fakultät der Universität Freiburg i. Br. (1460-1620). Freiburg i. Br. 1957 (= Beiträge zur Freiburger Wissenschafts- und Universitätsgeschichte 14).

Paul *Baur*, Testament und Bürgerschaft. Alltagsleben und Sachkultur im spätmittelalterlichen Konstanz. Sigmaringen 1989 (= KonstanzerGeschRechtsqu 31).

Gustav Adolf *Benrath*, Wegbereiter der Reformation. Bremen 1967 (= Klassiker des Protestantismus 1; Sammlung Dieterich 266).

Victor *Beyer*, La sculpture strasbourgeoise au quatorzième siècle. Strasbourg/Paris 1955.

Wilhelm *Bidenbach*, Das verleugnete Bapstumb. Beweisung / daß noch bey Menschen gedechtnuß / erst vor sechtzig Jaren / in Teutschland / auff offentlicher Cantzel / vnnd in offentlichem Track / von des Menschen eignen Krefften / Willen / Wercken vnd Verdiensten / die Sünd zubüssen / vnnd ewigs Leben zuerwerben / falsch und vnchristlich gepredigt vnd geschriben / auch andern zuo einem Exempel vnd Muster darnach zulehren fürgehalten. Vnnd daß an statt deß Christlichen Glaubens / ein Heidnischer Zweifel eingefürt vnd gebillichet worden. Wider das vnuerschämpt leugnen vnd rhümen der jetzigen Bäpstischen Schreier vnd Schreiber. Tübingen (Ulrich Morharts Witwe) 1569.

Peter *Bierbrauer*, Das Göttliche Recht und die naturrechtliche Tradition. In: Peter Blickle (Hg), Bauer, Reich und Reformation. FS Günther Franz. Stuttgart 1982, S. 210-234.

Peter *Blickle*, Gemeindereformation. Die Menschen des 16. Jahrhunderts auf dem Weg zum Heil. München 1985.

Edgar *Bonjour*, Die Universität Basel von den Anfängen bis zur Gegenwart. 1460-1960. 2. Aufl. Basel 1971.

Hartmut *Boockmann*, Belehrung durch Bilder? Ein unbekannter Typus spätmittelalterlicher Tafelbilder. In: ZKunstg 57 (1994) S. 1-22.

— Bemerkungen zur Reformschrift des sog. Oberrheinischen Revolutionärs. In: DA (1969) S. 537-541.

— Bürgerkirchen im späten Mittelalter. Antrittsvorlesung 3. November 1992. Humboldt-Universität zu Berlin. Fachbereich Philosophie und Geschichtswissenschaften. Institut für Geschichtswissenschaften. Berlin 1994.

— Das 15. Jahrhundert und die Reformation. In: Kirche und Gesellschaft im Heiligen Römischen Reich des 15. und 16. Jahrhunderts. Hrsg. v. dems. Göttingen 1994.

— Die Geschichte Ostdeutschlands und der deutschen Siedlungsgebiete im östlichen Europa. In: Deutsche im Osten. Geschichte, Kultur, Erinnerungen. Hrsg. v. Deutsches Historisches Museum Berlin. 1994, S. 9-21.

— Der Historiker Hermann Heimpel. Göttingen 1990.

— Kirchlichkeit und Frömmigkeit im spätmittelalterlichen Ulm. In: Meisterwerke massenhaft. Die Bildhauerwerkstatt des Niklaus Weckmann und die Malerei in Ulm um 1500. Stuttgart 1993, S. 55-61.

— Süßigkeiten im finsteren Mittelalter. Das Konfekt des Deutschordenshochmeisters. In: Mittelalterliche Texte. Überlieferung - Befunde - Deutungen. Hrsg. v. Rudolf Schieffer. Hannover 1996 (= MGH Schriften 42), S. 173-188.

— Schrifttafeln (1984)] Über Schrifttafeln in spätmittelalterlichen deutschen Kirchen. In: DA 40 (1984) S. 210-224.

— Die Stadt im späten Mittelalter. 3. Aufl. München 1994.

— Über den Zusammenhang von Reichsreform und Kirchenreform. In: Ivan Hlavácek und Alexander Patschovsky (Hgg.), Reform von Kirche und Reich zur Zeit der Konzilien von Konstanz (1414-1418) und Basel (1431-1449). Konstanz 1996, S. 203-214.

— Zu den Wirkungen der „Reform Kaiser Siegmunds". In: DA 35 (1979) S. 514-541.

— Zur Mentalität spätmittelalterlicher gelehrter Räte. In: HZ 233 (1981) S. 295-316.

Michael *Borgolte*, Freiburg als habsburgische Universitätsgründung. In: Schau-ins-Land 107 (1988) S. 33-50.

— Die mittelalterliche Kirche. München 1992 (= Enzyklopädie deutscher Geschichte 17).

— Personengeschichte und Ereignis. Methodologisches zu Heribert Müllers Werk über Franzosen und französische Politik auf dem Basler Konzil. In: ZGORh 140 (1992) S. 413-424.

— Die Rolle des Stifters bei der Gründung mittelalterlicher Universitäten, erörtert am Beispiel Freiburgs und Basels. In: BaslerZG 85 (1985) S. 85-119.

Thomas A. *Brady*, jr.: „You hate us priests": Anticlericalism, Communalism and the Control of Woman at Strasbourg in the Age of the Reform. In: Anticlericalism in Late Medieval and Early Modern Europe (1994) S. 167-207.

Placidus *Braun*, Geschichte der Bischöfe von Augsburg. 4 Bde. Augsburg 1813-1815.

Eugen *Breitenstein*, Die Autorschaft der Geiler von Kaysersberg zugeschriebenen Emeis. In: ArchElsKg 15 (1941/42) S. 149-198.

— Die Quellen der Geiler von Kaysersberg zugeschriebenen Emeis. In: ArchElsKg 13 (1938) S. 149-202.

Elisabeth *Breiter*, Die Schaffhauser Stadtschreiber. Das Amt und seine Träger von den Anfängen bis 1798. Winterthur 1962.

Martha *Bringemeier*, Priester- und Gelehrtenkleidung. Tunika/Sutane, Schaube/Talar. Ein Beitrag zu einer geistesgeschichtlichen Kostümforschung. Münster 1974 (= Rheinisch-westfälische Zeitschrift für Volkskunde. Beiheft 1).

Alexander *Budinszky*, Die Universität Paris und die Fremden an derselben im Mittelalter. Ein Beitrag zur Geschichte dieser hohen Schule. Berlin 1876.

Christoph *Burger*, Aedificatio, Fructus, Utilitas. Johannes Gerson als Professor der Universität Paris. Tübingen 1986 (Beiträge zur historischen Theologie 70).

Gerhard *Burger*, Die südwestdeutschen Stadtschreiber im Mittelalter. Böblingen 1960 (= Beiträge zur schwäbischen Geschichte 1-5; zugl. Diss. Tübingen 1954).

René *Burgun*, Mesure de protection contre la lèpre et la syphilis à Strasbourg au cours des siècles. In: Georges Livet und Georges Schaff, Médecine et assistance en Alsace XVIe - XXe siècles. Recherches sur l'histoire de la santé. Strasbourg 1976 (= Publication de la société savante d'Alsace et des régions de l'Est 11) S. 53-67.

Miriam Usher *Chrisman*, Church and City in Strasbourg 1480-1548. A Study of the Stages of the Reformation. Diss. phil. Yale/USA 1962 (masch.).

— Strasbourg and the Reform. A study in the process of change. New Haven/London 1967 (= Yale Historical Publications 87).

Joseph M. B. *Clauß*, Kritische Uebersicht der Schriften über Geiler von Kaysersberg. In: HJb 31 (1910) S. 485-519.

— Das Münster als Begräbnisstätte und seine Grabinschriften. In: Straßburger Münster-Blatt 2 (1905) S. 9-26 und 3 (1906) S. 11-31.

— Eine rätselhafte Skulpturengruppe an der Strassburger Münsterkanzel. In: Straßburger Münsterblatt 6 (1912).

Roger L. *Cole*, La Bête Allégorique dans le Sérmon Alsacien à la fin du Moyen Age. In: Annuaire. Les Amis de la Bibliotheque Humaniste de Sélestat. Société d'histoire et d'archéologie de Sélestat et environs 41 (1991) S. 73-81.

Murray A./Marian L. *Cowie*, Geiler von Kaysersberg and abuses in fifteenth century Strassburg. In: Studies in Philology 58 (1961) S. 483-495.

W[ilhelm] *Crecelius*, Ein Brief von M. Ringmann an Wimpheling. In: Alemannia 13 (1885) S. 237 f.

Irene *Crusius*, Gabriel Biel - eine Karriere zwischen *vita contemplativa* und *vita activa* . Ersch. vorauss. 1997 in: Bausteine zur Tübinger Universitätsgeschichte. Hrsg. v. Sönke Lorenz und Ulrich Köpf.

— Gabriel Biel und die oberdeutschen Stifte der devotio moderna. In: Studien zum weltlichen Kollegiatstift in Deutschland. Hrsg. v. ders. Göttingen 1995 (= VeröffMax-Planck-InstGesch 114, StudGermSacra 18), S. 298-322.

Léon *Dacheux*, Décadence morale de Strasbourg a la fin du XVe siècle. In: RevCatAls 10 (1868) S. 49-55.

— Décadence religieuse de Strasbourg au quinzième siècle. In: RevCatAls 8 (1866) S. 455-465 und S. 483-489.

— Geiler de Kaysersberg. In: RevCatAls 5 (1863) S. 507-510 und 6 (1864) S. 13-20 und S. 117-122.

— Geiler et la législation civile de Strasbourg au quinzième siècle. In: RevCatAls 6 (1864) S. 239-248.

— Geiler et le protestantisme. In: RevCatAls 12 (1870) S. 65-73 und S. 178-183.

— Geiler et les fêtes religieuses du XVe siècle. In: RevCatAls 8 (1866) S. 22-28.

— Geiler et les ordres religieux. In: RevCatAls 9 (1867) S. 426-436.

— Das Münster von Strassburg. Strassburg 1900.

— La Prédication avant la Reforme. In: RevCatAls 5 (1863) S. 1-9 und 58-67.

— Un réformateur catholique a la fin du XVe siècle. Jean Geiler de Kaysersberg. Prédicateur a la cathédrale de Strasbourg. 1478 - 1510. Étude sur sa vie et son temps. Paris/ Strasbourg 1876.

Dieter *Demandt*, Konflikte um die geistlichen Standesprivilegien im spätmittelalterlichen Colmar. In: Städtische Gesellschaft und Reformation; Kleine Schriften 2. Hrsg. v. Ingrid Bátori. Stuttgart 1980 (= Spätmittelalter und Frühe Neuzeit. Tübinger BeitrrGeschForsch 12).

— Stadtherrschaft und Stadtfreiheit im Spannungsfeld von Geistlichkeit und Bürgerschaft in Mainz (11.-15. Jahrhundert). Wiesbaden 1977 (= Geschichtliche Landeskunde 15; Diss. phil.).

Dieter *Demandt*/Hans-Christoph *Rublack*, Stadt und Kirche in Kitzingen. Darstellungen und Quellen zu Spätmittelalter und Reformation. Stuttgart 1978 (= Spätmittelalter und Frühe Neuzeit. TübingerBeitrrGeschForsch 10).

E. Jane *Dempsey Douglass*, Justification in late Medieval preaching. A study of John Geiler of Keisersberg. Leiden 1966 (= Studies in Medieval and Reformation Thought 1).

Deutsche Verwaltungsgeschichte. Bd. 1 Vom Spätmittelalter bis zum Ende des Reiches. Hrsg. v. Kurt G. A. Jeserich u. a. Stuttgart 1983.

Ulf *Dirlmeier*, Obrigkeit und Untertan in den oberdeutschen Städten des Spätmittelalters. Zum Problem der Interpretation städtischer Verordnungen und Erlasse. In: Histoire comparee de l'administration (IVe-XVIIIe siecles). Actes du XIVe colloque historique franco-allemand. Tours, 27 mars - 1er avril 1977 organisée en collaboration avec le Centre d'Etudes Supérieures de la Renaissance par l'Institut Historique Allemand de Paris. Hrsg. v. Werner Paravicini/Karl Ferdinand Werner. München 1980 (= Beihefte der Francia 9), S. 437-449.

— Untersuchungen zu Einkommensverhältnissen und Lebenshaltungskosten in oberdeutschen Städten des Spätmittelalters (Mitte 14. bis Anfang 16. Jahrhundert). Heidelberg 1978 (= Abhandlungen der Heidelberger Akademie der Wissenschaften. Phil.-hist. Klasse 1978, 1).

Lothar Graf zu *Dohna*, Reformatio Sigismundi. Beiträge zum Verständnis einer Reformschrift des fünfzehnten Jahrhunderts. Göttingen 1960 (= Veröff Max-Planck-InstGesch 4).

Philippe *Dollinger*, Documents de l'histoire de l'Alsace. Toulouse 1972 (= Univers de la France).

– La population de Strasbourg et sa répartition aux XVe et XVIe siècles. In: Die Stadt in der europäischen Geschichte. Festschrift Edith Ennen. Hrsg. v. Werner Besch u. a. Bonn 1972, S. 521-528.

– Le premier recensement et le chiffre de la population de Strasbourg en 1444. In: RevAls 94 (1955) S. 52-82.

Rainer *Donner*, Jakob Wimpfelings Bemühungen um die Verbesserung der liturgischen Texte. Mainz 1976 (= Quellen und Abhandlungen zur mittelrheinischen Kirchengeschichte 26).

Dr. Johannes Eck. Seelsorger, Gelehrter, Gegner Luthers. Ausstellungskatalog. Ingolstadt 1986.

Robert *Durrer*, Bruder Klaus. Die ältesten Quellen über den seligen Nikolaus von Flüe sein Leben und seinen Einfluß. Bd. 1 Sarnen 1917.

Hans *Eggers*, Deutsche Sprachgeschichte. Bd. 3 Das Frühneuhochdeutsche. Reinbek bei Hamburg 1969 (= Rowohlts Deutsche Enzyklopädie 270/271).

Susanne *Eisenmann*, Sed Corde Dicemus. Das volkstümliche Element in den deutschen Predigten des Geiler von Kaysersberg. Frankfurt a. M. usw. 1996 (= Europäische Hochschulschrr. Reihe 1, Deutsche Sprache und Literatur, Bd. 1565; zugl. Stuttgart, Univ. Diss., 1995)

Kaspar *Elm*, Johannes Janssen. Der Geschichtsschreiber des deutschen Volkes 1829-1891. In: Xantener Vorträge zur Geschichte des Niederrheins 1 (1991).

Encyclopédie de l'Alsace. Hrsg. v. Agnès Acker u. a. 12 Bde. Strasbourg 1982-1986.

Ernst *Engelberg*/Hans *Schleier*, Zu Geschichte und Theorie der historischen Biographie. Theorieverständnis - biographische Totalität - Darstellungstypen und -formen. In: ZfG 30 (1990) S. 195-217.

Adalbert *Erler*, Bürgerrecht und Steuerpflicht im mittelalterlichen Städtewesen mit besonderer Untersuchung des Steuereides. 2. Aufl. Frankfurt a. M. 1963.

– Das Straßburger Münster im Rechtsleben des Mittelalters. Frankfurt a. M. 1954 (= Frankfurter wissenschaftliche Beiträge. Rechts- und wirtschaftsgesch. Reihe 9).

Arnold *Esch*, Überlieferungs-Chance und Überlieferungs-Zufall als methodisches Problem. In: HZ 240 (1985) S. 529-570.

[F.] *Falk*, Dom= und Hofpredigerstellen in Deutschland am Ausgange des Mittelalters. In: HistPolBll 88 (1881) S. 1-15, S. 81-92 und S. 178-188.

Hans Erich *Feine*, Kirchliche Rechtsgeschichte. Bd. 1 Die katholische Kirche (m. n. ersch.). 4. Aufl. Köln/Graz 1964.

Heinrich *Fichtenau*, Maximilian I. und die Sprache. In: Ders. und Erich Zöllner (Hgg.), Beiträge zur neueren Geschichte Österreichs. Wien usw. 1974, S. 32-46.

Roland *Fillinger*, Die Predigten „Von den neün früchten oder nützen aines rechten kloster lebens" und ihre Quellen. Diss. phil. Mannheim 1991.

Karl *Fischer*, Das Verhältnis zweier lateinischer Texte Geilers von Kaisersberg zu ihren deutschen Bearbeitungen der „Navicula fatuorum" zu Paulis „Narrenschiff" und des „Peregrinus" zu Otthers „Christliche bilgerschafft" nebst einer Würdigung der lateinischen Texte Geilers. Metz 1908 (= Diss. phil. Straßburg 1907).

Thomas *Fischer*, Städtische Armut und Armenfürsorge im 15. und 16. Jahrhundert: Sozialgeschichtliche Untersuchungen am Beispiel der Städte Basel, Freiburg i. Br. und Straßburg. Göttingen 1979 (= Diss. phil. 1976; = Göttinger Beiträge zur Wirtschafts- und Sozialgeschichte 4).

[Matthias *Flacius*, gen. Illyricus], Catalogus testium veritatis, qui ante nostram aetatem reclamarunt Papae [...] Cum Praefatione Mathiae Flacii Illyrici [...]. Basileae (Johann Oporinus/Michael Martin Stella) 1556.

Theobald *Freudenberger*, Der Würzburger Domprediger Dr. Johannes Reyss. Ein Beitrag zur Geschichte der Seelsorge im Bistum Würzburg am Vorabend der Reformation. Münster i. W. 1954 (= Katholisches Leben und Kämpfen im Zeitalter der Glaubensspaltung 11).

Max J. *Friedländer*/Jakob *Rosenberg*, Die Gemälde von Lucas Cranach. Basel u. s. w. 1979.

Karl *Frölich*, Kirche und städtisches Verfassungsleben im Mittelalter. In: ZRG KA 22 (1933) S. 188-287.

C. H. *Fuchs*: Die ältesten Schriftsteller über die Lustseuche (1843)] Die ältesten Schriftsteller über die Lustseuche in Deutschland von 1495 bis 1510. Hrsg. v. C. H. Fuchs. Göttingen 1843.

Eduard *Fuchs*, Die Belesenheit Johannes Geilers von Kaisersberg. In: ZDtPhilol 52 (1927) S. 119-122.

François-Joseph *Fuchs*, Le droit de bourgeoisie à Strasbourg. In: RevAls 101 (1962) S. 19-50.

— L'Œuvre Notre-Dame et la Cathédrale de Strasbourg à travers les Archives. In: Bulletin de la Société des Amis de la Cathédrale de Strasbourg 11 (1974) S. 21-34.

— Les relations commerciales entre Nuremberg et Strasbourg au XVe et XVIe siècles. In: Hommage a Dürer. Strasbourg et Nuremberg dans la première moitié du XVIe siècle. Strasbourg 1972 (= Société savante d'Alsace et des régions de l'Est. Recherches et documents 12) S. 77-90.

— Stadtschreiber (1980)] Les critères du choix des secrétaires de la ville de Strasbourg (Stadtschreiber) au XVIe siècle. In: Horizons europeens de la Reforme en Alsace. Mélanges offerts à Jean Rott. Hrsg. v. Mirijn de Kroon und Marc Lienhard. Strasbourg 1980 (= Société savante d'Alsace et des régions de l'Est. Collections „Grandes Publications" 17) S. 9-17.

Gerald *Fussenegger*, Die Augsburger Predigten Geilers von Kaysersberg in einer Handschrift zu Schwaz in Tirol. In: ArchEglAls NF 14 (1964) S. 329-331.

Jakob *Gabler*, Bibliothekskatalog, Schatzverzeichnis und Dienstanweisungen des Grossen Spitals zu Strassburg aus dem 15. Jahrhundert. In: ArchElsKg 13 (1938) S. 71-140.

— Krankenpfleger- und Gesinde-Ordnung des Grossen Spitals zu Strassburg aus dem 15. Jahrhundert. In: ArchElsKg 16 (1943) S. 67-106.

— Die Ordnungen der Verwaltungsorgane des Grossen Spitals zu Strassburg aus dem 15. Jahrhundert. In: ArchElsKg 15 (1941/42) S. 25-72.

Jules *Gapp*, Un réformateur catholique au XVe siècle, Jean Geiler de Kaysersberg (1478-1510). In: Revue des sciences ecclésiastiques F. 4, 5 204 (1877) S. 32-43 (Rezension zu L. Dacheux: Un réformateur catholique (1876)).

Geilers Bild und Leben (1721)] Johann Geylers von Keysersberg Bildnis und Leben. In: Fortgesetzte Sammlung von alten und neuen theologischen Sachen, Büchern, Urkunden, Controversien, Veränderungen, Anmerckungen, Vorschlägen u. d. g. zur geheiligten Ubung in beliebigem Beytrag ertheilet von einigen Dienern des Göttlichen Wortes. Leipzig 1721, S. 5-8.

Conrad *Gesner*, Bibliotheca vniversalis, sive Catalogus omnium scriptorum locupletissimum [...]. Tiguri (Christophorus Frosch) 1545.

Hans-Jürgen *Goerz*, Antiklerikalismus und Reformation. Sozialgeschichtliche Untersuchungen. Göttingen 1995 (= Kleine Vandenhock-Reihe 1571).

Johann Wolfgang *von Goethe*, Aus meinem Leben. Dichtung und Wahrheit. In: Goethes Werke. Hrsg. v. im Auftrage der Großherzogin Sophie von Sachsen. 1. Abt. Bd. 27 Weimar 1889.

Ph[ilippe] And[ré] *Grandidier*, Œuvres historique inédites. 6 Bde. Colmar 1865-1867.

Jacob/Wilhelm *Grimm*, Deutsches Wörterbuch. Bd. 1 Leipzig 1854 und Bd. 4, 1, 2 Leipzig 1897.

Roland *Gröbli*, Die Sehnsucht nach dem „einig Wesen". Leben und Lehre des Bruder Klaus von Flüe. Zürich 1990 (= Diss. phil. Zürich 1989/90).

Hermann *Grotefend*, Zeitrechnung des deutschen Mittelalters und der Neuzeit Bd. 1 Glossar und Tafeln. Hannover 1891 (2. ND Aalen 1984).

Gustav *Haenel*, Catalogi librorum manuscriptorum qui in bibliothecis Galliae, Helveticae [...] asservatur. Lipsiae 1830.

Karl *Härter*, Policeygesetzgebung auf dem Wormser Reichstag von 1495. In: 1495 - Kaiser Reich Reformen. Der Reichstag zu Worms. Ausstellung des Landeshauptarchivs Koblenz in Verbindung mit der Stadt Worms zum 500jährigen Jubiläum des Wormser Reichstages von 1495. Koblenz 1995, S. 81-93.

Johannes *Haller*, Die Anfänge der Universität Tübingen 1477-1537. 2 Bde Stuttgart 1927 und 1929 (ND Aalen 1970).

Berndt *Hamm*, Frömmigkeitstheologie am Anfang des 16. Jahrhunderts. Studien zu Johannes von Paltz und seinem Umkreis. Tübingen 1982 (= Beiträge zur historischen Theologie 65; zugl. theol. Habil.schr. Tübingen 1981).

William Norman *Hargreaves-Mawdsley*, A History of Academical Dress in Europe until the End of the Eighteenth Century. Oxford 1963.

Jacques *Hatt*, Liste des membres du Grand Sénat de Strasbourg, des stettmeisters, des ammeisters, des conseils des XXI, XIII et des XV du XIIIe siècle à 1789. Strasbourg 1963.

Marie-Luise *Hauck*, Der Bildhauer Conrad Sifer von Sinsheim und sein Kreis in der oberrheinischen Spätgotik. In: Annales Universitatis Saraviensis. Philosophie 9 (1960) S. 113-368.

Hans *Haustein*: Die Frühgeschichte der Syphilis 1495-1498. Historisch-kritische Untersuchung auf Grund von Archiven und Stadtdokumenten. In: Archiv für Dermatologie und Syphilis Bd. 161 (1930) S. 255-388.

Alfred *Haverkamp*, „... an die große Glocke hängen". Über Öffentlichkeit im Mittelalter. In: JbHistKolleg 1995, S. 71-112.

Thomas *Haye*, Der *Catalogus testium veritatis* des Matthias Flacius Illyricus - Eine Einführung in die Literatur des Mittelalters? In: ArchRefG 83 (1992) S. 31-48.

Hermann *Heimpel*, Die Erforschung des deutschen Mittelalters im deutschen Elsaß. In: Straßburger Monatshefte 5 (1941) S. 738-743.

Hans *von Hentig*, Der gehängte Henker. Eine kriminalhistorische Studie. In: Ders., Studien zur Kriminalgeschichte. Hrsg. v. Christian Helfer. Bern 1962, S. 160-169 (zuerst ersch. in: ZStR 74 (1956) S. 32-43).

Otto *Herding*, Der elsässische Humanist Jakob Wimpfeling und seine Erziehungsschrift „Adolescentia". In: ZWürttLdG 22 (1963) S. 1-18.

B. U. *Hergemöller*, „Pfaffenkriege" im spätmittelalterlichen Hanseraum. Quellen und Studien zu Braunschweig, Osnabrück, Lüneburg und Rostock. 2 Tle. Köln/Wien 1988 (= Städteforschung C/2, 1 und 2).

Rudolf *Herrmann*, Die Prediger im ausgehenden Mittelalter und ihre Bedeutung für die Einführung der Reformation im Ernestinischen Thüringen. In: Beiträge zur thüringischen Kirchengeschichte 1 (1929/31) S. 20-68

Georges Joseph *Herzog*, Mystical Theology in Late Medieval Preaching: Johann Geiler von Kaysersberg (1445-1510). Boston University, Diss. 1985.

François-J. *Himly*, Chronologie de la Basse Alsace. Ier - XXe siècle. Strasbourg 1972.

Paul *Hinschius*, System des katholischen Kirchenrechts mit besonderer Rücksicht auf Deutschland. Bd. 2 und 3 Berlin 1878 und 1883 (= Das Kirchenrecht der Katholiken und Protestanten in Deutschland 2 und 3).

Histoire de l'Alsace. Hrsg. v. Philippe Dollinger. Toulouse 1970.

Volker *Honemann*, Der Tod bei Geiler von Kaysersberg. In: Zeit, Tod und Ewigkeit in der Renaissanceliteratur. Salzburg 1987 (= Analecta Cartusiana 117) S. 90-107.

Madeleine *Horst*, Geiler de Kaysersberg. In: Annuaire des Sociétés d'histoire de la Weiss 1986, S. 43-56.

Max *Hossfeld*, Johannes Heynlin aus Stein. Ein Kapitel aus der Frühzeit des deutschen Humanismus. In: BaslerZG 7 (1908) S. 79-219 und S. 235-422.

Walter *Hotz*, Handbuch der Kunstdenkmäler im Elsaß und in Lothringen. Darmstadt 1965.

Johann *Huber*, Christliche Danck= und DenkPredigt / Bey glücklich vollbrachter Erweiterung vnd Vernewerung der Pfarr=Kirch zu St. Wilhelm in Straßburg / gehalten den Ersten Sontag deß Advents / Im Jahr 1656 [...]. Straßburg 1657.

Humanismus im deutschen Südwesten. Biographische Profile. Im Auftrag der Stiftung „Humanismus heute" des Landes Baden-Württemberg. Hrsg. v. Paul Gerhard Schmidt. Stuttgart 1993.

L'imaginaire strasbourgeois. La gravure dans l'édition strasbourgeoise 1470-1520. Strasbourg 1989.

Index librorum prohibitorum sanctissimi domini nostri Pii pont. max. iussu editus. Editio novissima in qua libri omnes ab Apostolica Sede usque ad annum 1876 proscripti suis locis recensentur. Romae 1876.

Index librorum prohibitorum sanctissimi domini nostri Leonis XIII. Pont. Max. Jussu editus. Cum appendice usque ad 1894. Augustae Taurinorum 1895.

Eberhard *Isenmann*, Die deutsche Stadt im Mittelalter. 1250 - 1500. Stadtgestalt, Recht, Stadtregiment, Kirche, Gesellschaft, Wirtschaft. Stuttgart 1988.

Erwin *Iserloh*, Johannes Eck (1486-1543). Scholastiker, Humanist, Konroverstheologe. Münster 1981 (= Katholisches Leben und Kirchenreform im Zeitalter der Glaubensspaltung 41).

Uwe *Israel*, Der Straßburger Peter Schott d. J. (1458-1490). Zu einem humanistischen Lebensentwurf. In: ZGORh Bd. 144 (1996) S. 241-258.

Johannes *Janssen*, Geschichte des deutschen Volkes seit dem Ausgang des Mittelalters. Bd. 1 Die allgemeinen Zustände des deutschen Volkes beim Ausgang des Mittelalters. Erste Abtheilung Deutschlands geistige Zustände beim Ausgang des Mittelalters. 3. Aufl. 1876.

Jean Geiler de Kaysersberg. 1445-1510. Souvenir de l'inauguration du monument Geiler le 30 juillet 1933. Zur Erinnerung an die Einweihung des Geilerdenkmals am 30. Juli 1933. Hrsg. v. Comité Geiler. Kaysersberg 1934.

Karl Heinrich *Jördens*, Lexikon deutscher Dichter und Prosaisten. Bd. 2 Leipzig 1807 und Bd. 6 (Supplemente) Leipzig 1811 (ND Hildesheim/New York 1970).

Margauerite *Jouanny*, Les Hospitaliers en Basse Alsace de 1217 a 1529. Extrait du These pour diplome d'Archiviste paleographe. Paris (Ecole nat. des chartes) 1931.

Robert *Jütte*, Obrigkeitliche Armenfürsorge in deutschen Reichsstädten der frühen Neuzeit. Städtisches Armenwesen in Frankfurt am Main und Köln. Köln/Wien 1984 (= KölnerHistAbhh 31).

Paul *Kalkoff*, Jakob Wimpfeling und die Erhaltung der katholischen Kirche in Schlettstadt. In: ZGORh NF 12 (1897) S. 577-619 und NF 13 (1898) S. 84-123 und S. 264-301.

Gustav *Kawerau*, Geiler von Kaisersberg. In: Realencyklopädie für protestantische Theologie und Kirche. Bd. 6, 3. Aufl. Leipzig 1899 S. 427-432.

Rolf *Kießling*, Bürgerliche Gesellschaft und Kirche in Augsburg im Spätmittelalter. Ein Beitrag zur Strukturanalyse der oberdeutschen Reichsstadt. Augsburg 1971 (= Abhandlungen zur Geschichte der Stadt Augsburg 19; Diss. phil. München 1969).

J. *Kindler von Knobloch*: Das goldene Buch von Straßburg. 2 Bde Wien 1886.

Wilibirgis *Klaiber*, Johannes Eck und Geiler von Kaysersberg. In: FreibDiözArch 3. F. 32 (1980) S. 248-253 (= Kirche am Oberrhein. Festschrift für Wolfgang Müller).

Friedrich *Kluge*, Etymologisches Wörterbuch der deutschen Sprache. 22. Aufl. Berlin und New York 1989.

Joachim *Knape*, Dichtung, Recht und Freiheit. Studien zu Leben und Werk Sebastian Brants 1457-1521. Baden-Baden 1992 (= Saecula spiritualia 23; zugl. Habil.schr. Sprach- und Literaturwiss. Bamberg 1988).

Joseph *Knepper*, Jakob Wimpfeling (1450-1528). Sein Leben und seine Werke nach den Quellen dargestellt. Freiburg i. Br. 1902 (= Erläuterungen und Ergänzungen zu Janssens Geschichte des deutschen Volkes 3, 2-4).

— Das Schul- und Unterrichtswesen im Elsass von den Anfängen bis gegen das Jahr 1530. Strassburg 1905.

G[ustav] *Knod*, Zur Vita Geileri des Beatus Rhenanus. In: Vierteljahrschrift für Kultur und Litteratur der Renaissance 1 (1886) S. 397 f.

Hermann *Koepcke*, Johannes Geiler von Kaisersberg. Ein Beitrag zur religiösen Volkskunde des Mittelalters. Breslau 1926 (= Diss. phil. Breslau 1927).

Herbert *Kraume*, Geiler, Johannes, von Kaysersberg. In: Die deutsche Literatur des Mittelalters. Verfasserlexikon. Hrsg. v. Kurt Ruh u. a. Bd. 2 2. Aufl. Berlin/New York 1980, Sp. 1141-1152.

— Die Gerson-Übersetzungen Geilers von Kaysersberg. Studien zur deutschsprachigen Gerson-Rezeption. Zürich usw. 1980 (= Münchener Texte und Untersuchungen zur Deutschen Literatur des Mittelalters 71; zugl. Diss. phil. Freiburg i. Br. 1974).

Franz-Xaver *Kraus*, Kunst und Alterthum im Ober-Elsass. Beschreibende Statistik. Strassburg 1884 (= Kunst und Alterthum in Elsass-Lothringen. Beschreibende Statistik 2).

Karl *Kroeschell*, Stadtrecht und Stadtrechtsgeschichte. In: Carl Haase (Hg.), Die Stadt des Mittelalters. Bd. 2 Recht und Verfassung. Darmstadt 1976 (= Wege der Forschung 244, 2) S. 281-299 (zuerst ersch. in: Studium Generale 16 (1963) S. 481-488).

Dietrich *Kurze*, Der niedere Klerus in der sozialen Welt des späteren Mittelalters. In: Beiträge zur Wirschafts- und Sozialgeschichte des Mittelalters. Festschrift Herbert Helbig zum 65. Geburtstag. Hrsg. v. Knut Schulz. Köln/Wien 1976, S. 273-305.

Florent *Landmann*, Zur Geschichte der oberelsässischen Predigt in der Jugendzeit Geilers von Kaysersberg. Der Basler Universitätsprediger Wilhelm Textoris und sein Predigtbuch in der Stadtbibliothek zu Colmar. In: ArchEglAls NS 1 (1946) S. 133-161.

Otto *Lauffer*, Beiträge zur Geschichte des Kaufmanns im 15. Jahrhundert. In: MittGerm-Nationalmus 1899, S. 105-116 und 1900, S. 78-91.

Jacques *Le Goff*, Comment écrire une biographie historique aujourd'hui? In: le débat 54 (1989) S. 48-53 (deutsch: Wie schreibt man eine Biographie? In: Ferdinand Braudel u. a., Der Historiker als Menschenfresser. Über den Beruf des Geschichtsschreibers. Berlin 1990, S. 103-112).

Eduard *Lengwiler*, Die vorreformatorischen Prädikaturen der deutschen Schweiz. Von ihrer Entstehung bis 1530. Freiburg/Schw. 1955 (= Diss. phil. Freiburg/Schw. 1954).

René Pierre *Levresse*, Prosopographie du chapitre de l'église cathédrale de Strasbourg de 1092 à 1593. In: ArchEglAls NF 18 (1970) S. 1-39.

Joseph *Levy*, Die Einsiedeleien im Elsaß. In: BullSocConsMonHistAls 25 (1918) S. 199-211.

Matthias *Lexer*, Mittelhochdeutsches Handwörterbuch. Bd. 1 Leipzig 1872 (ND Stuttgart 1979).

— Mittelhochdeutsches Taschenwörterbuch. 38. Aufl. Stuttgart 1989.

Theodor *von Liebenau*, Der Franziskaner Dr Thomas Murner. Freiburg i. Br. 1913 (= Erläuterungen und Ergänzungen zu Janssens Geschichte des deutschen Volkes 9, 4 und 5).

Georges *Livet*/Francis *Rapp*: Strasbourg (1981)] Histoire de Strasbourg des Origines à nos jours. Hrsg. v. Georges Livet/Francis Rapp. Bd. 2 Strasbourg des grandes Invasions au XVIe siècle. Strasbourg 1981 (= Histoire des villes d'Alsace).

Hermann *Ludwig*, Deutsche Kaiser und Könige in Straßburg. In: Blätter aus der Geschichte der Westmark des Reichs. Straßburg 1889.

Marian Teresa *Lurwig*, Studies in the *Lucubratiunculae* by Peter Schott. Chicago 1946 (= Diss. phil. Univ. of Chicago 1946).

Paul *Mai*, Predigerstiftungen des späten Mittelalters im Bistum Regensburg. In: Beiträge zu Geschichte des Bistums Regensburg 2 (1968) S. 7-33.

Klaus *Manger*, Literarisches Leben in Straßburg während der Prädikatur Johann Geilers von Kaysersberg (1478-1510). Heidelberg 1983 (= Heidelberger Forschungen 24; überarbeitete Fassung einer Diss. phil. Heidelberg 1976).

Martin Luther und die Reformation in Deutschland. Ausstellung zum 500. Geburtstag Martin Luthers. Veranstaltet vom Germanischen Nationalmuseum Nürnberg in Zusammenarbeit mit dem Verein für Reformationsgeschichte. Ausstellungskatalog Nürnberg 1983.

Marcel *Mathis*, Un grand Ammeister strasbourgeois du XVe siècle: Peter Schott 1427-1504. In: Annuaire de la Société des Amis du Vieux Strasbourg 20 (1990) S. 15-35.

Theodor *Maus*, Brant, Geiler und Murner. Studien zum Narrenschiff, zur Navicula und zur Narrenbeschwörung. Marburg 1914 (= Teildruck der Diss. phil. Marburg 1913)

Hermann *Mayer*, Johannes Geiler von Kaysersberg, hauptsächlich in seinen Beziehungen zu Freiburg i. Br. In: Schau-ins-Land 23 (1896) S. 1-17.

Ulrich *Meier*/Klaus *Schreiner*, Regimen civitatis. Zum Spannungsverhältnis von Freiheit und Ordnung in alteuropäischen Stadtgesellschaften. In: Stadtregiment und Bürgerfreiheit. Handlungsspielräume in deutschen und italienischen Städten des Späten Mittelalters und der Frühen Neuzeit. Hrsg. v. dens. Göttingen 1994 (= Bürgertum. Beiträge zur europäischen Gesellschaftsgeschichte 7), S. 11-34.

Michael *Menzel*, Predigt und Predigtorganisation im Mittelalter. In: HJb 111 (1991) S. 337-384.

Dieter *Mertens*, Eberhard im Bart und der Humanismus. In: Hans-Martin Maurer (Hg.),

Eberhard und Mechthild. Untersuchungen zu Politik und Kultur im ausgehenden Mittelalter. Stuttgart 1994 (= Lebendige Vergangenheit 17), S. 35-81.

— Iacobus Carthusiensis. Untersuchungen zur Rezeption der Werke des Karthäusers Jakob von Paradies (1381-1465). Göttingen 1976 (= VeröffMax-Planck-InstGesch 50. Studien zur Germania Sacra 13).

— Maximilian I. und das Elsass. In: Otto Herding (Hg.), Die humanisten in ihrer politischen und sozialen umwelt. Bonn Bad Godesberg 1976 (= kommission für humanismusforschung. Mitteilung 3) S. 177-201.

Erich *Meuthen*, Charakter und Tendenzen des deutschen Humanismus. In: Heinz Angermeier (Hg.), Säkulare Aspekte der Reformation. München und Wien 1983 (= Schriften des Historischen Kollegs. Kolloquien 5) S. 217-266.

Bernd *Moeller*, Frömmigkeit in Deutschland um 1500. In: ArchRefG 56 (1965) S. 5-31.

— Kleriker als Bürger. In: Festschrift für Hermann Heimpel Bd. 2. Göttingen 1972 (= VeröffMax-Planck-InstGesch 36, 2) S. 195-224 (ND in: ders., Die Reformation und das Mittelalter. Kirchenhistorische Aufsätze. Hrsg. v. Johannes Schilling. Göttingen 1991, S. 35-52).

— Reichsstadt und Reformation. Bearb. Neuausg. Berlin (Ost) 1987.

— Deutschland im Zeitalter der Reformation. 2. Aufl. Göttingen 1981 (= Deutsche Geschichte 4).

Bernd *Moeller*/Karl *Stackmann*, Zu Luthers Familiennamen. In: Martin Luther. Hrsg. v. Ludwig Arnold (= Text und Kritik Sonderband). München 1983, S. 218-220.

Mone, Predigerpfründen im 14. und 15. Jahrh. [zu Heidelberg, Lahr und Basel]. In: ZGORh 18 (1865) S. 1-11.

Bernard *Montagnes*, La légende dominicaine de Marie-Madeleine à Saint-Maximin. In: Mémoires de l'Académie de Vaucluse. 7. F. 6 (1985) (= Le peuple des saints. Croyances et dévotions en Provence et Comtat Venaissin à la fin du Monyen Age. Actes de la Table-Ronde organisée par l'Institut de recherches et d'études sur le Bas Moyen Age Avignonnais du 5 au 7 octobre 1984). Avignon 1987.

Peter *Moraw*, Die deutschen Könige des späten Mittelalters und das Oberrheingebiet personengeschichtlich betrachtet. In: ZGORh NF 102 (1993) S. 1-20.

Hannelore *Müller*, Die Malerfamilie Burgkmair. In: Lebensbilder aus dem Bayerischen Schwaben 4 (1955) S. 50 f.

Peter *Müller*, Bettelorden und Stadtgemeinde in Hildesheim im Mittelalter. Hannover 1994 (= Quellen und Studien zur Geschichte des Bistums Hildesheim 2; zugl. Diss. phil. Göttingen 1992).

Herfried *Münkler*/Hans *Grünberger*, Nationale Identität im Diskurs der Deutschen Humanisten. In: Nationales Bewußtsein und kollektive Identität. Studien zur Entwicklung des kollektiven Bewußtseins in der Neuzeit. Bd. 2 hrsg. v. Helmut Berding Frankfurt am Main 1995, S. 211-248.

Ottfried *Neubecker*, Großes Wappen-Bilder-Lexikon der bürgerlichen Geschlechter Deutschlands, Österreichs und der Schweiz. Augsburg 2. Aufl. 1993.

Klaus Wolfgang *Niemöller*, Othmar Luscinius, Musiker und Humanist. In: Archiv für Musikwissenschaft 15 (1958) S. 41-59.

Nouveau dictionnaire de biographie alsacienne. Hrsg. v. Fédération des Sociétés d'Histoire et d'Archéologie d'Alsace. Bd. 1 [Strasbourg um 1982], Bd. 2 ff. Strasbourg 1983 ff.

Jutta *Nowosadtko*, Scharfrichter und Abdecker. Der Alltag zweier „unehrlicher Berufe" in der frühen Neuzeit. Paderborn 1994 (= zugl. Diss. phil. Essen 1993).

Otto Gerhard *Oexle*, Das Andere, die Unterschiede, das Ganze. Jacques Le Goffs Bild des europäischen Mittelalters. In: Francia 17/1 (1990) S. 141-158 (= zugl. Besprechung von Jacques Le Goff, L'imaginaire médiéval. Essais. Paris 1985. Bibliothèque des Histoires).

Liviarius *Oliger*, Der päpstliche Zeremonienmeister Johannes Burckhard von Straßburg 1450-1506. In: ArchElsKg 9 (1934) S. 199-232.

Hugo *Ott*, Die frühen Statuten der Artistenfakultät der Universität Freiburg i. Br. In: Freiburger Universitätsblätter 4, 8 (1965) S. 65-70.

Nikolaus *Paulus*, Wimpfeling als Verfasser eines Berichts über den Prozess gegen Johann von Wessel. In: ZGORh NF 42 (1929) S. 296-300.

Gerhard *Pfeiffer*, Nürnberg - Geschichte einer europäischen Stadt. München 1971.

Lucien *Pfleger*, L'avarie et Geiler (1921)] Les originies de l'avarie a Strasbourg et le prédicateur Jean Geiler de Kaysersberg. In: RevCatAls 36 (1921) S. 473-478.

— Elsässische Predigtwesen (1913)] Ueber das elsässische Predigtwesen im Mittelalter. In: Elsässische Monatsschrift für Geschichte und Volkskunde 4 (1913) S. 529-538.

— Der Franziskaner Johannes Pauli und seine Ausgaben Geilerscher Predigten. In: ArchElsKG 3 (1928) S. 47-96.

— Die Geilerbildnisse Hans Wächtelins, Hans Burkmairs und Lukas Cranachs. In: ArchElsKg 7 (1932) S. 179-188.

— Ein Geilerdenkmal in Straßburg. In: Elsässer 1917, S. 352.

— Geilers Sendung und Misserfolg. In: Mein Elsassland 2 (1922) S. 109-111.

— Geiler von Kaysersberg und das S. Magdalenenkloster in Strassburg. In: Straßburger Diözesanblatt 37 (1918) S. 24-31 und S. 56-63.

— Geiler von Kaysersberg und die Bibel. In Kirche und Kanzel. Blätter für homiletische Wissenschaft 2, 1 (1919) S. 65-81.

— Geiler von Kaysersberg und die Kunst seiner Zeit. In: Elsässische Monatsschrift für Geschichte und Volkskunde 1910, S. 428-434.

— Geschichte des Reuerinnenklosters St. Magdalena in Strassburg. In: St. Magdalena in Strassburg. Geschichte des Klosters und der Pfarrei. Hrsg. v. Eugen Speich. Strassburg 1937, S. 1-84.

— Kirchengeschichte der Stadt Straßburg im Mittelalter. Nach den Quellen dargestellt. Kolmar [1941] (= Forschungen zur Kirchengeschichte des Elsass 6).

— Münsterkanzel (1928)] Wo stand die Straßburger Münsterkanzel vor Geiler von Kaysersberg. In: ArchElsKg 3 (1928) S. 377 f.

— Der Personalbestand der Strassburger Klöster im Jahre 1442. In: ArchElsKG 12 (1937) S. 72.

— P. Wickgram, der letzte katholische Münsterprediger des Mittelalters. In: BullSocCons-MonHistAls (1921) S. 146-154 und S. 175-183.

— Predigtwesen (1907)] Zur Geschichte des Predigtwesens in Straßburg vor Geiler von Kaysersberg. Straßburg 1907.

— Die rechtlichen Beziehungen der Diözese Strassburg zur Mainzer Metropolitankirche. In ArchElsKG 10 (1935) S. 1-78.

— Die Stadt- und Rats-Gottesdienste im Strassburger Münster. In: ArchElsKg 12 (1937) S. 1-55.

— Strassburg in den Predigten Geilers von Kaysersberg. In: Elsassland 7 (1927) S. 366-371.

— Syphilis (1918)] Das Auftreten der Syphilis in Strassburg, Geiler von Kaysersberg und der Kult des hl. Fiakrius. In: ZGORh NF 33 (1918) S. 153-173.

— Zur handschriftlichen Überlieferung Geilerscher Predigttexte. In: ArchElsKg 6 (1931) S. 195-205.

Eugène *Philipps*, Zeitgenosse Elsässer. Die Herausforderung der Geschichte. Hrsg. und übersetzt v. Monika Freitag mit einem Geleitwort v. Rudolf v. Thadden. Karlsruhe 1987.

Fréd[eric] *Piton*, La cathédrale de Strasbourg (Extrait de Strasbourg illustré). Strasbourg 1861.

Die Porträtsammlung der Herzog August Bibliothek Wolfenbüttel. Bearb. v. Peter Mortzfeld. Reihe A Bd. 8 München usw. 1989 (= Katalog der Graphischen Portraits in der Herzog August Bibliothek Wolfenbüttel 1500-1850).

Antonius *Possevin*, Apparatus sacer Ad scriptores vetis et noui Testamenti Eorum interpretes, synodos et Patres Latinos ac Graecos. Horum versiones. Theologos Scholasticos quique contra hereticos egerunt chronographos et Historiographos Ecclesiasticos. Eos qui casus conscientiae explicarunt. Alios qui Canonicum jus sunt interpretae. Poetas Sacros, Libros pios, quocumque idiomate conscriptos [...]. 2 Bde. Coloniae Agrippinae (Johannes Gimnicus) 1608.

Malte *Prietzel*, Rat und Kirche im mittelalterlichen Duderstadt. In: Göttinger Jahrbuch 1992, S. 53-112.

Paul *Ramatschi*, Geiler von Kaysersberg „Der Has im Pfeffer". Ein Beispiel emblematischer Predigtweise. In: Theologie und Glaube. Zeitschrift für den katholischen Klerus 26 (1934) S. 176-191.

Francis *Rapp*, L'Alsace à la fin du Moyen âge. Wettolsheim 1977 (= L'histoire de l'Alsace 3).

— Le diocèse de Strasbourg (1982)] Le diocèse de Strasbourg. Hrsg. v. Francis Rapp. Paris 1982 (= Histoire des diocèses de France NF 14).

— Geiler (1967)] Geiler de Kaisersberg (Jean). In: Dictionnaire de spiritualité ascétique et mystique doctrine et histoire. Bd. 6 Paris 1967, Sp. 174-179.

— Geiler (1978)] Jean Geiler de Kaysersberg (1445-1510) le prédicateur de la Cathédrale de Strasbourg. In: Grands figures de l'humanisme alsacien courants milieux destins. Strasbourg 1978, S. 25-32.

— Geiler (1988)] Geiler Johann, dit von Kaysersberg et Kaysersberger. In: Nouveau dictionnaire Bd. 12 (1988) S. 1136-1139.

— Gestionnaires et gestion des établissements religieux et charitables a Strasbourg au moyen âge. In: ArchEglAls 4 (1984) S. 73-86.

— Haut et bas clergé (1965)] Recherches sur l'histoire sociale de l'église. Haut et bas clergé dans la diocèse de Strasbourg à la veille de la Réforme. In: RevAls 103 (1965) S. 7-20.

— ['Humanisme, Renaissance und Réforme' S. 171-217] in: Histoire de l'Alsace. Hrsg. v. Philippe Dollinger. Toulouse 1970.

— Die Mendikanten und die Straßburger Gesellschaft am Ende des Mittelalters. In: Kaspar Elm (Hg.), Stellung und Wirksamkeit der Bettelorden in der städtischen Gesellschaft. Berlin (West) 1981 (= Berliner historische Studien 3; Ordensstudien 2) S. 85-102. Zuerst veröff. u. d. T.: Les mendiants et la société strasbourgeoise à la fin du moyen-âge. In: D. Flood (Hg.), Poverty in the Middle Ages (= Franziskanische Forschungen 27). Werl 1975, S. 84-102.

— Le projet de fondation d'un collège universitaire (1968)] Une occasion manquée: Le projet de fondation d'un collège universitaire à St.-Etienne (1485). In: L'Echo de St.-Etienne. Dezember 1968, Sp. 1-3.

— Reformatio: ce qu'en disaient les prédicateurs. L'exemple Strasbourgeois (1420-1518). In: Les réformes enracinement socio-culturel. XXVe colloque international d'études humanistes. Hrsg. v. Bernard Chevalier und Robert Sauzet. Paris 1985, S. 393-405.

— Réformes et réformation a Strasbourg. Église et société dans le diocèse de Strasbourg (1450-1525). Paris 1974 (= Collection de l'Institut des Hautes Études Alsaciennes 23).

— La sainteté à la veille de la Réformation dans les pays germaniques. In: Histoire et Sainteté. 5. Rencontre d'Histoire Religieuse Angers 1981. Angers 1982, S. 37-45.

— Zwischen Spätmittelalter und Neuzeit: Wallfahrten der ländlichen Bevölkerung im Elsaß. In: Klaus Schreiner (Hg.), Laienfrömmigkeit im späten Mittelalter. Formen, Funktionen, politisch-soziale Zusammenhänge. München 1992 (= SchrrHistKoll 20) S. 127-136.

Francis *Rapp*/Jean *Vogt*, A la recherche d'une gestion raisonnée des biens de mainmorte. In: RA 119 (1993) S. 75-85.

Julius *Rauscher*, Die Prädikaturen in Württemberg vor der Reformation am Ausgang des Mittelalters. In: Württembergische Jahrbücher für Statistik und Landeskunde 1908, S. 152-211.

Roland *Recht*, La sculpture de la fin du Moyen Age a Strasbourg et sa place dans l'art septentrional (1460-1525). Strasbourg 1978 (Thèse doctorat d'état, masch.).

Siegfried *Reicke*, Das deutsche Spital und sein Recht im Mittelalter. 2 Tle. Stuttgart 1932 (= Kirchenrechtliche Abhandlungen 111-114).

Hans *Reinhardt*, La Cathédrale de Strasbourg. O. O. 1972.

Adolph *Reinle*, Die Ausstattung deutscher Kirchen im Mittelalter. Eine Einführung. Darmstadt 1988.

Heinrich *Reusch* (Hg.), Die Indices librorum prohibitorum des sechzehnten Jahrhunderts. Tübingen 1886 (= Bibliothek des litterarischen Vereins in Stuttgart 176).

— Drei deutsche Prediger auf dem Index. In: Alemannia 8 (1880) S. 24 f.

Nikolaus *Reusner*, Icones sive imagines virorvm literis illvstrivm qvorvm fide et doctrinà religionis et bonarum literarum studia, nostrâ patrumque memoriâ, in Germaniâ præsertim, in integrum sunt restituta. Additis eorundem elogijs diversorum auctorum. Argentorati (Bernhard Jobin) 1587 (ND Leipzig 1973).

Frank *Rexroth*, Die Gründung der Universität. In: Heiko Haumann und Hans Schadek (Hgg.), Geschichte der Stadt Freiburg im Breisgau Bd. 1. Stuttgart 1996, S. 231-237 und S. 634-636.

— Hummel (1993)] Karriere bei Hof oder Karriere an der Universität? Der Freiburger Gründungsrektor Matthäus Hummel zwischen Selbst- und Fremdbestimmung. In: ZGORh 141 (1993) S. 155-183.

— Die Universität bis zum Übergang an Baden. In: Heiko Haumann und Hans Schadek (Hgg.), Geschichte der Stadt Freiburg im Breisgau Bd. 2. Stuttgart 1994, S. 482-506 und S. 581-588.

— Universitätsstiftung (1993)] Städtisches Bürgertum und landesherrliche Universitätsstiftung in Wien und Freiburg. In: Heinz Duchhardt (Hg.), Stadt und Universität. Köln 1993 (= Städteforschung. A 33) S. 13-31.

Théodore *Rieger*, Das Straßburger Münster und seine Astronomische Uhr. Leitfaden durch Geschichte und Kunst. 13. Aufl. Molsheim 1985.

Joseph Anton *Riegger*, Amoenitates literariae fribvrgenses. Fasz. 1 Vlmae 1775, Fasz. 2 und 3 Vlmae 1776.

Odilo *Ringholz*, Wallfahrtsgeschichte Unserer Lieben Frau von Einsiedeln. Ein Beitrag zur Culturgeschichte. Freiburg i. Br. 1896.

P. *Ristelhuber*, Strasbourg et Bologne. Recherches biographiques et littéraires sur les étudiants alsaciens immatriculés a l'université de Bologne de 1289 à 1562. Paris 1891.

Gerhard *Ritter*, Neue Quellenstücke zur Theologie des Johann von Wesel. Studien zur Spätscholastik 3. Heidelberg 1927 (= Sitzungsberichte der Heidelberger Akademie der Wissenschaften. Phil.-hist. Kl. 1926/27 5), S. 37-57.

G. Matteo *Roccati*, Geiler von Kaysersberg et la tradition imprimée des œuvres de Gerson. In: Revue française d'histoire du livre NF 47 (1985) S. 271-293.

Elvire Freiin *Roeder von Diersburg*, Komik und Humor bei Geiler von Kaisersberg. Berlin 1921 (ND Nendeln/Liechtenstein 1967) (= Germanische Studien 9).

Timotheus Wilhelm *Röhrich*, Geschichte der Reformation im Elsass und besonders in Strassburg, nach gleichzeitigen Quellen bearbeitet. Bd. 1 Straßburg 1830.

F. W. E. *Roth*, Die Buchdruckerei des Jakob Köbel, Stadtschreibers zu Oppenheim, und ihre Erzeugnisse (1503-1532). Ein Beitrag zur Bibliographie des XVI. Jahrhunderts. Leipzig 1889 (= Beihefte zum Centralblatt für Bibliothekswesen 4) S. 1-35.

Friedrich *Roth*, Die geistliche Betrügerin Anna Laminit von Augsburg (ca. 1480-1518). Ein Augsburger Kulturbild vom Vorabend der Reformation. In: ZKG 43 (1924) S. 355-417.

Jean *Rott*: Histoire des bibiothèques publiques (1977)] Sources et grandes lignes de l'histoire des bibiothèques publiques de Strasbourg détruites en 1870. In: J. Rott: Investigationes historicae (1986) S. 633-668 (zuerst 1977 erschienen).

— Investigationes historiae. Eglises et societe au XVIe siecle. Gesammelte Aufsätze zur Kirchen- und Sozialgeschichte. Hrsg. v. Marijn de Kroon und Marc Lienhard. Strasbourg 1986 (= Societe savante d'Alsace et des regions de l'Est. Grandes publications 31 und 32)

— Un recueil de correspondances strasbourgeoise du XVe siècle à la bibliothèque de Copenhague (MS Thott 497, 2°). In: J. Rott: Investigationes historicae (1986) S. 243-312 (zuerst 1968 ersch.).

— Le magistrat face a l'epicureisme terre a terre des Strasbourgeois: note sur les reglements disciplinaires municipaux de 1440 a 1599. In: J. Rott: Investigationes historicae (1986) S. 535-549 (zuerst 1981 ersch.).

Andreas *Rüther*/Hans-Jochen *Schiewer*, Die Predigthandschriften des Straßburger Dominikanerinnenklosters St. Nikolaus in undis. Historischer Bestand, Geschichte, Vergleich. In: Die deutsche Predigt im Mittelalter. Hrsg. v. Volker Mertens und Hans-Jochen Schiewer. Tübingen 1992, S. 169-193.

Werner *Schade*, Cranachs Bildnisse von wittenbergischen, brandenburgischen und italienischen Humanisten. In: Dieter Koepplin und Tilman Falk (Hg.), Lukas Cranach. Gemälde Zeichnungen Druckgraphik Bd. 1. Basel und Stuttgart 1974 (= Ausstellungskatalog Kunstmuseum Basel) S. 255-267.

Adolphe *Schäffer*, Un prédicateur catholique au quinzième siècle (Geiler de Kaisersberg). Paris 1862.

I. *Schairer*, Das religiöse Volksleben am Ausgang des Mittelalters. Nach Augsburger Quellen. Leipzig/Berlin 1914 (ND Hildesheim 1972) (= Beiträge zur Kulturgeschichte des Mittelalters und der Renaissance 13).

August *Scherlen*, Beziehungen der Familie Geiler zu Kaysersberg und Umgebung, vornehmlich des Predigers Geiler zum Bruderhause des Rohrtales, sowie Geschichte des letzteren. Vortrag gehalten bei den Ruinen des Ammerschweier Bruderhauses am 24. Juli 1910. In: Elsässische Monatsschrift für Geschichte und Volkskunde 4 (1913) S. 193-200 und S. 257-264.

Hans *Scherpner*, Studien zu Geschichte der Fürsorge. Frankfurt a. M. 1984.

— Theorie der Fürsorge. Göttingen 1962.

Karl *Schib*, Geschichte der Stadt und Landschaft Schaffhausen. Hrsg. v. Historischer Verein des Kantons Schaffhausen. Schaffhausen 1972.

Anton *Schindling*, Die Humanistische Bildungsreform in den Reichsstädten Straßburg, Nürnberg und Augsburg. In: Humanismus im Bildungswesen des 15. und 16. Jahrhundert. Hrsg. v. Wolfgang Reinhard. Weinheim 1984.

— Humanistische Hochschule und Freie Reichsstadt. Gymnasium und Akademie in

Strassburg 1538-1621. Wiesbaden 1977 (= VeröffInstEuropGesch Mainz. Universalgeschichte 77).

— Die Reformation in den Reichsstädten und die Kirchengüter. Straßburg, Nürnberg und Frankfurt im Vergleich. In: Jürgen Sydow (Hg.), Bürgerschaft und Kirche. Sigmaringen 1980 S. 67-88 (= Stadt in der Geschichte 7).

Ulrich *Schmid*, Johannes Geyler von Kaisersberg. In: Walhalla. Bücherei für vaterländische Geschichte, Kunst und Kulturgeschichte. Bd. 2 München 1906, S. 155-159.

Charles *Schmidt*, Chapitre Saint-Thomas (1860)] Histoire du Chapitre Saint-Thomas de Strasbourg pendant le moyen age suivie d'un recueil de chartes. Strasbourg 1860.

— Histoire littéraire de l'Alsace a la fin du XVe et au commencement du XVIe siècle. 2 Bde. Paris 1879.

— Livres et bibliothèques à Strasbourg au moyen-age (1876)] Livres et bibliothèques a Strasbourg au moyen-age. In: RevAls NF 5 (1876) S. 433-454 und 6 (1877) S. 59-85.

— Notice sur le couvent et l'église des Dominicains de Strasbourg. Strasbourg 1876.

— Zur Geschichte der ältesten Bibliotheken und ersten Buchdrucker zu Strassburg. Straßburg 1882 (ND Graz 1971).

Anneliese *Schmit*, Die Macht des Wortes und die Wirkung des Witzes: Johannes Geiler von Kaysersberg und Till Eulenspiegel. In: Eulenspiegel Jb. Bd. 32 (1992) S. 11-30.

Jean-Claude *Schmitt*, Mort d'une hérésie. L'Église et les clercs face aux béguines et aux béghards du Rhin supérieur du XIVe siècle. Paris usw. 1978 (= Civilisation et Société 56).

Ludwig *Schneegans*, Das Pfingstfest und der Roraffe im Münster zu Straßburg, ein mittelalterliches Sittengemälde und Volksbild Mühlhausen 1851 (= Besonderer Abdruck aus der Alsatia 1852 S. 189-245).

Jean *Schneider*, Les villes allemandes au moyen age. Compétence administrative et judicaire de leurs magistrats. In: La ville. Bd. 1 Institutions Administratives et Judicaires. Receuils de la Société J. Bodin 6 (1954) S. 467-516.

Barbara *Schock-Werner* [Löcher], Das Straßburger Münster im 15. Jahrhundert. Stilistische Entwicklung und Hüttenorganisation eines Bürger-Doms. Köln 1983 (= Diss. phil. Kiel 1981 = VeröffAbtArchitKunsthistInstUniv Köln 23).

— L'Oevre Notre-Dame, histoire et organisation de la fabrique de la cathédrale de Strasbourg. In: Les batisseurs des cathedrales gothiques. Hrsg. v. Roland Recht. Strasbourg 1989, S. 133-138.

Wolfgang *Schöller*, Die rechtliche Organisation des Kirchenbaues im Mittelalter. Vornehmlich des Kathedralbaues. Baulast - Bauherrschaft - Baufinanzierung. Köln/Wien 1989.

Theodor *Schön*, Geschichte der Pfarrei Tübingen bis 1535. In: Tübinger Blätter 5 (1902) S. 29-43.

Heinrich *Schreiber*, Geschichte der Albert-Ludwigs-Universität zu Freiburg im Breisgau Teil 1. Freiburg 1868 (= Geschichte der Stadt und Universität Freiburg im Breisgau 2).

Klaus *Schreiner*, Maria. Jungfrau, Mutter, Herrscherin. München/Wien 1994.

— Der Tod Marias als Inbegriff christlichen Sterbens. Sterbekunst im Spiegel mittelalterlicher Legendenbildung. In: Arno Borst u. a. (Hg.), Tod im Mittelalter. Konstanz 1993 (= Konstanzer Bibliothek 20), S. 261-312.

Werner *Schröder*, Auxiliar-Ellipsen bei Geiler von Kaysersberg und bei Luther. Stuttgart 1985 (= Akademie der Wissenschaften und der Literatur Mainz. Abh. der geistes- und sozialwiss. Kl. 1985, 5).

Helga *Schüppert*, Allegorie und Alltag. Ein Forschungsaspekt, illustriert mit Texten und Bildern bei Hans Sachs und Geiler von Kaysersberg. In: Gertrud Blaschitz u. a. (Hg.), Symbole des Alltags. Alltag der Symbole. Festschrift für Harry Kühnel. Graz 1992, S. 661-681.

Peter-Johannes *Schuler*, „Reformation des geistlichen Gerichts zu Straßburg". Eine Reformschrift aus der Mitte des 15. Jahrhunderts. Einführung und Textedition. In: Francia 9 (1981) S. 177-214.

Johannes *Schultze*, Richtlinien für die äußere Textgestaltung bei der Herausgabe von Quellen zur neueren deutschen Geschichte. In: BllDtLdG 102 (1966) S. 1-10.

Hans K. *Schulze*, Grundstrukturen der Verfassung im Mittelalter. Bd. 2 Stuttgart usw. 1986.

Peter *Schuster*, Das Frauenhaus. Städtische Bordelle in Deutschland (1350-1600). Paderborn etc. 1992.

Brigide *Schwarz*, Stadt und Kirche im Spätmittelalter. In: Cord Meckseper (Hg.), Stadt im Wandel. Kunst und Kultur des Bürgertums in Norddeutschland 1150 - 1650. Bd. 4 Stuttgart 1985 S. 63-73.

Rainer *Schwinges*, Deutsche Universitätsbesucher im 14. und 15. Jahrhundert. Studien zur Sozialgeschichte des Alten Reiches. Stuttgart 1986 (= VeröffInstEuropGeschMainz-AbtUniversalgesch 123; Beiträge zur Sozial und Verfassungsgeschichte des Alten Reiches 6).

Adolph *Seyboth*, Das alte Straßburg vom 13. Jahrhundert bis zum Jahre 1870. Geschichtliche Topographie nach den Urkunden und Chroniken. Straßburg [1890].

— Strasbourg historique et pittoresque depuis son origine jusqu'en 1870. Strasbourg 1894.

Claudius *Sieber-Lehmann*, Spätmittelalterlicher Nationalismus. Die Burgunderkriege am Oberrhein und in der Eidgenossenschaft. Göttingen 1995 (= VeröffMax-Planck-InstGesch 116; zugl. Basel Univ., Diss.).

G. *Signori*, Stadtheilige im Wandel. Ein Beitrag zur geschlechtsspezifischen Besetzung und Ausgestaltung symbolischer Räume am Ausgang des Mittelalters. In: Francia 20, 1 (1993) S. 39-67.

Hans Wolfgang *Singer*, Allgemeiner Bildniskatalog. Bd. 4 Leipzig 1931 (ND Stuttgart 1967).

— Neuer Bildniskatalog. Bd. 2 Leipzig 1937 (ND Stuttgart 1967).

Lucien *Sittler*, Kaysersberg. Colmar-Ingersheim 1979.

— Les listes d'admission a la bourgeoisie de Colmar 1361-1494. Colmar 1958 (= Publications des Archives de la Ville de Colmar 1).

— Membres du Magistrat, Conseiller et Maîtres des Corporations de Colmar. Liste de 1408-1600. Colmar 1964 (= Publications des Archives de la Ville de Colmar 3).

Edouard *Sitzmann*, Dictionnaire de Biographie d'Alsace. 2 Bde Rixheim 1909 f. (ND 1973).

Erik *Soder von Güldenstubbe*, Kulturelles Leben im Würzburg der Riemenschneiderzeit. Beiheft zum Katalog der Ausstellung „Tilman Riemenschneider - Frühe Werke". Mainfränkisches Museum Würzburg 5. September-1. November 1981. Berlin 1981.

Agostino *Sottili*, Zur Geschichte der 'Natio Germanica Ticinensis': Albrecht von Eyb, Georg Heßler und die Markgrafen von Baden an der Universität Pavia. In: ZGORh 132 (1984) S. 107-133.

Monika *Spatz-Koller*, Die Sprache einiger Drucke von Johann Geilers von Kaysersberg „Text der Passion" und ihre Veränderung. In: Gerhard Bauer (Hg.), Stadtsprachenforschung unter besonderer Berücksichtigung der Verhältnisse der Stadt Straßburg im Spätmittelalter und früher Neuzeit. Göppingen 1988. (= Göppinger Arbeiten zur Germanistik 488).

Ernst *Staehelin*, Johannes Geiler von Kaisersberg. In: Andreas Staehelin (Hg.), Professoren der Universität Basel aus fünf Jahrhunderten. Basel 1960, S. 16 f.

Thomas C. *Starnes*, Christoph Martin Wieland. Leben und Werk. Aus zeitgenössischen Quellen chronologisch dargestellt. 3 Bde Sigmaringen 1987.

Anton *Steichele*, Beiträge zur Geschichte des Bisthums Augsburg. Bd. 1 Augsburg 1850.

— Das Bisthum Augsburg, historisch und statistisch beschrieben. Bd. 4 Augsburg 1883.

— Friedrich Graf von Zollern, Bischof zu Augsburg, und Johannes Geiler von Kaisersberg. Mit Briefen. In: Archiv für die Geschichte des Bisthums Augsburg 1 (1856) S. 143-172.

Karl *Stenzel*, Geiler von Kaysersberg und Friedrich von Zollern. Ein Beitrag zur Geschichte des Straßburger Domkapitels am Ausgang des 15. Jahrhunderts. In: ZGORh NF 40 (1927) S. 61-113.

— Die Geistlichen Gerichte zu Strassburg im 15. Jahrhundert. In: ZGORh NF 29 (1914) S. 365-446 und NF 30 (1915) S. 52-95, S. 201-253 und S. 343-383.

— Die Politik der Stadt Strassburg am Ausgange des Mittelalters in ihren Hauptzügen dargestellt. Straßburg 1915 (= Beiträge zur Landes- und Volkskunde von Elsass-Lothringen und den angrenzenden Gebieten 49).

Auguste *Stoeber*, Essai historique et littéraire sur la vie et les sermons de Jean Geiler de Kaisersberg. Strasbourg 1834 [= Baccalaureatsarbeit an der protestantischen theologischen Fakultät Straßburg 1834].

— Die Sagen des Elsasses. St. Gallen 1852.

— 496 Sprichwörter und sprichwörtliche Redensarten aus den Schriften Geilers von Kaysersberg. In: Alsatia 8 (1862-1867) S. 131-162.

— Zur Geschichte des Volks-Aberglaubens im Anfange des XVI. Jahrhunderts. Aus Dr. Joh. Geilers von Kaisersberg Emeis. Basel 1856.

Strasbourg. Panorama monumental et architectural des origines à 1914. Hrsg. v. Georges Foessel u. a. Rosheim 1984.

Adam Walther *Strobel*, Beiträge zur deutschen Literatur und Literärgeschichte. Paris/ Strasbourg 1827.

— Vaterländische Geschichte des Elsasses, von der frühesten bis auf die gegenwärtige Zeit, nach den Quellen gearbeitet. Bd. 3 Straßburg 1843.

Robert *Suckale*, Arma Christi. Überlegungen zur Zeichenhaftigkeit mittelalterlicher Andachtsbilder. In: Städel-Jahrbuch NF 6 (1977) S. 177-208.

Jürgen *Sydow*, Bürgerschaft und Kirche im Mittelalter. Probleme und Aufgaben der Forschung. In: Ders. (Hg.), Bürgerschaft und Kirche. Sigmaringen 1980 (= Stadt in der Geschichte 7), S. 9-25.

Mineo *Tanaka*, La nation anglo-allemande de l'Université de Paris à la fin du Moyen Age. Paris 1990 (= Mélanges de la Bibliothèque de la Sorbonne 20).

Texte zum Universalienstreit. Bd. 2 Hoch- und spätmittelalterliche Scholastik. Lateinische Texte des 13. bis 15. Jahrhunderts. Übers. und hrsg. v. Hans-Ulrich Wöhler. Berlin 1994.

Heinrich *von Treitschke*, Deutsche Geschichte im Neunzehnten Jahrhundert. Th. 1 Bis zum zweiten Pariser Frieden. Leipzig 1879 (= Staatengeschichte der neuesten Zeit 24).

Karl *Trüdinger*, Stadt und Kirche im spätmittelalterlichen Würzburg. Stuttgart 1978 (= Spätmittelalter und Frühe Neuzeit 1).

Heinrich *Ullmann*, Kaiser Maximilian I. Auf urkundlicher Grundlage dargestellt. Bd. 2 Stuttgart 1891

Wilhelm *Vischer*, Geschichte der Universität Basel von der Gründung 1460 bis zur Reformation 1529. Basel 1860.

Martin *Vogeleis*, Quellen und Bausteine zu einer Geschichte der Musik und des Theaters im Elsass 500-1800. Strassburg 1911 (ND Genève 1979).

Bernard *Vogler*, Histoire culturelle de l'Alsace. Du moyen âge à nos jours. Les très riches heures d'une région frontière. Strasbourg 1994.

Rita *Voltmer*, Praesidium et pater pauperum, pustulatorum praecipua salus. Johann Geiler von Kaysersberg und die Syphilis in Straßburg (1496-1509). In: Friedhelm Burgard, Christoph Cluse und Alfred Haverkamp (Hgg.), Liber amicorum necnon et amicarum für Alfred Heit. Beiträge zur mittelalterlichen Geschichte und geschichtlichen Landeskunde. Trier 1996 (= Trierer Historische Forschungen 28) S. 413-444.

A. *Vonlanthen*, Geilers Seelenparadies im Verhältnis zur Vorlage. In: ArchElsKG 6 (1931) S. 229-324.

Rudolf *Wackernagel*, Geschichte der Stadt Basel Bd. 2, 2 und Bd. 3 Basel 1916 und 1924.

Robert *Walter*, L'affaire des penitentes de Sainte Marie-Madeleine (1981)] Beatus Rhenanus et Sebastien Brant. L'affaire des penitentes de Sainte Marie-Madeleine. In: RevAls 107 (1981) S. 61-71.

— Un grand humaniste alsacien et son epoque. Beatus Rhenanus. Citoyen de Sélestat. Ami d'Érasme (1485-1547). Anthologie de sa correspondance. Choix de textes établis, traduits et commentés. Strasbourg 1986 (= Société savante d'Alsace et des régions de l'Est. Grandes publications 27; zugl. Diss. phil. Strasbourg 1985).

Karl Friedrich Wilhelm *Wander*, Deutsches Sprichwörterbuch. Ein Hausschatz für das deutsche Volk. 5 Bde. Leipzig 1862-1880 (ND Aalen 1963).

Max *Weber*, Wirtschaft und Gesellschaft. Grundriß der verstehenden Soziologie. Bd. 2, 4. Aufl. Tübingen 1956.

Adolf *Weisbrod*, Die Freiburger Sapienz und ihr Stifter Johannes Kerer von Wertheim. Freiburg i. Br. 1966 (= BeitrrFreiburgerWissUnivGesch 31; zugl. Diss. theol Freiburg i. Br.).

Johann Nicolaus *Weislinger*, Armamentarium catholicum perantiquae rarissimae ac pretiosissimae bibliothecae, quae asservatur Argentorati in celeberrima commenda eminentissimi ordinis melitensis sancti Johannis Hierosolymitani [...]. Argentinae 1749.

— Catalogus librorum impressorum in bibliotheca eminentissimi ordinis sancti Johannis Hierosolymitani asservatorum Argentorati, ordine alphabetico [...]. Argentorati 1749.

Ulman *Weiß*, Die frommen Bürger von Erfurt. Die Stadt und ihre Kirche im Spätmittelalter und in der Reformationszeit. Weimar 1988 (= Regionalgeschichtliche Forschungen. Verlag Böhlau; Diss.).

Irmgard *Weithase*, Zur Geschichte der gesprochenen deutschen Sprache. Bd. 1 Tübingen 1961.

E. *Wendling*, Der Kampf des Roraffen vnder der Orgeln, im Münster zu Straßburg mit dem Hanen daselbst auf dem Uhrwerk (Aus dem 15. Jahrhundert.). In: Alsatia (1873/74) S. 111-122.

Peter *Wiek*, Das Straßburger Münster. Untersuchungen über die Mitwirkung des Stadtbürgertums am Bau bischöflicher Kathedralkirchen im Spätmittelalter. In: ZGORh NF 68 (1959) S. 40-113.

Hermann *Wiesflecker*, Kaiser Maximilian I. Das Reich, Österreich und Europa an der Wende zur Neuzeit. Bd. 3 Auf der Höhe des Lebens 1500-1508. Der große Systemwechsel. Politischer Wiederaufstieg. München 1977; Bd. 5 Der Kaiser und seine Umwelt. Hof, Staat, Wirtschaft, Gesellschaft und Kultur. Ebd. 1986.

Brad *Williams*, La Reforme dans l'enseignement de Jean Geiler de Kaysersberg. Straßburg 1989 (thèse de doctorat Straßburg 1989).

Otto *Winckelmann*, Das Fürsorgewesen der Stadt Straßburg vor und nach der Reformation bis zum Ausgang des sechzehnten Jahrhunderts. Ein Beitrag zur deutschen Kultur- und Wirtschaftsgeschichte. 2 Bde. Leipzig 1922 (ND New York, London 1971) (= Quellen und Forschungen zur Reformationsgeschichte 5, 1 und 2).

— Münster] Zur Kulturgeschichte des Strassburger Münsters im 15. Jahrhundert. In: ZGORh NF 22 (1907) S. 247-290; Nachträge zur Kulturgeschichte des Strassburger Münsters im 15. Jahrhundert. Ebd. NF 24 (1909) S. 302-323.

Marie-Luise *Windemuth*, Das Hospital als Träger der Armenfürsorge im Mittelalter. Stuttgart 1995 (= Sudhoffs Archiv. Beih. 36).

Johann Jacob *Witter*, Catalogus codicum manuscriptus in bibliotheca sacri ordinis Hierosolymitani asservatorum. Argentorati [1746] (= J. N. Weislinger: Armamentarium catholicum T. 3).

Charles *Wittmer*, Le livre de bourgeoisie de la ville de Strasbourg 1440-1530. Bd. 1 Strasbourg und Zürich 1948, Bd. 2 und Registerbd. Strasbourg 1954.

— Zur Mystik des seligen Nikolaus von Flüe, seine Beziehungen zum Elsaß. In ArchElsKg 11 (1936) S. 157-174.

— Reformversuche im Dominikanerinnenkloster St. Katharina zu Straßburg 1492-1493. In: ArchElsKg 16 (1943) S. 419-425.

A. *Wolf*, Die venerischen Krankheiten. In: Krieger, Topographie der Stadt Straßburg nach ärztlich-hygienischen Gesichtspunkten bearbeitet. 2. Aufl. Strassburg 1889, S. 454-469.

Gerhard *Wunder*, Das Straßburger Gebiet. Ein Beitrag zur rechts- und politischen Geschichte des gesamten städtischen Territoriums vom 10. bis zum 20. Jahrhundert. Berlin 1965 (= Schriften zur Verfassungsgeschichte 3; zugl. Diss. iur. Münster 1964).

Paul *Wunderlich*, Die Beurteilung der Vorreformation in der deutschen Geschichtsschreibung seit Ranke. Erlangen 1930 (= Erlanger Abhandlungen zur mittleren und neueren Geschichte 5).

Dieter *Wuttke*, Sebastian Brant und Maximilian I. Eine Studie zu Brants Donnerstein-Flugblatt des Jahres 1492. In: Die humanisten in ihrer politischen und sozialen umwelt. Hrsg. v. Otto Herding und Robert Stupperich. Boppard 1976 (= Kommission für humanismusforschung. Mitteilung 3), S. 141-176.

Johannes *Zahlten*, Mittelalterliche Sakralbauten der südwestdeutschen Stadt als Zeugnis bürgerlicher Repräsentation. In: Stadt und Repräsentation. Hrsg. v. Bernhard Kirchgässner und Hans-Peter Becht. Sigmaringen 1995 (= Stadt in der Geschichte 21), S. 77-91.

Edwin H. *Zeydel*, Sebastian Brant. New York 1967 (= Twayne's World Authors Series 13).

Alfred *Ziegler*/Eman[uel] *Dejung*, Geschichte der Stadt Winterthur in gedrängter Darstellung. Winterthur 1933.

Friedrich *Zoepfl*, Das Bistum Augsburg und seine Bischöfe im Mittelalter. München und Augsburg 1955 (= Geschichte des Bistums am Ort Augsburg und seiner Bischöfe 1).

Abbildungsverzeichnis

Register: Personen, Orte und Sachen

Im Register findet man Personen- und Ortsnamen sowie wichtige Sachbegriffe. Bei Varianten eines Personennamens folgen die weniger gebräuchlichen in Kursive; sie erhalten einen gesonderten Eintrag, von dem auf den Haupteintrag verwiesen wird. Sachlemmata ohne nähere Angabe gehören zu Straßburg oder zu Geiler und sind in das Alphabet eingeordnet. Die Seitenzahlen der wichtigsten Fundstellen eines Lemmas sind halbfett gedruckt (bei Personen finden sich dort auch biographische Angaben). Steht ein Begriff auf einer Seite lediglich in den Fußnoten, wird mit 'Anm.' und der entsprechenden Nummer auf ihn verwiesen; steht er dagegen auch im Text, fehlt ein Verweis.

Schriften zur Rechtsgeschichte

60 Dorothee Mußgnug
Die Reichsfluchtsteuer
1931 - 1953
91 S. 1993 〈3-428-07604-4〉
DM 98,– / öS 715,– / sFr 98,–

61 Martin Tarrab-Maslaton
Rechtliche Strukturen
der Diskriminierung der Juden
im Dritten Reich
281 S. 1993 〈3-428-07536-6〉
DM 148,– / öS 1.080,– / sFr 148,–

62 Johann Wilhelm Knollmann
Die Einführung der
Staatsanwaltschaft im König-
reich Hannover
Studien zur Enstehung des
reformierten Strafprozesses
Abb.; 228 S. 1994 〈3-428-07983-3〉
DM 128,– / öS 934,– / sFr 128,–

63 Martin Ahrens
Der mittellose Geldschuldner
Unmöglichkeit zur Leistung und
Verzug des Zahlungsverpflichteten
303 S. 1994 〈3-428-08161-7〉
DM 118,– / öS 861,– / sFr 118,–

64 Christophe N. Eick
Indianerverträge in
Nouvelle-France
Ein Beitrag zur Völker-
rechtsgeschichte
237 S. 1994 〈3-428-07939-6〉
DM 128,– / öS 934,– / sFr 128,–

65 Andrea Fischer
Kommunale Leistungs-
verwaltung im 19. Jahrhundert
Frankfurt am Main unter Mumm
von Schwarzenstein 1868 bis 1880
296 S. 1995 〈3-428-08457-8〉
DM 98,– / öS 715,– / sFr 98,–

66 Joachim Püls
Parteiautonomie
Die Bedeutung des Partei-
willens und die Entwicklung
seiner Schranken bei Schuld-
verträgen im deutschen Rechts-
anwendungsrecht des 19. und
20. Jahrhunderts
232 S. 1995 〈3-428-08569-8〉
DM 92,– / öS 672,– / sFr 92,–

67 Ingrid Andres
Der Erbrechtsentwurf
von Friedrich Mommsen
Ein Beitrag zur
Entstehung des BGB
1 Abb.; 533 S. 1996
〈3-428-08841-7〉
DM 132,– / öS 964,– / sFr 117,50

68 Andreas Kollmann
Begriffs- und
Problemgeschichte des
Verhältnisses von formellem
und materiellem Recht
743 S. 1996 〈3-428-08977-4〉
DM 168,– / öS 1.226,– / sFr 149,–

69 Christof Schiller
Das Oberlandesgericht
Karlsruhe im Dritten Reich
485 S. 1997 〈3-428-08791-7〉
DM 98,– / öS 715,– / sFr 89,–

70 Kai-Olaf Maiwald
Die Herstellung von Recht
Eine exemplarische Untersuchung
zur Professionalisierungsgeschichte
der Rechtsprechung am Beispiel
Preußens im Ausgang des
18. Jahrhunderts.
XI, 380 S. 1997 〈3-428-08748-8〉
DM 114,– / öS 832,– / sFr 101,–

Duncker & Humblot · Berlin

Berliner Historische Studien

Herausgegeben vom
Friedrich-Meinecke-Institut der Freien Universität Berlin
und dem
**Institut für Geschichtswissenschaften
der Humboldt-Universität zu Berlin**

6 Wolfgang H. Fritze
**Frühzeit zwischen Ostsee
und Donau**
Ausgewählte Beiträge zum geschicht-
lichen Werden im östlichen Mitteleuropa
vom 6. bis zum 13. Jahrhundert.
Hrsg. von L. Kuchenbuch und W. Schich
(Germania Slavica III)
Abb.; 462 S. 1982 ⟨3-428-05151-3⟩
DM 168,– / öS 1.226,– / sFr 168,–

7 Barbara Sasse
**Die Sozialstruktur Böhmens
in der Frühzeit**
Historisch-archäologische Unter-
suchungen zum 9. - 12. Jahrhundert. Mit
einem Geleitwort von W. H. Fritze
(Germania Slavica IV)
Tab., Abb., Karten, 1 Ausschlagtafel;
380 S. 1982 ⟨3-428-05202-1⟩
DM 140,– / öS 1.022,– / sFr 140,–

8 Sven Ekdahl
Die Schlacht bei Tannenberg 1410
Quellenkritische Untersuchungen
Band I. Einführung und Quellenlage
(Einzelstudien I)
64 Abb.; XX, 378 S. 1982
Lw. DM 86,– / öS 628,– / sFr 86,–
⟨3-428-05243-9⟩
Br. DM 68,– / öS 496,– / sFr 68,–
⟨3-428-05376-1⟩

9 Arthur E. Imhof (Hrsg.)
**Leib und Leben in der Geschichte
der Neuzeit / L'homme et son
corps dans l'histoire moderne**
Vorträge eines internationalen
Colloquiums / Actes d'un colloque
international. Berlin 1. - 3. 12. 1981
(Einzelstudien II)
Tab., Abb.; VIII, 266 S. 1983
⟨3-428-05324-9⟩ DM 112,– /
öS 818,– / sFr 112,–

10 Michael Toepfer
Die Konversen der Zisterzienser
Untersuchungen über ihren Beitrag zur
mittelalterlichen Blüte des Ordens
(Ordensstudien IV)
268 S. 1983 ⟨3-428-05429-6⟩
DM 76,– / öS 555,– / sFr 76,–

11 Gerhard Rehm
**Die Schwestern vom gemein-
samen Leben im nordwestlichen
Deutschland**
Untersuchungen zur Geschichte der
Devotio moderna und des weiblichen
Religiosentums. (Ordensstudien V)
Abb., 1 Ausschlagtafel; 369 S. 1985
⟨3-428-05939-5⟩ DM 128,– / öS 934,– /
sFr 128,–

12 Christian Kennert
**Die Gedankenwelt
des Paul Achatius Pfizer**
Eine Studie zum Denken des deutschen
Frühliberalismus
Frontispiz, Abb.; 159 S. 1986
⟨3-428-06003-2⟩ DM 58,– / öS 423,– /
sFr 58,–

13 Wolfgang Ribbe (Hrsg.)
Das Havelland im Mittelalter
Untersuchungen zur Struktur-
geschichte einer ostelbischen Landschaft
in slawischer und deutscher Zeit
(Germania Slavica V)
Tab., Abb., 13 Ausschlagtafeln,
1 Faltkarte; 475 S. 1987
⟨3-428-06236-1⟩ Lw. DM 178,– /
öS 1.299,– / sFr 178,–

14 Kaspar Elm (Hrsg.)
**Reformbemühungen und Obser-
vanzbestrebungen im spätmittel-
alterlichen Ordenswesen**
(Ordensstudien VI)
XV, 643 S. 1989 ⟨3-428-06693-6⟩
DM 228,– / öS 1.664,– / sFr 228,–